全球通史
青少版

全球通史

青少版

知行 主编

中国华侨出版社

图书在版编目(CIP)数据

全球通史：青少版 / 知行主编. — 北京：中国华侨出版社, 2013.6
ISBN 978-7-5113-3701-6

Ⅰ. ①全… Ⅱ. ①知… Ⅲ. ①世界史—青年读物 ②世界史—少年读物
Ⅳ. ①K109

中国版本图书馆CIP数据核字（2013）第132863号

全球通史：青少版

主　　编：知　行
出 版 人：方　鸣
责任编辑：思　源
封面设计：王明贵
文字编辑：朱立春
美术编辑：吴秀侠
经　　销：新华书店
开　　本：720 mm×1020 mm　　1/16　　印张：27.5　　字数：760千字
印　　刷：北京海德伟业印务有限公司
版　　次：2013年8月第1版　　2017年5月第3次印刷
书　　号：ISBN 978-7-5113-3701-6
定　　价：68.00元

中国华侨出版社　　北京市朝阳区静安里26号通成达大厦三层　　邮编：100028
法律顾问：陈鹰律师事务所
发 行 部：(010) 65487513　　　　传真：(010) 65487513
网　　址：www.oveaschin.com
E-mail：oveaschin@sina.com

如果发现印装质量问题，影响阅读，请与印刷厂联系调换。

前　言

历史是国家和人类的传记，世界历史源远流长，其间既有繁荣辉煌，亦有艰难曲折；既有濯濯文明，亦有血腥黑暗。历史作为一面镜子，记录着人类社会的成功与失败、兴盛与衰退、辉煌与悲怆、交替与更新，也预示着人类的未来。

博古通今一直是我们中国人的追求，历史蕴含着经验与真知。它不但是过往的印记，更是当代的借鉴、后世的教训。英国著名历史学家汤因比说："一个人如果能身处在历史感悟之中，他就一定是获得真知的人，因为历史的经验是最为丰富的一座智慧之库。"

读史可以使人打开通往诸多学科的门径，学习历史，从历史的兴衰演变中体会生存智慧，从历史人物的叱咤风云中体悟人生真谛。小到个人，是修身齐家，充实自己的头脑、得到人生启迪的需要；大到国家，是在世界上立于不败之地的前提。古往今来，大凡有成就者，无不是博古通今之人。特别是对于青少年而言，学习和掌握一定的历史知识，不仅可以全面了解人类历史的发展进程，增长知识，还可以提升深远的战略思维，培养开阔的世界眼光，从中汲取智慧、深化并拓展人生阅历。鉴于此，我们编写了这本《全球通史：青少版》。

这是一部专为现代青少年编写的历史知识读本。本书无论从内容选材还是体例编排、版式设计，均以适合青少年阅读为宗旨。针对青少年的阅读兴趣和知识结构，精心选择了具有重大意义的历史内容，通过讲述一位位风云人物的丰功伟绩，描写一桩桩辉煌壮举带给人类的巨大影响，解密一幕幕历史事件后隐藏的玄机，让世界历史的整体面貌在青少年心中渐渐清晰。本书每一部分的知识都形成系统、科学的有机整体，全书采取"通史"体例，既体现了时间的延续性，又体现了地域的广泛性，方便青少年高效、全面地获得相应的知识储备。翻开本书，历史人物栩栩如生，古代文明色彩斑斓，人类生活真切鲜活，历史事件宛然在目，是一部生动翔实的历史大画卷，是青少年学习历史知识必备的百科类图书。

这是一座可以启迪青少年智慧的知识宝库。全书材料新颖、内容丰富，既有政治、经济等历史常识，又有军事、文化、教育、科学技术等相关知识，涉及面广、包罗万象，吸收了世界历史学研究诸领域的最新成就。本书还以精心编排的小专栏和大事年表来以点带面、提纲挈领地帮助读者梳理纷繁复杂的历史知识点，不仅增加了信息含量，而且对于青少年开阔视野、增长智慧，提高历史学习的兴趣起到了重要作用。

这是一座图文并茂的历史博物馆。本书图文搭配独具匠心，以大量精美的图片为青少年营造一座彩色历史长廊，这些图片包括出土文物、历史遗迹、现场照片、人物绘画等，与文字相辅相成，图文对应，将人类历史的丰富与精彩更直观、更真实、更立体地呈现在读者面前，向读者展示了从古至今人类历史的辉煌成就，使青少年仿佛置身于回归历史的时空隧道中，切实感受到历史的兴衰演变。另外，本书装帧设计时尚精美，页面鲜活生动，让青少年在轻松享受视觉悦读的同时，对人类的历史发展多一份感悟和思考。

这部兼具知识性、趣味性、启发性的权威历史读本，能为青少年提供最想知道、最应该知道的世界历史知识。一书在手，帮助青少年开阔视野、掌握全球历史，增加知识储备。

目 录

第七章

西方据优势地位时期

（公元1750年～1914年）

第八章

现代的全球重组时期

（公元1914年至今）

第一章

史前时期

公元前3500年之前

地球生命的演化

　　迄今为止，地球已有大约 46 亿年的历史。在漫长的岁月中，地球上的生命从无到有，经历了无数次大大小小的劫难，一步步地进化繁衍成当今呈现在我们眼前的多姿多彩的形态。那么，地球上的生命到底是怎么来的呢？

从太空观察到的地球

从太空观测地球是太空时代最非凡的体验之一。它清楚地呈现了人类以前不可能看到的景观，同样也使我们意识到了我们星球的脆弱性。作为目前探知的唯一有生命存在的星球，生命的起源问题一直吸引人们不断探索。

　　科学家们对于生命的起源又是怎样解释的呢？答案是，地球上的生命是从简单到复杂，从低级到高级，逐渐演化而形成的。

　　地球形成后的最初几亿年间，太阳系中形成了大量离散的岩石体以及众多的小行星和彗星。这些岩石体和小行星以及彗星之间不断地发生撞击，而在撞击中产生的热量使得它们的表面温度相当高，这样的高温是不适宜生命存在的。然而，彗星却有一个例外之处，因为彗星彗核的主要成分是冰物质，所以彗核给原始的生命提供了一个很好的庇护场所。同时，彗星自身的不断运动，使得它有非常多的机会将生命的种子散播到广袤的宇宙当中。我们可以想象一下，当最初的生命微尘在太阳系中产生的时候，它们很有可能藏匿于温度适宜而且含水丰富的慧核中，并一直顽强地随着彗星一起在宇宙空间中漂流。当然，这其中的绝大多数，很可能永远都只能够与彗星一起在太空中流浪，无法找到"安居之地"，但也有一

地区	公元前200万~前100万年	公元前100万~前40万年	公元前40万~前3万年	公元前3万~前1.2万年
非洲	早期的原始人，最早的猿人生活在东非。	直立人是早期人类的一种，他们使用石斧作为多用途的工具。	早期智人出现在南撒哈拉沙漠的各地。	冰川期的欧洲气候严寒。在法国和西班牙，人们绘制了巨大的洞穴壁画。
中东与亚洲	直立人在爪哇和中国定居，并可能已经会使用火了。		尼安德特人与"现代"人类在美索不达米亚共同生活。	 ↑ 岩石壁画
欧洲		最早的直立人定居在欧洲。	尼安德特人与"现代"人类共同生活。但尼安德特人后来灭绝。	
美洲	↑ 能人的头颅	 ← 剑齿的猫科动物		一些人类经西伯利亚穿过白令大陆桥，开始在北美建立第一个定居地。

部分彗星有可能与某一颗行星发生碰撞，而在碰撞的过程中，也许有一些生命的种子无法承受因碰撞产生的强烈的高温而就此消失，此外还有一些虽然可能暂时存活下来，但由于缺乏生命发展的必要的外部环境，最终也会消失，所以，可能只有很少的一部分幸运儿能够真正地在一颗行星上留存下来，而地球就成为了这些幸运儿的一个理想的生存之地。这样，彗星就把生命之源带到了地球上。此后，彗星和地球撞击带来的水和地球本身岩石圈内的水汇聚成了遍布地球表面的海洋。地球上的生命，就是由这些海洋孕育的。

当然，彗星撞击地球而带来了生命的种子，这只是众多生命起源说当中的一种，此外，还有一种为较多科学家所认同的说法是，生命起源于深海热泉。深海热泉最早发现于20世纪70年代末，是在东太平洋的加拉帕戈斯群岛附近发现的，热泉喷口附近的温度达到几百度以上。令人吃惊的是，在这样一个高温、高压、缺氧、偏酸和无光的环境中，竟然生活着多种生物群落，如：蛤类、细菌以及管栖蠕虫等。要知道，热泉这种环境与地球早期的环境非常相似。

然而，不管怎么说，地球上的生命都是由原始的生命种子发育出来的。这些早期的生命种子，实际上就是一些包含着碳元素的有机小分子。这些有机小分子经过极为漫长的演化，形成了蛋白质、糖类、核酸等组成生命所必需的有机大分子之后，又经过漫长的岁月，这些有机大分子才演化为原始的单细胞生命。到了这一步，真正的生命方才诞生。

生命起源的确切时间是难以估算的。迄今为止，我们发现的最古老的生物化石来自澳大利亚西部，它们的形成时间距今约35亿年。这些化石中的生命类似于现在的蓝藻，它们是一些极原始的生命，是肉眼看不见的，其个体的大小只有几微米到几十微米。因此，我们可以说，生命起源的时间当不晚于35亿年前。

生命诞生之后，便由单细胞向多细胞发展，当然，这样的发展进速是相当缓慢的，不过，这种趋势是明确的。生命由单细胞向多细胞的发展，意味着生命功能的进化，因为不同的细胞可以承担不同的生命功能，所以生命机体的功能就得到了显著的加强，而这也使得生命形态越来越趋于复杂。

在生命的进化历程中，一个意义十分重大的环节就是两性生殖的出现。早期的生命因为机体功能单一，所进行的都是单体无性繁殖。无性繁殖的特点是基因相当稳定，它的好处是可以将物种特征在代际之间保持最大程度的传承，然而其弊端也是显而易见的，那就是代际之间所具有的这种高度的稳定性大大地延缓了生命进化的速度，因为生命的进化是以变异为前提的。在有性繁

公元前1.2万~前9000年	公元前9000~前6000年	公元前6000~前4000年	公元前4000~前2000年	公元前2000~前1世纪
	↓ 奥洛赫野牛	现在的撒哈拉沙漠当时气候湿润。在这一地区许多地方，放牧是常见的。		↓ 美索不达米亚的楔形文字
在中东，狗已经被驯化。日本生产出已知的第一个陶器。	在新月沃土地区，已经有了农耕。	在卡塔·于育克和土耳其，贸易城市开始发展。	陶制工具被发明。青铜制作开始。文字出现并发展。在美索不达米亚建立了城市。	
随着气候的回暖，大冰山开始融化，海平面上升。	 ↑ 科罗维斯尖头石	可能是经由土耳其，耕种技术传到东欧。	在西欧，石头建筑与其他的巨型雕塑变得常见了。	最早的石制品变成了工具与武器。
智利的人类用树木和皮毛建造了房屋，这是在美洲有聚居地的第一个证据。	大平原地区的科罗维斯文明的人类使用尖石矛打猎。	→ 棉花	墨西哥的农民种玉米作物。其他的谷物在北美地区传播。	墨西哥的奥尔梅克人建造了该地区的第一座大城市。

3

巴宁格陨石坑

巴宁格陨石坑是北美最大的陨石坑，据说，坑中可以安放下20个足球场，四周的看台则能容纳200多万观众。

殖的过程中，由于新个体的基因来自两个不同个体的组合，生命产生变异的几率才会大大增加，这就为生命的进化创造了更多的机会。所以，有性繁殖出现之后，生命进化的速度大大加快了。

科学家们发现，从大约35亿年前开始，陨石撞击地球的频率开始平稳下降。但是，到了大约4亿年前，地球又开始频繁地遭受陨石的撞击，甚至恢复到了35亿年前的水平。人们普遍认为，陨石撞击带来的只是毁灭和死亡，但研究人员发现，灾难也可能成为历史进程的另一种促进因素，因为它造成的"生存压力"可以迫使地球生命加速朝新的方向进化，使得生物适应环境的能力逐渐增强，新物种也随之不断涌现。因此可以说，一场生命的浩劫，也是一场生命获得重生的契机。实际上，陨石撞击对地球生命的演化起到了非常重要的推动作用。也就是在这个时候，地球上生命的数量和种类突然大规模增加，复杂的多细胞生物也大量出现，历史上有名的"寒武纪生命大爆发"由此形成。自此，生物机体的形体构造发生了多种多样的重大变化，也因生态环境的复杂而形成适应性，而这些全新的形体构造和适应性为海洋无脊椎动物的出现作了很好的准备。

在地球生命的演进过程中，由无脊椎动物到脊椎动物又是一个意义非凡的环节。与无脊椎动物相比，脊椎动物具有比较完善的感觉器官、运动器官和高度分化的神经系统，是更加高级的生命。早期的脊椎动物生活在海洋中。大约在3亿年前，一部分早期的脊椎动物开始成功地适应了陆地的生活，演进为"两栖动物"。两栖动物代表了生命进化历程中从水生到陆生的过渡阶段，等爬行动物出现之后，动物就可以完全脱离水环境而生存了。由水生到陆生，生物的生存空间获得重大拓展。因为陆地环境与海洋环境之间有着巨大的差别，因此相比水生动物来说，陆生动物又出现了很多新的生命特征，其中最为主要的一点就是陆地生活的动物普遍具有更为发达的感觉器官和神经系统。

在动物的进化谱系中，最为高端的就是鸟类和哺乳类动物，从生物学上来讲，人类就是哺乳纲灵长目的一个种属。与鸟类相比，哺乳动物最为显著的特征是哺乳和胎生，这就保证了后代更高的成活率和更为良好的成长。同时，哺乳动物的脑容量也更大，因此感觉器官和神经系统也更为发达。在距今五六千万年前乃至更早一些的时候，最早的灵长目动物就已经出现了。灵长目是哺乳纲动物中最为高等的类群，它们与人类有着最为密切的亲缘关系，地球生命演化到这一步，人类的身影也就呼之欲出了。

原始人类

人类到底是如何起源的？这迄今都是一个尚未完全解开的谜。至于人类起源于何时何地，就更是众说纷纭，远远没有形成大家公认的定论。

然而，不管怎么说，科学家一致认同，人类是由早期类人猿进化而来的，这一结论已经为多方面的科学研究所证实。例如，解剖学家发现，从总体来看，人类与其他高等动物特别是类人猿在骨骼、肌肉和器官构造方面有着很多基本的相似之处。胚胎学家则注意到，人类的胚胎在不同的生长阶段显示出某些动物的特征，比如说，胚胎在一个月时会有半圆形的腮，在两个月时还会出现发育不全的尾巴。人类学家对人类化石的研究更是证明，人类是由不同的类人猿进化而来的。其他领域的科学家也发现了许多可以证明人类与猿类具有密切关系的证据，比如说，猿类血液的化学成分和人类的极为相似，猿类和人类身上有共同的寄生物，猿类和人类学习的方式也很相似，等等。总之，人类决非一夜之间凭空降临到地球上的，由猿到人，其间经历了千百万年的漫长进化过程。

自 1871 年达尔文在《人类起源与性的选择》一书中提出人类可能起源于非洲这一猜测之后，随着一系列早期人类化石在非洲的发现，非洲起源说逐渐为大多数科学家所认同。当前最为认可的一种说法是这样的：古类人猿最早出现在非洲东部和南部，它们是由原始猿类逐渐进化而来的。到距今约 1200 万年前，剧烈的地壳运动使得非洲东部的大地上形成了一条大裂谷。这条大裂谷将非洲分割为东部和西部两个独立的生态环境，而在这两个不同生态环境中，类人猿走上了不同的发展道路。也就是说，东非大裂谷的阻隔成为人和猿分道扬镳的关键。大裂谷以西，依然是茂密湿润的丛林，在那里生存的猿类不需作出太大的改变，因此，它们进化的脚步就相当缓慢，至今仍停留在猿类阶段。大裂谷以东的情况则截然不同，由于地壳的巨大变动，树丛大面积消失，取而代之的是广袤的草原。在这种情况下，大部分与现今猿类同一祖先的原始族群因为不能够适应新的环境而灭绝。但是，在这些以往惯于攀爬的猿类当中，也有一小部分渐渐适应了新的草原环境，它们不仅避免了灭绝的危机，而且在动物王国的千百成员当中脱颖而出，最终进化为人类。

在非洲早期人类化石的考察中，来自英国的利基家族作出了重要的贡献。路易斯·利基（1903 ~ 1972 年）原本是一位赴肯尼亚的英国传教士的儿子，不过，他自幼对考古非常感兴趣，便决心在东非寻找遗存的早期人类化石。1931 年，利基在坦桑尼亚奥杜威峡谷发现了一些原始手斧。据推测，这些手斧是由生活在大约 100 万年前的早期人类制造的。这个发现鼓舞了利基和他的家族，他们更加积极地进行科考。但由于利基身兼数职，再加上资金缺乏，他在其后 20 多年里在寻找人类化石方面进展甚微，直到 1959 年一个巨大突破的出现。这个新的发现不是利基本人而是由他的妻子同时也是他的工作伙伴玛丽·利基完成的。玛丽在坦桑尼亚一个遗址进行仔细搜寻

火的出现

约在 160 万年前，一些原始人已经掌握了一门全新的技术。他们学会了如何使用火，这极大地改变了他们的生活——他们能够烹饪食物，而不是吃生肉与植物；在冬天里，他们能够使得漏风的洞穴与躲藏地变得温暖；热与光还可以被用来防御动物。火的出现意味着他们比更早的原始人过着更为安全舒适的生活。

掌握火的原始人大约 1.5 米高。与先前的原始人相比，他们的大脑更大，四肢更长，更像现代人类，科学家们把他们称为"直立人"。直立人制造的工具比以前的原始人更好，他们发明了手斧，这是一种有着两个锋利的刃的锐利的石头工具。手斧用来砍肉，因此直立人能够更有效地宰杀动物。这使得他们有着更大的动力发展他们的技术，例如发明诸如切刀这样更小的工具。

火的出现也意味着他们能够在更为寒冷的气候条件下生存下来，这使得直立人比以前的人类走得更远。像能人，他们可能总是处于迁移的状态，搭建暂时的宿营地作为打猎和采集的基地。一些居住地可能是季节性的，在春夏季节，当水果、叶子和坚果丰富时，他们就居住下来。但是直立人走得更远，走出了他们的出生地非洲，定居在亚洲与欧洲。

直立人学会使用火是巨大的技术进步。

奥杜威峡谷遗址

位于东非塞伦格迪平原的奥杜威峡谷是最重要的古人类遗址之一，包括能人在内的几种人属化石就是在这儿发现的。这使得它成为寻找人类起源的一个重要的场所。奥杜威峡谷遗址包括了从10万年前到200万年前诸多化石的遗址，最古老的化石深埋于最深的岩石中。从粗糙的鹅卵石到石斧，散落的工具就在制造这些工具的生物的尸骨旁边。

的过程中，发现了一些看上去像是人类的牙齿和头盖骨碎片的化石。她把所有碎片拼凑在一起，并进行了年代测定，结果竟发现这是一个近乎完整的头盖骨，属于一个生活在180万年前大致与人相似的动物。由于玛丽发现的这一头骨下颌和牙齿很大，报界很快就把他称为"核桃夹子人"。

然而，"核桃夹子人"其实并不是人，而是一种能够直立行走的高级猿类。不过，仅仅两年之后，路易斯和玛丽的长子乔森纳·利基就发现了一个同样生活在180万年前，而其脑容量却比"核桃夹子人"大得多的灵长类的头骨遗存。乔森纳判定，这个头骨的所有者应当属于"人"类而不是"猿"类，他就是现代人类的直系祖先，乔森纳甚至还将他命名为"有才能的人"。

1972年，利基夫妇的次子理查德率领的一支队伍在肯尼亚发现了另一个属于人类的头盖骨的碎片，这一头盖骨比其兄长发现的那个头骨更加完整，也更加古老，其生活的时间距今大约200万年之遥，这就将人类起源的时间又往前推进了一步。当然，理查德的发现远非终点，两年之后，即1974年，美国人康纳德·约翰逊率领的考古队在埃塞俄比亚发现了一个生活在大约325万年前的直立行走的女性类人猿的部分骨架，因为他们在清理这个类人猿骨架的时候，收录机中正播放着甲壳虫乐队的歌曲《带着钻石的露西在空中》，约翰逊就随兴将这个类人猿骨架命名为"露西"。"露西"的发现告诉我们，人类的起源时间可能会更早。同时，"露西"的存在还表明，两足行走之后，解放出来的双手并没有立即用来制作和使用工具，而是在脑容量增大之后，类人猿双手的作用才得以充分发挥。一些古人类学家现在认为，脑容量的增大首先是作为一种生物学上的优势而存在的，因为较大的脑容量可以更好地调节直立类人猿的体温。由此我们可以看到，"自然之母"在设计人类的进化履历之时并非高瞻远瞩，把双手解放出来固然可以用于工具的制造，但这种情况在一二百万年后才开始出现。不过，尽管如此，直立类人猿在生存斗争中较其他猿类仍占有明显的

猎人的武器

到冰川期晚期，武器已经发展起来了。当食物稀少时，猎人承受不起猎物的逃跑。因此尽管矛头和鱼叉头仍由石头、鹿角与骨头做成，但它们被精心地打磨，很好使用。

→鹿角做成的尖状器

猎人们利用鹿角制造致命的鱼叉尖头。通过打凿一边的槽口，然后磨好，他们就制造出带刺的尖头。其优点在于：掷向动物时比较容易，当动物跑时，不会溜开。现在北极的猎人仍使用这种带刺的尖状器。

←修理矛

北美科罗维斯尖状器的石矛头是耐用的。但是木柄容易破裂，猎人们得经常换柄。他们通常劈开柄，塞进矛头，用筋绑好结合处。

优势，例如，它们可以用双手抓取食物，拿着食物逃跑，寻找隐蔽处食用，这比四足行走的动物用嘴来携带食物要方便得多。

因为早期的人类化石大多是在非洲南部发现的，所以研究人员将人类进化过程中的第一个阶段命名为"南方古猿"。然而，这一命名很容易让人产生误解，因为它们虽然被称为"古猿"，可实际上却并非猿猴，而是原始的人类，南方古猿与现代人类同属于灵长目的人科。与现代人类相比，南方古猿的特点是身材非常矮小，大约有1米高，体重在25到55千克之间，而且其脑容量也仅仅有大约500毫升，这与现代人类所拥有的平均1400毫升的脑容量比起来相差甚远。可即使这样，研究人员经过对他们头骨的仔细分析，还是推测他们已经具有了一定的语言交流的能力，并且以南方古猿当时的智力水平，已经完全可以进行复杂的冒险活动，他们经常会跑到很远的地方去寻找制造工具用的石头，考古学者还找到了他们制作的砍制工具、刮刀以及其他加工食物的工具。南方古猿就是这样运用自身的智力和工具一代一代地生存和繁衍下来，并且逐渐扩大生存领地，其足迹广至东南非洲的大部分地区。

南方古猿在漫长的岁月中不断地进化，到了大约100万年前，他们在地球上消失了，取而代之的是具有更高智力水平的新的原始人类。当前，科学家们一般将南方古猿之后的人类历史分作能人和直立人两个阶段。能人与现代人类更为相近，他们制造工具的技能也更为成熟；而与能人比起来，直立人的进步要更为显著。

直立人在距今250万年前至20万年前活跃在地球上。从体质的角度看，直立人与其前辈南方古猿的区别很大。南方古猿的身高仅仅有1米多一点，直立人则与现代人类的身材相近。更为重要的是，直立人的脑容量比南方古猿平均要多出大约一倍，达到了1000毫升左右，而且相关的化石证据还表明，直立人大脑的形状已经朝着我们现代人的大脑方向进行演化。因此，他们能够制造更为复杂的工具，除了简单的砍制工具和刮刀之外，他们还制造了能用来切割的刀具和手斧，这些工具不仅在狩猎和处理食物的时候非常有用，还能够用来保护自身不受野兽的侵害。

此外，直立人所取得的一个意义极为深远的重大进步是懂得了如何很好地利用火，他们用火

露西

这是目前发现的最完整的生活在超过300万年前的一个人种的骨骼复原图。考古学家们给它取名"露西"。骨骼显示它是一个瘦的女性，身高超过1米，体重大约27千克，能够直立行走。纤细的身材与直立的姿势表明它比其他南方古猿更类似人。

从燧石中去除薄片。

仔细地打磨棱角，手用皮保护。

把尖头放在劈开的木棍中。

制造尖状器

猎人用鹿角做成的槌打击一块大的燧石，把每边的碎片去掉，一直到石片厚度合适。然后他们再用尖状鹿角打磨尖头边缘周围，去掉碎石，制造出锋利的刃。之后，他把尖状石放在劈开的木棍中，用筋绑好。随后他用骨槌打击尖头的底部，去掉薄片，制造凹槽的形状来适应柄。

大事记

*公元前1万年，纳图夫文明在西亚发展起来。人们建造圆顶的石屋，捕猎山羊并采集野生的小麦。

*公元前9000年，亚洲人口开始增多，人类开始从事新的生活方式，如放牧。

*公元前9000年，美洲的人类开始捕猎各种小型动物。同时逐渐演变出一种居所稳定的生活方式。

*公元前5000年，美洲的工具更加专业化，发明了磨石用来加工植物食品。

*公元前3500年，北美的人类开始在永久性的村子里生活。

来烹煮食物和取暖，也用火来防范大型动物的攻击。因为火的使用，人类的食物质量得到了极大的改善，生存条件也有了相当大的提高，在这种情况下，人类的体质和智力都有了显著的进步，人类的数量也开始大幅度增长。

直立人还有一项伟大的发明，那就是对语言的应用。最近科学家对直立人的喉部进行的复原研究表明，当时的直立人可以发出我们现代人能够发出的大多数声音。另外，尽管语言没有留下任何直接的化石遗存，但几乎可以肯定的是，直立人的工具是按照一种只有通过复杂的语言交流才能够制定的规则体系来制造的。他们肯定知道如何在猎捕大型野兽以及加工、分配这些猎物的过程中进行很好的合作。而在这类合作中最为突出的一点，就是在食物采集和食物加工的过程中确立了互利性的男性和女性角色。这种协同合作的程度，反映出直立人的智力水平和语言能力都达到了新的高度。

直立人拥有了功能更为强大的工具，学会了使用火，也掌握了较为复杂的语言，这些优势使得他们对自然环境的适应能力迅速增强，由此，他们生存的地域也越来越广。南方古猿从未走出过东南非洲，而直立人的足迹已经远远越出了这一范围。大约在 200 万年前，直立人已经迁徙到北非、欧洲、西南亚、南亚、东亚和东南亚的广大地区。到了 20 万年前，在整个东半球所有的温带地区，他们到处扎根生存，并继续在体征上朝我们现代人一点一点地靠近……

当然，人类发祥地的非洲起源说仅仅是多种人类起源假说当中最为通行的一种，事实上，当前尚未有足够的证据说明非洲是人类唯一的发祥地。在非洲之外，呼声最高的观点就是将亚洲视作人类的另一发祥地，不过，这种观点同样缺少足够的化石证据来支撑。总之，有关人类起源问题的研究尽管已经进行了 100 多年，但是从某种角度来说，这一方面的研究当前仍处于起步的阶段，更为重大的发现尚有待于后来者更进一步的努力。

尼安德特人

典型的穴居人通常被描绘为有着大骨头、眉脊发达、面部不明显的矮壮的人种。我们所知的，7 万到 3.5 万年前，生活在欧洲和中东的尼安德特人看上去更像这样。在原始人中，他们是我们最近的亲属，由于有着和我们差不多的脑容量而比较聪明。事实上，由于尼安德特人与我们现代

尼安德特人的生活

在尼安德特人生活的大多数时间中，欧洲与亚洲处于冰川纪。尼安德特人不得不适应严寒，用兽皮做衣服，寻找躲避所。这些生活必需品与他们较大的大脑结合在一起，使得他们更具有发明能力与适应性。

砍砸器

刮削器

穿孔器

← **尼安德特人的工具**
尼安德特人发明了各种工具用来刮、切、剁、割。这些技巧经过了许多代的发展才完成。

花粉粒
在显微镜下研究史前的花粉，科学家们发现如榿木、桦树、橡树以及榆树生长在尼安德特人生活的地区。

↑ **尼安德特人的墓穴**
在法国圣沙拜尔的一个墓穴中发现的骨架呈弯曲状。这意味着此人患有关节炎。

埋葬

一群尼安德特人安葬他们一个死去的同类。当哀悼者旁观时，两个尼安德特人把花粉和花仔细地撒在死者的身上和周围。同时放置动物的角，以此为坟墓做记号。像这样的安葬是已知的最早的祭奠仪式。

人类如此相似，以至于一些科学家把它们归入我们的种类，属于人类的一个亚种（早期智人尼安德特人）。其他的科学家单独把它们归为一个人种（尼安德特人）。

尼安德特人用他们的智慧制造工具发展技术。尽管他们的工具仍然是石头做的，但是它们已经专门化了，如凿子、钻孔器。他们通过小心地凿石头制造工具。要制造锋利的、大小合适的薄片，尼安德特人的工具制造者们需要技巧、耐心以及丰富的实践。

有关尼安德特人最令人感兴趣的地方来自于他们的安葬地，从法国的道格纳到伊朗的扎格罗斯山脉，已经发现了好几处。这些遗址显示他们的尸体被仔细地保存在洞穴中，动物的角、骨头等被精心地放在他们的周围，可能是作为安葬仪式的一部分。像这样的遗址使得现代的考古学家相信尼安德特人是第一种发展出安葬仪式的原始人。安葬地点也为科学家们提供了大量的证据，使得科学家们可以研究出这些人看起来像什么样——从他们矮壮的身躯到他们头和脑的大小。

一些骨骼显示了死者骨头疾病的症状，如关节炎，已经得病好多

穴居的女人

像这个妇女一样的尼安德特人可能是学会照顾病人与受伤者的第一种原始人。这就延长了那些面临众多早逝情况的个体的生命时间。

↑ **尼安德特人的居住地**

尼安德特人的家园从法国、德国扩展到东边的美索不达米亚。在冰川纪，东部和西部的尼安德特人被分开了，但是这两群尼安德特人仍制造相同的工具，并按照相似的方法安葬死者。

大事记

＊100万年前，直立人在欧杜瓦伊峡谷定居。

＊100万年前，直立人发明了手斧。

＊公元前90万年，直立人出现在爪哇中部。原始人的长距离迁徙表明他们适应了不同的环境。

＊公元前70万年，直立人经由约旦、雅姆克河以及以色列到达吴比迪亚。

＊公元前50万年，直立人在欧洲定居。

＊公元前40万～前23万年，直立人生活在中国北京的周口店。

年了。患有这种疾病的人是不可能出去打猎与采集的，家庭的其他成员必定得照料他们、抚养他们。由于有智力，尼安德特人可能是最早的护理者，他们照顾那些不能保护自己的亲属。在 3.5 万年前，尼安德特人灭绝了，原因未知。可能由于疾病或者被生活在同时期的克罗马农人——一种早期智人——灭绝，新的证据表明尼安德特人曾与克罗马农人通婚。

智　人

　　直立人拥有了有效的工具、火、智力和语言，生存空间遍布了非洲和欧亚大陆，但仍在不断地演化着，这个进化过程仍相当缓慢。最终，他们也像南方古猿一样，在智力水平更高的人种出现后，也就是大约 20 万年前，在地球上永远地消失了。从那时起，地球上出现了"智人"，即"智慧的人"。古人类学家认为，在直立人和完完全全的现代人人种之间有两个过渡性的智人阶段——原始智人和尼安德特人（生活在 20 万年前到 4 万年前），这两者都属于早期智人，而晚期智人的身体特征则基本上和现代人一致，所以通常就将他们称作现代人。一般来讲，新石器时代以后，即距今大约 1 万年前到现在的人类都被看作是现代人。

准备使用的兽皮
打猎来的动物不仅仅是肉的来源。大型动物的皮可以取下来，清理干净修理好。然后它们被制成衣服，制成遮盖物，以及简单的包和袋子。

　　早期智人的大脑与我们现代人的大脑容量已经很接近，更重要的是，他们大脑的结构也与现代人的非常相似，用来对事物进行反应、注意和思考的大脑前半部分特别发达。虽然智人没有野兽那样的利爪、坚喙、犬牙等天生的保护器官，也没有巨大的力量，但智人却拥有其他动物远远无法企及的非凡智慧。这就为智人的生活带来了无可比拟的优势，使得他们能够以前所未有的智慧来面对激烈的生存竞争。这种生理上的特征也使智人能够更好地认识周

早期的打猎者
　　早期智人生活中最重要的事情就是寻找食物。有些人群在草原上捕猎羚羊群。其他的人尾随山羊或野羊到山上，或者到海边捕猎海豹与其他海生物。

← 海豹
　　对生活在海边的北方人来说，海豹等是有价值的猎物。这些动物可以提供肉类、兽皮、骨头（用来制造工具）以及鲸油。

↑ 骨雕
　　人类是唯一的艺术家，早期的猎人喜欢雕刻他们打猎得来的生物，而动物的骨头就是理想的材料——足可以用来雕刻，而且又有一定硬度。

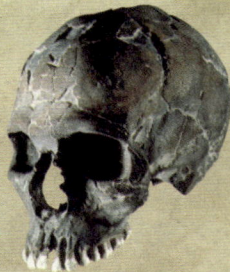

→ 以色列卡夫扎遗址的头颅
　　这是令考古学家疑惑不解的几种头颅之一。专家们不能确定这是尼安德特人的，还是智人的。最新的研究表明，这是两种原始人一起生活并杂交的种类，因此像这样的人种具备两者的特征。

围环境，找到更有效的利用资源的方法，并通过彼此交流与合作来完成日益复杂的工作。研究人员还提出，智人在躯干与四肢骨骼上的特征是：充分适应了直立姿态，走路时两足交替跨步，这也为智人的活动提供了充分的便利。近来，在发现智人化石的一些地方，还同时发现了很多河马、羚羊等动物的骨骼以及多种相当先进的石器。这充分说明，智人当时主要的食物是肉类，而且捕猎的水平还非常高。

考古专家还发现，当时的智人已经有了相当复杂的行为，这些信息来源于智人的化石。有些智人的头骨上有刀痕，有些智人小孩的头骨还有着非常明显的光泽，这是由于骨骼被人们用作装饰品或者器皿，经常被触摸造成的。专家们认为，当时的智人之所以保留儿童的骨骼，可能是他们把这当做一种纪念儿童的形式。这也说明人们对死亡已经产生了某种认识和感情上的反应，其他非人类动物则不会有这样的行为。

智人超凡的智力使得他们的生存能力大为加强，可以适应更多样的气候环境，种群遍布世界各地。大约在10万年前，智人就已经"独霸"了整个东半球，居住在非洲、欧洲和亚洲温暖的地带。此后，智人又很快地越过了气候温和的区域，成群结队地迁移到越来越寒冷的地方，靠着他们的智慧，智人可以用动物皮毛制作衣服，建造有效的藏身避寒之所，来抵御严寒。

人类在自然界中的竞争能力越来越强大，因为人类拥有非凡的智慧，能生产出各种各样有效的工具。同时，他们的繁盛给其他生物带来了巨大的压力。由于智人的大量增加，世界上很多大型动物都遭遇了灭绝的悲惨命运。例如，美洲的猛犸象、乳齿象，欧洲的猛犸象和多毛犀牛，澳大利亚的大型袋鼠等。

研究人员认为，这些物种的灭绝一方面是因为地球气候变化所引起的自然环境的改变，使它们不再适应，另一方面就是人类的狩猎活动加快了它们的毁灭速度。从智人出现在地球上的那一天起，他们就成为自然界最强大、最有竞争力的生存者，因此，那些体形庞大、智能较低的动物的"在劫难逃"，也就不难理解了。

人类的体型
早期智人的体型与现代人看起来相似，除了他们身材矮一些。他们直立的身材可以使他们适应两腿行走。

← 早期人类的遗址
到3.5万年前，早期的人类跨越了非洲绝大多数地区。他们发展出不同的生活方式和工具以处理不同的情况，并利用发现的不同的材料。例如北非的人类制造出相当精致的石刮器和手斧，这些与欧洲的尼安德特人制造出的工具相似。然而在南部，许多工具是不太精致的石刮与尖石，但是仍然很锋利。

玛格哈里特 爱尔豪德山 撒哈拉沙漠 纳兹内提—哈提尔 非洲 狮子城 戴尔达瓦 奥姆 维多利亚湖 坦噶尼喀湖 尼亚萨湖 印度洋 大西洋 喀拉哈里沙漠 彼得斯堡 弗洛里斯巴德 非洲智人遗址 克莱西斯河口

大事记
* 公元前15万~前12万年，我们最古老的人种——古智人出现。
* 公元前10万年，现代人类在非洲开始出现。
* 公元前10万~前7万年，南部撒哈拉的非洲遗址表明有现代人类居住。直立人仍然存在，但逐渐为早期智人所取代。
* 公元前10万~前4万年，撒哈拉地区比现在冷。原始人穿越撒哈拉到达北非。
* 公元前7.5万年，北半球的冰盖开始变大。

最后，专门介绍一下尼安德特人，尼安德特人属于早期智人的一种，简称"尼人"，之所以这样取名，是因为 1856 年，考古专家在德国尼安德河的尼安德特谷地发现了他们的骨骼化石。最值得一提的是，"尼安德特"一词现在经常被当作"原始"和"愚蠢"的意思，但研究人员分析，在遗传学方面尼安德特人与现代人几乎相同，就好比现代人各种族之间的区别。换言之，尽管尼安德特人的胸围比我们现代人要宽，其颅骨形状与现代人有所不同，他们的前额仍像猿类那样呈斜坡状，但是，他们身体的整体轮廓已与现代人基本一致了。

尼安德特人制造工具的技术相当高超，而且打猎技术也是一流的。他们可以用石头制成近 60 种不同的专门工具，包括刀、凿、钻孔器、矛头等，还能用骨头制成比较精致的工具。另外，尼安德特人已经知道用树枝来搭建栖身场所，或者寻找洞穴蔽身，也懂得了用火取暖。尼安德特人对自己狩猎技术相当自信，以至于他们形成了这样的习惯：不是见到所有的动物都捕杀，而是只捕猎其中一种猎物，比如熊或鹿。更值得一提的是，一些尼安德特人会以一种尊敬的方式来埋葬死者，他们甚至还会用食物和用品来陪葬。显然，他们的行为当中已经出现了人类文明社会的影子。

人类的出现与进化

人类是自然选择的产物。回顾人类进化的历史，大约 200 万年前，最早的原始人类出现，从那时开始，他们朝着我们现代人一步步地进化。原始人先后经历了直立行走、制作工具、学会狩猎、学会用火、掌握语言等重要的过程。在这个过程中，人类的体质逐渐增强和改善，大脑也变得越来越发达，从而使人类距离兽类越来越远，而距离现代人越来越近。

原始人前肢的解放，双手的进化，使他们拥有了高度的控制能力和操作技巧。这种能力和技巧除了依赖手本身的结构以外，更重要的是大脑的控制和指挥能力。无论肢体如何适合具体操作，如果缺少神经系统的有效指挥，它们的价值将不复存在。只有大脑和肢体的相互配合，人世间众多的美好事物才能够被人们创造出来，人类才能够更好地驾驭他们生存在当中的这个世界。

人类最伟大的单项发明——语言，是交换复杂信息时无可比拟的媒介，也是社会参与的重要部分。交流是所有动物沟通的桥梁，但动物并不具备语言交流的本领，唯独人类能够运用语言交流。例如，昆虫社会通过身体发出的特定化学物质来交换信息，从而形成自己的一套交流体系，这是它们能够进行复杂劳动的基础。鸟类和哺乳动物主要采用声音来进行交流，当然身体的姿势和动作也能够传递信息，例如，歪脑袋、弓背、竖毛——这些都是动物传递信号的方式。但是，人类与其他动物不同，我们的语言拥有大量的词汇和复杂的语法结构，正是语言的运用，为我们具有高度文明的现代人的社会发展打下了坚实的基础。

不过，我们人类所拥有的并不仅仅是语言和高智能，在此之外，我们还拥有正义感、审美愉悦、非凡的想象力和敏锐的自我意识，等等，而所有这些共同创造了一种无法言说的微妙的存在，那就是人的精神与灵魂。

从更为广阔的视野来看，人类是

| 南方古猿 | 能人 | 直立人 |

语言的产生

语言是伴随着人类的发展而形成的，是在劳动和生活中产生的。语言自从形成之初，不同部落、不同人群之间就存在着差别。在现代人种形成的同时，不同的语系也渐渐形成了。在生活和劳动中，同一或相邻地区的人群中，对各种各样事物、感情的表达方式日趋接近，其发音的声带振动方式也逐渐趋向一致，并被一代代流传下来，从而形成了不同的语系。如分布于亚洲东部的汉藏语系，包括了汉语、日语、朝鲜语等；分布于西亚和北非的闪含语系，包括阿拉伯语、古埃及语族、库希特语族等；分布于东南欧至印度的印欧语系，包括印度语、斯拉夫语、日耳曼语、希腊语等，该语系是当前世界上使用国家最多的一个语系，欧、亚、非、美、大洋各洲将近 30 个国家使用这一语系的语言。其他的语系还有突厥－蒙古语系、芬兰－乌戈尔语系等。

地球上数以百万计的物种当中的一种，其进化也离不开生物进化的总体框架。大约 35 亿年前，地球上出现了最早的生命——微生物。从微生物到高等动物，这期间经历了漫长的进化过程，在这漫长的进化历程当中，曾先后有多个物种占据过主导的地位，例如史前的恐龙。然而，自人类出现并成长起来之后，地球上就再也没有第二个物种能够与人类争雄，人类当之无愧地成为地球上独一无二的统治者，并且其统治的广度和深度远非此前任何一个物种所能企及，而且这一状况将持续下去。

人类当年在非洲大草原刚刚诞生之时，与其他的动物相比并没有强大的优势，为什么今天却成了地球上独一无二、高居统治地位的物种呢？那是因为人类具有独特的、超强的适应环境的能力，人类不用经过生理上的突变就能很好地应对周围的环境。生活在寒冷地带的兽类离不开厚实的皮毛，生活在沙漠地区的骆驼需要有驼峰，生活在水中的鱼类需要有鳍……人类虽然并不具备那些相应的器官，但是却可以通过自身创造出来的物品，也就是经过新的非生物学的途径，来更好地解决这些问题。当人类运用其超凡的大脑去适应所处的环境，而不是像其他动物那样任由环境来改变自身特征的时候，人类就已经远远超出地球上的其他物种而高高在上了。

万千地球生命，人类是最高的成就，因为人类具有最为独特的智能和最为独特的思想，人类的出现使得这个世界为之面貌一新。从宏观的角度来看，人类的出

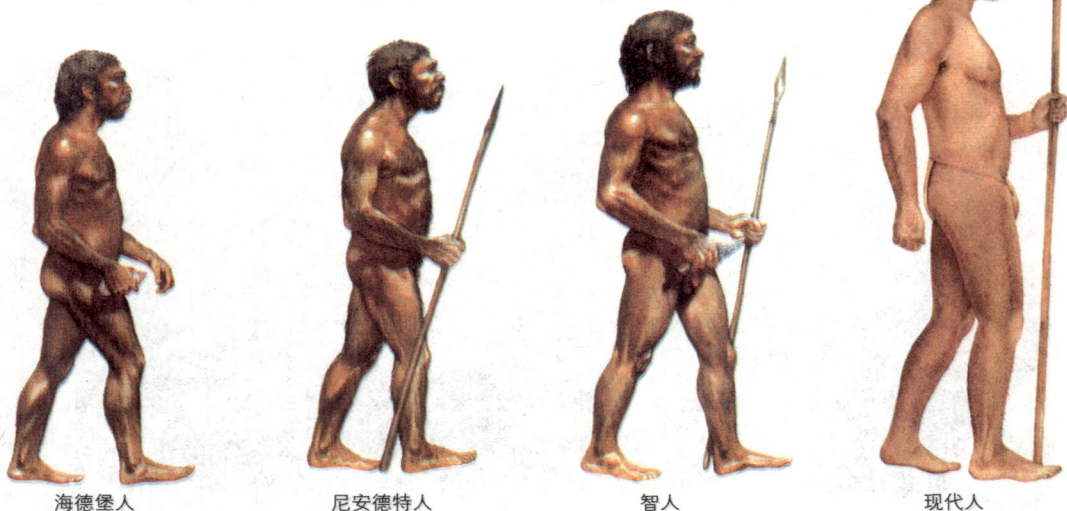

海德堡人　　　　尼安德特人　　　　智人　　　　现代人

现是地球发展进程的第二大转折点。第一大转折点是生命从无机物中脱胎而出，在此之后，生物种类都通过适应其生存环境，以基因突变和自然选择的方式来进化，如果一个物种的基因突变符合自然选择的要求，它就会逐渐地变得发达和繁盛起来。其实这种进化模式也是人类由更新世灵长类动物一直进化到智人这一历史时期所经由的道路，但是随着现代人类的出现，这一进化过程发生了变化，因为人类可以依靠智能，而不是改变自身的基因去适应环境。今天，随着认识世界和改造世界的能力不断增强，人类已不仅仅能够改变自身所处的环境，甚至还能够按照自己的意图去改变自身的基因，这样一来，地球生命演进过程中的第三个划时代的转折点也为期不远了。

解开史前谜团

寻找有关史前文明的证据就像做一场大型的七巧板游戏，而这七巧板的绝大多数碎片都已丢失了。现在几乎没有留下什么生活在几千年前的史前人类的东西，考古学家得仔细地研究留下的历史碎片，以探求古代人类是如何生活的。有时候，史前人类所留下的是一些破碎的陶片、房子的遗址，或者是偶尔的工具与武器。考古学家们只能对这些残存物进行研究。

即使发现了大的遗址、环形队列石头或者古代城市的遗存，也是疑问多于答案。这些石头队列表示什么含义？谁统治第一座城市？人类是怎样学会制造青铜器的？为什么人类要在石壁上画画？诸如此类的问题现在还困扰着考古学家。有些他们或许可以给出回答，但是一切都没有定论。

墓穴经常可以为考古学家提供一些有关史前谜团的线索。它们是时间的容器。在许多时候，埋葬人时陪葬一些财物是一个习惯，考古学家们称这些为殉葬品。这些东西可以告诉人们许多有关死者生活方式、工作与财富的情况。它们也能够揭示一些当时的信仰，这是由于陪葬品被认为是为了来世使用的。这些发现表明史前人类相信死后的生活。一些最好的证据来自于人体自身，例如，通过观

陪葬的坛子
一些史前人类把死者放在柴堆上，点燃柴堆火化尸体。燃烧的灰烬以及骨头被埋在像这样的坛子之中。

死亡与葬礼
当考古学家挖掘墓葬时，他们很少知道将会有什么发现。或许只有一个骨骼，或许有大量的陪葬品。无论他们发现什么，那些在地下数千年的东西都将是残破的。

→ 陪葬品
陪葬品常会揭示技术传播的情况。例如，这些在保加利亚瓦尔纳的一个墓地发现的陪葬品表明，它们的主人已经知道如何加工金属。

← 图伦男子
埋葬在沼泽的尸体由于与空气隔绝而保存下来。皮肤、头发甚至衣服都被保存了几百年。图伦男子在丹麦的沼泽被发现，时间约在公元前251年。

↓ 带出入口的墓地土墩
一些公元前3000年前的带出入口的墓地在北欧和爱尔兰被发现。在小丘的中央位置有个通道可以到达墓穴。

隔成房间的坟墓

这一类型的坟墓在史前的欧洲很常见，它通常包括几个安葬者。坟墓揭示了古代社会的许多情况。例如，统治者或者富人的墓穴通常修建得与别人不同，它建得更精致，或者有更多的随葬品。

考古挖掘

考古学家正在挖掘一处地点，对不同的平面进行研究。骨架比它之上的定居地遗迹处于更早的土层。考古学家小心翼翼地挖掘，用的是松软的工具，如泥铲子、刷子，以避免对文物造成破坏。最为重要的是，他们对所发现的每一件东西都详细地记录在案。

察人的骨骼——一个训练有素的研究者能够粗略地知道死者死时的岁数、性别，同时也有可能估计死者多高，判断一些有关体质、生理发展与力量的情况。通常，考古学家也能通过研究牙齿和对骨骼做一些化学实验，来知晓人的饮食。有时候，甚至会知道人的死因，因为一些疾病——如关节炎——可以通过检测骨骼而知道。

对古代坟墓特征与内容的研究能够为计算人安葬的大概日期提供足够的证据。诸如骨头的状况、安葬的方式以及在棺椁中发现的陪葬品的类型这些要素，都有助于确定安葬的时间。尸体葬在地下多深也是一个线索。埋得越深说明时间越久远。例如考古学家进行垂直挖掘，经常可以看到按照历史顺序排列的层层累积的东西，从最早的到最近的，几乎像一个时间谱。

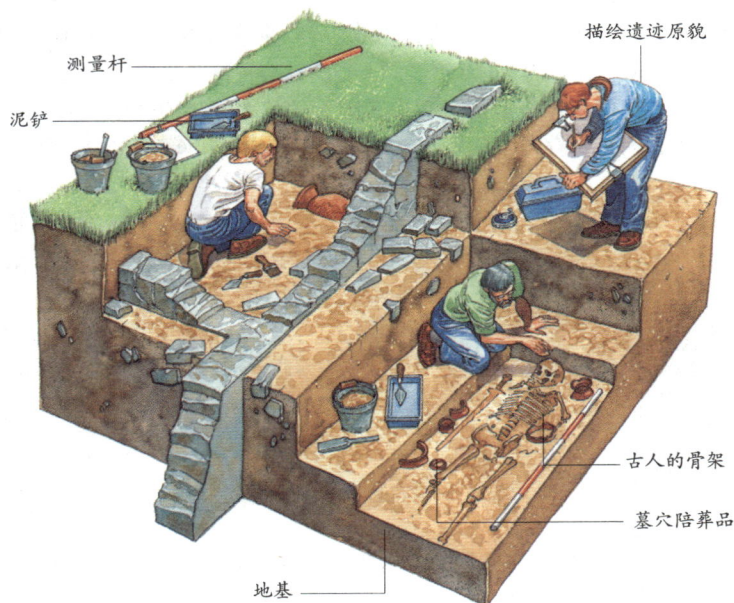

测量杆

泥铲

描绘遗迹原貌

古人的骨架

墓穴陪葬品

地基

↓挖墓

当挖掘尸体时，考古学家必须非常地小心。这并不是仅仅因为它们脆弱，而且因为它们是真人留下的，因此应该以尊敬的心情对待它们。在法国莱塞济的一座墓穴中，考古学家们缓慢地工作来移动这一堆人骨，它至少已经1万岁了。

时期与计算年代

史前的人类生活在几千年甚至百万年前。然而，由于他们没有留下文字的记载，考古学家们不得不依靠其他的证据来研究他们发现的遗迹的年代。他们有许多的方法，如化学分析的方法对发现的遗迹进行研究。即使这样，几乎所有的数据都是约数。遗迹越是古老，数字越是不够精确。

人类种族的形成

由于气候变化和追逐食物，人类自出现以后就开始逐步向更为宽广的生存空间扩散。南方古猿运用自身的智力和工具生存、繁衍，占据了东南非洲的大部分地区，可他们从未走出过这个区域；而直立人的足迹则已到达了北非和欧亚大陆，此后，到了大约20万年前，人类已经在东半球几乎所有的温带地区扎下了根。

大约在6万年前，人类进一步扫清了以前制约他们的障碍，生活范围开始扩大到更为广阔的地域。那时候，寒冷的气候使高纬度地带的海水冻结成冰川，这造成了海平面下降，从而使得连接亚洲和其他地区的大陆桥渐次显露出来。于是，小股的人群开始跨越这些大陆桥，在印度尼西亚和新几内亚群岛居住下来。随后，大约5万年前或者更早，人类就已经到达了澳大利亚。此后，可能从2万年前开始或者更早一些的时候，又有一些人群穿过了连接西伯利亚和阿拉斯加的大陆桥，来到北美大陆。不久，这一人群又迅速扩散到中美及南美地区，然后慢慢地遍及加勒比海群岛，直到遍布了整个西半球。到了约1.5万年前，人类的社会种群几乎出现在地球上任何一个适合居住的地方。

在人类向全球扩散的过程中，即大约从5万年前开始，人类种族也逐渐形成。人类出现种族差异的原因是生存环境的不同。非洲撒哈拉沙漠以南地区，一年之中受到太阳直射的时间长，气温高，紫外线强烈。居住在此地的人群，经过长期的自然选择，逐渐形成了一系列适应性特征，最为主要的一点就是皮肤内黑色素含量高，由此形成了黑色人种。此外，黑色人种还具有鼻子扁平、头发卷曲等与炎热的气候相适应的体征。欧洲、北非、西亚等地区，由于一年当中受到的阳光直射的时间短，气候较为寒冷，紫外线也弱，因此皮肤不需要太多的"遮光剂"——黑色素的保护，所以

躲藏处
在法国南部的阿马塔，有证据显示原始人用简单的遮盖物建立了营地。这些小屋由树枝组成，用石头压住。

古老的文明

与更早的原始人相比，早期直立人可以制造各种工具，尽管大量保存下来的物品是他们的石头工具。他们是熟练的石工，制造锋利的工具用来切肉、砍植物和划兽皮。或许他们也是制木者，用木头来建造简单的房子，以及制造矛与棍等武器。

颜料
在欧洲波希米亚的比科福，人们发现石头上点缀了红赭色，一种自然土的颜料。这些发现所属的年代是25万年前，这表明人类或许已经在装饰他们自己的身体或他们制造的东西了。他们把赭石和脂肪混在一起作画。

←双刃石器
直立人最常用的且最有用的工具是双刃石器。这种双刃石器用来砍或剁东西，拿在手里正合适，易于携带。

←直立人
直立人看起来更像现代人——除了他们那像猿的脸。但是他们没有现代人高。

在这些地区生活的人群，皮肤呈浅色，逐渐进化成了白色人种。除了肤色较浅以外，白色人种的身材较为粗壮高大，体表毛发密稠，鼻子高窄，鼻孔通道较长，这些都是与寒冷的气候相适应的体征。而北亚、中亚、北欧、东亚、东南亚、太平洋诸岛、新西兰、印度洋诸岛等地区，受到的阳光照射仍然较强，在这些地区生活的人群，皮肤里的黑色素并未丢失太多，最终进化成了黄色人种。黄色人种具有头发直而硬、胡须少、鼻宽度中等、鼻根低矮或中等、眼球呈褐色等身体特征。此外，还存在着棕色人种。棕色人种主要指的是澳大利亚土著住民，他们主要分布在澳大利亚、新西兰以及南太平洋的一些岛屿上。19世纪，澳大利亚原住民被归为黑色人种，但是，在20世纪初期，新的研究发现澳大利亚原住民与非洲的黑色人种之间存在着很多区别，由此，人类学家卡尔顿·库恩把澳大利亚原住民和一些其他太平洋岛屿上的原住民归类于单独属于他们自己的人种——"棕色人种"。当今，分子人类学研究也证实了他们遗传基因的独特性。从体征上来看，棕色人种的皮肤为棕色或巧克力色，头发棕黑色并且卷曲、鼻子宽、口鼻部前突、胡子和体毛发达。

　　总而言之，人类种族是在人类不断扩散的过程中逐渐形成的。人类到了某个地域以后，就会受到当地地理环境的影响，比如说，各人种肤色的变异就是受到地理纬度的影响，随着纬度的增高，太阳斜射越来越严重，紫外线的辐射量也越来越弱，人类的肤色也就由深变浅，由黑变白。在近代全球化交流开始之前的漫长时期里，分散到世界各地的人群逐渐适应了各自的环境，而且彼此较为隔绝，久而久之，就产生了不同的人种分化。

农业革命

　　从1.3万年前开始，人类在培育植物和驯养动物方面取得了巨大进步。这个伟大的转变是在西亚、东亚、美洲和非洲各自独立发生的。尽管它所带来的结果是革命性的，但从游牧生活向定居的农业生活的转变仍是一个渐进的过程，持续时间达几千年之久。近来的研究表明，农业并不像之前人们所认为的那样，是与城市的发展携手并进的。

　　当最后一个冰川期结束，气候变得更加温暖湿润时，人类开始种植植物以获得食物。在穿越西亚的肥沃的新月地带，早期的农民从野草的种子里发现了小麦和大麦。在中国，最初的农耕者在北方和南方分别培育了野生的谷子和水稻。而在厄瓜多尔，早期的居民在1万年以前可能就栽

↑ 直立人的居住地

这些成功的原始人从非洲迁徙到亚洲与欧洲。除了在中国的遗址外，在欧洲还有许多的遗址。绝大多数欧洲的遗址中，专家们不能确定这些定居者是直立人还是我们人种的早期形态。

大事记

＊100万年前，直立人在欧杜瓦伊峡谷定居。

＊100万年前，直立人发明了手斧。

＊公元前90万年，直立人出现在爪哇中部。原始人的长距离迁徙表明他们适应了不同的环境。

＊公元前70万年，直立人经由约旦、雅姆克河以及以色列到达吴比迪亚。

＊公元前50万年，直立人在欧洲定居。

＊公元前40万～前23万年，直立人生活在中国北京的周口店。

马的驯养

人类所驯养的所有动物中，没有哪一种比马对历史的影响更大。马最早的驯养出现在6500多年前的乌克兰，当时人们驯养马的目的主要是为了得到马肉、马奶和马皮。早期的巴比伦人用马来拉车，但却认为骑马有损尊严——或许是因为那时的马个头矮小且难以控制的缘故。尽管埃及人用马来拉双人战车，但直到大约公元前1000年，骑兵才出现。从那时起，马给人类的生活方式带来了更新更快的节奏。马加快了翻山越岭的贸易和交往，并像骑兵的出现那样，使战争发生了巨变。马是战场上最快的交通工具，直到3000多年后坦克出现。

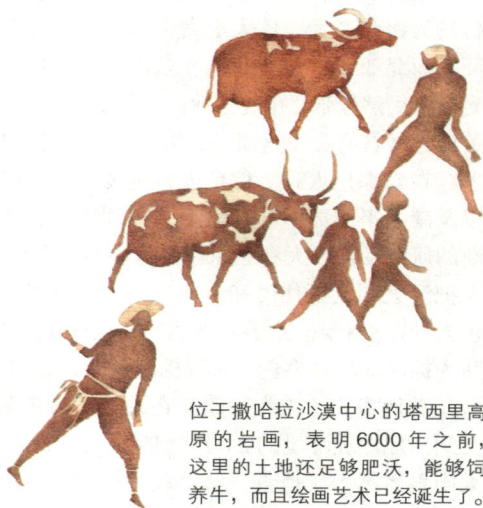

位于撒哈拉沙漠中心的塔西里高原的岩画，表明6000年之前，这里的土地还足够肥沃，能够饲养牛，而且绘画艺术已经诞生了。

培南瓜了。

植物的栽培是与动物的驯养同时进行的。在亚洲，人们驯养了绵羊、山羊和牛，而在欧洲和中国，人们则驯养了猪。尽管北美洲和中美洲没有适于驯养的哺乳动物，但南美洲秘鲁的土著却在8000多年前开始驯养豚鼠，并在大约2500年后驯养了羊驼。

在人类学会栽培植物和驯养动物后，他们并没有立刻放弃狩猎和采集等活动。叙利亚和中国在种植庄稼几千年后，他们的后代也仍然是狩猎者与植物采集者。有一个简单的原因可以解释向定居的农业生活转变为什么那么慢：当人类的人口数量不多而野生食物又很充裕时，狩猎和采摘比种植、培养和收割谷物更容易谋生。

很难解释大城市何以在这样一个变迁时期出现。学者们通常认为，最早的城市是由农业人群建立的，但是最近在土耳其发掘一个9000年前的城市遗址时发现，其居民至多算是业余农民，

食物与资源

由于脑容量更大，与先前的人属相比，直立人更善于打猎和发现新的食物种类。他们穿越非洲可能是为了寻找新的食物来源，他们既打猎也采集植物，可能猎杀受伤的动物或者吃其他食肉动物留下的肉。

↑ 朴树果
采集的坚果与水果，如朴树果为直立人提供了大部分的食物。他们不断地学习辨别哪些浆果可以食用，哪些浆果有害。

← 披毛犀
直立人尝试吃猎物的肉。他们可能吃像这种披毛犀类的大型动物，集体狩猎并分享猎物。

↑ 东图尔卡纳
靠近肯尼亚山脉与河流的东图尔卡纳是150万年前直立人的第一个家园。

他们主要是以狩猎和采摘为生。城市的数量和城市人口规模在人类完全转向农业后并没有发生太大变化，或许是养育人口的需要和过度狩猎加剧了城市的发展。面对这样的情况，农民比居无定处的人有一个更大的优势：猎人和采摘者只能靠天吃饭，农民却可以扩大耕地面积以增加粮食的产量。

在1万多年前的西亚部分地区、9000多年前的中国以及7000多年前的美洲和非洲，农业似乎已经成为那里的主要生活方式。到了公元前4000年时，一些农业人口聚居区的食物有了剩余，人们得以用粮食换取其他物品，例如工具或陶器。一旦人类走到这一步，他们就会准备向前迈出更大的一步——城市革命和我们所说的文明的建立。

学会用火的革命性意义

约在160万年前，一些原始人已经掌握了一门全新的技术。他们学会了如何使用火，这极大地改变了他们的生活。突然之间，他们能够烹饪食物，而不是吃生肉与植物。在冬天里，他们能够使得漏风的洞穴与躲藏地变得温暖。热与光还可以被用来防御动物。火的出现意味着他们比更早的原始人过着更为安全舒适的生活。

掌握火的原始人大约1.5米高。与先前的原始人相比，他们的大脑更大，四肢更长，更像现代人类。科学家们把他们称为"直立人"。直立人在其他的方面更为发达。他们制造的工具比以前的原始人更好，他们发明了手斧，这是一种有着两个锋利刃的锐利的石头工具。手斧用来砍肉，因此直立人能够

直立人
穴居的直立人准备在他们的洞前烤肉。在烤肉之前，一人在准备石头工具以切割动物，另一个看护火，两个小孩协助一个大人肢解动物尸体。

← 早期原始人的居住地——东非

绝大多数能人与直立人的早期遗址聚集在东非的肯尼亚和坦桑尼亚。那儿的岩石构造有助于保存这些化石。例如在欧杜瓦伊峡谷，原始人的骨头与工具被遗弃在河岸，后来被泥浆与火山岩覆盖保存。再以后，地理断层把岩石移开，使得化石重见天日。

地图标注：
- 白尼罗河
- 遗址
- 能人遗址
- 直立人遗址
- 奥姆
- 东图尔卡纳
- 库比佛拉
- 刚果河
- 维多利亚湖
- 欧杜瓦伊峡谷
- 坦噶尼喀湖
- 印度洋
- 非洲
- 尼亚萨湖
- 赞比西河
- 马达加斯加
- 史德克方顿
- 大西洋

大事记

＊160万年前，更新世开始。诸如马、牛和大象等动物出现。

＊160万年前，最早的直立人在肯尼亚、东图尔卡纳出现。

＊160万年前，直立人在肯尼亚的切首瓦亚定居。有证据表明他们可能已经使用火了。

＊100万年前，直立人生活在欧杜瓦伊。

＊50万年前，直立人到达北非。在摩洛哥和阿尔及利亚发现了直立人定居的证据。

更有效地宰杀动物。这使得他们有着更大的动力发展他们的技术，例如发明诸如切刀这样更小的工具。

与更早的原始人相比，直立人有着更为发达的社会技能。他们可能已经发展出简单的语言，这使得他们可以相互交谈与协作，意味着他们可以作为一个团体执行任务，如狩猎大型的动物。在打猎过程中，他们也使用火。一些考古学家认为：他们举着火把把大型动物驱赶到伏击地，这时候一大群人就会一起杀死动物。

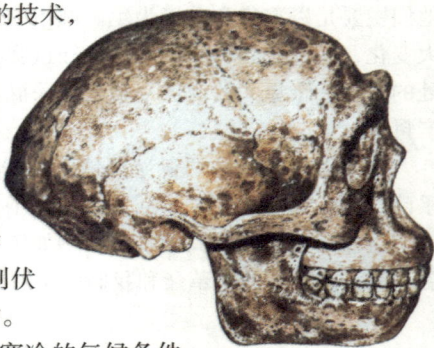

火的出现也意味着他们能够在更为寒冷的气候条件下生存下来。这使得直立人比以前的人类走得更远。像能人，它们可能总是处于迁移的状态，搭建暂时的宿营地作为打猎和采集的基地。一些居住地可能是季节性的，在春夏季节，当水果、叶子和坚果丰富时，它们就居住下来。但是直立人走得更远，走出了他们的出生地非洲，作为第一种人属定居在亚洲与欧洲。

取火棍
早期人类生火的一种方法是把干草放在钻木取火的棍上。然后通过摩擦，擦出火花点燃干草。

直立人的头颅
直立人的头颅比能人的要大要宽，这就使得大脑更大。由于直立人的颚骨向前凸，所以这一人属比现代人类看起来更像猿。

原始人是怎样遍布世界的

约在 100 万年前，世界上的野生物都在迁移中。许多热带动物开始向北、向南迁徙。逐渐地，它们离开了热带丛林，来到地球上更冷的地方。早期原始人寻找食物比较困难，于是直立人尾随热带动物在更为湿润的地方定居。为此，他们迁徙了很长的距离，从现代的非洲远到现在的爪哇、中国、意大利和希腊。

在欧洲和亚洲，直立人建立了许多可供来年返回的营地。在中国，周口店的洞穴是最著名的定居地之一。原始人在这里待了几十万年（从 60 万年前到 23 万年前），考古学家在这块遗址发现了超过 40 个直立人的遗存物。在洞穴中，考古学家发现了各种工具，包括斧头、刮刀、锥子、尖

增长的技巧
早期智人的工具和化石显得原始，但是早期人类事实上已经很聪明了。他们利用他们的能力适应不同的环境。在这一时期，人类的语言已开始发展，但不幸的是没有留下记录。

← 山羊
这种山羊生活在中东的山地地区，是猎人们打猎时常见的猎物。猎人们会把一群猎物驱赶到一个峡谷，然后尽力捕杀猎物，并共同分享猎物。

骨刀

鹿角槌　　石矛

↑ 工具
人类学会了使用几种不同的原料制造工具。假如没有适合的石头，人类就用骨头和鹿角制造刀和骨槌等工具。

石和切削工具，绝大多数是石英材料。年代越近的工具，其制作越小越精密。在周口店遗址也发现了火的遗迹。欧洲和东南亚地区的直立人的遗址中也有相似的发现。它们揭示：存在一种人类，他们采集树叶与坚果，同时也足够聪明地猎捕大型的动物。这种人随季节迁徙，假如他们不能找到洞穴，他们就用树枝与石头建造简易的躲藏地。他们或许裹着兽皮以在冬天取暖。

有一个令人不解的地方是，许多保留下的直立人头颅的底部被移动过，一些科学家认为底部被移动才会使活着的人能够取出大脑。难道这些人类是最早的吃同类的生物吗？也可能还有其他的原因，例如作为容器盛水。

另一个不解之处是直立人是怎样灭绝的。20万年以后就没有了直立人的遗迹了。人们不清楚他们灭绝是由于他们的食物供应不足，还是疾病或者其他的原始人杀死了他们。

狩猎
一群直立人一起努力在沼泽地中捕杀大象。他们正准备靠近一头大象，用木矛和木棍攻击大象。

早期欧洲人的生活

生活在欧洲的最早人类的生活是艰苦的。那时的气候比现在寒冷，食物也难以寻觅，并且在树林中潜伏着危险的野兽。人类通过不断地适应，在制造工具和居所方面不断变得熟练，从而继续生存下来。渐渐地，经过几千年，他们掌握了基本的生存技巧。

早期的欧洲人常被称为克罗马农人，其主要遗址在法国的道格纳。克罗马农人把兽皮制成衣服以保暖。只要可能，他们会在洞穴中躲避，但是自然的居所并不是容易找到的。他们学会了如何利用所发现的材料来建造简单的家。树枝提供了简单的框架，上面覆盖草皮或动物皮以避风雨。另一种方法是利用猎杀的猛犸那巨大的骨架制造框架。

克罗马农人是熟练的工具制造者。他们最好的最锋利的工具是用燧石制造的，他们可以把它

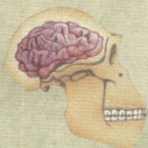南方古猿　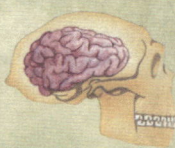直立人　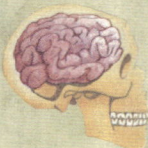智人

↑ 成长的大脑
对早期智人的研究表明：他们的大脑在大小上与现代人类相似，比早期的原始人的大脑要大许多。南方古猿——与现代的黑猩猩一样大小——的脑容量只有直立人的一半，而直立人的大脑也只有智人大脑的一半多。人类的发明创造、产生语言以及社会技巧都与大脑容量相关。

大事记
＊公元前4.3万年，智人在巴尔干定居。
＊公元前4万年，西欧的智人紧挨尼安德特人生活。
＊公元前3.5万年，尼安德特人灭绝。在欧洲，智人成为唯一的人种。
＊公元前2万年，法国和西班牙制造石器的人发现如何烘焙燧石，使其具有更好的外形。
＊公元前1.6万～前1.2万年，人类在俄罗斯和西伯利亚定居。在美兹里，人们用猛犸骨头修建小屋。
＊公元前6000年，欧洲人发展了细石器制作。

猎人的营地
早期的打猎者得走很远的路来寻找食物，但是会返回那些在水源地和有躲避所的营地。一个营地可以供同一部落或群体的成员使用上千年。

打造成针头与小刀这样小的工具。小片的石头可以被雕成尖角的针，而鹿角可用来制作诸如锤子之类的工具。

树木是另一种有用的材料。小的石头薄片可以镶嵌在树枝上，做成一个带柄的刀。矛柄也是木头的。树木还有其他的用途，诸如制成简单的容器，但是所有的证据都已经随着时间的流逝而消失了。

早期欧洲人最伟大的进展是其艺术，石刻和岩壁画告诉我们许多有关他们日常生活的情况。动物的画案表明他们狩猎猛犸象、犀牛、牛和鹿。它们的皮也可能制造人们身上所穿的衣服。女性的雕像表明人们崇拜母性神或生殖能力强的女神。这些足够聪明能够创作艺术和制造工具的早期欧洲人可能也有一个发达的社会组织。尽管他们生活在以家庭为基础的关系中，但是很有可能，这些小的群体在某一时候聚居在一起生活。他们一起生活可能是为了打猎，或者为了纪念一年中某一重要的宗教仪式。

冰川期的艺术

由于我们不知道冰川期的艺术家们作画与雕刻的原因，因此判断他们的工作意味着什么是困难的。不过这表明动物和自然世界对他们是如何的重要。洞穴中的画表明人类狩猎和食用动物的种类，也意味着他们认为哪种动物是最强壮的。这些画以及同时期小的雕刻品也为我们提供了冰川期人们信仰的一些线索。

← **鹿角做成的掷矛器**
掷矛器有助于猎人比单纯地用臂膀更快更远地投掷矛。这就使得捕杀灵敏的动物（如鹿）的行为变得容易。猎人们为他们的掷矛器而自豪，这些掷矛器是用鹿角做成的，这种材料可以雕刻，因此掷矛器常被装饰得很漂亮。

← **"维纳斯"像**
在冰川期遗址中经常可以发现女性的雕塑，她们的臀和腹部大些。考古学家认为她们是生育神，于是称她们为"维纳斯"像，取意于罗马的爱神。

→ **象牙做成的头像**
这一在法国发现的用象牙雕刻成的女性头像显示的是一个女神。从法国到俄罗斯，在欧洲的绝大部分地区，都发现了女神像，因此女神可能是冰川期宗教中最重要的神了。

稚拙又令人称奇的原始艺术

猛犸雕塑
冰川期的艺术并不总是现实的,雕刻匠经常制作令人惊讶的、有某种风格的东西。

欧洲史前洞穴壁画展示了许多的生物。它们包括成群的野马、鹿群、野牛、野生的猫科动物、鸟类和猛犸象。动物被描绘成活动的样子,好像它们正被猎人们追逐一样。它们栩栩如生,却是在阴冷洞穴的黑暗潮湿的环境中被创作出来的。冰川期的艺术家们也用泥土进行雕塑并制作塑像。他们在岩石墙上雕刻,也把鹿角和猛犸的牙雕刻为动物的模样。

雕塑品和画深藏于地下的岩洞中,以至于直到 20 世纪初,它们中的一些才被人们发现。我们不知道为什么这些画被这样隐藏起来,事实上,没有人知道为什么会制作这些画。绝大多数的专家赞同这些画的创作是由于一些宗教的原因,它们可能是被用于帮助狩猎或提高生育能力的某种神秘的仪式。有时候同一地方有着几个不同的轮廓交错在一起,这就使得一些壁画和雕刻难以辨认。专家们已经花费了一些时间在笔记本上重新描述它们,以求使得这些轮廓清晰一些。对于史前的艺术家而言,制作画的行为似乎比最终的结果更为重要,可能作画或雕刻的过程本身就是宗教仪式的一部分。

冰川期的画家利用石灰做白色的原料,炭做黑色的原料,一种泥土来做黄色,氧化铁做红色,有时候艺术家们也会制作出其他的颜色。颜料和水和在一起,画家们用动物毛发做成的刷子或者直接用手指作画。

作画者也会把染料从口中喷出,或者用芦苇描绘简单的图画。艺术家们使用油灯来照亮洞穴,有时候,在工作时建造简陋的木制框架来获得额外的支撑力。利用这些简单的技术,冰川期的艺术家们创造出对这一简单的社会而言令人惊奇的画作。

拉斯科地区的壁画
法国拉斯科的洞穴有着我们所知的史前绘画最辉煌的作品。它们在 1940 年被发现,描绘了各种动物,包括鹿和马。这些精美的、色彩明艳的画作在 20 世纪 60 年代开始受到损害,这是由于众多的访问者影响了洞穴的气温。后来这些洞穴对公众关闭了,游客们可以参观被称为"拉斯科Ⅱ"的仿制品。

→ 作画
艺术家们把土和原料捣碎,发现用水或者动物的脂肪可以把两者混合在一起。他们制造出一种容易被涂抹的颜料。他们也用木炭和石灰直接在石头上作画。

氧化铁

笔画效果

石灰粉

木炭

← 灯具
许多壁画藏在地底下黑暗的洞穴中。艺术家们使用火把或像这样的石灯,动物的脂肪在这种灯中燃烧,发出光,但是相当地难闻与微弱。考古学家们已经发现了几百个冰川期的灯具。

大事记
*公元前 3 万年,最早的欧洲洞穴艺术出现。
*公元前 3 万年,欧洲人利用动物的骨头制造出笛子。
*公元前 2.3 万年,在法国的道格纳出现了最早的洞穴画。
*公元前 2.3 万年,在法国和中欧地区出现了"维纳斯"的雕像。
*公元前 1.8 万 ~ 前 8000 年,洞穴壁画的主要发展时期。代表作存在于法国的拉斯科和西班牙的阿尔塔米拉地区的洞穴中。
*公元前 1.6 万年,用鹿角和骨头进行雕刻的艺术达到顶峰。人们生产出带雕刻装饰的掷矛器以及矛尖状器。
*公元前 1.1 万年,洞穴壁画消失。

最早的美洲人

最早的美洲人可能来自于亚洲的最北端，现在称为西伯利亚的地方。在冰川期，这两块陆地由大陆桥连接。穿过大陆桥的第一批人类发现自己来到北美最严寒、最荒凉的地方。这里几乎没有植物，他们绝大多数的食物来自打猎和捕鱼。由于西伯利亚的气候与北美相似，因此他们可以适应。一些人向南迁移，希望寻找更温暖的环境和更多的食物。

考古学家们对第一批美洲人何时到达这一问题没有取得一致的意见，比较有力的最早的证据证明是在1.5万～1.2万年前。然而，同一时期，也有许多的证据表明在北美中部存在着以打猎为生的人，考古学家称他们为科罗维斯人。他们留下了制作精美的燧石做成的矛头，现在被称为科罗维斯尖状器，这是以这些工具被发现的城市命名的。特别在新墨西哥和亚利桑那，在诸如猛犸象、北美野牛等大型动物骨头的附近发现了这些工具。科罗维斯人可能猎捕单个的动物，把它们驱赶到沼泽地，以便捕杀。

随着冰川的融化，大型的动物逐渐地灭绝了，现在也不知道其灭绝的原因。由于各种不同的环境——从大的草场到贫瘠的沙漠——在北美的发展，科罗维斯人灭绝了。活着的人类开始学会适应不同的气候，演变成不同的社会，他们的生活方

西伯利亚的征途
从西伯利亚穿过大陆桥到达北美是一段漫长艰苦的路途。我们不知道是什么使得人类开始这次征途的，或许冰川期艰苦的生活使得他们希望寻找一个食物更多、环境更温暖更舒适的地方。

大迁徙
我们如何知道第一批美洲人是从西伯利亚来的呢？一个线索是早期美洲人制造工具与武器的方法。许多削成碎片的燧石刀刃是由大块的石头而来的。他们沿着骨头的边缘把这些燧石塞到槽中制成矛头。这种设计的矛头在西伯利亚与北美都有所发现。

↓ **猛犸牙**
这些猛犸牙化石是在美国南达科他州热斯普润猛犸遗址中发现的。它们表明，最早的美洲猎人与他们的亚洲祖先捕杀相同的猎物。

↑ **科罗维斯尖状器**
北美猛犸猎人把这些制作精良的尖状器装在木矛上。他们利用几种不同的石头原料来制造这些尖状器。

↑ **编织物**
在秘鲁硅塔罗洞穴中发现的麻线残留物表明，1万年前人类已经会缝衣服了。这些碎片可能是一个包或者相似物体的一部分。

式直到最近的世纪才发生了改变。

在南美，1.2万年前，也存在人类居住的证据。在智利的维娜蒙特的一个洞穴中发现了人类火葬的遗迹。这一遗址还包括两排小屋的遗迹，小屋用动物的皮毛遮盖，以木结构支撑。小屋内有土坑用来煮饭，同时在外面还有大的、公用的炉膛。

或许在南美，维娜蒙特地区并非人类最早生活的地方。在巴西的一处石头躲避所，人们发现了一些带着图案的石头，一些科学家认为是约3.2万年前的。并不是所有的专家都赞同这一观点，有人认为是与维娜蒙特石器同年代。假如3.2万年前这一日期正确，他们有可能比在北美的人类定居更早，但是并没有留下其他可为证据的遗迹。

维娜蒙特
智利维娜蒙特地区的小屋是用木头做成的，上面覆盖兽皮，这是美洲人修建躲避所最早的证据。

贸易和城镇的出现

耕种使得一些人生活富裕、成功。他们可以用剩余的食物交换别人的奢侈品。不久，这就成为一些农耕者的生活方式，在"新月沃土"地区和安纳托利亚（土耳其的亚细亚部分），开始出现贸易城镇。绝大多数早期城镇很久以前就消失了。当泥砖建筑变得破旧不堪时，它们就被推倒，在原来的基础上，人们再建房子。这种情况发生多次，于是随着以前房子被取代，城镇的地基水平逐渐地上升。当一座城镇被最终废弃时，废墟与地基的建筑便以土墩的形式留下来了。在叙利亚和巴勒斯坦，这种古代的土墩被称为提尔（tell），在土耳其被称为于育克。

早期城镇土墩中，最为著名的一个就是土耳其中部的卡塔·于育克。当考古学家挖掘土墩时，他们发现它隐藏着一个古代城

建房
泥土可能是中东地区早期商业城镇建房时主要的原料。它能被塑模成砖状，并在太阳下晒干，外面涂上石膏防水。

← 新来者
最早的北美洲人在两块主要的冰盖间行走。由于海平面比现在低约100米，在西伯利亚和阿拉斯加之间出现了白令大陆桥。一些人也可能乘小船或竹筏沿着西海岸航行。当他们最终到达冰山边缘时，他们发现了一个巨大空旷的大陆。一些人很快向东移动，另一些人则向更南方前进。

白令大陆桥
北冰洋
阿拉斯加 — 蓝鱼洞穴
高地落拉汰冰河
罗伦太德冰原
太平洋
威尔迎孤峰洞穴
麦道克劳夫特
达顿
墨累泉
金姆斯威克
黑水源
大西洋
向北美洲迁移
海岸线（约公元前1.3万年）
墨西哥湾

大事记
*公元前1.3万年，西伯利亚的猎人穿过白令大陆桥。
*公元前1.25万年，在宾夕法尼亚的麦道克劳夫特石洞的人类是北美最早的定居者。
*公元前1.1万年，人类生活在智利南部的维娜蒙特。
*公元前9000年，科罗维斯人在大平原地区打猎。
*公元前8000年，人类的定居者已经有家狗了。
*公元前7500年，阿肯色施龙安遗迹的人类已经开始埋葬死者，这是在北美发现的最早墓地。

镇，居住着生活在约公元前7000 年到公元前 6000 年的商业居民。城镇的周围是富饶的农耕土地。城镇烧焦的遗迹显示人们种植小麦、大麦、小扁豆和其他作物，同时食用苹果之类的水果，以及杏仁之类的野生坚果。

卡塔·于育克的人们用食物和原材料与别人交换工具。一种深受欢迎的原料是黑曜石，这是一种火山自然形成的黑色矿石。在这处遗迹中，考古学家发现了一系列用燧石和黑曜石制成的不同的工具与武器。

卡塔·于育克城的房屋是用泥砖建造的。它们呈正方形或矩形，房屋紧挨着。城镇一个令人惊奇的特点是它没有街道。人们从屋顶平台沿着木梯下来，进入屋子。这种建筑方式可能是出于防卫的需要。

平坦的屋顶提供了工作的空间以及到旁边房子的路

爬上屋顶的楼梯

装饰过的房间用来举行宗教仪式

由多层芦苇、泥土和木料组成的屋顶

城镇的房子
卡塔·于育克城的房屋主要是用泥砖建造的。这种材料甚至被用来做家具，如椅子与炉膛。在房子之间少有庭院，房子建得很紧密。这就使得城市显得紧凑，易于防守，不给敌人或动物留下可潜伏的角落。

匕首
这把匕首有着长刀刃和蛇形的柄，它可能主要起装饰的作用，而不是实战的武器。

许多房子中，至少有一个房间是用来举行宗教仪式的。这些房间或者说神龛，以用石膏做成的公牛头装饰，或装饰真正的牛角。它们也有动物与人体的墙壁画，许多形体是女性的，考古学家也发现超过 50 个怀孕妇女的小雕像，这表明人们崇拜女性神。

神龛还包括一个土台，可能在某些宗教仪式中被用为祭坛。当卡塔·于育克的居民死去后，他们的尸体露天放置，其肉为秃鹰所食。然后亲属把他们的尸骨取回城，葬在这些祭坛下。

土耳其城镇的谜团
　　尽管考古学家做了许多工作，但是在土耳其中部的卡塔·于育克城仍存在着许多不解之谜。没有人知道在许多房间中的墙壁画的含义。公牛、鸟类、豹和人的形态可能是神。然而，人们不知道这些神象征着什么，或者它们怎样被崇拜。

→ **泥印**
　　带有抽象样式的椭圆形图章可能是作为印章用的。每个人都有一个不同的印章，用它来表示他或者她的财产，以作为所有权的证据。

↑ **公牛画**
　　这是在卡塔·于育克的一幅壁画。显示了一群人正在引诱一头大公牛的情形。由于公牛与男性神有关，因此它有着宗教的意义。

→ **画着鸟的墙壁画**
　　这些鸟可能是秃鹰。在一些文化中，人们把死人的尸体露天放置，直到秃鹰吃掉人肉。

陶器的发明

在陶器发明之前，我们最早的祖先使用凿空的石头容器以及编的篮子。最早的陶器可能制作于公元前 10500 年。由于制作陶器的泥土取之于大地，因此制作十分便捷。它们可以被制成各种形状与大小，装液体和干的食物。一旦人们知道如何制作陶器，他们就没有停止对它新用途的研究。

陶器的发明可能是偶然的。早期的人们在用泥土做成的灶中烘烤面包与其他食物。他们堆砌土墩，把中间掏空，在其中点火。最后有人注意到土灶内部由于加热而变得坚硬，这样，最初的陶器就产生了。

过了一段时间，有人产生了用变硬的土制作容器的想法。现在发现的最早的陶器来自于日本和中国。在亚洲的其他地区，以及欧洲和非洲，陶器的出现更晚。如同美洲的情况一样，这些地区的陶器制作技术是独立发展的。

最早的陶罐是采用螺旋过程制造的。制罐人制成一个长的、细的泥条，盘成圈，螺旋地向上来制造罐壁。另一种古代的技术是用石模来制造罐，当罐成型时，取走石模。许多年后，约在公元前3000 年，制陶工人的转轮发明了，这种工具现在仍在世界各地为制陶人所采用。做完的陶器在灶窑中用火烤，会变得坚硬。

陶器的一个优点就是耐用，保存下来的陶器为考古学家提供了证据。每个地

制作陶器

在最显著位置的制陶者正在旋转泥条来制造罐。她准备了细长的泥条，绕转着制造器皿的形状。当她对做好的形状满意时，她会沾湿手指，擦抹罐的表面，使得它光滑。她可能还会制造柄，并粘在罐的侧面。

陶器的制作

陶器最初先用湿黏土制成，再通过火烧可以变硬和防水。早期的陶工使用敞开的炉膛（左图）烧制陶器。他们在一个浅坑中涂上黏土，把新制的陶器放在坑里，覆盖上点燃的稻草和细枝，陶器在里面慢慢地烘烤，当火熄灭时即可 取出。若使用密闭炉（右图），陶工可以更好地控制烧制过程。炉口处的火可以根据需要保持燃烧，陶工把陶器堆放在密闭炉内，炉中始终保持着较高的温度。当炉子冷却下来时，陶工打开炉顶，即可取出烧制好的陶器。

区以及不同的时期都有自己风格的陶器。土的颜色、罐的厚度以及装饰的风格，各地、各个时期都不一样。考古学家从陶器的一部分就可以知道它是何时何地生产的，因此他们可以对发现陶器的遗址确定日期。有着外国样式的罐也为人们研究不同国家之间的联系和贸易提供了线索。

早期亚洲社会的繁荣

肥沃的土壤以及有用的本地庄稼使得亚洲人开始耕作。这是农业如何在东亚——像印度中部与西北部的高地以及中国黄河流域两岸的地区——开始的原因。这两块地区拥有良好的自然资源和适合农耕的气候。考古学家在这两个地区发现了几处早期农业村庄的遗迹。

半坡遗址的农民的棚子
中国的考古学家发现：在中国北部的早期半坡农业社会遗址中，保存着一些房子的遗迹，时间处于约公元前6000年。建筑是椭圆的或者圆形的。在坚固的木头框架上盖上细的树枝条，然后再抹上灰泥，建成光滑的、防水的墙。屋顶上覆盖芦苇，留有一个中央的气孔，以便排出地面生活产生的烟。

印度中部有适合放牧的草木茂盛的丘陵以及适宜种植庄稼的肥沃河床。约在公元前7000年，这儿就开始农耕了。大麦是常见的一种作物，同时农民们在山上放牧牛、山羊和绵羊。在一些地方，人们聚居生活，建立了村庄。美尔冈是最早的村庄之一，它在印度西北的波伦河附近，由一些房屋组合而成。房子是正方形或矩形的，用泥砖涂上灰建成。平的屋顶是用芦苇草修成的，再用木杆支撑。在内部有几个房间。厚的墙与小的窗户使得房间冬暖夏凉。这种样式在接下来的1000年里一直保持着。

像美尔冈这样的社会继续发展。人们修建储藏室来保存粮食，以备荒年。社会里有一些人可能通过贸易变得富有。他们的坟墓里埋藏着许多珍贵的财产，

成功的农民

成功的农民可以生产出比自己需要的更多的食物，并能够与他们的邻居进行贸易交流，开始拥有诸如项链之类精美的装饰物。当考古学家挖掘出这样的物品时，他们知道这属于一个富有的人。

← 双耳罐
这是一个在中国半坡遗址发现的双耳罐，它的瓶颈细小，这意味着它是用来盛液体的。在两个环形柄之间可以用绳子系起，这就使得它容易提，并可以直立地放在地上。

↓ 陶器的盖子
这个装饰的盖子，有一个人脸形状的旋钮，是在中国西北部的一个农耕村庄——甘肃半山——发现的。它约20厘米宽，为富有的或者社会地位高的人拥有。

→ 仰韶遗址的陶器
约在公元前3000年，中国的农民生产出几种不同的陶器。如这种出土于仰韶遗址的绘画精美的碗。

如珍珠与石灰石。

同时在中国，农业也正在进步。在这里，粟是人们喜爱的庄稼，猪也成为第一种被家养的动物。农民们还种蔬菜，如圆白菜，并收获如李子之类的水果。后来，他们开始种植水稻，这成为东亚地区的主食。水稻在中国南部种植特别成功，因为在那儿雨水更多。

中国的农民很快知道了土地在耕种一季后需要休耕。他们轮换耕种土地，这就使得土地有了休耕的时间。他们发现经过休耕，土地的肥力得以恢复。约在公元前1100年，他们开始轮流种植粟与大豆。豆类作物给土壤带回了养分，这就意味着休耕不再重要了。

农耕技术在中国逐渐地传播。种植水稻需要的农耕技术从南传到北，在北方发展起更成功的水稻品种。中国也与韩国和日本交流，这两个地区是狩猎与捕鱼社会，农业一直到很久以后才在那儿建立起来。

种水稻的农民
当人们知道如何在中国南部和东南亚的水田里耕种时，大米成为这些地区人们主要的食物来源。

早期非洲和澳洲人的生活

祖鲁猎人
今天，一些非洲人仍然通过打猎获取食物，当然现在他们的矛头是金属的，而不是早期的石制品。

农耕并不是所有的人都采用的生活方式。打猎与采集也能为人们提供稳定的、可靠的食物来源——只要在较小范围内生活着的人不太多。非洲就是这样一块地方：一些人以农耕为生，另一些人继续长时间地以打猎与采集为生。

与现在的气候相比，冰川末期以后的撒哈拉气候显得更为湿润，成为一些非洲人进行农耕试验的场所。岩石壁画显示人们怎样开始放牧牛的，还有其他本地的动物品种，如长颈鹿。

当撒哈拉地区逐渐地成为沙漠时，绝大多数的

↑ 泥砖房子
印度最古老的农耕村庄之一是美尔冈，它在印度西北的波伦河附近。这些房子绝大多数是正方形的，有几个由泥砖建成的房间。

↓ 葬礼
在印度西北部的美尔冈，尸体被埋葬在村庄的空地内。尸体侧放，膝盖弯曲。陪葬的东西放在周围。富人的坟墓内有珍珠和石灰石。

大事记
* 公元前7000年，印度开始种植大麦。
* 公元前6000年，印度的农民开始建造储藏室用来贮藏剩余的粮食。
* 公元前6000年，在中国北部地区，粟是农民的主食。
* 公元前5500年，在美索不达米亚，开始种植海枣。
* 公元前5500年，印度的农民生产出自己的小麦品种。
* 公元前5000年，中国长江三角洲的农民种植水稻。
* 公元前3500年，贸易网开始连接中国各地区。
* 公元前3000年，朝鲜半岛开始种植粟。

农业活动向南迁移到了撒哈拉和赤道之间。在这里，气候条件允许农民种植洋芋和适合在炎热气候中种植的高粱等谷物。这一地区成为非洲农耕的中心地区。

再向南，那里的人们从事打猎与采集。他们食用许多当地的野生作物，特别是各种棕榈以及羊蹄甲属的灌木。此外，他们发现了其他作物的一些用途。一个很好的例子是圆底的葫芦，它很适合做成容器。

非洲的打猎者与采集者也发展了他们的工具。为了制作小刀，他们使用锋利燧石制的薄刃，并用天然的树脂粘上木头柄。他们也用骨头做成钩钓鱼。对这些原材料的使用表明他们是如何很好地适应周围环境的。

打猎与采集
这群猎人与采集者发现了一块食物充裕的地方，他们用树枝建造了一个宿营地，在这里他们将生活几周或者几个月。当两个人屠宰羚羊时，另一群人正采集蔬菜与煮肉取火用的木材。

长颈鹿
在撒哈拉沙漠躲避所的墙上，艺术家绘画了养殖的动物以及猎人们喜欢的猎物。长颈鹿是史前时期生活在非洲的人们养殖和捕猎的一种动物。

同样，在澳洲，传统的狩猎与采集生活方式继续存在。开始时，人们居住在海边，以鱼，特别是贝类为生。沿着北部与东南部的海岸，可以发现丢弃在被考古学家称为"贝丘"的贝壳遗物。随着时间的推移，当地的澳洲人开始探险河谷，逐渐地向内陆前进。人们发现诸如粟之类的谷物作物可以制成食品。他们还发展了打猎技术，这使得当他们向澳洲炎热干旱的内陆推进时，能够存活下来。

早期的澳洲人行走几里地，与别人交换工具、贝类项链，由此发展出美丽的岩石艺术，这些在今天仍然可以发现。当他们做这些时，他们逐渐发展起反映他们狩猎与采集生活方式的有关祖先的一系列传说，最为重要的是有关黄金时代的传说，这是地球与人类精神产生共鸣的时期。

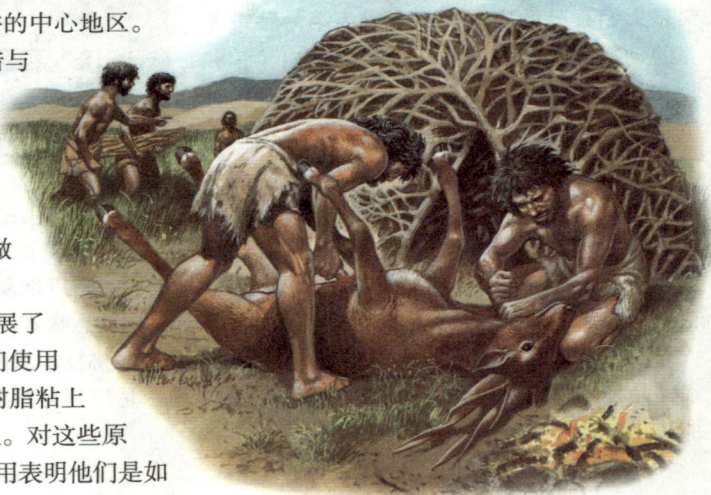

有用的品种
非洲与澳洲早期的猎人与采集者有许多有关作物的知识。当他们发现一个新品种时，他们会进行试验。这是个危险的过程，因为许多作物有毒。他们逐渐地发现哪些作物可以食用，哪些可以入药。

↓ **杜松子**
采集者不久就知道了他们生活地区的作物的情况。他们发现有一些作物尽管不能够食用，但是有其他的用途。比如生长在北半球的杜松子，它有香气，可以入药。

↑ **葫芦**
葫芦的一些种类很有用。当吃完果肉后，外面的壳可以制成容器。人们用大的制成碗，而小的制成勺与杯子。

← **杏仁**
诸如杏仁之类的坚果原产于北非和中东，它们是有营养的食物。在这些坚果生长期，采集者会到森林里寻找它们。它们易于储藏，并有丰富的蛋白质，在肉供应紧张时，它们对猎人来讲十分有用。

铁器时代

青铜是一种有用的金属，但是它不像石头那样坚硬，也不容易找到制作它需要的铜与锡，因此许多人继续使用燧石工具。约在公元前1300年左右，中东地区的冶金工人发现了铁。

在地球的许多地方，铁是常见的金属。只要熔炉内的温度足够高，就容易熔化它。它容易磨快，锻造后会变得更硬。当冶金工人最初开始熔化铁时，他们没有意识到这是一种常见的原材料。由于它的新颖，人们用它来制造地位高的人——如头领——携带的武器。然而不久，人们发现铁是如何有用与常见，便开始大规模地制造铁制工具和武器。

冶铁的技术经过中东，逐渐传播到南欧。铁制武器帮助建立帝国的人们——如赫梯——去征服新的领域。它们还帮助希腊人在地中海地区建立殖民地。在印度，人们很少发现铜，因此铁使得金属技术第一次得到广泛地使用。

在欧洲，铁器改变了人们的生活。它使得生活在西欧的凯尔特人变得好战与强大。他们建立了庞大的堡垒，用土木工事和栅栏保护自己，并使用铁制武器击退敌人。一个村庄就是一个堡垒，这些堡垒也成为军事首领的基地。

欧洲铁器时代的第一阶段是哈尔施塔特时期，这是由于在奥地利的一个遗址——哈尔施塔特——中发现了许多铁剑而命名的。这里的首领通过贸易以及强迫邻国进贡而变得富有。一些首领甚至还拥有从遥远的希腊与意大利进口而来的货物。

约在公元前5世纪后，凯尔特人开始制造装饰精美

铁制匕首

这柄匕首用铁铸造，并有个青铜鞘，这一不列颠的匕首可能属于首领级的重要人物。它是欧洲社会由战士领导时期的遗物。

铁匠

为了制造有用的铁，矿石被加热到很高的温度。早期的铁匠建造土窑生火，以使火达到足够的温度。

铁器时代的遗物

铁器时代保存最完好的一些遗物是青铜做成的东西。铁制工具与武器大量制造，但绝大多数已经腐蚀掉了。而青铜器可以长久保存——尤其被埋在地下时。因此，许多埋在身份高的头领墓中的青铜器保存下来了。

↓ 领针

铁器时代的人们用领针扣住他们的衣服，领针通常由青铜做成，外表考究。

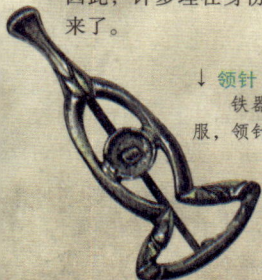

↑ 青铜盾

在伦敦巴特西发现的一个盾，通过锤炼制造出突出的图案，外加石头与五颜六色的玻璃作为装饰。

→ 拉坦诺地区的喇叭

装饰在喇叭口的雕刻旋转纹是凯尔特人拉坦诺地区的样式，这是在铁器时代后期的欧洲发展起来的。这是在爱尔兰河发现的用青铜制造的4个喇叭之一。

的金属产品，这种类型被称为拉坦诺，这是因考古学家在瑞士湖边的拉坦诺首先发现而得名的。

到罗马人在欧洲建立帝国时，凯尔特人仍很强壮，他们与罗马军队打仗，并且阻击罗马的入侵。凯尔特人的首领发行自己的货币，建立坚固的堡垒以及在和平时期与罗马人进行贸易。几个世纪以来，拥有铁器的凯尔特人是欧洲最强大的、最令人恐惧的领导者。

铁器时代的定居地

当铁器时代的欧洲人建造堡垒时，他们挖很深的沟来保卫自己。从沟里取出的土被运到上面，建成巨大的堤，提供额外的保护。像这样的堡垒范围很大，为人们、房屋与动物提供了足够的空间。

战争的出现

追溯战争开始于何时，可能没有人能说清楚。从历史上看，人类似乎既不偏向和平，也不偏向战争，在人们转向定居农业之前，游荡不定的群落是爱好和平的。冰河时代的洞穴壁画上，人们从来都没有发现人与人交战的痕迹。现知最早的表现战争的绘画，与定居的村落生活几乎同时出现。更需要重视的一个事实是，现知西亚最早的村落，有许多都是带有防御设施的。由此可以得知，村落出现时，战争也随之而来。

狩猎采集社会的人们互相合作共同取得食物，他们之间是和平互助的关系，因为他们没有战争的理由。由于没有剩余产品，即使获胜了也得不到什么好处。进入农业社会，人们有了剩余物质和财富，发动战争也就有了理由。地方性的战争可能是在由漫游至定居生活的过渡时期开始的，当时的一些游牧部落开始劫掠村落，而受到攻击的村民当然不会将自己的财物拱手让出，他们会列队迎战，努力保护自己的财产。众多村落出现以后，某个村落为了获得更多的财产，也会对另一个村落发动进攻。由此，战争就成了一种常见的现象。

战争最早出现在中石器时代之初。由于生存竞争，氏族或部落之间为了争夺赖以生存的土地、河流、山林等天然财富，甚至为了抢婚、血族复仇而经常发生暴力冲突。最早的战争武器则是木棒、石块，同时，带有锋刃的生产工具也被用于战争。在漫长的历史时期里，许多生产工具都曾被当做杀人工具使用。

人类早期的战争同后来阶级社会的战争有着本质的区别，因为它不具有政治目的和阶级压迫、奴役的性质，那时通过战争而获得的俘虏，不是杀掉，就是吃掉。后来，随着生产力的发展，父权制取代了母权制，农业、手工业、畜牧业、商品生产都有了较大发展，生产物品有了剩余。随着私有财产的出现，社会开始阶级分化，私有制最终导致主人和奴隶的区分。此后，战争有了新的属性。

原始战争变得越来越频繁而激烈，原始

弓箭的使用

西班牙的穴画首次提供了弓箭被使用的例证，弓箭的使用促进了原始狩猎业的发展。

的生产工具两用的局面已非常普遍，有些生产工具还转化为专门的作战工具，例如弓箭。弓箭是一种重要的原始狩猎工具，可到了距今约 5600 年前的新石器时代，便出现了用弓箭杀人的例子。还有用于扎刺的石矛或骨矛，用于劈砍的石斧、石钺，用于砸击的大木棒和石锤，用于勾砍的石戈，以及石质或骨、角质的匕首，等等，都成为兵器。但到后来，生产工具已不能完全适应作战的需要，这就促使人们开始研究和制造专门用于杀伤和防护用的战具，于是出现了专用于作战的兵器。例如，到了新石器时代晚期，由于磨制技术的进步，人们不仅能制造出锋利的石器，也掌握了用锋刃加工骨器和木器的技术，这都为制造兵器准备了充足的工艺条件，杀人武器矛、戈、刀、剑应运而生。同时，为了在战场上抗御敌方的杀伤，人们已经开始用皮革、竹木制造盾牌，用皮革或藤条制造甲胄。这样，原始的防护装具发展起来。这一变化大约发生在公元前 2000 年以前，也就是原始社会的晚期。此时，部落之间的战争日益强烈，用于战争的武器也越来越多，这反映出部落联盟间的战争与兵器生产之间的历史关联。

日益频繁的战争致使原始公社解体，人类进入了奴隶社会。可以说，自从战争出现，就一直伴着人类走到今天。现在人类虽然拥有极高的智慧，但却仍无法消除战争。

新石器时代的文化

新石器时代是从原始社会的繁荣时期向阶级社会过渡的阶段。这个时期人们由游牧生活转向定居，事实上，这也是照料新驯化的动植物的需要。新石器时代的村庄取代旧石器时代的流浪团体成为人类最基本的经济文化单位，这种生活形式一直到 18 世纪末期之前，都占据着统治地位。直到今天，在世界的一些不发达的角落，还存在着这种原始的生活形态。

新石器时代的经济还很落后，单一的丈夫和妻子组成的家庭还不足以应付生活中的种种问题，所以具有血亲关系的夫妻及他们的孩子组成的大家庭，构成了新石器时代村社的基本单位。这时的村社是由各个大家庭自由组成的，所有的农田、牧场和其他自然资源皆为村社所有。每个大家庭都拥有生产生活用品所必需的技能和工具，同时，每个家庭又都享有使用维持生活所必不可少

斯卡拉新石器时代遗址
保存最好的新石器时代遗址，在苏格兰北部奥克奈群岛的斯卡拉山。当地居民以贝壳类水生动物和牛羊肉为生。

公元前4000年的象牙女性立像

的基本自然资源的同等权利。所以，在部落社会，没有谁单一地拥有土地，也没有谁没有土地。那时的贫富差距相当小，人们基本处于平等的社会状态。

正是由于这种平等主义，人们的创新能力很低，生产力的发展受到很大的限制。人们追求的只是填饱肚子这样最基本的需求，他们不会积极地寻求剩余产品。对他们来说，劳动只是生活中很少的一部分，花费的时间也相当少。他们不可能像现代人这样每星期工作5天，一天工作8小时。那时的人们是以社会一员的资格，以丈夫、父亲、兄弟或村社成员的身份进行劳动或从事生产活动的。比如，一个人帮助他的兄弟干农活，不是指望对方会给自己一篮马铃薯，而完全是出于亲情。他们觉得这是亲属之间应该做的事情。

对于当时的人们来说，耕种是最基本的生活形式，所以，当时的人们对身边的自然世界非常关心。他们细心观察自然现象和农作物之间的关系，逐渐认识到了农作物丰收所需要的自然条件。换句话说，他们发现的这些规律，其实也是早期的一种科学。这些知识和规律经过数代人的积累、继承和发展，人们逐渐懂得了很多很实用的知识。比如，他们根据自己的经验能够合理、准确地推测出天气的变化情况，能预知未来的天气阴晴与冷暖变化等，农作物丰收与否，某种程度上就取决于他们的这种能力。他们还学会了将太阳、月亮和星辰位置的变化与季节的交替联系在一起。最后，他们经过积累天地关系的知识，最终制订出较为完备和精确的历法。有了历法，他们就可以很准确地知道一年中不同时间的气候状况。

土地耕种者的新生活当然也会影响到新石器时代的宗教，农夫们开始需要并设想出了种种能保护他们的农作物、牲畜和家庭的新的神灵。

有一个流传甚广的"玉米的传说"，解释了印第安各民族赖以为生的主要农作物——玉米的起源，神话是这样的：

很久以前，有一个印第安人远离其他人独自生活。他不懂得怎么取火，只能靠吃野果、树皮和块根来维持生计。不久之后，这个印第安人对自己的这种挖掘块根果实来生活的日子感到了厌倦，再加上一个人很孤单寂寞，于是日渐消沉。他一连在地上睡了好几天。有一天，他终于醒来，发现不远处站着一位美丽的女子：她的头发与众不同，柔软而细长。他很想请这位女子走到他跟前来，可她却摇了摇头；而他要试图走近她时，她似乎又远去了。他很难过，情不自禁地对她唱起了歌，用歌声抒发了自己的孤单寂寞，并诚恳地请她留下来陪伴自己。这位美丽的女子终于被感动了，对他说："如果你答应我要你做的事情，我们就可以永远在一起。"印第安人非常高兴，一口就答应了。女子把他带到一个长满干草的草地里，要他找两块石头，放在一起飞快地摩擦，然后把石头放进干草里。不一会儿，干草烧着了，整个地面燃烧起来。接着她又说："当太阳下山时，你抓住我的头发，把我从燃烧过的地面上拖过去。"起初，印第安人很犹豫，不愿意做这样伤害女子的事情。女子见状，对他说："你凡是将我拖过的地方，都会长出一些像青草一样的东西。当你看到我的头发从叶子中露出来时，果实就成熟了，你可拿来食用。"于是，印第安人按女子说的去做了，果然如此。到目前为止，当印第安人看到玉米秆上的玉米须（头发）时，他们就知道，这位女子还在想着他们。

后来，新石器时代的宗教又反映出对繁殖力的兴趣，人们颂扬统治农业社会的规律：出生、成长、死亡再到重生。人们塑造了很多与生命周期、死亡和再生相关的神灵。例如，人们塑造的怀了孕的丰产女神，表现出了新石器时代人们对富饶土地的向往。新石器时代的崇拜者还把一些生命历经巨大转变的动物，如青蛙、蝴蝶等与他们的女神联系在一起。因为这些动物的生命就像种子发芽、繁茂、死亡，再为下一个季节产出新的种子一样，经历了重重转变。对于男性神，人们也有一些相关的动物与他们形象地联系在一起，像公牛、山羊，都代表了创造生命的生殖能力。还有一些与死亡相联系的神灵，这些神灵都拥有毁灭生命的能力。不过，个人肉体的死亡并非生命的绝对终止，众神的生殖力又为人们带来了婴儿神，它就像是清新的麦芽、蹒跚的牛犊、呱呱落地的婴儿，代表着重生，开创着一个新的生命周期。这些都是新石器时代的宗教思想，它们形象地反映出了早期农业社会的真实状况。这些神的形象被刻画在陶罐和陶瓶上，或者成为工具和宗教仪式用品上的装饰。

有图案的陶罐
从美索不达米亚地区城市发现的陶器品质通常很好，制作细腻、造型好，还有优美的装饰。

新石器时代的人们过着与世隔绝的村社生活，他们的世界观是静止的。他们认为世界自始至终都按同一种模式不断地重复轮回，从来没有想过世界会变，更没有想过他们自己要通过某种手段来改变世界。在他们眼里，现在是什么样，将来也会是什么样，将来只不过是过去和现在的重复。所以，他们教育孩子从来不像今天的父母一样，不会从小就教导孩子要学会适应社会的变化并且在变化中成长。他们只是培养自己的孩子做他们所做过的一切，就像他们的父亲和祖父先前培养他们时那样。这种世界观从现处北美洲的一个仍处于新石器时代环境的印第安人家庭中可以深刻地体会到：他们的父亲还是遵循着过去的老习惯，把印第安人的风俗习惯教给孩子们，比如，他一清早就把他们叫醒，让他们围着火堆坐下，然后开始同他们谈话。这里有一段这位父亲写给儿子们的话：

这些事都是老年人说的，也是我给你们的劝告。我自己从来不问这些事，但是我父亲，也就是你们的祖父，是很关心的。凡是与人们的行为举止有关的知识，他都想知道。等你们长大了，可决不要让自己落入这样的困境：不知道哪些事是正当的、是应该做的。孩子，一定要按着长辈们教你们的方式生活。这可不是一朝一夕的事，是必须彻底弄懂的，你们也需要弄懂。

新石器时代的这种教育方式和世界观，虽然给人们带来了稳定和安全，但也阻碍了人们创新的意识和魄力。

文明的诞生

城镇逐渐成为城市，居民们建造了巨大的庙宇和宫殿，发明了书面语言，建立了复杂的社会——在这个社会里面，人们做不同的工作。有农民、手工艺者、祭司以及管理者和君主。这种新的以城市为基础的生活方式被人们称为文明。

随着农民耕种变得更有经验，他们懂得了如何灌溉土地，以把水运到干旱的地区，这使得食物的供给更为便捷。农民们通过耕种以前不易耕作的土地，来增加土地的面积。

同时，美索不达米亚地区的人们开始建造大型的、舒适的泥砖房屋。他们制造精美的有图案的陶器、泥塑、铜器，以及镶着绿宝石珠子的项链。其他地区的人们需要这些商品，于是美索不达米亚人与他们的邻居进行贸易，用船沿着河流和波斯湾运输货物。逐渐地，美索不达米亚地区的商人们变得富裕了，他们的城镇变成了城市。伴随着城市成长的是更强有力的复杂的政府。祭司们是最有权力的人，他们建造大型的庙宇，成为文明的另一个标志。然后出现了文字。开始时，它只是一些简单的象征符号，表示谁拥有什么。后来，人们发展出更为复杂的书写体例，用以记录故事与宗教文本。

文字的发展标志着史前社会的结束，这在世界不同地方的不同时间发生。在史前人们的生活中，中东、埃及、印度河流域以及中国的部分地区很早就出现了文明。其他地区——如欧洲、美洲和非洲的大部分地区——依据城市建立的社会在很久后才出现。

例如在西欧，直到罗马人的到来，城市与文字才出现。罗马人在公元前 1 世纪征服了高卢地区（现在的法国），这比美索不达米亚建立的最早城市晚了 3000 年。今天，世界上仍有一些地区的人们继续着传统生活方式，就像他们的史前祖先一样适应自己的环境。但是，他们必须受到建立在世界性城市基础上的商业与政府的决定影响。

妇女与婴儿

这个抱着婴儿的妇女的造型是用泥塑造的。它属于奥贝德文化时期，这一时期从公元前 5500 年一直延续到公元前 4000 年。这时候，城镇变成了城市，手工艺者的手艺更为熟练，当地的领导者也获得了权力。

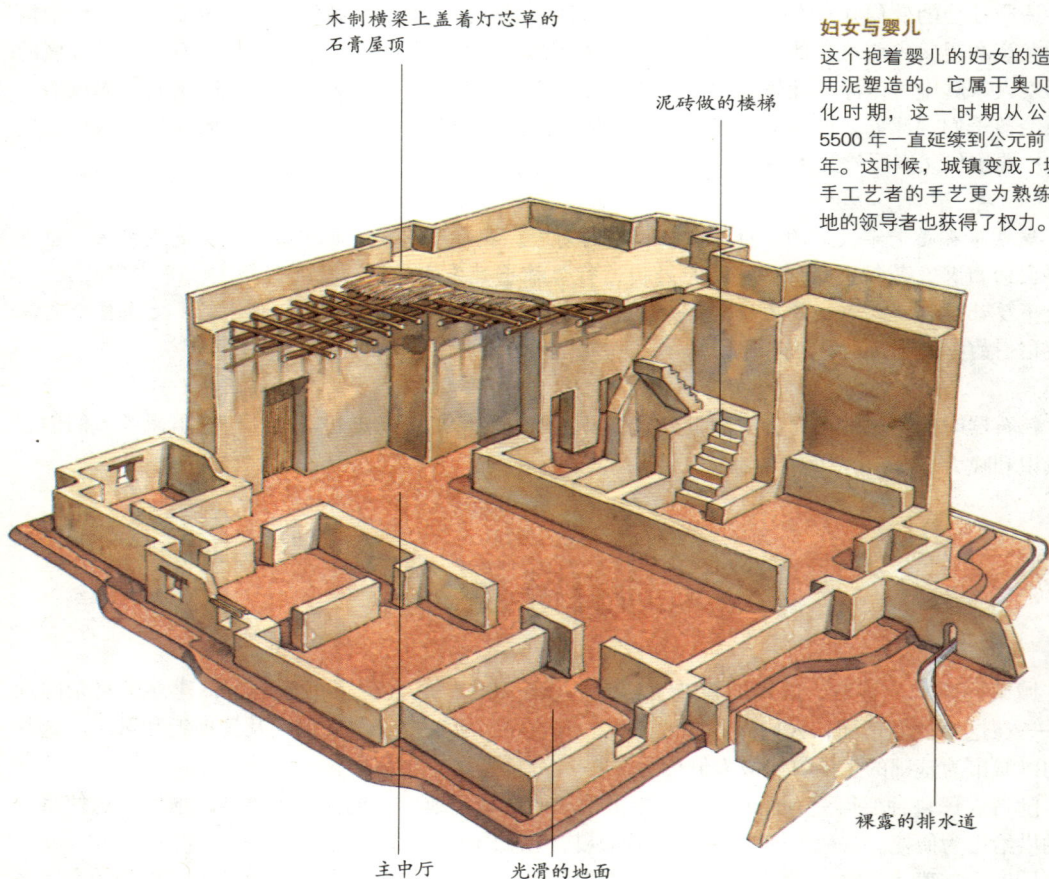

木制横梁上盖着灯芯草的石膏屋顶

泥砖做的楼梯

裸露的排水道

主中厅

光滑的地面

奥贝德文化的房屋

在奥贝德文化时期，房屋变得更大、更复杂——更像现代伊拉克的房屋，它们仍然用泥砖建成，但是有一个巨大的中间大厅、许多小房间、楼梯以及通往外面的排水道。

第二章

人类早期社会

公元前3500年～前500年

苏美尔：最早的城市

美索不达米亚，是人类历史上最古老的文明发祥地之一，希腊语的意思是"两河之间的土地"，亦称"两河流域"，而这"两河"指的就是西亚的底格里斯河和幼发拉底河。

美索不达米亚是个干旱区域，不过底格里斯河和幼发拉底河为这里带来了丰富的水资源，所以这里很早就发展起灌溉系统，这显著提高了粮食产量，进而也促进了人口的增长。

耕地
苏美尔农夫在约公元前 4000 年发展出牛耕。这比手拉犁更为有效，也意味着他们可以生产出更多的食物。

最典型的就是位于美索不达米亚南部的苏美尔地区，人口增长的速度非常快。苏美尔人最早在这里定居大约是在公元前 6000 年，到了公元前 3000 年，苏美尔的人口已经达到 10 万，独立的城邦已达到 12 个，如其中的乌鲁克，占地 445 公顷，人口约 5 万。这在古代社会是个空前的数目，此时的苏美尔，成为美索不达米亚的第一个中心。

苏美尔城邦的国王被称为卢伽尔、拍达西，他们的权力受到贵族会议和民众大会的限制。国家的统治阶级是贵族奴隶主，被统治阶级是奴隶、手工业者和公社成员。各城市国家为争夺财富、土地和奴隶，进行了旷日持久的争霸战争。战争愈来愈专业化，人们为此付出了昂贵的代价。苏美尔的富饶令人垂涎，内战又削弱了它的实力，再加上美索不达米亚地势平坦，基本上没有地理屏障，所以外来侵略者，主要是北面的印欧人和南面的闪米特人，不断发动对苏美尔的攻击。因此可以说，美索不达米亚的历史，在很大程度上是侵略者与反侵略者之间的漫长斗争史。

苏美尔最后臣服于闪米特人。之所以被称为"闪米特人"，是因为他们说的语言属于闪米特语系。据说，早期的闪米特人是草原游牧民族，他们从西面和南面的阿拉伯半岛、叙利亚的沙漠来到美索不达米亚，此后经过与苏美尔人通婚，很快适应了苏美尔人的生活方式。闪米特人有一个非常著名的领袖——萨尔贡一世，他建立了世界上的第一个帝国，由此闻名青史。萨尔贡一世以两河流域中部的阿卡德为基地，先是向南征服了苏美尔，接着向四周用兵，不断扩张地盘，最终建立起一个西到地中海、东达波斯湾的庞大帝国。

国家出现后，随之而来的是社会等级的分化，复杂的社会和经济结构开始确立。城市中生活着各种先进的专业劳动者，他们生产出越来越多的高质量产品，这些产品的出现，又刺激了贸易的增长。祭司和国王

手持战斧的苏美尔战士

是当时最大的富豪，不过也有许多私人资本投入于土地、手工业、商业冒险和放债。除此之外，当时的大多数平民就只能靠种地、给别人做工、经营一些小生意，或者养鱼、养牛等来谋生。当时的手工业者已经有了不错的水平，每个城市都有买卖手工艺品的市场，那些石匠、铁匠、木匠、陶工和宝石匠会带着自己的产品到自由市场上与买主交易。当时，买主支付的货币通常是银块或银环，在交易时还须称其分量，也有一些用实物代替货币来交易的。

城市的周边地区是农田，农田的收成最终决定城市居民的生活。大部分土地被国王、祭司和一些富人占有。他们将土地划分成很多小块，把种植作物所需要的一切用具都给农人准备好，包括种子、工具和牲畜。农人的任务则是实施耕作、提供劳动、自己安排农业的一切事情，等作物收获后，他们扣除自己生活所需的那部分产品以外，所有的剩余产品都上缴给寺院、宫廷或地主，以作为种植土地的报答。大麦和小麦是当时的主要农作物；蔬菜有蚕豆、豌豆、大蒜、韭菜、洋葱、小萝卜、莴苣和黄瓜；水果包括甜瓜、椰枣、石榴、无花果和苹果；山羊和母牛提供乳液；绵羊提供羊毛。

富裕的苏美尔人在神龛里放置供奉诸神的小陶像，这些陶像依照本人的形象制成，双手握在一起，呈祈祷状。

早期的美索不达米亚还发展出独具特色的文化传统，苏美尔人的宗教发展程度虽不高，但却很独特。

苏美尔人崇拜很多神灵，他们认为所有的神都能赐福降祸。他们的宗教不相信有什么极乐的、永恒的来世，没有谁会期待在另一个世界复活并安乐永存。人死了，一切都没了，鬼魂也仅仅存在一段时间就消失了，这种信念使苏美尔人对他们的尸体和后世很少在意。苏美尔地区的自然环境对他们的宗教信仰也产生了很大影响。他们对每年的洪水泛滥感到恐惧，外族入侵的威胁也时时存在，苏美尔人悲哀地感到面对无法控制力量的无助与无奈。其中有一位苏美尔人忧伤地写道："只有人，他的寿命不会很长，无论他做什么，只是一场虚无。"这无疑表达了美索不达米亚人带有恐惧和悲观色彩的人生观。苏美尔人认为：马杜克神创造出来的人类生存的全部意义就在于为诸神建造庙宇和贡献祭品。

苏美尔时代，神话体系已相当完整，神的数量众多。在苏美尔城邦中，各城都有一位自己的保护神。最强大的三个神是：天神（安）、风神（恩里尔）和智慧之神兼水神（恩奇），他们分别是乌鲁克、尼普尔和埃利都三座城邦的保护神。起初，安位居诸神之王，然而随着后来城邦地位的变动，神明们在神谱中的地位也跟着波动起伏，所以三个神都当过主神。

苏美尔神话中最重要的女神是伊南娜。伊南娜是金星女神、性爱女神和繁殖女神，同时又兼有女战神的职责和使命。她的地位至高无上，既是伟大母性的代表，又是爱与美的象征。如果没

乌尔金字形神塔
神塔为乌尔第三王朝所建，用以供奉月神。

苏美尔的文字起源于原始的计算，商人和收税者将数字和图画刻在湿泥板上来表示数量和物品，即象形文字。随着时间的流逝，一个更加格式化的书写体系发展起来，人们用芦苇杆在泥板上印下楔形的压痕，这便是"楔形文字"。早期的楔形文字没有语法成分，只是到了公元前2500年以后，一些符号才用来表示文字的阅读顺序。最后，以符号代表声音的方法被发明出来，这意味着书吏可以表达诸如"爱"或"正义"等抽象思想。

有她，大地上的万物和人类都无从产生，也无法生长。据说，她设下巧计，用美酒灌醉智慧之神恩奇，然后从他那里拿出种种文明成果，把它们赠送给人类，从此，人类才得以摆脱愚昧，享受文明。关于她最著名的传说是《印娜娜（即伊南娜）地狱历难》：冥界的女王埃雷什基伽尔是伊南娜的同胞姐姐，伊南娜为了实现执掌冥界生死大权的抱负，决定冒险下阴间与之一较高下，结果不幸失败身亡。后来在智慧之神恩奇的帮助下，她又重新返回人间，但必须有一个替身取代其阴间的位置，结果她选中自己的丈夫杜姆兹。她不爱杜姆兹，可是由于哥哥的干预被迫与他结婚。后来，她觉得这样对待自己的丈夫太残忍，悔恨不已，便想方设法使丈夫每隔半年返回人间一次，这便是四季更替的由来。这个传说后来经过巴比伦人的改编，成为伊什塔尔(巴比伦神话中的爱神)下地狱的故事。

当世界上的大多数人还生活在岩洞或窝棚里的时候，苏美尔人在位于今天伊拉克的两河流域，即美索不达米亚的南部创建了第一个城市文明。苏美尔人的起源尚不能确定，他们或许从里海地区迁徙而来，于公元前5500年左右到达美索不达米亚。在以后的3000多年里，他们建造了最早的城市、创建了世袭君主制，他们还发明了一种书写系统，这使他们成为最早的能够记录历史的人。

苏美尔人的主要成就是灌溉工程。为了利用美索不达米亚的河流，人们大规模建造蓄水池和沟渠，将大片荒芜的土地变成良田。技术的革新也提高了庄稼的产量，犁、带有轮子的车以及帆船都是苏美尔人的发明。

大量的食物供应导致人口的增长、城市的发展，并为一些人脱离农业劳动到城市谋事创造了机会。一些苏美尔人因此成为商人，用收成的剩余部分交换苏美尔人所缺乏的金属、琥珀和其他资源。其他人则成为熟练的工匠，还有一些人有可能成为苏美尔政治和宗教领导者的官吏。

一幅专为王家队伍游行设计的镶嵌画，描绘了公元前2500年左右，强大的城市国家乌尔所发起的一场军事行动。在这幅画的细部，战败的敌人将牛、羊和其他贡物列队展示在统治城市的老人议会面前。

用太阳烤 神殿
干的泥砖

巫师

苏美尔的古庙塔

包括一个用太阳光烤干的泥砖建成的阳台——阳台是带台阶的。由于苏美尔人扩建庙宇时，他们会在旧的顶上建造新的阳台，有楼梯可以爬上，因此，发展了塔的形状。苏美尔人认为，他们的神住在塔里，只有巫师才可以爬上顶部。古庙塔一个早期的例子是乌鲁克的白色庙宇，它用白色的泥砖建成，修建于约公元前 3000 年。

起初，苏美尔城市可能由一个老人议会统治。当发生冲突时，议会就任命一位被称做"卢伽尔"（意即"大人"）的军事首领。卢伽尔的地位是暂时的。但是，随着对土地和水资源争夺的加剧，卢伽尔永久性地夺取了权力，并使他们的地位成为世袭。卢伽尔这一头衔也就逐渐变成了"国王"的意思。

苏美尔的国王统治着 10 多个独立的城市国家，每个城市国家包括一个或多个城市中心，周围环绕着乡村和田地。在每个城市的中心，矗立着供奉城市保护神的神庙。这些神庙后来发展成巨大的阶梯状建筑物，被称为"金字塔形神庙"，高达 50 米。

苏美尔人擅长数学。除了以十为计数单位外，他们还采用了六十进制。从他们那里，有了圆周的 360 度、一小时的 60 分、一分钟的 60 秒等。但是，他们最大的贡献还在于用于记录从商业交易到条约和法律等一切事物的书写系统。将文字写下来是关键的一步，因为这使他们卓然独立于那些受到他们影响的民族之上。

尽管取得了这些成就，但城市国家间的争战使他们更容易受到侵犯。从大约公元前 2350 年起，苏美尔人开始被北方的闪米特部落统治。在大约公元前 1950 年的时候，他们的政权被摧毁了，但是他们的文字、法律、宗教等被以后的美索不达米亚强国如巴比伦、亚述等继承。

古巴比伦的兴起

约公元前 1900 年，从叙利亚来的亚摩利人迁移到底格里斯河与幼发拉底河之间的美索不达米亚地区。他们种植大麦、放牧羊群，并且熟练于各种手工艺，从锻造金属到制造香精，从制造皮革到养蜂。

亚摩利人在幼发拉底河边的巴比伦建都。在公元前 1700 年左右，汉谟拉比国王征服了整个南部美索不达米亚，建立著名的巴比伦王国。被征服的地区包括许多拥有不同文化与法律的人们，于是汉谟拉比决定统一法律，并把法律刻在石碑上，让所有的人看到。

在汉谟拉比的统治之下，巴比伦

空中花园

41

成为科学与文化的中心。巴比伦的学者们发展出计数体系，这是基于 60 进位的方法，是现在 1 小时等于 60 分钟，以及 360° 圆的由来。巴比伦的科学家也是有名的天文学家，他们记载了黑暗天空中月亮和星星的运动。

许多邻国的统治者嫉妒巴比伦的强盛，

伊什塔尔门
伊什塔尔门用珍贵的蓝宝石装饰，守卫着进入巴比伦城的圣道。

泥塑狮子
狮子是王权的常见象征。这个泥塑狮子守卫在一个巴比伦庙宇外面。精美的细节显示了巴比伦人是熟练的雕塑者。

以及巴比伦人通过贸易获得的财富，于是这座城市受到多次攻击。从现在土耳其来的赫梯人先洗劫了巴比伦，然后是从东部山脉来的喀西特人入侵并占领了巴比伦。他们把巴比伦变成了重要的宗教中心，还建造了宏伟的庙宇来供奉最高神——马杜克。

约在公元前 900 年，从波斯湾来的马背民族——卡尔迪亚人入侵巴比伦。他们最伟大的国王尼布甲尼撒二世重建的巴比伦比以前更为宏伟。他修建了大规模的泥砖城墙、雄伟的大门以及七层楼高的古庙塔。他还为自己建造了一座宫殿以及被称为古代世界七大奇迹之一的"空中花园"。巴比伦成为西亚最大的城市。沿河的贸易，以及经由商队领导的向东到伊朗的商路使得它更为富有。辉煌一直持续到它再次被入侵，这次的入侵者是波斯人。

马杜克龙
像龙的样子的马杜克是巴比伦的最高神。巴比伦人供奉许多神，除了马杜克，还包括战争与爱神伊什塔尔。

科学与法律
巴比伦是一座繁荣的城市，它是科学、文化和学术的中心。学者们研究数学、天文以及占星术。他们的思想一直到现在还影响着我们。

← **汉谟拉比法典**
汉谟拉比的法律刻在一块黑色的玄武岩石上。内容包括货币、财产、家庭以及奴隶的权利。根据这部法律，犯法者会受到相应的惩罚。俗语"以牙还牙，以眼还眼"最初就来自于汉谟拉比法典。

↑ **世界地图**
一个石制地图显示了当时人们知道陆地为海洋所围绕。这幅地图是 3000 多年前巴比伦的学者制作的，并用楔形文字标注。

赫梯人的统治

赫梯人来自寒冷多山的安纳托利亚中部地区，他们是在约公元前 1600 ~ 前 1200 年间兴盛起来的武力强大的民族。作为一个好战的民族，他们经常与邻国为控制地中海地区的贸易而开战。

赫梯人控制着一块荒芜的地区，他们得寻找土地种植小麦与大麦，饲养牛羊。他们在王国中部的哈图萨斯建造要塞。从这里，他们征集人马，训练成一支强有力的军队。他们是在战争中最早使用骑兵的人之一，并且发展出战车，这是他们最令人敬畏的武器之一。

他们从美索不达米亚北部进攻米坦尼，征服了叙利亚。他们的军队甚至威胁到埃及帝国的安全。赫梯人也使用和平的手段来增加他们的力量，他们与埃及法老订立条约，这些条约在哈图萨斯众多王室档案的泥板中发现。条约显示，有时候赫梯人向敌人缴纳赎金，以求得敌人退走。

赫梯人拥有强大的陆军，但是防御海岸是困难的。海上入侵者——为人熟知的"海上民族"腓力斯丁人——不断地攻击赫梯人。这与歉收和来自埃及的压力一起，导致了约在公元前 1200 年赫梯人的衰落。

士兵或者神？
没有人知道这个武装的人是普通士兵还是赫梯人的一个神。他肌肉弯曲，被放在城市门口，好像是在震慑入侵者。

囚犯
公元前 1170 年的埃及瓦片，描绘的是一个赫梯囚犯。

亚述人

他们是古代世界最令人恐惧的人之一。亚述军队攻击迅速，洗劫村庄，摧毁城墙，屠杀任何反抗的人。他们带走珍贵的金属、木材、建筑石头——任何只要他们能够使用的东西。他们让囚犯像奴隶一样在上底格里斯河沿岸的城市中修建工程，建造奢侈的宫殿、庙宇以及大量的城墙。

军队
赫梯人与亚述人都有强大的军队，而亚述军队是当时世界上最令人恐惧的军队。亚述人的军队包括步兵与重装甲骑兵，数目巨大，战斗力强。许多士兵是从被征服地区的人中挑选的。

战车士兵
赫梯人军事的成功许多来自于他们熟练的战车技术。

↑ 赫梯与亚述
赫梯人控制着现代土耳其的大部分以及美索不达米亚北部和叙利亚的部分地区。他们真正的控制中心范围是哈图萨斯附近以及阿拉卡城和阿利莎城。亚述帝国的范围从地中海到波斯湾。

玫哈兹邸
太索斯城
里海
尼尼微
阿舒尔
地中海
赫梯帝国
亚述帝国
波斯湾

亚述人好像永不停息。他们征服了从尼罗河三角洲到古巴比伦城与乌尔的广大地区。他们修建漂亮的城市，如尼尼微、尼姆鲁德以及科撒巴德，它们是当时世界上最富丽堂皇的城市。他们的王宫用描绘着国王胜利与荣耀的浮雕装饰。浮雕保存到现在，向我们显示了亚述国王与他们生活的许多内容，如他们征战的胜利、庆祝胜利的场景、被征服者向他们进贡的东西以及打猎的场景。

亚述人主要的力量是他们的军队，随着帝国的扩张，军队不能够防卫整个帝国领域了。单个被征服的城市不能够打败亚述人，但是当巴比伦人和米底人联合起来后，他们胜利了，强大的亚述帝国很快垮台了。

王室打猎
亚述国王们喜欢打猎，特别是最凶猛的动物——狮子。国王们希望臣民相信，他的力量是上天给的。国王还经常让人把他们展现不可思议的力量与勇敢的情景描绘下来。

波斯帝国

他们开始时是作为一个小的民族从巴比伦附近地区兴起的。突然之间，约在公元前549年，波斯人好像无处不在了。在赛勒斯（约公元前559～前530年在位）的领导下，波斯军队从西到东横扫，征服了从现代土耳其到印度边境的广大地区。赛勒斯以及后来的国王们从征服中获得了巨大的财富。他们修建城市和雄伟的宫殿；喝酒就用金银杯子；享用奢侈品。

波斯帝国幅员辽阔，包含了许多不同的人，他们经常反抗波斯的统治。为了维持秩序，波斯的统治者们建立了一支有效的军队。被称为"不死军"的近卫军有1万名士兵，他们训练有素，英勇无比，随时准备去镇压起义。

贡品
每一年，来自行省的代表都聚到波斯波利斯的王宫。每个人带来进贡给国王的礼品——从印度来的金子、从亚述来的马、从大夏来的双峰骆驼等。

万王之王
赛勒斯国王属于阿黑门内德王朝。他和后来的波斯国王自封为"万王之王"。他们处于巨大的荣耀之中，拥有绝对的权力。在他们之下是贵族、农民、手工业者、农奴以及奴隶。

↓ 地毯
许多亚洲国家的人们会手工编织地毯。带有动物和花草图案的波斯地毯可能是所有地毯中最漂亮的。

→ 银制羊
这是在波斯波利斯城发现的外形为羊的银制装饰品。波斯人喜欢动物，用各种动物形象作为装饰物。

↑ 大流士
大流士一世在公元前522～前486年统治波斯帝国。他是军队的首领，也是个明智的统治者。他在统治期间建造了波斯波利斯，帝国达到了最强盛。

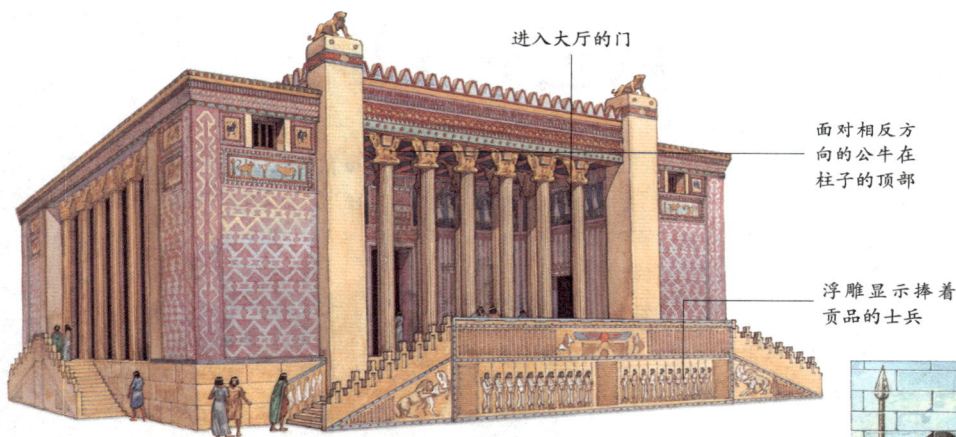

进入大厅的门

面对相反方
向的公牛在
柱子的顶部

浮雕显示捧着
贡品的士兵

波斯波利斯城内的宫殿

在波斯波利斯城内巨大的宫殿。大流士一世和薛西斯一世在波斯波利斯城修建了宏伟的宫殿。沿着巨大的楼梯向上进入宫殿，楼梯是如此宽大，可以供8匹马并排行走。从帝国各地来的人们向坐在高高王位上的国王敬献贡品。

国王们不仅仅依靠暴力，他们也组建了行政机构来进行统治。他们把全国分为20个行省，每个行省由一名总督管理，总督是王国利益的代表。每个行省都征收赋税以及贡品。由于总督在自己的统治范围内拥有绝对的权力，于是国王派出密探——他们被人们称为"皇帝的耳朵"——来监视总督的行为，使得他们忠于皇帝，把应该上缴的税上缴到中央，而不是私下扣留。波斯人还修建了连接帝国各地的交通网，密探、征税官以及商人可以很容易地在国内旅行。

波斯人的财富不断地增长，国王召集帝国各地的工匠建造城市与宫殿。石工来自于希腊，泥瓦匠来自于巴比伦，金匠来自于埃及。波斯人也进口珍贵的原材料，如黎巴嫩的雪松以及埃塞俄比亚的象牙。

有一些人也击退过波斯人的入侵。从北部来的无畏的马背民族——斯基台人曾经打败过波斯军队，希腊人也击退波斯人的两次入侵。希腊人憎恨波斯人，最后从希腊来的著名征服者亚历山大大帝在公元前332年摧毁了波斯帝国。

波斯军队

苏萨宫殿装饰着描绘波斯军队的马赛克。波斯军队的精华部分是1万名被称为"不死军"的士兵，一旦有人死去，就会有人立刻加入，人数恒定。

↑ 波斯帝国

这幅地图显示：在公元前518年，波斯帝国达到最强盛。那时，波斯是当时世界上所见到的最大帝国，苏萨是首都。它的疆域从印度到地中海，包括了以前创造文明的地区：埃及、苏美尔、印度河流域以及安纳托利亚。

大事记

*公元前835年，从里海西南部米底来的米底人统治着伊朗的大部分地区。

*公元前559年，赛勒斯成为波斯的统治者。他征服了米底、爱奥尼亚和吕底亚，建立了波斯帝国。

*公元前522～前486年，大流士一世统治期间。

*公元前518年，大流士征服了埃及的部分地区。

*公元前513年，大流士征服了印度河流域。

*公元前490年，波斯入侵希腊，但是在马拉松战役中被打败。

*公元前480年，薛西斯又准备入侵希腊。

*公元前330年，波斯成为亚历山大帝国的一部分。

以色列王国

与其他古代帝国相比，以色列王国面积狭小，历史也很短暂，但是它的建立在犹太历史上有重大影响。以色列家园是犹太民族强大的精神和政治象征，在以色列王国灭亡后，这种信念支撑着犹太人度过了漫长的流放和被迫害的岁月。

《圣经》描述了摩西是怎样领导以色列人走出法老统治下的埃及，来到位于约旦河与地中海之间的"应许之地"迦南。以色列人的第一个国王扫罗统一了以色列各部落，扫罗的在位时间大约在公元前1020～前1006年之间。大卫王（公元前1006～前965年在位）是以色列人所热爱的第二位国王。

大卫的儿子所罗门王（公元前965～前928年在位）修建了壮观的神庙，神庙以雪松木建成，以大量的铜和金做装饰。为了支付修建神庙和其他建筑工钱，所罗门王对其臣民课以重税，他的儿子罗波安也继续采取这一政策。由于不堪忍受重负，北方的部落从南方的犹太王国中分离出来，形成独立的以色列王国。

正如《旧约·列王记》中所描述的那样，所罗门王兴建于耶路撒冷的神庙是为了放置约柜。神庙包括三大间：外间是前厅，内间是礼拜堂，还有一间是安放约柜的圣殿。

与此同时，来自美索不达米亚底格里斯河流域的亚述人开始侵犯这一地区的其他国家。借助技术先进的攻城器械和装配着铠甲的战服，亚述人成为令人生畏的战士。公元前721年，趁着内乱日渐削弱以色列的时机，亚述人征服了这个国家。

南部的犹太王国因是巴比伦帝国的附属国而得以存在下去。公元前598年，犹太人民奋起反

约柜

约柜是一个用金合欢木和黄金做成的柜子，顶端雕刻着两个小天使，两旁安置有用于手抬的长杆。《圣经》记载，上帝曾让摩西做这样一个柜子，用于安放刻有十诫的石板。当以色列人打仗时，士兵们会带上约柜。约柜是以色列人崇拜的圣物，被认为具有杀人的力量。大卫王将其永久放置在所罗门修建的神庙里，后来不知所踪。

抗巴比伦人的统治，却被巴比伦国王尼布甲尼撒二世（公元前604～前562年在位）镇压。十年之后，在犹太人发动第二次反叛之后，尼布甲尼撒二世将数以千计的犹太人流放到巴比伦。

巴比伦是一座伟大的城市，以空中花园闻名于世。但是对流放到此的犹太人来说，巴比伦之囚却令人痛苦不堪。因此，当巴比伦在公元前539年被居鲁士大帝（公元前530年去世）统治下日臻鼎盛的波斯所推翻时，这一事件受到了犹太人的欢迎。作为巴比伦的新统治者，居鲁士允许被流放的犹太人重返故国，它现在已成为波斯帝国的一部分。许多犹太人回到了家园，但仍有很多人留在了巴比伦和埃及。这便是犹太民族"大流散"的开端，这一过程一直持续到现在。

非洲文明

非洲是面积较大的古代大陆。其北部地区发展出伟大的埃及文明；其南部，在分割非洲大陆的撒哈拉沙漠以南，也出现了其他的文明与王国。许多是熟练地制造金属的文明，他们制造出工具、漂亮的项链和雕刻。他们派出商人进行长途贸易，许多商人驾着骆驼穿过广袤的沙漠，忍受炎热与饥渴，到达红海沿岸以及北非的贸易港口。非洲文明分散得很远很广，但是也有几个主要的中心。加纳、贝宁、马里以及松海是几个在西非不同时期繁荣的小王国。他们都说班图语，是班图人的后裔。班图人是4000年前在西非兴起的农耕与放牧人。他们与北非的统治者进行贸易往来，向北运去象牙、乌木、金、铜以及奴隶，带回来如陶器与玻璃器皿等工业制成品。他们学会了怎样冶铁，这可能是从迦太基这样的北非城市的人们那儿学会的。随着对他们货物需求的增加，王国逐渐地繁荣了。

在东非也有众多的贸易王国。最著名的在津巴

方尖石塔
阿克苏姆的埃塞俄比亚王国与印度和伊斯兰世界进行贸易。其统治者在塔卡加·马瑞姆修建了一座宫殿，还修建了许多方尖石塔，有一些有30米高。而绝大多数的人生活在矮小的茅草屋里。

最早的文明
在非洲出现的最早文明是埃及南部的库苏王国，它从公元前500～350年在尼罗河边繁荣。麦罗埃是它的首都，也是重要的冶铁中心。约从公元前500年起，金属冶炼技术向南传播到非洲的其他地区。

← **黄金纸草支架**
从库苏王国来的熟练的金匠约在公元前590年制造了这个金纸草支架。再以后，非洲的金匠——特别是加纳、马里的金匠——闻名于世界各地。

↑ **壁画**
这一幅是在西非的马里王国——它在1200～1500年期间繁荣——发现的一幅壁画。

47

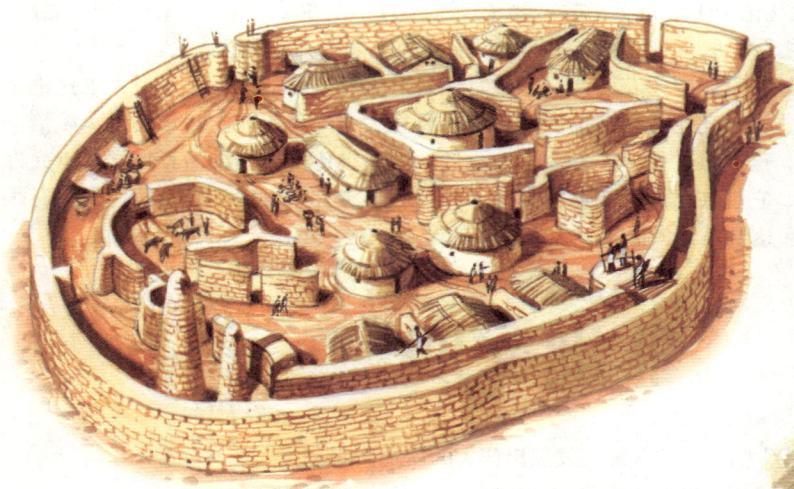

大津巴布韦

大津巴布韦巨大椭圆形的石头围墙里是修纳王国的中心。现在石头还在，还有几处建筑的遗迹，可能是统治者的居住地。

拉里贝拉

阿克苏姆在公元4世纪时开始信奉基督教。到1200年，当地的泥瓦匠修建了像这样的奇特教堂，它位于阿克苏姆东南部的拉里贝拉。

布韦平原。在这里，修纳人拥有肥沃的土地以及铜与金等丰富的资源。他们的商人到达了非洲的东海岸，在那里，他们与印度、伊斯兰帝国甚至中国来的商人进行贸易。更北的地方还有主要进行贸易与制造金属的王国，位于现在的赞比亚和埃塞俄比亚。

　　非洲这些王国的人们过着与他们环境相适应的生活。他们在肥沃的土地上耕种与放牧，寻找金属矿石的资源。他们的王国持续了很长时间，许多王国一直繁荣，直到欧洲人殖民非洲。

克里特岛的米诺斯文明

　　在100年前，英国考古学家阿瑟·埃文斯取得一个意外的发现。他在地中海克里特岛发掘到漂亮的克诺索斯宫殿遗迹。宫殿是巨大的，有几百间房子、庭院以及弯曲的楼梯。这使埃文斯想起了古代希腊迷宫的神话故事，这个迷宫是由传说中的克里特国王米诺斯修建的，于是埃文斯以

公牛与米诺陶洛斯

　　根据希腊神话，克里特岛被米诺斯国王统治着。他是欧罗巴的儿子，而欧罗巴是诸神之一。海神波塞冬给了米诺斯一个神奇的白公牛作为祭祀用。公牛对米诺斯人来讲是神圣的，它们的图案在克诺索斯随处可见。

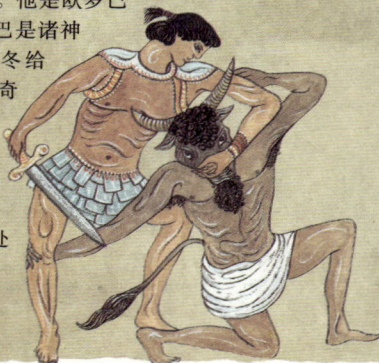

→ 渔民

　　一个年轻的米诺斯渔民拿着从地中海捕获的鱼。米诺斯人是天生的船员，捕鱼是他们经济的基础。

← 杀死米诺陶洛斯

　　希腊英雄提修斯杀死了怪物米诺陶洛斯，米诺陶洛斯是一个半人半牛的怪物。根据希腊神话，米诺斯把米诺陶洛斯放在一个迷宫内，每年都要向他祭祀年轻的男女。

日常生活

米诺斯文明的城市人口稠密。许多城市建在海岸边。房屋通常有两三层楼高，被涂上颜色。在岛上生长着橄榄树，橄榄通常被用来炼油与烹饪。

本土，后来迁移到克里特，在这里大约经过了 1000 年左右，创建了一个繁荣与神奇的文明，这一文明在公元前 2000～前 1700 年达到了顶点。海洋孕育了丰富的鱼类资源和肥沃的土壤，这意味着米诺斯人拥有富有安逸的生活方式。

米诺斯人在克里特岛上修建了许多宫殿，克诺索斯是最大的。建筑包括神龛、宗教象征以及神像。有几间宽敞、装饰精美的房间，可能属于王室。一些小的屋子内满是高坛子，被称为储物罐，它们是用来装油、酒以及其他东西的。可能在克诺索斯生活着一个僧侣阶层，同时克诺索斯也是一个食品与商贸交流中心。

克里特宫殿的墙上是漂亮的图画，许多都保存下来。一些画描绘的是自然的风景，其他的一些描绘的是米诺斯人工作、娱乐以及参加宗教仪式的场面。

米诺斯人是很好的船员。他们与许多国家进行贸易，从土耳其进口铜，从埃及进口象牙与黄金，从阿富汗进口天青石。

突然之间，繁荣的文明遭受到一场灾难。宫殿倒塌，并发生了大火。可能是由于发生了地震或者附近的泰拉火山爆发了。米诺斯人重建了他们的宫殿，但是在公元前 1450 年，再次发生了灾难。从希腊本土来的迈锡尼人入侵，米诺斯文明被摧毁。

墙壁画

克诺索斯的宫殿有约 1300 间房屋。许多房屋由壁画装点，这幅画显示的是一个美丽的米诺斯妇女，她的头发被扎成麻花状。

← 米诺斯文明

克里特岛是最大的希腊岛屿，也是米诺斯文明的发祥地，米诺斯文明是最早的欧洲文明之一。这里显示的是这一辉煌文明的范围。除了在克诺索斯的米诺斯宫殿外，米诺斯人还在玛利阿、费斯图斯以及查克罗斯等地建造了豪华的宫殿，并在整个地中海建立了贸易港口。

地图标注：爱琴海、克里特岛、克诺索斯、玛利阿、卡玛瑞斯、采尼亚、费斯图斯、查克罗斯、地中海

大事记

＊公元前 6000 年，希腊本土的居民来到克里特。

＊公元前 2000 年，米诺斯人在克诺索斯修建了宫殿。

＊公元前 2000 年～前 1700 年，米诺斯人在玛利阿、费斯图斯以及查克罗斯等地建造了宫殿。米诺斯文明开始繁荣。

＊公元前 1900 年，克里特人使用陶制轮子。

＊公元前 1450 年，米诺斯文明由于此前的泰拉火山爆发以及希腊来的入侵者而衰落。

迈锡尼文明

约在公元前 1600 年，一个好战的民族统治着希腊本土，他们就是迈锡尼人，得名于他们在伯罗奔尼撒半岛东北部的最大军事据点迈锡尼。迈锡尼人创造了第一个希腊本土文明。他们生活在小山顶的据点或者坚固的居住地，制造非常好的金属物品，士兵以英勇而闻名。

迈锡尼人可能包括几个不同的部落，每一个部落都有自己的首领和堡垒。迈锡尼是最大的，但是在提林斯和伽拉还有其他部落。他们说早期的希腊语，其巨大的要塞是用大石头建造的。从希腊本土出发，他们远航到爱琴海和地中海。他们的商人向西航行到达西西里，向东航行到达土耳其海岸，在那里他们建造了贸易港口——米利都。他们也到达一些希腊岛屿，与当地人进行贸

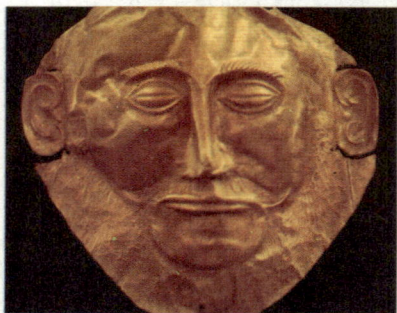

阿伽门农的金面具
这个漂亮的黄金面具应该属于一个迈锡尼国王。当国王被埋葬后，脸上就戴上面具。考古学家曾经认为这个金面具属于阿伽门农——特洛伊战争中的英雄。

迈锡尼
迈锡尼人在山顶以及靠近海岸的地方修建他们的大型要塞。农田延伸到内陆平原，高大的城墙环绕着要塞。据说这些墙是由独眼巨人塞克诺斯修建的。在迈锡尼城内是宫殿和其他的建筑，而围绕要塞形成了一个城镇。

特洛伊战争

古代希腊神话故事给我们讲述了在希腊与特洛伊之间发生的一场战争。特洛伊王子帕里斯与斯巴达王后——也就是斯巴达国王墨涅拉俄斯的妻子——海伦陷入爱河并私奔。墨涅拉俄斯国王、他的兄弟阿伽门农以及大批军队包围特洛伊 10 年之久，并最终占领了这座城市。历史学家们相信这个神话故事依据的是迈锡尼人发动的一场真实战争。

←**战士**
迈锡尼战士身穿盔甲，手持锋利的武器。在迈锡尼的社会中，战士是非常重要的。

→**特洛伊木马**
希腊人用一个木马欺骗特洛伊人。他们假装撤离特洛伊，把木马留在了后面。特洛伊人把木马运回城。藏在木马内的希腊士兵在夜晚出来占领了特洛伊。

易或者建立殖民地。最大的征服行动是对希腊最大的岛屿克里特发动的，他们打败了米诺斯人。这次征服使得他们可以使用以前米诺斯商人的贸易路线。

迈锡尼人留下的遗迹现在看起来很荒凉，只有风吹日晒的山壁上光秃秃的石墙。事实上国王与贵族生活豪华，他们在要塞内修建小但是奢华的宫殿。每一个要塞都有供国王、士兵、官员、神职人员、书记官以及手工业者居住的房屋。农民居住在周围的平原与乡村，他们供养国王与其官员，在战争的时候回到要塞躲避。

迈锡尼文明一直延续到公元前1200年，一场大火烧毁了迈锡尼要塞。尽管其后迈锡尼文明又延续了100多年，但是他们的势力已经衰落了。

埃及的古王国

从太空上看，尼罗河在广阔的沙漠中从一块块绿洲中穿行而过。即使在干旱时节，尼罗河也奔流不息，而到了夏天，埃塞俄比亚高原的雨水则使尼罗河河水上涨。今天，尼罗河被一个水电大坝所控制，它为现代埃及提供了大量所需的能量。但是，大坝也破坏了千百年来一直持续不断的自然循环——每年的洪水不仅浇灌了尼罗河流域，也使两岸的土地覆盖上一层河水所带来的肥沃的泥土。这样，被过度开发的土地才能得到恢复，为世界上最古老的文明之一提供发展所需要的条件。

纳尔迈调色板，表现的是公元前3000年左右的埃及国王纳尔迈正在用棒子重击一个敌人，其他被击败的敌人蜷伏在他的脚下。鹰象征了荷鲁斯神，荷鲁斯所栖息的芦苇丛象征着布满沼泽的下埃及。

公元前4000年的时候，尼罗河流域的农业就很发达了，足以养活大量非农业人口。非农业人口主要集中在像涅伽达这样的小城市中，它们分布在从现代的卢克索（过去的底比斯）沿尼罗河

金字塔

在古王国时期的初始阶段，埃及的一些大人物被葬在平顶的用砖头砌成的坟墓里，人们称之为"马斯塔巴"。当大约公元前2650年，为法老乔塞尔而建的第一座金字塔建成时，它看上去就像许多马斯塔巴垒叠在一起，每一个都比它下面那个要小。阶梯的形状为死去的法老提供了一个通向生命之源——太阳——的便捷的楼梯。之后不久，金字塔的边缘开始被建成我们所熟悉的平直的样子，这代表了太阳神"拉"的光辉。第一座这样的金字塔就是给人们留下深刻印象的胡夫大金字塔，建造大金字塔的石头的重量重达600万吨，它位于吉萨，至今仍是一个壮丽的景观，直到1889年艾菲尔铁塔建成之前，它一直是世界上最高的建筑。

而下的地区。尽管这些人口聚居地很
富饶，它们的邻居却没有必要对之嫉
妒。因为气候的变化只是刚刚
将水草丰茂的尼罗河流域从
日渐干旱的地区分离出来。
这一趋势不可逆转，新兴
的埃及要从更大的危
机中汲取力量。

　　大约公元前
3100 年，埃及各个
中心地区聚合在一
起，形成一个单一
的国家。它的统治
者是法老，控制着

古埃及的财富建立在农业的发展之上，农业因尼罗河流域肥沃的土地而繁荣。尼罗河也是埃及主要的运输通道，包括建造金字塔的石头在内的许多沉重的物品都是通过船只来运送的。

从上埃及的第一瀑布到三角洲的整个尼罗河流域。法老借助一种神秘的力量完成了这一大业：他被视为天神、洪水及其丰富养分的施予者以及人民此生和来世的保护者。因此，"死亡崇拜"——建造豪华的坟墓，不仅是宗教信仰的重点，也是埃及人生活的经济推动力。

　　普通的埃及人将所有的事物都归功于他们的法老，不仅为之服劳役，还从事着修建宫殿、神庙、灌溉工程等公共劳动。政府部门的大量书吏管理着这一复杂的系统，他们用象形文字记录下一切。法老的官僚体制在普通埃及人的生活中显得庞大而森严，但正是由于这一治理国家的理念，城市生活和诸如建造金字塔这样的伟大工程才得以进行。

新王国时期的埃及

这个金制的丧葬用的面具是图坦卡蒙陵墓中所发现的最让人叹为观止的物品之一。图坦卡蒙是埃及的一位年轻法老，他在公元前 14 世纪新王国鼎盛时期短暂统治过埃及。

　　古代埃及在新王国时期（约公元前 1550 ~ 前 1075 年）达到其势力的顶峰。公元前 13 世纪的时候，法老的势力向北远及地中海沿岸的叙利亚，向南则直达努比亚。贸易和征服所获得的财富被用于建造宏大的神庙和宫殿，以及富丽堂皇的法老陵墓。这些陵墓由考古学家在首都底比斯之外的帝王谷发现。

　　随着古王国的崩溃和第一中间期混乱无序状态的结束，新的王朝的建立使法老的权威得以恢复，埃及历史上的第十一王朝也就此开始。中王国开始于门图霍特普二世对埃及的再次统一。之后的统治者看到了日趋增长的官吏的重要性，他们治理着国家，使得埃及生活的方方面面井然有序。这一时期最伟大的建筑物不是法老的陵墓，而是雄心勃勃的水利工程，它使得大片土地第一次得到耕作。要塞也得以建造，最著名的要塞位于南部的布痕，保卫着与努比亚（今天的苏丹）接壤的边境。

　　中王国的富饶遭到了外人的嫉妒。大约公元前 1640 年，穷兵黩武的喜克索斯人扫荡了尼罗河三角洲。他们来自于地中海东部沿岸，装配有新式的武器和马拉战车。法老们被赶出了尼罗河三角洲，但在南部仍保持了政权，统治着底比斯以南的上埃及。

大约一个世纪以后，上埃及出现了一位强有力的领导者阿赫摩斯，他致力于驱逐喜克索斯人。约公元前1550年，入侵者被驱赶出去，埃及的第二中间期结束，新王国开始。在之后的3个世纪里，继任的法老都是一些尚武之人，他们向外开辟疆域，北达地中海沿岸，南抵努比亚。埃及在其历史上第一次建立起一个庞大的帝国。军事力量也带来了经济上的强盛。在接下来的几个世纪里，埃及文明达到其顶峰，在艺术、建筑、医学、科学和工程等领域都取得了巨大的成就。

信奉异教的法老

埃及历史上最具革命性的法老是将自己的名字改为埃赫那吞的阿蒙霍特普四世（约公元前1353～前1336年）（右图）。他在新王国鼎盛时期登上王位，随后做出了一项重大决定，废除了多神教，改为信奉唯一的神灵：太阳神阿吞。为了使自己的宫廷远离旧教的高级祭司，他将首都从底比斯迁至位于沙漠的新城埃赫塔吞。在那里，他资助了一种新式的、比早期一成不变的雕塑样式更具现实性的艺术风格。埃赫那吞死后，他所进行的一切改革都被废止。对旧神的崇拜得到恢复，首都又迁回底比斯，他的继任者竭尽全力清除了历史记载中对他的描述。

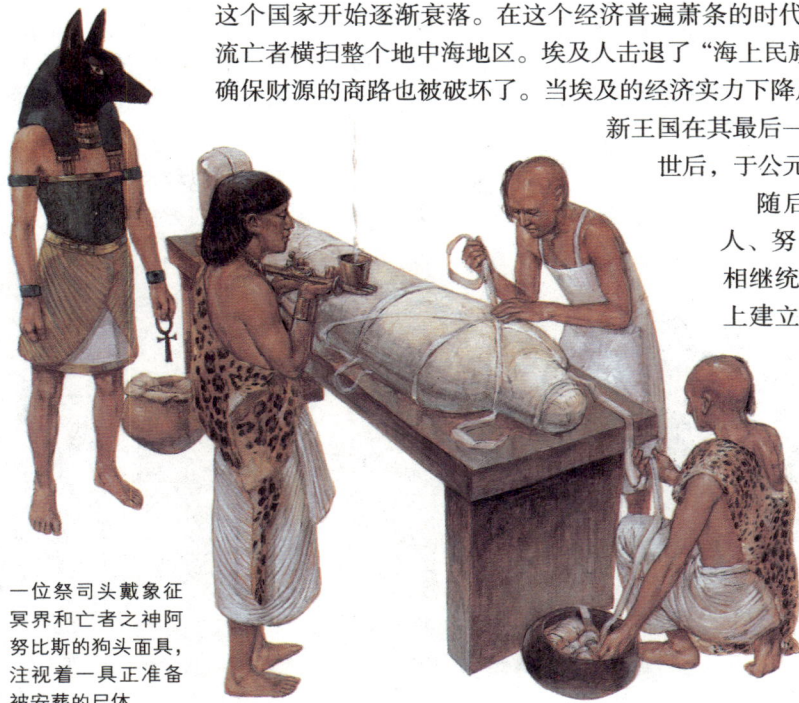

埃及文明的黄金时代一直延续至约公元前1150年，其时在埃及边境之外所发生的一些事件使这个国家开始逐渐衰落。在这个经济普遍萧条的时代，被称做"海上民族"的流亡者横扫整个地中海地区。埃及人击退了"海上民族"的进攻，却失去了帝国，确保财源的商路也被破坏了。当埃及的经济实力下降后，其军事力量也被削弱。

新王国在其最后一位统治者拉美西斯九世去世后，于公元前1070年左右走向衰落。随后的几个世纪里，利比亚人、努比亚人、波斯人和希腊人相继统治过埃及，在法老的宝座上建立起自己的王朝。这些王朝中的最后一个是希腊的托勒密王朝，它统治埃及约300年。托勒密王朝的最后一位统治者是著名的克丽奥帕特拉女王。随着克丽奥帕特拉女王于公元前30年自杀身亡，埃及的法老统治至此结束，成为罗马帝国的一个行省。

一位祭司头戴象征冥界和亡者之神阿努比斯的狗头面具，注视着一具正准备被安葬的尸体。

古代埃及的知识成就

　　古代埃及除了丰富的宗教思想之外，在知识领域也取得了重大成就，其中最主要的是文字体系的创建和某些实用科学知识的发明。

　　象形文字是古埃及人们使用的一种文字体系，它是由图形文字、音节文字和字母构成的。在埃及象形文字中，图形文字就是直接能够表示意义的图画。需要注意的是，这种图形符号不仅可以表意，也可以用来表音，也就是音节文字；限定符则类似于汉语中的偏旁部首的作用。埃及的象形文字，是形、意、音三者的结合，其意符和音符又都来源于图形。特别有意思的是，这种文字在书写时可以不讲方向，横写、竖写、上下左右写都可以，只要按照动物字符头部的指向写就行，这可以说是埃及象形文字的书法特征之一。

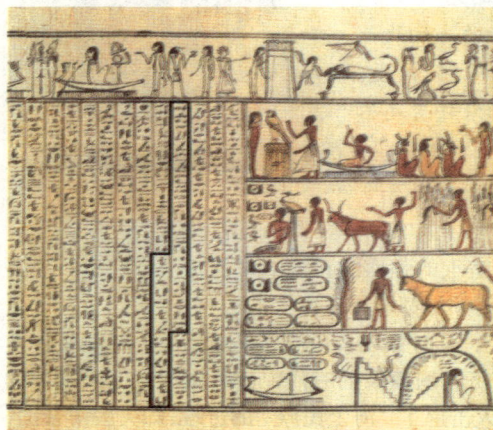

用象形文字写就的祭祀纸草——《亡灵书》中的一章
《亡灵书》是用莎草纸、皮革或亚麻布制成，并饰以各色漂亮的花边。埃及人相信，死人下葬时陪葬一本《亡灵书》，可保证死者的灵魂得以再生。在葬礼上，僧侣须诵读此书，然后随死者入墓。

　　埃及的象形文字比美索不达米亚的楔形文字出现得晚，极有可能借鉴了美索不达米亚楔形文字的思想。埃及象形文字与楔形文字颇有相似之处，比如，两者都以音节的书写符号组成。值得一提的是，埃及象形文字以字母（即24个音符）这种书写符号作为基础，这是埃及文字的创新之处。假如埃及人把这24个音符与非字母符号区分开，每一个都用来代表语声的辅音，在文字交流中只使用字母符号，那么，一种完全现代的文字体系就产生了。可是由于埃及人的思想非常保守，第一种单一的字母体系一直到了公元前1400年左右才由地中海东岸的一支闪族语系人即腓尼基人发明出来。后来，希伯来人、阿拉伯人、希腊人和罗马人的字母表都以腓尼基人的字母表作为范本。总之，腓尼基人明显是从埃及人那里借来用单一符号表示单音这种思想的，又因为他们的许多字母是以埃及人的字母为原型的，所以我们有理由认为，西方世界至今仍在

来世
　　古埃及人相信有来世，他们也认为法老是神。当法老的身体死后，他们仍能在阳间复活。由于这种原因，古埃及人制作木乃伊来保护法老的身体。

→ 狮身人面像
　　在吉萨的狮身人面像象征着王权。它约18米高，55米长，约在公元前2620年用石灰石雕刻而成。

↑ 大金字塔
　　上图的金字塔修建于公元前2560年。最早的平滑外顶至今仍然存在。古埃及差不多动用了1万劳动者修建这座金字塔。

使用的每一个字母都发源于古埃及人的文字体系。

古埃及的文学形式多种多样。其中，教谕文学是古埃及非常有特色的文学体裁之一，在古埃及的文学史上具有重要影响。"教谕"意思是教导、说教，古埃及的人们认为，今生的行为会决定死后的命运。所以教谕文学往往是圣贤、先哲教导人们或者子女在世间多做一些善事等规范人行为的一种文学样式，教谕文学常采用独白、对话或箴言的形式。古埃及还有一种文学形式就是寓言故事，它主要讲述拟人化的动物故事，寓哲理于其中，达到教育或讽刺的目的。

埃及太阳历

古埃及在天文学、医学和数学方面的成就是非常突出的。天文学方面较典型的一个例子就是古代金字塔南北方向的测量相当准确。当时没有罗盘，所以肯定是用天文方法测量的。古埃及人还创造了最早的历法：他们把赤道附近的星分为36组，各组星的数量不等。每组星管十天，所以叫旬星。当一组的星正好升到地平线上时，就表示新的一旬又开始了。三旬合为一月，四月合为一季，三季又合为一年。当时的人们，给这三个季度分别取名为：洪水季、冬季和夏季。那时农民种植农作物的规律是，冬季播种，夏季收获。古王国时代，人们对天狼星和尼罗河开始泛滥的关系进行了长期的观察和测量，制定出了太阳历。这种历法被沿用至今。古埃及人把原来的一年360天增加到了365天，这与后来人们测量到的实际每年的周期只有几个小时的差别。

古埃及的医学在古代世界也享有一定的地位。它的医学涉及到胃病、眼病、心血管疾病、囊肿和疔疮等多种疾病的治疗与研究。古埃及人制作的木乃伊闻名全世界。通过制作人体和动物木乃伊，埃及人对人和动物的各种器官的形状和位置，以及某些器官的功能都有了相当程度的了解。古埃及人觉得人的心脏在人体的各个器官中是最为重要的，所以他们在制作木乃伊时，特意把心脏留在体内。古埃及人对外科和内科疾病，也有了一定的治疗手段。比如，在外科上，他们能通过手术摘除肿瘤，采取用绷带固定的方法治疗骨折和脱臼，通过外敷治疗烧伤或溃疡；在内科上，埃及医生会用酒、蜂蜜、龟板、草药等配制药剂，来治疗各种内科疾病。可见，古埃及的医疗水平已经达到了相当高的水平。

↓ 纸草

古埃及人发明了一种纸，称为"纸草"（papyrus）。它取材于尼罗河边生长的纸莎草苇叶的根部。英语里的"纸"（paper）就来自于纸草这一单词。

← 制造砖

坟墓上的画告诉我们许多古埃及人日常生活的情况。这里，手工艺者用从尼罗河取来的软泥添加麦秆，制造建筑用砖。

↑ 象形文字

古埃及人发明了书写的一种形式，即象形文字。有超过700个不同意思的符号，每一个都代表一个发音或者一个单词。

古埃及人在数学方面的成就也不同凡响。古埃及建筑艺术和天文历法科学是辉煌伟大的，而这些成就都离不开高超的数学。在那个时代，祭司、僧侣和书吏都必须掌握数学这门知识。早在古埃及古王国时期，古埃及人就采用了十进位制，并创立了完整的数字符号。例如，他们用一根绳子表示"1"，用倒立的 U 形绳子表示"10"，用一段卷起来的绳子表示"100"，用一种测量绳的工具表示"1000"，用一个手指头表示"1 万"，用小蝌蚪形状表示"10 万"，用一个双手高举的人表示"100 万"。此外，古埃及人还创建了实际生活中常用的加、减、乘、除等运算方法、一元一次方程和一元二次方程，还有古埃及人建筑金字塔时采用的等腰三角面的建筑，测量得都很精确。再比如，古埃及丈量土地和征收租税时计算的圆形面积的结果与现在按公式计算出来的结果几乎没有差别。

古代埃及的艺术成就

古代埃及的艺术成就光彩夺目，其中最耀眼的自然是金字塔。金字塔开始建于公元前 3000 年左右，是古埃及法老和王后的陵墓。这些陵墓是由巨大石块修砌成的方锥形建筑，因为外形很像

金字塔及狮身人面像

汉字"金"字，所以译作"金字塔"。迄今为止，埃及已发现的大大小小的金字塔有 100 多座，大多建于埃及古王国时期。

在古埃及所有的金字塔中，最著名、最大的是第四王朝法老胡夫的金字塔。据说，这座金字塔在 1888 年巴黎建筑起埃菲尔铁塔以前，一直是世界上最高的建筑物。经过历史岁月的风蚀雨淋，目前的高度还有差不多 137 米。这座金字塔的底座呈正方形，边长 230 多米（现长 227 米），所以绕着金字塔走一周，几乎要有一千米的路程。金字塔的塔身由 230 万块巨石组成，它们大小不一，最重的达到 160 吨，最轻的也有 1.5 吨。在遥远的古代，真不知道工匠们是用怎样的力气把这样重

埃及妇女

在古埃及，各个阶层的妇女都有许多权利。她们主持家务，支配自己的财物。她们也从事有技术的行业，如助产学。也可以成为祭司，并在法庭中担任重要的职位。

← 尼弗提

新王国法老埃赫那吞的妻子是尼弗提。她与丈夫一起统治，在宗教仪式中作为助手，并有强大的政治影响力。

↑ 打猎

埃及人酷爱打猎。在沙漠里，法老与贵族一起打猎，他们捕猎羚羊、野牛以及瞪羚，也打猎鹅以及尼罗河岸的其他水鸟。

金字塔内的古埃及神话雕刻

的石头堆积在一起的。最值得一提的是，组成塔身的石块之间，没有现代人们砌墙所用的水泥、石灰之类的粘着物，它们仅仅是一块石头放在另一块石头上面。到现在为止，就是一把锋利的刀刃都很难插进石块之间的缝隙中，足见那时候人们把石头磨得是多么平，这真是建筑史上的奇迹，在整个世界也都是罕见的。

胡夫的金字塔在付出人们辛勤劳作的同时，也充分发挥了当时人们的智慧。最典型的例子就是金字塔的三角形出入口，如果那时的人们没有想到用三角形而是用非常普遍的四边形，那么造成的后果就是，100多米高的金字塔本身的巨大压力足以把这个出入口压塌。而人们想到了这一点，并巧妙地使用了三角形，就使那巨大的压力得以均匀地分散开。因此，金字塔被喻为"世界七大奇观"之一，实属当之无愧。

为什么古代埃及的法老们要将自己的坟墓修建成椎体的形式，也就是中国汉字中的"金"字形呢？原来，角锥体的金字塔形式表示了人们对太阳神的崇拜，因为太阳光芒是古代埃及太阳神的标志，如果人们通过金字塔棱线的角度向远方望去，就可以发现金字塔很像洒向大地的太阳光芒。

看到如此雄伟壮观的金字塔，人们心中难免会产生很多疑问，这么高难度的建筑技巧是怎么实现的呢？古埃及人耗费如此大的人力和物力来修建金字塔，其动力何在，目的何在呢？考古学家们按照保守的估计，修建一座金字塔大约需要10万名劳力。这10万名劳力不可能一年四季都在劳动，他们还要照管家里的农务，只有在每年夏季尼罗河泛滥的几个月里，这些劳力们才受雇于修建大型建筑。但是仅仅一个夏天，这样浩大规模的金字塔是无法建成的，他们只能一个夏季接着一个夏季地干下去，才能完成如此规模巨大的金字塔。对于成千上万的人来说，冒着埃及夏季的酷热开采和拖运石灰岩，是他们每年夏季从未休止的生活。

大约在第二至第三王朝的时候，修建金字塔的劳力们坚信，国王死后要成为神，他的灵魂要升天。在后来发现的《金字塔铭文》中有这样的话："为他（法老）建造起上天的天梯，以便他可

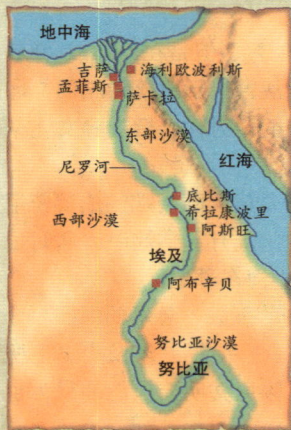

← 古埃及
这幅地图显示的是古埃及的疆域。下埃及在北部，上埃及在南部。更南部是努比亚，这是出产珍贵原材料的地方，如金、象牙，埃及人后来征服了这一地区。

大事记
*公元前3100~前2686年，上埃及与下埃及统一。
*公元前2686~前2181年，古王国时期的法老建立了他们的权威，埋葬在金字塔里。
*公元前2182~前2040年，法老的权力遭到破坏，两个埃及统治者分别治理埃及，分别有两个首都——希拉康波里和底比斯。
*公元前2040~前1786年，中王国时期。
*公元前1786~前1567年，从叙利亚和巴勒斯坦来的入侵势力到达埃及。
*公元前1570~前1085年，新王国时期的埃及法老再一次统一埃及，文明繁荣。
*公元前1083~前333年，帝国瓦解，分为许多独立的城邦。
*公元前333~前323年，埃及成为亚历山大帝国的一部分。

由此上到天上。"金字塔就是这样的天梯。劳力们还十分相信，法老掌握着他们的命运，他们自己的祸福与法老——即神——的祸福有着密不可分的联系。还有一点就是，协作劳动必定赋予单个苦力一种令人振作的亲近感和团体成就感。这一点我们可从金字塔石块上的一些标记得到证明。在一年大部分时间里，相对闭塞的农民必定会发现，在当时最受尊敬、最受赞扬的工程中参加劳动，是一件值得骄傲并可获得精神上的报偿的事，这样，受苦流汗看来也几乎是件令人高兴的事。

后来，到了中王国时期，埃及的法老们终于认识到修建金字塔是一件多么劳民伤财的事情。金字塔的修建在埃及的历史上画了句号，取而代之的是神庙的修建，人们的宗教信仰也都转向了对个人得救的关注。比如，制作木乃伊，雕刻国王、王妃的像以保存下来。据研究考证，人们之所以热衷制作木乃伊，是因为当时埃及人的宗教观念，他们相信人的死亡是人的肉体和灵魂的分开，如果灵魂能够回归肉体，那么人就可以复活。所以古埃及的人们把自己的尸体做成"木乃伊"，以便保存。他们还害怕尸体一腐烂，灵魂就无处回归，所以才用石头雕刻人像，雕像还有这样的特点，凡是法老以及王族成员，躯体都以鼻尖和肚脐连成的线作为对称轴，也只有这种样子才能使灵魂在复活时轻易地找到

法老的人形棺

复归的门路。国王已经习惯了在人间的荣华富贵，他们死后也想得到人间的这些财富，所以他们就叫人把人间的事物都雕刻在墓壁上，于是埃及的雕刻、绘画等艺术就产生了。

埃及绘画浮雕的特征是：人的脸是侧面的，胸是正面的，腿和脚又是侧面的。这种两次九十度的转向，使人身的造型看起来不大自然。雕刻的特点在于制约着雕刻风格和意义的陈规。法老的雕像一般都很庞大，新王国时期创作的那些法老雕像高度达数十米，他们身上的彩衣很有吸引力，眼睛里也往往镶嵌有水晶。不过，这些人物雕像的表情都很木讷，基本上都是双臂交叉抱在胸前，或者是固定在身体两侧，双目正视前方，面部略带微笑，也有的没有任何表情。

荷马时代的希腊

作为西方文明的主要源泉，希腊在西方的传统中处于独一无二的位置，但是在公元前2000年的时候，这种前景却很难被人察知。当中东和埃及的伟大城市经历了从繁荣到没落的轮回，印度河流域的哈拉巴文明正值其顶峰时，希腊却刚刚走出石器时代，步入铜器时代。后一种文化来自安纳托利亚的迁徙者，它跨越爱琴海，一个岛屿一个岛屿地传播过来。

希腊大陆上最早的文明出现在约公元前1600年，其中心地带位于希腊大陆南端的伯罗奔尼撒半岛的迈锡尼。从迈锡尼考古发掘出的文明遗址中能够看出，这一文化既有军事性质，同时也有商业性质。在士兵和商人的共同努力下，迈锡尼文明的影响传播到地中海东部地区。

迈锡尼文明是辉煌的，但转瞬即逝，到公元前1250年时，它便衰落下去，衰落的原因至今尚不清楚。那时出现了一段动荡时期，它影响到地中海东部的平静。在这一时期，埃及史书上所记载的神秘的"海上民族"肆意横行。即使不是"海上民族"摧毁了迈锡尼文明，他们的行为也肯定破坏了迈锡尼的海上贸易网。

希腊伟大诗人荷马的生平很少为人所知，据传他是爱奥尼亚人，双目失明。

克里特岛的米诺斯文明

米诺斯文明繁荣于约公元前2000年的克里特岛，在这种文明中，优雅的体育运动战胜了野蛮的力量。这一独特文明的名称来自于传说中的国王米诺斯，米诺斯国王在有关弥诺陶洛斯的希腊神话中也曾出现。弥诺陶洛斯是一个生活在迷宫中的怪物，这一故事的灵感或许来自于米诺斯首都克诺索斯的真正的迷宫（右图）。在国王的管理下，贸易得到繁荣，米诺斯与法老时代的埃及和小亚细亚都建立了贸易往来。然而，克里特岛的海上贸易帝国在大约公元前1450年时遭到致命一击，当时位于桑托里尼岛附近的锡拉火山爆发，给地中海东部带来巨大灾难。随之而来的是政治上的权力真空，到大约公元前1400年的时候，克里特岛被迈锡尼的希腊人征服。

位于克里特岛北部的克诺索斯王宫是米诺斯文明最引人注目之处。它建在小山之上，占地约2公顷。这一多层的建筑不仅是王宫，也是召开议事会议的场所、宗教神殿、手工业生产的中心以及存放各种货物的仓库。

迈锡尼文明衰落后，没有留下文明的承继者。相反，当地的军事贵族在这块散乱的土地上互相厮杀。后来的学者将公元前1250～前850年这段时间称做希腊的"黑暗时代"，尽管我们无法获知那时人们的生活是否真的那么悲凉凄惨。

到公元前8世纪的时候，前景开始明朗化了。地方统治者不断增长的财富促进了手工业和商业的发展，为城邦的演进创造了良好的条件。城邦，是自治的城市国家，通常由一个大的城市社区和其周边的乡村构成。来自这些城邦的年轻的冒险者在海外建立了商业据点，进一步增加了母国的财富。随着各个城邦的独立发展，它们共同的希腊认同也在成长，这种认同被一套共有的有关诸神和英雄的故事所强化。尽管人们对诗人荷马的生平所知甚少（有人甚至认为"他"实际上是多个不知名的吟游诗人），但他的伟大史诗《伊利亚特》和《奥德赛》却成为以后的希腊人灵感的源泉。

有关用年轻人向半人半牛的怪物米诺陶尔献祭的希腊神话，或许来自于现实生活中的克里特体育活动"跳牛"。参赛者抓住一头横冲直撞的牛的牛角，并试着在其背上翻筋斗。左图是克诺索斯王宫的一幅壁画，它展示了这一场景，时间约为公元前1500年。

奥尔梅克人

中美洲第一个伟大文明兴起于一个看似不可能的地方——墨西哥南部的热带雨林。大约公元前1250年的时候，一个之前不为人所知的民族突然开始在那里建造壮观的祭祀中心，此前这里只不过是一些分散的村落。更令人吃惊的是，他们用巨大的石像来修饰祭祀中心，这些石像至今仍矗立在那里，堪与世界上其他地方的精美石像相媲美。

圣洛伦佐的祭祀中心建在45米高的土台上，是一座10层高的建筑。在土台的四周，由长方形的土丘围成一个庭院。庭院里装饰有巨大的石刻头像，最大的一个有3.4米高，重达20吨。制作头像的石头是用木筏子——奥尔梅克没有带轮子的交通工具——从80公里外的山里运来的。这些头像用石制工具雕刻而成，因为工匠并没有金属工具。

这个巨大的头像是在位于拉文塔的祭祀场所发现的17个头像中的一个，所有的头像都用火山岩雕刻而成，时间大约在公元前1200～前900年之间。头像的高度从1.5米～3.4米不等，最重的头像重达20吨。如图所示的头像戴着头饰，可能和奥尔梅克文明中带有宗教活动性质的球类游戏有关。

学者们认为，头像或许代表了死去的统治者。其中的一些戴着头盔，很像现在的橄榄球运动员的穿戴。它们或许还真的和某种运动有关，因为我们知道，奥尔梅克人发明了一种用于宗教仪式的球类运动，在特定的场地举行。这种运动后来几乎传遍了所有中美洲的其他文明区域。可能出于某种宗教原因，游戏的参与者不能用手或脚触球，只能用肘、臀部和大腿控球。

从墨西哥北部到萨尔瓦多和哥斯达黎加一带出土的小雕像、装饰物和其他艺术品来判断，奥尔梅克人控制了横跨中美洲的广阔的商业网。除了小部分的工匠和商人，奥尔梅克人的社会被分成富裕的统治阶级和农民两大类，后者还为修建祭祀中心提供劳力。农民不满于强加在他们身上的种种要求，圣洛伦佐或许因此在大约公元前900年遭到蓄意毁坏，沿着庭院排列的那些纪念性的头像都遭到损坏。

随后，其他的祭祀中心兴起并取代了圣洛伦佐，最初是位于托纳拉河一座小岛上的拉文塔，然后是特雷斯·萨波特斯。后者在大约公元前200年被废弃，标志着奥尔梅克文明的结束。

然而，奥尔梅克对后来的中美洲文化仍有影响——玛雅人、托尔特克人和阿兹特克人都从奥尔梅克人那里借鉴了许多东西。继承者不仅改进了奥尔梅克人的球类游戏，也革新了奥尔梅克人的天文历法、石头建筑的品味和象形文字的形式。

美洲豹崇拜

奥尔梅克人的雕像和雕刻品中所刻画的人物通常有着一双细长的眼睛和咆哮着的嘴。人像通常是一个孩童，其额头上印有特殊的大猫爪子印记。学者们将之称做"豹人"，认为这是对大型猫科动物——中美洲丛林中最厉害的食肉动物——的崇拜。这种崇拜的原因可能是由于奥尔梅克的贵族将他们出身的起源追溯到一个半人半豹的神秘的创世神那里，因此他们声称自己具有美洲豹凶猛和灵巧的特性。

伊特鲁里亚人

　　意大利中部的古代居民被称做伊特鲁里亚人，这个民族在历史上仍然是个谜。尽管他们已经能够书写，学者们也破译出他们的一些文字，但是大量有关他们的文献却很少保留下来。我们所知的伊特鲁里亚人的历史主要来自于希腊和罗马作家的记述。

　　伊特鲁里亚大致与现代意大利的托斯卡纳地区相当，这一地区盛产铁矿和铜矿石，其海岸线上有着许多天然的港口。因此伊特鲁里亚人是技术娴熟的金属加工工匠和水手。他们用船装载着铁块、铜和其他货物，频繁往来于意大利海岸和法国南部，这种贸易使他们获得大量财富。在大约公元前800年，当罗马仍然是山丘上一串不起眼的小屋时，他们已经开始在城市中生活。

　　伊特鲁里亚商人在地中海东部面临腓尼基人和希腊商人的竞争。约公元前600年，希腊人在马西利亚建立了一块商业殖民地。以此为基地，希腊人得以控制沿罗讷河直至中欧的重要商路。为了弥补这一损失，伊特鲁里亚人与北非的商业城市迦太基结成同盟。

　　伊特鲁里亚人在技术上居于领先地位，他们修建了道路、桥梁与运河。他们从希腊人那里借用了字母文字、瓶绘艺术和神庙建筑。在公元前6世纪期间，伊特鲁里亚人以故地为中心向北和向南进行扩张。根据罗马作家的记述，在这个时候，12个重要的伊特鲁里亚城市结为松散的政治联合体。

　　伊特鲁里亚诸王在一段时期内统治了罗马城。公元前510年的时候，一群罗马贵族奋起反抗在罗马的最后一位伊特鲁里亚国王，传统上认为，这一事件标志着罗马共和国的建立。从这时起，罗马人逐渐取代伊特鲁里亚人成为意大利的统治者。伊特鲁里亚人在公元前3世纪时最终退出历史舞台，被罗马人不断扩张的政治力量所吞噬。

　　罗马人从伊特鲁里亚人那里继承了许多文化观念，例如占卜——相信人们可以通过观察自然现象，如飞行中的鸟群，来预知未来。他们也继承了伊特鲁里亚人关于工程和金属制造方面的知识，甚至某些军事战术。

伊特鲁里亚人通过开矿获得财富，这些矿区位于地中海中部地区，主要是一些铜矿和铁矿。工匠们则将这些金属加工成精美的艺术品。如图所示的是一尊奇美拉铜像，奇美拉是一种狮头蛇尾的怪物。

死者的城市

　　伊特鲁里亚人将他们的死者安葬在宽阔的像城市般的墓地里。在伊特鲁里亚南部，他们在软石灰石上开凿出墓穴，将之布置得像居家一般。这样的墓穴里通常雕刻着死去的丈夫与妻子互相倚靠在卧榻上的图画，好像他们正在享用晚宴。其他的墓穴里也绘有晚宴的情景，参加者有乐手和舞者。盗墓者洗劫了大多数的墓穴，但考古学家仍发掘出一些保存完好的坟墓。这些墓穴里通常有着许多希腊花瓶、马车、金制品、象牙以及琥珀，表明了被埋葬在此的伊特鲁里亚贵族的富有。

中国文明的发源

黄帝战蚩尤图
黄帝对蚩尤的战事取得胜利后，基本控制中原地区。

中国是人类文明的发祥地之一，在中国境内发现的早期的人类文明遗址有 250 万年前的安徽繁昌人字洞和 200 万年前的重庆龙骨坡，而山西芮城的西侯渡文化，距今也有 180 万年的历史。考古学家在西侯渡遗址发现了成批的石器和带有切割痕迹的鹿角化石，而且还发现了一些烧骨，这显然是原始人类的遗迹，并且说明当时人们已经学会了用火。

当前，在中国境内已经发现的旧石器时代的遗址有 200 多个，遍布全国 29 个省级行政区，这意味着早在数十甚至数百万年前，中国大地上已经普遍有人类居住。北京周口店是中国目前发现的遗存最为丰富的旧石器时代遗址，也就是通常所说的北京人遗址。北京人生活在距今 71 万年前到 23 万年前，尽管体质上还存在较为明显的原始特征，但是大脑平均容量已达到 1088 毫升，也已经有了语言，并且在体征的某些方面（如两颗上门齿呈铲形）与现代汉民族之间具有明显的关联，北京人甚至已经建立了婚姻规则和社会组织。

到了大约 5 万年前，中国大地出现了氏族社会。氏族社会的形成与原始人类的婚姻规则密切相关。人类最早形成的婚姻形态是血缘婚，即群落内部有血缘关系的兄弟姐妹之间互为夫妇，后来，由于人类活动范围的扩大与意识的进化以及人口的增加等因素，血缘婚逐渐被淘汰，取而代之的是不同群落之间的同辈男女互为夫妇的族外婚制。在这种婚姻形态下，子女都属于母亲的群落，而这样的群落就被称为氏族。氏族成员是以母系血缘为纽带而联结在一起的，每个氏族就是一个内部互不通婚的血缘家族。

在氏族社会阶段，采集和渔猎仍在人们的生活中占据着主导地位，但是种植业和饲养业已经出现，并且变得越来越重要，到氏族社会后期，种植业和饲养业已经取代了采集和渔猎的主要地位。与此同时，原始手工业也已经出现并逐渐繁荣起来，其中陶器的发明是一项标志性的成就，因为这意味着人类第一次改变了自然物的性质，创造出了一种具有全新属性的物品，而不仅仅是简单

信仰
古代中国人相信精神控制所有的事物。他们也崇拜死去的祖先。孔子是影响中国人信仰的人。另一个是老子（约出生于公元前 604 年），他是道家的创始人。道家教育人们应与自然、宇宙和大地和谐。

← 孔子
中国最伟大的哲学家之一是孔丘（公元前 551 年～前 479 年）。他教导他的学生应该帮助、尊敬其他人，尊重老人，重视家庭。

→ 甲骨文
当一个巫师想问神灵一个问题的时候，他就把问题写在一片动物骨头上。把骨头放在火中直到它裂开，然后他再对其解读。甲骨文是中国文字的第一种形式。

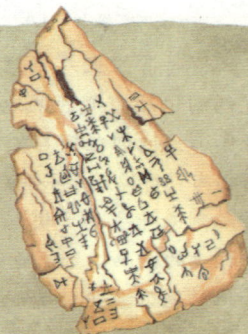

← 阴阳符号
传统中国信仰建立在这一观念上：万事万物都包括阴（黑暗）和阳（光明）。当阴阳平衡时，才会有健康与幸福。

地对自然物质进行物理加工。

而生产力的发展导致氏族社会发生了一场重大变革，那就是由女性为主导转变为男性为主导。到氏族社会晚期，父系社会已经普遍取代了母系社会，当然，那时两性地位的变化并没有经历像近现代女性运动这样激烈的抗争和变革，一切都是自然而然进行的。事实上，尽管氏族社会前期女性在部落中居于主导地位，但是她们在生活中并没有优裕感，相反，还会因为担负着甚至比男性还要繁重的劳动任务而生活得更加艰苦。当代社会，女性的寿命是明显高于男性的，然而在母系氏族社会，男性的寿命却高于女性，这很可能主要是因为那时的女性在社会生活中担负着更为重要的责任，而这也表明，两性寿命的差异主要不在于生理因素，而在于社会因素。也就是在这一转变过程中，人们的居住方式由"从妻居"转变为"从夫居"，并且延续至今，仍是很多地方的主要情形。"从妻居"向"从夫居"转变的同时，也意味着"从母居"向"从父居"的转变，而"从父居"需要有一个前提，那就是人们具有唯一可以指认的父亲，这也就意味着，当时的婚姻制度发生了重大变化，不稳定的多偶婚转变成了稳定的单偶婚，一夫一妻制从此成为人类婚姻制度的主要形式。而由于婚姻关系的固定，家庭相对于氏族就具有了更强的独立性，私有财产就相应出现了。由此，人类开始逐渐步入阶级社会，而国家的出现也就为期不远了。

神农采药图
神农辨草采药的传说留有浓重的氏族社会传统生活的痕迹。

中国历史上出现的第一个国家是夏朝，而夏朝之前则是传说中的五帝时期。"五帝"，指的是黄帝、颛顼、帝喾、尧和舜这五位氏族部落的领袖人物。而比黄帝更早的还有炎帝。炎帝时代，农业有了重大的发展，出现了"五谷兴助，百果藏实"的繁荣景象，因而炎帝又被称作神农氏。神农氏的另一大贡献是创立了中国的医药科学。据传说，炎帝曾为了寻找可以治病的药物而遍尝百草，因此而多次中毒。另外，据传炎帝还创制了五弦琴、七弦琴等乐器，以及名叫"扶持"的乐舞。

继炎帝部落之后，黄帝部落开始强大起来。依古籍记载，黄帝和炎帝同出于少典氏，炎帝部落居于姜水，即渭水的一条支流，位于今陕西宝鸡市境内，黄帝则居于姬水，但指的是当今的哪一条河流尚无定论，不过肯定同样居于黄河流域。黄帝和炎帝两个部落之间发生过军事冲突，后

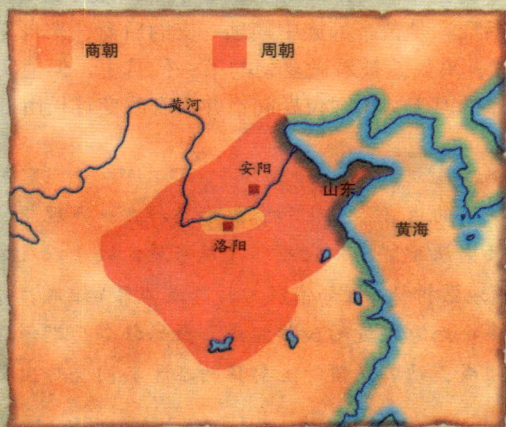

← 中国早期的王朝
这幅地图显示的是商与周朝的疆域。商的发源地是黄河流域，在这里，水从山上流下形成肥沃的平原。他们修建了主要的城市，而安阳是他们的都城。周从更远的北方来，但是也占据了平原地区，他们在洛阳建都。

大事记
    *公元前1650～前1027年，中国第一个青铜时代的文明——商朝发展起来。

    *公元前1027～前256年，周朝。王国被分为许多的邦国，国王通过当地的诸侯实施统治。

    *公元前481～前221年，战国时代。各国诸侯在广大的范围内相互征战。

    *公元前221年，秦帝国统一中国。

来在阪泉之战（一说今山西运城解池附近，一说今河北涿鹿东南）中，黄帝部落获胜，而黄帝成为此前两个部落的共同首领。后来，黄帝部落又征服了其他的一些部落，从而使得黄帝成为中原各部落的盟主。黄帝时代，中国社会发展取得了更大的成就，据说，车、船、铜制武器等一大批对后世影响深远的器物都是黄帝时代发明的，黄帝还带领人民掌握了打井和养蚕缫丝等重要技术，甚至还命人发明了文字，制定了历法，并且初步建立了一套颇具规模的行政体制。总之，统一之后的黄帝时代，中华文明获得了伟大的进步。正是因为炎帝和黄帝在中国历史进程中作出了巨大贡献，后世中国人都将自己称作"炎黄子孙"。

黄帝之后，他的孙子颛顼继承了他的帝位。颛顼在位期间推行了意义深远的"绝地天通"的宗教改革。所谓"绝地天通"，就是断绝天地之间的沟通，"天"代表着神界，"地"代表着人界。原始社会后期，宗教祭祀活动已经很普遍，不过，那时并没有专职的神巫人员，而是每个人都可以进行祭祀活动，每个人都可以直接与"天"进行沟通，也就是说，人神之间可以自由地往来。而颛顼所推行的"绝地天通"的改革就是要将"天"和"地"，或者说是神与人之间进行隔绝，从此，只有专职的神巫人员才能够代表人间与神界进行交流，其实质是剥夺了民众的祭祀权，而祭祀权由此为氏族贵族所垄断。"绝地天通"的宗教改革在当时具有重大的积极影响，它一方面树立了神权的威严，从而有效维护了政治生活和社会生活的秩序，另一方面促进了宗教人员的职业化，推进了远古文明的发展。

颛顼之后，他的侄子，亦即黄帝的曾孙帝喾继位。帝喾时代，天下大治，人民安居乐业，然而在帝喾不久之后的尧时代，中原地区却发生了严重的水患，据称，当时十年九潦，五谷不收，生活在低地的人都要架巢居住，日子十分艰苦。终尧一代，水患都未能平息。尧在晚年的时候禅位给舜，舜继承了尧的治水事业，他任命年轻有为的禹负责洪水的治理。禹从前人的失败中吸取了教训，放弃了填堵的方法，而是以疏导为主，将治水患和兴水利结合起来，不仅有效地消除了水灾，还使得人们能够利用河水进行养殖和灌溉。在正确的方法而外，禹的艰苦精神在治水过程中也具有重要的意义。据称，禹治水时"劳身焦思，居外十三年，过家门不敢入"。因为禹的巨大功绩和在人民心中业已树立起来的崇高声望，舜在晚年时将帝位传给了禹。

夏王朝的建立

夏朝是中国历史上的第一个朝代，存在时间约为公元前 2070 年到前 1600 年，自禹至桀，传十七君，十四世，前后绵延 400 多年。夏本指夏后氏，是黄帝部族中颛顼一支的后裔，来自夏后氏的禹即位后，立国号为夏，自称"天子"。不过，禹虽然被看做夏朝的第一代君主，但他实际上仍是同尧、舜一样的部落联盟首领，而不是国家的君王，禹在位期间也并没有改变首长由部落

部落和部落联盟

部落是由有共同血统的氏族组成。他们有共同的语言、文化和意识形态。在一个理想的部落典型里，有共同的部落名称，领土相邻；共同从事贸易、农业、建筑房屋、战争以及举行各种宗教仪式活动。部落通常由若干个较小的地区村社（例如宗教、村落或邻里）组成，并且可以聚集成更高级的群集部落——由两个或多个血缘相近的氏族组成。原始社会后期形成的部落联合组织，通常由若干近亲或近邻部落组成，结成联盟的主要目的在于共同合作出征或自卫等军事行动。

酋长会议推举而产生的制度。当时部落联盟设有正、副两个首长，副职被看做正职的继任者，舜和禹都是以副首长的身份即位的。不过，尧卒之后，舜并没有立即接任，而是先"让辟"尧的儿子丹朱，同样，舜卒之后，禹也"让辟"舜的儿子商均，这可能仅仅是一种礼仪形式，并非是他们真的就想让出自己的位置，与之相应，诸侯们并不去朝觐尧和舜的儿子，却都归从于舜和禹，这样，舜和禹才正式即位。在禹担任首长的时候，皋陶担任副职，但是皋陶先禹而卒，其后，益接替了皋陶的位置。禹卒之后，按照惯例，益同样表示将天下让给禹的儿子启，不过，这一次与此前不同，诸侯们并没有去朝拜益，却纷纷推启继位。造成这种局面的一个基本原因可能是益辅佐禹治理天下的时间很短，当年，舜在尧卒之时，禹在舜卒之时，都已经参与政事多年，牢牢地树立了自己的权威，可是益恰恰不具备这样的优势，人们反而因为对禹的怀念而对禹的儿子启更加认同，另外，启也是一个很有才德的人，所以天下归启而背益。益谦让于启，原本仅是一种礼仪，一旦这种象征性的仪式转变为事实之后，益就开始奋起反抗，却因此被启杀掉。启即位之后，改变了首长由部落联盟酋长会议推举产生的"禅让"制度，从此，父子相承（少数时候是兄弟相继）成为定则，中国由此进入了"家天下"的时代。

　　启变制即位，尽管得到了大多数诸侯的拥护，但也有的部落反对他的这种做法，其中最为突出的就是有扈氏。于是，启以"惟恭行天之罚"的名义出师讨伐有扈氏，结果有扈氏被击败，启的统治得到巩固，夏朝政权因此得到绵延。

　　启卒之后，儿子太康继位。太康是一个淫逸之君，不务政事，因此夏朝的政权落入有穷氏首领羿的手中，史称"太康失国"。太康临终之时传位给他的弟弟仲康。仲康卒后，儿子相继位。相为了躲避羿的迫害而依靠斟灌氏和斟寻氏的支持迁居帝丘（今河南濮阳境内）。这时，羿沉淫田猎，不修民事，又收养了伯明氏成员寒浞委以重用，可寒浞却施展阴谋，取代了羿的政权，并且占有了羿的妻室。此后，寒浞又命他的儿子浇攻灭了斟灌氏和斟寻氏，杀掉了

夏禹王像

禹，传说中夏朝的第一个王，鲧之子。因禹治水有功，舜让位于他。在他死后，子启即位，从此开始了王位的世袭制度。

《夏小正》

　　《夏小正》是中国现存最早的历书。《夏小正》中所用的月份是"夏历"的月份，把一年分为12个月，对每个月的物候、气象、天文、农事、田猎以及相关的农事活动都有比较具体的记载。因为《夏小正》中所记载的历法是与农业生产的季节变化密切相关的，为农民安排各个季节的农事提供了重要依据，所以人们就把夏历也叫做"农历"（俗称阴历），现在我们每年过的春节，就是夏历年的第一天。

夏朝国君相。相被杀时，他的妻子逃奔有仍氏，生下了相的遗腹子少康。少康长大后在有仍氏担任牧正，即主管畜牧的官员，后来为避免被寒浞追杀，又逃到有虞氏。少康在有虞氏那里得到了厚遇，有虞氏不仅将两名女子嫁给他，还给了他一个叫做纶（今山西虞城境内）的地方，这样，少康有了自己的土地和人民，他由此开始了与寒浞之间的斗争。最后，少康消灭了寒浞，夺回了夏朝的政权，史称"少康中兴"。

　　少康复国之后，夏王朝进入了平稳的发展阶段，直到第十四位君王孔甲在位时，夏朝王室开始衰微，诸侯多有反叛。第十七位君主桀（又名癸或履癸）即位时，夏朝的社会矛盾已经非常尖锐，

但是桀不仅没能采取有效措施化解不利的政治形势和严峻的社会危机，反而火上浇油，残酷地使用民力，尽情地淫乐。桀的荒淫残暴最终将夏朝推向了覆亡的深渊。

商王朝的统治

当夏王朝日益衰微的时候，商族逐渐崛起。后来，商汤与夏桀战于鸣条（一说今河南开封附近，一说今山西运城安邑镇北），桀战败，卒于出逃的路上，由此，夏朝宣告灭亡。

汤所建立的商朝存在时间约为公元前1600年到前1046年，自汤至帝辛，传三十一君（汤崩之后，太子太丁未立而卒，也就是说，太丁实际上并未继承帝位，因此，如果不算太丁，则商朝共传三十君），十七世，前后绵延500多年。与夏朝相比，商朝的疆域扩大了许多，东至海滨，西达今陕西，北至今河北，南达今湖北，其统治中心是今河南东北部、山东西南部与河北的南部。商朝前期曾多次迁都，而迁都的背景是朝政的屡次兴衰，实际上，商朝君主迁都的主要原因很可能就是为了扭转衰微的政局，因为商朝贵族在统治时间既久之后，生活就变得越来越腐化，他们在都城聚敛了大量的财物，而迁都在一定程度上有利于打击贵族奢侈腐化的作风，另外，商朝前期屡次迁都也可能与洪水有关，或者商朝王室对于权力的争夺也与此有所关联。不管怎样，商王朝在屡次迁都的过程中将政权延续下来，并逐渐走向兴盛。

商朝的第二十位君主盘庚将都城迁徙到殷（今河南安阳），此后很长一个时期都没有再进行迁徙，因此商又经常被称作殷。盘庚迁殷的时间约是公元前1300年，这次迁都使得商朝的统治得以稳定，国家出现了繁荣发展的局面。50年后，商朝第二十位君主武丁即位。武丁在位59年，在商朝后期，他不仅是在位时间最长的君主，也是最有作为的一个君主。武丁统治期间，内修国政，外事军功，使得商王朝进入了鼎盛时期，史称"武丁中兴"，而他卒后被尊为高宗。

在武丁时期，还出现了中国历史上的第一位女英雄。1976年，在河南安阳的殷墟中发现了妇好墓，妇好就是武丁的王后，不过，妇好之所以引人注目，不仅仅在于她王后的身份，而更在于她还是一位杰出的军事家和政治家。在妇好墓中，出土了一件重达9公斤、饰有双虎噬人纹、铭刻"妇好"二字的大铜钺。据专家考证，这是妇好生前使用的武器，由此可见，妇好具有超凡的武艺，而且她不仅武艺高强，更为可贵的是，她还是一个出色的军事统帅。武丁统治期间，曾多次发动大规模的对外战争，而很多时候其带兵将领就是妇好。在已经出土的甲骨文中，有关妇好的记载非常多，其中有这样一件事———年夏天，商朝的北部边境发生了战争，双方相持不下，妇好主动请战，而武丁却犹豫不决，占卜之后才同意妇好出征，结果取得了重大的胜利。这件事很好地体现了妇好的胆魄和才能，此后，武丁对妇好的军事能力非常认同，多次派她率军东征西讨。妇好杰出的军事成就使得商王朝的版图大为扩张，也使得周边的众多诸侯先后臣服，可以说，妇好的征战为

这是一个制作于约公元前1200年、盖子呈虎头状、做工精美的铜壶，显示了商朝后期中国青铜器制作者的精湛技术。

商朝鼎盛局面的出现作出了重要贡献。同时，妇好不仅军功赫赫，而且对政事也多有参与，正所谓"国之大事，在祀与戎"，祭祀和战争是当时国家最为重要的大事，而商王朝尤其信奉鬼神，所以祭祀和占卜在国家政治生活中占据着相当重要的地位，而妇好在享有统军权力的同时，也享有主持祭祀和占卜的权力，并且她在政治与经济方面对武丁也多有协助，因此可以说，在"武丁中兴"局面的开创中，妇好功不可没。正因为妇好能力如此出众，功绩如此突出，所以武丁给予了她格外的优待，不仅授予了她独立的封邑，还多次在祭祀中为她祈祷，祈愿她健康长寿。妇好辞世的时候，武丁非常悲伤，为她举行了隆重的葬礼，这从妇好墓的规模之壮观和出土文物之多、之精中可以很好地感知到。

四羊方尊　商代
巨大的方形口，长颈，折肩，浅腰腹，高足，四面和每面中都有脊。它将器物的造型设计与艺术装饰高度完美地结合在一起。

武丁之后，他的儿子祖庚在位期间继续维持了商朝的鼎盛局面，可是继承祖庚的祖甲却是一个荒淫之君，这使得商朝迅速走向衰落。祖甲统治后期就已经发生了变乱，而祖甲之后的几位君主也都于国事无所作为，只知安逸享乐，这使得商王朝在泥潭中越陷越深，以至于最后不可自拔。

到了纣王即位的时候，商王朝已经危机四伏了。其实，纣王的正式称号是"帝辛"，商王朝的帝王的名字，一直是以天干命名的，而在前面加上一个"帝"字，也就是商人对自己国君的称号。那么"纣"这个称号是怎么得来的呢？它是帝辛的反对者周人对他的称呼。这个称号是什么含义呢？《谥法》中说："残忍捐义曰纣。"捐，就是舍弃的意思。这说明，"纣"是周人对帝辛的一种蔑称，是说帝辛是一个非常残暴不仁的君王。

在人们的习惯印象中，纣王是一个极其昏庸而又极其残暴的君主，然而这只是他后期的表现，事实上，纣王在位的初期，是一个非常有作为的君主。史书上记载，纣王自幼聪颖过人，而且相貌英俊魁伟，体力也特别强壮，所以非常受父亲帝乙的喜爱，而纣王在他统治的早年也的确表现出了一番令人不得不加以赞叹的文治武功，他对内进行了一系列的改革，促进了经济发展，也强大了军力，对外则通过一系列的征讨，使得商王朝的版图大大地扩展了。纣王是有功的，可是人们更多地记住的却是他的过错，这是什么原因导致的呢？就是因为纣王晚节不保，不仅未能守住自己早年励精图治创下的辉煌业绩，而且将祖先所建立的已传承了数百年的大好江山也都给丢失了。若以纣王的早年作为来看，堪称一个英明有为的君主，可是到了后来，纣王因为自己的功劳很大，逐渐变得骄傲自满，越来越贪图于享乐，最后甚至到了无所不用其极的荒淫程度，从而令自己沦落为一个世世代代给人们作反面教材的亡国之君。

殷墟

殷墟是在河南安阳西北郊小屯村一带发现的商朝后半期的文化遗址。该地在商朝时称为殷，从盘庚迁殷到纣亡国，共经历了8代12王273年的时间。中国历史上又称商朝为"殷代"、"殷商"和"殷朝"。商朝被周武王灭亡之后，殷都被废弃，逐渐荒凉，以至变成废墟，年长日久被埋没在地下，后来人们叫它为"殷墟"。从1928年起，这里先后发掘出大量青铜器、玉器、陶器和甲骨（10万多片），还发掘出许多墓葬和宫室遗址。

实际上，最后致使商朝灭亡的直接原因当中主要并非纣王的荒淫，尽管纣王晚年的确淫靡骄纵，但未必像后世传说的那样严重，相对于其个人的暴虐和淫逸来讲，给商朝带来更大伤害的是纣王统治后期所发动的大规模战争，连年征战的过程使国力消耗极大，这使得西部的周族乘机而起，取代了商朝的统治。

中国早期文明

文字体系的创立是人类文明的基本标志之一，而中国文字的源远流长也有力地见证了辉煌的中华文明。当前已经确认的最早的中国文字是诞生于商代的甲骨文。甲骨文的发现者是金石学家王懿荣。1899 年，时任国子监祭酒（当时中国最高学府的最高长官）的王懿荣在一次生病的时候偶然注意到一味叫做"龙骨"的中药。"龙骨"这个名字引起了王懿荣的兴趣，他想看一看这"龙骨"到底是什么样子的，只是已经被配成中药来使用的龙骨都是被碾碎了的，王懿荣只能看到一些碎末，而没有见到龙骨本来的面目。一段日子之后，一个叫做范维卿的同乡在请王懿荣鉴定古董的时候带来了几片龙骨，王懿荣因为先前想见龙骨而未得，所以对这几片龙骨非常珍视，他对这些龙骨进行了一番仔细的观瞻，后来竟然将它们拼成了两三片龟甲，而更为重要的是，上面的刻划引起了王懿荣的极大注意。之后，经过多日的辛勤研究，王懿荣最后断定，这是先前从未为人知晓的中国最古老的一种文字，不仅如此，他还初步辨认出几个文字的确切含义，例如，日、月、山、水、雨等。这是一个相当激动人心的发现，王懿荣马上召集了一些学界名流，在进行商讨切磋的同时，也将这个重大发现公之于世。因为这种文字是写在甲骨上的，所以被称作"甲骨文"。王懿荣能够发现甲骨文并不是偶然的，他原本就是一个资历颇深的金石学家，对古代文物有着独到的研究，正因如此，几片普通的"龙骨"才能够引起他如此强烈的兴趣，而能够断定龟甲上面的刻划是一种上古文字，更需要坚实的文献学和历史学知识基础。王懿荣因为这一发现而被称作"甲骨文之父"，不幸的是，王懿荣没能够将甲骨文的研究继续下去，在他发现甲骨文的第二年，就在八国联军侵华之时以身殉国，年仅 55 岁。

后来，人们在商朝都城遗址河南安阳小屯村发掘出大量写有文字的龟甲，到目前为止已经出土了有 15 万片左右，共有大约 5000 个文字，已经识别的有 2500 多个。研究表明，甲骨文虽然基本上还是一种象形文字，但是文字学中的会意、形声、指示等造字方法在甲骨文中都得到了普遍的运用，特别是到了商朝后期，甲骨文更是发展得相当成熟，其后 3000 多年间，直到今天，我们所使用的汉字都是以甲骨文为基础发展而来的。

西周时期，中国的文字有了进一步的发展，其代表是金文。与甲骨文不同，金文是铸写在青铜器上的文字，在商朝时，金文就已经出现，而金文最为繁盛的时期则是西周。金文较之甲骨文的进步体现在：其一，金文的造字更加规范。例如，甲骨文中的"田"字写法有多种，它们虽然大体形似，但是纵横交错的笔

大型涂朱红牛骨刻辞　商
商朝的甲骨文是占卜时刻在龟甲或者兽骨上的象形文字，也称卜辞。河南安阳殷墟有大量出土。

画数目很不确定，而金文则将"田"字统一为三横三竖，一直到今天，"田"字的字形都没有再发生变化。实际上，"田"字这种情况是普遍的代表，金文中的大多数独体字都为后世所认可和继承。其二，在甲骨文中，象形是最主要的造字方法，而在金文中，形声则取代象形成为最主要的造字方法。我们知道，现代汉字中数量最多的就是形声字，也就是说，金文的造字方法已经脱离原始而发展到成熟的境地。其三，金文的词汇更为丰富。例如，金文中出现了甲骨文中所没有的语气词；"其"、"之"、"厥"、"彼"等第三人称代词也都是在金文中才出现的。其四，金文中已经出现了使用韵文的现象，并且很普遍，而音韵之美正是汉语美学的一个重要元素。其五，甲骨文的篇幅大多很短，一般只有几

铸造青铜器
商代的中国人把熔化的青铜液体倒进模子中。到约公元前1650年，中国人已经发展出青铜铸造技术，并利用青铜器制造盘子与其他物品。国王任命专门的官员来管理这一事业。

个字到几十字，而金文中长达数百字的篇幅屡见不鲜，这也直接反映出文字体系的进化和人们运用文字能力的增强。

有了文字的运用，书籍的出现也就成为一种必然，中国流传下来的最早的典籍是《尚书》。《尚书》分为《虞书》、《夏书》、《商书》和《周书》四个部分，分别记载虞（即舜的时期）、夏、商、周四朝史事，不过，其中《虞书》和《夏书》成书于东周时期，反而是后来的《商书》和《周书》是中国最为古老的文献记载。《商书》中以《盘庚》一篇最为著名，这篇文章记载的是商王盘庚在动员民众进行迁都之时所作的训词，用现在的话来讲，就是发表了一篇动员演说。在训词中，盘庚屡次运用形象鲜明的譬喻来进行说理，同时感情充沛，具有强烈的说服力。《盘庚》通篇不仅结构严整，而且富有文采，不愧是商朝散文的杰出代表。与《商书》相比，《周书》记载的内容更加广泛和深刻，尤其注重历史经验的总结，叙事和议论手法都已经相当成熟，甚至还出现了夸张的描写，再加之细节的铺陈，个别篇章简直可以当做小说来看待。

青铜器与后母戊大方鼎

青铜是铜和锡的合金，它的冶铸始于夏朝，发展于商代，完善于西周春秋。这种合金颜色发青，故将用它制成的器物叫青铜器。夏、商、周三代的青铜器有两类：一类是兵器和生产工具；另一类是以青铜器制成的各种礼器。

后母戊鼎是迄今出土的最大的青铜器。1939年在河南安阳武官村出土。该鼎呈长方形，有四足，通高133厘米，长110厘米，重量达875公斤。鼎腹内有铭文"后母戊"三字，说明是商王为祭祀其母戊而作。在3000多年前的商代要铸造这样的庞然大物确非易事，它充分反映了商代铸造业的高度发达。

后母戊大方鼎　商

如果说《尚书》是中国最早的散文辑录，那么《诗经》则是中国最早的诗歌总集。《诗经》共收录诗歌305篇，分作风、雅、颂三个部分。其中风包括十五国风，分别是十五个诸侯国和地区的民歌；雅分作大雅和小雅，大雅用于诸侯朝会，小雅用于贵族宴享；颂分作周颂、鲁颂和商颂，都是宗庙祭祀的乐歌。《诗经》中的作品，记载了从商朝末年到西周及至春秋时期中国社会生活的方方面面，具有极高的艺术价值和社会价值，对于世界历史文化来说都是一笔宝贵的遗产。

与文化艺术的发达局面相对应，中国上古时期的自然科学也已经上升到了引人惊叹的高度。早在夏朝时，中国人就制定出了较为完善的历法，并且后世长期沿用，以至于当今

牛拉手扶的耕犁　　建在坚固木头支柱上的房子　　在水田里生长的稻米

耕作

几千年来，中国人在经常发洪水的黄河流域肥沃的土地上进行耕种。商代的农民种植粟、小麦与水稻。他们也家养牛、猪、狗与羊。

人们仍习惯将现在使用的中国传统历法称作"夏历"。我们知道，历法的制定都是以丰富的天文知识为基础的，实际上，中国上古时期的天文观测是相当发达的，世界上很多最早的天文现象记录都是中国人留下的。例如，在殷墟出土的甲骨卜辞中就已经发现了关于日食和月食的记载，更值得注意的是，当时的人们不仅记录下了这种特别的天象，甚至还能够大体上测定和计算出日食的

出现时间，这种成就能够在当时的技术条件下取得是相当难能可贵的。在农业时代，能够很好地掌握天文知识从而为合理安排农事生产提供有效的依据是至关重要的，而同样，与人民生活密切相关的医学知识也较其他科学更早地发展起来。在传说时期，就有神农为了寻找药物而遍尝百草的事迹，而中国医药学的发生与发展，正是与神农尝百草这种探索方式息息相关的。在夏、商时期，医生的身份与巫师是合二为一的，因为当时的科学过于落后，人们极为迷信，每当生病之时总是祈之于天，这样，巫师也就自然而然地兼任起医生的角色，不过，原始医学仍然在盛行的巫术中获得了长足的进步，出土的甲骨文献表明，商朝时人们已经将疾病分成很多个门类，并且能够对症治疗，同时对人的身体也有了更为深刻和丰富的认识。到了西周时期，医生的角色就从巫师职业中分离开来，这既是因为周人尚鬼神的观念已经较为淡薄，更是因为医学知识的发达程度足以使得医生成为一种独立的职业。根据《周礼》的记载，当时医生不仅成为一种专职，而且还有着更细的分化，"医师"之下，还分为"食医"、"疾医"、"疡医"和"兽

《黄帝内经》

《黄帝内经》解释了阴阳的力量是如何影响"气"的运转的。《黄帝内经》认为人体由5种基本元素组成：金、木、水、火、土。

医"，分别相当于现在的营养医师、内科医师、外科医师和动物医师。不仅如此，当时还已经形成了完善的病历记录制度，这对医学的发展是相当重要的，因为病历的积累为后人的经验研究提供了宝贵的资料基础。

中国传统思想的源头

人类社会步入文明时代之后，就必然会形成一定的社会思想，而中国的社会思想相较其他国家和地区来讲，尤其具有早熟的特点，也就是说，中国人在距今两三千年之久的上古时期就已经形成了相当成熟的社会思想。

夏商时期，巫术盛行，天命神学是居于统治地位的思想，人们每有所行，总是诉之于天。我们知道，商代流传下来的甲骨文献绝大多数都是对于占卜的记录，这充分说明了商人心中所具有的浓厚的迷信思想。有关于此，《礼记·表记》中有这样的记载："殷人尊神，率民以事神，先鬼而后礼。"当时，祭祀与战争并列为能够决定国家生死存亡的两件大事，可见祭祀活动地位之重要。不过，这种浓厚的天命观在武王代殷之后有了很大的改变，纣王自恃"有命在天"而胡作非为，以为有着天命来支持商王朝，自己的统治就会永远继续下去，然而现实却与他的想法完全背离，天命没有能够帮助纣王守住江山，而周朝统治者在取代商朝的过程中吸取了很大的教训。与商朝统治者坚信天命有所不同，周朝统治者虽然也尊重所谓的天意，但是更加注重人事，并且提出了极为重要的"天命靡常"的观念，也就是说，上天的旨意并不是固定不变的，天意究竟支持谁，还是要因人事而定的，这实际上就在不排斥天命的情况下将人的作为提高到决定性的地位。而以此观念为基础，周朝统治者提出了"明德"、"慎罚"、"保民"等一系列有利于国计民生的政治理念，这自然会极大地推动历史的进步，更为东周时期人本主义思潮的出现奠定了基础。

在研究中国思想学术的时候，不可避免地要提到儒、道两家，因为儒、道思想对中国的影响最为深远，而儒家和道家都发源于春秋时期。道家的创始人是老子，有关老子其人，历史记载甚少，一般认为，《老子》一书的作者是春秋时期的李耳，字聃，生于陈国苦县厉乡曲仁里，该地大约位于今河南鹿邑，由于陈国其后为楚国所灭，因此后来通常也将老子记为楚国人。孔子曾问礼于老子，由此推知，老子的出生年代应当比孔子略早。老子曾担任周朝守藏室的官员，所谓守藏室，即收藏天下书籍、文献的地方，相当于现在的国家图书馆。因为老子长期在守藏室任职，所以有机会接触到极为广泛的书籍以及其他珍贵的文献资料等，这在那个技术落后、书籍并不易得的年代尤其具有特别的意义，也就是说，这一便利条件应当对老子形成自己极为高深的学养提供了很大的帮助。后来，老子感知到周朝王室日益衰微，加之自己的年纪也已经很大了，就决定辞官归隐。在西去途中经

《春秋》

中国现存最早的一部编年体史书，为儒家的重要经典之一。全书记载了起于鲁隐公元年（公元前722年），讫于鲁哀公十四年（公元前481年），共计242年的历史。该书体例为比事、属辞。所谓比事，一是按年、月、日顺序，把所有史事排列下来；二是讲求史事详略取舍。所谓属辞，即强调用辞要达意。凡所录之事，在用词上要有差别，以表达不同的意义。一部《春秋》仅用1.8万字表述，简练确切，没有浮词，对后世史家撰写史书，曾产生过巨大影响。

过函谷关（位于今河南灵宝）的时候，关令尹喜强留老子著书，于是老子写出了上下两篇共五千余言的《道德经》，人们通常也称其书为《老子》。老子西去函谷关之后，便莫知所终，而他的这部《道德经》却永远地流传下来。

道家的核心思想是以"道"为本，崇尚自然，主张清静无为。这个"道"，既指自然规律而言，又上升到宇宙万物之本源的终极层面，所以老子的思想常常给人一种高深莫测之感。实际上，老子思想中的精华是睿智的辩证法，《老子》第二章说："有无相生，难易相成，长短相形，高下相倾，音声相和，前后相随。"第二十二章说："曲则全，枉则直，洼则盈，敝则新，少则得，多则惑。"类似的例子在《老子》一书中比比皆是，老子总是将两种完全相反的事物放在一起来讲，无论是有无、难易、长短等，概而言之，所有的这些都是相对的，只要变换一种角度来看，就会发现事物的另外一面，这种思想是极为宝贵的，甚至也可以说是相当难得的，如果能够将这种卓越的辩证法智慧很好地应用到工作和生活当中，对于指导人的行动一定是大有裨益的。

另外，老子还对当时统治者的恶劣做法给予了尖锐的抨击。例如，书中直言不讳地指出："民之饥，以其上食税之多。"又说："夫乐杀人者，则不可以得志于天下矣。"老子还提出了一定的社会改革方案，广为人知的就是"小国寡民"的设想。老子说："小国寡民，使有什伯之器而不用，使民重死而不远徙，虽有舟舆，无所乘之；虽有甲兵，无所陈之，使民复结绳而用之。甘其食，美其服，安其居，乐其俗，邻国相望，鸡犬之声相闻，民至老死不相往来。"应当说，这是对春秋乱世的一种强烈的抗议之声，然而也仅仅是一种一相情愿的空想罢了，因为从现实上来讲，人们不可能退回到老子所讲的那种原始生活状态中去，"小国寡民"的构想在某种层面上反映出老子思想的局限性，他虽然对于现实政治极度不满，但是并不能够拿出有效的应对方案，于是只有选择隐退。而与老子的消极相比，孔子的政治观念就要积极得多，老子是出世的，而孔子则是入世的。

老子骑牛图　明　陈洪绶

儒家是汉武帝之后中国2000多年间的官方正统思想，在中国地位最高，影响最大，而这一学说体系的创立者就是孔子。孔子（公元前552～前479年），名丘，字仲尼，春秋时鲁国人，鲁襄公二十一年八月廿一日出生于鲁国昌平乡陬邑（今山东曲阜东南的南辛镇鲁源村），鲁哀公十六年卒，享年74岁，葬于曲阜城北泗水之上，即今日孔林所在地。孔子父亲叔梁纥（叔梁是字，纥为名）是有名的武士，曾任陬邑大夫，生孔子之时年岁已高，而孔子3岁的时候，其父亲就病逝了。此后，孔子和母亲过着贫苦的生活，然而孔子自幼十分聪敏并且特别好学，通过勤苦的自学掌握了渊博的学识。孔子早年时做过管理粮库和畜牧的低等差事，曾一度离开鲁国，后来返鲁，步入仕途，做过中都宰、司空和大司寇，并在56岁的时候一度代理宰相的职位，但是因为与君主政见不合而辞掉官职，离开鲁国，率领众弟子开始了长达14年的周游生涯，70岁时返回鲁国，其后主要从事教育和文化典籍的整理工作。孔子的言行思想主要载于孔子弟子编著的《论语》一书当中。

孔子学说以"仁"为核心，同时强调将"仁"的观念融入到"礼"当中。孔子生活的年代是春秋晚期，当时正是礼崩乐

孔子讲学图　清
此图表现了春秋时期孔子在杏坛讲学的情景。图中孔子端坐讲授，弟子们在周围恭敬地聆听。

坏的乱世，传统的秩序几乎完全被打乱，孔子对这种局面痛心疾首，因此，周初的清明局面以及周公之礼被孔子视作典范和楷模，他极力劝导当世统治者恢复先王之礼，建立一个"君君，臣臣，父父，子子"、各守其道、各安其业的符合礼制的有序社会。然而，孔子的这种仁义观念和礼制设想难以为统治者所接受，孔子在鲁国短暂执政之后很快就被迫辞职，而后拜访过多位国君，也全都归于徒劳，最后回到故土，专心教徒和著述。就孔子所生活的时代来讲，他在教育和文化方面的影响要远远高于他在政治方面的影响，孔子不仅是一个伟大的思想家，更是一个伟大的教育家和一个伟大的学者。孔子在中国历史上首开私家讲学之风，将文化由贵族传播到了民间，孔子的弟子后来大多都成为一代名士，《史记》一书中就专门记有《仲尼弟子列传》。另外，相传孔子曾在晚年修《诗》、《书》，订《礼》、《乐》，序《周易》，作《春秋》。这些著作后来为世世代代的中国士人所崇奉，时至今日，甚至依然可以说是每一个有知识、有文化的中国人的必读之书。孔子的这些作为，不仅为儒家思想在后世的流传和发扬奠定了良好的基础，也对中国文化和教育的发展作出了重大的贡献。

孔子时代的中国

中国创造了第一个伟大的东亚文明，当世界上的许多地区尚处在文化的蒙昧状态时，中国已经开始以她著名的哲学家和诗人而感到自豪。在后来历史学家的著作中，有关早期王朝由拥有超人力量的英雄兼国王统治的故事掺杂着神话与现实。但近年来的考古发现表明，那些拥有权力和财富的国王们确实从古时候开始就已经统治着面积庞大的王国了。

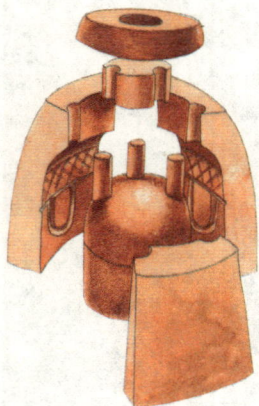

中国是唯一使用"碎模"法浇铸大型金属器皿的国家。这种方法是先将黏土压制成某种模子的毛坯，等晾干后再将模子分割成若干块儿，然后在黏土上镌刻更为复杂的图形。模子的各部分被重新聚合起来后，将其倒置，再将熔化了的液状青铜倒入其中。最后，将模子拆除，成形的青铜制品就完成了。

根据传说，中国的文明可以追溯到黄帝时代，他的统治时期大约在公元前 2700 年。据说，黄帝发明了舟、弓箭和文字。事实上，第一个可以被确定的王朝是商朝，它大约在公元前 1766 年确立统治。商朝处于青铜器时代，它的国王驾驶着金属制造的战车征战，并且大规模地使用人牲。能够更加确定的是，商朝时中国已经有了文字和准确的历法。

在大约公元前 1027 年，商朝最后一位国王被中国中部周国的国王武王推翻。武王建立了周朝，它是中国历史上延续时间最长的王朝，存在了 800 年。周朝宣称它是上天的代表，它的国王具有绝对的权威，以保障其臣民的幸福。

在历代周王的统治下，中国社会发展出一套金字塔形的封建体系，国王和贵族处于顶端，农民则处于最下层。后来的历史学家将封建社会的早期视为和平与稳定的黄金时代。但是，公元前 771 年的一次贵族叛乱杀死了当时的国王，此后事情变得糟糕起来，周朝的都城从镐京迁到了东边 350 公里的洛阳。此后东周统治者的安全状况远不及他们的西周先辈。在尝到了权力所带来的好处后，贵族们没有善罢甘休的意思，中央的权威被削弱。各诸侯国由一个统治者或霸主控制，他们只在名义上忠于周王。

东周的最初几个世纪被称做"春秋时代"，这一名称来自记载鲁国历史的史书《春秋》。这一时期的特点是，每个诸侯国都由一个贵族家族控制，它们力量的强大是以削弱中央的力量为前提的。即使在这样的时代，艺术与技术上的革新和创造性还是显而易见的。青铜器的制作达到了新的高度，铁器的制作取得了发展，最早的诗集也得以编撰完成。此外，在人民寻求动荡时期的秩序时，宗教和哲学思想家走向了前台。他们中最具影响的是孔子（公元前 551～前 479 年）。孔子用了大量时间周游列国，在政事上向统治者提出建议。由他的弟子编写而成的《论语》记载了他的思想：强调人性、尊重权威、对他人负责。

孔子死后，周王的权力进一步衰弱，中国进入到一个内战时代，这一时期被称做"战国时代"。在这个黑暗时代，基于孔子思想的儒家学说作为一种伦理体系成为指导人们行为的准则，它到现在仍然是中国人的社会行为规范。

中国的青铜器制造

中国的青铜器时代始于约公元前 3000 年，当时工匠们已经掌握了将铜和锡混合在一起炼制青铜的技术。商朝时已经能够制作青铜器。早期的青铜器皿一般被制作成鸟形、龙形和怪物的面具状，但是到了公元前 10 世纪晚期，传统的饕餮（一种想象中的动物，有角、大大的眼睛和可怕的獠牙）纹青铜器融入了一些更抽象的设计。周朝制作的青铜器中有武器、铲形的货币和向死去的祖先献祭用的食物器皿（右图）。商朝时流行的重量较轻的器皿，到此时有了沉重的底部，并刻有大量纹饰。

印度河流域文明

约在公元前 2500 年，在印度河流域平原出现了一个神秘的文明。考古学家们一直不能够破译他们的文字，发现他们的宗教是什么，或者知晓他们的文明为什么消亡。但是我们确实知道印度河流域的人们存在文明，他们耕种印度河边肥沃的土地，利用从河床中取的泥土制造砖，建造了几个大型的城市。

印度河流域文明的绝大部分信息来自于摩亨佐·达罗与哈拉巴这两座伟大城市的遗迹。这两座城市修建在河流洪水冲积平原上。

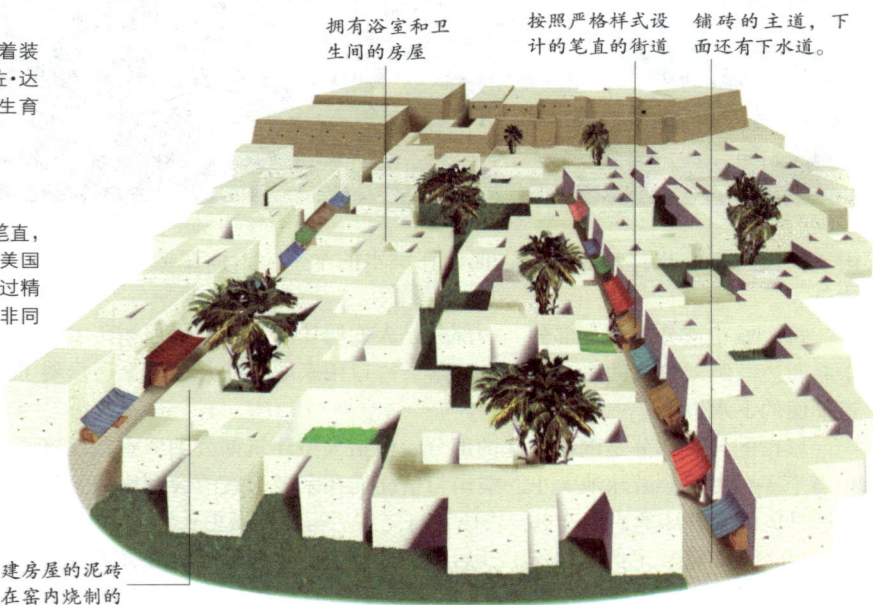

神像

小泥塑像为一个头上戴着装饰的妇女，它是在摩亨佐·达罗被发现的。这非常像生育或者母神的代表。

摩亨佐·达罗

摩亨佐·达罗城的街道笔直，转弯呈直角，像现代的美国城市。这座城市好像经过精心设计，这在那个时代非同一般。

拥有浴室和卫生间的房屋

按照严格样式设计的笔直的街道

铺砖的主道，下面还有下水道。

修建房屋的泥砖是在窑内烧制的

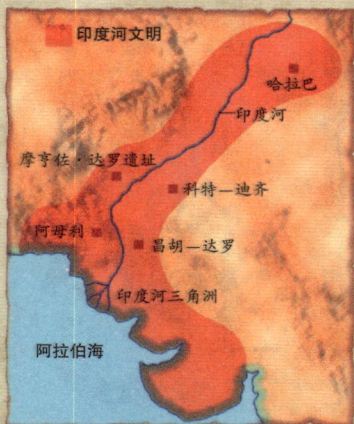

← 印度河流域

这幅地图显示了印度河流域文明的范围。它的中心是如摩亨佐·达罗与哈拉巴这样的城市，但是许多人住在小城镇与农村，依靠土地生活。他们种植庄稼卖到城市，此外还打猎野生动物。他们也可能是最早种植棉花，纺织做衣服的人。

印度河文明
哈拉巴
印度河
摩亨佐·达罗遗址
科特－迪齐
昌胡－达罗
印度河三角洲
阿拉伯海
阿姆利

大事记

*公元前 3500 年，大批农民在印度河流域定居，建立了分散的定居点。

*公元前 2500 年，建造了第一座印度城市。

*公元前 1800 年，印度城市开始衰落。人口减少，城市难以为继。

*公元前 1000 年，许多人转移到恒河流域。

*约公元前 1500 年，从西北部来的雅利安人入侵印度河流域。入侵可能是城市衰落的一个原因。

平等城市

印度河流域城市的一个显著特征是，那里既没有宫殿和像古埃及金字塔那样的大型建筑，也没有像乌尔的王家墓地那样的奢华墓葬。通过这一事实，考古学家推论印度河文明没有统治阶级。城市一般分为公共区和住宅区。公共建筑一般位于城市地势较高的地区。在摩亨佐—达罗，主要的公共建筑是大浴池，可能用于宗教仪式上的洗礼。住宅区位于城市地势较低的地方，那里的房子通常有几层楼高，围绕在庭院四周。大部分房子都有墙、一座铺有砖块的浴室、地下排水管道和厕所。

由于河流每年有规律地发洪水，他们在洪水的水平位上面建造巨大的泥砖平台，在这上面修建建筑。

每个城市被分为两个部分。一部分是人们居住的地方。平顶泥砖屋修建在干净笔直的街道与小巷两边。绝大多数的房子有一个院落，一口用来取水的井，甚至还修建了卫生间，污水排到街道下面的下水道。

城市的另一部分是围墙围起的部分，包括大型建筑如公共浴室、议事厅与大型粮仓——面积相当于一个奥运会游泳池大小。祭司与信徒们在宗教仪式前会利用浴室进行沐浴。在大型粮仓的附近是大的脱粒场地，在这里，农民们打完谷后再卖给城里人。

这个文明延续了约800年，其后逐渐地衰落。房屋倒塌，许多人离开。没有人知道原因，可能是大洪水与不断增长的人口使得农民生产更多的粮食，耗尽了地力，引起了歉收与饥荒。

日常生活

从证据看，好像印度河流域的城市生活很丰富。考古学家发现了度量衡的木条，这表明它们是贸易中心。商人与贸易者还包括手工业者可能在街道上聚集。农民也把他们的粮食运到城市卖。

↑ 棋盘游戏

考古学家发现的棋盘游戏与动物玩具表明，古印度人喜欢娱乐。

← 泥印

像这样的印章可能属于商人，用于签署文件和财产契约。印纹以动物为特征，包括公牛、羚羊、水牛或者老虎等在这一地区出没的动物。

→ 车模

这样的泥土模型由两头牛拉着，证明印度人使用车轮。他们使用大型的车运载粮食与其他产品。

第三章

古典文明时期

公元前500年～公元500年

波斯帝国的社会结构与经济生产

波斯贵族
站在两个士兵之间的是波斯贵族。大流士从贵族家庭中任命行省的管理者以及总督。

波斯帝国的社会构成基本可以分作三大阶层，就是特权阶层、平民和奴隶。在世界早期文明中，战争和祭祀一般都被各个国家看做最为重要的事情，因此，武士和祭司都属于特权人员，而随着国家规模的扩大和职能的日趋复杂化，一个庞大的官僚阶层也随之诞生，他们与武士和祭司一同组成了帝国的特权阶层。特权阶层在社会中居于少数，而居于主体的则是广大的平民，他们包括农民、工匠、手工业者、商人以及一些社会服务人员，概而言之，社会上奴隶之外的绝大多数普通劳动者都属于平民阶层。平民阶层是享有人身自由的，因此他们又常常被称作自由民，自由民显然是与不自由的奴隶相对应的。与普通的劳动者相比，奴隶更被看做是拥有者的一种财产，他们是一种能够劳动的工具，奴隶的一切都要完全听命于主人的吩咐。这些奴隶主要来源于战俘和破产的自由民，很多自由民在破产之后为了生存而不得不以牺牲自由为代价使得自己沦为奴隶。

波斯帝国的农业经济是相当发达的，因为帝国享有西亚和北非地区最为肥沃的土地，这些土地盛产多种作物，其中大麦和小麦是最为主要的粮食作物，而苹果、石榴、梨、杏、椰枣等水果以及黄瓜、洋葱、大蒜、豌豆等蔬菜则是波斯帝国最为重要的经济作物。这些物产在绝大多数年份都非常丰富，远远超出了帝国自身的需要，因此，波斯帝国的贸易十分发达，这既是因为波斯有着众多的剩余物产可供交换，也是因为帝国疆域的扩大带来了一个范围空前广大的贸易网络。在帝国的繁盛期，伊朗、安纳托利亚、腓尼基、印度北部以及中亚的部分地区，乃至希腊和阿拉伯半岛的局部都属于帝国范畴，各地都有着自己的特产，例如，伊朗的黑曜石、绿松石以及其他半宝石在帝国享有盛誉，而印度则为帝国提供了非常珍贵的象牙、香料和黄金，再有，安

↑ 商队旅馆是一种供客商使用的旅馆。它为商队的商人们提供食物和住处。伊朗王阿拔斯让他的百姓修建状况良好的道路、桥梁和商队旅馆，以支持贸易发展。

↑ **神牛**
在古代波斯，牛是力量的象征。波斯人也相信：牛是最早被创造出来的动物，当第一头牛被杀死后，世界上其他所有的动物从它的灵魂中产生。

→ **帕提亚与萨珊帝国**
这幅地图显示的是帕提亚与萨珊帝国。与最早的波斯帝国相比，它小一些，但是后期的帝国面积仍然很大。帕提亚从波斯湾的美索不达米亚农耕地区扩展到伊朗中部的放牧地区。后来的萨珊帝国领域向东扩展到印度河流域。

纳托利亚的金、银、铜、锡等矿产，腓尼基的木材和羊毛，埃及的谷物和亚麻以及书写用的纸莎草等，都是帝国财富的重要组成部分。以这种发达的经济生产和物资交流为基础，波斯帝国发展了自己的货币体系。在此之前，美索不达米亚人和埃及人在贸易交往中习惯以金、银作为货币，但是金、银中的掺假问题一直令人们非常苦恼，后来，吕底亚国王颁行了统一的铸币，这种铸币由国家统一发行，其金、银含量非常明确，从而有效避免了货币掺假的问题。这个举措使得吕底亚的商业变得异常繁荣，很快就令吕底亚成为西亚地区最为富庶的国家。后来，居鲁士击败了克洛伊索斯，承接了吕底亚的货币体系，并且将这一体系推广到波斯帝国的所有地区，促成了波斯经济的进一步繁荣和国力的进一步增强，这为大流士时代波斯帝国全盛局面的出现奠定了重要的基础。

塞琉古帝国、帕提亚帝国和萨珊帝国

　　亚历山大大帝虽然灭亡了阿黑门尼德帝国，但是他却前往阿黑门尼德帝国早期的首都帕萨尔格迪拜谒了居鲁士的陵墓，并且宣称自己是阿黑门尼德王朝的继承人，他基本保留了阿黑门尼德王朝的各项遗产，特别是王朝原来的很多官员都继续留在自己的职位上工作，似乎一切都没有什么变动。公元前 323 年，亚历山大大帝病逝，而他所建立的庞大帝国也随之立即瓦解，帝国被分割成几个部分，亚历山大前护卫军团长官塞琉古攫取了原阿黑门尼德帝国的大部分领土，建立了塞琉古帝国。塞琉古仿效亚历山大，也保持了阿黑门尼德帝国的传统，然而塞琉古对于波斯人来说却是异族，异族的统治必然会遭到本土民族的激烈反抗，塞琉古帝国的统治一开始就相当地不稳定，有一些地区甚至很快就脱离了帝国的统治而独立。公元前 3 世纪中期，伊朗东部的帕提亚人逐渐强大起来，后来，他们取代塞琉古帝国，在波斯地区建立了自己的统治，不过帕提亚并没有消灭塞琉古帝国，塞琉古帝国在剩余的领地上一直延续到公元前 83 年，最后为罗马人灭亡。

　　尽管塞琉古帝国存在了 200 多年的时间，但是公元前 2 世

帕提亚人射箭
帕提亚骑兵假装后退，然后出其不意地、准确地向后面的追兵射箭。

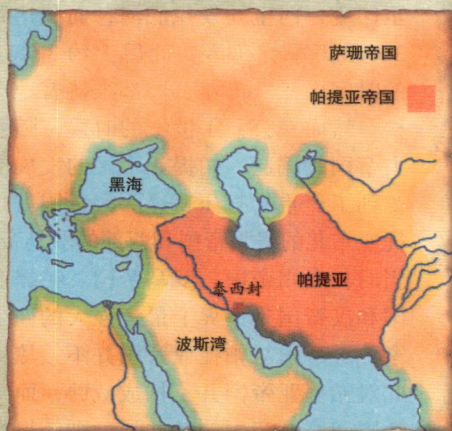

萨珊帝国
帕提亚帝国

黑海

泰西封

帕提亚

波斯湾

大事记
　*约公元前 240～226 年，帕提亚王朝统治波斯的领土。
　*公元 109 年，丝绸贸易连接着中国与帕提亚。
　*公元 224 年，高级教士萨珊的儿子阿达斯阿推翻了帕提亚王朝，建立了波斯萨珊王朝。
　*公元 226～642 年，萨珊王朝统治波斯。
　*公元 531～578 年，处于库思老一世皇帝统治时期。他改革税收体系，改进美索不达米亚的灌溉技术。
　*公元 614～628 年，库思老·帕维兹统治期间。他是埃及与叙利亚的征服者，是萨珊王朝最后一个伟大统治者。

纪中期以后，也就是塞琉古帝国的后半阶段，它在波斯地区就已经不再扮演主要角色了，延续波斯帝国展现在历史舞台上的主角是帕提亚帝国。帕提亚是中亚大草原上的一个半游牧的民族，他们兼具农耕社会与游牧部落的特点，既从事农业耕作，也极为看重游牧生活，并且这种游牧部落

石头浮雕
萨珊统治者在本国远方行省的悬崖壁上雕刻令人着迷的浮雕，在浮雕上记载他们的功绩。这些浮雕表现的主题是波斯骑兵以及萨珊的军队。

的特点在政治和军事上也都有着鲜明的体现。帕提亚人并没有建立中央集权的政府，他们的最高权力机构是由一些部落首领所组成的政治联盟，不是由单一的最高领袖发号施令，而是由部落首领的集体会议来决定国家的各项政策。先前，帕提亚人的部落是塞琉古帝国的一部分，但是一直不断地在谋求独立，并且独立之后就立即走上了扩张的道路，逐步恢复了阿黑门尼德帝国的大部分领土。

帕提亚帝国前后延续了 400 多年的时间，具体说来，是从公元前 247 年到公元 224 年，大体上与中国历史上的汉朝统治时间相当。对于中国人来说，帕提亚帝国这个名字可能较为陌生，而另一个名字则较为熟悉，那就是安息帝国。安息帝国指的就是帕提亚帝国。帕提亚帝国是以其部族的名字来称呼的，而安息帝国的叫法则源自其开国君主的名字，只是，现在习惯上将帕提亚帝国的第一代君主的名字译作阿尔萨息，而汉朝时则译作安息。公元前 247 年，阿尔萨息带领帕提亚人杀死了塞琉古帝国的总督，以尼萨（今土库曼斯坦首都阿什哈巴德）为都城建立了帕提亚帝国。其后，塞琉古帝国派出军队来镇压，一度挫败了帕提亚人，但是塞琉古帝国却很快因为内部纷争而无暇顾及帕提亚，帕提亚人这才得到喘息的机会，没有被扼杀在摇篮之中。然而，在此后的几十年间，帕提亚的国力都没有超过塞琉古，帕提亚帝国甚至要向塞琉古帝国称臣纳贡，而一位杰出帝王的出现改变了帕提亚帝国的被动局面，他就是帕提亚帝国历史上最为伟大的君主密特里达特一世。

泰西封城
都城泰西封建造在底格里斯河边，靠近现在伊拉克的巴格达。在萨珊王朝时期，泰西封城规模很大，可能有几十万居民。萨珊人把城市划分为两个大的部分。一部分安置从罗马帝国抓来的俘虏，另一部分居住着皇帝与其家庭。王室生活在大的、石头建成的带拱顶大厅里的宫殿里。

公元前 171 年，密特里达特一世登基，在位 34 年的时间中，他将帕提亚帝国变成了西亚地区最为强大的国家，帝国的领域北至里海，南至波斯湾，东至印度，西至幼发拉底河，面积达到了 200 多万平方千米。此后大约 3 个世纪的时间中，帕提亚帝国都维持着地区霸权。然而在公元 1 世纪的时候，随着两大帝国的崛起，帕提亚帝国的发展空间受到了严重的打压，这两大帝国就是帕提亚东北的贵霜帝国和西部的罗马帝国。当时，贵霜帝国、罗马帝国、帕提亚帝国和汉帝国是世界上最为强大的四个国家，汉帝国与帕提亚帝国并不接壤，因此对帕提亚帝国并不构成威胁，而贵霜帝国和罗马帝国的日益强大则使得帕提

亚帝国东西两边的疆界都大为回缩。当然，实力犹存的帕提亚帝国不会选择坐以待毙，它采取了积极的抵御措施，特别是与罗马对亚美尼亚进行了激烈的争夺，你来我往，反反复复，持续了长达半个世纪之久。这种争夺是一种漫长的消耗战，双方的国力在旷日持久的战争中都遭受了极大的削弱。

帕提亚国王阿尔班达五世在位时，帕提亚军队不仅击退了罗马的入侵，而且大举反攻，长驱直入罗马境内，使得罗马皇帝不得不与阿尔班达五世签订城下之盟，以重金求和。然而，阿尔班达五世前线得胜之时，却不料后院起火，帝国内部的萨珊家族乘机发动叛乱，其首领阿尔达希尔率部占领了帕提亚帝国的大部分地区。阿尔班达五世与阿尔达希尔之间发生了三次战役，最后，公元226年，阿尔班达五世在伊斯法罕西北的霍尔米兹达干之战中阵亡，持续了400多年之久的帕提亚帝国由此宣告灭亡，代之而起的是萨珊帝国。

萨珊帝国接手了帕提亚帝国的领土，但是却无法像帕提亚帝国立国之初那样走向大规模扩张的道路，因为帕提亚帝国灭亡了，而贵霜帝国和罗马帝国却依然强盛，并没有给萨珊帝国的统治者留下足够的扩张空间。萨珊帝国自立国之后，就在东西方边境分别与贵霜帝国和罗马帝国处于紧张对峙的状态，最后，谁都没能将谁消灭。400多年之后，即公元651年，阿拉伯人结束了萨珊帝国的统治。

灰泥板

萨珊人房屋装饰的一部分。上层人喜欢奢侈品，他们的房屋装饰华丽，用的材料是灰泥。这个灰泥板有家禽纹饰。

希腊的城邦

从公元前5世纪开始，希腊世界便形成了许多强有力的城邦。城邦的中心是一座独立的城市，控制着周边的一些土地，有自己的管理体制。当战争在城邦之间发生时，一个希腊人首先要忠于他的城市。不过，希腊人也共享着许多文化传统，包括共同的语言、文字体系和宗教等。

希腊的古典时代

学者们将公元前5世纪的希腊称为"古典时代"，那个时候希腊在建筑、文学、艺术和科学上取得了巨大成就，在地中海世界无人能及。在雅典的伯里克利时代，艺术家与雕刻家用壮丽的建筑物装点着这个城市。其中就有帕特农神庙（右图），它是献给雅典娜女神的，神庙内部矗立着雅典娜女神巨大的神像。每年的狄奥尼索斯节期间，人们都会聚集在剧场内观看埃斯库罗斯、索福克勒斯等剧作家创作的戏剧演出。这一时期，苏格拉底以及后来的柏拉图、亚里士多德等思想家也将哲学研究推向了一个新的高度。

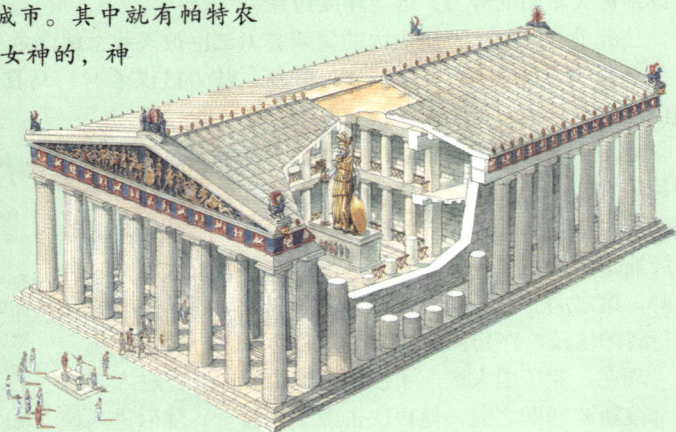

公元前 500 年时，希腊最著名的两个城邦是雅典和斯巴达。斯巴达是一个军事城邦，每个年满 7 岁的男孩儿都要离开他的家庭，由城邦培养成一个未来的战士。凭借其强大的军事力量，斯巴达控制了希腊南部伯罗奔尼撒半岛的大部分领土。

雅典位于通向伯罗奔尼撒半岛的那块狭长土地的沿海地区，它通过海外贸易获得巨大财富。雅典是一个实行民主制的城邦，允许它的公民投票决定重大事件，如是否开战等。但是，雅典人的民主权力也有一些局限，比如公民权仅限于出生于雅典、父母都是雅典人的年满 20 岁的自由男子。妇女、奴隶和外国人是没有公民权的。

几个世纪之前，来自希腊的移民在小亚细亚的爱琴海沿岸（今天的土耳其）建立了一些城邦，这一地区被希腊人称为爱奥尼亚。爱奥尼亚诸城邦从公元前 6 世纪中期起处于波斯人的统治下，这些城邦在公元前 499 年发动了一场起义，雅典和希腊大陆的其他城邦纷纷予以支援。当波斯国王大流士平息了动乱后，他率领了一支庞大的陆军和海军，穿越爱琴海，进攻希腊，以惩罚那些叛乱的支持者。从公元前 492 ~ 前 480 年，波斯共派出三支侵略军。但是每一次，他们都被数量比他们少，但异常勇敢的希腊军队击退。

波斯人的入侵使斯巴达和雅典前所未有地联合起来。但是，当波斯的威胁消失以后，两个老对手之间的竞争比以往更加激烈了。斯巴达和雅典都想统治整个希腊，在接下来的 75 年里，双方的剧烈争斗将它们以及其他一些希腊城邦卷入一系列代价高昂的战争中，这就是著名的伯罗奔尼撒战争。尽管希腊文化依旧繁荣，但长时间的战争削弱了它的政治力量，破坏了它的经济。

在希腊所有的城邦中，雅典以其民主传统而最负盛名。雅典最著名的政治家是伯里克利（约公元前 495 ~ 前 429 年），他下令建造了帕特农神庙，带领这个城市走向它最繁荣的时代。

亚历山大大帝

希腊的影响以前只限于地中海地区，但是亚历山大大帝却将之带到亚洲。亚历山大大帝是一位军事天才，他是历史上最伟大的将领。从希腊北部的一个多山小国马其顿出发，他发起了一场看上去十分莽撞的军事行动——征服庞大的波斯帝国。然而，他成功地完成了这一任务。此后，他继续扩大希腊的势力，远至印度边界。

公元前 336 年，亚历山大的父亲腓力二世被人残忍地谋杀，随后他登上马其顿王位，当时年仅 20 岁。腓力被谋杀时，马其顿已经是希腊最强大的国家，并准备入侵波斯。

亚历山大几乎没有浪费时间，就开始将其父大胆的计划付诸实践。公元前 334 年，他入侵并征服了波斯帝国的安纳托利亚省（今天的土耳其）。在那里，他遇到并击败了波斯帝国的两支大军，其中一支由波斯国王大流士亲自统帅。这之后，他向南沿着地中海海岸进攻同样是波斯帝国行省的埃及，在公元前 332 年将之征服。

现在，亚历山大进入了波斯帝国的腹地。在进入波斯首都波斯波利斯之前，他再次击败了大流士，随后进入该

在开始征服强大的波斯帝国之前，亚历山大首先平息了希腊大陆的一场叛乱，希腊大陆在他父亲时代已经接受了马其顿的统治。在一场残酷的战争中，他摧毁了底比斯城，杀死了 6000 人。之后，希腊再没有哪个城市敢于公然反抗他。

亚历山大在尼罗河河口建立了第一座城市，并以自己的名字命名它。在托勒密王朝时期，亚历山大城是希腊化世界中最伟大的城市。在那些将这座城市塑造为希腊化世界最著名的学术中心的伟人中，有几何之父欧几里得，他同时也是一位工程大师和原始的蒸汽机的发明者，还有数学家埃拉托色尼。亚历山大城最为人知的建筑物是斐洛士灯塔（右图），它是古代世界的七大奇迹之一，高120米，矗立在海港的入口处。今天，这座古代城市中心的遗址已经被海水掩盖，水下考古工作者一直在对其进行勘察。

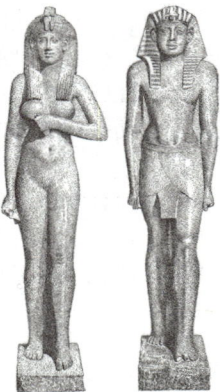

亚历山大死后，托勒密王朝在埃及建立。托勒密王朝时期，埃及的艺术风格融合了希腊和埃及的传统。

城，并放火将之烧成废墟。大流士在逃亡的途中被他的一位总督谋杀，因为这位总督认为大流士的溃败已经不可避免。在之后三年多的时间里，马其顿大军不停地在中亚作战。他们到达了位于今天巴基斯坦境内的印度河，随后，亚历山大决定入侵印度北部。但是他的军队人数已经不足，亚历山大只好同意了将士们回家的要求。

亚历山大在公元前323年突然死于巴比伦，当时他正在策划下一次征战。他的帝国很快陷入混乱。他的继承人，疯癫的弟弟和尚未成年的儿子都遭到谋杀。被他任命为各个行省总督的将军们，开始了在他所征服的领土上建立自己的独立王国的战争。

征战期间，亚历山大在所征服的土地上建立了不少希腊化城市，遍及埃及到巴克特里亚（今天的阿富汗）的大片地区。希腊的语言偕同希腊的建筑、雕塑、知识和文化成果，统治了古代世界的大部分地区达几个世纪之久，历史学家将这一时期称为"希腊化时代"。

早期中国的王朝

中国的文明是独立于世界上其他的文明而发展起来的。在许多地方，中国的文明比欧洲和西亚的文明更为先进，而那些地方的人们并不知道在中国发生的事情。中国人发明了许多东西，包括冶金与文字，而这些是在没有与其他民族交往的情况下进行的。这使得中国的生活方式与其他文明迥然相异。

中国历史的时期是以王朝或统治者家族命名的。商朝是很早的王朝，开始于约公元前1650年。许多中国人日常生活的主要特征就是在这一时期发展起来的，如耕种与祖先崇拜。商代的中国也精通于制造青铜器与玉器。他们发展出一种书写方式，这成为直至现在中国仍在使用的书写方式。

中国是一个幅员辽阔的国家，商朝仅仅统治着中国北部。祭司性质的国王是最有权威的，对中国人而言，他们是神一样的人物，能够与天上的祖

祭祀用的鼎
这个青铜鼎被用来装宗教祭品。一个古代的神灵以虎的形状出现，站在一个人的上面。

先交流。

商修建了许多都城，可能由于黄河发洪水而不断地迁移。他们最早修建的都城在二里头，然后在郑州和安阳修建了都城。考古学家在安阳发现了许多木屋、宫殿、库房和街道的遗迹。他们也发现了国王的坟墓，在里面有陶器、青铜器以及玉器，还有近 4000 件贝壳，这是商代人的货币。在墓穴里还有 47 具其他人的尸体，可能是统治者的殉葬者。

公元前 11 世纪，从西北来的周朝取代了商。周统治者带来了铸币，同时周代的手工业者还发现了如何冶铁。他们也发明了弩。周统治中国大约有 800 年，它让地方的诸侯治理本地。但是诸侯们的相互征战使中国进入了"战国时代"。

中国的第一位皇帝

在公元前 5 世纪的时候，我们所知的中国这个疆域庞大的国家尚未形成。相反，许多独立的国家为了各自的利益，进行着不停的争斗。从理论上来说，所有这些国家都承认从公元前 11 世纪就开始其统治的周王朝的最高权力。然而在实际上，周王的权力在几个世纪之前就已经衰落了。直到公元前 3 世纪早期，一个国家终于在通向军事与政治最高权力的途中获得了成功——秦国的胜利标志着中华帝国的诞生。

秦国通常也被翻译成"Ch'in"，中国 (China) 的名称即来源于此，用这个国家的名字来命名现代中国是合适的。尽管许多人不记得秦国最强大的统治者嬴政的名字，但历史上很少能有人比得上他统一中国而产生的巨大影响。嬴政生于公元前 258 年，是秦国统治者庄襄王的儿子。嬴政生活在中国战国时代的末期，在许多小国争夺霸权的过程中，只有少数一些国家存留了下来，其

兵马俑

秦始皇的陵墓在中国中部城市西安附近的旷野里拔地而起，古书记载它的内部有许多错综复杂的通道和房间，但是它至今没有得到发掘。据说有 70 万名罪犯花费了数年的时间完成了这个非凡的工程。同样令人吃惊的是，在距离秦始皇陵 1.6 公里远的地方发现了埋有珍贵物品的三个大坑。如图所示的是兵马俑，它们和真人大小相当，有 7000 多个。这些兵马俑呈战斗队形排列，保卫着死去的皇帝，就像他来世的护卫。兵马俑组成的军队中有军官和将军，也有手持长矛的普通士兵，还有骑兵、战车的驾驶者和弓箭手。每一个兵马俑都是独一无二的，他们的面孔各不相同，年龄和体形各异，面部表情也各具特点。

中秦国的崛起引人注目。

在嬴政统治的早期，他就为统一中国做好了准备。然后他有条不紊地进行了一系列征服活动。公元前221年，嬴政将以前的各个王国统一成一个单一的强大国家，这一功绩使他获得了"始皇帝"的称号。

凭借一些不切实际的决断和残酷的手段，他开始了浩大的国家建设工程。首先，他将帝国大权掌握在自己一人之手，解除了地方军阀的武装力量，使他们臣服于自己的统治；为了便于管理，他将国家分成36个郡，每个郡由他任命的官员进行管理。他修建了新的道路，挖掘了新的河道，加强了国内的联系。为了鼓励商业，他统一了全国的度量衡以及车轴的宽度，所有的大车都可以在相同的车辙里前行。皇帝所有的臣民都要接受唯一一部严厉的法典。他还逐渐改革中国的书写文字，以使他的所有臣民都能认识。

在现代人看来，秦始皇最大的罪过在于管制百姓的思想。由于担心哲学上的论争会给这个新成立的国家带来分裂性的影响，他公开焚毁了成千上万本图书，并杀死了据说400多名持不同政见的学者。反对他的政权的人都遭到了残酷的对待。尽管他是一位暴君，但是他用自己的武力缔造了一个伟大的国家，没有他，中华帝国也许不会延续两千多年之久。

万里长城 秦

长城是中华民族智慧的结晶，也是劳苦大众血汗的凝结。万里长城是有史以来最长的建筑，然而最终它却没能抵挡住侵略者。

秦朝的建立与中央集权制的形成

公元前221年，秦灭六国之后，建立了统一的秦王朝，秦朝与此前的几朝不同，夏、商、周三朝，君主都称为"王"，而秦王政则认为，自己的功绩远远超越了三代之王，因此取上古时代"三皇"、"五帝"之说，集"皇"、"帝"二字于一身，将君主的名号确立为"皇帝"。秦王政宣布："朕为始皇帝。后世以计数，二世、三世至于万世，传之无穷。"由此，秦王政就成为中国历史上的第一位皇帝——秦始皇。当然，秦朝与前朝之异，决非仅仅是更换了一下君主的名号，而主要是在于中国的政治制度发生了根本的变革，秦王朝开创了中国两千多年中央集权制度的先河。

在秦王朝中央集权制度创立的过程中，最为重要的一项措施就是郡县制的推行。在周之前，中国实行的是分封制，而这种制度有着明显的弊端，那就是各个封国自治权力很大，一旦中央政府势弱，就必然会导致国家的分裂，于是列国之间就会争战不休。周室东迁之后，实际上国家已经分裂，从公元前770年到公元前221年，经历了550年的时间，发生了成百

驰 道

秦始皇统一全国后第二年（公元前220年），就下令修筑以咸阳为中心的、通往全国各地的驰道。

著名的驰道有9条，有出今高陵通上郡（陕北）的上郡道，过黄河通山西的临晋道，出函谷关通河南、河北、山东的东方道，出今商洛通东南的武关道，出秦岭通四川的栈道，出今陇县通宁夏、甘肃的西方道，出今淳化通九原的直道等。秦驰道在平坦之处，道宽五十步（约今69米），隔三丈（约今7米）栽一棵树，道两旁用金属锥夯筑厚实，路中间为专供皇帝出巡车行的部分。可以说，这是中国历史上最早的正式"国道"。

阿房宫图卷　清　袁江
阿房宫在历史上并未完全建成就毁于秦末大起义，后人对其的追想往往带有强烈的浪漫色彩。

上千次大大小小的战争，才最终迎来了国家的再次统一。历史的教训是值得警醒的，为了防止历史悲剧复演，秦始皇采纳了李斯的建议，改分封制为郡县制。郡县制的实行，奠定了皇帝专权的基础。初时，秦朝共设置了 36 郡，后来又有所增加，在郡下又设县，少数民族地区的县级行政单位则称作"道"。县和道的数量大约有 1000 个。郡的行政长官是郡守，另有郡丞协助郡守的工作，而郡尉则主管军事，还有监御史负责监察。县级官员的设置与郡类似，县的人口在万户以上的，行政长官称为县令，不足万户的则称为县长，每个县都设有县丞和县尉等官吏。郡、县的官员都统一由朝廷任命，而不同于分封制度下的世袭和地方任命，这就保证了权力严格掌控在中央政府的手中，进一步说，是集中在皇帝一人的手中。

在中央，与地方的情况相似，秦朝推行的是行政、军事和监察三权分立的制度，三者的长官分别是丞相、太尉和御史大夫，这就是所谓的"三公"。"三公"之下又有"九卿"，分别管理不同的事务。秦朝的郡县制和三公九卿的官僚体系为后世继承，历朝历代的政治体制都是在秦政的基础上发展和增益。

发明

古代中国人非常善于发明。到公元前 150 年，他们已经会制造丝绸，发明了独轮车，并会造纸。

← 钱币
在秦代以前的很长时间内，中国人使用刀币与铲币。秦始皇统一使用中间有孔的圆币，这样人们就可以用线串着，方便使用。

← 第一个皇帝
秦始皇残忍的性格使得他拥有了"暴君"的称号。他严厉地处置了战国时期的旧贵族，那些在战争中没有死的人也被剥夺了权力与地位。

→ 独轮车
汉代的中国人发明了这种独轮车，这比西方人早 1000 多年。

在行政体系的重大创新之外，秦朝在经济、军事、文化等领域也都进行了全面的变革。在经济方面，秦朝不仅统一了度量衡，还通过一系列法规的制定和推行，对全国的经济生活进行了严格而具体的规定，例如，《厩苑律》中有这样的内容：每年在四月、七月、十月和正月对农户的耕牛进行考核，其中评比领先的，可以得到一壶酒加一束肉脯的赏赐，现在看来这样的赏赐很微薄，但是在当时，酒和肉都属于奢侈品，平民百姓是很难享受到的，因此这种奖赏的激励意义是相当显著的。在此而外，牛的主人还可以免除一年的更役。更为让人惊讶的是，律文中还规定：用牛耕田的时候，如果牛因过度劳累而腰围减瘦，每瘦一寸，用牛的人就会遭到笞打十下的惩罚。在军事方面，秦国自商鞅变法之后就形成了崇尚军功的制度和风气，这在统一战争中极大地增强了秦军的战斗力，但是也带来了严重的消极影响，那就是秦国统一之后，军人数量多，而且地位高，以致出现了军人垄断官职和各种优势职业的现象。这直接导致了秦朝的暴政，后来在秦末的农民起义中，广大起义军对秦朝官吏极其痛恨，很多为官者都被杀戮。在文化方面，秦朝统一了原来列国形制各异的文字，还实行民俗统一的政策。这些政策有效地维护了长期分裂的国家的统一，但是因为秦朝以暴力和专制为基础来推行自己的文化政策，也激起了人们普遍的反对情绪。而秦朝在文化方面最为后世所诟病的两件事就是"焚书"和"坑儒"。战国时期，天下形成了儒生和游士任意批评朝政的风气，那时，因为国家分裂，政治空气较为宽松，所以士人言论的自由度很大，而秦国统一之后，这种任意诋毁朝政的做法显然与政治上的统一需要相背离，因此，秦始皇为统一思想，采纳了丞相李斯的建议，搜查和焚烧天下百家之书。后来又因为有两个方士诽谤秦始皇，秦始皇又下令对方士和儒生进行严厉审查，有"犯禁者"400多人被坑杀。

总之，秦朝通过种种变革，在全面确立了中央集权制度，而在制度改革的同时，秦始皇又兴建了一系列重大工程，其中最为著名的就是长城。在秦统一之前，燕、赵等国为了抵御北方游牧民族的侵袭而修筑了部分城墙，秦朝则将先前已经存在的几段城墙连接起来，并且加以延展，形成了东起辽东，西至临洮（今甘肃岷县），长

中国的长城起源于公元前4世纪以来的一系列防御工程，目的是为了抵御国家北部的游牧民族的入侵。秦始皇将这些防御工事连在一起，形成一条由泥土和砖石构成的防线。长城的大部分在后来都得到重建。

← **秦帝国**

这幅地图显示的是秦帝国的版图。从中心地域沿着黄河，秦帝国向北延伸到居延，向南到番禺，向西到四川省。英语中"秦"发音为"chin"，这可能是"china（中国）"这一名字的来源。

大事记

*公元前246年，嬴政成为秦国的统治者。

*公元前230～前222年，通过一系列的胜利，秦国的军队控制了战国时期中国的绝大部分领土。

*公元前221年，秦打败最后一个国家，嬴政成为中国历史上第一个皇帝。

*公元前213年，秦始皇焚书坑儒。

*公元前210年，秦始皇去世。

*公元前209～前208年，农民起义削弱了秦王朝的力量。

*公元前207年，秦帝国瓦解。

达一万余里的城墙防御工事，人们习称之为"万里长城"。在长城之外，秦始皇三十五年（公元前212年）起，又开始修筑秦直道。秦直道南起秦都咸阳的军事要地云阳林光宫（今陕西淳化县梁武帝村），北至九原郡（今内蒙古包头市西南孟家湾村），全长达700多千米。另外，秦始皇还大造宫室，在渭河以南营建了阿房宫，又在骊山修建了秦始皇陵。在这些浩大的工程之外，秦始皇又北击匈奴，南开百越，使得秦朝的疆域远远超过了原来列国的领土之和。当然，这些工程的修建和频繁的征战，对于民力的耗费极为严重，当时秦朝的人口大约为2000万，而长期服役的人数就有两三百万之多，可见秦朝用民之酷。可以说，历史上这个极其显赫辉煌的大秦帝国，是千百万人民的血汗凝铸而成的。

汉代中国

汉朝是一个发生巨大变化的时期。技术与工业得以发展，农业技术变得更加高效，中国的商人沿着深入亚洲大陆的"丝绸之路"进行贸易。

汉代取代了秦代。皇帝把中国划为一系列的省，每个省有自己的官员。秦代是依靠暴力统治的，汉代的皇帝则以和平的方式行使他们的权威。当汉代的铁匠发现如何提高熔炉的温度时，他

珍贵的丝绸
中国人用丝绸制衣服，在汉代发明纸张以前，人们甚至在丝绸上书写。丝绸的制造技术出现在约4000年前。中国人精心地保守着制造丝绸的秘密，并作为奢侈品在贸易中获得了巨额的收入。

金缕玉衣
这个汉代贵族身上穿的是金缕玉衣，这是公元前1世纪的事情。中国人相信玉是神奇的。他们认为把东西包裹在玉里面就可以永久地保存。

↑ **考试**
汉武帝（公元前140～前87年在位）创建了太学，这是一个特殊的大学，学生们在里面学习儒家思想，他们得背诵儒家经典以通过考试。

文官行政
汉高祖（公元前206～前195年在位）没有文化，但是他知道需要受过良好教育的官员管理国家。他开始用一小群学者实施文官行政，由他们征募更多的官员。

→ **好的标志**
19世纪中国考试卷子上的圆圈意指老师认为学生的书法好的地方。

们就可以制造更多高品质的物品了。皇帝发现这一方法的价值，于是实行官营政策，这就使得他们控制了所有工具与武器的生产。

皇帝们还控制贸易，特别是丝绸贸易，中国的商人沿着陆地路线到达中亚进行贸易。邻国如果向皇帝进贡，也被允许与中国进行贸易。

汉代的皇帝也建立了文官行政体制来治理国家。他们培养出大批的官员，这些官员是通过考试获得功名的。候选人必须回答有关儒学的知识。这种与考试结合在一起的文官体系持续了两千多年，远比汉代统治的时间长得多。

汉代发生的最重要的变化是科技。纸与瓷器都是汉代的发明。汉朝的科学家们甚至制造出世界上最先进的预测地震的仪器。他们也发明了滴漏、独轮车以及罗盘。罗盘的发明使得船员在海洋里可以更好地驾驶船只。同时商人们也把一些新的材料带到中国，从羊毛、皮毛到玻璃与珍珠。和平富裕的汉代可能是当时最先进的文明。

候风地动仪
这个神奇的仪器是用来预测地震的。最轻微的地震就可以松动内部的机关。龙腭张开，滚出一个球掉到蛤蟆的嘴里。

汉帝国的兴盛与大一统政治

公元前 210 年，秦始皇病逝于出巡途中，权臣李斯和赵高与随行的秦始皇的儿子胡亥密谋，篡改了秦始皇的遗诏，将皇位继承人由扶苏改为胡亥。胡亥继位后，成为历史上的秦二世，他为了避免自己的兄弟起来反对自己，对兄弟姐妹大开杀戒，先后杀掉了 12 位公子和 10 位公主。但是秦二世的这番暴行并没有使得自己身安无虞，在内，他尽管除掉了公室的力量，朝政却很快被狡猾的赵高所控制；而在外，他即位的第二年，就爆发了由陈胜和吴广所领导的农民大起义。

公元前 209 年七月，被征发赴渔阳郡（郡治在今北京密云西南）戍边的 900 名士兵在大泽乡（今安徽宿州东南）遇到大雨而不得行进，可是按照秦朝的法律，延期抵达是要被处以死刑的，在这种情况下，这些士兵的领导者陈胜和吴广率众起义。陈胜、吴广起义军得到了各地民众的大力支

← 汉帝国
汉帝国的疆域向西北延伸到中亚的丝绸之路。汉代皇帝也向南扩展，这里汉末时人口增长了。最早汉朝的都城以及王官在长安，后来迁都洛阳。

大事记
*公元前 206 年，汉高祖推翻秦王朝。汉定都长安。
*公元前 140 ~ 前 87 年，汉武帝统治时期。他打败了北方的游牧民族。汉帝国达到最鼎盛。
*公元前 124 年，选拔性的文官考试开始。
*公元前 119 年，国家经营铁。
*公元 25 年，东汉开始，定都洛阳。
*公元 105 年，蔡伦改进了造纸技术。
*公元 220 年，权力斗争削弱了宫廷，汉帝国瓦解。

汉帝国
丝绸之路

大夏
黄河
长安
洛阳
长江
南海

持，很快就攻克了多个郡县，两三个月后，起义队伍就已经发展到几十万之众，而且西进至函谷关，直逼秦王朝的统治中心。但是起义军在迎战由章邯所率领的秦朝主力军的时候接连失败，吴广和陈胜相继被部下杀害。

陈胜和吴广虽然起义6个月后失败了，但是经由他们的引发，全国各地已经普遍燃起了反抗秦王朝统治的熊熊烈火，一时间，被灭掉的六国旧部纷纷发起了复国运动，秦王朝很快就陷入了一种分崩离析的状态。

公元前207年，秦二世为赵高逼杀，之后，赵高拥立秦国公室成员子婴继位，但是赵高认为，现在秦国所拥有的领土比统一之前还小，不适合再称皇帝，于是恢复了秦王的称号。子婴即位后第五天就设计除掉了赵高，而一个多月之后，刘邦所率领的义军就抵近了秦都咸阳。当时的秦王朝已经内外交困，丧失了抵抗能力，于是子婴在他即位的第46天投降了刘邦，这标志着秦王朝的灭亡。由秦始皇一手创立的大秦帝国，在他死后仅仅3年的时间就土崩瓦解了。统一的秦王朝的存在时间仅有15年。

刘邦进入咸阳之后，以项羽为首的另一支实力更为强大的起义军也赶到咸阳来争夺天下，当时刘邦实力较为薄弱，因而以退为进，主动将咸阳献给了项羽。此后，项羽和刘邦之间展开了长达4年的"楚汉之争"。秦朝灭亡之时，天下的各支军事力量以项羽最为强大，他自立为西楚霸王，将原秦王朝的疆土分封给18个诸侯王来统领，而刘邦是其中之一，受封汉中和巴、蜀一带，称为汉王。一时间，天下局势又恢复到诸侯纷争的动荡之中。在这些诸侯中，主要的敌对双方就是西楚霸王项羽和汉王刘邦。公元前202年，项羽兵败垓下（今安徽泗县西南），逃至乌江边，自刎而亡。随后，刘邦在长安称帝，建立了大汉王朝。

骑马俑　西汉
马昂首嘶鸣，骑俑肃穆端庄，整个造型大胆概括，体现了汉人激越昂扬的精神风貌。

汉朝建立之后，积极吸取秦朝灭亡的教训，采取清静养民的政策，从而开创了汉初的"文景之治"，出现了清明稳定、繁荣富庶的大好局面。汉武帝即位后，汉朝进入了其鼎盛时期。汉武帝在位期间主要做了这样一些事情：其一，政治上加强中央集权。为了实现这一目的，汉武帝在地方降低了诸侯王的地位，在中央则削弱了丞相的权力，并且设置了十三州部，每个州部即一个监察区域，各设刺史一人，代表中央监察地方政治。这些措施使得权力向中央、向皇帝的集中程度大大加强了。其二，文化上确立了儒学独尊的地位，从而在政治一统的基础上实现了文化的一统，也就更为有效地提高了民族凝聚力，更好地维护了国家的统一。其三，经济上推行一系列改革，整顿币制，将铸币权收归中央，全国

刺史制度

西汉中期，为了加强中央对郡国的管理，汉武帝在元封五年（公元前106年）把全国除了三辅（京兆、左冯翊、右扶风）、三河（河南、河内、河东）和弘农以外的地区分成了13个州部：冀州、青州、兖州、徐州、扬州、荆州、豫州、益州、凉州、幽州、并州、交趾、朔方。中央在每个州设立刺史一名，专职监察地方。刺史没有固定的治所，每年八月巡视所辖区域，考察吏治、奖惩官吏、决断冤狱。刺史当时在国家的官制中地位并不高，但是在地方时代表中央，可以监察二千石和王国相，也可以监督诸侯王，刺史权责虽重，但并不直接处理地方行政事务。刺史制度的确立，加强了中央对于地方的监控。

青铜马
这个精美的青铜马是两千多年前由技术熟练的中国手工艺者制造的。

统一使用五铢钱；另外，将盐业和铁业收为国有，进一步加强了中央政府对于国家经济的控制力；再有，通过均输、平准、算缗、告缗等经济政策的推行，严厉打击了商人的投机倒把行为，使得国家的经济生活更加平稳有序。其四，军事上多次出击匈奴，使得汉朝与匈奴之间的外交关系由被动转为主动，并且在此过程中进一步拓展了汉朝的疆土。另外，汉武帝在北方、南方和西方也多次派兵征伐，使得今朝鲜半岛、两广和海南以及越南的北部和中部、新疆的部分地区也都纳入了大汉的版图。其五，外交上，汉武帝时期最主要的成就是加强了汉朝和西域诸国的沟通，使得汉朝的声威远远传播到今新疆和中亚的广大地区，为后来西域地区融入汉帝国奠定了基础。

　　汉武帝晚年，汉朝爆发了一场严重的动乱，就是所谓的"巫蛊之祸"。"巫蛊"是一种迷信的害人手段，那时"巫蛊"的一般做法是，依照仇人的形象做成一个木偶，然后在这个木偶身上刺入铁针，再将其埋入地下，并且用恶语来诅咒这个仇人，据说这样就可以使得仇人很快死掉。这种"巫蛊"之术在矛盾错综复杂的宫廷斗争中最常使用，汉朝时，因为巫蛊而获罪的人非常之多。而巫蛊既可以作为一种直接的害人手段来使用，还可以让它成为一种间接的害人手段，那就是诬陷别人行用巫蛊。当时，汉武帝和太子刘据之间因为政见不合而产生了一定的矛盾，大臣江充见此情形，就打算利用这个机会作乱邀功，在汉武帝一次重病的时候，他诬告太子正在使用巫蛊的办法来诅咒汉武帝。汉武帝马上命令江充派人去核查，而江充早就作好了伪证，使得太子刘据有口难辩，不得已之下起兵反抗。汉武帝是一个很长寿的皇帝，而刘据当时也已被立为太子多年，自身已经拥有了相当的实力，因此双方的战斗非常激烈，经过五日激战，长安城中数万人被杀，以致沟渠中流淌的都是殷红的血水。最后，刘据战败出逃，被追杀而死。不久之后，真相大白，所谓太子巫蛊，全系江充诬陷，而且太子起兵也并非想谋权篡位，仅仅是出于恐惧和自卫而已。汉武帝因此感到非常懊悔，下令对江充治以灭族之罪，而在刘据被杀的地方筑起了思子宫和归来望思之台，以表示自己对于太子的想念之情。另外，汉武帝还颁布了旨在自我检讨的轮台诏，否定了自己此前的一些错误的做法，并且表示要"思富养民"，也就是将发展经济和繁荣生产而使百姓得以休养生息作为今后政策的重心。

　　汉武帝临终之时将皇位传给 13 岁的幼子刘弗陵，是为汉昭帝。汉昭帝在位八年病逝，其后继位的是刘询，也就是历史上的汉宣帝，他是汉武帝的曾孙、前太子刘据的孙子。汉武帝在位期间，汉朝虽然国力强盛，但是连年的大规模征战使得国家消耗巨大，直到晚年时罪己诏才扭转了这种局面，汉昭帝和汉宣帝时期继承了汉武帝晚年时的这一转向，将国家的注意力集中于发展生产和繁荣经济，而大规模的对外扩张则暂且中止。与此同时，汉朝与最主要的对手匈奴之间的关系也比较友好，双方多年没有发生严重的冲突。在这种情况下，汉朝的国力很快得到了充分的恢复，汉武帝后期的萧条局面又转变为家给人足、国富民丰的升平景象。因此，这一历史时期被称作"昭宣中兴"。

朱雀衔环杯　汉
该器造型丰满别致，制作精美，朱雀所衔环可摆动，为汉代出土文物中不可多得的艺术珍品。

然而，昭宣中兴之世并非什么问题都不存在，只是很多问题在短时间内为繁荣的盛世局面所掩盖，一旦问题积累到一定的程度，势必就会对国家的安定造成严重的伤害。当时，最为尖锐的社会问题就是规模越来越盛的土地兼并。大量土地为贵族豪强所占据，而广大平民则流离失所，数以百万计的破产农民成为国家最大的不稳定因素。西汉末年，这种现象愈演愈烈，更加之政治腐败，统治阶级作威作福，而人民肩上的负担则越来越重，也就不得不举起反抗的义旗，以致每年发生的农民暴动事件不下万次，这样一来，汉王朝的统治当然也就岌岌可危了。

汉朝的衰落与三国鼎立

西汉后期，外戚王氏逐渐掌握了朝政大权，公元5年，汉平帝被王莽毒杀，年仅两岁的孺子婴被立为皇太子，而王莽则代行国政，称"摄皇帝"。4年之后，王莽干脆代汉自立，改国号为"新"。王莽篡权之后，推行了一系列以复古为特点的改革，但是举措不利，反而使得社会更加动荡，公元17年，爆发了给新莽王朝带来了致命打击的赤眉、绿林农民大起义。公元23年，绿林军攻入长安，王莽在混乱中为商人杜吴所杀，刚刚建立了14年的新朝宣告灭亡。

那时，身为汉朝皇族的刘秀，与兄长刘縯也参加了反抗王莽统治的起义军，并且迅速成为起义军之中杰出的将领。然而，被拥戴为帝的绿林军首领刘玄对刘縯、刘秀兄弟的威名很是嫉恨，唯恐他们夺取了自己的权位，因而随便找了个借口将刘縯杀害。与刘縯锋芒毕露的性格不同，刘秀颇晓韬晦之术，素来持重谨慎，警惕性非常之高，他多次劝说哥哥刘縯应当提防刘玄的不轨之心，但刘縯却对此不以为意，致使终遭不测。刘縯死后，刘秀的生命也就难以保全，而他此时虽然拥有了一定的实力，但是还不足以与刘玄所领导的绿林军进行对抗，因而只有忍辱负重，屈身事仇，相机而动。所以，刘秀在闻知哥哥被杀之后，立即奔往宛城向刘玄请罪，诚恳地表示刘縯之死是自取其咎，自己心中对兄长的被杀绝无怨意，而必当一心一意地辅佐刘玄匡平天下。刘秀的这一番举动赢得了刘玄对他的信任，令刘玄消除了对他的加害之心。而后，刘秀赴河北作战，攻克邯郸，消灭了盘踞河北的王郎，从此有了自己的根据地，羽翼日加丰满起来。刘玄看到刘秀的势力越来越大，又开始担心起来，意欲招刘秀回到洛阳，削除他的兵权，而刘秀则以河北尚未平定为理由拒绝了刘玄的调遣。而就在刘秀大力扩充自身实力之际，赤眉军与绿林军却在进行激战，这使得刘秀大可以袖手旁观，坐收渔利。公元25年，刘玄被赤眉军所败，取消帝号，改封为长沙王，不久，又为赤眉军将领张昂缢杀。同年，刘秀在洛阳登基称帝，恢复了汉朝的统治，历史上称汉光武帝，刘秀所建立的汉朝被称为"东汉"。

刘秀称帝之后，又经过了大约10年的征战，重新平定了天下，实现了新的统一。汉光武帝在位期间，通过变革刑法、减免田赋、重用清正廉洁的官吏等一系列措施，扭转了西汉后期以来的弊政，使得汉朝重新繁荣起来，人口数量也一度恢复到接近西汉鼎盛时期的水平。然而，最终导致西汉灭亡和新朝颠覆的土地兼并问题并没有得到根本的解决，一旦国家安定下来，贵族豪强们就开始了新一轮的土地兼并运动，其规模之烈甚至超过了西汉。以土地兼并为基础，东汉形成了一批颇具经济实力的地方豪族，

陶院落　东汉
这个院落把住宅和防御设施结合了起来，是东汉时期豪强地主武装力量的一种真实反映。

描绘剪除董卓故事的年画——连环计
东汉末年的历史画卷波澜壮阔，为后人提供了无数文艺素材。

而这些豪族为了保卫自己的财产，普遍都养有家兵，形成了具有一定规模的地主武装力量，这就为东汉末年的国家分裂埋下了祸根。在东汉前期，由于中央政府的控制力还比较强，因而地方势力的发展受到了很大程度的制约，真正令地方势力摆脱中央政府掌控的事件是黄巾大起义。黄巾大起义的主体就是深受土地兼并之害的流民队伍。东汉晚期，针对越来越为严重的流民问题，政府也曾下达过严厉的法令进行管理和限制乃至打压，但是，当人民已经被剥削到一无所有的地步之时，还有什么值得畏惧的呢？当时的流民队伍中传颂着这样一首歌谣："发如韭，剪复生；头如鸡，割复鸣；吏不必可畏，小民从来不可轻！"战国时代的孟子曾说："民为贵，社稷次之，君为轻。"这首歌谣的道理与孟子的观点如出一辙，事实上，东汉王朝虽然最后荡平了黄巾起义，但是从黄巾起义开始，东汉王朝的统治就已经名存实亡了。当时东汉朝廷为了镇压黄巾起义，赋予了地方豪强以更高的权力，以让他们组织武装来平定农民起义军，由此，在黄巾起义失败的过程中，崛起了一批地方割据势力，东汉王朝的政治统束能力已经被严重地削弱了。

公元 188 年，黄巾起义尚未被完全平定之际，汉灵帝去世，其子刘辩即位，是为汉少帝。第二年，东汉长期以来一直存在的宦官与外戚两大势力之间的矛盾呈现出空前激化的状态，外戚何进，即汉少帝的舅舅，为了除掉朝廷中的宦官势力而招并州牧董卓率师进京，然而，在董卓入京之前，何进就为宦官设计杀害，随后，司隶校尉袁绍率兵大肆诛戮宦官，不论是否有罪，凡是宦官，一个不留，一时之间有两千多人死于屠刀之下。经过这场斗争，外戚与宦官两败俱伤，而最大的受益者则是董卓。董卓进京之后，自恃军力强大，很快地把控了朝政，甚至将汉少帝刘辩废掉，改立汉灵帝的另一个儿子刘协为帝，也就是东汉的最后一个皇帝汉献帝。汉献帝在位 31 年，但自始至终都是一个傀儡，从未掌有一天实权。

董卓不仅控制了朝政，而且为非作恶，他一方面收罗亲信，广树爪牙，一方面大力打击异己力量，不出多时，朝中反对董卓的人不是被逼出逃，就是惨遭杀害，从而使得东汉朝廷完全成为董家天下。然而，董卓的更为可恨之处还不在于打击政敌，而是对人民也极尽凶残之能事。当时洛阳作为东汉都城，相沿已达 160 余年，城中人民普遍较为富裕，董卓见此情形，便不禁流涎欲滴，放纵手下士兵进行所谓的"收牢"行动，实际上就是赤裸裸地抢劫，而且不仅仅是劫掠财物，与之同时，如狼似虎般的兵士，奸淫烧杀，几乎可以说是无恶不作，整个洛

水田附船陶器　汉
东汉末年，曹操占据北方，实行屯田，这样既能舒解军粮短缺的压力，又可操练军队，控制军纪。汉代规定，作战士兵每人以月供应粮物，粮物的进出都有严格的手续，曹操更是规范了这一程序，并且更为严密。此器即是军屯的士兵在水田中劳作的形象反映。

九品中正制

魏晋南北朝时期一种重要的官吏选拔制度，又名九品官人法。公元220年，曹丕废汉称帝前夕，采纳陈群建议设立九品官人法，在各郡县设中正，对人才进行评定，并分出九等，作为选拔官员的标准。即上上、上中、上下；中上、中中、中下；下上、下中、下下。九品中正制创立之初，评议人物的标准是家世、道德、才能三者并重，但由于中正权力被门阀士族所垄断，因而在实际执行过程中，才德标准逐渐被忽略，家世逐渐成为唯一的标准，到西晋时形成"上品无寒门，下品无士族"的局面，成为维护门阀统治的重要工具。隋唐以后，门阀制度衰落，隋文帝改革吏制，用分科考试的办法选拔官吏，九品中正制至此被废除。

阳城因此而暗无天日，人心惟危。董卓专权，以其种种滔天的恶迹而在中国历史舞台上演绎了最为阴惨的一幕。

董卓的这番肆无忌惮的倒行逆施，当然会引起普天之下的共同声讨，在他入京的第二年，各路诸侯就汇合成一支声势威赫的征讨董卓的联军，浩浩荡荡地向洛阳进发。为了躲避兵锋，董卓挟持皇帝迁移到长安。同时，在联军内部，各方将领勾心斗角，都想伺机为自身争夺到更多的利益，而并不将追击董卓作为首要的任务放在心上。董卓因此得以在长安过了两年舒心的日子。公元192年，司徒王允设计除掉了董卓。董卓被杀的消息一经传出，"士卒皆称万岁，百姓歌舞于道，长安中士女卖其珠玉衣装市酒肉相庆者，填满街肆"。而人们在欢欣鼓舞的同时，也将满腔的怒火喷射到董卓的尸体上，大家将火放在董卓尸体的脐上，而董卓因为身体肥胖，体内油脂很多，竟使火焰燃烧了很长的时间。

然而，东汉王朝的穷途之势却无法因为董卓一人之死而得以改变，很快，汉家天下就落入了另一个人的手中，此人就是曹操。曹操名义上保卫汉朝江山，实际上却是将汉献帝控制起来，自己代行朝政，以丞相之名而行皇帝之实。但是，曹操并未能掌控整个汉朝，因为与其同时还有着其他很多的割据势力。初期，曹操的主要对手是有"四世三公"之称的袁绍。"三公"是汉朝的最高官职，袁绍家中连续四代都有人高居"三公"之位，可见门庭之显赫。然而袁绍虽然实力强大，东汉十三州，他一人就独占三州，却因为个人性格与能力上的严重缺陷致使其一再执行错误的策略而最终在官渡之战中遭受了决定性的失败。

公元200年，曹操通过官渡之战击溃了袁绍的主力，其后又利用袁绍死后他的几个儿子间的纷争而将整个袁氏家族彻底逐出了历史舞台，从而统一了中国北方。公元208年，曹操发起了旨在统一中国的赤壁之战。在官渡之战中，曹操以少胜多，击败了袁绍；而在赤壁之战中，却是刘备和孙权联合起来，同样以少胜多，击败了曹操。赤壁之战中曹操的失败，意味着其统一中国图谋的破产，其后，曹操继续雄踞北方，刘备向西发展夺取了益州，而孙权则占据着扬州、荆州和交州，中国形成了三分之势。

公元220年，曹操病逝，同年，他的儿子曹丕逼迫汉献帝退位，改国号为"魏"，东汉由此正式宣告灭亡。随后，公元221年，刘备在成都称帝，以示继承汉朝大统，史称"蜀汉"，通常又习惯称为蜀国，从而避免与统一的西汉和东汉相混淆。不久之后，孙权在建业（今江苏南京）同样建号称帝，创立吴国。至此，魏、蜀、吴三国鼎立之势正式形成。

三国鼎立的局面持续了40多年，其间主要的军事斗争在于魏、蜀两国之间，蜀汉前期，丞相诸葛亮曾多次出师北伐，但终究由于种种原因——当然，其中最为根本的原因是蜀国地狭人少，与魏国的国力之雄厚不具可比性——诸葛亮多次北伐均未能成功。蜀汉后期，主管军务的姜维继承诸葛亮的遗志，多次兴师伐魏，但依然全都落于徒劳。公元263年，魏军攻蜀，一战告成，兵临成都之时，蜀汉皇帝刘禅不战而降，蜀国宣告灭亡。两年之后，早已掌握魏国大权的司马氏篡位称帝，改国号为"晋"。15年之后，即公元280年，晋国灭吴，中国再次实现了统一。

晋朝的统治和南北对峙

公元280年，中国重新统一，然而，与此前的几次统一大不相同，这一次的统一局面仅仅维持了30多年的时间。造成这种现象的基本原因是晋朝国策的偏差和晋武帝在继承人问题上所犯下的严重错误。晋朝的天下是从魏朝篡夺过来的，而魏朝的天下之所以能够被司马氏篡夺，在于皇族曹氏的羸弱，有感于此，晋朝的开国皇帝司马炎分封了很多宗室为王，从而想起到保卫司马氏皇权的作用。然而，这种分封对于晋朝的统治非但没有起到很好的保护作用，反而引起了司马氏家族内部激烈的残杀，这就是中国历史上有名的"八王之乱"。参加这场叛乱的主要人物是汝南王司马亮、楚王司马玮、赵王司马伦、齐王司马冏、长沙王司马乂、成都王司马颖、河间王司马颙和东海王司马越这八王，全部是晋朝的皇族。与"八王之乱"

持盾武士俑 西晋

类似，西汉景帝时期也出现过"七国之乱"，反叛者也全都是皇族。显然，这两场叛乱性质非常相似，但还是有着一个很大的不同，那就是，西汉的"七国之乱"，是七国联合起来反叛，而西晋的"八王之乱"却并非八王联合起来同时反叛中央政府，八王之叛是分别爆发的。如此来讲，西晋平叛"八王之乱"当比西汉平定"七国之乱"更为容易，可事实却是，"七国之乱"仅仅两三个月的时间就被迅速平定了，并没有对西汉的统治造成过大的影响，然而"八王之乱"却持续了16年之久，它给西晋王朝所带来的打击是致命的。之所以会有如此不同的结果，原因当然是比较复杂的，但其中非常关键的一点就是当时中央政府的领导人的素质有着天壤之别。"七国之乱"时的汉文帝是历史上少有的明君之一，汉武帝后来能够开创出那样辉煌的盛世，与其祖父汉文帝所奠定下的基业是密不可分的，而"八王之乱"时的晋惠帝，则是中国历史上出了名的低能皇帝，关于这一点，有一件流传甚广的、令人啼笑皆非的事情——有一年闹灾荒，饿死了很多人，大臣就向他报告说，百姓们日子过得非常凄惨，因为很多天都吃不到一粒米。晋惠帝听说了这种情况，说了一句非常出人意表的话："何不食肉糜？"意思是，如果说没有米吃，那为什么不去吃肉粥呢？堂堂一国之君，却连这种常识性的问题都不清楚，又怎么能够处理好"八王之乱"这样棘手的问题呢？可就是这样一个人，

宗族制度

魏晋南北朝时期的宗族组织是整个中国历史上最强盛的，从结构上看，分为皇室宗族、士族宗族、寒门宗族三种类型。皇室宗族拥有最大的政治经济特权，但是由于皇权的更替不断使他们的影响受到限制。寒门宗族由于缺乏政治权势，影响较小。而士族宗族拥有强盛的政治、经济、军事实力，处于社会的支配地位。在宗族制度的影响下，社会上呈现重门第轻才德、重宗族轻个人、重孝悌尚复仇的观念。

为什么晋武帝就偏偏选择他来继承君位呢？之所以如此，一半是中国传统的宗法秩序使然，另一半则还得归咎于晋武帝识人不明。司马衷是晋武帝司马炎的次子，按照宗法制度的继承原则，将来是轮不到他继位当皇帝的，假使如此，则可称晋朝之大幸，可是上天偏偏眷顾司马衷，或者说是有意嫁祸于晋朝，司马衷的哥哥，也就是晋武帝的长子，很早就夭折了，这样一来，依照传统的长幼之序，太子之位也就该由司马衷来充担了。俗话讲，知子莫如父，其实，晋武帝也确曾为司马衷的能力而担心过，因此不止一次地考验过司马衷。然而，司马衷本人虽然十分愚弱，可是他却有一个很能干的妻子，也就是后来的皇后贾南风。在贾南风以及一些太子僚属的帮助下，司马衷一次次地都顺利过关了。由此，晋武帝也就放心地将天下交给了司马衷。事实证明，晋武帝的这个决定是大错特错的，司马氏家族三代人辛辛苦苦开创的一份基业，就毁在了他这个错误的决定上。

公元290年，晋武帝司马炎驾崩，司马衷继位，史称晋惠帝。晋武帝也许没有想到，他的儿子刚一接班，晋朝就出了乱子，这乱子首先就出在那个能力很强的皇后贾南风身上。说起这贾南风，也是出身名门，她的父亲就是曾经为晋朝的开创立下了汗马功劳的贾充。当年，魏帝曹髦因不满于司马炎的父亲司马昭专权，决定铤而走险，率领皇宫的卫兵和仆人去擒杀司马昭。曹髦的这种做法，无异于以卵击石，他的一举一动早就完全掌控在司马昭的手中，想要凭着自己身边的几百个仆属就能够杀掉司马昭，绝对是异想天开的事情。当时，尽管魏国的大权已经牢牢地为司马昭所控制，但是他认为篡位称帝的时机还没有成熟，因而仍然让曹髦做个傀儡皇帝。虽说对于曹髦的不逊之举，司马昭大为不悦，可是他也并没打算就此杀掉曹髦，因为毕竟弑君的名声是不好听的。然而，担任中护军的贾充却指使自己的属下成济刺死了魏帝曹髦。结果，成济担当了弑君的替罪羊，被司马昭杀掉，而贾充却因此得到加封。晋武帝令贾充的女儿做太子妃，也是念及贾充对晋朝有功的一种政治笼络的行为。晋武帝司马炎不会意料到，贾充的这个女儿，其凶残程度比起她的父亲来是有过之而无不及，不过，贾充利用他的残忍为司马家族作出了很大的贡献，可是她的女儿却利用自己的狠毒给司马家族带来了极大的祸害。

骑俑　西晋
这件骑俑，装束轻便，适于行动，战马只带前护甲，是典型的轻骑兵形象。

士　族

魏、晋、南北朝时期泛指世代为大官高爵的家族，又称世族、高门，以严格区别于庶族。东汉以后逐渐形成，东晋及南朝时势力鼎盛。他们占有大量土地和劳动力，世世代代把持高官，不与庶族通婚、共坐、交往，享有政治、经济等各方面特权。南朝后期，庶族出身者虽逐渐掌管机要，但士族的社会影响直至唐初仍未衰落。

晋武帝临终时嘱托杨皇后的父亲，也就是司马衷的外祖父杨骏辅政，可是新任皇后贾南风为了让自己的家族掌权，就与楚王司马玮合谋，发动了禁卫军政变，杀掉了杨骏。不过，杨骏被杀之后，大权并没有为贾家所掌控，而是落到了汝南王司马亮和晋朝元老卫瓘的手中。贾后的野心没有得逞，岂能善罢甘休？于是，她又让楚王司马玮杀掉了汝南王司马亮，然后却反诬楚王矫诏擅杀大臣，将司马玮处死。由此，贾后就得以大权独揽。她马上废掉了不是自己所生的太子司马遹，继而又将司马遹杀害。但是，贾后的这种倒行逆施立即引起了晋朝皇族和朝廷大臣的普遍反对，不久之后，贾后就被赵王司马伦和齐王司马冏所杀。

事态发展到这里，有人以为，贾后一死，朝廷也就可以恢复安宁了。却不料，赵王司马伦也并非忠诚之辈，他控制了朝政之后，很快就自己登上了皇帝的宝座，而被废了的晋惠帝则被尊为"太上皇"，其实，这司马伦是晋惠帝司马衷的叔祖，侄孙竟然当起了叔祖的太上皇，说起来真是逗人一哂。

四系带盖双鸟盉　西晋

也许，换下了这个昏弱无能的皇帝对晋朝来讲是一件好事，但是，司马伦能力虽强，然而他这个皇位也不是名正言顺地得来的，在皇宫里，他的屁股还没有坐热，驻守许昌的齐王司马冏就起兵声讨，紧接着，镇守邺城的成都王司马颖与镇守关中的河间王司马颙也都举兵响应，而洛阳城中的禁军将领王舆也加入了讨伐司马伦的行列。众叛亲离之下，司马伦转瞬之间就落得个身死非命的可悲下场。

司马伦被杀之后，晋惠帝被迎立复位，而齐王司马冏则自任大司马，留京辅政。然而，司马冏的专权同样引起了他人的不满，河间王司马颙又从关中起兵征讨司马冏，洛阳城中的长沙王司马乂也举兵入宫。齐王司马冏旋即被杀，政权落入司马乂的手中。次年，河间王司马颙、成都王司马颖再又联合起兵讨伐司马乂。不过，这一次起兵不像往前那么顺利，因为司马乂已经吸取了前任的教训，做好了应付地方叛王的准备，所以，司马颙和司马颖的军队屡次被司马乂的大军所挫败。不过，司马乂在外面做好了防御，在城中却谋事不同，第二年正月，洛阳城里的东海王司马越与部分禁军合谋突袭司马乂，将其擒拿。然后，司马越又把司马乂交给了河间王司马颙的部将张方，而张方则残忍地将司马乂烧死。

此后，成都王司马颖自任丞相，并且以皇太弟的身份专政。不过，司马颖又吸取了司马乂的教训，没有留守洛阳，而是回到了他的大本营邺城，一时之间，邺城成为了晋朝的政治中心。

然而，司马颖并没有因此而能够逃脱厄运，他的专政依然遭到了他人的反对，东海王司马越立即率领禁军挟持着晋惠帝北上进攻邺城。但是，司马越的军队在荡阴（今河南汤阴）为司马颖所败，晋惠帝也被劫持到邺城。就在司马越与司马颖交战的同时，河间王司马颙又派张方率军占领了洛阳。紧接着，并州刺史司马腾与幽州刺史王浚又联兵攻打邺城。司马颖没有抵挡住这一次进攻，带着晋惠帝逃往长安，邺城失陷。这时，东海王司马越又起兵击败了河间王司马颙，随后，晋惠帝被迎回洛阳，而成都王司马颖与河间王司马颙相继被杀，晋朝大权落入司马越手中。不久，晋惠帝司马衷为司

西晋鎏金马鞍具复原图
河南安阳孝民屯晋墓出土。

马越所鸩杀（一说为病死），皇太弟司马炽继位，是为晋怀帝，而大权仍为司马越所掌控。至此，前后相延长达 16 年之久的"八王之乱"方才告一段落。

晋朝经此一乱，元气丧尽，而在"八王之乱"的同时，晋朝的流民问题也十分严重，各地农民的武装暴动此起彼伏，再有，北方的匈奴、鲜卑等部族也乘机兴兵伐晋。公元 316 年，匈奴人刘曜率军围困长安，晋愍帝出降，西晋宣告灭亡。

西晋灭亡之后，皇族司马氏迁至中国南方，以建康（今南京）为都城，继续维持着晋朝的统治，但是南迁之后的晋朝领土仅有半壁江山，史称东晋。东晋的统治时间是公元 317 年到 420 年，这一时期，北方绝大部分时间都处于列国割据纷争的状态，先后有十几个政权建立，历史上称之为"十六国"。在这 100 多年间，东晋曾数次北伐，但是统治者进取之心的不足和政权内部的激烈斗争使得北伐一次次前功尽弃，由此，晋朝始终未能再次统一全国。同时，北方因为政治不统一，也无力南征，中国就这样处于南北对峙的状态。当然，国家的统一是任何一个局部政权的强烈愿望，一旦具备实力，就必然会迈出统一的步伐。公元 4 世纪后期，氐族人所建立的前秦统一了中国北方，公元 383 年，前秦皇帝苻坚率领 87 万大军进攻东晋，但是因为部署不当，却被人数远远少于秦军的晋军打得惨败而还，这就是著名的淝水之战。淝水之战挫败了前秦统一中国的图谋，而苻坚退还之后，也无力再掌控北方，北部中国又陷入分裂和乱战之中。

公元 439 年，鲜卑族所建立的魏国再次统一了北方，史称北魏。公元 534 年，北魏分裂成东魏和西魏，不久之后，东魏和西魏分别为北齐和北周所取代，公元 577 年，北周灭掉北齐，再次统一北方。而这一时期的南方，继东晋之后，从公元 420 年到 589 年，先后经历了宋、齐、梁、陈这 4 个朝代。西晋之后，北方虽然经历了几度的分裂和统一，南方的王朝也数次更迭，但是这270 多年间，中国南北对峙的大格局一直没有发生变化。

印度孔雀王朝

印度河流域文明消亡 1000 多年后，在印度次大陆上又出现了一个新的辉煌的帝国。它就是众所周知的孔雀帝国，名称来源于其统治家族。在公元前 322 年至公元前 185 年间，孔雀帝国的皇帝们给饱经战争之苦的印度带来了和平与佛教，并第一次统一了

宗教

世界上两大宗教——印度教与佛教——都来自于印度。印度教可以追溯到约 4000 年前。阿育王引入了佛教。到孔雀王朝末期，它是北部印度流传最广泛的宗教。阿育王也派出佛教僧侣到邻国如缅甸，以传播佛教。

← 圆柱

阿育王的圆柱顶部经常装饰一个或几个狮子。用当地文字刻在柱子上的箴言劝告人们要避免暴力、吃素以及尊重别人的信仰。它们也让每一个人记住阿育王是如何通过修建道路、养老院以及井来帮助普通人的。

← 佛像

佛教的创始人是乔答摩·悉达多，是一个印度王子，约出生于公元前 563 年。

↑《罗摩衍那》微雕

一个印度微雕展示了印度最伟大史诗之一——《罗摩衍那》中的一个场景。

圣河

尽管孔雀王朝时期，恒河边没有庙宇，但是对印度教来讲，恒河是神圣的，人们相信在水中洗浴可以洗去罪恶。

浮屠

孔雀帝国的君主们修建了被称为浮屠的佛教神殿，从外面看像是巨大圆形的丘。阿育王修建了许多浮屠。

这一广阔的地区。

　　印度次大陆地区有着各种各样的人，他们说不同的语言、有着不同的信仰与习俗。到公元前6世纪，单是在印度北部就有16个不同的邦国，绝大多数是在恒河流域边以泥砖城市为中心的邦国。恒河流域的各个城市之间为了肥沃的土地相互征战不断。在公元前4世纪，西北部的一个王国摩揭陀兴起，并打败邻国。它的领导者是一个贵族武士，名叫旃陀罗笈多。

　　旃陀罗笈多驱赶了希腊入侵者，建立的帝国包括从兴都库什到孟加拉整个北部印度。他的儿子继续了扩张，但是直到他的孙子阿育王统治期间，孔雀王朝才达到其最辉煌的时代。

　　阿育王开始了更远的扩张，包括征服卡林迦王国，但是他

印度贵族武士

公元前261年，阿育王征服了卡林迦王国，成千上万的人被杀。战争的残酷永远地改变了阿育王的思想。

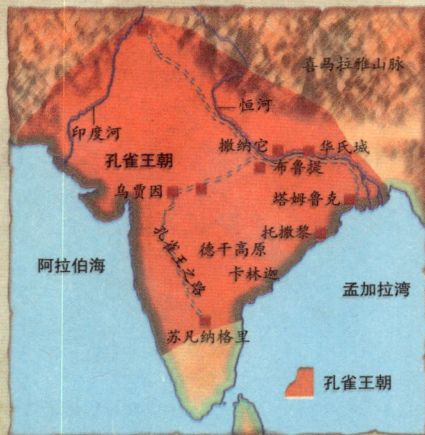

←孔雀帝国

　　这幅地图显示阿育王时期的孔雀帝国。他的祖父旃陀罗笈多控制了北部印度的大部分地区，并在巴基斯坦和阿富汗进行征服活动。旃陀罗笈多之子宾头沙罗征服了印度中部与南部的大部分地区。

大事记

　　*公元前327～前325年，亚历山大征服了印度河流域与旁遮普。

　　*公元前322年，旃陀罗笈多征服旁遮普，建立了孔雀帝国。

　　*公元前303年，旃陀罗笈多征服印度河流域以及阿富汗的一部分。

　　*公元前301年，旃陀罗笈多之子宾头沙罗登上王位，并扩张孔雀帝国。

　　*公元前269～前232年，阿育王统治时期。佛教成为国教，孔雀帝国开始繁荣。

　　*公元前184年，孔雀帝国的最后一个皇帝被杀。

被战争的残酷震惊了。他决定成为一名佛教徒，并希望其他人也追随他，信仰和平。

阿育王派出使者，命令把他的信仰消息让全帝国都知晓。佛教的书籍与名言都被刻在柱子，特别是光滑的悬崖壁上。它们说明他的信仰：每个人都对其他人的幸福有责任。它们也劝导人们要宽容其他信仰，并避免暴力。

阿育王修建医院并颁布新的法律，建造了道路网，连接整个帝国的城镇。耕种取得进展，贸易扩张了。孔雀帝国给印度的许多地区带来了和平与繁荣。然而，这需要阿育王的领导才会保持，当他死后，帝国迅速分崩离析。

古典希腊

欧洲人统治国家的方式、读的书、看的戏剧，甚至许多运动都有着古典希腊文明的渊源，古典希腊文明在约公元前2500年繁荣。希腊人没有大的帝国，文明包括几个独立的城邦国家。但是他们的艺术、科学、哲学以及生活方式都对后人的生活有着重要的影响。

希腊是一个山地国家。早期希腊人居住在海岸附近或是山脉之间的肥沃平原。逐渐地，这些早期的居住地成为了城邦。希腊人是优秀的航海者与造船者，当他们航行到意大利以及东地中海与他们的邻居进行贸易时，他们的文明开始逐渐繁荣。他们也在这些地区以及爱琴海沿岸地区建立殖民地。

随着财富的增长，希腊人修建了繁华的城市，最大最富有的是雅典，成为希腊文明的中心。雅典的居民非常喜欢休闲，希腊的戏剧家如索福克勒斯写出了西方剧院内最好的戏剧。他们的音乐家创作出优美的音乐，建筑师们建造出精美的建筑与庙宇。同时希腊人也开始了奥林匹克运动。

帕特农神庙

雅典的守护神——女神雅典娜的黄铜雕像

→ 神圣的卫城
　　一座小山俯视着雅典城，这就是卫城。它是城市宗教中心，有神圣的祭祀神灵的庙宇。每四年在此举行一次盛大的宗教节日。

↑ 雅典娜
　　雅典娜是雅典的保护神，同时也是智慧女神。雅典人十分尊崇她。

行进的队伍穿过通廊的入口处进入其中

在整个古代世界，希腊的教育也是闻名的。哲学家——或者说思想家——来到雅典讨论从爱的性质到如何治理国家的所有问题。雅典人发展出一种新的统治方式，人民对统治者有发言权。他们把这叫做民主，或者说由人民统治。虽然事实上并不是每一个人都有权投票，但是这确实是现代民主政府的先驱。

雅典存在了好几个世纪，一直到罗马人开始征服地中海世界。这期间雅典与希腊另一个城邦斯巴达进行的战争也削弱了雅典。在公元前404年，斯巴达打败了雅典。

希腊城市的中心是市场。市场是一个中心广场，周围是城市的主要公共建筑——庙宇、法庭、商店与市政大厅。人们来到市场买东西、会见朋友、聆听学者演说或者只是说说闲话。城市市政会议也在市场内举行。

市场的旁边是私人的房屋。房屋被安排在庭院的周围，它有外伸的屋顶以及小的窗户，用以遮挡烈日和冬日的寒冷，家庭生活的大部分在这里进行。

在古代希腊，男女的地位是不平等的。妇女没有投票权，在私人财物和金钱方面的权利也很少。绝大多数妇女的任务就是结婚并养育子女。男性享有很大的自由。在绝大多数的希腊房屋中，有一个房间是古希腊男子专用的房间。

男孩与女孩也是区别对待。在城市里，男孩从 7 ~ 12 岁上学。他们学习阅读、写作、音乐、诗歌以及摔跤之类的体育运动。绝大多数的女孩与母亲一起待在家里，学习针线、洗衣做饭，这样的话以后才可以料理家务。

维纳斯

阿芙罗狄忒美丽的雕像就是人们熟知的维纳斯。它显示了古希腊人对于理想身材的观念。

帕特农神庙

帕特农神庙修建于公元前 432 年，是雅典卫城最大的庙宇。柱子是大理石的，其漂亮的中楣描绘的是祭拜雅典娜时的游行场面。

娱乐

古代希腊人喜欢音乐和艺术，并经常到剧院观赏。体育运动也是重要的，并具有宗教色彩。第一届古代奥运会在公元前 776 年举行，是为了纪念宙斯，像现在一样，也是每 4 年举行 1 次。

← 运动员

这是一个希腊掷铁饼者。奥运会只有男人可以参加，女人甚至不允许观看比赛。不过她们有自己的运动会，是为了纪念女神赫拉。

演员们戴的面具。左边的是演喜剧的，右边的是演悲剧的。

↑ 圆形剧场

希腊的剧场是大的露天的，有成排的石头座位。这里定期举行戏剧节目，是阿里斯托芬、索福克勒斯以及欧里庇得斯等戏剧家竞争最优秀戏剧家的荣誉之地。

　　而在特殊的城市斯巴达，生活是不同的。从孩子的幼年起，他们就被要求学习战争中保护自己的技巧以及在军队中生活。所有的男人都得服军役，女孩也得被训练适应艰苦的野外生活。

　　当希腊人去世后，人们相信死者会到阴间。希腊人认为阴间是一个黑暗的地下世界，周围是冥河。他们埋葬死人时会随葬硬币，用来打点冥府渡神，他将用船把死者摆渡过冥河，到另外一个世界。

宙斯
希腊人崇拜多神。宙斯是地位最高的神，他生活在希腊最高的山——奥林匹斯山上。

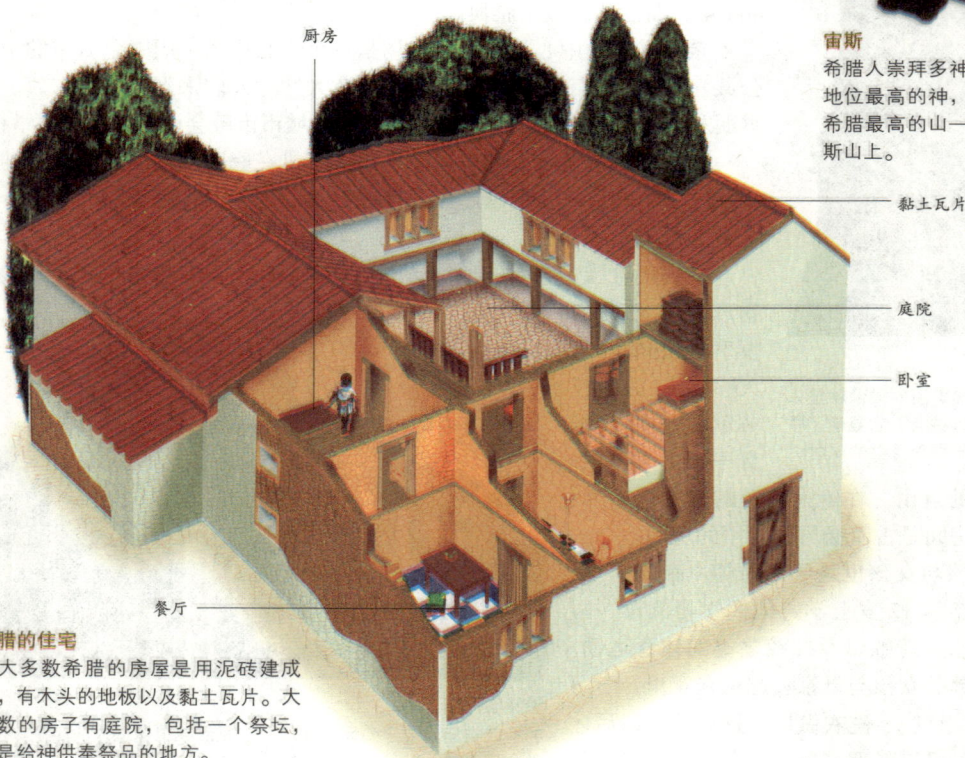

黏土瓦片

庭院

卧室

厨房

餐厅

希腊的住宅
绝大多数希腊的房屋是用泥砖建成的，有木头的地板以及黏土瓦片。大多数的房子有庭院，包括一个祭坛，这是给神供奉祭品的地方。

古代希腊
　　希腊文明从伯罗奔尼撒半岛开始扩张，在意大利南部、西西里、爱琴海以及黑海的海岸建立殖民地。

希腊大理石雕刻
　　这些希腊大理石雕刻由埃尔金勋爵在1815年从希腊运到英国。现在保存在不列颠博物馆内。

马其顿王国
意大利
塞萨利
爱琴海
阿提卡
埃雷特里亚
爱奥尼亚海
士麦那
科林斯
雅典
西西里岛
斯巴达
米利都
地中海
林多斯
克里特岛

希腊化时期

硬币
这块硬币上画的是亚历山大大帝（公元前356～前323年）的头像，他头上有埃及一个神的角。他的征服活动使他获得了传奇的地位。

公元前336年，一个叫亚历山大的年轻人成为希腊北部马其顿王国的统治者。在不长的岁月里，他与他训练有素的军队建立了古代世界最大的帝国之一。他们横扫小亚细亚，并到达地中海东部海岸征服了腓尼基以及现在的巴勒斯坦。然后他们又到达埃及，在这里，亚历山大被尊崇为太阳神之子。从这里出发，亚历山大与他的军队又向北征服波斯，此外还到达印度边境的印度河流域。之后亚历山大准备远征阿拉伯半岛，但是由于一次瘟疫，他在33岁时死去。

亚历山大是有史以来最伟大的军事统帅和最强有力的统治者之一。他受过良好的教育，他的老师就是希腊哲学家亚里士多德。同时他也是一个善战的骑兵，拥有无穷的精力。在征服波斯以后，他准备继续进军印度，但是他的军队太疲劳了。

到他去世的时候，亚历山大已经走过了3.2万千米伟大的征服历程。他每到一个地方，都带去了希腊的文化和生活方式，于是希腊文化传播到很广的地区。他修建城市，常以他的名字命名，并留下工人继续修建古典建筑，如庙宇、剧院、房屋，所有的都是按照希腊的风格建造的。在约300年内，希腊风格流行于整个西亚，历史学家们把这段时期称为希腊化时期。

亚历山大死后，他巨大的帝国并没有延续下来，他的军事将领们瓜分了帝

伊苏斯战役
在公元前333年的伊苏斯战役中，亚历山大率领着一支小股部队打败了人数众多的大流士三世率领的波斯军队。这是一个辉煌的胜利，为亚历山大打开了通向叙利亚与埃及的大门。

亚历山大
当马其顿的腓力二世被暗杀后，亚历山大得到了希腊最强大的王国。腓力二世去世前正准备进攻波斯，亚历山大继承了他的遗志。

← 布西法尔
亚历山大大非常喜欢一匹名叫布西法尔的战马。传说这匹战马非常有野性，只听从亚历山大的命令。

↓ 亚历山大城
卡伊土贝伊城堡在现在的埃及亚历山大市。公元前332年，亚历山大建造了这座城市。他也建造了其他的城市，许多是以他的名字命名的。

↑ 特尔斐的圣谕宣示所
希腊人经常请教圣谕，在重大事件前祈求神灵的启示。腓力二世与亚历山大就经常请示神灵意见。最著名的是特尔斐的神谕宣示所。

国。托勒密——著名的克里奥帕特拉女王的祖先——统治埃及；安提可留斯取得希腊语土耳其的大部分；塞琉古——波斯塞琉古王朝的奠基者——控制了从土耳其到印度的广大地区。只有以亚历山大命名的城市还能使人们想起这位马其顿伟大的统治者。

罗马的兴起

公元前 500 年的时候，罗马还是一个生存在其他拉丁部落、文明程度更高的伊特鲁里亚人以及希腊城邦夹缝之间的弱小的共和国。但是在之后的 250 年里，它通过征服、殖民和联合的手段成功地统治了意大利。随着对迦太基的胜利，它成为地中海世界主要的大国。尽管罗马的海外领土在增长，但是国内的动荡却给它带来了专政和内战，共和政体也被帝国统治所替代。

在神话中，埃涅阿斯被认为是罗马人的先祖，埃涅阿斯是希腊神话中著名的特洛伊城的一位王子。事实上，罗马人的祖先来自阿尔卑斯山以北，他们所说的语言后来发展成为拉丁语。罗马人的祖先大约在公元前 1000 年来到意大利中部，在俯瞰台伯河的山丘之上建立了一些村落。到公元前 8 世纪的时候，这些定居点逐渐发展成为罗马城。

早期的罗马由国王统治，包括 3 个伊特鲁里亚人的王朝。罗马在公元前 509 年驱逐了最后一位伊特鲁里亚统治者，宣布成立共和国。从那时起，罗马由两位民选的执政官和贵族组成的元老院共同治理。普通人或平民后来也成立了他们自己的大会，并选出保民官，来维护他们的利益。

新的共和国通过军事和外交手段，将其权力强加于其他意大利国家之上。罗马将被征服者纳入自己的同盟之中，并给予他们一些权利，有时也包括罗马公民权。反过来，同盟者要向罗马纳税并提供兵役。罗马也通过建立殖民地，并用发达的道路网将之联系在一起，加强了对意大利的控制。

与意大利南部希腊城市的结盟，使罗马与北非沿海的商业城市迦太基发生冲突。在三次布匿（布匿源自拉丁语 Punicus，即"腓尼基人"之意，腓尼基人是迦太基城的建立者）战争中，罗马首先取得了海上霸权，然后抵抗住了迦太基大将汉尼拔的进攻，最后在公元前 146 年彻底摧毁了迦太基。

对迦太基的胜利为罗马征服更多的领地开辟了道路。希腊、小亚、叙利亚、巴勒斯坦和高卢相继被征服。然而在国内，罗马的共和政体日益衰落。贵族利用他们的财富获得了大量地产，他们驱使奴隶为之劳动。无地的农民涌入

罗马军团

罗马的由公民组成的纪律严明的军团是它早期成功的关键因素。所有拥有财产的、年龄在 17 ~ 46 岁之间的公民都应加入军队。每 4200 名左右的士兵组成一个军团，每个军团在战斗中被排为 3 列。手持长矛和利剑的年轻士兵组成第一列，在他们身后是年龄稍长的、配备有更好的武器与盔甲的士兵，最后一列是具有作战经验的老战士。负担不起贵重武器的穷困士兵在战场上起到散兵的作用。但是，这些被迫服役的军队被认为是难以管理的，从公元前 104 年起，常备军成为罗马主要军事力量。

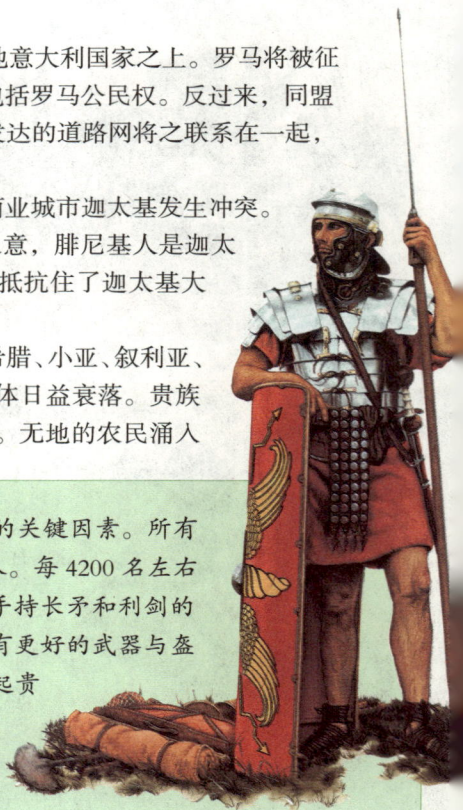

城市或加入军队，军队则为一系列军事独裁者的出现创造了基础，如苏拉、庞培、恺撒等。

公元前44年，恺撒被嫉恨他的贵族谋害，一场内战在他的养子屋大维和另一当权者安东尼之间展开。安东尼在阿克兴海战的失利使屋大维成为罗马唯一的统治者。屋大维的新称号"奥古斯都"将在以后5个世纪里被罗马皇帝所采用。

罗马帝国

恺撒的养子屋大维在恺撒死后的内战中崛起。公元前31年，他击败了所有的对手，以实际上的独裁者身份统治着罗马。当接受了"奥古斯都"（至尊至圣之人）的称号后，他成为罗马帝国的第一位皇帝，罗马延续了近500年的共和体制就此结束。

在罗马诸位皇帝的统治下，罗马继续扩张的势头。到公元2世纪开始的时候，帝国的疆域北至英格兰，南到埃及，西迄西班牙，东达叙利亚。在此之前，从来没有这么多的民族生活在一个政府的统治之下。在罗马帝国的鼎盛时期，皇帝能够统治着这个相对和平与繁荣的国家。随着罗马公民权逐渐扩展到帝国的所有省份，民族之间的差异也得到减弱。

当奥古斯都成为罗马的第一位皇帝时，他假装要恢复罗马的共和体制，但实际上却将所有大权集于一身。他是军队的最高统帅，此时的军队还包括一支新建的皇帝私人卫队禁卫军。

奥古斯都打击腐败，建立了市政服务部门，重建了罗马城。但是在他死后，制度的成功与否依赖于皇帝个人品质好坏的弱点暴露无疑。在以后的50年里，罗马由两位皇帝统治。一位是卡利古拉，他曾任命自己的爱马为执政官；另一位是尼禄，他谋害了自己的母亲和两个妻子。

尽管帝国的一些统治者有着这样那样的缺陷，帝国还是得到了发展。一个原因在于奥古斯都创建的管理体制的有效性。帝国的主要支柱是军队，它是那个时代最有效的作战机器，由受过高度训练的职业士兵组成，他们很少在那些组织涣散的对手面前失败。罗马军团于公元43年征服不列颠，公元106年征服达西亚（现在的罗马尼亚），公元117年征服亚美尼亚和帕提亚。随军事胜利而来的是大量税收和贡品涌入罗马。皇帝将其中的一部分财富用于建造大型公共建筑。他们也用财富获得公民的支持，如分发免费的谷物，举办奢侈的角斗比赛。

罗马通过征服获得大量财富，它的许多行省也在帝国统治的早期得到繁荣。作为纳税的回报，罗马公民受到世界上最强大的军事力量的保护。在那些城市历史悠久的地区，商人们建立了巨大的市场，用于出口商品。

罗马驿道

"他们在全国境内都修筑了道路，"希腊地理学家在公元1世纪时写道，"他们夷平小山，填满沟壑，使重型马车能够畅行无阻。"筑路是罗马人伟大的成就之一，良好的道路能够使他们的军团日行超过50公里。路基由沙土、砾石铺成，上面覆以砖块（右图）。道路的表面有一定的弧度，可以让雨水沿着两边的沟槽排出。

即便在帝国的边远地区，罗马人也从城市生活中受益匪浅。许多行省的大城市都建有罗马风格的公共建筑，如露天的圆形剧场、法庭和公共澡堂等。

罗马帝国的衰落

公元 476 年，一位名叫奥多亚克的日耳曼将军推翻了西部帝国最后一位皇帝，结束了罗马帝国将近 500 年的历史。帝国的灭亡不是突然的和出乎人们意料的。随着罗马军队力量的日渐衰落以及边境线上不断增大的压力，帝国所面临的危险也在不断加大。

罗马人在几个世纪以前就已经与居住在帝国北部边境之外的日耳曼部落有着商业往来。然而到公元 3 世纪的时候，双方之间的关系开始恶化。由于垂涎帝国财富，日耳曼人不断跨越边界侵入帝国。而在帝国的东部边界，罗马人同样受到萨珊波斯统治者的军事威胁。

罗马人将那些生活在他们边界之外的、和他们不属于同一文化的部落称为"蛮族"。右图这个日耳曼武士像雕刻在公元 7 世纪的一个墓碑上。

在经过一个半世纪的稳定后，罗马的皇帝们发觉现在他们处于不断的战争之中。每个皇帝都希望他们的统治能够得到军队的支持，但军队却总是在战争中不断退却。公元 235 ~ 284 年，共有 26 位皇帝在位，平均每个人的统治时间不足两年，除了一位皇帝之外，其他人都死于非命。供养军队和保卫边境的费用最终导致了财政的崩溃。

公元 284 年，戴克里先成为皇帝。他认为帝国面积过于庞大，不适于一个人进行统治，因而将帝国分为东西两部分，每部分由两位副帝共治。他还将军队的人数扩大了一倍。然而，这些措施带来的结果却是税收的增长，农民被迫离开土地。于是，饥荒频仍，人口下降，帝国西部尤其如此。人力的不足使罗马人开始在军队中招募日耳曼雇佣军。

公元 4 世纪晚期，中亚的匈奴人突然蜂拥而至。他们蹂躏了黑海西部的土地，建立了一个匈奴人的王国。他们对当地的袭击是致命的，在日耳曼部落里引起了广泛的恐慌。日耳曼人为了寻求安全，纷纷涌入帝国境内。罗马人无力阻止入侵者的浪潮，在随后的一个世纪里，日耳曼人在高卢、西班牙、北非和意大利开疆辟土，建立自己的国家。到公元 500 年时，西罗马帝国的权威消失殆尽，而东罗马帝国以拜占庭之名又存在了 1000 年之久。

↑公元 3 世纪晚期，戴克里先皇帝曾做出大胆但却是短暂的尝试以挽救罗马帝国的颓势。这座戴克里先的半身像来自小亚细亚的尼可米底亚，戴克里先曾在这里建立他的指挥中心。

匈奴人

匈奴人在公元 4 ~ 5 世纪时突然从中亚涌入欧洲，他们是历史上最让人感到恐怖的民族之一。匈奴人的著名领袖是阿提拉，以"上帝之鞭"著称。在他的率领下，匈奴人横扫巴尔干半岛，在三次战役中连续击败狄奥多西二世，威胁到君士坦丁堡城下。公元 451 年，匈奴人入侵高卢，但在沙隆战役中被罗马和西哥特联军击败，阿提拉被迫撤回匈牙利。随后，他又率军进犯意大利，但在公元 453 年死去。没有了他的领导，匈奴帝国很快就四分五裂了。

北美的文明

北美早期的文明因为他们的坟墓土墩而著名，一些遗迹一直保存到现在。这些巨大的结构包括成千吨的泥土，需要许多人几个月或者成年地劳动来修建它们。北美文明最著名的是居住在俄亥俄河谷的和普维尔人，以及密西西比河地区土墩的修建者。

和普维尔土墩成群地聚在一起。在和普维尔本地，38个土墩形成 0.45 平方千米的综合体，绝大多数是圆形或者长方形。它们包括几具尸体以及和普维尔人在墓穴的尸体旁边放置的包括工具，珠子、项链等装饰品的供品与财物。

一些墓穴是用从远方运来的原材料修建的，因为和普维尔人进行远距离的贸易。他们输入佛罗里达的海贝、落

和普维尔人的墓穴

这是巨大蛇形土墩内部的典型情况。当一个人死后，人们通常在一个神圣的围栏内火化尸体。火化后，他们在上面修建一座土墩。以后，其他的人有时候也会被埋葬在这座土墩内。

巨大的蛇形土墩

在俄亥俄，长 382 米的土墩呈蛇形。它的腭张开，像正在吞咽一个鸡蛋，但是实际上那是一个椭圆形的墓穴土墩。蛇可能是神或是和普维尔人祖先的象征。

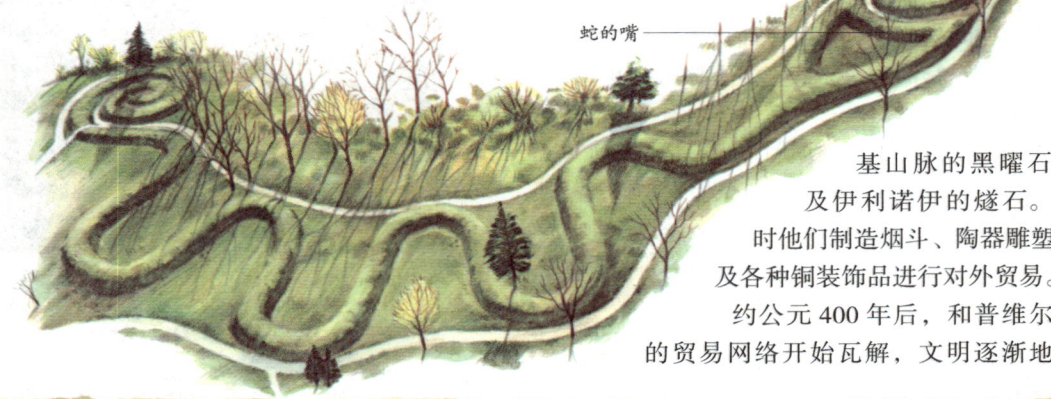

鸡蛋形土墩

蛇的嘴

基山脉的黑曜石以及伊利诺伊的燧石。同时他们制造烟斗、陶器雕塑以及各种铜装饰品进行对外贸易。

约公元 400 年后，和普维尔人的贸易网络开始瓦解，文明逐渐地衰

庄稼

早期北美文明最重要的庄稼是玉米。它与豆和南瓜一起，从墨西哥来到北美。早期的北美文明依靠的是农业，这使得他们修建了更多的永久定居地。

← 石烟斗

公元前 100 年，土著的美洲人可能使用这种雕刻的石烟斗来吸烟。在俄亥俄，考古学家发现了这种烟斗。

↓ 房子

房子由木头柱子支撑，上面盖着茅草，这为生活在北美东南部河谷的早期土著美洲人提供了房屋。

↑ 面具

从西北太平洋海岸来的土著美洲人夸丘特尔人雕刻这种精美的面具。与在俄亥俄居住的人不同，他们主要以捕鱼为生。

落。没有人知道原因。可能是由于人口太多引起食物短缺，而气候开始变得寒冷，也减少了食物供应。

但这时候，在密西西比河地区生活着另一群修建土墩的人们。他们修建了大的城市——卡霍基亚，在卡霍基亚大约有3万人居住。这座城市建在肥沃的冲积平原上，由木头与草屋组成，在中心地区有超过100座的土墩。最大的是芒克斯土墩，它有30米高，顶部是一个用草木混合材料修建的庙宇。卡霍基亚可能是当地首领的宗族所在地，其最盛期持续了约200年，即1050~1250年。

安第斯文明

在南美安第斯山脉地区，行走、建筑以及耕种都比较困难，好像是不适宜定居的地区。但是在公元前12世纪，一群人开始在这些贫瘠的地区修建城市与宗教建筑。我们知道这些人是查文人，他们因主要聚居地在查文·德·万塔尔地区而得名。在他们最繁荣的时期，他们的定居地沿着海岸平原延伸很远。

在莫斯纳河的查文地区，他们修建了大型的带有曲折走廊与房间的庙宇综合性建筑。在这里，他们珍藏他们信奉神的画像，这些神通常是人类与动物——如美洲虎、鹰与蛇——的结合体。考古学家们认为人们来到庙宇是为了向神询问未来的事情，而在密室内的巫师则通过摇由贝壳做成的喇叭进行回答。

查文人强盛了约500年，不久几个本地的文化侵入这一地区。华里人占领了查文人大部分领土，于是一个崇拜太阳的文明在玻利维亚的蒂亚瓦纳科地区兴起。

太阳门

太阳门屹立在玻利维亚的的喀喀湖附近的蒂亚瓦纳科庙宇的入口。它是由一整块巨石雕刻而成的。

←北美

和普维尔人生活的主要区域是俄亥俄与伊利诺伊。密西西比人来自于密苏里河与密西西比河的结合部。但是这两群人的影响扩展到更远。考古学家们发现他们的货物遍布北美东部各地，从南部的佛罗里达到北部的加拿大。

大事记

* 公元前200年，和普维尔文明开始。

* 公元400年，和普维尔文明衰落。

* 公元400~800年，玉米种植扩展到北美的东南部。

* 公元900年，密西西比文明兴起。

* 1050~1250年，密西西比文明的主要中心是卡霍基亚。

* 1250年，权力中心转移到阿拉巴马中西部的芒德维尔地区。

玛雅文明

当 19 世纪，考古学家在墨西哥偶然发现高大的、用石头建成的金字塔形状的庙宇与大广场时，他们惊呆了。这些建筑属于古代墨西哥人的玛雅文明。玛雅人建造了令人惊奇的城市，他们是学者，发明了自己的书写体系，并精通数学与天文学。但是他们也是一群好战的人，城市之间相互进攻，把罪犯和战俘当做祭品祭祀神灵。

玛雅人于公元前 2000 年就生活在墨西哥，但是他们的城市在很久后才变得强盛。公元 300 年后，是历史学家们所称的玛雅文明的古典时期，他们发展出有效的农耕技术，生产玉米、南瓜、豆以及根茎蔬

雨神
雨神是众多玛雅神中极其重要的一个，被称为"察"。

战士
奇琴伊察人有一支威震尤卡坦半岛的军队。战争中的战俘常被用作祭祀品供奉神灵。

玛雅城市
玛雅城市的中心是高耸的金字塔形状的庙宇。在庙宇建筑群内包含了特别的庭院，用以进行玛雅人喜爱的游戏。

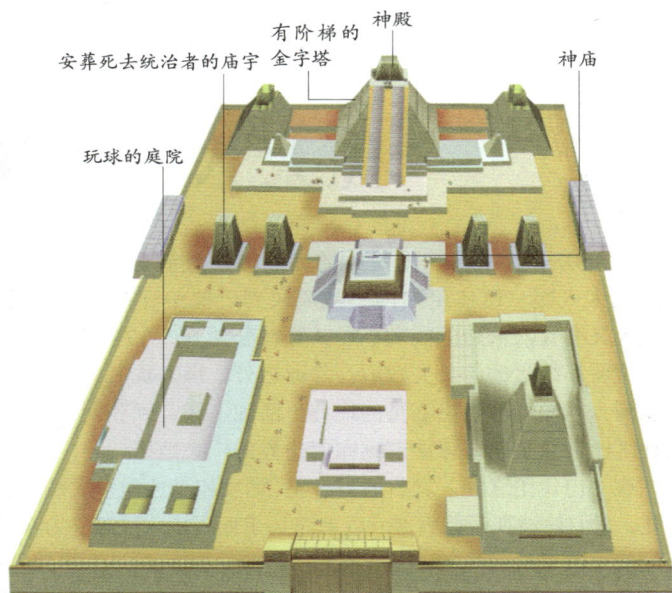

安葬死去统治者的庙宇　有阶梯的金字塔　神殿　神庙

玩球的庭院

手工艺与技术
　　玛雅人是熟练的手工艺者。他们制造出精美的陶器、石头浮雕以及翡翠装饰。他们使用锋利的燧石进行石刻。一些燧石装饰十分精美，并被作为敬神的供品。

← 玛雅战士
　　玛雅战士戴着与众不同的头盔，手持木制的矛。玛雅人用植物纤维如棉纺织衣服，并使用植物制造颜色各异的染料。

↓ 手卷
　　玛雅人发展了一系列用来写字的图案，称为象形文字。他们把这些文字雕刻在石板上，并写在用纸、布或者动物皮制成的手卷上。他们是最先发展出象形文字的美洲人。

↑ 历法石刻
　　玛雅人精通天文与数学，发明了历法。一种是像我们现在的日历，一年 365 天；另一种是一年 200 天，用于宗教仪式。

泰可城
泰可城是玛雅文明中最大的一个城市。它的遗迹在现在危地马拉北部的热带雨林中。

菜以供养不断增长的城市人口。

古典时期，一些玛雅城市已经很大了，可容纳约5万人。他们居住在泥砖房屋中，绝大多数的房屋只有一到两个房间，家具很少，只有薄薄的芦苇垫子以供人们坐，还有厚一点的芦苇床垫。

玛雅主要的城市包括帕伦克、哥邦、泰可以及奇琴伊察。每座城市的中心地区都有金字塔形状的庙宇建筑群。玛雅人不断地重修这些金字塔形状的庙宇，添加更多的土和石头，来使得它们变得更大更高。

玛雅文明延续了几百年的时间，但是由于内战不断，消耗掉了他们的财富与力量。奇琴伊察约在1200年衰落，到16世纪，当西班牙人征服墨西哥时，只有一些小的玛雅城市还存在。

犹太人的大流散

一些历史学家将犹太民族的大流散追溯到公元前586年，这一年，许多犹太人因"巴比伦之囚"被流放到巴比伦。在接下来的1000年里，犹太人又有几次被迫的流散，尤其是在公元66~73年以及132~135年间反抗罗马统治的起义失败后。除此之外，许多犹太人选择自愿离开他们的家园，以便能够到更富裕的地方生活和工作。到公元500年的时候，犹太社区已遍及从西班牙南部到印度边界的广大地区。

在"巴比伦之囚"之后的岁月里，犹太和以色列多次被外国势力控制。首先，它们被波斯帝国吞并，后来屈从于亚历山大大帝，为希腊人所控制。公元前2世纪时，马加比领导犹太人起义，建立起一个半独立的国家。但是在公元前63年的时候，哈斯摩尼王朝的犹太人被迫接受了罗马人的统

罗马人在公元70年征服耶路撒冷后所夺取的宝物之一就是七枝金制大烛台，这座烛台曾为这个城市的神庙增光不少。在以后的岁月里，七枝烛台成为犹太人文化认同的永久象征。

← 玛雅文明
玛雅人来自于尤卡坦半岛——它是从墨西哥东海岸伸出的大的半岛。在这里以及南部的部分地区——就是现在危地马拉与洪都拉斯的部分地区，玛雅人修建了许多城市。

大事记
* 公元前300~300年，修建了许多玛雅城市。
* 公元300~800年，玛雅文明繁荣的古典时期。
* 公元900年，绝大多数的玛雅城市衰落。
* 公元900~1200年，尤卡坦半岛北部的城市在从图拉来的好战的托尔特克人的统治下繁荣。

治，犹太人之地遂成为罗马的犹太行省。

由于犹太人的国家太小而不能容下大量人口，许多犹太人前往埃及亚历山大城之类的城市，以寻求更好的生活。犹太会堂和犹太律法将流散的犹太人凝聚在一起，犹太人通常生活在他们所居住城市的一个独立的区域。一般来说，犹太人有选择他们的法律和宗教的自由，但是在希腊化时代（公元前332～前30年），他们也被鼓励接受希腊人的生活方式。

犹太历史上的罗马时代开始于公元前63年罗马将军庞培攻陷耶路撒冷。公元66年，耶路撒冷的居民挺身反抗罗马人的统治，但遭到残酷镇压。韦伯芗和提图斯——他们两人都将成为罗马皇帝——在围攻耶路撒冷139天之后，攻下了这座城市。罗马人摧毁了城市的大部分地区，并将犹太人放逐到叙利亚和意大利。

公元132年，犹太人又发动了一次起义，领导者是巴尔·科赫巴。这次起义仍然被罗马血腥镇压。之后，犹太被更名为巴勒斯坦，耶路撒冷成为一座罗马城市，犹太人被禁止入内。直到1800年之后，犹太人才得以在这一地区重建他们的国家。

印度帝国

公元前500年的时候，印度次大陆上有许多小国家，最强大的几个国家都集中在恒河和印度河流域。在下一个千年中，两个伟大的帝国——孔雀帝国和笈多帝国——对统一这些分裂的国家起到了很大的作用。孔雀帝国的统治者促进了佛教的传播，后来的笈多帝国的统治者则鼓励印度教的复兴。

印度教起源于公元前2000年，游牧的雅利安人制订了印度教最早的经典《吠陀》。《吠陀》确立了一种按社会等级划分民众的种姓制度，其中祭司阶层婆罗门位于最高等级，其下是武士阶层、商人阶层和仆从阶层。到公元前500年时，人们开始不满于这种僵化的种姓制度，对最上层所拥有的权力产生不满，他们继而转向那些等级性不是很明显的教派，如佛教和耆那教。

这一时期，印度北部由16个主要的国家控制，摩揭陀王国是其中在战略上和经济上都占据重要地位的国家。大约在公元前321年，旃陀罗笈多夺取了摩揭陀王国王位，他通过一些施政部门有效地管理着这个国家。王国拥有一支庞大的军队，有60万名步兵和9000头战象。旃陀罗笈多

死海古卷

1947年，一位牧羊人在死海地区杰里科以南16公里的库姆兰附近获得一个重大发现。在山崖表面的岩洞里，他发现了一些陶罐，里面有一些古代的羊皮古卷。在随后的10年里，陆续有人在附近的岩洞里发现类似的古卷。专家认定，古卷上的文字大多数写于公元前100年。这些古卷中有希伯来文圣经的抄本，还有一些文字描述了公元前130～70年，生活在库兰的一个犹太教派的信仰。这个犹太教派是艾赛尼派，他们相信他们是上帝的选民，能够在末日审判中获得拯救。这些古卷是他们的藏书，放在这里或许是为了使它们免受在附近发生的与罗马人的战祸之灾。

1818年，最早的一批佛教遗址在印度中部的桑奇被发现。这些保存完好的佛教遗址生动地向人们展示了佛教艺术与建筑1300多年的发展历史。孔雀帝国的阿育王可能是最早在这个地方大兴土木的人。他建造了一个刻有大量纹饰的石柱和一座窣堵波——用砖头砌成的带有穹顶的建筑，用于存放佛陀或其他佛教圣徒的圣骨。公元前2世纪时，在窣堵波周围建立了一圈石头围栏，设有4座雕刻华丽的石门，上面描述了佛陀的生平。这一时期，这里又建造了第二座窣堵波。朝圣者来到此地后，按顺时针方向沿石头围栏行走，以表达虔敬之心。

在巨大的皇城中统治着国家，皇城周围环绕着护城河与巨大的木栅栏。在公元前300年时，他将王位传于他的儿子，此时他的帝国涵盖了印度次大陆的大部，包括35年前被亚历山大大帝夺取的印度西北边界的土地。

旃陀罗笈多的长孙阿育王是孔雀帝国的另一位伟大的统治者，他的统治时期从公元前269年延续至公元前232年。阿育王在位期间，帝国扩张到了几乎整个次大陆。他征服了印度东部的羯陵伽王国，由于被战争所引起的苦难所震撼，他决定信仰佛教。阿育王在他朝圣的路上建立了一些石柱，上面镌刻着劝说人们应有怜悯之心、尊重所有动物的生命、要对人体贴、应谦恭有礼的铭文。

公元前185年，孔雀帝国崩溃，帝国分裂成众多小国。直到公元4世纪的时候，另一个伟大的帝国才出现，一次联姻使另一位名叫旃陀罗笈多的统治者，与孔雀帝国的旃陀罗笈多没有关系，控制了摩揭陀国。到旃陀罗笈多二世（公元380～414年在位）时，笈多帝国在面积上已经堪与孔雀帝国相比。笈多帝国的统治者热情地赞助艺术与科学，同时也是虔诚的印度教徒。这一时期成为印度文学、建筑、天文学和数学的黄金时代，人们将之称为"印度的文艺复兴"。

图所示的柱头曾立于一个高15米的石柱上，这个石柱由阿育王建立于恒河流域的鹿野苑，此地是佛教最初传播的地方。阿育王在他的国家内建立了许多这样的石柱。

丝绸之路上的商业交流

"丝绸之路"指的是张骞开通汉朝同西域之间的联系之后，东起汉帝国，向西一直通往罗马帝国的古代世界最为重要的一条商贸路线，因为中国生产的丝绸是往来于这条路线上最为主要的一种商品，所以这条路被称作"丝绸之路"。丝绸之路从汉帝国的都城长安出发，在塔克拉玛干沙漠分成南北两条支线，因为"塔克拉玛干"的意思是"进去就出不来的地方"，所以商队走到这里的时候只能从沙漠南北边缘的绿洲地带绕行，而后在喀什再汇合到一起，此后，丝绸之路向西延伸到巴克特里亚（位于今兴都库什山以北的阿富汗东北部地区，是希腊人建立的殖民国家，中国称之为大夏），然后又分成东西两条支线，东线通往塔克希拉（今巴基斯坦境内）和印度北部，西线则经过波斯，通往罗马帝国，直抵两河流域和红海、地中海沿岸。

当时东西方贸易的商品种类非常繁多，而其中居于首要地位的无疑当属丝绸。丝绸是一种用蚕丝制成的纺织品，因为特有的手感和光泽而备受人们的喜爱，但是因为需要掌握养蚕技术，特别是需要学会经过一套复杂的编织过程，所以丝绸的制造成本是较高的，在古代社会，长期都是一种较为稀缺的奢侈品，直到宋代，诗人张俞还说："遍身罗绮者，不是养蚕人。"罗绮，就是一种丝绸制作的衣服，这说明，丝绸在古代不是一般的劳动人民所能享用得起的物品。

蚕
蚕以桑叶为食。中国人从 4500 年前就开始养蚕抽丝。

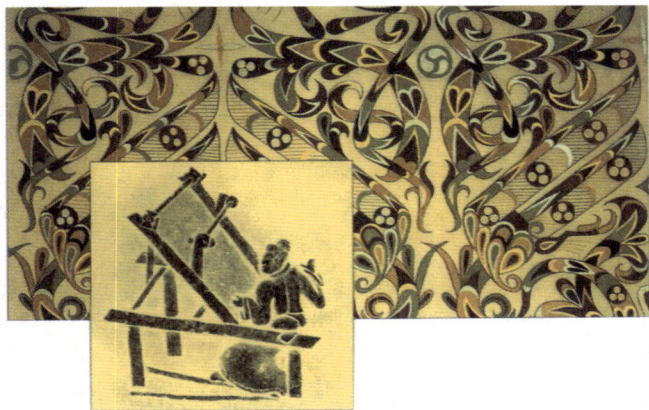

中国早在原始社会末期就已经掌握了养蚕和编制丝绸的技术，但是因为国际交流较少以及中国人有意识的技术保护，丝绸生产长期为中国人所垄断，后来即使其他国家也掌握了制造丝绸的技术，但是无论在数量上还是在质量上，依然无法同中国相提并论，因此，丝绸在很大的意义上代表了中国古代的辉煌文明。

秦汉时期，中国的丝绸技术有了很大的发展，不仅全国各地均能生产丝绸，而且还发明了很多新的丝绸品种，尤其在艺术性和实用性上都取得惊人成就的锦的出现，更是成为中国丝绸业发展史上的一个重要的里程碑。当时锦的生产以四川最为有名，人称"蜀锦"，为此，朝廷特地在成都设置了专管蜀锦生产的官员，因而成都又被称作"锦官城"。三国时期，蜀锦的出口是蜀汉的一项十分重要的经济来源，由此可见蜀锦行业的重要性和当时中国丝绸业之繁荣。正是以如此发达的丝绸业为基础，中国才可以源源不断地向西方供应丝绸。当然，尽管西方从中国进口的丝绸数量是很大的，但是仍远远无法满足西方人对于丝绸的日常需求。为了更加充分地利用稀缺的丝绸，罗马商人往往会把从中国进口的编织紧密的丝织品拆开，而后再重新编织成质地更薄的丝衣，从而使得同样数量的丝绸可以制成更多的衣物，有时因为丝绸用得太少了，以致做出来的衣服几乎是透明的，可即便是如此"抽条"的丝绸类衣物，也依然在罗马大受欢迎，而这也让一些思想保守的罗马人深感不安，因为他们担心人们穿着这样的服装会败坏社会的风气。也有另外一些人从另一个角度来考虑而感到不安，他们担心人们竞相购买这种奢侈品会导致国家巨额钱财外流，从而损害到罗马帝国的经济发展。但是不管这些态度悲观者怎样忧虑，中国的丝绸无可置疑地让绝大多数的罗马人以及其他地区的西方人为之倾倒。

丝绸之外，东西方交流的另一项大宗产品就是香料。丝绸主要产自中国，而香料则产自更为广泛的地区，因为香料的种类非常多，所以不同的地区会主要生产某种或某几种不同的

使用脚踏织布机织出的中国汉代织锦

香料，例如，东南亚主要生产丁香、豆蔻、小豆蔻等，印度主要生产胡椒、芝麻油、檀香等。香料的用途非常广泛，不仅可以用作食品的佐料和调味剂，还可以制成药剂、麻醉剂，更可以用来制作香水、化妆品等。

香料的使用也可以追溯到原始社会末期，而到了丝绸之路开通的时代，香料无论在东方还是在西方，使用都已经非常广泛，例如《圣经·旧约》中就提到过苏合香、没药、枫子香、纯乳香等香料。中国唐代诗人杜牧在《阿房宫赋》中描写秦代宫廷妇女生活的段落中也写道："妃嫔媵嫱，王子皇孙，辞楼下殿，辇来于秦。朝歌夜弦，为秦宫人。明星荧荧，开妆镜也；绿云扰扰，梳晓鬟也；渭流涨腻，弃脂水也；烟斜雾横，焚椒兰也。"其中提到的分别用作化妆品和熏香用的胭脂和椒兰，就是当时使用非常广泛的两种香料。

此外，中国的瓷器和纸制品，罗马的羊毛、橄榄油、玻璃制品、首饰、亚麻制品、装饰品、手工艺品、金银制品、葡萄酒，中亚的良马和上品玉石等，也都是往来于丝绸之路上的重要商品。总而言之，在古代的丝绸之路上，几乎可以找到当时世界上所能寻见的各种奇珍异宝，而亚欧大陆以及北非就这样被一条商路紧密地联系在一起，相互影响着来自世界另一方的遥远地区的居民的生活面貌。

丝绸之路上的文化交流

丝绸之路上不仅发生着大规模的商业交流，也一直在进行着重要的文化交流，例如，井渠技术就是由中国传播到西方的。汉武帝时，在陕西大荔开凿龙首渠，引洛水灌田，但是因为渠岸容易倒塌，于是工匠们发明了在地下开凿水渠进行灌溉的办法，这就是井渠技术。随着汉帝国对西域的经营和开发，井渠技术也被传播到了新疆，新疆人民根据当地夏季炎热干旱和有高山融雪的

商人
丝绸之路是一条繁华的贸易路线。来自欧洲、中东、中亚以及中国的商人就是利用这条道路进行商品买卖。然而，他们都不曾沿着丝绸之路走完全程。

由西到东
中国与欧洲之间的主要贸易路线就是著名的丝绸之路，得名于中国的丝绸被商人们沿着这条线路带回到欧洲。作为交换，中国得到了金银、棉花和各种水果及其他产品。

← 亚历山大大帝
公元前336年，亚历山大成为马其顿的国王，当时他只有20岁。到他死之前的这13年时间里，他通过征服建立了一个地跨亚得里亚海至印度河口之间的大帝国。

← 用来驮运的牲畜
驴子、马匹和双峰驼均用于丝绸之路。它们驮着商人及其物品前行。

→ 玉
玉是中国人非常珍视的东西。他们经常把它雕刻成精美的装饰品和器皿，例如这个笔洗。

商人的物品　　中国的长城

中国的长城

罗马商人
大马士革
泰西封
红海
阿拉伯半岛
波斯湾
吐鲁番
敦煌
西安
楼兰
布哈拉
塔什干
喀什
木鹿
撒马尔罕
巴克特拉
于阗
驼队商人
佛教僧人
印度洋
北
西　东
南

丝绸之路

丝绸之路的起点为中国当时的首都长安，向西经过中国的北部和中亚到达位于亚洲西南部底格里斯河沿岸的城市——泰西封，继续向西延伸至地中海。它不是单单的一条路线，而是由一系列的路线组成。通过这些路线，商人们可以避免遭劫。

气候条件而对井渠技术进行了改进，发明了坎儿井。坎儿井共由三部分组成，即暗渠、竖井和明渠。暗渠就是地下输水通道，在地下输水通道中，每隔二三十米就有一口竖井通往地面，以作为挖掘暗渠的出土口和通风口，而明渠则是水源流入田庄的那一部分渠道。因为新疆地区降水少而且气温高，地面水非常缺乏，所以坎儿井利用的水源是高山雪水经山麓透入砾石层里的伏流或潜水，如此一来，既避免了地表灌溉蒸发严重的缺点，又对地下水进行了合理开发，并且坎儿井施工难度低，使用期限长，对当地人民造福尤大。这一技术今天依然在应用，而且仍是新疆地区最为重要的一种灌溉方式。后来，经过新疆，坎儿井技术通过丝绸之路传播到了气候条件与新疆类似的中亚和波斯，对当地农业生产的发展产生了很大影响。

　　在技术方面的交流之外，丝绸之路上文化交流的另外一个重要方面就是宗教的传播。这一时期，对中国影响最大的外来宗教无疑当属发源于印度的佛教。有关佛教最初传入中国的确切时间，人们有着不同的说法，有人认为是汉哀帝时期，有人认为是汉明帝时期，但是大约而言，一者在

→ 客店

　　丝绸之路上的商人每晚都住在沿线的客店或是小旅馆。他们在这里休息，吃一顿饭，相互之间交流信息和各种传闻。在第二天启程之前，他们的牲畜也能得到喂养和休息。

大事记

　　*约公元前 500 年，在中国和欧洲之间建立起了用来经商的丝绸之路。

　　*公元前 334 年，马其顿的亚历山大征服波斯帝国。

　　*公元前 221 年，中国统一。

　　*公元前 138 年，张骞出使西域。

　　*约公元 100 年，佛教传入中国。

　　*公元 166 年，罗马商人到达中国。

　　*公元 220 年，经过了长期混战之后，中国分裂为 3 个部分。

　　*公元 399 年，法显从中国到印度和斯里兰卡去研究佛教。

白马寺山门

白马寺有中国佛寺"祖庭"之称，始建于东汉永平十一年（公元68年），因汉明帝"感梦求法"，遣使迎天竺沙门摄摩腾与竺法兰回洛阳后，按天竺式样为两位沙门所建的精舍。"白马"之名则取自"白马驮经"的典故。

西汉末期，一者在东汉初期，相距时间并不遥远，而那也正是丝绸之路上的中外交流最为频繁的一个时期，佛教也正是通过中亚首先传至中国西域，继而又传到中国内地的。汉明帝永平十年（公元67年），受命出访求佛的蔡愔等人在大月氏遇到来自天竺的高僧摄摩腾和竺法兰，从他们那里得到了一批佛像经卷，用白马载回洛阳，汉明帝大喜，敕令仿造天竺佛寺，在洛阳修建了白马寺，以纪念"白马驮经"这一重要事件。由此，中国开始有了自己的佛教寺院。

在其后1000多年的时间当中，佛教思想都深深地影响着中国士人，而中国人也常常儒、释、道并论。当然，中国之外，东亚的日本和朝鲜以及东南亚的一些国家和地区，也都受佛教的影响极深。

沿着丝绸之路，基督教也传播到了东方世界，波斯、印度等地都出现了基督教的传播组织，并且作为基督教一支的景教还传播到了中国。

云冈、龙门石窟

北魏时期，佛教兴盛，各地开凿了许多石窟，最著名的是云冈石窟和龙门石窟。云冈石窟最早在北魏中期开凿，位于山西大同西郊，依山开凿，绵延1千米，现存主要洞窟45个，有大大小小5万多尊佛像，最大的佛像有十几米高，气势非常雄伟。

孝文帝把都城迁到洛阳后，北魏开始在洛阳南边的龙门山上开凿石窟，经过从北朝到唐朝几百年间的不断修造，现在龙门石窟有1300多个洞窟，大小佛像97000多个。无论从石窟规模，还是雕刻技巧、艺术风格来看，云冈、龙门石窟都是世界雕刻艺术中的珍宝，所以举世闻名。

第四章

后古典时代

公元500年～1000年

拜占廷帝国

拜占廷帝国从罗马帝国发展而来。希腊语取代拉丁语成为帝国的官方语言。拜占廷皇帝采用一种封建制度，将土地授予武士阶层，以换取他们的军事劳役。在这种制度下，国家发展出一批拥有土地的贵族阶层，他们挑战着皇帝的权威。

拜占廷第一位伟大的皇帝同时也是最后一位真正意义上的罗马统治者，是查士丁尼一世。查士丁尼一世于公元527年登上皇位，他讲拉丁语，将罗马的法律遗产编撰成法典，并试图重新恢复帝国在西部的统治。他手下著名的将军贝利撒留从汪达尔人手中收复了北非失地，然后花费20年时间与东哥特人作战，将之赶出了意大利。

但查士丁尼的成就是短暂的。他死后不久，另一支蛮族伦巴德人就征服了意大利北部，与此同时，阿瓦尔人、保加尔人和斯拉夫人也侵入巴尔干半岛，致使当地人口锐减。此外，波斯军队于公元609年和公元625年两次兵临君士坦丁堡城下。由于忙于自我生存，拜占廷帝国与西部的联系越来越少，希腊语逐渐取代拉丁语成为官僚们的官方语言。

之后，为了抵御阿拉伯人的威胁，拜占廷统治者将他们的国家按若干军区划分，由职业军人来管理。这套行政体制起初运转良好，拜占廷在巴西尔一世于公元867年建立的马其顿王朝统治

君士坦丁堡

君士坦丁堡位于海上和陆地商路的交汇处，这一点使得它成为基督教世界最大的和最辉煌的城市。君士坦丁堡建立在控制黑海与爱琴海之间的海路的山崖之上，它在金角湾这个地方拥有一个深水良港。在城市朝向陆地的一面，公元5世纪的时候就建起了巨大的城墙用于抵抗外敌。城市的中心是一个大型竞技场，人们在那里聚集，观看赛马和战车比赛以及戏剧演出。在竞技场南面，皇宫、古代的纪念碑和宏伟的教堂交相辉映。其中就包括兴建于6世纪的圣索菲亚大教堂（右图），在1547年米开朗基罗搭建起罗马圣彼得大教堂的穹顶之前，它一直是世界上最大的教堂。

时期，度过了一段黄金时代。但是，军区制的创立也为大地主家族的出现奠定了基础。这些新近获得权力的贵族趁 11 世纪帝国在西部和东部面临诺曼人和突厥人的威胁时，开始觊觎帝国的权力。即使这样，帝国仍然在一种萎缩的状态下得以延续，直到 1453 年，首都君士坦丁堡沦陷于奥斯曼土耳其人之手。

法兰克王国

当西罗马帝国灭亡后，一些蛮族的军事政权在原西罗马帝国的领土上互相争战，夺取土地和权力。其中取得最持久成功的是法兰克人的国王克洛维，他在公元 481 ~ 511 年间，建立了一个从现在的比利时延伸至地中海的国家。到公元 6 世纪中期，他的继任者们统治着一个基本上包括现在法国、瑞士和德国西部某些地区在内的王国。

早期的法兰克国王属于墨洛温王朝，这个王朝的名字来源于他们的先祖墨洛维格。法兰克人、都尔的主教格列高利（约公元 538 ~ 594 年）写出了墨洛温诸王的第一部历史，记载着他们以"长发国王"而著称，因为他们头发的长度超过了肩膀。留着长长的头发和胡须被认为是蛮

法兰克王国主要是由墨洛温王朝最著名的国王克洛维创建。从南部莱茵河附近的根据地出发，他征服了法国中部和东部大部分地区。克洛维在公元 511 年去世之前，将巴黎定为他的新都。

● 公元 481 年　克洛维成为法兰克国王，法兰克人的领土当时仅限于今天的比利时。

● 公元 486 年　克洛维在法国北部的苏瓦松击败了罗马在高卢的最后一位将军西拉吉乌斯。

● 公元 507 年　克洛维将西哥特人赶出阿基坦（法国西南部）。

● 公元 511 年　克洛维在他的新都巴黎去世，王国被他的 4 个儿子瓜分。

● 公元 536 年　勃艮第（包括法国东部和瑞士）成为法兰克王国的一部分。

● 公元 537 年　法兰克人控制了普罗旺斯（位于法国东南部）。

● 公元 613 年　罗退尔二世再次统一了法兰克王国。

● 公元 638 年　最后一位伟大的墨洛温王朝国王达戈贝一世去世。他的继任者们都很短命，国家大权旁落到宫相手中。

● 公元 687 年　加洛林宫相赫斯塔尔的丕平在泰特雷里一役中统一了法兰克各部。

● 公元 689 年　丕平开始征服弗里西亚人（今天的荷兰人）。

● 公元 714 年　查理·马特继承父亲丕平的宫相之位，成为法兰克人的实际统治者。

● 公元 732 年　查理·马特在法兰克中部的都尔一役中决定性地击败了阿拉伯人的军队。

● 公元 741 年　查理·马特去世，其子丕平继位。

● 公元 754 年　丕平在法国北部兰斯举行的一次宗教仪式上被教皇加冕，正式表明法兰克加洛林王朝的成立。

罗马帝国的崩溃表明欧洲的法治时代已经结束。尽管地方领主希望尽其所能维持当地秩序，但大多数人民感到他们现在的生活与过去罗马军队所保障的安全相比，更充满风险和不确定性。蛮族的国王之间经常进行争战，他们对权力的控制往往只保留到赢得战争为止。为了加强权威，他们在宫廷里豢养着一些武士（如右图所示的伦巴德骑兵）。士兵们必须随时准备参加战斗，他们也可以获得一份在战斗中掠夺来的战利品。正是从这些国王豢养的武士（盎格鲁—萨克逊人称之为"国王的侍卫"）中，逐渐发展出了中世纪欧洲的骑士制度。

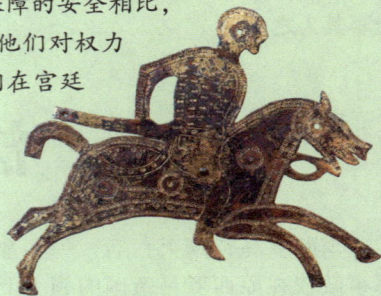

族的象征，罗马化的高卢人通常将自己的胡须剃掉，头发剪短。尽管墨洛温诸王以这些特征与他们野蛮的过去保持着联系，但他们也准备接受高卢臣民的习俗。因此，到公元491年的时候，克洛维受洗成为一名天主教徒。他改变自己的信仰更多地是出于政治而非宗教上的考虑，为了有效地统治新征服的领土，他需要教会站在他这边，因为主教们在地方管理中起着重要的作用。

当克洛维于公元511年在其新都巴黎去世时，他的国家由他的4个儿子依据法兰克部落法瓜分。在随后的200年里，法兰克人的土地分裂为几个独立的国家，很少能被统一在一个国王手中。继承者之间经常发生战争，暗杀更是家常便饭。国家的权力也因而从这些无所作为的国王那里落入王家侍卫首领亦即"宫相"手中。

这个银制耳饰表明，在罗马时代的商路交通系统崩溃以后，法兰克人中仍存在着喜爱奢侈品的风气。

提奥蒂华堪

在公元第一个千年的中期，一座与帝国时代的罗马城面积相当的城市在墨西哥中部高度地繁荣发展。它的人口约有20万，是当时世界上最大的都市之一。但是，城市居民并不懂得冶铁和炼铜，他们也没有书写文字。因此，城市的名字没有被记载下来。今天，这座城市之所以为人所知，是因为后来的人给了它一个名字。当这座城市毁于火灾500多年后，后来的人们惊诧于它那雄伟的遗迹。他们将这座城市称为"提奥蒂华堪"——"众神之乡"。

墨西哥谷地是一个面积为8000平方公里的盆地，位于海拔1500米的墨西哥中部群山中。尽管属于高地气候，但这里十分适合种植玉米。墨西哥谷地直到公元前后还处于沉寂状态，但公元之后，当地的人口开始增长。

提奥蒂华堪位于现在墨西哥城以北50公里的地方，它是当时美洲最大的城市。这个石头头像装饰在羽蛇金字塔上。羽蛇金字塔建造在一个至少安葬有137个人的墓地旁边，安葬在这里的许多人都有人牲作为陪葬。

其中的一个原因在于农业技术的提高。当地的农民开始将土地整理成梯田，开挖了灌溉用的渠道。另一个原因是附近发现了中美洲最好的黑曜石矿。这种火山岩的边缘可以被打磨得非常锋利，这对于没有铁的提奥蒂华堪人来说非常有价值，因为它们可以用来制作工具和武器。

在公元 100 年的时候，这里出现了一座城市，拥有大约 6 万人口。城市被不同寻常地设计成方格状，中间有一条笔直的大道，大道沿线建有广场、宫殿和纪念碑。其中最大的建筑是两座金字塔形神庙，它们被后人称为太阳金字塔和月亮金字塔。

太阳金字塔

太阳金字塔是提奥蒂华堪最大的历史遗迹，占地 225 平方米，其底座与埃及大金字塔相当，但高度却不足大金字塔的一半。它共分四级，顶端是一个平台，以前这里曾矗立着羽蛇神。按照传统说法，从阿兹特克时代起，这座金字塔就是献给太阳神的。但事实上，没人能够确定这座金字塔代表了对何方神圣的崇拜。1971 年，人们找到了这座金字塔起源的一些线索。考古学家发现了一条通向金字塔地下深处的通道。在通道的尽头，有一座人工建造的岩洞，形状呈放大了的红花草叶的形状。学者们推断，这座岩洞代表着所谓的"起源之地"，与中美洲神话中所描述的情形相似，即部落的先祖曾在这里显现。

在城市的中轴线之外，是散落在平原之上的居住区。考古发掘表明，城市的统治阶级居住在面积宽敞的别墅里，别墅天井的墙上绘有壁画。大多数平民则居住在平房内，这些平房面积十分狭小，它们连接在一起，形成一个个城区。城市的居民在城郊的小块土地上种植庄稼为生，同时利用当地资源进行手工业活动。城市中有 400 多个黑曜石加工作坊和 200 多个陶器作坊。商业也是十分重要的，商人将作坊生产的产品销往整个墨西哥。

在公元 450 年的时候，提奥蒂华堪发展到鼎盛。但是，在公元 650 年左右，灾难发生了。不知由于什么原因，城市中心的神庙和纪念物被付之一炬，在以后的几十年里，城市的人口急剧下降，城市最终荒芜。历史学家推测，城市迅速增长的人口耗尽了周边地区的木材和其他资源。但是，城市是最终毁于外族人的入侵还是城市内部的动乱仍然是一个不解之谜。

提奥蒂华堪的建筑者们没有像墨西哥南部和危地马拉的玛雅人那样，给他们的建筑物注明日期，因此其历史的所有日期都只是大致推断。

日本的兴起

日本的天皇声称他们是太阳女神天照大神的后代，并将其在政治上的根源追溯到大和国统治者那里。大和国是以今天大阪市附近的大和平原为中心的国家，它在大约公元 600 年的时候统治着日本南部。起初，中国文化和佛教对日本有着重要影响，但是日本很快发展出自己的宫廷文化。同时日本有自己传统的神道信仰，与佛教信仰并行不悖。

日本最早的历史记录存在于公元 8 世纪的《日本书纪》中。它描述了传说中的日本国的起源，但对大和国早期的统治者却很少谈及。考古学上的发

日本歌舞伎。戏剧是日本最生动的艺术之一，除了能剧，在 17 世纪的日本城镇中还产生了许多其他种类的戏剧。歌舞伎和净琉璃文乐木偶戏就是其中的两种。

圣德太子

圣德太子（公元 572～622 年）是从史前历史阴影中走出来的大和早期统治者之一。下图所示的是圣德太子少年时期的雕像。圣德太子被认为是十七条宪法的颁布者，它们强调了中国人有关忠诚、和谐和奉献等原则，被认为是政治生活的理想模式。他还制定了新的贵族等级，即官位十二品，同样取法中国。新的官位制度有助于削弱地方势力，将有才能的人选入政府机构。新的宪法还给予佛教很高的地位，圣德太子曾下令广建佛寺，其中就有奈良的法隆寺，它是日本最古老的佛寺。圣德太子被奉为政治家、圣人和佛教的保护者，他死后，对他的崇拜在日本传播开来。

日本最大的古坟位于现在的福井市。它是为了保存仁德天皇的遗体而建。这个巨大的建筑长 500 米，周围有 3 条沟壑环绕。

现能告诉我们更多的事情。在公元 300 年之前，居住在日本内海周围的居民开始建造巨大的、锁眼状的坟墓，日语称之为"古坟"。坟墓里有许多陶器、武器、珠宝和铜铎之类的祭祀用品，这些坟墓的主人可能是级别较高的武士首领。武士首领之间为了争夺更高的权力而展开相互争斗。

公元 4 世纪的时候，最强大的武士首领成为位于本州的大和盆地的统治者，本州是日本最大的岛。这些坟墓在公元 5 世纪早期就已经出现，传统上认为，最大的"古坟"的主人是仁德天皇，即《日本书纪》中提到的早期天皇之一，在公元 6 世纪末，大和的国王们已将统治扩展到日本南部，甚至在一段时间内还可能控制了朝鲜南部。

大约在这个时候，一种新的文化形式——佛教——从中国和朝鲜传到日本。随之而来的还有中国文化的其他影响，如中国的书法和历法。公元 710 年，一座永久性的都城在平城京（今天的奈良）

● 约公元 300～400 年 大和朝廷的统治权威已经遍及日本中部的本州岛。

● 公元 552 年 佛教从朝鲜传入日本。

● 公元 593 年 圣德太子成为苏我氏女皇的摄政。

● 公元 604 年 圣德太子颁布十七条宪法。

● 公元 607 年 法隆寺在奈良建成。

● 公元 646 年 名义上，日本的所有领土都处于天皇的统治之下。

● 公元 708 年 日本采用了最早的官方铸造的货币。

● 公元 710 年 平城京（奈良）成为大和朝廷的新都城。

● 公元 720 年 最早的日本史籍《日本书纪》写成。

● 公元 794 年 桓武天皇将都城迁往平安（京都）。

● 公元 894 年 天皇中断了与中国的直接联系，但日本的艺术、建筑和文学依然受到中国的影响。

● 1010 年 紫式部在平安的宫廷中完成了《源氏物语》，许多学者认为这是世界上最早的小说。

↓ 佛教在公元 6 世纪传播到日本，促进了一种新的建筑形式的出现。如图所示的是一座公元 7 世纪的宝塔，它位于首都奈良的法隆寺内。

建立。都城被设计成栅格形，与中国长安相似。皇宫附近还修建了几座主要的寺庙。

这一时期，由于僧侣的影响与日俱增，削弱了天皇的权威。公元 794 年，桓武天皇为了减小僧侣的影响，将都城迁往平安。平安（今天的京都）成为贵族文化的中心，宫廷生活本身甚至成为一种艺术。漂亮的书法和华美的诗词地位远高于武士的技艺，精美的礼服和繁琐的礼仪将生活在宫廷里的精英与普通百姓分割开来。

日本的统治者

日本是一个岛国，有海洋作为天然屏障。虽然日本的许多习俗是借鉴中国的，但两国的文明却有很大的差异。

日本的君主政体开始得比一般国家都早，日本第一位皇帝出现于 2000 多年以前。然而，基于中国唐朝统治模式的日本中央集权体制仅开始于圣德太子统治时代（公元 572～622 年）。在这一时期，大部分日本人生活在南部的岛屿上；另一支——阿伊努人，生活在日本北部至今。

圣德太子把奈良定为都城，并鼓励佛教发展，尽管这并没有摧毁日本传统的宗教——神道教，但是佛教对日本文明产生了重要影响。公元 794 年，桓武天皇为了远离佛教的影响，把都城从奈良迁往平安京（现今的京都）。但是，在平安京，统治者却陷入了强大的氏族力量的制约中。在接下来的几个世纪中，这些被称为幕府的势力家族实际上成为了日本的真正统治者。幕府是军事统治者。天皇被尊为神，但现实中却掌握着很小的权力。

贵族们有足够多的消遣时间可以用来实践并享受艺术。他们在精美的纸张上书写从中国学来的诗歌，并配以优美的山水画。在佛教的影响下，日本的艺术大多数是像手工

德川家康像

↑ 东大寺于公元 743 年建造于国都奈良。它的巨大的佛堂(上图)里安放着日本最大的佛像，有 15 米之高。

日本武士

武士是封建领主的仆人和士兵，就像欧洲的骑士。武士的行为举止必须严格地遵守武士道精神，这种精神是在佛教禅宗的影响下产生的。荣誉感、忠诚和勇敢是武士最重要的品质。在战斗中，武士宁愿自杀也不愿投降。当武士失掉自身的荣誉时，他们会自杀。在德川幕府时代，武士逐渐成为政府官员，同时也是战士，但他们的武士道精神仍然存在。

图中的镰仓大佛由金属铜制作而成，高度超过13米。佛教，特别是禅宗，对日本文明产生了极大的影响。

折纸和园艺这样的形式。日本的庭园中没有植物，而是设计成由岩石和小鹅卵石构成的图案，供人们在房屋里观赏。日本的传统戏剧被称为"能剧"，能剧中有吟唱和舞蹈，像是一个仪式，表演者佩戴面具，舞台没有布景。

欧洲人在1543年首次到访日本，那时足利幕府倒台，日本处于地方封建领主——大名的统治下。大名们惊异于欧洲的先进科技，尤其是他们很想购买的火枪。欧洲的传教士们说服了许多日本人信仰基督教。不久之后，日本被3位著名的大名重新统一，他们中的德川家康在1603年组建了幕府，开始统治整个日本。他不采纳任何国外思想，把所有的欧洲人都驱赶出日本，甚至杀戮了许多反对他的基督教徒。

查理曼帝国

法兰克加洛林王朝的诸位统治者中，最为著名的是查理曼（即"查理大帝"之意）。查理曼是加洛林王朝的开国国王矮子丕平之子、阻挡阿拉伯军队进入欧洲的领袖查理·马特的伟大的孙子。在其统治期间（公元768～814年），他将法兰克人的国土扩大了两倍。

根据其传记作者艾因哈德的记述，查理曼是一个杰出的人物，他总是身穿法兰克人的传统服装——束腰外衣和裹腿。他身高近1.8米，有着无穷的精力，经常骑在马背上。在超过50场的战争中，他从四面八方扩大了法兰克王国的领土：向东南越过阿尔卑斯山进入意大利；向东达到日耳曼的萨克森；向西达到法国的布列塔尼；向南则越过比利牛斯山，进入西班牙东北部。

查理曼是一个虔诚的基督徒。他鼓励传道，修建了许多修道院，赠予教会大量土地。在公元800年圣诞节这天，他造访罗马（这是他

查理曼被认为复兴了罗马帝国的荣光。这座皇帝的小雕像是依罗马模式塑造的。

的第 5 次类似的旅行），参加了在圣彼得大教堂举行的弥撒。当他跪下进行祷告时，教皇列奥三世将一顶皇冠加在他头上，教堂的会众欢呼他为"恺撒"和"奥古斯都"。这一行为——在各方面都得到查理曼精心与全面的配合——使教皇在君士坦丁堡统治者（意指拜占庭帝国）之外树立起一位西方天主教的皇帝。查理曼的加冕被视为神圣罗马帝国的开始，这一国家体制在继任者中得到不断发展。神圣罗马帝国存在了 1000 多年，直到 1806 年拿破仑宣布结束它为止。

当没有战争时，查理曼就在他那庞大的领土里巡视，并在他碰巧停留的地方修建王宫。他派遣使者去视察地方官员的品行，这些使者通常是主教和伯爵。尽管他本人几乎没有什么文化，但他招募了当时许多著名的学者，如约克郡的阿尔琴，来到他的宫廷，并收集大量手稿。正是由于这个原因，他的统治时期有时被称为"加洛林文艺复兴"。

新的建筑风格

与查理曼密切相关的一件事物是他位于亚琛宫殿之中的小教堂，亚琛在德国西北部，查理曼即安葬于此。这座教堂按照罗马式风格建造，有着圆形的拱门、穹顶和高而小的窗户。教堂内部装饰着镶嵌画，其中一幅如右图所示，展现的是环绕在祭坛旁的天使。正如其名称所显示的，罗马式建筑风格以罗马模式，尤其是帝国晚期深受拜占庭影响的建筑风格为基础。对普通民众而言，这种罗马式建筑传达了"查理曼是恺撒的继承者，能够恢复罗马时代的荣光"这样的信息。罗马式一直是欧洲主要的建筑风格，直到 12 世纪它被有着高耸的尖形拱门的哥特式建筑取代为止。

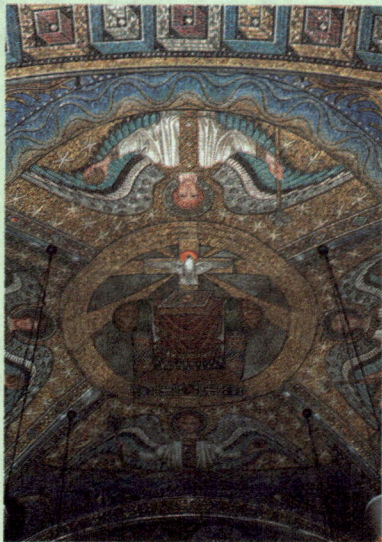

印度的孔雀帝国和笈多帝国

印度有海洋和喜马拉雅山脉等天然屏障保护，入侵者只能从西北部进入印度。在过去的几个世纪中，许多征服者都通过这条路线侵占印度，在印度北部建立帝国。

在公元前 327 年亚历山大入侵印度之后，旃陀罗笈多成为摩揭陀王国的统治者。摩揭陀王国是恒河流域的一个庞大的国家，以它为中心，旃陀罗笈多建立了孔雀帝国。在旃陀罗笈多的治理下，人民安居乐业，社会繁荣安定。他在全国修建道路，包括一条后来被称为"大干线"的印度北部的交通要道，这促进了商业贸易的增长。政府组织结构合理，良好的税收制度确保帝国不需要四处征战掠夺财富。孔雀帝国最伟大的统治者是旃陀罗笈多的孙子阿育王（公元前 273 年～前 232 年），他是一位伟大的战士，但是他却厌倦战争，成为一名爱好和平的佛

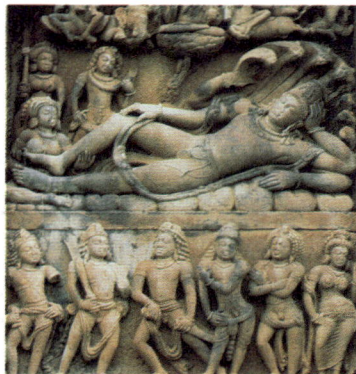

这幅印度教寺庙中的雕塑描绘了毗湿奴神躺在蛇神阿南塔上的情景。

笈多时代的农耕村庄。图中的这种畜力车最早出现在 4000 多年前的印度河流域，今天人们仍然在使用。

教徒。阿育王在道路旁种植菩提树遮荫，建造石柱，并在上面精心地雕刻上他颁布的充满善意和公正的法律和诏文。

　　阿育王之后，孔雀帝国分裂成许多小国，在公元 4 世纪到 6 世纪之间，笈多帝国建立。这是印度文明的黄金时期，人们建造了许多宏伟的庙宇，舞蹈、音乐、雕塑和绘画都达到了最高峰。文学家们用印度古老的语言——梵语创作出伟大的文学作品。数学家们致力于代数学研究，发明了十进制，并最早提出了数字"0"的概念。虽然笈多帝国在公元 6 世纪时期被匈奴人推翻，但是笈多文明却一直在印度流传下来。

南印度

　　印度的大部分地区一度都被达罗毗荼人占据着，后来北方印度的入侵者把他们驱赶到南方，在那里他们建立了独立的王国，例如最南部的泰米尔邦和喀拉拉的查拉邦。各城邦间的战争十分频繁。许多印度人的思想和风俗从南印度传播到斯里兰卡、缅甸和东南亚各国。

中世纪的非洲

　　非洲大陆分布着一些村落、城镇和小国家。许多人生活在海岸线附近和撒哈拉沙漠以南、热带丛林北部的萨赫尔地区。在西非，大的帝国兴衰更迭，东海岸沿线则发展出富裕的城邦。

　　撒哈拉沙漠以南的大部分非洲民族都是农业民族或放牧民族。农民们种植着各种的庄稼，亚洲和其他地区的新型作物很快就传播到非洲。牧人们在不同地区和不同气候条件下放牧牛羊和其他动物。

　　大部分非洲王国都很小，但是几个强大的王国逐渐征服了邻近的国家，建立了庞大的帝国。在西非主要有 3 个帝国，但是他们并不是在同一时间

雕刻是非洲最精美的艺术，尤其以图中来自于尼日利亚贝宁城的青铜头像而闻名。这尊头像制作于公元 16 世纪。

出现的——当一个帝国衰落时，另一个帝国就取而代之。非洲的第一个帝国是加纳帝国，它是公元10世纪非洲最强大的国家。

西非统治者的财富来源于黄金。人们用黄金交换撒哈拉盐田里的盐——在当时的条件下盐很难被提取，所以它的价值跟黄金差不多。北非的商人们带着布匹、马匹和铁兵器穿越撒哈拉沙漠去交换黄金和奴隶，之后再到地中海地区贩卖，以至于从来没有听说过非洲的欧洲国王都有用西非的黄金制成的金币。许多非洲人用其他物品作为货币，例如贝壳和铁片。

大津巴布韦

图中的石头建筑建造于700多年前，是大津巴布韦遗址，位于今天的津巴布韦。建筑的外墙由花岗岩建造而成，有250米长、10米高。大津巴布韦是当时卡兰加帝国的贸易中心。在西非，黄金是其财富的来源，妇女们在森林深处的金矿中开采矿石，提炼出来的黄金先被送往海岸边，再用船运送到贸易港口，例如索法拉港。

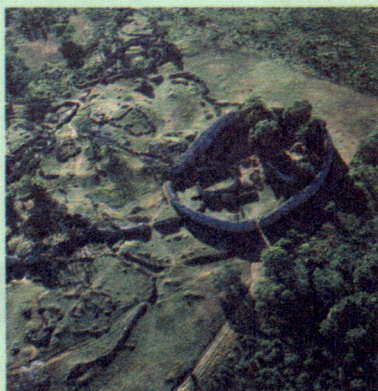

欧洲国家的诞生

公元5世到公元10世纪之间，欧洲的部落逐渐形成由武士国王统治的基督教国家。其中最成功的是法兰克人，他们的国王查理曼大帝建立的帝国是今天欧洲一些国家产生的基础。

查理曼大帝在公元771年统一了法兰克人，并不断地通过征战拓展帝国疆域。他是一位多才多艺的统治者，也是一位伟大的征服者。他强迫被征服地区的人民信仰基督教。查理曼大帝在亚

教　堂

在信仰基督教的欧洲地区，上至皇家宫廷，下到贫困的村庄，牧师都是人们日常生活中重要的一部分。牧区的牧师往往是整个村庄中唯一识字的人，他的传教布道也往往是外界新闻和信息的唯一来源。

隐修院是基督教文明的重要中心。修道士不仅做祷告，他们也耕地、为人们看病（当时没有其他的医院），其中有一些还是教师和学者。关于那个时代的唯一的文字记录就是修道士完成的——比德（英国历史学家及神学家）在公元731年撰写完成了第一部英国历史。

妇女们不能做牧师，但是她们可以在自己建立的宗教场所成为修女。修女可以晋升为女隐修院院长，成为该地区权力人物。出身高贵的单身妇女往往会成为修女。

一些卡洛林王朝时期的精美艺术范例都被记录在宗教书籍中，并配有插图。一位修道士往往要花费许多年研究一本书。上图描绘了1095年教皇到克吕尼隐修院时的情景。

第一次欧洲艺术大复兴发生在法兰克卡洛林王朝时期。图中的象牙雕塑是一本书的封面的一部分，制作于 800 年左右。

欧洲最精美的建筑是圣本笃（公元 480～547 年）统治期间建造的隐修院。最大的一座隐修院位于法国的克吕尼，今天仅剩一座塔。

琛的宫廷是当时欧洲的学术和艺术中心。教堂是中世纪欧洲的最高权威，由罗马教皇领导，希望所有的人都遵循它的教义。教堂拥有大量的土地，罗马教皇具有很高的权威，但是没有军队。因此他需要一个势力强大的同盟者帮助他维护教堂的权威，必要时甚至可以诉诸武力。为此，罗马教皇选择了查理曼大帝。

800 年圣诞节，查理曼大帝被罗马教皇加冕为罗马人的皇帝，他成为了一个与古罗马帝王相似的统治者——虽然他的帝国是一个基督教国家。

查理曼大帝死后（814 年），他的后继者分裂了他的帝国，其中最大的两部分成了后来的法国和德国，但是基督教帝国的思想仍然保留着。公元 10 世纪，德国国王奥托一世被罗马教皇加冕为神圣罗马帝国皇帝（虽然当时他只控制着如今的德国和意大利）。神圣罗马帝国皇帝这一头衔被德国国王占据了将近 1000 多年。

在公元 5 世纪到 6 世纪，盎格鲁、萨克逊和德国北部的其他一些部落入侵英格兰，并建立了几个较小的基督教王国。公元 9 世纪，维京人统一了除韦塞克斯王国之外的所有这些国家。韦塞克斯国王阿尔佛雷德大帝成功地保卫了英格兰南部的领土。他死后（889 年），他的继任者统一了整个英格兰（不包括苏格兰、威尔士和爱尔兰）。

维京人

对那些受到攻击的人来说，维京人就是海盗——来自海上的强盗。而对记录下他们侵袭行为的基督教修士来说则更加糟糕——维京人还是异教徒。维京人崇拜北欧的一些原始神，如奥丁和托尔，且对教会和修士毫无尊敬之意。维京武士确实是让人恐惧的敌人，但他们也有着积极的一面。在北欧的工匠制作出精美的艺术品的同时，那些海上的冒险家开始在冰岛和格陵兰等地定居，并成为最早到达北美洲的欧洲人，且帮助建立

尽管维京人多以作战技巧为人所知，但他们也是灵巧的工匠，此图所示的精美的装饰用的胸针就是明证。维京人倾向于设计复杂精巧和抽象的工艺品，上面往往饰有人和动物的图像。

了最早的俄罗斯人的国家。

维京人是生活在现在挪威、瑞典和丹麦的不同民族的总称，他们被共同的语言、宗教和生活方式联系在一起。维京人中多数出身农民，但由于缺少足够的土地，他们便被赶出斯堪的那维亚的家园。其中一些人找到之前无人居住的地区定居下来，如冰岛和格陵兰。另外一些人则漂泊在海上，首先是四处劫掠，然后才会考虑到定居。

不同的维京人在不同的地区展开活动。挪威的维京人于公元 8 世纪初期开始居住在苏格兰北部海域的岛屿上，然后来到不列颠西海岸并进入爱尔兰及冰岛北部。丹麦的维京人则攻击欧洲大陆的西海岸，在公元 9 世纪中期，他们入侵英格兰，逐渐占领了这个国家的东半部，他们统治的地方被称为丹麦区。来自瑞典的维京人穿过波罗的海进入东欧。借助河道，他们渐渐到达君士坦丁堡，并在公元 860 年对君士坦丁堡进行了未获成功的围攻。这些在东欧的维京人很多在河流边新兴的港口城市安居下来，成为商人。当地的斯拉夫人将之称为"罗斯人"，他们对于第一个俄罗斯国家的建立帮了大忙。

公元 9 世纪时，这些又是武士又是商人的维京人在波罗的海以及整个欧洲建立起巨大的商业网络。维京人供应木材、皮毛和蜂蜜，用来交换黄金、白银和奢侈品。奴隶也是一件重要的商品，奴隶一词 (slave) 就来源于维京奴隶主残酷压榨的斯拉夫人 (slav)。维京人的另一项财富来源是收取保护费，许多西欧的统治者向维京人提供大量的金钱，以换取和平的保障。

整个维京人的事业是建立在航海技术大发展的基础之上的。在那个很少有人会离开自己的家乡到遥远的海外去冒险的时代，北欧的冒险家们能够穿越海洋，要受益于他们的造船技术和航海技术。他们的船用层层叠加的厚木板建造，靠帆和桨获得动力。最著名的船只要数长船，这种战船可以容纳 200 名战士。

维京人是令人生畏的战士，他们利用在对手中引起的恐惧感速战速决。他们使用多种武器，如双刃剑、长矛、战斧以及弓箭等。

维京人的长船

自罗马帝国灭亡以来，维京人的长船是造船史的一次重要进展。早在公元 8 世纪晚期，这种造型轻巧、漂亮的船只就运载着维京战士在地中海和西欧四处劫掠，或运送他们穿越大西洋，远至北美海岸。像所有维京人的工艺品一样，长船有很强的实用性。这种船形状狭小，吃水很浅，使它可以在水上飞快行驶。维京人有时会将死去的长者安葬在船上，一些这样的船葬已经被发掘出来，它们提供了有关这种船只的重要信息。一个著名的例子是 1880 年在挪威科克斯塔德发现的长船，这艘船长 23 米，每边可以坐 16 名划桨手。

玛雅人

玛雅人起源于危地马拉的山地。从大约公元前1000年开始，他们就已经向尤卡坦半岛的低地扩散，他们在那里开挖沟渠，排干沼泽地里的水以种植庄稼。到公元前8世纪的时候，他们建造了金字塔形神庙，城市国家也开始成型。随着长途贸易的发展，他们或许从奥尔梅克人和萨波特克人那里引入了书写文字、天文历法以及带有宗教仪式性质的球戏。

公元300年左右，玛雅人生活在佩滕低地，这个地方位于现在危地马拉和墨西哥的交界处。那时，玛雅人就开始用石头搭建建筑物。建筑物的石碑上记载了王室祖先的行为以及一些重大的历史事件。许多石碑保留了下来，隐藏在茂密的丛林内。考古学家找到了解读碑文的方法，这些碑文用一种发展程度较高的象形文字书写。石碑上还描画有玛雅城市国家之间——如提卡尔和帕连克——断断续续的战争场面。

这个真人大小的头像是在帕连克城市国家的统治者帕卡尔的墓室里发现的，主人当时的年龄大概是12岁，刚刚登上王位。

战争对于提供战俘作为人牲是必要的，人牲在历法所规定的日子或类似王室葬礼这样的重大日子被献祭给众神。人牲的心脏会被挖出来，作为祭品展示，某些神庙和金字塔就是为这些仪式提供场所。仪式由一些神职人员监管。

玛雅人的国王也期望能亲身参加诸如放血之类的痛苦的仪式。较为典型的一种是，用刺刺穿，或用细线穿过他们的舌，以将他们自己的血献给神，而神在接受了这些仪式的献祭后，也会保护他和他的人民。

佩滕低地的帕连克是玛雅人所建立的国家中最强大的一个，公元7世纪时，它在帕卡尔长达68年的统治中达到鼎盛。

● 约公元前750年 玛雅人形成了君主政体，第一个大型建筑就修建于这一时期。

● 约公元前350年 随着第一批城市国家的出现，玛雅人的前古典时代晚期开始。

● 约公元前200年 此时，出现了玛雅人最早的书写方式。

● 约公元前50年 危地马拉的埃尔·米拉多尔成为玛雅文明最大的中心。

● 公元前36年 已知最早的玛雅历法铭文这个时候在恰帕·德·科尔佐出现。

● 公元200年 伊洛潘戈火山爆发，给玛雅人的南部领地带来巨大灾害。现在的伊洛潘戈湖即是在火山口处形成的。

● 公元292年 已知最早的低地铭文在危地马拉的提卡尔出现。

● 约公元300年 玛雅人在低地中部的雨林中建造了精美的建筑，标志着玛雅文明古典时代的开始。

● 约公元300年 玛雅建筑中首次出现了用梁支撑的拱门和穹顶。

● 公元300年 借助贸易，提奥蒂华坎对玛雅文化产生了重要影响。

● 约公元325年 玛雅人开始用石头取代木材作为建筑材料。

● 公元411年 在国王"暴雨天"统治期间，提卡尔成为玛雅文明的主要中心。

● 公元562年 在被东部的邻居卡拉科尔击败后，提卡尔开始衰落。

● 公元695年 提卡尔的阿卡卡乌擒获卡拉克穆尔的国王"豹爪"，后者被杀死后献祭。

● 公元738年 基里瓜成为玛雅古典时代主要的权力中心。

● 公元799年 东部城市帕连克开始建造最后一批建筑。

玛雅人所玩的球戏，在中美洲的其他文明中也很流行。参加游戏的人分为两队，在特别建造的球场里击打一个实心的橡皮球。这种球戏有点像篮球运动，目的是击打皮球让它通过安置在院墙上的石环。参赛者不能用手触球，只能用他们的臀部和膝盖。他们穿着防护服，主要是在腰间缠上一条木头和皮革所制的沉重的腰带，臀部和膝盖有皮护垫，手上要戴上手套。观众挤在球场里，押下赌注并为他们支持的球队欢呼。游戏不仅仅是对参赛者力量和技巧的测试，参赛者实际上要面对死亡。位于奇琴伊察球场四周墙上的壁画（右图）展示的是，胜利的一方正在割下失败一方的头颅，将之用于献祭。在中美洲其他地方，失败一方的队长的心脏有时也要被挖出献祭。

在准确观察天文的基础上，玛雅人有了一套非常精确的历法。到后来，他们创作了写在树皮上的宗教书籍，并配以难以理解的插图。这些书和他们的石刻向我们讲述了他们充满暴力的宇宙观和强大的神灵。过度使用土地带来了饥荒与战争，这又加剧了国家的衰落，到公元 800 年之后，低地玛雅人的城市已经一片荒芜。在山地居住的玛雅人的历史发展得要更为长久一些，直到 16 世纪时被西班牙入侵者征服。

定居大洋洲

在西方人横渡太平洋几百年之前，波利尼西亚人就开始驾驶着用石头和珊瑚制造的工具建造的独木舟，来到大洋洲 260 万平方公里海域的岛屿上定居。尽管已经不可能准确探知这些海上旅行的日期和路线，但主要的移民活动是发生在公元后第一个千年里。那是一个气候变暖期，可信

● 约公元 790 年 维京人开始袭击西欧。

● 公元 793 年 维京人袭击了英格兰北部海域圣岛上的林第斯法恩修道院。

● 约公元 830 年 维京人对英格兰和法国海岸的袭击增多，许多城市遭到洗劫。

● 公元 845 年 法兰克人向维京人交纳"丹麦金"，以收买他们。

● 公元 859 年 维京人袭击地中海西部西班牙的港口。

● 约公元 860 年 第一批维京人的定居地在法罗群岛建立。

● 公元 866 年 丹麦大军进入东盎格里亚（即英格兰）。

● 公元 867 年 丹麦人攻占了英格兰，攻下约克城。

● 公元 878 年 英格兰西南部的西撒克斯国王阿尔弗雷德在爱丁顿战役中击败丹麦人。

● 公元 882 年 奥列格将基辅定为罗斯国首都，罗斯国将从芬兰湾扩张到黑海。

● 公元 911 年 昏庸者查理与维京人签订条约，允许他们在诺曼底居住。

● 公元 954 年 约克城的最后

一位维京人国王血斧埃里克在圣莫尔战役中被杀。

● 公元 965 年 丹麦的蓝牙哈罗德成为斯堪的那维亚第一位君主，并接受洗礼成为基督徒。

● 约公元 986 年 红发埃里克在格陵兰建立维京人的据点。

● 约 1000 年 格陵兰岛的维京人在北美海岸纽芬兰的朗索美多斯建立了一个短期的据点。

● 公元 1013 年 在八字胡斯汶的率领下，丹麦人入侵英格兰。

● 公元 1016 年 斯汶的孙子卡努特被宣布为英格兰国王。

复活节岛上的石像，学者们至今仍在探讨这些石像的真正含义。

赖的季风和平静的海面允许人们进行长途海上航行。能够得到的证据表明，这些殖民活动都是经过航海者深思熟虑的，他们制订的是相当精确的航海路线。

波利尼西亚人与东南亚人语言之间的相似性确切地证明，太平洋的定居者来自于东南亚，这一情况或许在 3500 年以前就已经发生了。驾驶着独木舟的移民随身带来了颇具特色的陶器制作技术和包括香蕉、面包果、椰子在内的可食用的作物，以及当地饲养的鸡、狗和猪。

毛利人传统的护身符，用绿玉制成。新西兰是公元第一个千年里，在南太平洋定居的波利尼西亚人登陆的最后一块主要陆地。

公元前 1000 年，这些新来到的移民就开始在斐济、汤加、萨摩亚定居。在一段时间里，或许由于缺少可用的黏土，陶器制作技术失传了，定居者就用贝壳和葫芦代替陶器。而波利尼西亚的农业和渔业文化得到发展，这一文化有着自己特有的工具，如贝壳、珊瑚以及石器。从汤加和萨摩亚地区开始，波利尼西亚文化在公元前 300 年传播到马克萨斯群岛。马克萨斯群岛十分有利于文化的传播，因为它地处"波利尼西亚三角区"的中心地带，三角区的三个角分别是复活节岛、夏威夷和新西兰。

复活节岛是这三个角中最早有人定居的地方，时间大约在公元 300 年。在这个丛林密布的岛屿上，殖民者建立了一种给人留下深刻印象的神秘文化，他们建造了巨大的石像并拥有大洋洲唯一的书写文字。大约一个世纪以后，航海者完成了长达 3800 公里的通向夏威夷

发现之旅

过去，人们经常认为波利尼西亚人是在所谓的"漂流"过程中无意中完成他们的发现的。然而，现在通过计算机对海流的模拟，并借助复原的独木舟（右图）的测试，人们认为上述解释无疑是错误的。现在的一些学者认为，航海者或许有一种精确的方法以提高他们在海上航行的存活率。他们相信，航海者先是等待正常风向（从东向西）的转变，然后向东航行，以期发现陆地。如果他们失败了，

当风向再次变回正常时，他们的回家之旅就会变得更为容易。航海者通过辨识自然迹象航行，他们跟随生活在陆地上的鸟群，寻找着在岛屿上空形成的特殊的云层，同时也注意海浪的变化。在夜间，他们观察天空的星象，朝海平面上所熟知的星星升起的地方航行。

群岛的航行。夏威夷群岛是一组草木繁茂的火山岩岛屿，周围是有着大量鱼类出没的珊瑚礁。

当公元 800 年波利尼西亚人到达新西兰时，他们发现了一个不同的世界。那里没有珊瑚礁，寒冷的气候也不易生长常见的作物。定居者的日常食物是甘薯和当地所产的一种巨大的根茎，这种根茎需要煮几天才能食用。

尽管猪和鸡在海上的航行中都已死去，但定居者还是发现了其他的肉类。由于新西兰长期孤悬海上，再加上食肉动物的稀少，这里的一些鸟类失去了飞行的能力。最明显的是新西兰的恐鸟，它有 19 个种类，最大的一种高达 3.5 米。起初恐鸟的数量巨大，定居者只需吃掉它的腿，其他部分则被丢弃。后来恐鸟被大量捕杀，濒临灭绝。

殖民者建立了部落，每个部落以载他们而来的独木舟的名字命名（在与欧洲人接触之前，他们并不称自己为毛利人）。直到 13 世纪，他们仍然生活在小型和分散的群体中。然而，随着人口的增长，对日益减少的食物的争夺产生了以堡垒为基础的军事社会。

俄罗斯的诞生

公元 860 年，一支被拜占庭人称为瓦兰吉亚人的瑞典维京人舰队袭击了君士坦丁堡。长期以来，瓦兰吉亚人一直是生活在波罗的海和黑海之间诸多河流上游丛林地带的斯拉夫部落居民的领主。在随后的一个世纪里，瓦兰吉亚人开始与斯拉夫人通婚，建立了一个异教的商业国家罗斯，其中心是诺夫哥罗德和基辅。罗斯的主要商业伙伴是拜占庭，它从拜占庭那里接受了基督教信仰——这是未来强国俄罗斯历史上具有重大意义的一个事件。

中世纪编年史中的一幅插图，显示的是基辅大公弗拉基米尔在教堂受洗的情形。这一重大的事件有助于形成俄罗斯后来的历史。

传统上，俄罗斯的历史可以追溯到公元 862 年，这一年一个名叫卢里克的瑞典维京人建立了诺夫哥罗德城。但是，俄罗斯国家的历史比这还要早。当瓦兰吉亚人开始探索从波罗的海通往拜占庭的海路时，俄罗斯的土地上就已经居住

木头和银子

中世纪的诺夫哥罗德完全是用木头建成的。其居民生活在木头房子里，使用木制的排水管道，在木头建造的教堂中礼拜，走在表面用松木铺就的路面上，在白桦树皮或白桦木制成的木板上写字（右图）。俄罗斯的考古学家发现了保存在潮湿的地面上的 1000 多座建筑物，根据树木年代学（一种通过树木的年轮来断定日期的科学）的测定，现存最古老的用木头铺成的街道修建于公元 953 年左右。在其中的一些街道上，甚至铺有 25 层木材。考古发掘出了许多银币，这些银币铸造于中亚，是瓦兰吉亚人用皮毛和其他货物交换而来的。这些银币是东欧的标准货币，它也成为维京人地位的象征。一位 10 世纪的阿拉伯作家写到，一个瓦兰吉亚妇女若戴上一条银项链，就要花去她丈夫 1 万枚银币。

着来自东部的斯拉夫人。瓦兰吉亚人很快统治了这一地区，并主宰了将货物运送到拜占庭的市场。这些货物大都产自林地，有皮毛、木材和蜂蜜，甚至还包括被俘虏的斯拉夫奴隶。

根据俄罗斯的编年史记载，斯拉夫人在公元9世纪中期将瓦兰吉亚人赶了出去，但不久他们就陷入分裂之中，以至于又请求维京人再次回来做他们的统治者。这一事件导致了卢里克建立诺夫哥罗德城，该城位于今天圣彼得堡的南部。20年之后，卢里克的继任者奥列格攻下了基辅，将之作为国家的都城。

奥列格最著名的事迹是率领一支舰队进攻君士坦丁堡，据称其中一些船只被开到岸上，装上轮子用来攻击城市的防御工事。不管这一故事的真实程度如何，奥列格成功地从拜占庭人手中获得了有利的商业特权。

当公元988年俄罗斯皈依基督教时，其统治者选择的是拜占庭的东正教信仰。

与拜占庭的商业往来，使瓦兰吉亚人接触到基督教。王室里第一个皈依基督教的是基辅国君的寡妻、斯维亚托斯拉夫的母亲奥尔迦，斯维亚托斯拉夫是第一位具有斯拉夫人名字的基辅大公。斯维亚托斯拉夫喜好以前的北欧神，他的军事性的异教信仰起初也被他的儿子弗拉基米尔继承。然而公元988年，即弗拉基米尔登上王位后的第11年，他下令所有的臣民都必须皈依基督教。

开元盛世前的唐朝

仁寿四年（公元604年），隋文帝去世，太子杨广继位，史称隋炀帝。在还是太子的时候，杨广就是一个很有作为的人，尤其以英勇善战而闻名。当年，20岁的杨广在消灭南方陈朝的战争中拜为隋朝兵马都讨大元帅，为战争的胜利作出了重要的贡献。他在位期间修建大运河，营造东都洛阳城，开创科举制度，三征高句丽。但是，雄才大略的隋炀帝过于急功近利，结果致使用民过度，激起了农民的大规模反抗。大业七年（公元611年），山东邹平人王薄在长白山首先率众起义。其后数年之间，农民起义的烽火迅速燃遍了隋朝江山，起义队伍多达百余支，而起义人数也达到了百万之众。隋炀帝见天下大乱，不免心灰意冷，为逃避强烈的失落感和政务上巨大的压力，而选择沉湎享乐，整日杯不离手。这时，地方的官吏也开始纷纷割据，一时间，隋朝的统治陷入了风雨飘摇之中。

在中国历史上取代隋朝统治的是唐朝。唐朝皇帝李氏是关陇望族之一，其先祖李虎在西魏时被封为唐国公，后来，他的孙子李渊即以此世袭的封号来为自己所建立的新王朝命名。隋炀帝统治后期，天下大乱，但是政治识见非常敏锐的李渊没有贸然行事，他一方面通过自污的方式来消除隋炀帝对自己的警惕，另一方面则暗中进行着积极的准备，一旦时机成熟，就立即果敢地发起军事行动来图谋自己的霸业。起兵之后，李渊一方面与北方的突厥议和，一方面与盘踞在洛阳的起义军首领李密修好，从而令自己的势力在关中地区获得了迅速的发展。

彩绘贴金武官俑　唐
此俑所穿铠甲颜色华丽，边缘绘绿、红、蓝等色构成的宝相花纹。

李渊像

在举兵之初，李渊仍打着尊隋的旗号，他在长安立隋炀帝的长孙杨侑为皇帝，而尊隋炀帝为太上皇。隋炀帝在江都被杀之后，杨侑很快逊位，李渊则登上皇帝的宝座，建立了大唐王朝，时为公元618年。

李渊称帝之后，天下远未太平，他所控制的主要地区还只有关中一带。在隋朝灭亡前后，争相称帝的有十数人之多，但是经过数年的兼并战争，到武德七年（公元624年），唐朝获得了最终的胜利，确立了自身在全国的统治地位。在唐朝的统一过程中，贡献最大的是李渊的次子李世民。按照中国的传统，李渊的长子李建成被立为太子，然而他的才能和势力都与李世民有着相当的差距，因此，兄弟之间为了谋取储位而展开了愈来愈激烈的斗争，同时参与储位之争的还有李渊的四子李元吉。最后，这场储位之争以一次流血冲突而告终，李世民在玄武门伏杀了李建成和李元吉，夺取了彻底的胜利。

玄武门之变后不久，李世民就接替父亲登上了皇位，即中国历史上赫赫有名的唐太宗。李世民登基的次年，即公元627年，改年号为贞观。虽然李世民的皇帝身份是以一种非常方式取得的，但是他在即位之后却表现出了高度的责任感，在位23年间，励精图治，开明贤达，使得唐王朝走上了井井有条的发展道路。

唐太宗高度重视人民的力量，中国古代关于君民关系有过这样的比喻：国君好比是舟，而人民则是水，水能载舟，亦能覆舟，唐太宗对这一比喻深以为然。经过隋炀帝的大肆征敛和隋末唐初战乱的严重破坏，唐朝初年，天下疲敝，民众的生活普遍都很清苦，在这样的情形下，唐太宗特别注意与民休息，将百姓的税赋定在了非常低的水平上，而他自身在生活上也能做到克勤克俭，鲜有为了满足自己的奢欲而无所顾忌地耗损国家钱财的事情发生。

唐太宗在位期间尤其为人称道的一种表现就是他的善于纳谏，他对魏徵的重用更是历来被传为美谈。魏徵原来是李建成的部下，曾劝说李建成早日除掉李世民。李建成死后，唐太宗将魏徵找来，质问道："你为什么要挑拨我们兄弟间的关系呢？"魏徵坦然答道："因为我那时是太子的手下，必然要尽心为太子考虑，可惜的是太子没有听从我的话，不然也不会有今天的结果了。"唐太宗并没有因此而怪罪魏徵，反而对他委以要职。其后，魏徵成为太宗一朝最为重要的谏臣，不仅上谏的次数多，而且几乎全都切中肯綮，尤其令人欣慰的是，这些谏策绝大多数都为唐太宗所采纳，而这当然对国家的治理起到了相当大的改善和促进作用。特别可贵的

魏徵古帖

魏徵常说乱世见忠节，板荡识诚臣。全唐诗收其诗仅一首，传世墨迹也只此一件，弥见珍贵。传说唐初虞世南书名远播，太子李世民从其学"戈"法，一日，李世民将写"戬"字，空书右半边"戈"旁，召虞世南补写。之后拿给魏徵看，并说："朕学虞世南，似乎已尽其法。"魏徵细看一番，评曰："天笔所临，万象不能逃其形，非臣书所可仰。今仰观圣作。惟'戬'字'戈'法逼真。"李世民大加赞叹，可见魏徵书法鉴赏力之高。

是，魏徵能够犯颜直谏，在陈说自己正确见解的时候可以不顾自身的安危，甚至也不顾及唐太宗的脸面和感受。唐太宗曾经因此很为恼火，想要惩治一下魏徵，但是冷静下来之后，反而觉出魏徵的可敬。魏徵去世的时候，唐太宗感到十分悲痛，并且说自己由此而失去了一面可以用来明得失的镜子。

唐太宗统治时期，中国出现了历史上少有的升平景象，天下太平，人民安居，盗贼不作，四方乐业，后世称此为"贞观之治"。

贞观二十三年，即公元649年，唐太宗病逝，继位的是他的第九个儿子李治，即历

武后步辇图　唐　张萱

武则天身为女人而登上皇位，与她自身的政治能力密不可分，也与当时唐王朝开放的整体态势有一定关系，女性在唐朝的地位大有提升。

史上的唐高宗。李治在唐太宗的嫡子中名列第三，正常来讲是轮不到他继位的。可是，如同唐太宗当年一样，在他的晚年，他的儿子们围绕储君的位置也展开了明争暗夺，争夺的双方就是太子李承乾和嫡次子李泰。为了避免自己的子孙再发生流血的冲突，唐太宗索性将汲汲于储君之位的两个儿子全部废弃，而改立性情仁懦的嫡三子李治为太子。

李治继位后，基本沿袭着贞观年间的各项制度，唐朝的国力进一步向前发展。而在唐高宗之后，

武则天与乾陵

乾陵坐落在陕西梁山之巅，距西安80千米。一代女皇武则天和她的丈夫合葬在这里。"乾"是天的意思，按八卦方位，梁山在京城西北，正处在"乾"的方位上，故名乾陵。乾陵所在州县亦随之改称乾州和乾县。陵园海拔千米以上，原有内外两重城墙，内城围墙周长40千米，保存至今的是一组精美的大型石刻群。

武则天葬乾陵，是"头枕梁山，脚蹬渭河，卧望长安"。高岭之巅是长达700米的司马道。步行在司马道上，两边是对称排列的由124件石刻组成的石刻群：标志帝王陵墓的八棱柱形华表；象征明君盛世的祥禽瑞兽——翼马、朱雀，朱雀即鸵鸟，是阿富汗特使参加高宗李治葬礼时带来的赠品；为皇帝乘骑的鞍马，旁立牵马的侍从，神情安逸；戴冠持剑、侍卫皇帝的直阁将军，威武健硕。其中还有参加高宗葬礼的外国使者和少数民族首领的宾王石像61尊，可惜石像头部皆被人凿去。在四门外还各置蹲狮、石马，所谓"蕃王侍立层层，天马排列势欲腾"。这众多的石刻，屹立于梁山之巅，无不与山陵默契配合，构成一种磅礴的气势，一股肃穆庄严的气氛油然而生。朱雀门东侧是著名的"无字碑"。武则天预料后人将对自己褒贬不一，临终遗言："己之功过由后人评述。"因此她的纪念碑只字未刻。而人们来到乾陵，面对那空前创举的无字碑时，都不得不对1300年前的女皇帝那超越时代的政治风度赞叹不已，因为历史本身已经对武则天的功过作了最公正的评判。

中国则破天荒地出现了第一位、也是整部帝王史上唯一的女皇帝，她就是武则天。

武则天 14 岁时被唐太宗招入宫中，封为才人，也就是一种品级很低的妃子。直到唐太宗去世之时，12 年间武则天的位置一直没有得到升迁，但是与宫中其他的女官不同，武则天为自己塑造了一种极为重要的进身之阶，那也就是唐太宗晚年她与太子李治之间发生的私情。

唐太宗病逝后，依照惯例，和其他没有生育过的女官一样，武则天也被送入尼姑庵中，但是没过多久，因为她与新皇帝之间的特殊关系，就被再次接入宫中。而后，武则天通过种种手段为自己争得了皇后的位置。当上皇后，这应该说是中国古代一个女人的地位所能达到的顶点，但是武则天并没有就此罢休，而是藉着唐高宗身体病弱令她参与料理朝政的机会，逐步地培养起自己的势力，树立了自己的权威，终于在唐高宗离世之后完全把持了朝政，后来又干脆将作为傀儡皇帝的两个儿子相继废黜掉，于公元 690 年自己建号称帝，将唐朝改为周朝，开始了自己为期 15 年的皇帝生涯。

武则天以太后的身份称帝，可谓亘古未有之奇事，这当然会遭到李唐宗室和一些失意官僚的强烈抵制，而为了镇压自己的反对者，武则天采取了令人栗悚的恐怖政治，不过与此同时，武则天也充分表现出自己杰出的政治才能，特别是能够做到广开才路，破格提拔任用了一批才智之士，这些人为当时国家的兴盛作出了重要的贡献。总体上来说，武则天一朝，国家依然呈现出蒸蒸日上的繁荣态势。

武则天在晚年将政事的处置权交给张易之和张昌宗。二张恃宠作恶，引起朝臣的普遍反对，但武则天对他们多有维护，终于引发了由宰相张柬之和右羽林大将军李多祚所领导的一场军事政变。这场政变使得武则天被迫退位，将皇位交还给自己的儿子——唐中宗李显，同时也恢复了大唐的国号。不久之后，82 岁的武则天病死在洛阳上阳宫。

武则天之后，唐朝政局一度陷入动荡之中，8 年之间发生了 6 次政变，皇位四易其主，直到李隆基即位，政治局面才恢复了安定。

李隆基是武则天的小儿子李旦的三儿子，自幼胸怀大志，而且他在少小时期亲眼目睹了错综复杂的宫廷斗争，这更使得他形成了坚毅顽强的性格。唐中宗死后，李隆基立即率兵入宫，诛除了图谋篡唐的韦皇后及其党羽，同时拥戴自己的父亲李旦重新登上皇位。不久之后，李旦自居太上皇，李隆基继位，即历史上的唐玄宗。

唐玄宗是唐朝最为长寿的皇帝（不包括武则天），活了 78 岁，同时也是唐朝在位时间最长的皇帝，居于帝位长达 44 年之久，若不是安史之乱的发生，他当皇帝的时间会更长。

公元 713 年，唐玄宗抢先一步，粉碎了姑姑太平公主发动政变的图谋。同年，唐玄宗改元开元，这个年号一直用到公元 741 年。在开元年间，唐玄宗迅速稳定了动荡不安的政局，接连起用姚崇、宋璟、张九龄等数位名相，对朝中累积已久的弊政进行了强有力的修正，使得朝廷重新显现出清明的政治局面，由是开创了唐朝贞观之治后更加繁荣的"开元盛世"。

"开元盛世"是中国封建王朝繁荣的顶峰，国力达到了极盛的局面，文治武功，内政外交，均发展到无与伦比的高度。中国史学上向来汉唐并称，而实际上，开元时期的唐朝之强盛，在政治、军事、经济、文化、外交等各个方面均已超越了武帝时期的汉朝。从横向来说，开元时期的大唐帝国是当时世界上无可企及的最为强大的国家；从纵向来说，"开元盛世"是中华文明数千年发展史上最为辉煌的篇章之一。

节度使

自唐中宗年间起，朝廷开始在边镇设置节度使，作为常设的军事长官。开元年间，节度使的设置越来越多。至天宝元年（公元 742 年），全国共分设了九道节度使，领兵 40 万。节度使逐渐成为集行政、财富、军事大权于一身的最高长官，由此埋下了藩镇坐大的祸根。

安史之乱后的唐朝

唐代立国之后，经过几代雄主的大力开拓，国势大增，文治武功在唐玄宗开元年间达至鼎盛状态，中国进入了空前的盛世，但鼎盛背后也潜伏着危机。公元742年，唐玄宗改元天宝，唐朝由此进入了天宝年间，也就是这一年，唐玄宗任命安禄山为平卢节度使，种下了"安史之乱"的祸根。天宝时期，承平日久，国家稳定，政局无事，唐玄宗由此开始注重安逸享乐，逐渐丧失了向上求治的精神。唐玄宗统治后期，更加耽于享乐，将个人精力主要用在了宠幸杨贵妃身上，并且开始挥金如土，由早年的生活简朴转变为铺张浪费，在政事上更是任用奸臣，把国政先后交由李林甫、杨国忠把持。李林甫

宫中乐舞俑　唐
这组乐舞俑均跪坐或盘坐，手中分别持筚篥、拍板、横笛、排笙、琵琶、箫等乐器，作演奏状。唐代宫廷的表演艺术融会了中外许多民族的乐舞，新编乐舞极为活跃。

曾专权达19年，由于极会察颜观色，深得玄宗信任，最后坐上了宰相之位。李林甫是个口蜜腹剑的小人，他排斥忠良，杜绝言路。而杨国忠是杨贵妃的族兄，因杨贵妃的得宠而出任宰相，继李林甫之后开始独霸朝纲，胡作非为。以李林甫和杨国忠为代表，天宝年间佞臣当道，国事日非。而统治阶级的腐朽加重了人民的负担，使广大人民处在水深火热之中。

统治阶级内部的腐败加快了安史之乱的到来，而募兵制和节度使制度的形成也与安史之乱的发生有着重要的关系。开元年间在经济空前繁荣的同时，土地兼并现象也越来越严重，这使均田制遭到破坏，而兵农合一的府兵制是以均田制为基础的，均田制的破坏使府兵制也不能维持下去。因此，唐玄宗起便不得不以募兵制来代替府兵制，这些召募来的职业军人受地方军阀的收买笼络，和将领形成一种盘根错节、牢不可分的特殊关系。从唐太宗、唐高宗时期开始的屡次开疆拓土、对外征战，使唐王朝拥有了一个极为辽阔的疆域，为了加强中央对边疆的控制，开元十年（公元723年），唐玄宗在边疆地带设立了10个兵镇，由9个节度使和1个经略使管理。每镇的节度使管辖数州，他不仅管理辖区军事，而且兼领按察使、安抚使、支度使等职，因此本地的行政、财政、人民户口、土地等大权均由一个人掌握，原为地方长官的州刺史变成了节度使的部属。募兵制和节度使制度使唐朝形成了外重内轻的军事局面，中央政权的弱化使地方割据势力逐渐抬头，渐渐形成了地方威胁中央的危机。

明皇幸蜀图　唐　李昭道
此图描绘唐玄宗为避安史之乱而行于蜀中的情景，画中山石峻立，着唐装的人物艰难行于途中。

安禄山像

天宝三载（公元 744 年），安禄山兼任范阳节度使，天宝九载（公元 750 年）又受封东平郡王，天宝十载（公元 751 年）兼领河东节度使。这时候的安禄山已经拥兵 18 万，占全国兵力的三分之一，而中央禁军才不过 12 万，膨胀的权力使安禄山滋生了取唐朝而代之的野心。发动安史之乱的另一主要人物史思明，与安禄山从小相识，感情较好，他以骁勇善战而闻名，因军功而使职位得到屡次升迁。安禄山是三镇节度使，史思明为平卢兵马兼北平太守、充卢龙军使。共同的野心使两人狼狈为奸。天宝十四载（公元 755 年），两人联合同罗、奚、契丹、室韦、突厥等组成联军 15 万，号称 20 万大军，以"忧国之危"为口号，声称奉密诏讨伐杨国忠，在范阳起兵，迅速席卷全国，持续八年之久的安史之乱由此爆发。

到安史之乱之时，唐朝已经久不用兵，将骄兵惰，军无斗志，再加上唐玄宗听了监军宦官的诬告，以"失律丧师"之罪处斩杀了封常清、高仙芝等名将，以至于军无良将可用。叛军气势非常之高，一路势如破竹，只用了短短的 34 天就攻下了洛阳。天宝十五载（公元 756 年）正月初一，安禄山在洛阳称大燕皇帝，改元圣武。唐玄宗任命哥舒翰为统帅，镇守潼关，本可利用地理优势死守，但唐玄宗太过心急，一心只想尽快平定叛乱，草率命令哥舒翰出兵，结果 20 万大军出征却以惨败收场。安禄山破潼关，活捉守将哥舒翰，直入长安。六月十三日凌晨，唐玄宗带着杨贵妃和一批皇子皇孙，在将军陈玄礼和禁卫军护送下，悄悄地打开宫门，逃出了长安。第三天到达马嵬驿，随行的将士又饿又累，心气难平，因此，龙武大将军陈玄礼带士兵向玄宗请杀奸相杨国忠和杨贵妃。杨国忠被士兵砍死之后，情绪激昂的士兵又包围了唐玄宗所住驿馆，要求杀死杨贵妃，唐玄宗迫于无奈，只好让高力士缢死了杨贵妃，这就是历史上的"马嵬驿兵变"。马嵬驿兵变后，唐玄宗任命太子李亨为天下兵马大元帅，领朔方、河东、平卢节度使，负责平定叛军，玄宗继续西逃，而李亨被百姓所留，与玄宗分道。七月十二日，李亨在灵武被拥立即位，史称唐肃宗（公元 756 年~762 年在位），遥尊玄宗为太上皇，改年号为至德。不久，郭子仪领兵 5 万来到灵武，支持唐肃宗平定叛乱。

唐肃宗至德二载（公元 757 年）正月，安禄山被其子安庆绪所杀，安庆绪自立为帝，改元载初。史思明手

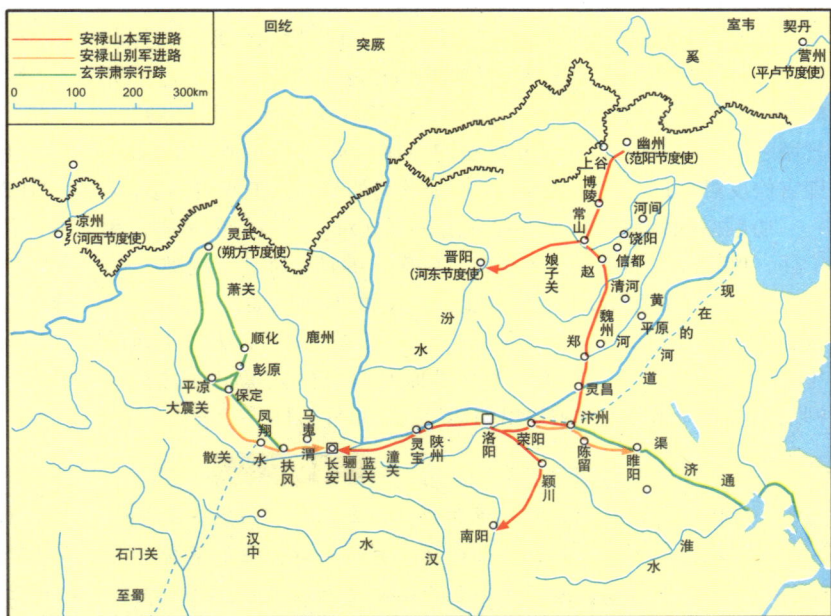
安史之乱示意图

握重兵，又老奸巨猾，根本不把安庆绪放在眼里，叛军内部出现分裂。恰在这时，史思明向唐军表示愿意归降，以所领13郡及8万军队降唐，唐封他为归义王，任范阳节度使。但唐朝对史思明并不放心，打算消灭他，不料计划外泄，史思明复叛，与安庆绪的叛军遥相声援。乾元元年（公元758年），安庆绪被史思明杀害，三年之后，史思明又被其子史朝义所杀，叛军内部出现动荡，之后两军作战，屡为唐军所败。在郭子仪和李光弼的指挥下，经过8年的艰苦战争，到公元763年，安史之乱终于被彻底平息。

安史之乱的后果是十分严重的，它使得唐朝由盛转衰。安史之乱后实际上统一的中央王朝已经无力再控制地方，藩镇割据遍及全国。唐朝的政局也陷入混乱之中，宦官专权于中央，朝臣朋党又争得不可开交。

宦官专权的根本原因是他们掌握了军权，安史之乱中，肃宗在灵武即位，为了平叛而成立了元帅府，由李豫与郭子仪为正副元帅，宦官李辅国为元帅府行军司马和兵部尚书。肃宗死后，李辅国、程元振拥立代宗（公元762~780年在位），权势更盛，皇帝成为了傀儡。自代宗开始，还以宦官二人为内枢密使，掌管军政机要，名义上是"承受诏旨，出纳王命"，实际上是代替皇帝裁决政务。唐后期掌握朝廷军政大权的两枢密和两中尉，合称"四贵"。除"四贵"外，宦官还在宫廷担任其他重要职位，侵夺了朝廷官僚的权力，又在地方充任监军，权力甚至超过了节度使。宦官大权在握，不仅制定国策，赏罚朝臣，进退将相，甚至操纵皇帝的生死废立。唐顺宗（公元805~806年在位）以后的10个皇帝，除顺宗、敬宗以皇太子身份继位外，其余8个皇帝都是由宦官拥立的。

宦官专权不仅使皇帝成为傀儡，而且他们操纵朝政，打压朝臣；朝臣为了维护唐皇室的统治而不断想方设法反对宦官，宦官和朝臣之间的斗争贯穿于唐朝后期。在唐朝，朝廷官僚的衙门设在皇城，位于宫城之南，称"南衙"；宦官机构衙门设在宫城，位于皇城之北，称"北司"，历史上的南衙北司之争，即官僚反对宦官专权的斗争，其中最著名的是"二王八司马事件"和"甘露之变"。

唐顺宗深知宦官跋扈专权和藩镇割据对中央政权的危害，因此他即位之后立即起用王叔文、王伾、柳宗元、刘禹锡、韦执谊、韩泰、韩晔、陈谏、凌准、程异等人着手进行改革，决定打击宦官势力、革新政治，希望以此改变国家的艰难局面，史称"永贞革新"。但是，这一改革遭到了宦官集团的强烈抵制。不久之后，唐顺宗意外中风，失去了执政能力，长子李纯（公元806~821年在位）取而代之，致使顺宗被幽禁而死，而这场革新也随之宣告失败，王叔文、王伾被贬黜南方，柳宗元、刘禹锡等人也被逐出朝廷。这一事件史称"二王八司马事件"。

三彩宦官俑　唐
中国高度集权的政治体制为宦官乱政提供了环境和条件，宦官专权的历史由来已久。此宦官俑头部仰起，双拳紧握，一副大权在握的得意表情。

藩镇割据

唐代安史之乱后，部分节度使凭借自己手中的兵权、财权和中央政权相对抗。这种局面首先出现在唐代宗时期，叛乱的降将割据一方，他们不受中央政令的管辖，而且彼此间征战不已。在唐中后期，藩镇势力与中央朝廷互有消长，当中央政权比较强大时，就会想方设法打击藩镇；中央政权比较弱小时，藩镇就会更跋扈一些。

被宦官所控制的皇帝中，并非所有的皇帝都软弱无能，任由宦官胡作非为。有的皇帝试图铲除宦官势力，掌握权力，重振当年祖上的荣光，其中最著名的就是唐文宗所发动的"甘露之变"。太和九年（公元 835 年）十一月二十一日，唐文宗在大明宫紫宸殿与宰相李训等人商议，策划诛灭宦官，夺回皇帝丧失的权力。随后便以观看祥瑞之兆的甘露为名，将仇士良、鱼弘志等宦官召到禁卫军的后院，想趁其不备将其杀死，但金吾将军韩约神色慌张，引起了仇士良的注意，又因发现许多手持武器的士兵，遂察觉事变而逃跑，结果李训、王涯、舒元舆、王璠、郭行余、罗立言、李孝本、韩约等朝廷重要官员均被宦官杀死，其家人也受到牵连而灭门，株连甚众。

在与宦官专权斗争的日子里，朝臣中反对宦官的大都遭到排挤打压，而依附宦官的又分为两派，即以牛僧孺为首领的牛党和以李德裕为首领的李党。这两派官员互相打压，相互倾轧，争吵不休，闹了将近 40 年。尽管牛、李两党在选择官僚的途径、藩镇应否打击等问题上意见不和，但作为官僚大地主，他们谁也不敢触及土地兼并、赋役苛暴、政治黑暗等实质性的问题。他们只是为了排除异己，打击对方，壮大自己，执掌朝政，这使得本就岌岌可危的唐王朝在统治阶级内部的争吵不休中更加迅速地走向衰亡。

唐朝末期，统治阶层穷奢极欲，政治极度腐败，达到了无官不贪、无吏不污的恶劣局面，这使得广大人民苦不堪言，终于引发了大规模的农民起义。唐僖宗广明二年（公元 880 年），黄巢率起义军攻入都城长安，登皇帝位，建号大齐，改元金统。不过，当时唐王朝实力尚存，黄巢入长安三年之后又被迫撤出，后来兵败自刎。尽管黄巢起义失败了，但唐王朝经此重创，江河日下之势再无挽回之余地。公元 907 年，藩镇将领朱温代唐自立，改国号为梁，唐朝由此灭亡。

隋唐时期的政治制度

隋文帝杨坚取周而自代是北周王朝内部深刻的矛盾最后激发的结果，他建隋以后，深感旧的政治制度存在着严重的危险性，而为了维护和稳固自己的统治，就必须对现有的政治制度进行改革。由此，隋文帝创立了一项新的重要的政治制度——三省六部制，它是加强中央集权的表现。开皇元年（公元 581 年），隋文帝废除了不合时宜的北周六官制，基本上确立了三省六部制。三省即内史省、门下省、尚书省，三省均是最高的政务机构，其中内史省负责决策，门下省负责审议，尚书省负责执行，三省分工明确，各自独立，又相互牵涉，每部的最高领导是尚书，总管本部政务；尚书省之下设立了吏、度支（后改为户部）、礼、兵、都官（后改为刑部）、工六部。三省六部制自隋定制，一直沿袭到清朝。杨坚在中央确立了三省六部制之后，又开始着手对地方机构进行改革。在地方，行政等级的划分原为州、郡、县三级，开皇三年（公元 583 年），杨坚听取了河南道行台兵部尚书杨尚希的建议，废除了郡，地方改为州、县二级制，以州直接管辖县。隋代，州的长官每年年底都要进京述职，称为朝集使；朝廷则派司隶台官员或别使巡省地方。

唐承隋制，中央机构依然实行三省六部制，但对其进行了较多的完善。唐代三省是尚书省、门下省、中书省，其中尚书省是最高的行政机构，

杨坚像

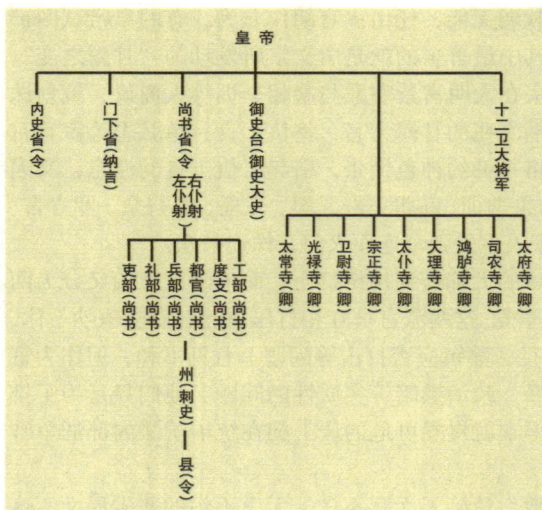

隋三省六部制简表

负责执行国家的重要政令，省下设立吏、户、礼、兵、刑、工六部；门下省是审议机构，负责审核政令；中书省是决策机构，负责草拟和颁发皇帝的诏令。中书省长官在隋朝称为内史令，唐朝改称中书令，副职称中书侍郎；门下省长官在隋朝称为纳言，唐朝改称侍中，副职称门下侍郎；尚书省长官称为尚书令，副职称尚书仆射，但由于唐太宗在当皇帝之前曾担任尚书令这一职务，因此在其之后的唐朝，尚书令的官职轻易不授，而以尚书仆射为尚书省的长官。

在地方行政制度方面，唐初是沿袭隋制，地方行政等级仍实行州、县两级，但进行了大幅度的调整和创新。在重要的地方和京都地区设立了府，边远军事重地设立了都护府，是管理归附的周边少数民族事务的机构。贞观年间，唐太宗把天下分为10道，重新划分了全国的地理区域和州、县归属，中央会定时派遣官员分赴各道监察各州县。唐玄宗时把原全国10道增至15道。唐肃宗时在各道设置观察处置使，成为固定官职，并很快成为统辖一道、以治民为主兼理军政的高级地方行政长官。于是原为州、县两级的地方行政体制转变为道、州、县三级，这也使得地方权力逐渐膨胀，为以后的藩镇割据埋下了祸根。

在军制方面，杨坚为维护和巩固统治地位，对府兵制进行了重要改革。府兵制创立于南北朝时代，府兵制的士兵另设军籍，不编入一般民户。开皇十年（公元590年），杨坚颁布诏令，规定府兵中的军人编入户籍，现在府兵中的普通军户编入民户，归他们所在的州县管辖，其中军人和民户一样按照均田法令保有或者分得一份土地，平时从事农业生产，但府兵可以免除租赋以及各种徭役。隋文帝对府兵制的改革措施，改变了过去兵民分治的旧制，而实行兵民合治，完成了"兵农合一"，使府兵制和均田制更好地结合在一起，使府兵制成为建立在均田制基础之上的军事制度，从而巩固了府兵制，加强了中央集权。在唐代，府兵制在太宗时期和高宗前期曾有效地执行，但自高宗后期开始到武则天时，均田制逐渐被破坏，建立在均田制基础之上的府兵制就维持不下去了。开元十一年（公元723年），唐玄宗采纳了宰相张说的军事改革主张，废除了府兵制，建立募兵制，从关内招募军士12万人充当卫士。

田制方面，隋文帝杨坚推行均田制。为稳定国家赋税收入，隋文帝开始整顿户籍，实行了"大索貌阅法"和"输籍定样"。"大索貌阅法"是对户口的规定，要求官吏根据相貌来经常检查户口；"输籍定样"是对户等的规定，主要是针对地方豪强及其

保闾制度

隋文帝即位之初，就制定了保闾制度，以加强政府对于户口的控制，进而扩大税源。保闾制度规定，县以下五家为一保，五保为一闾，四闾为一族。设置保长、闾正、族正等职，分级负责检查户口。公元585年，又下令在全国整顿户籍，要求各州县按照户籍上的资料逐户核对，如有谎报掉队以逃避课役的情况，一经查出，其保长、闾正、族正等都要受到处罚。朝廷鼓励民间互相检举不实的户籍情况。同时，规定自堂兄弟以下都必须分居，另立户籍。这些措施完善了封建的户籍制度，打击了豪强的经济势力，也使国家的赋税大大增加。

依附民的，由中央政府确定划分户等的标准，按照户等高下承担不同的赋税量。隋朝的经济繁荣，与"大索貌阅法"和"输籍定样"有着密切的关系。在唐代，土地依然实行均田制，在均田制基础上实行租庸调法。"租"是配给人民以耕种的田地；"庸"即是役，是人民需要承担的国家义务劳役；"调"是各地人民献给中央的丝织和麻等物。武则天之后，均田制受到破坏，土地兼并严重，安史之乱后，赋税制度更加混乱，因此，唐德宗建中元年（公元 780 年），宰相杨炎建议实行"两税法"，以"量出为入"作为其制定税收总额的原则。两税法将过去的租庸调和户税、地税以及各项杂税合并为户税和地税，既不分主户客户，也不分定居或行商，所有居民一律在所居之地征纳两税。两税法有助于改变赋税不均的现象，也使得唐朝的财政状况有了很大的改善。

在律法方面，隋文帝制订了《开皇律》。北周刑法不仅繁杂，而且苛酷无情。开皇元年，隋文帝命高颎、郑译、杨素、裴政等人在北魏、北周旧律的基础上改定新律。开皇三年（583 年），他又因为感到"律尚严密，故人多陷罪，每年断狱，犹至万数"，再次诏令苏威、牛弘等人以删繁就简的原则修改律法，于是形成了历史上著名的《开皇律》。《开皇律》废除了过去的严刑苛法，完善了封建的刑律制度，成为后来的《唐律》甚至明朝法律的蓝本，在中国法制史上占有重要的地位。

唐代科举制

唐代科举制的完备：唐朝考生来源有生徒和乡贡两种。唐代科举分制举和常举。制举由皇帝下诏举行，以待特别之才，随时设科，常见的有博学宏辞科、贤良方正科等。文宗后废除制举。常举分秀才、明经、进士、明法等科。唐初，秀才等级最高，到太宗时便废止了；明经主要考试经义；进士科在贞观年间试策和经义，高宗时加试诗赋，到玄宗后改变为以试诗赋为主，此科后来独占重要地位。常举首先要通过礼部的考试，考中进士，只具备了做官的资格，然后还要通过吏部考试，考试合格的才授予官职。吏部先考书、判，看书写是否正整，文理是否通顺；然后考试身、言，看体貌是否俊伟，说话是否清晰。

在科举方面，隋朝之前，封建王朝对人才的选拔采取九品中正制。隋文帝为了扩大封建统治阶级的基础，满足人们参与政权的要求，加强中央集权，于是把选拔官吏的权力收归中央，决定废除九品中正制，开始采用分科考试的方式选拔官吏。开皇三年（公元 583 年）正月，隋文帝下诏全国举"贤良"；开皇十八年（公元 598 年）七月，又下诏京官五品以上的总管、刺史，以"志行修谨"、"清平干济"二科举人。到了隋炀帝时，为了更加广泛地选拔人才，他多次下诏，以科举选拔人才。隋炀帝时，中国的科举制度正式诞生了，它对中国封建王朝的影响极为深远。

尽管隋朝很快就灭亡了，可是唐朝继承了隋朝的人才选拔制度，并且将科举考试逐步完善。唐朝时期，科举考试分为常科和制科两类科目，常科定时分期举行，制科由皇帝下诏临时举行。载初元年（公元 690 年）二月，武则天亲自"策问贡人于洛成殿"，这是科举制度中殿试的开始，但在唐朝时殿试并未形成制度，直到宋朝才成定制。唐玄宗时，诗赋被加入科举考试，成为进士科主要的考试内容之一，唐玄宗曾在长安、洛阳宫殿八次亲自面试科举应试者，录取了很多有才学的人，开元年间又任用高官主持科举考试，这大大提高了科举考试的地位，以后更成为历朝定制。

文官俑　隋
官员阶层通过科举实现流动，扩大了统治阶级的基础。

隋唐时期的科技、学术与文艺

雕版印刷工具　唐

最早的印刷品

迄今发现的最早印刷品是公元868年的《金刚经》，长5米，宽2.7米。本图是卷首的图画，画上是佛陀与其弟子须菩提交谈的情景。

中国的建筑技术，在隋唐时期已经相当成熟。隋朝时期杰出的工匠李春设计和建造了举世闻名的赵州桥，这是现在世界上最古老的一座石拱桥，欧洲出现类似的桥，比赵州桥晚了700多年，在经历了1000多年岁月的洗礼之后，这座桥现在依然非常坚固。隋朝时期著名城市规划和建筑学家宇文恺设计和规划了大兴城，其布局东西两端对称，街道笔直宽阔，道路两边布有排水沟，唐朝长安城就是在隋朝大兴城的基础上改建而成的。大兴城的设计理念和布局思想，不但对中国后世的都市建设产生了重要的影响，而且对日本、朝鲜的都市建设也有着深刻的影响。

雕版印刷术是在隋唐之际发明的，这项技术为文化的广泛传播和教育的提高创造了条件，这也是世界文化史上的一件大事。佛经、历法、医药书籍、诗集、音韵书和教学用书等书籍都已用雕版印刷，现存于世的最早的雕版印刷品是公元868年印制的《金刚经》，其印刷画面精美，字体整齐，从经卷内容可以看出那时的印刷技术已经相当成熟。雕版印刷术发明之后，不仅很快在国内得到推广使用，而且在唐朝时就已经传到朝鲜半岛、日本等地区。中国还是世界上最早发明火药的国家，在唐朝中期的书籍里，已有了制作火药的配方，即使用硫磺、硝石和碳等混合配制，唐朝末年，火药开始用于军事。

隋唐时的数学成就也很显著，是中国数学史上承前启后的重要时期。唐高宗时，曾诏令撰写《十部算经》，其中有9部的内容是从以前隋唐的数学著作中选出有代表性的编辑而成，这部数学著作保留了我国历史上珍贵的数学遗产。另外，唐初的著名数学家王孝通撰写了《辑古算经》，书中列出一元三次方程式的解法，是世界数学史上的巨大成就。

《历代名画记》

中国第一部绘画通史著作，唐代张彦远著。张彦远，字爱宾，蒲州猗氏（今山西省临猗县）人。出身于收藏颇富的宰相世家，学问渊博，擅长书画。张彦远的高祖张嘉贞、曾祖张延赏、祖父张弘靖均做过宰相，对于绘画和书法都有浓厚的兴趣，张家的世交李勉父子也是身居显职，而且爱好书画。他们和当时的皇室及其他贵族一样，承继了南朝重鉴赏收藏的传统。这样的社会条件培养了张彦远对于绘画和书法的研究兴趣，他的两部著作：《历代名画记》和《书法要录》分别就绘画和书法搜集了丰富的前代的材料，尤其前一书更提出了自己的见解，是对于中国古代美术科学研究工作的重要贡献。《历代名画记》成书于大中元年（公元847年），是他盛年之力作。

在医学方面，唐朝时已采用了分科治疗。唐高宗时，政府组织人编写《唐本草》，这是世界上第一部由国家编写颁布的药典，比欧洲早了800年。唐代著名的医学家孙思邈（公元581~682年）著有《千金方》，书中著述了各种疾病的症状和治疗方法，对药物疗法作了进一步研究，对医药学知识的发展具有重要意义。

在天文学方面，最著名的人物要属刘焯（公元544~610年）和一行（公元683~727年）。刘焯所著的《皇极历》是当时最先进的历法，书中采用定朔计算方法代替原来的平朔计算方法，刘焯还观察了五大行星的位置，他认为五大行星因季节不同而有近日点和远日点。一行是唐代著名的高僧和天文学家，他主持观测了子午线的长度，这是世界上第一次进行的子午线实测，一行还以《皇极历》为基础编成了《大衍历》，较正确地掌握了太阳运行的规律，是当时世界上比较准确的历法。此外，《七曜星辰别行法》、《北斗七星护摩法》、《宿曜仪轨》等均是一行的作品。

隋文帝倡导佛教，在政府机构中设置僧官，发布诏令禁止毁坏佛像，并且大力支持翻译佛经的工作。在武则天时期，佛教更是受到极大推广，她下达了佛教在道教之上的法令，在全国各地广建庙宇，投资大量的钱财用来塑造大佛，佛教中的禅宗派就形成于此时。道教在有唐一代也受到极大的尊崇，唐宗室奉老子李耳为祖先，所以自从进入唐朝，道教在唐朝就有着特殊的地位。唐高祖李渊以道教教主后裔自居，唐太宗李世民进一步宣布李耳是李唐的祖先，太上老君名位在释迦牟尼之上，道士地位高于僧尼。唐玄宗李隆基时期道教进入极盛之时，他下诏命人画李耳像，分发各地道观，长安、洛阳招收专读《道德经》的学生，贡举加试《道德经》。同时，唐朝采取开放的文化政策，所以那时，外来宗教也受到尊重。

唐朝是我国封建文学发展的高峰，在百花齐放的唐朝文学中，诗歌最为光彩夺目，《全唐诗》中集有诗歌48900多首，作者达2300多人。唐朝诗歌的普及程度是空前的，上自皇帝、王公贵族、官僚、士大夫，下至舟子、樵夫、牧童、僧尼、道士、婢妾、妓女，能诗者比比皆是。在普及的基础上，唐朝诗歌的水平也发展到登峰造极的地步，在2000多位诗人中，有自己的独特风格，形成流派的大家，可以数出的就有数十人之多，如百花园中的群芳，万紫千红，争奇斗艳，这在世界诗歌发展史上是极为罕见的。诞生于盛唐时期的大诗人李白和杜甫，分别被誉为"诗仙"和"诗圣"，其众多诗作流传至今，取得的巨大成就千百年来都令人赞不绝口。诗歌经唐人的努力，几乎开发殆尽，此后历代虽然不乏著名的诗人，但就一个时代的诗歌成就来讲，再未超越唐朝。

隋唐时期，南方书法开始崛起，南方飘逸潇洒的书法开始压倒北方拘谨保守的风格而成为书法艺术的主流。在唐太宗的提倡之下，二王书法被提高为全国的正宗。虞世南、褚遂良、

太白醉酒图　清　改琦
唐代大诗人杜甫于唐玄宗天宝五载（公元746年）初至长安，分咏当时八位著名酒徒的个人性情和艺术成就。其中有这样的诗句"李白斗酒诗百篇，长安市上酒家眠。天子呼来不上船，自称臣是酒中仙"，淋漓尽致地描绘了李白作为"诗仙"的狂傲和放逸不拘。此图是清代著名画家改琦为这一诗句所作的人物画，再现了李白的洒脱和轻狂。

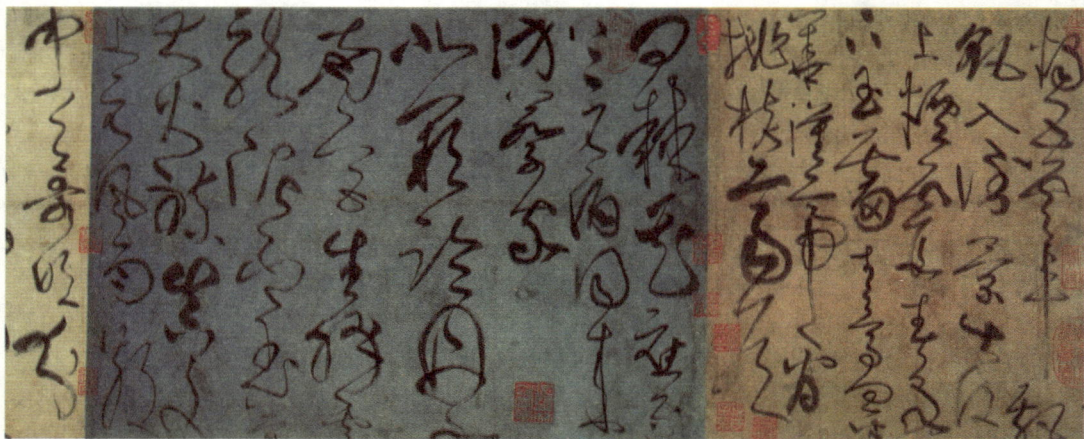

古诗四帖 唐 张旭

张旭擅长草书，有"草圣"之誉。宋黄伯思《东观馀论》评他的书法"纵心而不迁规矩，妄行而不迂大方"，指他的狂逸草书实有着严密的法度。此件书法气势奔放纵逸，笔画连绵不断，且字形变化丰富。前人多有赞誉，如明丰道生云："行笔如从空掷下，俊逸流畅焕乎天光，若非人力所写。"

庄园生活图 唐 敦煌石窟

图中表现的是具有西北地方色彩的地主庄园。一座二层门楼围绕着回廊的院落里，殿阁内富者坐在胡床上，主妇在院中吩咐指点。侍仆们忙碌地出出进进。院外宽阔的马圈里拴着肥壮的马匹，饲养者肩扛着扫帚，端着饲料走近墙边，附近的田野里雇农正紧张地犁地，生活气息浓厚。

欧阳询、薛稷四人被称为初唐四大书法家。盛唐之时，颜真卿（公元709~约784年）创立了气势雄浑的"颜体"，中晚唐之际的柳公权（公元778~865年）创立了骨力劲健的"柳体"，人称"颜筋柳骨"。唐朝草书成就也很高，最著名的草书家有张旭（生卒年不详）和怀素（公元725~785年）二人。张旭经常喝得大醉，呼叫狂走，然后落笔成书，甚至以头发蘸墨书写；怀素狂草圆劲有力，使转如环，奔放流畅，一气呵成，后世称两人"张颠素狂"或"颠张醉素"。

隋唐的绘画在我国绘画史上占有重要地位，绘画题材丰富广泛，除人物画外，山水画和花鸟画已逐渐发展成为独立画科。隋朝的画家展子虔（约公元550~604年）善画佛道、人物、山水、殿阁、马匹等画，尤其以山水画著名，有"远近山川，咫尺千里"之称，其代表作《游春图》是中国绘画史上的精品。唐朝的最著名的人物画家阎立本（约公元601~673年）有"丹青神化"之誉，流传下来的代表作有《历代帝王图》、《步辇图》等。"画圣"吴道子（约公元680~759年），作品丰富，仅长安、洛阳寺观中的壁画就有300多壁，传世作品《天王送子图》神情生动逼真，人物衣带飘飘若飞，形成了"吴带当风"的独特风格。

隋唐壁画成就当属莫高窟，现存486窟中，有60%到70%是隋唐开凿的，隋唐刻画的佛像和壁画也是其中最为精美的。壁画总面积有45000多平方米，内容包罗万象，以佛教故事题材为主，也有部分是反映唐朝社会生活各个方面的，如贵族官吏的豪华生活、普通劳动人民的日常生活等。隋唐壁画构图严密，色彩富丽，画笔遒劲，形象生动，具有极高的艺术成就。

隋唐时期的乐舞结合了各民族的特点，并积极吸收了外来乐舞的优美成分，形成了中国乐舞历史上发展的一个高峰时期，也成为当时社会娱乐的重要组成部分。政府的推广政策使乐舞极为普遍，成为雅俗共赏的艺术，创造出风格多样、优美和谐的中国民族音乐和舞蹈。隋文帝时开始将乐舞整理归类，隋炀帝定制九部乐，唐太宗又将其改为十部乐。唐太宗创编的著名乐曲《秦王破阵乐》，舞者达 120 多人，播动的鼓声震入天际，气派宏大，感天动地。唐玄宗创作著名宫廷乐舞《霓裳羽衣舞》，其舞姿轻盈柔美，乐声清越迤逦，意境迷幻朦胧，仿佛置身于虚无缥缈的仙境，白居易有诗云"千歌万舞不可数，就中最爱霓裳舞"。

隋唐时期的民族关系

隋唐时期的周边民族，主要有北方的突厥、西北的回纥、西南的吐蕃、东北的靺鞨和南方的南诏，他们与隋唐关系密切，虽然时有战争，但大部分的时间里还是以和平交流为主，在民族的融合和中国版图的确立过程中起到了非常重要的作用。

突厥是匈奴的别支，公元 5 世纪时期被柔然统治，到了公元 6 世纪中叶，突厥部落在首领的率领下大败柔然，建立起了幅员辽阔的突厥汗国。隋初，突厥曾经趁隋立足未稳，从今甘肃一带向隋发动了大规模进攻。隋灭掉陈完成全国统一后，开始利用军事策略与政治手段来反击突厥势力。这时，突厥汗国因内部矛盾而发生分裂，分为东、西两部。分裂使突厥实力大减，在东突厥的首领沙钵可汗统治时期，曾向隋请和，开皇十九年（公元 599 年）十月，隋文帝接受了请和，封东突厥的突利可汗为启民可汗，双方关系进一步加强。唐初，东突厥实力恢复，首领曾率军威胁到长安。贞观三年（公元 629 年），唐太宗命李靖和李勣等率领大军分道出击东突厥，颉利可汗西逃吐谷浑，途中被俘，东突厥灭亡。由此，慑于大唐天威，"西北诸蕃，咸请上（太宗）尊号为天可汗"。唐太宗在东起幽州，西至灵州分别设置了顺、祐、长、化四个都督府，又在今内蒙古地区设定襄、云中都督府。贞观十四年（公元 640 年），唐太宗派侯君集到达高昌，设置了安西都护府。都督府和都护府的设置对加强边疆地区的管理起到了重要作用。显庆二年（公元 657 年），唐高宗派大将苏定方、任雅相等率军出征西突厥，沙钵罗可汗败逃被擒，西突厥灭亡。长安二年（公元 702 年），武则天在庭州设立北庭都护府，安西和北庭都护府是唐朝设在西域的最高统治机构。

唐朝与突厥的经济文化交流一直没有中断过，经济的互补使双方交流频繁。唐初，突厥人用马匹换取中原的丝织品。武则天时，突厥人从中原引进了农业技术。唐代的养蚕、石碾、铁犁、镰柄等都传入西域，大量汉文书籍如《史记》《汉书》《论语》等也传播到西域，与之相应，西域的音乐也大量传入中原。

回纥是中国古代西北的少数民族，原游牧于今色棱格河和鄂尔浑河流域，公元 789 年，改称回鹘。隋唐之际，回纥受突厥政权的统治，东突厥被唐太宗灭亡后，回纥才得以逐渐强大。贞观二十年（公元 646 年），回纥配合唐军灭掉了薛延陀，其首领吐迷度自称可汗，表示愿意接受

天可汗

唐代西北各族君长对唐太宗的尊称。中国古代西北各族君长称可汗，为对太宗表示拥戴。故尊之为"天可汗"。唐王朝给西北各族君长的玺书对太宗亦沿用此称。唐柳宗元《唐铙歌鼓吹曲·高昌》："文皇南面坐，夷狄千群趋。咸称天子神，往古不得俱。献号天可汗，以覆中国都。"宋王溥《唐会要·杂录》："贞观四年，诸蕃君长诣阙，请太宗为天可汗。乃下制，令后玺书赐西域北荒之君长，皆称皇帝天可汗。"后亦为西北各族对中国皇帝的尊称。

此之謂矣。將欲取之必固與之，可滅也。

虜戰，百姓未富且靜以撫之。一與虜結怨既深，彼既懼而脩備，則吾未可以得志矣。故卷甲韜戈，啗以金帛，志意驕惰，不復設備，然後養威伺釁一舉，理當自退，所損甚多，吾接位日淺，國家未安，

資治通鑒 卷一百九十一

吾接位日淺，國家未安，百姓未富且靜以撫之。

《资治通鉴》中有关唐军灭突厥的记载

唐朝的管辖，唐在回纥地区设置了六府七州。贞观二十一年（公元 647 年），回纥建立了回纥汗国。天宝四载（公元 745 年），唐玄宗册封回纥首领骨力裴罗为怀仁可汗。开成五年（公元 840 年），回纥政权被黠嘎斯推翻，怀仁可汗被杀，回纥灭亡。安史之乱发生后，唐朝军队在回纥的协助下最终得以平叛。回纥历任可汗均经过唐朝的册封，唐朝先后将宁国公主、咸国公主、太和公主嫁给回纥可汗。回纥常以马匹向唐朝换取绢帛和茶叶，同时，长安、洛阳等地有穿回纥服装的风潮，出现了"回鹘衣装回鹘马"的景象。

靺鞨族是个历史悠久的民族，在商周的时候被称为肃慎，隋唐时称为靺鞨，有数十部，居住在今天长白山和黑龙江一带，是满族的族先。隋唐之际，靺鞨分 7 个部落，其中以南部栗末靺鞨和黑水靺鞨最为强大。先天二年（公元 713 年），唐玄宗册封栗末靺鞨的首领大祚荣为"渤海郡王"，自此，栗末靺鞨就以渤海为号，以后的历代郡王均由唐朝册封。开元十三年（公元 725 年），唐朝在黑水靺鞨地区设置了黑水都护府，任命其首领为都护府的都督、刺史，开始正式将该地划入唐版图。公元 926 年，渤海国被辽太祖耶律阿保机所灭。在中原文化的影响下，渤海国官仿照唐制，地方上设置了州、县二级；渤海都城上京仿长安设计，建筑宏伟壮丽。渤海国使用汉文，派有节度使驻唐，并且不断派遣王族子弟来长安学习，遣使抄写各种书籍，因此文化得到很大的发展，当时有"海东盛国"之誉。双方贸易往来频繁，唐在登州设置了专门接待渤海使者和商人的渤海馆。渤海国的饮食、服饰、丧葬、婚嫁、体育娱乐等同唐朝日趋一致。

吐蕃是藏族的祖先，为古代羌族的一支，主要活动于青藏高原。吐蕃在其赞普（首领）松赞干布统治时期崛起，公元 7 世纪 30 年代前后，松赞干布统一了青藏高原各个部落，并以今拉萨为中心建立了吐蕃政权。松赞干布仿照唐中央官制和军制，建立了从中央到地方的政治、军事制度，参考于阗、天竺等文字创造了吐蕃文。吐蕃和唐朝虽然也会有军事斗争，但友好交流一直是双方关系的主流。贞观十五年（公元 641 年），唐太宗决定答应吐蕃的请求，把文成公主嫁给松赞干布。文成公主带了大量物品前往吐蕃，有丝绸珠宝、医疗用具、生产工具以及蔬菜种子等，还有经史、诗词、天文、医药、历法等大量书籍。景龙四年（公元 710 年），唐又把金城公主嫁给了吐蕃弃隶缩赞赞普，金城公主携带着数万匹锦缯、大量工匠以及一个龟兹乐队进入吐蕃。唐穆宗长庆元年（公元 821 年），唐朝与吐蕃互派使节，双方先在长安盟誓，次年又在拉萨重盟。长庆三年（公元 823 年），盟文用汉藏两种文字被刻石立碑，立于拉萨大昭寺门前，这就是历史上有名的"甥舅和盟碑"，又称"唐蕃会盟碑"或"长庆会盟碑"。

南诏的领土包括今日云南全境和贵州、四川、西藏等省区的一部分以及越南、缅甸的部分土地，居民主要是白蛮和乌蛮两族，他们分别是今天白族和彝族的祖先。公元 7 世纪初，乌蛮征服了白蛮，建立六诏，其中蒙舍诏处于最南面，又称南诏。贞观二十三年（公元 649 年），

松赞干布像 唐卡

文成公主与大小昭寺

大昭寺是西藏最早的建筑之一，结构上采用了内地及尼泊尔、印度的艺术造型。大殿中间供奉的释迦牟尼金像，是当年文成公主从长安带来的。两侧厢殿中的松赞干布、文成公主及尼泊尔公主的造像。在正殿释迦牟尼佛像的供桌上，整齐地摆列着12盏金灯。寺内各殿墙上壁画琳琅满目。寺前的唐蕃会盟碑，立于唐长庆三年（公元823年），以藏汉文镌刻碑文，反映了藏汉两民族历史悠久的亲密关系。小昭寺位于西藏自治区拉萨市内大昭寺北约1千米处。模仿大唐宫苑的模式，以慰藉文成公主的思乡之情。历时1年，约于唐贞观二十年（公元646年），与大昭寺同时建成。寺门朝东，以示文成公主思乡之心。其最初规模与大昭寺同，但在以后的历史发展变化中，香火日衰，规模也大为逊色。寺庙建成后，供奉文成公主入蕃和亲时带去的释迦牟尼12岁等身鎏金铜像。全寺前部为一庭院，后部为该寺中心部分，有主体建筑神殿及门楼、转经回廊等附属建筑。门楼分三层，底层为明廊，二、三层为僧舍和经室，穿地门楼为转经回廊。神殿为全寺主体建筑，分为三层。底层前面是门庭，有左右配殿，中为四柱空廊通道。门庭后面为经堂，堂庑阔大，为寺僧集会之地。最后面为佛殿，供奉墀尊公主的不动金刚鎏金铜像。

唐蕃会盟碑

南诏遣使入唐，称臣纳贡，表示愿意臣属于唐朝。唐玄宗时，南诏王皮逻阁在唐军的帮助下统一了六诏。随后，开元二十六年（公元738年），唐玄宗封皮逻阁为云南王。公元937年，南诏被段思平所灭，之后建立大理。唐朝和南诏关系一直以友好往来为主，南诏的13代王中，有10个是接受过唐朝册封的。南诏政治、经济、文化都深受唐的影响，南诏引进唐朝的丝织业，其后来发展的技术可以和唐朝相媲美。唐朝在成都建立了专门接待南诏贵族子弟入学的学校，进入该校学习的人数总计不下千人。唐朝诗文、书法在南诏也很流行，南诏最为尊崇王羲之的书法，并特地修建了右军将军祠来祭奠他。现存的崇圣寺和三塔，是南诏仿唐朝寺庙设计而建成的。

文成公主入藏壁画　吐蕃

唐朝对周边国家的影响

隋唐时期经济繁荣，交通发达，强盛的国力使对外交流频繁，对外交流不仅使人们视野扩大，而且学到了很多先进的经济文化，使不同地区的人们相互促进，共同发展。朝鲜位于中国东部，与东北地区一水之隔，隋唐时期的朝鲜半岛并未统一，有高句丽、百济、新罗三国。在隋文帝和隋炀帝统治时期，曾对朝鲜半岛上的高句丽发动过战争。公元675年，新罗统一了朝鲜半岛。新罗与唐朝关系友好，新罗的中央官制仿照唐朝，都城平壤也依照长安布局设计。新罗往长安派遣

鸿胪寺官员　鸿胪寺官员　鸿胪寺官员　东罗马帝国使者　日本使者　新罗使者

鸿胪寺礼宾壁画　唐

唐朝是一个国际性的时代，对外交往极为广泛。数以万计的外国商旅、僧侣、使节和留学生来唐定居。长安城为那时国际文化交汇的大舞台。管理接待外宾的机构称为鸿胪寺。此图再现大唐盛世中外交往的历史画面。

了大量的留学生，其中有的留学生参加了唐朝科学考试，及第后就留在唐朝做官，定居下来。例如，崔志远 12 岁入唐求学，18 岁参加科举考试中进士，曾任溧水县尉、侍御使、内供奉等职，还著有《桂苑笔耕集》。雕版印刷术也在唐末五代时传入朝鲜半岛，中国古籍《文选》、《晋书》、《左传》、《礼记》、《孝经》等相继传入新罗。在双方的经济交流中，新罗的牛黄、人参、朝霞绸、海豹皮、马、牛、折扇等输入唐朝，唐朝的丝绸、瓷器、茶叶、铜器等输出到新罗。为方便和推进交流的扩大，唐朝在楚州专门设置了新罗馆用来接待新罗商人。朝鲜半岛的音乐也受到唐人的欢迎，唐太宗时就有"高丽乐"。总之两国之间经济和文化的相互影响是很大的，互相借鉴和吸引而成为本国文化的一部分。

中日两国一衣带水，往来历史悠久，在汉朝的时候，就有日本使者来到中国，隋唐朝时两国关系得到了极大发展。隋朝时，日本曾 4 次派遣使节来到中国，隋炀帝时还派裴世清出使日本。唐时，日本共 13 次派遣唐使来到中国。唐贞观九年（公元 646 年），日本以唐朝律令制度为蓝本进行了著名的"大化改新"，开始向封建社会过渡。日本除派遣唐使外，还有大批的留学生来到中国学习。唐人的打马球、角抵、围棋等活动

这尊由陶瓷制成的唐三彩表现的是一位马球运动员和他的骏马，展现了唐朝手工艺者精湛的技术。中国人非常喜爱马，会把马的陶瓷像作为陪葬品。早在公元 1 世纪时，中国统治者就派人到中亚购买品种优良的马匹。

本图展现了 1100 年时中国城市中繁华的街道。中国的城市很大，当时在杭州大约居住着 100 多万人，每天要消耗 200 吨的大米。

鉴真东渡

鉴真和尚（公元688～763年），俗姓淳于，扬州人，唐代著名的高僧，精于佛教律宗。日僧入唐访求十年找到了鉴真，邀请高僧到日本传授戒律。天宝元年（公元742年），鉴真不顾弟子的劝阻和地方官的阻挠，发愿东渡传法。前四次都未能成行，第五次漂流到了海南岛，双目失明。第六次鉴真搭乘日本遣唐使团的船只东渡，终于在天宝十三载（公元754年）到达日本，被日本人称为"过海大师"、"唐大和尚"。他在日本传播佛教和先进的唐文化，后来被日本天皇任命为大僧都，成为日本律宗的始祖。公元763年，鉴真在日本圆寂。他对中日文化交流作出了巨大贡献，1000多年来一直受到日本人民的敬仰。

玄奘像

玄奘是中国历史乃至世界历史上的伟大旅行者之一。

传入日本，七夕节、重阳节等节日也传入日本。日本人空海根据汉字草书创制了日文"平假名"，留学生吉备吉真根据汉字楷书创制了日文"片假名"，从此，日本开始有了自己的文字。在中日友好的历史上，有两位人士作出了重要贡献，那就是日本的阿倍仲麻吕和中国的鉴真。阿倍仲麻吕（公元698~770年），汉名晁衡，日本留学生，他通过唐朝科举考试，先后任光禄大夫、御史中丞等职，与李白、王维等大诗人是至交好友，后来在一次归国途中遇险，李白写了著名的诗《哭晁衡》，不过，他并没有丧命，在脱险之后再次回到长安，老死于中国。鉴真（公元688~763年）是唐朝高僧，于天宝年间应日本邀请东渡，打算前往日本传授戒律，他在十多年中5次尝试东渡，最后双眼失明仍不放弃，于天宝十三载（公元754年）终于到达日本。鉴真在奈良的东大寺建坛授法，又主持建造了招提寺，在传授佛法的同时，把唐朝的建筑艺术和医学也介绍到了日本。

天竺是唐时对印度的称呼，中印两国很早之前就有联系，公元1世纪前后，发源于印度的佛教就传到了中国。天竺包括今天的印度、孟加拉、巴基斯坦和尼泊尔等国，地理范围要比现在的印度大许多。唐太宗时期，天竺曾多次遣使来到中国，送来郁金香、菩提树等礼物。由于双方的地理位置，海上贸易非常方便，往来也就很频繁。唐太宗派人去天竺学会了熬糖法，天竺的医学、天文、历法、音乐、舞蹈、绘画和建筑艺

三彩卧驼

唐三彩俑常见的有人俑、马俑、骆驼俑，之所以出现大量的骆驼俑，是因为唐代与西域、中亚等地区有频繁的文化、经济、政治联系。其中，丝绸之路的主要交通工具是骆驼。此俑四足卧地，昂首嘶叫，鸣示即将要起行，造型十分逼真。

术等也传入中国,中国的云冈石窟、敦煌莫高窟等地的壁画和雕塑明显受到了天竺艺术风格的影响。中国发明的造纸术、十进位记数法和文化典籍也传入天竺。在中印两国佛教交流的历史上,高僧玄奘作出了重要贡献。玄奘（公元 602~664 年）是唐朝著名的三藏法师,是汉传佛教史上最伟大的译经师之一。贞观三年（公元 629 年）,他从长安出发,经过今天的新疆、中亚到达印度地区,游历 17 年,于贞观十九年（公元 645 年）回到长安,带回梵文佛经 657 部。玄奘撰有《大唐西域记》12 卷,记述了西行求法所历西域 110 国,是研究古代印度、中亚、南亚以及佛教史不可或缺的重要史料。

大食是唐时对阿拉伯的称呼,两国很早就开始了通商交流。唐高宗永徽二年（公元 651 年）,阿拉伯遣使入唐,此后遣使来唐达 36 次。许多阿拉伯商人来唐经商,分布在长安、洛阳、广州、扬州、泉州等地,有的还定居下来。中国的瓷器深受阿拉伯人的喜爱,在阿拉伯半岛曾发掘出土了大批中国陶瓷品,其中就包括著名的唐三彩。唐玄宗天宝十载（公元 751 年）,阿拉伯人与唐朝高仙芝军队发生了怛罗斯之战,最后以唐军失败而结束,这是中世纪世界两大最发达的文明帝国之间的最大一次正面冲撞,唐帝国往中亚的扩张从此停止,大食此后也没有继续东扩。

波斯当时又称安息,主要位于今天的伊朗。唐朝建立的时候波斯正处于萨珊王朝统治的末期,贞观年间,波斯王曾派遣使者来唐。公元 651 年,萨珊波斯被阿拉伯帝国攻占,波斯王卑路斯父子流亡到了中国,向唐朝求援。唐高宗在波斯疾陵城（今伊朗扎博勒）设波斯都督府,任命卑路斯为都督,隶属安西都护府以表示支持和保护。波斯商人遍布中国各地,分布在长安、洛阳、扬州、广州等多地,并且人数众多,他们以经营香料、珠宝、药品而闻名,也有的开店出卖胡饼等波斯名吃和特产。现在人们吃的菠菜、胡椒、波斯枣等就是当时从波斯引进的。波斯的一些体育运动也传入中国,如打马球。在唐时,打马球是宫廷、军队中普遍喜爱的体育活动,唐时的绘画有的就以打马球活动为内容。中国的丝绸、瓷器、纸张等物品也大量输入波斯,今伊朗境内曾发掘出不

商品通过丝绸之路从中国运往中亚地区,之后进入地中海地区,最后抵达欧洲市场。在途中,这些中国商品会被反复买卖多次。上图表现的是一支商队通过长城城门时的情景。

少唐三彩。

拂菻即东罗马，在汉、魏、晋时期称为大秦，唐、宋时又称为拂菻。贞观十七年（公元643年），拂菻遣使者来到唐朝，送来了赤玻璃、石绿、金精等礼物，唐朝也以绫绮等物作为回礼。中国手工艺者能够制造出精美的物品，例如闻名世界的丝绸。许多国家的商人都想购买中国的丝绸，这促进了中国与其他国家的贸易往来。从公元前3世纪到公元15世纪，中国一直通过古丝绸之路与西方进行商业贸易。这条漫长而危险的古道东起长城，沿着1000多千米荒无人烟的塔克拉玛干沙漠的边缘向西越过天山山脉，到达伊朗。丝绸之路的一条分支向南穿过帕米尔高原抵达印度。许多不同国家的商人会在这条古道上碰面。

双方的商业贸易由陆路进行，经由古老的丝绸之路交流往来，从中国输入东罗马的丝绸很多，以致皇帝、贵族普遍穿着中国丝绸制作的衣服；同时，罗马的医术和吞刀吐火等杂戏也传入了中国。

高棉文明

在柬埔寨丛林深处，矗立着庙宇与宫殿的遗迹，它们是高棉文明的象征。高棉文明兴起于公元9～15世纪，由国王统治，他的臣民相信国王们是神。

高棉人生活在艰苦的恶劣的环境中。浓密的热带森林覆盖着国家的大部分，并且每年雨季都发生洪水，这使得种植庄稼很困难。但是他们逐渐地清理森林，适应了雨季，在湄公河两岸的冲积平原上种植水稻。

随着时间的推移，高棉人学会了如何挖掘运河，他们修建水库进行蓄水。这样在一年中干旱的时候，他们仍可以灌溉庄稼。

尽管农民们忙于农耕，高棉人仍经过暹罗（现在

吴哥窟

最大的高棉寺院是吴哥窟。它修建于1113年，国王苏利亚瓦曼二世统治期间，占地面积很大。寺院包括连着神殿的庭院，顶部是巨大的塔。这幅照片显示的是神象台的细节。

宗教寺院

高棉王国延续了500多年。吴哥窟是它最伟大的建筑。高棉人信奉印度教，他们相信如毗瑟、湿瓦和婆罗贺摩等神。他们的图像出现在所有庙宇的浮雕上。在吴哥，还有神秘的七头蛇那嘎斯的雕塑，高棉人相信它们是友好的水神。

→ 吴哥的雕刻

吴哥的雕刻者创作出令人难以置信的作品。这个精美的石刻是进入寺院大门的一部分。在柬埔寨的丛林中，它静静存在了几百年。

↑ 吹着天笛的水仙女

这是雕刻在吴哥墙上与院落中的浮雕，跳舞的妇女是吹着天笛的水仙女。她们戴着项链与高耸的头饰，为的是取悦国王。

的泰国）与印度进行贸易。由于这些联系，高棉的艺术与建筑都模仿了印度的样式，同时高棉人也开始接受印度教。

高棉国王神的地位使得国王拥有巨大的权力，有许多人为他服务。12世纪以后，国王开始修建大型的建筑，周围环绕着河流与运河。成千的劳工每25人或更多人编成一组，在森林中拖运大石头到修建庙宇的地方。他们也修建医院、水库以及道路。

高棉王国延续到15世纪，他们与觊觎他们财富的邻国进行了多次战争。最后在1431年，从暹罗来的侵略者打败了高棉人，残余的高棉人则逃往了国家南部的一个小地方。

砍伐树木
高棉人不得不清理大片的热带森林用来种植庄稼并修建庙宇。他们使用大象来运输重木。在战争中他们也使用大象。

← 高棉
高棉人的帝国占据现在柬埔寨的大部分地区，再加上越南的南部。在首都吴哥居住着约100万人口，其余的人居住在湄公河流域的平原上。

大事记

*公元802年，高棉王国在国王加亚华尔曼二世（公元802～850年在位）统治下建立。

*公元881年，国王耶输跋摩一世修建了现存最早的庙宇。

*1113年，修建吴哥的工程开始。

*1177年，占婆人来到湄公河流域，进攻吴哥城。

*1200年，国王加亚华尔曼七世修建新的庙宇吴哥通王城。

*1431年，暹罗入侵者破坏了吴哥城，高王帝国瓦解。

第五章

封建时代

公元1000年～1500年

诺曼人

尽管起源于维京人，但诺曼人更适于陆地作战而不擅长海上袭击，他们在 1066 年入侵英国时，还要依靠维京人的长船（上图）。诺曼人驾驶着这样的船，从索姆河河口出发，穿越 90 公里的英吉利海峡，到达英国东南海岸的佩文西。

诺曼人是维京人的后裔，他们在法国北部定居，并用北欧人的长船交换战马。他们是 11 世纪欧洲最优秀的战士，经过多年的开疆辟土，他们建立了一个从不列颠诸岛到地中海的分散的帝国。在阿拉伯人统治的西西里，他们设立了强有力的政府，在英格兰，他们荡平了半独立的盎格鲁－撒克逊人的国家，并将一种中央集权的封建君主制强加给这里，这种制度为中世纪欧洲政治体制确立了模式。从诺曼人取得的成就可以看出，他们注定不会通过一种独立的文化存在下来。正如他们的维京先祖，诺曼人在历史上打下了他们的印记，但很快就消失了，被那些他们曾经改变过的社会所消融。

文献上所记载的诺曼人的历史开始于维京人的首领罗尔夫，他在公元 911 年曾宣誓效忠法兰克国王，以此获得塞纳河口附近的土地，这块地区后来被称为诺曼底。经过了两代人的时间，诺曼人采用了法兰克人的语言、宗教、法律和骑兵战术。这些马上的骑士逐渐成为贵族阶级，他们接受了诺曼底公爵所赐予的土地，但反过来也要为公爵服军役。

由于继承权通常只传给长子，这就使得许多诺曼人到海外谋求运气。在意大利，伦巴第与拜占庭之间的矛盾以及阿拉伯统治者的需要，为诺曼人提供了很多担当雇佣军的机会。诺曼人中最著名的冒险家是奥特维尔家族的三兄弟，他们在 1061～1091 年间，征服了意大利南部和西西里。

在欧洲的另一端，诺曼人与英国人之间进行了长期的战争。1066 年，由于没有后嗣，英国国王忏悔者爱德华在死前决定按照之前的约定，将王位传给其堂兄、诺曼底公爵威廉。但是，迫于贵族的压力，病榻上的爱德华又选择西撒克斯伯爵哈罗德为继承人。

威廉发动了一场征服战争，以夺回他的法定权力。正当哈罗德决定与威廉交战时，他接到一

诺曼人的城堡

威廉一世用不足 1000 人的军队就征服了英国。为了保障对英国的有效控制，他在一些军事要塞建立了城堡。最初的城堡是土木结构，在城堡中部，人工堆起的土丘上建有一座主楼，土丘与城堡的堡场相连。城堡四周是木桩围成的栅栏。领主的家设在主楼中，随从的住所则建在堡场里，堡场中通常有一座会堂、一座教堂、饲养家畜的地方和作坊。在 11 世纪结束之前，这种土木结构的城堡开始被石头结构的城堡代替。白塔——伦敦塔的前身——就是现存的一座早期城堡。白塔建成于 1078 年，它高 27 米，城墙厚达 3 米。

个消息，说另一位王位争夺者、挪威的哈拉尔三世已经在英国东北部登陆。哈罗德于是挥师北上，对挪威人展开突然袭击，在斯坦福桥战役中彻底击败挪威人。

在不到 3 个星期的时间里，哈罗德又率军南下，与诺曼军队在黑斯廷斯对决。双方的骑兵在交战中打成平手，但诺曼人的步兵却获得胜利。哈罗德被处死，随之而去的是盎格鲁－萨克逊的旧秩序。在随后的 500 年内，英国将与法国成为一体。

贝叶挂毯所描绘的诺曼骑兵击杀英国步兵的细部。

威廉没收了盎格鲁－萨克逊人的大部分地产。他将 1/5 的土地据为己有，剩下的土地则根据承担的军事义务的多少分封给贵族们。他也对教会进行了改组，任命法国人为主教。虽然英国人在自己的土地上成为被压迫的大多数，但法国人并不能抹去英国人的传统。威廉和他的继承者保留了许多英国的制度，甚至在实际上还加强了其中的某些制度，如郡法庭和郡长。如果说英国人被迫变得越来越像诺曼人，其实也说明了诺曼人变得越来越像英国人。黑斯廷斯战役一个世纪后，一位朝廷官员说："人们变得越来越混同，以至于没有人能辨认出谁是英国人，谁是诺曼人的后裔。"

成吉思汗与蒙古的统一

蒙古人建立了世界上最大的帝国，领土由俄国平原延伸到中国沿海，从西伯利亚绵延至波斯湾。如此庞大的帝国的崛起始于一个人，他就是成吉思汗。

1162 年，蒙古族蒙古部首领也速该活捉了塔塔儿部首领铁木真兀格，刚好这个时候，他的第一个儿子也呱呱坠地了。为了庆祝这次战争的胜利，也速该把这个孩子取名为"铁木真"（蒙古语中"大海"的意思）。谁也没有料到，这个铁木真后来成了震惊世界的成吉思汗。在铁木真 9 岁的

● 公元 911 年 维京人的首领罗尔夫在诺曼底获得封地。

● 1013 年 丹麦人入侵英国，英国国王埃塞尔雷德的长子爱德华王子（系埃塞尔雷德与诺曼底公爵的妹妹爱玛所生）前往诺曼底寻求避难。

● 1027 年 诺曼底公爵罗伯特的私生子威廉诞生。

● 1030 年 第一个在意大利夺得土地的诺曼人莱努尔夫获得了在阿维萨的封地。

● 1035 年 8 岁的威廉继承父位，成为诺曼底公爵。

● 1042 年 爱德华从诺曼底回到英国，继承了英国王位。

● 1047 年 威廉公爵在瓦尔埃迪恩战役中击败了叛乱的贵族，加强了对诺曼底的控制。

● 1051 年 英王爱德华指命诺曼底的威廉公爵为其继承人。

● 1053 年 诺曼人在意大利的教皇辖地击败了教皇列奥九世的军队，并俘虏了教皇。

● 1060 年 在奥特维尔的罗伯特的率领下，诺曼军队完成了对卡拉布里亚和阿普利亚的征服。

● 1061 年 奥特维尔的罗伯特入侵西西里。

● 1066 年 英王爱德华死后，王位传给西撒克斯伯爵哈罗德。威廉入侵英国，在黑斯廷斯战役中击败哈罗德，最终成为英国国王。

● 1069 年 威廉一世粉碎了一场英国人和丹麦人在英国东北部发动的叛乱。

● 1071 年 巴里城陷落，诺曼人完成了对拜占庭意大利的征服。

● 1072 年 诺曼人入侵苏格兰。

● 约 1078 年 诺曼人建造了白塔，这座石头建成的城堡成为今天伦敦塔的主体。

● 1086 年 旨在调查英国经济的《末日审判书》制订。

● 1087 年 威廉一世在法国去世，他将诺曼底留给儿子罗伯特，将英国留给另一个儿子威廉二世。

● 1091 年 诺曼人完成对西西里的征服。

成吉思汗
成吉思汗统一了蒙古部落。

时候，也速该被铁木真兀格的儿子札邻不合毒死。也速该死后，铁木真家族一下子从部落首领沦落为遭人唾弃的可怜人。结果，这位未来大汗的童年生活在流浪中度过。正是那一段流浪生活练就了他超人的忍耐力，对创伤、失败、撤退和被俘等厄运泰然自若的态度以及对严寒和酷热的顽强的抵抗能力。

也是在铁木真9岁的时候，父亲曾为他订了与翁吉刺惕部首领之女孛儿帖的婚约。20岁那年，铁木真沿着克鲁伦河谷而下，前往翁吉刺惕部营地而去。见到铁木真，孛儿帖之父喜出望外，毫不犹豫地同意马上把爱女嫁给铁木真，并且把一件珍贵漂亮的黑貂皮斗篷作为嫁妆。

得到了自己心爱的女人，铁木真开始了他的家族复兴计划。铁木真幼年的遭遇使他意识到，要振兴家族、摆脱泰赤兀部贵族的压迫，如果没有一个更强大的势力的庇护，是不可能实现的。于是他把目标锁定在了草原上最强有力的首领之——克烈部的脱斡邻勒的身上，希望在其帮助下，聚集散亡部众，积聚力量。大约1175年，铁木真带着孛儿帖的嫁妆作为礼物，谒见克烈部的首领脱斡邻勒，并向他表示效忠之意。脱斡邻勒念其父曾有援助之恩，欣然答应了结盟之事。从此，两人结为盟友，不过，当然，那时铁木真明显处于臣属的地位。

在铁木真势力还没有完全恢复时，他遭到了蔑儿乞人的袭击。他的妻子孛儿帖落入了敌人之手，成了俘虏。铁木真在脱斡邻勒和另一位蒙古首领，与他同龄的札木合的帮助下，在色楞格河的支流共同击败了蔑儿乞人，夺回了孛儿帖。孛儿帖不久生下了铁木真法定的长子术赤，而术赤是铁木真还是蔑儿乞绑架者的儿子，现在已经成了永远的谜团。这次胜利使铁木真掳获了大批蔑儿乞人，取得了大量牲畜和战利品，其声势也大为提高。许多蒙古部落，如阿鲁刺人斡哥来兄弟、兀良哈人速不台兄弟、八鲁剌思人忽必来、札剌亦儿人合赤温兄弟、速勒都思人赤勒古台、晃豁坛部人速亦客秃等，都前来归附。这些人后来大都成为铁木真建功立业的中坚力量。

1195年，金王朝派遣丞相完颜襄领兵征讨叛乱的塔塔儿部，并于龙驹河大败塔塔儿部。完颜襄派遣完颜安国督兵追击。铁木真因塔塔儿部曾经屡次出兵攻打蒙古和克烈部，又毒死自己的父亲也速该，所以约脱斡邻勒共同出兵助金讨伐塔塔儿。铁木真和脱斡邻勒俘虏并杀死了塔塔儿首领，俘获了大量牲畜和其他财物。金章宗完颜璟为了奖励铁木真，不仅封给他"札兀惕忽里"（即诸部统领）的称号，还把富饶肥沃的呼伦贝尔草原赐给了他；脱斡邻勒则被授予"王"的称号，从此以"王汗"之名为世人所知。

乞牙惕氏族贵族撒察别乞、泰出二人虽推举铁木真为汗，但内心却并不服帖，仍阴谋夺取权位。他们不仅抢掠铁木真的"奥鲁"（蒙古语"营盘"的意思），殴打铁木真的部众，还违背盟约，拒不出兵协助铁木真对付塔塔儿。于是，铁木真在击败塔塔儿之后，转而对付撒察别乞和泰出了。他们根本不是铁木真的对手，撒

骑射图　蒙古
此图绘箭在弦上蓄势待发的瞬间，表现出蒙古人的矫健，很有"弯弓射大雕"之势。

察别乞和泰出很快就被俘虏，并被处死。

对铁木真而言，泰赤兀部贵族较之乞牙惕更加可恨。因此，铁木真在灭掉乞牙惕后不久，就开始和王汗联合进攻泰赤兀了。1200年，斡难河畔发生了一场恶战。泰赤兀部被击败，部主塔里忽台被杀，部众溃散，许多都投降了铁木真。

铁木真的崛起令草原各部都异常紧张，害怕自己成为铁木真的下一个目标，于是他们推举札木合为"古儿汗"（"众汗之汗"的意思），共同对付铁木真。他们组建了12部联军，与铁木真和克烈部展开了一次关键性战役。铁木真和王汗的联军将札木合率领的军队打得落花流水，溃不成军，札木合也投降了王汗。

泰赤兀部的投降，进一步扫平了铁木真统一蒙古各部的道路，而投降铁木真的泰赤兀部的几员猛将，如神箭手纳牙阿、哲别等，成为了铁木真统一蒙古和征服天下的得力助手。他们协助铁木真远征西辽，消灭屈出律，追赶苏丹，活捉秃儿罕太后，击败罗斯基辅大公，为铁木真的扩张立下了汗马功劳。

击败札木合之后，铁木真为了巩固刚刚夺取的东部领土，1202年又出兵征伐答阑捏木儿格思的按赤塔塔儿、察罕塔塔儿等部。同年秋天，以乃蛮部的不亦鲁黑汗联合蔑儿乞部脱脱、斡亦剌惕部忽都合别乞等部

成吉思汗放鹰捕猎图
这是一幅中国丝绸上的绘画，狩猎是蒙古人重要的生活内容。在狩猎时，鹰是猎人的向导，它负责搜寻猎物，引导方向，所以蒙古人出猎时往往将鹰带在身边。

的余众进攻铁木真，双方在阔亦田交战，铁木真与王汗的联军再一次获得了胜利。此战之后，铁木真的地位进一步得到巩固。

随着铁木真势力日益强大，他与王汗的矛盾也开始浮现。1203年秋，铁木真袭击了王汗的金帐。王汗虽然逃了出来，但是只身一人来到乃蛮边界时，却被当作奸细杀死，他的儿子桑昆也客死他乡。

消灭了强大的克烈部，蒙古高原上能与铁木真对抗的就只剩下了乃蛮部。被铁木真打败的各部贵族纷纷来到乃蛮汗廷，希望借助太阳汗的力量夺回自己失去的牛羊和牧场，报仇雪恨。但是所谓的"太阳汗"却没有太阳的威力，在纳忽崖战役中，铁木真将乃蛮部彻底消灭。

1206年，铁木真统一了蒙古各部，被推举为大汗，称"成吉思汗"。

怯薛制度

铁木真在称汗之后，下令挑选各部贵族子弟及"自身人"（自由民）中"有技能、身体健全者"，组成一支1万人的怯薛。这支军队由他直接指挥，驻扎在他的大斡耳朵（殿帐）周围，分为四班，由四个亲信的那可儿任怯薛臣长，每三日轮流值班。这是蒙古军的精锐，也是对地方加强控制的主要武装力量。

蒙古人征服中原

蒙古人首次进犯中原是在 13 世纪早期,他们那时是令人恐惧的侵者,只知道杀戮和劫掠。然而,当大约 70 年后,成吉思汗的孙子忽必烈建立元朝时,一个再次得到统一的中国开始变得繁荣和强大。尽管如此,汉人在内心中仍然想赶走这些外族统治者。1368 年,汉人推翻了蒙古人的统治,建立了明朝。

早在 1211 年,成吉思汗就已经开始入侵中原。1234 年,他的继任者从一个世纪前由女真人建立的金朝手中夺得中原北部的大片领土,而中原南部的领土还控制在汉族人的南宋王朝手中。

成吉思汗的孙子,1259 年成为蒙古大汗的忽必烈（1215 ~ 1294 年）最终完成了统一大业。忽必烈深受儒家学者的影响,晚年时,他的兴趣和生活方式已经完全汉化了。1271 年,忽必烈成为元朝皇帝,作为元朝的创建者,他在罕八里（今天的北京）进行着他的统治。1253 年后,忽必烈成为一个佛教徒。但他对其他宗教采取宽容态度,并在从文学、法律到农业和行政体制的方方面面都尊重汉文化的传统。

忽必烈的统治时期是一个充满辉煌和富饶的传奇。在他的宫廷的墙上,闪烁着金银的光泽,他还举办 6000 人参加的宴会。他在金国都城中都的废墟附近为自己修建的冬宫甚至激发了英国诗人柯勒律治的想象。6 个多世纪之后,柯勒律治写道:"在上都,忽必烈颁布了修建一座人间娱乐天堂的政令……"

但汉人始终没有从内心接受蒙古人的统治。虽然忽必烈尊重汉文化,但他制订的一项等级制度,却将蒙古人排在第一等,其余的外族人则一律位列其后。汉人实际上成为他们自己国家里的

元朝代观音菩萨的陶瓷像。

马可·波罗

1271 年,当马可·波罗随同他的商人出身的父亲和叔父,离开威尼斯开始前往中国的漫长旅行时,他只不过是一个年轻人。这次旅行得以成行,还要归功于蒙古人的征服,它赋予亚洲大部分地区难得的和平。在穿越戈壁沙漠到达忽必烈的宫廷之前,波罗一家已经游历了叙利亚和伊朗,走过了中亚的茫茫草原和群山。1275 年,波罗一家来到忽必烈的宫廷,受到了热情的欢迎。但是,他们的旅程才刚刚开始。为了取得与外国商人的联系,皇帝将波罗一家作为大使派遣到帝国的各个地方。据说他甚至任命波罗为东部城市扬州的行政长官,任期达 3 年。1292 年,波罗一家离开元朝。他们经由印度南部航行至波斯湾,于 1295 年回到在威尼斯的家。波罗的回忆录震惊了那个时代的欧洲,也成为游记文学的经典之作。

二等公民。1274 年和 1281 年，忽必烈两次入侵日本，但均遭到代价惨重的失败，这些战争开销又转嫁到汉民头上。

忽必烈于 1294 年去世，之后的几十年里，蒙古人的统治日渐恶化。忽必烈继承者之间的内斗、蒙古人的压迫、纸币不断贬值的通货膨胀致使汉族人起而反抗。1368 年，一支农民起义军占领了罕八里，领导者自立为新的明王朝的皇帝。蒙古人的统治只持续了不到一个世纪，但使中国开始对外部世界产生敌意。这使得中国逐渐切断与外部世界的联系，它将会带来长期而严重的后果。

忽必烈与蒙古的四大汗国

成吉思汗死后，又经历了窝阔台、贵由和蒙哥三位大汗。蒙哥时期，蒙古人的扩张遇到了两个阻碍，一个是南方的宋王朝，另一个是西方的阿拔斯王朝。蒙哥把这两个最难啃的骨头分别交给了他的两个弟弟——忽必烈和旭烈兀，前者被派往宋朝，后者被派往波斯。

蒙古人在中亚、西亚和东欧势如破竹，无人可挡，可是在东亚，他们却遇到了顽强的抵抗，打打停停一直持续了数十年。按照传统的看法，当时的宋朝是软弱无能的代表，但对当时的蒙古人来说，宋朝是比西方的阿拉伯统治者更加难以对付的，尽管前者离蒙古权力中心更近。在人口众多的长江、珠江流域，河流山脉纵横交错，都市地区人口密集，唯一可能进行的战争是围攻战。要在这一地区攻城略地，必须要有大量的步兵和由围城器械构成的一整套火炮设备，因为这一地区的城市往往有高高的城墙和宽阔的护城河与外界阻隔。

元代名铳

铳上有"射穿百札，声动九天"、"神飞"等铭文，这种火器在攻城时更显其威力。

蒙哥将征服宋朝的任务交给了他的弟弟忽必烈。1252 年 10 月，忽必烈和大将军速不台之子兀良哈台一道，离开陕西，经过四川进入了云南。占据今云南的王国，名为大理。大理能够保持相对独立，复杂的地势是非常重要的原因。忽必烈攻占大理都城之后，允许大理王继续统治这一地区，但在他身旁安插了一个叫刘时中的人，以作为蒙古汗国在云南的行政官。

1258 年，蒙哥决定亲自领导征宋战争。这年秋季，他率蒙古军主力从陕西到四川，夺取了保宁。由于合州地处嘉陵江及其两条支流的合流处，因此易守难攻，所以尽管蒙哥已经全力以赴，但是合州还是牢牢掌握在宋朝的手中。在围攻合州时，蒙哥不幸染上痢疾，很快病故。

蒙古大汗死后，汗位的争夺就开始了。蒙哥有三个弟弟：忽必烈、旭烈兀和阿里不哥。旭烈兀远征波斯，剩下的忽必烈和阿里不哥就成了势不两立的死对头。阿里不哥年纪比忽必烈小，但却是蒙古高原的统治者，并在蒙古都城哈拉和林扎营。蒙古人选举大汗，讨论重大问题必须召开忽里台大会。作为蒙古高原地区统治者的阿里不哥也准备召开忽里台，以确保自己被选举为大汗。可是忽必烈却抢先了一步。当时，忽必烈正在同南宋激战，为了争夺帝国的继承权，他急忙与南宋和谈，签订停战协议——以长江作两个帝国的分界线。随后，忽必烈率军北上，在上都府（今

忽必烈灭宋之战要图

内蒙古自治区多伦县）建了大本营。1260年夏，他在此地被党羽拥立为大汗。

　　忽必烈的将军们在甘肃击败了阿里不哥的军队。这次胜利巩固了忽必烈的权力。随后，忽必烈一步步向蒙古高原推进。到1260年年底，忽必烈已推进到哈拉和林以南的翁金河畔。阿里不哥则不得不沿着叶尼塞河向北撤退。阿里不哥的撤退让忽必烈大意地认为他与阿里不哥之间的战争已经结束，因而在哈拉和林只留下一支普通军队，便班师南返。1261年底，阿里不哥乘忽必烈在哈拉和林的兵力空虚，防备松懈，出其不意地来到哈拉和林，击败了这支驻军，并进军迎战忽必烈。忽必烈再一次获得了胜利，可是他又犯了同一个错误，没有乘胜追击，再一次给了阿里不哥喘息的机会。十天后，阿里不哥反扑，尽管战斗十分激烈，但却没有决出胜负。正当双方打得难分难解之时，有一个人帮了忽必烈一个大忙。原本支持阿里不哥的阿鲁忽关键时刻投奔了忽必烈，这令阿里不哥最终败下阵来。1264年，阿里不哥向忽必烈投降。作为哥哥，忽必烈并没有处死阿里不哥，而是把阿里不哥作为重要俘虏囚禁起来，直到1266年阿里不哥去世。

　　忽必烈夺取了蒙古汗国的继承权之后，从容地恢复了他征讨南宋的计划。宋度宗在位时期，倚仗奸臣贾似道，而贾似道的统治使宋朝杰出将领们顽强抵抗的努力都成了泡影。度宗死后，贾似道扶持4岁的幼童恭帝即位，贾似道名为辅臣，实则操纵着朝政。而忽必烈有两位杰出将领：伯颜和阿术，他们在攻打南宋的过程中战功累累。1268年，阿术开始攻打襄阳和樊城这两个汉水下游的军事要塞。这一围攻就围攻了五年，期间充满着许多英勇抵抗的事迹，宋朝将领张贵、张顺和吕文焕等都进行了顽强的抵抗。1272年，两位来自阿拉伯半岛的工程师阿拉丁和伊斯迈尔帮了蒙古军队一个大忙，他们用他们带来的攻城武器终于粉碎了被围困的宋朝军民的顽强抵抗。

蒙古人控制了汉水下游之后，伯颜和阿术沿着长江一路向东，所向无敌，一直抵达南宋都城杭州。南宋摄政皇太后于1276年初宣布投降。

虽然攻下了南宋的首都，可是南方的军民坚持顽强抵抗。1277年，蒙军占领了福建的福州、泉州和广东的广州，1278年又占领了潮州。

南宋的最后一批抗元志士仍在张世杰的率领下进行英勇的抵抗，他们辅佐着新立的9岁的小皇帝在海上的船中避难。1279年，他们在广州西南崖山附近受到元廷水军攻击，船只被毁，张世杰背着小皇帝跳入海中，宋朝至此灭亡。

走到这一步，蒙古人几乎控制了南抵南海、北达北冰洋的整个亚洲东部，这个前无古人的创举，在忽必烈的手里最终完成了。忽必烈成了长江流域和黄河流域——整个亚洲定居地带中人口最稠密的地区——的主人。

忽必烈并没有止步于征服宋朝。在战胜宋朝后，他又发动了新的战争，从陆路进攻印度支那和缅甸，经水路进攻爪哇和日本。难怪侍奉忽必烈十七年的马可·波罗这样写道：忽必烈是"从我们的祖先亚当到现在，人世间前所未有的最强大的统治者，他拥有的臣民最多，土地最广阔，财富最充裕"。

1235年夏，成吉思汗的儿子窝阔台召开忽里台大会，决定遵从成吉思汗遗训，扩展疆土。他命令由各族宗王长子或长孙率兵西征，万户以下各级那颜也派长子出征。窝阔台又以大将速不台为先锋，长子术赤拔都为统帅，率领全军西征。

窝阔台汗八年（1236年），蒙古军进至伏尔加河（旧称也的里河）中游，将钦察诸部征服，钦察酋长八赤蛮被蒙哥擒获。次年冬，西征军沿伏尔加河北上，先后征服了斡罗思本土和基辅。至此，蒙古远征军统治了斡罗思全境。随着，蒙古军又开始征伐波兰，攻打捷克（旧名波希米亚）、匈牙利（旧名马札儿），直至奥地利与德国边境。在占领了亚得里亚海东岸、塞尔维亚和保加利亚领土后，国内传来窝阔台去世的消息，蒙古军东返钦察草原。1243年，拔都在伏尔加河下游建立了钦察汗国（1243~1480年），又称"金帐汗国"。

1248年窝阔台之子贵由死，旭烈兀联合拔都等人积极拥戴其长兄蒙哥，使蒙哥在1251年诸王公大会上夺得大汗之位。蒙哥坐稳大汗之位后，便积极筹划进一步扩张，旭烈兀成为西征大军的统帅。1252~1259年，旭烈兀率兵进行了第三次西征。这次西征的目的是征服波斯。诸王从所属军队中每10人签调2人组成西征军。

达鲁花赤

达鲁花赤是蒙古语音译，意为镇守者，是蒙古和元朝的官名，为所在地方、军队和官衙的最高监治长官。蒙古贵族征服了许多其他民族和国家，无力单独统治，便委付当地统治阶级治理，而派达鲁花赤监临，位于当地官员之上，掌握最后裁定的权力，以保障蒙古大汗和贵族的统治。早在成吉思汗时期，蒙古就设有这一官职。

元朝建立后，全国路、府、州、县和录事司等各级地方政府，兼管军民的安抚司，蒙古军以外各族军队，与重要财政收入有关的官衙，以及管理贵族私属人户的总管府、提举司举，一般都设有达鲁花赤。各路达鲁花赤由蒙古人或门第高贵的色目人充任。至元二年（1265年），元廷正式规定，各路达鲁花赤由蒙古人充任，总管由汉人、同知由回族人充当。在缺少蒙古人时，允许由"有根脚"（门第高贵）的色目人充任。

蒙古人攻城图　伊朗　志费尼

志费尼所著《世界征服者史》中收录多幅绘画，反映蒙古人即位、朝觐、征战等情形。图为其中的《蒙古军攻城图》，描绘了蒙古军在中亚进攻城市的情形。

蒙哥汗六年（1256年），旭烈兀领西征军渡阿姆河，进入波斯境内。11月，将木刺夷平定。接着，蒙军开始攻打报达（巴格达），至蒙哥汗八年（1258年）二月，报达城破，阿拔斯朝第三十七代至此亡国。1260年，旭烈兀率蒙古军队继续西进时，在攻下大马士革之后，被埃及、苏丹军队挫败，西进中止。1264年，大汗忽必烈（1260~1294年在位）正式册封旭烈兀为伊儿汗，旭烈兀遂在其征服的伊朗、阿富汗、两河流域和中亚阿姆河西南地区建立了伊儿汗国。

蒙古通过3次西征，占领了中亚细亚、西南亚及东欧大片土地，并在征服地区建立起钦察汗国、伊儿汗国、察合台汗国和窝阔台汗国，合称"蒙古帝国四大汗国"，名义上均臣属于帝国本部的大汗政权。

随着占领地区的日益扩大，蒙古征服者受当地封建制农业经济的影响加深，滋长了土地观念，地域统治观念也日益膨胀起来。统治阶级的封建领地逐渐发展成为独立的封建王国，这样一来，便不断发生利害冲突。各封地对大汗没有明确的臣属关系，主要靠宗族关系维持大汗的君主地位。各汗国和中央大汗之间的联系也很少。加之王朝内部争夺汗位的斗争持续不断，诸汗更是拥兵自重，甚至于与中央大汗分庭抗礼。

1260年，忽必烈继任大汗后，无力统治如此庞大的帝国，于是钦察汗国、察合台汗国和伊儿汗国，从对大汗的松散隶属关系，逐渐发展成为独立的汗国。

钦察汗国，又称金帐汗国，后被崛起的俄国吞并。察合台汗国不久分裂为东、西两部，分别亡于叶儿羌与帖木儿。窝阔台汗国后来并入察合台汗国。伊儿汗国又称伊利汗国，在合赞汗（1295~1304年）在位时，国势达到鼎盛，后被新兴的帖木儿帝国灭亡。

帖木儿帝国

帖木儿帝国是帖木儿于1370年开创的一个堪称能与蒙古帝国相媲美的超级大国。帖木儿被称为"跛子"帖木儿，他于1336年生于撒麻耳干以南的渴石城一个突厥化的蒙古巴鲁剌思部的贵族之家。

察合台汗国的统治者图古鲁克·帖木儿统一了整个察合台汗国，占领河中之后，帖木儿的叔叔、渴石君主哈吉逃往了呼罗珊。当时25岁的帖木儿看到了自己的机会，他想要合法继承其叔叔哈吉的位置，成为巴鲁剌思部的首领，统治渴石。于是他向图古鲁克·帖木儿表示愿意臣服。图古鲁克·帖木儿很高兴得到这样一位有价值的支持者，承认帖木儿对渴石拥有所有权。察合台军撤离渴石之后，哈吉又回到了渴石。帖木儿对哈吉发起攻击，却因为军队的叛离而战败。直到图古鲁克·帖木儿返回河中，帖木儿才再次成为渴石的君主和巴鲁剌思部首领。图古鲁克·帖木儿很赞赏这位年轻人的成熟和才智,将河中的管理权交给了他的儿子亦里牙思火者,并任命帖木儿辅佐亦里牙思火者。

帖木儿并不甘愿当一个辅臣,1362 年,帖木儿投奔他的内兄——巴里黑、昆都士和喀布尔之主迷里忽辛,起兵反对亦里牙思火者,把他赶走,占据了河中地区。在这场战争中,帖木儿被打伤,成了瘸子,这就是"跛子"帖木儿这一绰号的由来。

作为成吉思汗的后裔,成吉思汗的合法性必须在河中地区得以保留,至少在形式上要保留。于是,帖木儿认为有必要由察合台系的一位傀儡对他们的胜利加以承认,于是他们找到了都哇的一个曾孙,名叫哈比勒·沙。他们把他扶上王位,向他献上御杯。各地封建主也在御前九叩首。这样一来,其他地区的察合台人就没有合法干涉河中事务的理由了。但事实上,在哈比勒·沙的名义下,掌握实权的却是帖木儿和忽辛二人。

亦里牙思火者掌握了继承权之后,于 1364 年开始领兵进攻河中。1365 年,亦里牙思火者在锡尔河北岸的塔什干和钦纳兹之间打败了帖木儿和忽辛。帖木儿和忽辛一直退到阿姆河畔。帖木儿向巴里黑逃去。忽辛则向萨里·萨莱逃跑。亦里牙思火者开始围攻撒马尔罕。后来,形势发生巨变。撒马尔罕居民对亦里牙思火者进行了坚决的抵抗,亦里牙思火者的部队也因为流行病而损失惨重,不得不于 1365 年退出河中。

亦里牙思火者的威胁消失之后,帖木儿和忽辛之间的矛盾就开始激化。两人为了争夺河中的统治权进行了反复激烈的斗争,最终忽辛战败,帖木儿成了河中的最高统治者。1370 年,在中亚名城撒马尔罕举行忽里台大会,确立了帖木儿的统治地位,西察合台汗国演变为帖木儿帝国。

占据了西察合台汗国之后,帖木儿又将东察合台汗国纳入麾下,随后继续进行疯狂的扩张。1371 到 1388 年间,帖木儿四次用兵花拉子模,灭掉了当地的弘吉剌苏非王朝。1395 年,帖木儿摧毁了金帐汗国,接着又占领了俄罗斯边境的叶列茨城。正当俄罗斯人手足无措之时,帖木儿的大军却悄悄地离开了叶列茨城。1381 到 1395 年间,帖木儿又四次兵锋西指,相继灭亡了库尔特王朝、萨尔巴达尔王朝、穆扎法尔王朝等;降服了格鲁吉亚、希尔凡、卢里斯坦、土库曼白羊王朝等;驱逐了札剌亦儿王朝、土库曼黑羊王朝等。1398 年秋季,帖木儿南侵印度,一路势如破竹。当年冬季,帖木儿在朱木拿河畔击溃印度军队,对德里进行了洗劫。第二年,帖木儿离开印度,留下基兹尔汗作为旁遮普诸地的总督。1400 年秋季,帖木儿横扫叙利亚各城,同年冬季,在大马士革郊区的古塔击溃埃及苏丹的部队,1401 年春季,帖木儿退出了大马士革。在帖木儿帝国扩张过程中,帖木儿大军几乎无人能敌。在不断扩张的 30 多年里,帖木儿建立了一个以撒马尔罕为首都,领土从德里到大马士革,从咸海到波斯湾的大帝国。

帖木儿帝国有相当完善的政治经济制度。中央在苏丹主持下设大臣会议。地方各省设长官 3 人,分管军事、民事及税收与无主产业。司法制度也相当完善,帝国的宗教、刑事、民事及行政诉讼相互分离,设专门的法官专职某一领域。帝国重视国内外的商业贸易发展,其境内是丝绸之路的必经之地。东西方各国商旅的汇聚,使首都撒马尔罕成为国际

一幅 14 世纪的波斯细密画,展示了蒙古征服者"跛子"帖木儿狩猎的情形。

大都市。帝国与中国的明朝也保持着长期的友好关系，与明王朝互派使节，互相之间的商人、学者、旅行家也往来频繁，经济贸易和文化交流活动非常活跃。帝国注重城市的发展，重建和扩建了战争中被毁的城市，并在边境要道新建了集镇。撒马尔罕和赫拉特成为帝国最繁华的政治、经济、宗教和学术文化中心。土地制度实行封建采邑制，将所征服的土地分给家族成员、军事将领及各地统治者，还修建了大型的灌溉工程。

帖木儿帝国在经济发展的基础上，吸收不同民族的优秀文化成果，交融汇合，展现了具有自己特色的文化面貌。在沙哈鲁和兀鲁伯统治时期，采取提倡、保护和赞助学术文化的政策，东西方的学者、诗人、工匠云集于撒马尔罕和赫拉特等城市，从事科学研究和著书立说，在建筑、天文学、文学、史学、绘画等方面都卓有建树。在建筑上，帝国所建造的古尔·埃米尔陵墓及宫殿、宗教大学、天文台等，装饰华丽，巍峨壮观。在天文学上，兀鲁伯在撒马尔罕建造的天文台和编制的《兀鲁伯天文表》，是16世纪以前著名的天文台和精确度最高的天文表。在史学上，哈菲兹·拉卜鲁编订的《历史精华》记述了沙哈鲁与明王朝通使的详细经过。阿卜杜·拉扎克撰定的《沙哈鲁史》记述了帝国许多重大历史事件，具有重要的史料价值。在绘画上，形成了独具风格的赫拉特派和撒马尔罕派。

东南亚的帝国

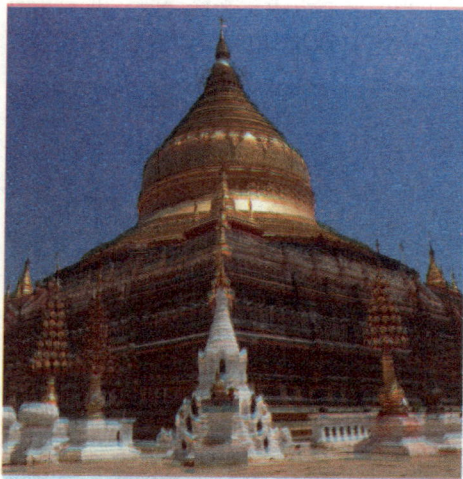

覆盖着金箔的缅甸仰光瑞光大金塔，这是11～12世纪蒲甘帝国时期修建的3000～4000座佛塔中最壮观的一座。

12世纪的时候，东南亚主要存在着两个帝国：一个是缅甸蒲甘帝国，一个是印度支那的高棉帝国。这两个帝国都深受印度文化影响，蒲甘帝国的统治者将建造和整饬佛教寺庙作为他们的责任，高棉帝国则尊崇一位供奉在寺庙之城吴哥的印度教神灵。

公元前3世纪，佛教从印度传入东南亚。在大约公元600年，生活在缅甸伊洛瓦底江上游的骠人建立了一个早期的佛教国家。这个国家在公元835年被好战的南诏国所灭。之后不久，这里迎来了一股移民潮。来自西藏东部高地的缅甸人定居在这里，并建造了蒲甘城。

1044年，阿努律陀成为蒲甘国王。他征服了南部一度强大的孟邦，并试图通过将蒲甘城建成一个佛教圣地，从而使缅甸联合到一个单一王国中。他及其继承者兴建寺庙、佛塔和图书馆，所花费用均来自国家税收之外。到13世纪50年代中期，蒲甘的资源开始枯竭，而此时蒙古人入侵并灭掉了南诏。当中国的元朝皇帝忽必烈汗在20年后率军进犯时，蒲甘同样遭受到国破的命运。

高棉王国兴盛于公元9～13世纪，它是东南亚历史上最大的国家之一。其都城是位于柬埔寨北部的吴哥城，兴建于大约公元880年。吴哥城是依据借自印度宇宙论的宗教概念而建造，以作为一位印度教神的居住地。城市的中心是建在象征众神之乡梅汝山上的一座寺庙，在这座寺庙周围是一些较小的寺庙。这些寺庙有着由规模庞大的蓄水池、沟渠和护城河组成的水系，象征着来

吴哥窟

　　高棉最著名的寺庙当数吴哥窟，它位于吴哥城郊外，是一处 1550 米长、1400 米宽的建筑群。它包括 5 座主要的大殿，四周环绕着城墙和护城河。寺庙由国王苏耶跋摩二世所建，他将经历了 50 年动荡的高棉人民再次统一起来，并引入了对印度神毗湿奴的崇拜。寺庙中安放着苏耶跋摩的遗体，寺庙中的雕像展示的是苏耶跋摩视察军队或执行其他任务时的情景，其中一些将他塑造成毗湿奴神的化身。不幸的是，盗贼从寺庙里盗走许多雕刻品。从 1992 年起，这里作为联合国教科文组织的世界遗产而受到保护。

自宇宙的水，同时也为当地的水稻田提供了灌溉系统。

　　13 世纪，一位来自中国的名叫周达观的使节写下了一份关于访问吴哥的记录，将吴哥描绘成全亚洲最辉煌的都城之一。但是不到 200 年，寺庙和宫殿都遭到遗弃，吴哥成为一座消失在丛林里的城市。

封建制度

　　历史学家通常将欧洲中世纪早期，即公元 9 ~ 13 世纪这段时间，称为"封建时代"。"封建"一词描述了契约制度，即国王或贵族给予受封者采邑，从而获得后者的军事劳役。这些受封者后来要向封君宣誓效忠，从而成为封臣。同样，农民在土地上劳作，以此作为一种向地主提供劳役的义务，从而获得地主的保护并得到一部分收成。

　　封建制度起源于加洛林王朝的土地制度，这些土地位于西欧，在公元 8 ~ 9 世纪期间为查理大帝和他的继承者所统治。皇帝封赐土地，反过来接受"骑士服务"，即封臣在皇帝需要时为帝国军队提供骑兵，这些骑兵应当由封臣供养。随着封建制度的发展，封君

这幅贝叶挂毯中的画面描绘了英国的哈罗德站在盛放圣灵遗物的圣盒上，向诺曼底公爵威廉宣誓效忠。一个人向另一个人承诺提供服务的庄严誓言成为封君与封臣之间封建契约的中心内容。

希望封臣提供其他义务与服务，如在封君的宫廷中谏言，或当封君被俘后提供赎金等。作为交换，封臣得到封地的收入和对封地上的居民的法律权力。

　　封建领主生活在采邑的城堡中。土地由农民耕种，他们将每年收成的一部分作为地租交给领主，另外一些则交给教会。而领主需要在战争期间保卫农民，并为农民间的争端做出仲裁。如果领主允许农民在他的池塘里捕鱼、使用他的磨房磨面以及在他的林地里狩猎或砍柴，农民就应当缴纳领主相应的实物。

　　到 11 和 12 世纪，采邑成为世袭，并可以通过联姻和继承而得到累积。一些封建领主因而统

骑士制度

12世纪，封君与封臣的关系受到骑士制度准则的约束。骑士被认为是诚实、忠诚、勇敢和力量的象征。他必须服从领主、保护教会、尊重女士。骑士要在比武大会上进行竞技，从中获得战争锻炼。歌颂像亚瑟王这类英雄的高尚事迹的"武功歌"有助于传播骑士的理想，而游吟诗人创作的"爱情诗"则歌颂了骑士优雅的爱情。生活在普瓦提埃宫廷的阿基坦的埃莉诺，就以创作"爱情诗"而著称。

治着大片的地产，俨然是半独立的君主。例如，在法国，王室土地仅限于巴黎附近的小块土地，而强大的贵族，如阿基坦的安茹伯爵所拥有的土地则比国王要明显大得多。

这种权力上的不平衡导致了一些奇怪的后果。1152年，安茹的亨利娶了阿基坦的埃莉诺，后者是法国国王路易七世的前妻、阿基坦公爵富有的女继承人。阿基坦在当时控制着卢瓦尔河以南的大部分法国土地。两年后，亨利成为英国国王亨利二世和诺曼底公爵。然而，即使他已成为欧洲最有权势的统治者，他仍然要避免与法国国王——他的封建领主公然开战。如果这样做了，他就会给他手下的封臣开一个很坏的先例。

欧洲的封建主和牧师

在11世纪到15世纪期间，生活在欧洲的普通人跟其他大洲的普通人一样，依靠耕种为生。他们被拥有土地的封建主和教堂的教义统治和束缚着。

在维京人之后，欧洲再没有遭受过大规模的入侵，大洲上数个国家和谐共处。国王是国家的拥有者，他把土地分给贵族换取他们的支持，尤其是在战争时期。贵族们再把土地分给更小的封建主们，让他们效忠于自己。这种体制称为"封建主义"——用土地换取其他人的效忠和服务。并不是所有人都服从于这种体制：贵族间经常为争夺土地而发动战争；贵族有时也会反抗国王。

在11世纪时期，诺曼人建立了一支最成功的封建主义势力。他们在整个欧洲发动战争，并在1066年入侵英格兰，在哈斯丁斯战役中，他们打败了英格兰国王。诺曼人的领袖威廉在封建主强大城堡的支持下，建立了一套强硬的

在12世纪，欧洲各地建造了大量的石造城堡。它们的整体结构通常很简单：中间是一个高大的建筑，称为要塞，外围由庭院环绕着，城堡最外层是城墙和箭塔。图中的城堡建有两层庭院和一条护城河，以提供额外的防御。

封建制度。

教皇统治下的教堂在欧洲拥有最高的权威。国王和封建主们统治着人民的肉体，但是教堂却控制着人们的精神。人们害怕如果自己不听从教堂的教义，死后会下地狱。

教堂富有且拥有权力。国王和贵族们答应支持教堂，但是国王并不愿意把自己的权力与教堂分享。国王与教堂的权力划分产生了矛盾：主教既是封建主又是牧师，他们该是效忠国王还是服从教皇？这个问题引发了许多争执，尤其是在罗马教皇和神圣罗马帝国的皇帝之间。在英格兰，大教主托马斯·贝克特和国王亨利二世就牧师的权力发生了争执，这导致了贝克特在 1170 年被谋杀。

中世纪的乡村中最响亮的声音就是教堂的钟声。教堂是村民的生活中心。每个人都应去教堂祷告，但是只有牧师懂得教义的真正含义，因为它们都是由拉丁文写成的。也只有牧师和化缘修士知道村庄外面发生的事。

中世纪欧洲人的日常生活

本图描绘了在收获的季节，农民们在封建主的监工的严厉监视下劳作的情景。他们用长柄镰刀收割小麦。

在 1000 年到 1500 年期间，欧洲人的生活非常艰难。大部分人贫困潦倒，为了糊口不得不过度劳作，结果很年轻时就死去了。然而，最贫穷的人也可以在一年里的一段时间中享受生活。

中世纪的欧洲，贵族、牧师和修道士只占了总人口数的 1/10，其他的都是农民。在乡下，许多农民沦为村庄或庄园 (归封建主所有，一个封建主通常拥有许多土地) 中的农奴。农奴为封建主耕种田地，自己可以得到一小部分土地作为回报。虽然农奴不是奴隶，但是他们几乎没有任何权利，没有封建主的允许，他们不能结婚或离开村庄。封建主甚至有自己的法庭，可以惩罚罪犯和解决纠纷。

大部分房屋都是由木材和泥巴建造而成的，很少有人能买得起砖瓦和石头。农民的房屋面积很小，人和家畜通常住在一起。即使到了 15 世纪末期，也只有富人的房屋有玻璃窗户和烟囱。妇女们用明火做饭，屋顶上的洞可以排烟，但是房子很容易着火。

黑死病

黑死病是一场大规模的传染性瘟疫，是老鼠身上的跳蚤携带的一种疾病。1347年，黑死病在亚洲爆发，1348～1349年蔓延至欧洲，是欧洲遭遇过的最大的灾难。在3年中，大约1/3的欧洲人丧生。许多人认为这是上帝对人类的惩罚。

图中拿着长柄镰刀的黑色骷髅就是死神。他站在黑死病瘟疫中受害者的尸体上。

富人们每天可以吃肉，但是这对农民们来说却是一种奢望。他们大部分时间都吃奶酪、稀粥和浓蔬菜汤。他们在封建主给自己的一小块土地上种植谷物和蔬菜，在自己家里制作面包，再送到村庄里的烤箱中去烤。遇到欠收的年头，他们只能用橡子磨制面粉，用荨麻做汤。

出身较好的女子可以嫁人也可以做修女。如果她想出嫁，那么男方需要由其父挑选。上层社会的婚姻就像一场交易，丈夫和妻子的父亲之间要签订契约。妻子应该听从于丈夫(但有时也是妻子做主)。下层社会的妇女们要到田地里劳作，但更多时候要做家务，如做饭、洗衣服和照顾孩子。

妇女经常在生育的时候死去，4个孩子能成活1个就算是幸运的了。儿童通常在很小的年龄就开始工作，男孩们在8岁的时候就开始接受训练，以成为骑士或工匠。他们和他们的师傅们生活在一起。女孩们则跟着母亲学习做家务。农民的孩子很少能上学，基本都不识字。学校由教堂开办，主要是为了培养牧师与修道士。随着时代的变迁，更多贵族家庭的男孩们(女孩们很少)开始上学读书。

农民们在星期天和其他宗教节日可以得到休息，他们会参加宴会或去集市，集市中有杂耍者和歌手表演，也有一些便民服务，例如拔牙。男人和男孩子们一起练箭和踢足球。出于平衡悲惨的生活，人们热衷于斗鸡和逗熊等游戏。

欧洲城镇

在12世纪到13世纪期间，人们能够生产更多的物品，贸易迅速发展，旧的封建制度体系开始瓦解。商人们在整个欧洲甚至更远的地方开展贸易往来。

中世纪欧洲贵族流行的娱乐方式是马上枪术比赛或锦标赛，骑士们在马背上互相较量。

治 病

图中的医生试图通过检测病人的尿液来诊断病情。当时的医疗费用很高，所以病人要想看病必须要有钱。但是医生的治疗通常收效甚微，因为他们不知道真正的病因。在一些城镇中，有隐修士或修女开办的医院。

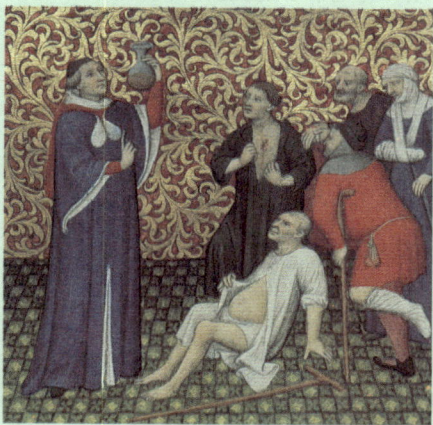

这尊美丽的意大利天使是一个圣物箱，用来盛放遗物，例如死去的圣人的骨灰。朝圣者到达圣地后，要在圣物箱旁祈祷。

在1300年的时候，虽然欧洲城镇中人口较少，但是那里已经出现了重要的商品交换。一些商人、银行家和技艺精湛的工匠，例如金匠，比城镇的统治者——封建主更加富有。整个西欧，工匠和商人联合起来组成同业公会来保护自己的行业。他们经常试图让其所在的城镇脱离封建主的控制，尤其在意大利和德国，大城镇由商人掌控，而不是封建贵族。当时欧洲最

当时欧洲的乡村和城镇没有太多区别。即使在城镇中，人们也饲养鸡和猪、种植蔬菜。而生活在乡村里的人们自己缝制衣服、制作工具。在每个村庄和城镇中，最大的建筑就是教堂，那些大教堂是基督艺术最精美的作品。

富有的地方可能是意大利的威尼斯，它的财富来源于同东方的贸易。

在 14 世纪，银行业的发展促进了商业贸易的增长，商人们可以通过赊账进行商品买卖。丝绸和其他奢侈品从东方进入欧洲市场，但当时最大宗的贸易是有关毛织品和呢绒布料的。北欧商业贸易的领导是汉萨同盟，汉萨同盟由 150 个德国北部的城镇组成，由汉堡和吕贝克两个城市领衔，彼此间进行贸易往来。该同盟与其他国家的城市之间也有专门的贸易协定，例如英格兰的伦敦、佛兰德斯的布鲁日和挪威的卑尔根。重要的贸易城市往往位于海边或大河附近，因为货物主要用船运输。虽然船只容易失事，但是海上运输仍然比陆地运输更快、更安全。

由于战争、饥荒和疾病，在 14 世纪时，欧洲人口锐减。这是一个混乱的时代，也是一个变革的时代。战争和起义频繁爆发，甚至连农民也开始反抗他的封建主。旧的封建体制趋向瓦解，钱变得更加重要。到 15 世纪时，大部分农民都摆脱了农奴的身份，他们从地主那里租借土地，并支付租借费；地主雇佣他们劳动，并支付报酬。国王支付金钱给正规士兵，让他们为自己战斗，而不再是让贵族们带领农民去打仗。

北美文化

产自新墨西哥西南明布雷斯流域的精美的陶器。它的制造者是莫戈永文化的一支，但是他们的文化也有着自己鲜明的特征，比如他们在陶盘上装饰有颇具特色的人、神和动物的形象。上图的陶盘显示的是一只蝙蝠的形象。

在中美洲群山和河流以北，几个世纪以来，一些独特的文明在这里兴起又衰落。一般而言，生活在现在美国土地上的各个民族主要聚集在偏远的小部落而不是城市之中。但是在公元后第二个千年开始的时候，密西西比河流域和西南部的沙漠里，人们创建了影响巨大的城市文明。

兴起于密西西比河流域并一直繁荣到 1000 年的文化并非突然出现，我们可以清楚地看到这一文化是早期阿德纳和霍普韦尔文化发展的结果。它们在土地肥沃的河边低地培育同样的农作物，如南瓜、豆子和玉米，在农耕之余有着相同的游戏活动，并且都采集同样的蔬菜、坚果等食物，也都为部落的重要人物修建高大的坟丘。

但即便如此，密西西比文化发展的程度和社会的复杂性仍有着不同于上述两种文化的地方。密西西比文化的人口往往达到数千，他们都生活在真正的城市而非农村中。坟丘与上述两种文化

● 约公元前 300 年　霍霍卡姆文化最早在亚利桑那出现。

● 约公元前 100 年　霍普韦尔文化在俄亥俄河流域出现。

● 公元初年　霍霍卡姆部落出现灌溉系统，并开始发展农业。

● 约公元 300 年　莫戈永文化在亚利桑那南部的群山和新墨西哥出现。但在那里尚未发现农业生产的痕迹。

● 约公元 400 年　阿纳萨兹文化发展出自己的农业灌溉系统。

● 约公元 500 年　莫戈永文化在传统的狩猎和采集生活方式之外，接受了农业生活方式。

● 公元 700 年　霍普韦尔文化传统在这一时期结束。从这时起，密西西比文化开始占据上风。

● 约 1000 年　密西西比文化发展到顶峰。

● 约 1125 年　查科大峡谷的城市群发展到最大规模。生活在这里的阿纳萨兹居民居住在 70 多个分离的村镇里，这些村镇由 800 多公里长的公路联系在一起。

● 约 1200 年　位于梅莎维德的阿纳萨兹文化发展到极高的程度。一个被称为山崖宫殿的建筑群拥有超过 200 间的房屋，居住着 350 多个居民。

● 约 1300 年　梅莎维德被遗弃。

● 约 1400 年　卡霍基亚被遗弃。

的坟丘相比，显得有些矮小，但是它们不仅是为了埋葬逝去的先辈，还是为了纪念推动社会向前发展的集体努力的精神。农业规模很大，农作物的产量更高，特别是一种可能进口自中美洲经过改良的玉米。剩余的农产品被储存在公共的谷仓里，这样，人们就有精力和资源用于奢侈品的生产和交易，并且从事舞蹈、运动等娱乐活动以及其他社会活动。

亚利桑那萨瓜鲁国家公园的岩画。这种图案设计风格属于霍霍卡姆文化，霍霍卡姆文化繁荣于公元前300～1450年的希拉河和索尔特河流域附近。霍霍卡姆人能够使用发达的灌溉系统来提高的粮食产量。

西南部干燥的沙漠地带则与密西西比河流域草木繁茂的环境迥然不同，这里的农业发展因此显得比较困难。不过，几百年来，通过每年春天收集从山上流入河流里的融化的雪水，最初生活在这里的霍霍卡姆人以及后来的阿纳萨兹人逐渐发展出一种农业文明。到公元初年时，霍霍卡姆人已经能够顺着灌溉渠道运送珍贵的水资源；公元800年的时候，他们有了一个发达的灌溉系统，这一系统的大部分至今还能使用。同时，莫戈永人在高地附近开始种植玉米和豆类，尽管他们主要还是狩猎者和食物采集者。

阿纳萨兹人稍后出现在更北的地区，后来扩展到了今天的犹他州和科罗拉多州。对农业而言，他们是新手，十分希望学习他们的邻居以获得农业技巧。不过，到1000年时，他们已经是北美西南部最发达的社会了。阿纳萨兹人生活在由沙石和土坯搭建的地窖之中，这些地窖起初为半地下，后来完全建造在地面之上。地窖由一道共同的墙联系起来，就像蜂巢中的一间间蜂房，换句话说，就像最早的公寓。这些村落通常修建在尽可能有安全保障的地方，哪怕是面对山崖也无所谓，就如科罗拉多的梅莎维德。这些建筑至今仍是北美地区的人造奇迹。

密西西比河流域的大都市

在圣路易正东，一座30米高的小山矗立在地平线之上，它是密西西比河流域卡霍基亚城的遗址。在1000年以前，这座人工小山是北美最大的建筑，它不只是一个土丘，而是一个用土堆建起来的金字塔。人们猜想，土丘的顶端建有神庙，它位于一个8平方公里的广场的中心。这座广场上还分布着不少于100座的小型建筑。整座城市生活着3万多人，他们的住处分布在长达20公里的河岸两侧，人们都居住在共有的、木结构的、上面搭有茅草的房子里。这个显然十分繁荣的定居地于1400年遭到遗弃，原因至今不明，成为哥伦布达到美洲之前的一个重大的历史之谜。

蒙古人

13世纪早期，从东亚草原涌出的蒙古骑兵创建了世界上最大的帝国。在一系列杰出的军事首领的率领下——其中最著名的是帝国的创建者成吉思汗——他们成为中国和波斯的主人。尽管蒙古人的统治是短暂的，但他们在征战中所得到的毁灭者的名声却使他们至今为人所知。

在进行征服之前，蒙古人是生活在中亚大草原的游牧部落。他们崇拜火、风、水等种种不能违抗的自然神灵。比如对蒙古人来说，在流淌的河水中洗澡或洗衣服，会被视为一种不可饶恕的犯罪。

将这些牧人变成战士的是出身贵族的铁木真。他完成的第一个任务是联合所有蒙古人的部落。

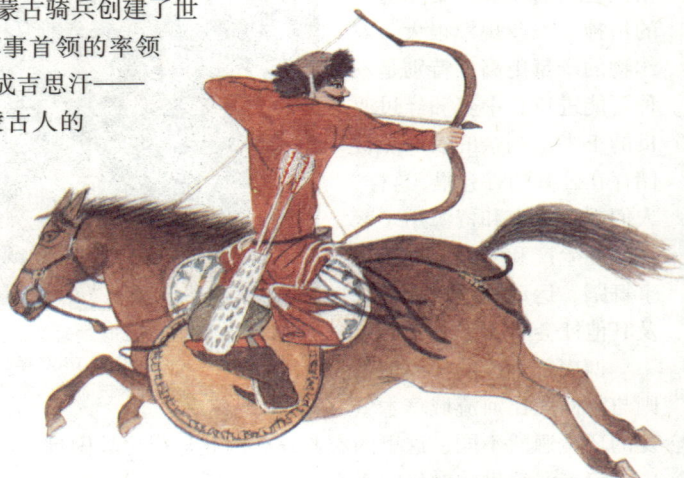

蒙古人擅长骑术，他们曾是中亚草原上驱赶着牛群和羊群的牧人。在成吉思汗的领导下，他们将自己的骑术用于战争，成为马上的战士，并配备有曾经是世界上最好的马上武装。

蒙古包

蒙古人军事上的成功大部分归功于他们的游牧生活。蒙古战士没有固定的居所，他们生活在被称为蒙古包的帐篷里。这些可以四处移动的家由木杆搭建，用生牛皮联系起来，上面再盖以用动物脂肪涂抹过的毡布。在蒙古包内部，中间是一个炉子，周围的地上铺以动物的皮做成的地毯。虽然会有烟味，但整个蒙古包温暖、舒适。蒙古包可以被很快地拆下，并打包安放在马背上，但首领们奢华的帐篷却需要大牛车才能装载。

● 约1130年 喀布尔汗创建了一个强大、统一的蒙古人国家。但随着对宋朝北部的金朝进行的一系列不成功的战争，这个国家又分裂成一些不和的部落。

● 约1163年 铁木真——未来的成吉思汗——出生，他是喀布尔汗的直系后裔（可能是喀布尔汗的长孙）。

● 1206年 在一次部落的库里台大会上，铁木真被尊为所有蒙古人的大汗。

● 1207年 成吉思汗率领一支蒙古联军攻打邻近的西夏王国。

● 1215年 成吉思汗的军队摧毁了宋朝北部的金朝的都城中都。

● 1217年 哲别带领一支蒙古军队灭掉了蒙古西南边境的西辽王国。

● 1218年 成吉思汗率领一支蒙古军队向西扫平了塞尔柱突厥人统治的花剌子模王国。

● 1223年 一支蒙古军队在卡尔卡河战役中击败了俄罗斯军队。

● 1227年 在平定西夏的过程中，成吉思汗死于热病。

● 1229年 成吉思汗的爱子窝阔台在新的库里台大会上成为其继承者。

● 1236年 在速不台和拔都的

1206 年，他达到了自己的目的，在一场部落大会上，他被尊为"成吉思汗"——全世界的统治者。

然后，铁木真开始实践这个新头衔赋予自己的任务。首先，他灭掉处在宋朝和蒙古之间的西夏国。1215 年，他率领大军越过金国西部的边防线长城。在这一年结束之前，他摧毁了金国的都城中都。

成吉思汗因为暴怒而灭掉突厥人的花剌子模王国的事已经成为各种传奇的来源。在这场持续 3 年的战争中，数以百万计的男人、女人和儿童被杀。在蒙古人夷平一个城市又赶往另一个城市的道路两旁，摆放着用人的头颅搭成的金字塔。

1227 年，成吉思汗去世，蒙古人在其继承者的率领下继续扩张。一支蒙古军队向北进入俄罗斯，在那里建立了金帐汗国。另外一支蒙古军攻陷并摧毁了巴格达，完成了对西亚的征服。在东部，成吉思汗的孙子忽必烈夺取了朝鲜，并逐渐征服了中国南方的宋朝，最终将整个中国统一在他的手中。

这是一幅波斯细密画，中央为成吉思汗。成吉思汗以其高超的政治手段和猛烈的征服使蒙古各部落第一次统一在一起。

神圣罗马帝国

神圣罗马帝国的目的在于恢复古代罗马帝国的荣光。它是当时欧洲的一个大国，其皇帝统治着中欧和意大利北部的大片土地。然而美中不足的是，作为世俗统治者，神圣罗马帝国皇帝必须与精神领袖教皇合作。事实证明，这样一种合作很难有什么好结果，两位领袖常常是各怀自己的心思。

和同时代的其他统治者不同，神圣罗马帝国的皇帝由帝国境内的主要贵族选举产生。但是在现实中，某些大家族更容易获得皇位。1024 ~ 1125 年间，萨利安家族一直把持帝位。萨利安家族的最后一位皇帝死后无嗣，帝国的选侯推选强大的韦尔夫家族的罗塔尔二世为帝国皇帝，而放弃了同样强大的霍亨斯陶芬家族的候选人。这一事件引起了中世纪最大的一场王朝之争，那些势

率领下，蒙古人向西进攻草原里的其他游牧部落。随后在 1241 年，又进攻俄罗斯。

● 1240 年 蒙古人攻陷并摧毁俄罗斯的都城基辅。

● 1241 年 同一支蒙古军在列格尼兹战役中大败波兰军队，随后入侵匈牙利。在得知窝阔台汗去世的消息后，他们放弃了征服的领土，返回蒙古。

● 1251 年 成吉思汗的一个孙子蒙哥成为大汗。

● 1256 年 旭烈兀率领一支蒙古军向西平定了叙利亚的暗杀团。

● 1258 年 旭烈兀的军队洗劫了巴格达，哈里发被俘后被处死。

● 1259 年 蒙哥在与南宋的交战中死去。

● 1260 年 蒙古人在巴勒斯坦的艾因贾鲁战役中输给埃及马木留

克王朝的军队。这是他们遭受到的第一次重大失败。

● 1264 年 蒙哥的继承者忽必烈成为大汗。

主教叙任权之争

　　1075 年，锐意改革的教皇格列高利七世决定坚持他任命主教的权力。当时教会控制着大量财富，有能力选择它的领导，具有巨大的政治影响力。不过，皇帝也宣称他们拥有任命主教的权力。这场争执的结果是，格列高利宣布将亨利四世逐出教会，并迫使前来赎罪的亨利在其位于卡诺萨的行宫之外的雪地里等待了三天。出于政治的考虑，亨利对教皇表示了谦卑，但这并没有阻止他后来全力对教皇发动战争。主教叙任权之争也烦扰着之后的教皇和皇帝，直到 1122 年。这一年的《沃尔姆斯协定》明确了教皇对主教的任命权，但在主教人选上，必须得到皇帝的同意。

神圣罗马帝国的皇帝腓特烈二世以古代罗马皇帝的装扮出现在这块金币上。在那个有着深深的宗教信仰的年代，腓特烈二世是一个自由思想家。在他辉煌的宫廷里，阿拉伯学者和基督教学者可以自由交换意见。

力较小的贵族要么站在韦尔夫家族一方，要么站在霍亨斯陶芬家族一方。在意大利，支持上述两个家族的两派分别被称为圭尔夫派和吉伯林派。这两派在文艺复兴之前，给意大利北部的城市带来分裂。

　　尽管为了争夺皇位，两大家族之间充满争斗，但是，这种纷争和皇帝与教皇之间的矛盾相比，简直是小巫见大巫。皇帝与教皇的第一次决裂在 11 世纪的主教叙任权之争中就已经显现了。12 世纪时，当霍亨斯陶芬家族最终获得皇位后，冲突加剧了。霍亨斯陶芬家族最伟大的皇帝之一是被称为"红胡子"的腓特烈一世，他试图借助武力将自己的权威加于教廷及意大利北部的各个城市之上。但是，腓特烈的这一企图被后两者的联军在 1176 年的莱尼亚诺战役中挫败。

　　后来的腓特烈二世在其长达 38 年的统治中，与教皇的关系日渐恶化。腓特烈是一位英明的皇帝，但也是一个严酷的统治者。由于王朝的更替，他有机会继承西西里王国的王位，这个王国不仅包括西西里岛，还包括意大利南部。这使他有机会染指教皇在意大利中部的领地。正像上一个他的

这幅手绘插图表现的是意大利圭尔夫派与吉伯林派之间的战斗。圭尔夫派支持教皇，而吉伯林派则支持皇帝。

同名者一样，为了实现自己的目的，他对意大利发动了一场长达 12 年的残酷战争。在战争中，腓特烈不止一次地被教皇革除教籍，但是他也不断踩躏教皇的领地，并试图罢黜教皇。

1250 年，腓特烈去世，但争端依然没有结束。帝国在争端中又存在了几个世纪之久，直到 1806 年被法国皇帝拿破仑灭亡，神圣罗马帝国彻底瓦解。

埃及的马木留克王朝

马木留克王朝由出身奴隶的人开创，这些奴隶成为西亚的统治者，他们建立的王朝统治这一地区长达 200 多年。马木留克人乐于享受和平与财富带来的好处。他们在辉煌夺目的宫廷里统治着一个由众多华丽的城市构成的帝国。

多数奴隶都是体力工作者或家仆，但有一些也成为有影响的书吏并担任公共职务，奴隶士兵尤其扮演着重要的角色。从公元 9 世纪开始，包括埃及阿尤布王朝苏丹在内的许多统治者，都从能征善战的突厥部落里购买男性青年，以备军事之需，这些男子被称为马木留克。很重要的一点是，所选的这些男子必须保证他们的思想并没有完全成型，这样他们才可以无条件地效忠唯一的主人。

马木留克在军事上的优势使他们能够有效地控制麦加，保卫他们的帝国以防止来自东方的蒙古人的侵犯。

不过，埃及的统治者将会发现这种忠诚也是有其局限的。当最后一位有影响的阿尤布王朝苏丹萨利赫于 1249 年死于战争时，他的马木留克长官们继续与法王路易九世作战，直到后者败退。然而，几个月后，他们谋杀了萨利赫的继承者图兰沙，以他们的名字在埃及建立了新的王朝。他们的统治受到了挑战，既有来自阿尤布王朝法定继承者的，也有来自内部的为了达到各自目的的竞争者。

这种情况导致了剧烈的动荡，直到蒙古人从东部入侵才使得埃及人团结起来。1258 年，蒙古人在夺取巴格达后，暂时停止了进攻的步伐，以加固自己的统治。1260 年，蒙古人开始进犯马木留克帝国东部的叙利亚。此时的马木留克苏丹古突兹已经有足够的能力对付蒙古人了。在巴勒斯坦的艾因贾鲁，同样善于作战的马木留克人阻击了蒙古人，用一位阿拉伯学者的话说就是："蒙古人被他们的同类所击败。"

然而，古突兹还未来得及长期享受他获得的权势，就被一位马木留克将军拜巴尔斯（1260 ~ 1277 年在位）谋杀。拜巴尔斯的统治尽管残暴，但却有效而成功。他在位 17 年，建立了一个从埃及南部到亚美尼亚的帝国。

14 世纪，马木留克巴赫里王朝的势力开始衰落。1382 年，另一些马木留克人发动政变，布尔吉家族确立了自己的统治。与其前任不同，布尔吉家族并非出身突厥，而是来自黑海和里海之间高加索山区的切尔克斯人。

马里帝国

马里帝国是当时的学术中心，特别是廷巴克图。上图是学生们研究时所用的阿拉伯文手稿。

在马里帝国之前的几个世纪里，西非的跨撒哈拉沙漠贸易已经使一些国家出现了繁荣的景象。然而，不管这些早期国家，如杰内—杰诺、加纳和塔克鲁尔取得了怎样的成功，马里与之相比，还是显得与众不同。它巨大的财富和广阔的面积令那个时代的人感到震惊，即是到了今天，由于其历史上还有一些未解之谜，马里依然充满了神秘色彩。

埃及的历史学家在叙述 1324 年，马里统治者曼萨·穆萨途经开罗前往麦加朝圣的情形时说："据说，他随身带有 1.4 万名女奴，以备个人之需。同时，他的随行人员还在不断购买土耳其和埃塞俄比亚女奴、歌女和各类衣物。以至于每个金第纳尔的汇率下降了 6 个迪拉姆（一种小额货币单位）。"

历史学家或许有些夸大其辞，但马里的财富一定是惊人的，因为它控制着位于现在几内亚的班布克和布雷的大片金矿。马里介于尼日尔河与塞内加尔河之间，拥有非洲最肥沃的耕地。长期以来，它的城市也以金属加工和手工艺而闻名一方。从西部河流的上游，可以运来象牙，南部森林中则提供可乐豆（放在嘴里咀嚼可以提神），当然还有源源不断的奴隶供应。向北而去，骆驼队能够沿着古代的路线运

- **约 1235 年** 马里帝国的缔造者松迪亚塔·凯塔在基里纳战役中击败了苏苏国王苏曼古鲁。
- **约 1260 年** 松迪亚塔在位 25 年后去世。
- **约 1312 年** 马里国王阿布巴卡二世大约在此时驾船前往大西洋，但是未能归来。曼萨·穆萨继承了王位。
- **1320 年** 曼萨·穆萨的军队

从图阿列格人手中夺取廷巴克图。
- **1324 年** 曼萨·穆萨前往麦加朝圣。他那庞大而尊贵的朝圣队伍引起了外部世界的注意。
- **1325 年** 马里军队征服加奥，帝国疆界向东得到扩张。
- **1337 年** 曼萨·穆萨去世。
- **约 1350 年** 曼萨·苏莱曼在这个时候建立统治。但很少有人知道他统治的这段历史。

- **1352 年** 著名的阿拉伯旅行家和作家伊本·白图泰造访马里帝国，记载了"马里苏丹决不允许任何人造反"的事情。
- **约 1370 年** 大约在这个时候，马里的政权被残暴的曼萨·德加塔夺取。
- **约 1382 年** 曼萨·穆萨二世去世，引发了一场王位之争。
- **约 1400 年** 图阿列格游牧部

廷巴克图

马里都城尼亚尼的盛名逐渐被廷巴克图所掩盖，后者在外国人的叙述中被蒙上了一层神秘的面纱。在松迪亚塔从图阿列格游牧部落手中夺取廷巴克图之前，它只是一个寂静的沙漠绿洲。但这之后，廷巴克图先成为一个商业城市，而后又成为一个文化和知识中心。曼萨·穆萨在这里建立了宫殿，这里遂成为撒哈拉一带的商业中心。骆驼商队从这里经过，尼日尔河的商船也在这里汇聚。除了作为一个富裕的商业中心外，廷巴克图也是一个充满活力的文化中心。15世纪晚期，在廷巴克图的声望达到顶峰时，大量学生来到这里的著名大学研究珍贵的手稿。

送货物。总之，马里控制着撒哈拉沙漠一带的贸易，同时还控制着重要的从塔阿扎运来的盐税。

11世纪加纳王国的败落为马里的崛起提供了条件。在加纳废墟上建立的塔克鲁尔王国在12世纪达到鼎盛，之后的苏苏王国在以后的几十年里也兴盛一时。1235年，新的强国曼德兴起，这个国家由马陵基人建立，其首领是松迪亚塔·凯塔。就在这一年，凯塔打败了苏苏国王苏曼古鲁，自立为这一地区的"曼萨"（皇帝），他将都城设在布雷金矿附近的尼亚尼，为马里帝国的形成奠定了基础。

马里在14世纪达到鼎盛。其时，帝国疆域从西部的大西洋沿岸向东一直延伸到现在尼日利亚的边界，北部则从撒哈拉沙漠向南到达几内亚的热带雨林。14世纪初，马里的统治者是阿布巴卡二世，关于他的事迹，人们只知道他有一次带领一支庞大的舰队前往大西洋，其他的一无所知。一些人想当然地认为阿布巴卡和他的随从到达了美洲。阿布巴卡的继承者是曼萨·穆萨，史书上称他的统治十分牢固。

到15世纪早期，由于受到来自撒哈拉沙漠的图阿列格人（Tuaregs）的侵袭，再加上内部的纷争，马里开始衰落。马里东部、位于尼日尔河上游的城市加奥开始崛起，很快就超过了马里的都城尼亚尼，成为新建立的强大的桑海帝国的都城。

落的袭击使马里开始衰落。
- 1433年 廷巴克图落入图阿列格人手中。
- 约1450年 桑海帝国征服了马里，马里成为桑海帝国的一部分。

→ 17世纪的意大利蚀刻画展现了处于撒哈拉沙漠中的宏伟的廷巴克图城。但是那个时候，马里的黄金时代已经逝去。

黑死病

14世纪的欧洲不仅深受战争折磨，还遭到了比战争更为致命的无法控制的黑死病的袭击。1347～1352年间，这场瘟疫夺去了欧洲1/3人口的生命，是欧洲历史上最大的人口灾难。下层人民受到的打击最大，当灾难过去后，由于劳动力的不足，幸存者得到较高的工资。但统治者却制订了更具压迫性的法律，人民的不满在14世纪末终于爆发。

黑死病于14世纪30年代起源于中亚，然后沿着陆地的商路向西传播到黑海，接着又从这里经海上商路由热那亚商人传到欧洲。在短短4年的时间里，黑死病就传播到欧洲大陆的各个角落，夺走了200多万人的性命。在某些城市，死亡的人数是如此之多，正如当时的一位编年史家所述："活下来的人数甚至不足以用来埋葬死者。"

黑死病的病症主要有三种，每一种都是让人恐惧和致命的。一种是腹股沟淋巴结炎，它由患病者传播，给人体的淋巴结带来感染。患者在脖子、腋窝和腹股沟处会出现黑色的肿块。腹股沟淋巴结炎的死亡率是75%，大多数患病者在一个星期内就会死亡。一种是败血病，它主要是血液感染。再有一种就是肺炎，主要通过空气传播，给人们的肺部带来致命伤害，超过90%的患病者在三天之内就会死亡。

上图的骷髅雕刻位于法国的鲁昂，它是存放瘟疫死难者遗骨地点的标志。

鞭笞派教徒

作为一种惩罚手段，用鞭子抽打自己在许多宗教中都很普遍，但是在黑死病肆虐期间的欧洲，这种自我惩罚方式走向了极端。鞭笞派最早在德国出现，人们聚集成群，从一个城市游荡到另一个城市，用鞭子抽打着自己，再现当年耶稣所受的鞭笞之苦，以救赎患病者的性命。1349年，鞭笞派教徒将目光转向了犹太人，认为是后者向井里投毒引发了瘟疫。到那一年年底，鞭笞派教徒杀死了德国和低地国家的大多数犹太人。

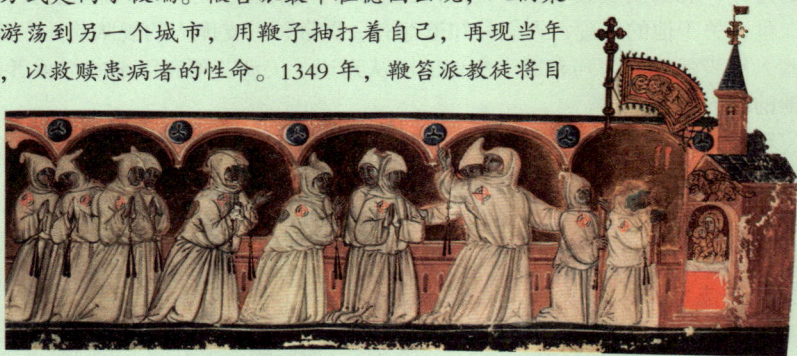

● 约1341年 被称为黑死病的瘟疫在中亚出现。

● 1345年 瘟疫传播到巴尔干地区和黑海的各个港口。

● 1347年 热那亚商人的船队从黑海返回时将瘟疫带到西西里、威尼斯和热那亚。

● 1348年 黑死病进入西欧，然后从法国穿过英吉利海峡到达英国南部。教皇克莱门六世提出"瘟疫是上帝对基督徒的折磨"。

● 1349年 瘟疫传播到苏格兰、低地国家和斯堪的那维亚。在英国，3位坎特伯雷大主教在一年之内相继死于瘟疫。

● 1349年 鞭笞派教徒开始迫害德国和低地国家的犹太人。

● 1350年 到这一年的7月，瘟疫传遍了几乎整个欧洲。

● 1351年 瘟疫传播到俄罗斯。英国通过了《劳工法》，按瘟疫前的比率确定了劳动人员的工资。

● 1352年 在英国剑桥，两家行会成立了基督圣体学院，要求学

大西洋

卑尔根
克里斯帝亚纳
斯德哥尔摩
雷维尔
诺夫哥罗德
莫斯科
哥本哈根
里加
斯摩棱斯克
爱丁堡
都柏林
赫尔
汉堡
但泽
基辅
伦敦
南汉普顿
布鲁日
吕贝克
华沙
列日
法兰克福
布拉格
波兹南
巴黎
纽伦堡
维也纳
南特
巴塞尔
米兰
奥尔比亚
塔纳
拉科鲁尼阿
波尔多
热那亚
威尼斯
贝尔格莱德
卡法
里海
马赛
比萨
佛罗伦萨
拉古沙
黑海
萨拉戈萨
巴塞罗那
罗马
塞萨罗尼卡
君士坦丁堡
特富比松
里斯本
巴伦西亚
帕尔马
那不勒斯
巴勒莫
雅典
塔尔苏斯
安条克
丹吉尔
加的斯
奥兰
阿尔及尔
突尼斯
英登
千拉亚
贝鲁特
大马士革
黑死病的传播区域
地中海
的黎波里
班加西
亚历山大
耶路撒冷
开罗

1347 年
1348 年
1349 年　受瘟疫轻度影响的区域
1350 年　海上商路
1351 年　丝绸之路

黑死病沿着重要的商路从中亚传播到欧洲，然后向北、向西传遍整个大陆。在瘟疫最为严重的意大利托斯坎那、英国东盎格利亚和挪威等地，将近一半的人口被夺去了性命。

黑死病的病因直到 500 年后才由科学家最终查明，它是一种由老鼠身上的跳蚤在人群中传播的菌血症。但在 14 世纪，学者们将这种疾病的病因归结为地震所释放出来的肮脏气体，或多个天体同时出现所带来的不祥后果等等。而当时的教会则认为，黑死病是上帝用以惩罚人类邪恶和罪孽的手段。

中世纪的医学水平尚不能治愈瘟疫。防止瘟疫传播的唯一有效方法是隔离，即将病人和健康的人分开。在米兰城，黑死病的死亡人数要少于意大利其他城市，这大概是因为米兰城的统治者曾下令一旦某户人家遭到瘟疫侵袭，必须立刻将其隔离，家中无论是病人还是健康人都要被埋葬。

面对迫近的死亡威胁，欧洲人的反应各不相同，并经常采

在某些地区，黑死病夺走了大批人的生命，以至于用来埋葬死人的活人都不够。

校的学者为被瘟疫夺去生命的行会成员祈祷。

● 1358 年 意大利作家薄伽丘在他的故事集《十日谈》序言中推测，其家乡佛罗伦萨大约有 10 万人被黑死病夺去生命。

● 1361 年 黑死病在英国再次出现。

● 1377 年 抵达拉古萨港（在今天克罗地亚的杜布罗夫尼克）的水手和他们的货物被命令隔离 40 天。在意大利语中，40 天写为"quaranta giorni"，这就是英语"隔离"(quarantine) 一词的来源。

● 1381 年 在英国，对《劳工法》和人头税的不满引发了农民的起义。在获得短暂的成功后，起义失败了，其领导人被处死。

● 1400 年 此时欧洲的人口比 100 年前减少了 50%。

取极端的形式。编年史家留下了父母遗弃垂死的孩子、神父拒不接受患者死前忏悔的记录。然而，在巴黎的一家医院，修女们无私地照看那些陌生人，直到她们也被病魔击倒。许多市民求助于祷告和忏悔，也有一些人寻求享乐，沉浸于放纵淫乐的生活。

瘟疫也带来了诸多社会与经济影响。由于牧师大量死亡，教会不得不授予文化水平低下的人以神职。这些人由于缺乏虔信，使得人们对教会倍感失望。由于劳动力的匮乏，活下来的工人可以获得他们在瘟疫爆发前三倍的工资。但在英国，政府通过了一项法律，规定劳动力只能获得1347年时的工资水平。这些压制性的措施激起了人民普遍不满，最终引发了1381年的农民起义。

五代十国与宋朝的建立

唐哀帝天祐四年（公元907年），已经操控了唐朝中央的朱全忠（原名朱温，曾参加黄巢起义，后归降唐朝，唐僖宗赐名"全忠"）废掉唐皇李柷，自立为帝，改国号为"梁"，建都开封。从此，中国进入了五代十国的历史时期。

朱全忠（称帝后改名为"晃"，取如日之光的意思）称帝之后，采取尽杀宦官的办法解决了唐朝自中期以来就长期存在的宦官专权的问题，但是对于唐朝的另一个基本问题，朱全忠却无法完全解决，那就是地方将领拥兵自重、割据一方的问题。朱全忠建立梁朝之后不断地向前唐的其他藩镇将领用兵，基本上统一了中原地区。当然，朱全忠的目的远远不止于此，他的最终目的是统一整个中国，可是历史并未完全垂青于这个异常残暴又无比荒淫的朱皇帝，他在北方遭遇了两个无法克制的劲敌，其一是盘踞在太原的沙陀贵族李克用、李存勖父子，其二是盘踞在幽州的刘仁恭、刘守光父子，这两股势力彼此呼应，共同对抗梁军的攻击，使得朱全忠对他们毫无办法，而这两个硬钉子不拔掉，梁王朝也就更谈不上进兵南方了。

当然，作为一代新王朝的开创者，朱全忠不会放弃统一中国的努力，可是历史并没有留给他过多的时间。朱全忠登基之后，皇位的继承人一直没有确定下来，这导致了他的几个儿子之间对于储君之位的激烈争夺，后来，他的二儿子朱友珪干脆趁朱全忠生病期间发动政变，杀死了自己的父亲，登上了帝位。在他称帝的第二年，更为准确地说，是他当上皇帝六个月之后，其三弟朱友贞即在洛阳发动兵变，朱友珪随即被迫自杀。

但是朱友贞的皇位也没有能够保到终老，后梁龙德三年（公元923年），也就是朱友贞登上帝位的第十一年，以太原为据点的李存勖率兵攻破开封，朱友贞自杀，李氏唐朝取代了朱氏梁朝。灭梁三年之后，李存勖因为抢掠魏州军营妇女入宫而招致了魏州的兵变。在兵变中，李存勖父亲李克用的

河南封丘陈桥乡"宋太祖黄袍加身处"碑

养子李嗣源乘机起兵。不久，后唐庄宗李存勖被杀于乱军之中。而后，李嗣源即位，是为明宗。李嗣源诛杀了为恶多端的大臣孔谦，同时废除了一些弊政，从而促成了五代时期少有的安定繁荣的局面。后唐长兴四年（公元 933 年），李嗣源病重，其子李从荣怀疑父亲已死，于是带兵入宫，企图及早夺取帝位，但是不仅没有取得成功，反而令自己落得一个身首异处的下场。李从荣被杀之后不多时间，李嗣源病故，继位的是李嗣源的另一个儿子李从厚。李从厚继位的第二年，其父亲李嗣源的养子李从珂即发动兵变，杀掉李从厚，自立为帝。

后唐河东节度使石敬瑭是后唐明宗的女婿，早年与李从珂一齐追随明宗，都以能征善战著称。后来，石敬瑭与李从珂发生了矛盾，上奏弹劾李从珂，唐明宗大怒，将其免职。

唐明宗死后，他的儿子李从珂做了后唐皇帝，这就是唐末帝。唐明帝在位时，唐末帝已与石敬瑭不和，等到他登基后，两人终于闹到公开决裂的地步。

石敬瑭本是勇将，唐朝沙陀部人，辅佐李克用和李存勖，屡立战功，升至刺史。他从小沉默寡言，喜欢读兵法书，而且非常崇拜战国时期赵将李牧和汉朝名将周亚夫。唐明宗对他很器重，还将自己的女儿嫁给了他，让他统领自己的亲军精锐骑兵"左射军"，将他视为心腹之将。

石敬瑭不仅在战场上救岳父唐明宗，在遇到政治难题时又是他为唐明宗分析局势，指点迷津，体现出了过人的政治谋略。这方面最突出的就是劝唐明宗顺应时势，在兵乱时取得帝位。石敬瑭后来去河东任节度使，并兼云州、大同军等地蕃汉马步军总管，掌握了河东这块后唐起源地区的军政大权。

石敬瑭像

石敬瑭不仅在军事和政治方面有勇有谋，有韬略，在地方事务的治理方面也表现出色。在陕州、魏博、河东等地，他都很有政绩。石敬瑭在任时异常节俭，不贪声色，很多事都亲自处理。到陕州时不到一年就将当地治理得井井有条，再加上他自己很清廉，施政很得人心。

唐末帝派兵讨伐石敬瑭，石敬瑭眼看要抵挡不住了，这时，有个叫桑维翰的谋士给他出个主意，让他向契丹人求救兵。

那时候，耶律阿保机已经死了，他的儿子耶律德光做了契丹国主。桑维翰帮石敬瑭起草了一封求救信，对耶律德光表示愿意拜契丹国主做父亲，并且答应在打退唐军之后，将雁门关以北的燕云十六州（又称幽云十六州，指幽州、云州等十六个州，都在今河北、山西两省北部）土地献给契丹。

耶律德光正打算向南扩张土地，听到石敬瑭给他优厚的条件，真是喜出望外，立刻出五万精锐骑兵援救晋阳。这样，内外出兵夹击，把唐军打得大败。后来，耶律德光来到晋阳，石敬瑭亲自出城迎接，卑躬屈膝地把比他小十岁的耶律德光称作父亲。

经过一番观察，耶律德光觉得石敬瑭的确是死心塌地投靠他，便正式宣布石敬瑭为皇帝。石敬瑭称帝后，立刻按照原来答应的条件，把燕云十六州送给了契丹。

不仅如此，后晋还要年年向契丹纳贡，耗资甚巨。石敬瑭死后，他的侄子石重贵继位。由于历史背景的不同，石重贵并不像他的叔叔那样对契丹极尽献媚之能事，而是变了脸色，对契丹变得怠慢起来。而这恰好给契丹的出兵提供了很好的借口，经过五年的交战，契丹皇帝耶律德光凭借自己惊人的意志和杰出的军事才能，终于攻克了开封，而石重贵作为俘虏被囚押到了北方。

在契丹与后晋的交战过程中，后晋的河东节度使刘知远乘此机会壮大了自己的势力，于公元

947 年在太原称帝，国号为汉，史称后汉。刘知远称帝的第二年即病死，其次子刘承祐继位，是为隐帝。刘承祐初立之时，大臣史弘肇、杨祐、苏逢吉、郭威等专权跋扈，颇不把年幼的隐帝放在眼中，而且这几个大臣彼此之间又很不和气，弄得朝政乱作一团。隐帝出于愤恨和无奈，一举杀掉了几位权高势众的大臣。但是，留守邺都的枢密使郭威尚在，为了铲除这一心腹大患，隐帝又传达密令铲除郭威。然而，机密中道泄露，郭威立即起兵攻入开封，杀掉了将要加害于他的隐帝刘承祐。

宋武士装备

宋初，太祖重视军队建设和军备生产，使北宋初年的"戎具精劲，近古未有"。但是宋初实行的以文制武、兵权分立的措施也代代相传，再被几个庸帝发挥，致使北宋军队形成冗兵、弱小、战必败的局面，于是朝廷上下忙着求和称臣，无暇顾及军备生产。所以宋代的军士装备发展滞缓。

郭威取代后汉，建立了五代的最后一朝——后周。郭威是一个较有作为的皇帝，在位期间进行了一系列改革，革除了前朝的很多弊政，使得国家的政治、经济、军事等方面都很有起色。后周显德元年（公元 954 年），郭威病逝，柴皇后的侄子，也是郭威养子的柴荣继承了皇帝的位置，即后周世宗。世宗柴荣也是五代时期少见的好皇帝，在位六年，巩固和发展了郭威的事业，这为后来宋朝的统一奠定了基础。显德六年（公元 959 年），世宗病亡，年仅 7 岁的幼子柴宗训继立为帝。次年，后周大将赵匡胤发动陈桥兵变，代周自立，改国号为宋，这宣告着五代十国的终结。梁、唐、晋、汉、周，五个朝代，前后相延 53 年，在此期间，不知有多少人死在了奔向皇帝宝座的半路上，而对于那些最终成功登上了皇位的人来讲，结局往往也不是那么美妙，这 5 个朝代共产生了 14 个皇帝，而在这 14 人当中，被杀掉或被迫自杀的皇帝就有 7 人之多，占了皇帝总数的一半。

在中国北方五代相替的同时，中国的南方先后存在着多个政权，从唐朝灭亡到宋朝统一，南方先后出现了 9 个政权，即前蜀、后蜀、吴、南唐、吴越、闽、楚、南汉和南平，再加上建都于太原的北汉，一共 10 个割据政权，史称"十国"。

宋朝建立之后，宋太祖赵匡胤和其弟宋太宗赵光义相继铲平了盘踞一隅的割据政权，结束了唐末以来长期的纷争局面，完成了统一大业。不过，重新统一后的宋王朝，其疆域远远不及盛唐时期的领土，特别是在辽阔的北方，先后有辽、西夏和金这几个强大的政权与其相对峙，从这种意义上来讲，宋朝所统一的只是半壁江山。

辽、宋、西夏的鼎足局面

唐朝灭亡之后，中国的统一局面再次发生中断，在此后半个多世纪的时间当中呈现五代十国的混战局面。宋朝建立之后，经过宋太祖和宋太宗两任皇帝的南征北战，终于在太平兴国四年（公元 979 年）五月扫灭群雄，再次统一了中国。不过，宋朝所统一的实际上并非整个中国，在广大的北方，有疆域甚至比宋朝更加辽阔的契丹与其南北对峙，后来在西北又出现了西夏政权，使得中国呈现出宋、辽、夏三足鼎立的局面。

辽朝的创立时间比宋朝还要早，最初称作契丹，后来改国号为"辽"。辽朝是契丹族建立的政权，契丹原是鲜卑族宇文部的一支，生活在今内蒙古东部西拉木伦河（西辽河上游）及老哈河流域，长期过着游牧生活。唐初，契丹八部组成部落联盟，通过家族世选的方式来推举可汗。公元 907 年，耶律阿保机出任可汗之后，破坏了契丹延续了数百年之久的可汗世选制度，三年任期满之后拒绝交出权力，企图模仿中原王朝建立皇权专制。公元916年，即后梁贞明二年，耶律阿保机正式称帝，定国号为契丹，年号为神册。

耶律阿保机从一开始即位为可汗的时候，就积极致力于平定契丹内部的反对势力，当国内的反对势力基本被清除掉之后，耶律阿保机就开始了对外战争，而适时刚好强大的唐朝已经灭亡，中原地区各派军阀混战不休，这就给契丹建立中国北方的霸权提供了相当有利的条件。虽然耶律阿保机两次南下试图占据黄河流域并未取得成功，但是在中国西北，耶律阿保机先后征服了突厥、吐谷浑、党项、小蕃等多个游牧部落，并且在公元926年消灭了素有"海东盛国"之称的契丹部落长期以来的劲敌渤海国，从而将契丹的势力扩张至渤海沿岸，并且以此为基础，基本上统一了中国广大的北方地区。就在征服渤海国之后不久的天显元年（公元926年），耶律阿保机在班师途中病逝于扶余城，终年55岁。

耶律阿保机之后继位的辽太宗耶律德光继续致力于开疆拓土，其主要目标就是契丹南部的黄河流域。天显十一年（公元936年），耶律德光利用后唐内乱之际挥师南下，击败后唐，扶持后唐河东节度使石敬瑭建立了后晋政权。作为报答，石敬瑭将幽云十六州（指的是包括幽州、云州、蓟州在内的位于今天北京、天津以及山西、河北北部的十六个州）割让给契丹，并且向耶律德光自称儿皇帝。

契丹占据了幽云十六州之后，将幽州（今北京）改为南京，将云州（今山西大同）改为西京，并且因为汉人的大量融入，放弃了民族色彩浓重的国号契丹，改国号为大辽。大同元年，即公元947年，辽军又攻陷了后晋的都城开封，将辽朝的势力挺进到中原腹地，但是辽军因为对当地人民大肆劫掠，招致了激烈的反抗，被迫不久之后引兵北还。就在这次回师途中，耶律德光在河北栾城病逝。

耶律德光病逝后，耶律阮被一些将领拥立为帝，但是萧太后却想立自己的儿子耶律李胡继承皇位，于是辽朝发生了一场内战，结果萧太后和耶律李胡战败，耶律阮的帝位得到巩固，史称辽世宗。辽世宗继续南侵，多次对中原用兵。天禄五年（公元951年），辽世宗再次出兵协助北汉攻打后周，但是行军至归化（今内蒙古呼和浩特）的祥古山时，被一直怀有篡位野心的耶律察割在睡梦之中杀死。其后，自行称帝的耶律察割很快为辽太宗的长子耶律璟杀掉，继而，耶律璟即位，就是历史上以荒怠朝政而闻名的辽穆宗。辽穆宗对女人极为讨厌，以致自己并无子嗣，但是对美酒却异常地亲近，经常欢饮达旦，至晨方息，而后大睡一场，由此得到一

出行图　契丹
图中人物为典型契丹男子形象，留髡发，带耳环，身着各色长袍，腰系革带，有拿笔砚的，有握短刀的，也有双手捧黑色皮帽的，表现等待出发的情形。

契丹文字

契丹族原本没有自己的文字。耶律阿保机建国称帝后，于公元920年命突吕不等人在汉字隶书的基础上增减笔画，创制出契丹文字。公元924年，阿保机的弟弟耶律迭剌又根据回鹘文创制了契丹小字。契丹文字创制后，在当时戎马为生的契丹人中使用并不普遍，但对西夏文字和女真文字的创制有很大影响。

由简到繁的西夏服饰

西夏衣冠制度规定西夏男子以穿着圆领窄袖的袍服为主，也可以穿交领长袍。这两种衣服的衣襟都是右衽，与唐朝流行的服装很相似。女子穿交领长褙子，内系细裥百褶裙，脚穿尖头弓鞋。青绿色是平民的服饰颜色，适合劳动，穿着非常简朴。随着与宋朝的不断往来，西夏决定"制小蕃文字，改大汉衣冠"，并得到了宋朝的允许。至此，西夏服饰的种类和形式多了起来。从形制上看，有皇太后的法服、皇后法服、太子法服、嫔妃法服、朝服、便服等，并且在每一服饰种类后面，还有其他详细的名称和形式。男子服饰大概有26种，女子服饰大概有19种。

从西夏民族服饰发展的过程来看，呈现了由简到繁的一种规律和趋势，这是完全符合历史发展潮流的。

个诨号——"睡王"。同时，耶律璟还嗜好打猎，常常整月都不理朝政。耶律璟的怠政使得原本就因为觊觎皇位而纷争不止的辽朝皇室更加人心浮动，一场场的宫廷阴谋屡见不鲜。与此同时，中原的局势也发生了变化，新建立的后周政权通过太祖郭威和世宗柴荣两代皇帝的励精图治，一扫前几朝的颓弱局面，在与辽朝的对抗中占据了优势，开始反攻辽朝。后周显德六年，辽应历九年，即公元959年，周世宗柴荣大举北伐，接连攻城陷地，兵锋直指辽朝南部的军事重镇幽州。不幸的是，周世宗突然病重，使得周军中止了北伐进程。

周世宗撤军的第二年，后周将领赵匡胤发动陈桥兵变，取代世宗之子恭帝柴宗训自立而创建了宋朝，从此揭开了辽、宋两大强国南北对峙的新局面。

宋朝初立，在后周业已奠定的强盛国力的基础上南征北讨，咄咄逼人，而此时的辽朝却陷入了衰落期，公元969年，辽穆宗耶律璟为侍者所杀，随后继位的是辽景宗耶律贤。耶律贤体弱多病，在位期间政事多由萧皇后代为处置。这一时期，辽朝对中原继续采取守势。公元979年，宋太宗赵光义在征服南方诸国之后调兵征讨五代十国中的最后一个政权——北汉。辽朝为了制衡宋朝而出兵援汉，辽、宋双方在白马岭展开了历史上的第一次交手，结果辽军惨败。不久，北汉降宋。同年六月，继周世宗之后，宋太宗再次进兵幽州。其后，辽、宋双方在高粱河（今北京西直门外）展开激战，尽管辽军统帅耶律休哥身遭重创，但依然顽强地指挥辽军取得了此战的胜利，致使宋军南撤，而辽军则一路追击至涿州城下。

高粱河之败是宋朝开国以来所遭受的最为严重的一次失败，这次失败不仅使得宋朝北取幽云十六州的计划遭受了极大的挫折，而且使得宋朝此前在与辽朝对峙中的优势不复存在。雍熙三年（公元986年），宋太宗分兵三路，再次大举攻辽，虽然初期取得了一定战果，但是东路军在攻占涿州之后再次因为耶律休哥的阻击而遭受失败。随后，辽军乘胜反攻，宋军则接连败退。经过两次北伐的失败，宋朝开始对辽朝采取守势，而辽朝则开始对宋朝采取攻势。

西夏王陵
西夏王陵是西夏历代帝王和达官贵戚的埋葬地。陵园内有九座西夏帝王陵墓，近二百座陪葬墓似众星拱月布列其周围。西夏王陵糅合了汉族传统风格与本族特色，气势宏伟，号称塞外戈壁的"金字塔"。

宋真宗景德元年，辽圣宗统和二十二年，即 1004 年，辽朝承天皇太后和辽圣宗统领 20 万大军南下侵宋，直驱黄河北岸的重地澶州，严重威胁着宋朝都城开封的安全。这时，宋真宗在辽军的侵凌之下举棋不定，不知所措，最终在以宰相寇准为代表的少数主战派人士的鼓励下勉强决定御驾亲征。果然，宋真宗的亲临前线极大地鼓舞了宋军将士的斗志，使得辽军在澶州开始陷入不利的地位。这时，辽朝承天皇太后也意识到辽军孤军深入恐有不测，遂决定同宋朝议和。同年十二月，双方达成和议，约定宋、辽为兄弟之国，宋尊辽太后为叔母，双方当即罢兵休战，以白沟河为两国国界，而宋朝每年向辽朝输送岁币银 10 万两、绢 20 万匹。这就是历史上著名的"澶渊之盟"。

宋、辽定盟之后，双方在其后一个多世纪的时间中都没有发生大的战事，尽管宋朝每年要向辽朝输送一定数量的钱物，但是毕竟换取了宋辽边境的长期安定，对恢复国力和发展生产都有很大的益处。当然，这种和平也是建立在宋、辽均势的基础之上的，也就是说宋朝无力北伐，而辽朝也南侵乏力，无论是宋朝北伐，还是辽朝南侵，都不会取得真正的胜利，因此，与其两败俱伤，还不如和平共处。

宋朝在与辽朝议和之后，又开始了与西夏之间的战争。西夏是党项族建立的政权，党项是羌族的一支，在南北朝时期生活在今青海省东南部的黄河河曲地带，到唐朝时，因为受到强大起来的吐蕃的威胁而大部分内迁至甘肃东部和陕西北部，开始依附于唐朝。安史之乱后，唐代宗接受郭子仪的建议，将党项族拓跋朝光部迁徙至银州（今陕西榆林）以北和夏州（今陕西横山）以东的地区（相当于今内蒙古自治区鄂尔多斯东南一带），而这一部就成为日后西夏皇族的祖先。唐僖宗时，居住在宥州（今陕西靖边东）的党项族首领拓跋思恭因参与镇压黄巢起义有功而被封为夏州定难军节度使，统领夏州、宥州、绥州（今陕西绥德）和银州（今陕西米脂）四地，并且被赐姓为李，晋爵夏国公。不久之后，唐朝灭亡，夏州李氏的党项部落乘中原混战之际而不断扩大自身势力，奠定了后来西夏王朝的基础。

西夏王陵

西夏王陵又称西夏陵、西夏帝陵，有"东方金字塔"之称，位于银川市西郊贺兰山东麓，距市区大约 35 千米，是西夏历代帝王陵墓所在地。陵区南北长 10 千米，东西宽 4 千米，里边分布着 9 座帝王陵和 140 多座王公大臣的殉葬墓，占地近 50 平方千米。整个陵区规模宏伟，布局严整。每座帝陵都是独立完整的建筑群体，坐北向南，呈纵长方形，规模同明十三陵相当。西夏王陵受到佛教建筑的影响，是汉族文化、佛教文化、党项族文化的有机结合体，构成了中国陵园建筑中别具一格的形式。可惜陵区在明代以前就遭损毁，现在只留下遗址。

宋朝建立之后，夏州节度使依旧表示服从中央朝廷的统治，但是宋太宗执意削夺夏州节度使的兵权，铲除这个长期以来雄霸一方的割据政权，于是，太平兴国七年（公元 982 年），时任夏州节度使的李继捧被召入京，这实际上意味着李继捧被剥夺了夏州的兵权。虽然李继捧无意反抗宋朝，但是他的族弟李继迁却并不甘心于祖先经营了几代人的基业就这样被断送，因此逃至夏州以北的地斤泽（今内蒙古伊克昭盟鄂托克旗），开始积极联合党项族各部图谋反宋。起初的时候，宋太宗以为已经剥夺了李氏的兵权，逃跑的一个小小的李继迁闹不出多大的名堂来，可是不料，雍熙二年（公元 985 年），李继迁会同族弟李继冲诱杀了宋朝将领曹光实，占据了银州，并继而攻破了会州（今甘肃靖远），公开与宋朝对抗。当然，这时的党项李氏凭其自身实力还难以同宋朝相抗衡，但是好在北方有着强大的辽朝可以结援。李继迁利用辽、宋之间的矛盾，转而向辽朝"请降"，被辽朝封为"夏国王"。至道二年（公元 996 年），李继迁大举袭宋，致使宋太宗雷霆震怒，派遣

西夏之敕牌
西夏驿站传递文书时使用的敕牌。

五路大军讨伐李继迁。不幸的是，宋朝这一次对党项的作战并未取得成功。一年之后，宋太宗驾崩，而继位的宋真宗则转而对李继迁采取绥靖的政策，不仅不再加以讨伐，反而还承认了李继迁对西北几州的统治权。但是宋真宗的这种绥靖政策并不能够真正地奏效，它只能使党项的势力变得越来越大，从而使得宋朝的利益受到越来越为严重的威胁。咸平五年（1002年），李继迁再次兴兵，攻陷了宋朝的西北重镇灵州（今宁夏宁武西南）和凉州（今甘肃武威），由此截断了宋朝同西域之间的联络，并且使得宋朝的西北边境处于一种相当危险的状态。

两年之后，42岁的李继迁在与吐蕃首领进行会盟时被劲弩射成重伤，不治而死。同年，李继迁24岁的儿子李德明继位。李德明转变了父亲的发展方向，与宋朝和平相处，同时依附辽朝，这就换取了宋、辽两大强国对于党项部落的支持，1005年和1006年，辽、宋先后册封李德明为西平王，宋朝还赏赐了李德明大批的财物。当然，李德明并不是打算利用父亲所奠定的基业而坐享其成，他并非不图进取，而是将拓展的方向转到了西方，大败吐蕃、回鹘，占据了整个河西走廊，也就是占有了相当于今天的宁夏全部、甘肃大部、陕西北部、青海东部以及内蒙古自治区的部分地区的辽阔疆域，基本上确立了西夏王朝的版图轮廓。

1031年，李德明病逝，其子李元昊继位。其时，党项李氏的实力已经相当强大，因此李元昊即位后积极致力于摆脱对宋朝和辽朝的臣属关系，经过数年的准备之后，1038年，李元昊正式建国称帝，国号为大夏，年号为天授礼法延祚，都城为兴庆府，即今天的宁夏首府银川市。

西夏建国之后，李元昊一改此前与宋朝之间维持了三十余年的和平关系，先后对宋朝发动了三川口之战、好水川之战、麟府丰之战、定川砦之战等四大战役，在对宋的军事斗争中取得了重大胜利。不过，这时西夏与辽朝的关系开始交恶，为了避免两面作战，西夏决定同宋朝休兵议和。1044年，经过一年时间的谈判，双方达成和议：李元昊对宋称臣，宋朝册封李元昊为夏国王；宋朝每年赐西夏银72000两，绢153000匹，茶30000斤；重开边市。这就是历史上的"庆历和议"。同年，李元昊在河曲之战中大败率十万大军御驾亲征的辽兴宗。由此，西夏就正式形成了同辽朝和宋朝鼎足而立、三分天下的格局。

然而，这接连不断的一系列的重大胜利使李元昊变得日益骄横，并且在个人生活上走向了残暴和荒淫的恶途，甚至霸占了自己儿子宁令哥的妻子，为此，宁令哥对父亲李元昊极为愤恨，在1048年元宵节这天猛然举刀削掉了李元昊的整个鼻子，使得李元昊顷刻之间血尽而亡，终年46岁。

在宋朝和辽朝、西夏分别结盟之后，相互之间基本停止了大的战争，其后一段时间的战争主要发生在辽与

好水川之战遗址
在今宁夏隆德西北。1041年，宋将任福奉命率兵数万进攻西夏。夏景宗元昊领兵十万在好水川设伏。当宋军进至埋伏圈后，夏军四面围攻，大败宋军，宋将任福战死。图为宋夏好水川之战遗址。

西夏之间。李元昊死后，年仅周岁的儿子李谅祚继位，由皇太后没藏氏摄政。这时，辽兴宗乘西夏政权交接之际第二次兴兵伐夏。这次辽夏战争，双方互有胜负。1050年，西夏遣使请和，李谅祚向辽朝上表称臣，双方恢复了和平关系。

李谅祚一朝，西夏外戚没藏氏和梁氏先后专权，朝政腐败，不得人心，而擅权的梁皇后和梁乙埋姐弟为了转移国内矛盾，开始发兵侵宋。这一时期，宋朝也开始对西夏采取对策，先后收复和征服了西夏周边的部分领土，使得西夏陷入一种孤立之势，致使西夏多次出兵都铩羽而归。其后，宋神宗元丰四年（1081年），宋朝开始对西夏大举反攻，一度将作战前线推进至西夏境内2000多里。但是后来由于战争指挥的失误，宋军在永乐城之战中遭受惨败，一次战役损失了20多万士兵和役夫，给北宋朝廷造成了极大的震动，史书记载："帝中夜得报，起环榻行，彻旦不寐。"当然，在宋军遭受重创的同时，西夏王朝也几乎耗尽了元气，曾经的强盛局面已经一去不返了。

宋朝在灭夏失败之时，社会内部的矛盾已经相当严峻，伴随着官僚人数和军队数量的急剧膨胀，宋朝出现了官僚机构臃肿，行政效率却相当低下；军队人数众多，战斗力却极为羸弱的局面，同时，宋朝还不仅仅是官员数量多，军队规模大，而且官员和军队的待遇还都相当优厚，特别是军队的支出，占据了宋朝财政总收入的六分之五，可是与之形成鲜明对比的却是宋朝在对辽、对夏的战争中屡战屡败。同时，宋朝每年还要向辽朝和西夏缴纳大量的财物，因此，尽管说宋朝的经济要远比辽朝和西夏发达得多，但是如此庞大的开支对于宋朝的子民来说还是过于沉重了。更为不利的是，就像以前的多个朝代一样，宋朝在立国之后，土地兼并的现象也越来越严重，那些大地主、大官僚占据了大片的土地，却并不负担与其占有土地数量相对应的税赋，可国家要征收的税赋并不会因此而减少，那么，这些本来应当由那些大官僚、大地主所承担的税赋就都转嫁到了贫苦的百姓身上，致使宋朝民不聊生的局面日益严重。因此，从北宋前期王小波、李顺在四川发动农民起义之后，一直到北宋灭亡，农民起义就几乎没有间断过，虽然北宋最后没有灭亡在农民起义的手中，但是愈来愈为频繁的农民起义所反映出的严重的社会问题却显示出北宋长期以来积贫积弱的不利形势已经达到了何等不堪的程度。在这种情形下，一些有识之士纷纷主张变法图强，其代表人物，前有宋仁宗时期主持庆历新政的范仲淹，后有宋神宗时期再行变法的王安石。但是，无论庆历新政，还是王安石变法，都因为在朝廷中占据高位的既得利益者的强烈抵制以及变革过程中一些举措的失当而以失败告结。因此，北宋内部深刻的社会矛盾就始终未能得到解决，而其所面临的命运也就只能是加速地走向灭亡。

金朝的崛起与辽朝的西迁

在西夏走向衰微和北宋积贫积弱的同时，辽朝也陷入了严重的内乱之中，国势长期不振。这时，中国北方崛起了一支新的力量，那就是女真人。女真族的前身是肃慎，肃慎是自远古以来就生活在中国东北地区的一个古老的民族。隋唐时期，肃慎被称作靺鞨。同其他很多民族一样，靺鞨也分作多个部落，其中以粟末和黑水两部最为强大。黑水靺鞨是靺鞨族居住位置最北的一部，生活在松花江流域和黑龙江下游一带。唐玄宗时，在此设置了黑水都督府，加强了对这一地区的管理以及黑水靺鞨同中原之间的联系。后来，契丹人将黑水靺鞨称作女真，于是女真就成了这个民族的新名称。辽太祖耶律阿保机灭渤海国之后，一部分女真人南迁，加入了契丹户籍，称"熟女真"，而仍居住在北部未入契丹户籍的则称作"生女真"。在此前后，生女真中的完颜部开始强大起来，并且改变了游牧迁徙的生活，定居在按出虎水（今阿什河）一带，开始从事农业生产。10世纪中期，完颜部首领乌古乃接受了辽朝的节度使官职，影响愈加强大，开始逐渐统一生女真各部。在臣属于辽朝的时期，生女真各部长期遭受契丹人的剥削和压迫，因而当辽朝走向衰落之时，由完颜部统一起来的生女真各部就开始奋起反抗。1115年，即辽天祚帝天庆五年，乌古乃之孙完颜阿骨打称帝建国，国号大金，年号收国，以会宁城（今黑龙江省哈尔滨市阿城区南）为首都。

金副元帅印

完颜阿骨打建国之后立即对辽朝展开了大规模的进攻，同年十二月，双方主力会战于护步答岗（今吉林农安西），辽军遭受惨败，全线溃退。其后几年间，金朝攻占了辽朝几乎一半的国土。正当生死存亡的关头，辽朝却又发生了严重的内讧，辽军统帅耶律余睹于保大元年（1121年）叛辽降金，并且得到了完颜阿骨打的完全信任，而耶律余睹也没有令完颜阿骨打失望，在此后金朝的灭辽战争中竭尽全力，贡献甚大。保大二年（1122年），辽朝政权又发生分裂，辽天祚帝的叔父耶律淳被一部分大臣拥立为帝，称天锡皇帝，与天祚帝公然对峙。历史上将耶律淳所建立的这个政权称作北辽。北辽并没有存在多长时间，因为辽天祚帝仍控制着辽朝残存的大部分地区，所以北辽政权从建立之初就非常弱小，仅仅据有燕京周围的地区，并且北辽内部大臣之间矛盾重重，人人自危，离心离德。更为关键的是，耶律淳三月称帝，五月即病亡。其后，北辽内部的分裂倾向更加严重。同年底，金军攻陷燕京，北辽灭亡。

当辽朝局势日危之时，南方的宋朝开始活动起来，金天辅四年，宋宣和二年，即1120年，双方约定：金、宋联合灭辽，金军负责攻打辽的中京大定府（今内蒙古自治区赤峰市宁城县），宋军则负责攻打辽的南京析津府（即燕京，今北京）和西京大同府（今山西大同），灭辽之后，宋朝允诺将此前送给辽朝的岁币转赠给金朝，金朝则答应将宋朝一直觊觎的幽云十六州划归为宋朝，而在灭辽之前，双方都不可与辽朝议和。因为当时金、宋两国的疆域尚为辽国所阻隔，所以双方使者都是通过海路进行往来的，因此宋、金共同灭辽的协定被称作"海上之盟"。

宋、金订立盟约之后，金朝加紧了对辽朝的攻势，天辅六年（1122年），金军相继攻下了辽朝中京大定府和西京大同府，占领了辽朝长城以北的全部领土。然而宋朝方面却发生了意外，正当宋朝集结重军准备攻打辽朝南京析津府之时，却突然传来了浙江方腊起义的消息，宋徽宗急忙将这支预备攻辽的军队调回去镇压方腊起义。好在方腊起义很快就被平定了，可是此后宋军在攻打已经被金军打得狼狈不堪的辽朝之时，却依然屡屡败绩。不过，尽管如此，宋朝的加入还是令辽朝的局势变得更为雪上加霜，加速了辽朝灭亡的进程。

宋军统帅童贯在攻辽失利之后，为了逃避罪责，暗中派人邀请金军去攻打析津府，而这对完颜阿骨打来讲可以说是正中下怀，因为他担心如果辽朝的析津府真的为宋朝占领了，那么就真的得把幽云十六州划归为宋朝所有了。于是，完颜阿骨打受邀之后立即起兵，几乎不费吹灰之力就攻下了辽朝南京析津府，而在此之前辽天祚帝已经西出居庸关向西北逃至夹山（今内蒙古自治区萨拉齐）。至此，辽朝灭亡的局势已经基本确定，接下来主要的问题就是宋、金之间的交涉了。

到宋宣和四年、金天辅六年十二月，金、宋在海上之盟中所约定的攻陷辽朝中京、西京和南京的目标均已实现，接下来，金、宋两国

花石纲

北宋末年，统治阶级极为奢侈腐朽。宋徽宗竭天下之财以自奉，在京师大兴土木，营建宫殿及亭台楼阁达20余年。崇宁四年（1105年），宋徽宗命令在苏州设立苏杭应奉局，专门在东南搜罗奇花异石，然后用船队不断运往开封，当时，这种运送花石的船队就叫做"花石纲"。

就要对灭辽的战果进行瓜分了。金朝以宋朝并未按约定攻克南京和西京为由，拒绝将幽云十六州划归宋朝，而只答应将燕京及其所辖的六州分给宋朝。宋朝对此并未表示异议，仍按照此前的约定将原来每年送给辽朝的 40 万岁币转赠给金朝，并且还追加了每年 100 万贯以作为燕京的代税钱。在将燕京地区交给宋朝之前，金朝将燕京及其所属六州的财物和百姓全部席卷一空，等宋朝人到来之时，见到的只是几座残破的空城。

尽管宋朝在灭辽之后与金朝交涉的过程中作出了极大的让步，但是宋朝表现得愈是软弱，金朝就会相应地愈加得寸进尺。在攻陷燕京之后的第二年，金太祖完颜阿骨打在班师回金朝上京（即会宁城）途中病逝，终年56 岁。其后，完颜阿骨打的弟弟完颜吴乞买继位，是为金太宗。同完颜阿骨打称帝之后改名为完颜旻一样，完颜吴乞买登基之后也将名字改为完颜晟。

宋徽宗赵佶像

金天会三年，宋宣和七年，金太宗挥师两路大举攻宋，夺城掠地，直逼宋都开封。在金军的威逼之下，宋徽宗赵佶异常慌张，一面下令调遣地方军队入京救驾，一面下罪己诏，将皇位传给自己的儿子赵桓，是为宋钦宗。

宋朝布置在黄河北岸的防线在金军的攻击之下迅速瓦解，于是，开封很快就被渡过黄河的金军所围困。这时，宋钦宗起用主战派的李纲，对京城的防守工作进行了严密的布置。在李纲的指挥下，开封军民多次击退了金军的进攻。金军统帅完颜宗望见一时攻克开封无望，便采取"以和议佐攻战"的策略，向宋朝提出议和的请求，当然，这种议和不是平等的，宋朝需要向金朝交纳巨额的财物，割让大片的土地。昏庸的宋钦宗没有意识到这是金军见无法攻陷开封之后才使出的缓兵之计，竟然对金朝所提出的过分要求一一允诺。其实，只要宋朝继续坚持抵抗下去，随着宋朝入京勤王的地方军队陆续赶到，孤军深入的金朝军队不久之后就会自动撤退，要不然就会反被包围、被消灭在宋朝的家门口了。由此也可推知，宋徽宗所选定的这个接班人宋钦宗，同他的父亲一样地无能，实在是不堪担当拯救国家于水火之间的历史重任。

铁蒺藜 金

毒火球复原图 金
金人掌握了火器制造技术后，生产了大量的火器，并广泛应用于战场。

素雅的钧窑

钧窑，北宋五大名窑之一。钧窑之名源于祭祀禹王的钧台，始烧于唐。北宋徽宗建中靖国至政和年间（1101～1118 年）最为昌盛，据考查在北宋晚期是主要烧制宋徽宗宫廷用器的瓷窑。利用铁、铜呈色的不同，烧成蓝中带红、紫斑或纯天青、纯月白的多种釉色，称之为"窑变"，以蛋白石光泽的青色为基调。因烧制时温度的变化，表面会自然形成一些细线，这称为"蚯蚓走泥纹"。钧窑产品上没有特别的装饰，十分清雅，这也反映了宋徽宗同时作为一个文人的雅致的追求。北宋灭亡后，钧窑停止生产，但是烧制技术却流传下来了，仿钧窑瓷器在元代出现。

　　宋钦宗答应金军议和请求的做法遭到了李纲的坚决反对，为了摆脱李纲的劝阻，同时也为了向金人表示求和的诚意，宋钦宗竟然将国难当头之时最大的功臣李纲给罢免了。不过，皇帝糊涂，百姓的眼睛却是雪亮的，李纲的被黜，令开封城的广大百姓以及主战的官僚们怒不可遏，一时之间，皇宫门前集结了前来请愿的几万群众，这些请愿者义愤填膺，甚至出手打死了皇宫中的几十个宦官。宋钦宗见众怒难息，只得重新起用李纲为尚书右丞和京城防御使。而开封城外的金军一听说李纲复职，再加上见到宋朝的各路勤王军已经陆续抵达开封，因此不等从宋朝那里勒索来的财物全部到手，就慌忙地北撤了。于是，第一次开封之围得解。

　　尽管燕京失陷之后，辽朝就已经无力复国，但是辽天祚帝毕竟不甘心自己的大好江山就这样被金人夺去，于是出逃之后又组织辽朝残部进行反攻，当然，这时辽军对于金朝的进攻，无异于以卵击石，辽天祚帝不仅没能收复失地，反而自己也于保大五年（1125年）落入了金兵之手，而这也成为辽朝灭亡的标志。从辽太祖耶律阿保机于公元916年正式建国，直到1125年辽天祚帝耶律延禧被金军俘获，辽朝共传九君，历时210年。

　　辽天祚帝成为俘虏之后被押往金朝上京，降为海滨王，三年之后病故，终年54岁。

　　辽天祚帝被俘之后，辽朝的另一个皇室成员耶律大石在今内蒙古自治区东部地区继续活动，企图依靠当地的契丹族势力抗击金朝，但是已经衰落的契丹民族无法抵御金兵的攻击，耶律大石不断西退，最后迁徙到中亚地区，于1134年在都虎思斡耳朵（今吉尔吉斯斯坦的托克马克）建号称帝，继承辽统，史称西辽。西辽政权尽管存在了84年之久，但是不同于此前的辽朝，西辽在中原的历史舞台上已经沦为配角，终其一朝都没有发挥过什么重要影响。1218年，西辽为成吉思汗所灭。

北宋的灭亡

　　辽朝灭亡之后，金朝开始与西夏成为邻国，但是金朝与西夏之间并未发生战争，因为西夏在与金朝建立关系之初就表示向金朝称臣，并且在金灭辽的过程中，西夏崇宗李乾顺见辽朝大势已去，对金朝的军事行动进行了配合，同时，金朝当时的主要对手是宋朝，在征服宋朝之前并不想与西夏为敌，所以，伴随着金、宋两国的对峙，西夏与金之间长期都处于一种和平友好的状态，这时中国境内诸政权中主要的斗争双方是金朝和宋朝。

　　宋靖康元年（1126年），金军北撤，宋朝本可以借此机会整顿朝政，恢复国力，从而在此后的对金作战中取得优势，至少是打个平手，但是极度昏庸的宋朝统治者不思进取，根本看不清当下的形势，以为金兵一走，从此就万事大吉，可以一劳永逸、高枕无忧了，于是，各地急匆匆赶来勤王的军队又都被遣散回地方，朝廷的中坚之臣李纲也再次被罢免，而且被赶出了京城。

　　然而，仅仅半年之后，也就是靖康元年的

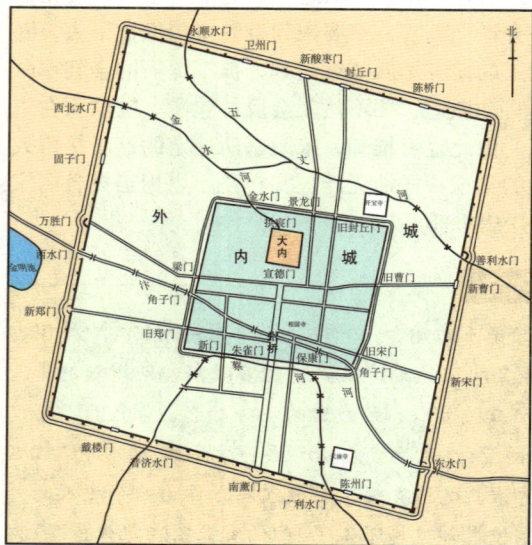

北宋东京示意图

瘦金体

　　瘦金体是宋徽宗赵佶（1082～1135年）创造的书法字体，亦称"瘦金书"或"瘦筋体"，也有"鹤体"的雅称，是楷书的一种。宋徽宗早年学薛稷、黄庭坚，参以褚遂良诸家，出以挺瘦秀润，融会贯通，变化二薛（薛稷、薛曜），形成自己的风格，号"瘦金体"。其特点是瘦直挺拔，横画收笔带钩，竖画收笔带点，撇如匕首，捺如切刀，竖钩细长；有些连笔字像游丝行空，已近行书。其用笔源于褚、薛，写得更瘦劲；结体笔势取黄庭坚大字楷书，舒展劲挺。现代美术字体中的"仿宋体"即模仿瘦金体神韵而创。

　　八月，金兵就再次分兵两路，大举南侵。因为宋朝没有进行任何作战的准备，所以金军如入无人之境，骤然之间就再次出现在开封城外。一下子，大宋王朝又到了生死存亡的紧要关头，可是，当此危难之时，宋徽宗和宋钦宗父子不是积极组织开封军民进行顽强的抗击，而是面对如同恶狼一般扑上来的金兵，采取了割肉哺之的极端错误的策略。

　　因为上一次挟兵议和尝到了甜头，金兵这次围困开封城之后并没有急于攻城。金军统帅完颜宗望和完颜宗翰要求宋朝的太上皇徽宗赵佶前来金营议和。对于宋人来说，那里与其说是军营，莫不如说是虎口，向来就十分胆小的宋徽宗没有那个胆量，于是将这个艰巨的任务交给了儿子宋钦宗。宋钦宗不敢违抗父命，当然更不敢违背金人的旨意，因此纵有万般的无奈，也只得硬着头皮前往金营去进行所谓的"和谈"。可是，宋钦宗到达金营之后却迟迟见不到金军的统帅，而金军统帅只是派人向宋钦宗索要降表。宋钦宗完全按照金人的旨意写好了降表之后，又在金营之中向着金军统帅面北称臣，丢尽了颜面。

　　三日之后，宋钦宗总算平安地返回到开封城中，然而他是平安回来了，开封城中的百姓可就不得安宁了。金人向宋朝索要金1000万锭、银2000万锭、帛1000万匹，面对这样的天文数字，宋钦宗开始大肆搜刮开封城中官民的财物。尽管开封城作为宋朝的百年帝都，积累了非常可观的财富，可是即使是开封城中遍地生银，也根本无法满足金人的无餍之欲。待开封城中的金银布帛被搜掠一空之后，金人又向宋朝索要马匹。于是，又是一场遍及全城的大掠夺，开封城中的马匹一匹不剩，共7000多匹，全部输入了金营。

　　经过几番几轮的劫掠之后，金军统帅要宋钦宗再次到金营做客。对于再次前往金营会谈，这一次可不像上回那么幸运了，他在金营中不仅完全失去了自由，而且遭受着极为凄惨的待遇，比普通的囚犯都不如。

　　到了靖康元年的冬天，开封城中不仅其他财物都被劫掠殆尽，就连同最为重要的粮食也几乎所剩无余了，城中饿殍遍地，人们在将一切可以捕捉的动物以及一切可以填腹的植物都吃光了之后，甚至连死尸的肉都割下来吃，并且这时城中又发生了严重的瘟疫。已经残败到如此地步，开封城也就不攻自破了。十二月十五日，金兵几乎毫不费力地攻入开封城。

　　靖康二年春，宋钦宗被金人废黜。宋钦宗被废的第二天，宋徽宗也被"请"入金营，同他的儿子一样成为金兵的囚徒。

东京梦华录

　　"山外青山楼外楼，西湖歌舞几时休？暖风熏得游人醉，直把杭州当汴州"，南宋诗人林升充满忧患地描述南宋都城临安和北宋汴京城一样的歌舞升平。汴京即东京，也叫开封。唐朝安史之乱后中国经济重心南移，开封以其交通和经济优势成为北宋的首都。开封城打破了宋代之前城市的坊市制和夜禁制，延长了夜市时间，并且出现了各种各样的娱乐场所，新增了瓦子，呈现出前所未有的繁荣局面。靖康之乱，孟云老避居江左，撰写《东京梦华录》，再现昔日开封城的盛景，其实也是开封繁华生活的一曲挽歌。

金人关押了宋徽宗、宋钦宗之后，在开封扶植一直主张议和的宋臣张邦昌为"大楚"皇帝，当然，这完全是受金人控制的一个傀儡政权，因此自然不会得到宋人的认可，激起了宋朝臣民的普遍反对。这时，金人又闻知宋朝皇室康王赵构正在河北集结力量积极准备收复开封，因而担心自身兵力不够，难以持守，遂决定引兵北还。宋靖康二年（1127年）四月，金兵押解着徽、钦二帝以及宋朝的妃嫔、皇子、宗室、官员、工匠、妇女等一共3000多人，并且还驱赶着10余万宋朝百姓，同时携带着从开封城中抢夺的皇帝玉玺、朝廷礼器、图书文物等以及此前索要的巨额的金银财宝，浩浩荡荡地撤出了开封城。

宋徽宗和宋钦宗在被押解的途中受尽了侮辱，抵达金朝都城之后，他们又被迫穿着孝服到金太祖完颜阿骨打的祠庙中叩头祭拜，接着，就如同当年宋太宗将被俘的南唐后主李煜封为违命侯一样，金太宗封宋徽宗为昏德公，封宋钦宗为重昏侯。之后，徽钦二帝再被押往韩州（今辽宁昌图县），不久又转至距离宋土更为遥远的五国城（今黑龙江依兰县）。北宋灭亡八年之后，即南宋绍兴五年，1135年，宋徽宗赵佶病逝于五国城，终年54岁；21年之后，宋钦宗同样在五国城的囚押之中病死，终年57岁。

金朝与南宋的对峙

宗泽像

靖康二年五月，也就是金人掳走徽、钦二帝，撤离开封北返还朝的下一个月，宋徽宗的第九个儿子，也是宋钦宗弟弟的赵构在宋朝南京应天府（今河南商丘）登基称帝，改元建炎，重建大宋朝廷，史称南宋，赵构即南宋首位皇帝宋高宗。

赵构称帝之后，启用抗金名将李纲为宰相。李纲固然是最为坚决的主战派，但也并非不识时务而只知战争。李纲准确地意识到宋朝当下的首要问题不是立即对金朝展开反攻，而是先稳固边防，安抚人心，特别是要经营好作为大宋"国之屏障"的河北、河东地区的防务，只要此二地牢牢地控制在宋朝的手中，则"中原可保，而东南可安"。宋高宗接纳了李纲的这种正确的建议，并且接连任命了李纲所推荐的宗泽、傅亮等得力将领，使得南宋对金防务渐趋稳固。

在南宋朝廷积极部署边防的同时，饱受金兵铁蹄凌辱践踏之苦的中原人民也纷纷组织义军，积极致力于抗金斗争。因此，局势可以说是对宋朝一片大好。可是人们逐渐意识到，宋高宗并无意恢复宋朝国土，而只求保得自己半壁江山的安稳。不久之后，宋高宗就如同他的哥哥一样撤免了李纲，而且对李纲推荐的边防名将宗泽等人也并不信任，尽管宗泽极力主张渡过黄河，对金朝进行反攻以收复宋朝失地，可是宋高宗对宗泽的一片丹心只是一味地泼冷

宗泽墓，位于今浙江义乌。

水，致使宗泽不久之后即怒火攻心，疽发于背，忧愤而死。临终之际，宗泽长吟杜甫慨叹蜀汉丞相诸葛亮北伐复汉未成的诗句"出师未捷身先死，长使英雄泪满襟"，并且连呼三声"过河"，饮恨而亡。实际上，宗泽的不幸遭遇正是南宋一朝诸多抗金名臣之可悲命运的典型写照。

尽管北方人民的抗金斗争风起云涌，可是因为得不到南宋朝廷的支持，兵力又极为分散，没有统一的调度和指挥，所以各支义军先后为金兵所剿灭。这样，荡平北方之后，金兵继续南侵也就没有后顾之忧了。就在赵构称帝的第二年底，金兵就大举向江淮地区进犯，直捣当时南宋政府所在地扬州。宋高宗仓皇出逃，经镇江短暂落脚之后，又继续逃至杭州。至此，宋高宗消极抗金的政策使他自身尝到了恶果，并且在金兵威逼的同时，宋朝将士对于宋高宗的消极政策也甚为不满，由此，宋军将领苗傅和刘正彦发动兵变，企图迫使宋高宗退位，幸赖忠于宋高宗的朝臣吕颐浩、张浚联合韩世忠、刘光世和张俊等将领起兵"勤王"，才使得宋高宗躲

岳飞像

过一劫。此后，宋高宗吸取教训，开始对抗金事宜摆出了较为积极的姿态，但这也仅不过是宋高宗在非常时期所采取的权宜之计罢了。

建炎三年（1129年）十月，金朝大将金兀术率军渡过长江，直逼建康府（今江苏南京），继而又向杭州进发。宋高宗只能是再次接连逃遁，从杭州逃到越州（今浙江绍兴），又从越州逃到明州（今浙江宁波），再从明州乘船经海路逃至温州。在逃往温州途中，金兵也乘船追击，好在金兵不善水战，而且宋军又有大船护驾，宋高宗才得以安然逃脱。金兀术迟迟没有追捕到宋高宗，却沿着宋高宗的逃跑路线深入宋朝境内千余里，因为担心孤军深入会遭到不测，遂在江南一带大肆抢掠一番，后于建炎四年（1130年）春离开杭州，班师北还。但是在撤军途中，金兀术在镇江附近的黄天荡遭到宋朝将领韩世忠的阻截。虽然金兀术的军队有10万之众，而韩世忠的军队只有8000人，可是韩世忠利用黄天荡的有利地形，在那里将金兀术的大军围困了48天之久。金兵见迟迟无法渡江，再那样被困下去总不是办法，最后利用已经堵塞的老鹳河故道，开凿出一条连接长江口、通向秦淮河的渠道，才得以逃离黄天荡。但是韩世忠依然利用江险这一有利条件在长江沿线对金兀术的军队继续围追堵截，致使金兵东突西撞，接连多日也无法突破宋军的水上防线。后来，金兀术从奸细那里得知宋朝水军有船体过大而在风弱之时难以行进的弊端，因而待到无风的时候派出小船突袭宋朝水军，使得宋军船只中火箭而燃，遭受了不小的损失。此后，韩世忠被迫率军退至镇江，而金兀术这才得以顺利北还。虽然其后金兀术又曾多次带兵侵宋，但是再也不敢渡过长江了。

金兀术入侵江南失利以后，金朝企图通过陕西进入四川，通过这种迂回的路线来消灭南宋。建炎四年九月，宋、金双方于富平展开激战，结果宋军惨败，金兵占领了陕西的大部分。第二年，金、宋又在和尚原（今陕西宝鸡西南）再次激烈交锋，这次战斗的结果是金兵大败，金军统帅金兀术也身中两箭，幸而未中要害，不足致命。

绍兴四年（1134年），金兀术再次率大军南下，同他的老对手、此前的和尚原宋军守将吴玠与其兄弟吴璘大战于仙人关（今

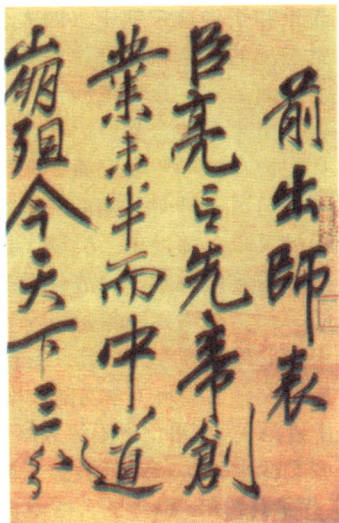

岳飞手书诸葛亮《前出师表》

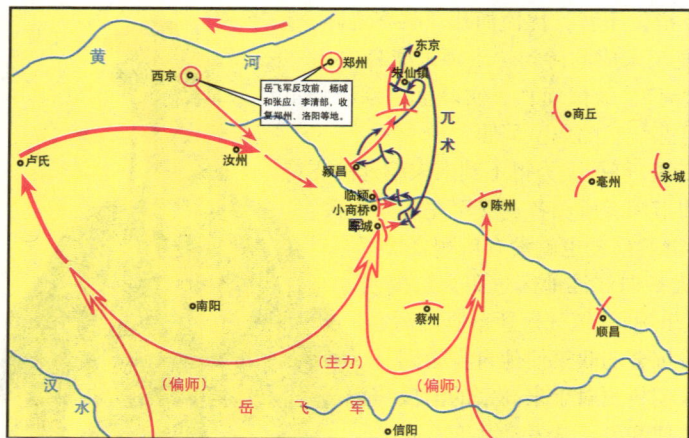

岳飞反攻中原之战要图

甘肃徽县南），吴玠、吴璘兄弟在仙人关专门用以抗金而修建的堡垒杀金坪再次大败金兀术。由此，金朝占据四川以灭亡南宋的企图也宣告破产了。

这时，金朝内部就对宋关系问题发生了分歧，宋绍兴四年，金天会十三年，即1135年，金太宗完颜晟病逝，金太祖完颜阿骨打的嫡长孙完颜亶继位，是为金熙宗。金熙宗即位后，金朝力主灭宋的代表人物完颜宗翰失势，在被剥夺职位、罢免兵权之后不久忧愤而死。由此，金朝开始对宋朝表示出友好的态度，不仅废掉了此前在中原地区所扶持的伪齐政权，而且表示将此前由伪齐所管辖的河南与陕西交还宋朝。绍兴八年（1138年），宋高宗起用秦桧为宰相兼枢密使，这样，在宋朝一方，主和派也开始得势。第二年正月，宋、金达成和平协议，金朝将河南、陕西赏赐给宋朝，宋朝则向金朝称臣纳贡，每年向金朝献纳贡银25万两、绢25万匹。此外，金朝还将已经故世的宋徽宗与其皇后的棺木交还宋朝，于是，宋徽宗在死后四年方得重返故国。

可是和议刚刚签订没过多久，金朝就发生内讧，主张对宋作战的一派重又得势。绍兴十年（1140年）五月，金兀术再次出现在宋、金交战的前线上。很快，河南、陕西就又回到了金朝的手中，而且金兵并未就此打住，而是继续向淮南进军。然而这一次，金兀术灭宋的企图更加无法得逞了，因为宋朝军队经过多年战事的磨炼，已经远非北宋末年及南宋初年之时那样靡弱不堪了，宋朝此时可谓兵强将广，以岳飞、韩世忠、刘光世和张俊这宋朝中兴四大名将为代表的一大批杰出的抗金将领都率军布列在西起秦岭、东至淮河的宋、金边境线上严阵以待，时刻准备着抗击来犯的金兵。因此，先是进攻淮南的金兵主力在顺昌（今安徽阜阳）遭到惨败，金兀术被迫退守开封，随后，宋军对金兵展开了全面的反攻，韩世忠、吴璘、杨政等部在对金作战中均接连取胜，而战果最为丰硕的还是岳飞的一部。继绍兴四年岳飞率军一举收复了襄阳府、信阳府等六郡之后，岳家军再次大显神威，接连攻克了蔡州（今河南汝南）、颍昌府（今河南许昌）、郑州、洛阳等战略要地，特别是在郾城之战中，岳家军打破金兵向来最引以为傲的"拐子马"和"铁浮图"，使得金兵主力一败涂地，也让金兵深深慨叹："撼山易，撼岳家军难！"

《满江红》

绍兴六年（1136年）岳飞率军从襄阳出发北上，陆续收复了洛阳附近的一些州县，前锋逼北宋故都汴京，大有一举收复中原，直捣黄龙府（今吉林农安，金故都）之势。但此时的宋高宗一心议和，命岳飞立即班师，岳飞不得已率军退至鄂州。他痛感坐失良机，收复失地、雪洗靖康之耻的志向难以实现，在百感交集中写下了气壮山河的《满江红》：

怒发冲冠，凭阑处、潇潇雨歇。抬望眼、仰天长啸，壮怀激烈。三十功名尘与土，八千里路云和月。莫等闲、白了少年头，空悲切。

靖康耻，犹未雪；臣子恨，何时灭。驾长车踏破、贺兰山缺。壮士饥餐胡虏肉，笑谈渴饮匈奴血。待从头、收拾旧山河，朝天阙。

岳王庙内秦桧夫妇铁铸跪像

可惜的是，正当南宋对金反攻之势一片大好之时，宋高宗却置岳飞等将领所提出的乘胜追击以完全恢复宋朝江山的建议于不顾，急命包括岳家军在内的各路大军从前线火速撤回，致使岳飞抚心悲叹："十年之功，废于一旦！"

宋军一撤，金兵马上卷土重来，广大中原地区再次成为金朝领土。

尽管宋高宗和秦桧极力主张同金朝议和，但是以岳飞为代表的广大将领对这种卖国投降的做法给予了坚决的抨击，因此，为了扫除降金议和的障碍，宋高宗和秦桧采取种种阴谋手段，以"莫须有"的谋反罪名将对金作战贡献最大的岳飞及其长子岳云以及另一重要抗金将领也是岳飞得力部将的张宪一同下狱。绍兴十一年十二月二十九日（1142年1月27日），宋高宗和秦桧将岳飞毒死于临安大理寺狱中，而岳云和张宪则被腰斩于市。

在岳飞下狱的后一月，也是岳飞遇害的前一月，南宋和金朝再次达成和平协议，南宋向金朝称臣纳贡一如旧例，但是与上次不同，金朝不会再次许诺将河南、陕西之地或者其他的领土白白地"赏赐"给宋朝了。此外，这次和议的重要成果之一就是确立了宋、金两国的边境线，并且直到金朝灭亡，宋、金边境大体都维持在秦岭、淮河一带。

绍兴三十一年（1161年）九月，金朝皇帝完颜亮以号称百万的雄师分兵四路对南宋发动了有史以来规模最大的侵伐，意图统一中国。不料，出师不久，金朝就后院起火。完颜亮尽管可以算作是金朝历史上颇有作为的一代皇帝，但是他也有着极为致命的缺点，那就是性情异常残暴，往往因为一些无端的小事就滥杀无辜，甚至任性而为、肆意杀人到了不顾后果的严重程度。金正隆六年（1161年）十月，宗室完颜雍乘完颜亮带兵在外之机，在金朝东京辽阳登基称帝，改元大定。而与此同时，金军将领苏保衡所领的水师行至胶西（今山东胶县）陈家岛时遭遇宋军水军将领、原岳飞部将李宝的袭击，使得金兵遭受重创。随后，在外征战的完颜亮得知了完颜雍在辽阳称帝的消息，但是他并没有回师平叛，而是继续同南宋作战。不料，在十一月八日的采石矶渡江作战中再次为宋军击败。此后，完颜亮又移兵和州（今安徽和县），企图从瓜洲（今江苏扬州南）实现渡江计划。但是宋军将领虞允文已经在瓜洲作好了迎战的准备，金兵断难取胜。这时，金兵将士纷纷要求完颜亮撤兵，但是完颜亮拒不采纳，反而命令金兵强行渡江，结果导致将士哗变，完颜亮被砍伤之后又被用绳子勒死，之后尸体就被焚烧在战场之上。

绍兴三十二年（1162年）六月，已经做了36年皇帝的宋高宗赵构以"倦勤"为由宣布退位，传位给他的养子赵眘，此即历史上的宋孝宗。

赵眘即位后，一改宋高宗苟且求和的做法，立即起用了主战派的老臣张俊，并且将秦桧的余党全部逐出朝廷，同时为岳飞等人昭雪，以示对金作战的坚定姿态。然而，这时宋朝已经没有了二十年前那样的大好条件，经过二十年的休兵，将士们早已怠惰不堪，士气低下，与当年岳家军的飒爽英姿根本无法相提并

岳飞坐像，在今浙江杭州岳王庙内。

五次和议的岁币数量			
和议名称	银（万两）	绢（万匹）	茶叶（万斤）
宋辽澶渊之盟（1004年）	10	20	0
宋夏庆历和议（1044年）	7.2	15.3	3
宋金绍兴和议（1041年）	25	25	0
宋金隆兴和议（1064年）	20	20	0
宋金嘉定和议（1208年）	30	30	0

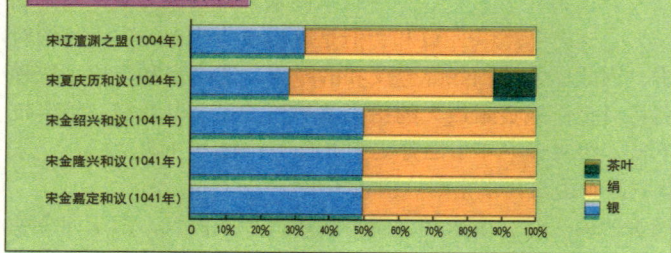

五次和议的岁币组成百分比

论，而且当年的一批抗金名将或者被杀，或者病故，只剩下张俊等少数几个虽然长寿却也已经非常老迈而英气大减的老将军。因此，无论是兵还是将，宋朝攻打起金朝来已经都不是那么得心应手了。所以，尽管宋军初期取得了一定的胜利，可是随着金兵的集结反攻，再加上宋军将领之间的不和，初期的胜利局面很快就消失了，金兵转败为胜，宋军则接连败退。此时，宋朝的主和派又乘机而起，重新得势，秦桧的旧部也再次得到重用，而主战派也就随之又遭到了严重的排挤。于是，宋隆兴二年，金大定四年，双方再次达成和议。

相较上一次和议，这次宋朝毕竟还占得了一些优势，首先是宋朝不再向金朝称臣，但是两国之间的地位依然并非平等，宋朝皇帝要向金朝皇帝称侄，于是，金、宋之间由君臣之国变成了叔侄之国；其次，宋朝每年向金朝献纳的银、绢数量各减掉了5万；同时，双方还协定，恢复上次和议之时的边境线。

此后四十余年，宋、金之间没有发生战争。直到宋宁宗开禧二年（1206年），当时专权的韩侂胄为了进一步树立自己的权威而兴师北伐，宋、金重开战端。然而，对于这次北伐，韩侂胄立功心切，却并未作好充分的战争准备，因而宋军全线失利。很快，金朝转入反攻，南宋的局势反而岌岌可危。韩侂胄无奈，只得屈膝同金人议和。结果依照金朝所提出的惩办战争祸首的要求，韩侂胄被杀，头颅被装在匣子里送给了金人。

宋嘉定元年，金泰和八年，即1208年，宋、金达成新的和平协议，金、宋由叔侄之国改为伯侄之国，宋朝每年献纳给金朝的银、绢数量各增加10万，此外，宋朝还需向金朝交纳犒军银300万两，至于疆界，则一如旧例。这一和平局面维持了二十余年的时间，当宋、金再次开战之时，也就是金朝灭亡之日了，当然，那并不是因为南宋的强大，而是因为在金朝的北方已经崛起了一支新的力量。

元朝的政治制度与民族政策

1206年，铁木真统一了蒙古各部，被拥立为"成吉思汗"。此后，成吉思汗和他的子孙们带着蒙古骑兵不断向外征战，逐渐占领了亚洲乃至欧洲极为广袤的国土。1271年，成吉思汗的孙子忽必烈定国号为"大元"，忽必烈即元世祖。1279年，元世祖灭掉了宋朝的最后一支抵抗力量，中国从此进入了元朝的统治时期。

忽必烈即位后，围绕着是否采用汉法，如何采用汉法的问题，统治阶级斗争非常激烈。那时蒙古军已经占领了中原地区，这使得忽必烈不得不改变策略，在汉族人为主体的中原地区推行汉法。汉法的采用，反映了当时汉族封建政治制度对蒙古人的巨大吸引力。汉法的采用也进一步加速了蒙古族封建化的进程，并使元王朝的统治取得了汉族大地主阶级的支持。

元朝的中央机构有中书省、枢密院、御史台和宣政院。中书省总领政务及百官，为最高行政机构。枢密院主管军事机密、边境防务，兼任宫廷近卫的任务。元朝初年和末年战争比较多，往往在地方上设置行枢密院，管理地方军事事务。行枢密院常常以一个地方的名称来命名，大多是临时设置的机构。御史台专门监察官吏腐败与渎职事务。

宣政院是一个具有特色的机构。中统元年（1260年）十二月，忽必烈封吐蕃萨迦的八思巴为"国师"，任命八思巴率领一些吐蕃语言学者重新创制蒙古文字。至元六年（1269年）二月，蒙古新文字创制完成，由忽必烈正式颁布发行。为了奖励八思巴，忽必烈封他为"帝师"、"大宝法王"，统领全国佛教。元朝还设立了宣政院的前身——总制院，统领佛教僧徒及吐蕃境内事务，由八思巴掌管这一部门。《元史·百官志三》记载："至元二十五年，因唐制吐蕃来朝见于宣政殿之故，更名宣政院。置院使二员，同知二员，副使二员，经历二员，都事四员，管勾一员，照磨一员。"于是，总制院更名为宣政院。宣政院的官员中，僧人和俗人并用。它既是元朝掌管全国佛教事务的机关，又是掌管藏族地区军政事务的中央机构。

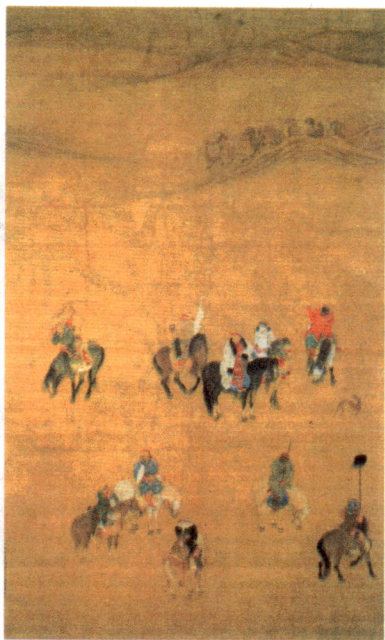

元世祖出猎图

在军队制度方面，元朝皇帝统领军事大权。中央设置枢密院，专门负责军事事务，是最高的军事机关，其中的重要职位都由蒙古、色目贵族担任，他们在皇帝旨意下统一管理征讨、戍守、简阅、差遣、举功等事务。中书省设兵部，管理屯田、牧养等事务，有时也管理驿站。地方上的军事事务则由行省丞相负责，也都是由蒙古人、色目人贵族担任。

元朝军队主要由四部分构成：首先是蒙古军。它是由蒙古人和部分色目人组成的部队，主要是骑兵。其次是探马赤军，所谓探马赤军，最初是指从蒙古各部落抽调出各自的精锐组成的前锋、重役或远戍部队，后来色目人、汉人等也有加入。再次是汉军，也就是由原金朝地区的汉族人和女真人、契丹人组成的部队，以及早期改编的南宋降军。最后是新附军，这也是等级最低的部分。

新附军，顾名思义，就是元朝灭南宋前后改编的原来宋朝的军队。汉军和新附军的兵种主要是步兵，也配有少量的骑兵。元朝军队的编制按十进制分为不同的等级。第一等是万户府，统兵3000到7000人；第二等是千户所，统兵300到700人；第三等是百户所，统兵百余人；第四等是牌子，统兵10户。这四等分别由万户、千户、百户、牌子头统领。为了加强管理，元朝在探马赤军、汉军和新附军的万户府、千户所中还设置了"达鲁花赤"（蒙古语意为"镇守者"，为监军官），这一官职也是专由蒙古或色目贵族担任。

元朝军队根据各自任务的不同，分为宿卫

刘秉忠

元代政治家、作家。初名侃，字仲晦，邢州（今邢台市）人。曾祖于金朝时在邢州任职，因此移居邢州。蒙古王朝灭金后，刘秉忠出任邢台节度府令史，不久就归隐武安山，后从浮屠禅师云海游，更名子聪。元世祖忽必烈即位前，注意物色人才，他与云海禅师一起入见，忽必烈把他留在身边，商议军国大事。即位后，国家典章制度，他都参与设计草定。拜光禄大夫太保，参领中书省事，改名秉忠。

蒙古人攻城图　伊朗
守城士兵穿着盔甲，试图阻挡带着弓箭的蒙古人过河。

和镇戍两个大的系统，其中宿卫又有细分，一是皇帝直辖的"怯薛"军，怯薛起源于草原部落贵族亲兵，蒙古语意为"番直宿卫"；二是由枢密院统领的侍卫亲军。他们平时主要守卫宫廷和京畿，遇到战事，也会出京征伐。镇戍诸军则屯戍于全国各地。蒙古军和探马赤军的重点戍防地区在北方，而汉军和新附军则主要屯戍在淮河以南地区，当然，淮河以南也配置了部分蒙古军和探马赤军。元朝的各级军官一般都是世袭的，但朝廷也能调动或者另行任命他们。

在地方上，元朝非常著名的政治制度就是行省制度。其实行省制来源于阿拉伯及罗马帝国的行政体制。元朝效仿了他们的制度，在中国创造性地设立了行省。元朝行省制度的建立有一个发展的过程。蒙古人在进入中原之初，将它的派出机构——行中书省进驻各地，统管军民事务，这时的行中书省不过是一个临时性的机构。到了中统、至元年间，又分置河南、江北、江浙、江西、湖广、陕西、四川、辽阳、甘肃、岭北、云南11处行中书省，简称行省，置丞相、平章、右丞、左丞、参知政事等官，总管钱粮、兵甲、屯种、漕运等一切军国大事，成为了地方上的最高行政区域的名称。元朝建立的这个行省制度，在中国历史上影响深远。明朝灭掉元朝之后，虽然改行省为承宣布政使司，但是人们习惯上仍然称之为行省，简称为省，而省这一地方一级行政区域的

马上的天下

蒙古族迁徙、征战均依赖于马匹，马匹在他们的生活中有重要地位，因此蒙古人被称为"马背上的民族"。他们知道马匹对自己的重要性，所以对其格外爱护。在速不台攻篾儿乞之前，成吉思汗就对他进行叮嘱"要爱惜乘马……平时行军……马辔也要摘掉，这样才能爱护战马"，如果有人违此命令，是熟人遣回，不认识的人斩首。成吉思汗对马匹的爱护超乎我们想象。同时，他们用各种织纹装饰马鞍，这样既显出自身的威严与地位，对马本身也起了保护作用。而且，在长期的生活和战争中，蒙古族积累了丰富驯养马匹的经验，并逐渐形成一套行之有效的规章制度，违者重罚。这样就让他们的马匹永远矫健雄壮，才能让成吉思汗东征西战，雄跨欧亚。

名称，一直到现在仍然在使用。

在民族政策上，元朝在歧视广大普通汉族人的同时，也在极力拉拢少数汉族大地主，以巩固元朝在中原的统治，比如，元世祖就曾对汉官汪惟和说："汝家不与它汉人比，弓矢不汝禁也，任汝执之。"尤其是那些很早就投奔蒙古统治者的汉族地主，比如大兴的史氏、易州的张氏、真定的董氏等，他们与蒙古贵族在元朝的地位和待遇上并没有太大的差别。

当然，即便是拉拢了汉族大地主阶级，但是元朝所奉行的民族歧视和分化的政策仍不可避免地要激起广大汉族人民的反抗，可以说元朝的民族歧视政策非但没有起到巩固其统治的作用，反而加速了元朝的灭亡。

中国明朝

14 世纪，中国爆发了反对蒙古统治者的一系列起义。其中的一支起义军由朱元璋领导，他此前做过和尚，要过饭，参加过起义的队伍。朱元璋最后推翻了蒙古人的统治，并击败了其他对手，建立了明朝。明朝早期的几个皇帝重建了中国经济，将北京建成世界上最大的城市，他们甚至向远及非洲的地方派遣了海上探险船队。但是，当这些充满生气的举动结束后，中国失去了冒险的精神，开始转向国家内部事务，日趋保守。而此时，西方的平等和探险精神却在逐渐兴起。

明朝的缔造者朱元璋出身农民，他出生在中国历史上的一个低潮时期。当时，在忽必烈没有作为的后代的统治下，元朝正陷入宫廷谋杀所带来的麻烦之中。几个世纪以来为国家输送官员的汉族人此时被排除在高级官员的职位之外，国家则由那些蒙古人管理。大片土地荒芜，洪水、饥馑和时疫夺去了成千上万人的生命。朱元璋在少年时代，他的父母就死于饥饿，他则由于进入寺庙而得以存活下来。

明朝的金壶。明朝的士大夫热衷于优雅的生活情调，饮酒与作诗是他们文化生活中带有特殊意义的几种方式。

● 1328 年 明朝的缔造者朱元璋出生于一个农民家庭。

● 约 1331 年 饥荒给中国北部带来巨大灾难。

● 1335 年 元朝废除了科举考试，规定只允许蒙古人担任高级官员。

● 1344 年 黄河决口，黄河的泥沙堵塞了大运河的河道。

● 1352 年 朱元璋加入红巾军。

● 1354 年 元朝最后一位有能力的宰相脱脱被皇帝免职。

● 1355 年 朱元璋从蒙古人手中夺取南京。

● 1363 年 朱元璋在鄱阳湖战役中击败了他最大的对手陈友谅。

● 1368 年 元朝最后一位皇帝逃往蒙古。朱元璋宣布明朝成立，定年号为"洪武"。

● 1370 年 洪武皇帝重新开始了科举制度。

● 1372 年 明朝大将军徐达进攻蒙古，但遭到重创后退兵。

● 1398 年 洪武皇帝去世，他的长孙建文帝继位。

● 1402 年 洪武皇帝的第四个儿子篡夺皇位，被称为永乐皇帝。他决定将都城从南京迁往北京。

● 1405 年 永乐皇帝首次派遣船队前往海外探险。这支船队共有船 317 艘，人员 27870 人。

● 1424 年 永乐皇帝去世。中国从印度洋海上力量的领导地位退回到孤立状态之中。

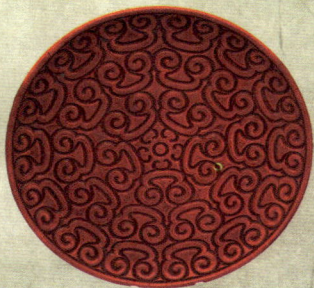

↑ 明朝是中国文化发展的黄金时代。上图所示的是一个图案复杂的漆器，这个盘子生产于 15 世纪，以传统工艺制成，其上涂有好几层清漆。

这幅图卷描绘了明代中期南京城市商业繁荣的景象。

14世纪30年代，大规模的反抗终于发生了，它因"红巾军"的起义而达到顶峰，这支起义军因头戴红巾而得名。朱元璋在1352年加入红巾军，于1356年在南京建立了自己的政权。此后，他开始与长江流域的其他起义军开战。在具有决定意义的鄱阳湖战役中，朱元璋的军队用带火的船大破对手的铁甲舰队。

1367年，兵强马壮的朱元璋对元朝都城大都发动进攻。元朝统治者还没等朱元璋的军队到来，便逃亡蒙古。1368年，朱元璋宣布自己为明朝的开国皇帝，年号为"洪武"。

洪武皇帝采用了一种高效的税收体系，开辟了更多的土地用于耕种，并扩大了商业的发展。汉族的官员开始重新管理国家事务，但是洪武皇帝却严格限制手下官员的权力。他也变得更加多疑，认为他的大臣正在预谋反对他。洪武皇帝处决了他的宰相及和宰相有关系的其他人，共计3万多人。他随后撤销了宰相一职，成为一个专制君主。

洪武死后，他的长孙继位。但是他的四子于1403年篡夺了皇位，年号为"永乐"。在永乐皇帝的统治下，明朝经过了一段黄金时代。永乐皇帝将都城从南京迁到大都，并将之重新命名为北京。1405～1424年间，他先后6次派遣船队前往东南亚、印度、波斯湾、红海和东非海岸远航。中国保守的官员反对这些劳民伤财的海上探险行为，因此，在永乐皇帝去世后，类似的远航只发生过一次。此后明朝放弃了向海外宣扬力量和国威的机会，转向一种半孤立的状态。而此时，"发现的时代"正在西方悄然开启。

明朝的瓷器

明朝时期，极具中国特色的青花瓷首次传播到西方，立刻引发了欧洲人购买中国瓷器的热潮。这股热潮直到18世纪欧洲工匠发现了制作瓷器的秘密后才逐渐平息下来。瓷器的制作首先要在陶土坯子上着色，颜色的原料来自波斯，其成分主要是钴和其他矿物质。着色后的陶器还要经过上釉，然后将其放入1300℃的火中烧制，使矿物质熔化，彻底渗入陶坯之中，这样生产出来的瓷器轻盈透亮，但又非常坚固。大多数高质量的瓷器是在景德镇附近的官窑中生产出来的，那里有着大量专门用于生产瓷器的黏土。虽然有大量高质量的瓷器输出西方，但最好的瓷器只运往明朝宫廷。明朝的皇帝曾在一年之中，下令瓷器生产作坊为宫廷生产40万件瓷器。

儒学的新发展：理学与心学

　　中国儒学自汉武帝时期取得正统地位以来，经过一千余年的发展，到了宋朝时已经出现了严重的危机，这种危机既来自佛家和道家学说的外在挑战，也来自儒学日益变得僵化和陈腐的自身问题。及至宋朝，虽然儒学依然为官方奉为正统，但是危机却有进一步加剧的倾向。实际上，不论是外在的挑战，还是自身的衰微，从根本上讲都是因为儒学的发展日益与社会实际生活相脱离，因而日益远离了儒学的本来面目，也就日益失去了儒学原有的魅力。在这种情形下，一批杰出的学人不甘儒学如此式微，奋而起身对儒学进行挽救，于是在有宋一朝先后出现了多位儒学大师，他们共同推动儒学发展到了一个新的阶段，创立了理学体系。

　　促成宋朝学者创立新的儒学体系的一个重要基础是治学方法的变革，此前，从汉朝直到唐朝，儒家学者的基本治学方法都是寻章摘句，执著于对文字精义的考究，沉浸于对细枝末节的繁琐笺注当中，却反而置儒学思想本身所蕴含的经世致用的重要旨归于不顾。宋初学人扭转了中国儒学长期以来形成的愈来愈走向偏颇的治学习惯，开始注重从整体思想上对儒家经典进行探究，在注重训诂词章的同时，更加注重儒学著作的义理内涵与精神实质，并且进一步对儒学义理作出了精彩的发挥。由此，经过宋初诸多学人的共同努力，儒学的发展走上了一条更为健康的轨道。

　　宋朝出现的第一个儒学大师和理学体系的奠基人物是周敦颐（1017~1073年）。周敦颐，字茂叔，原名敦实，因避宋英宗旧讳而改名敦颐，湖南道州营道人（今湖南道县）。周敦颐父亲早亡，随母亲投靠于衡州（今衡阳）的舅父家，在衡州度过了整个少年时代，后来徙官多处，晚年时定居庐山莲花峰下，并在山麓建筑濂溪书堂，后人因称之为濂溪先生，其思想学术也被称为"濂学"。周敦颐长期担任州县的普通官吏，然以人品甚高、胸怀洒落而为人所称道。周敦颐继承了宋初士人复兴儒学的事业，注重从本体论的高度来建构儒家的伦理道德与思想理念，并且融会了佛、道两家的理论成果，建立了一套精密的理论体系。《太极图说》和《易通》是周敦颐的两种最主要的著作。周敦颐认为"无极"是宇宙的本原，"太极"是"无极"的派生，是宇宙统一体的原始实体，"太极"动而生阳，动极而静，静而生阴，静极复动，由于阴阳之间的运动和感应而产生了五行，五行运动而生天下万物。在天下万物的这一产生过程中，人得其秀而为灵，但是人的品性各有不同，而圣人将中正仁义的品德作为人身修养的最高标准。至于达到品德之最高境界的途径，周敦颐则提出"主静"的修养方法，并进一步指出，"主静"的关键在于寡欲。周敦颐生前的学术影响并不很大，及至南宋，经过朱熹等人的推崇，周敦颐作为理学体系的最早奠基人的地位才得到确认，后人将周敦颐与邵雍、张载、程颢和程颐并称为"北

程颢

程颐

北宋的四大书院

　　北宋承五代之乱，宋初又忙于军事征战和政治制度变革，统治者为谋求长治久安，注意以科举笼络士子，而忽视兴办学校教育。开国初80余年没有兴办学校，出现士大夫无所学的情况，作为民间教育组织的书院于是兴起。一些富室、学者纷纷自行筹款，依山靠林，辟舍建院讲学。北宋最著名的书院有白鹿洞、岳麓、应天府、嵩阳（或石鼓）书院，称为四大书院。

宋五子"。

在周敦颐之后，取得更高成就的儒学大师是张载（1020~1077 年）。张载，字子厚，祖籍大梁（今河南开封），生于陕西长安，后徙居陕西眉县横渠镇，学者因此称之为横渠先生。张载天资聪颖，志气豪放，而且喜于兵事，曾联络一批人准备进攻为西夏所占领的兆西之地，后接受范仲淹的劝导，精心研习儒学，又遍访佛道典籍。嘉祐初年，张载到京师与程氏兄弟研讨学问，大受触

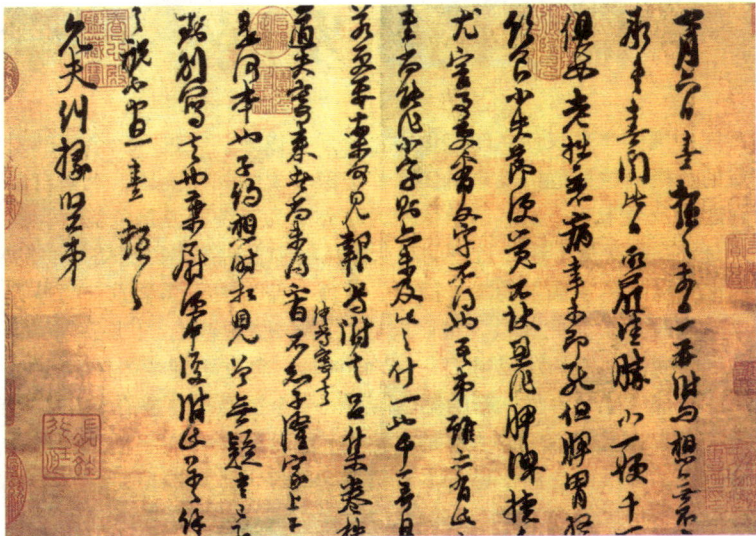

朱熹行书墨迹

动，产生了复兴儒学的充分信心，从此放弃了对佛道之学的研究，开始了创建新的儒学体系的艰辛努力，发出"为天地立心，为生民立命，为往圣继绝学，为万世开太平"的真心宏愿，经过不断的苦心探索，终于为宋代理学的建立奠定了重要的基础。张载长期在关中地区传学，并形成了一个影响颇大的学术流派，后人称之为"关学"。

张载提出了"太虚即气"的本体观念，认为气是一种极细微的物质，有聚有散，气聚则为万物，气散则为太虚，而太虚并非虚无，是气的散而不可见的状态，是气的本体。气是太虚与万物的总称，是有无浑一的宇宙本体。张载以此为理论基础而否定了佛道的虚无之学，肯定了客观世界的实在性。在人性论方面，张载将性区分为天地之性和气质之性，认为先天的天地之性至纯至善，而后天的气质之性则有善有恶，人必须通过深刻的内省以祛除气禀之恶而存养天地之性，方可以成为至善之人。张载还提出"心统性情"的命题，就是说性与情二者都包括于人心之中，由人心来统摄。张载将人间的伦理规范与天道直接联系起来，将事君、事亲看做是与事天相等同的神圣义务，并且提出泛爱人与物的"民胞物与"的精神理想。

稍后于张载，河南伊川的程颢、程颐兄弟成为宋代儒学发展的中坚力量。程颢（1032~1085 年），字伯淳，世称明道先生；程颐（1033~1107 年），字正叔，程颢胞弟，世称伊川先生。因为程颢、程颐兄弟的学术思想大体相同，所以后世常常"二程"并称，但因为程颢早逝，而且并没有留下自己的专著，所以程颐的声名要高于其兄程颢。程颐年轻时曾与程颢一同受学于周敦颐，在太学时，因《颜子所好何学论》一文而深为太常博士胡瑗所赏识，被聘为学官，但是 27 岁时廷试失利，此后绝意于科举，直至年过五旬仍为布衣，到宋哲宗元祐初年才接受举荐，出任汝州团练推官、西京国子监教授职。元祐八年（1093 年），程颐被贬为涪州编管。在涪州期间，程颐完成了宋代理学的标志性著作《伊川易

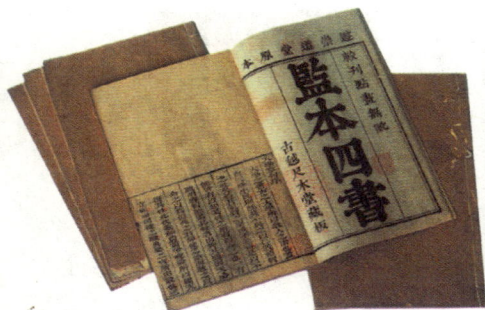

《监本四书》书影

朱熹为四书所作之注是封建社会对四书经义最权威的解释，科举考试都以朱熹的《四书集注》为准。

传》。晚年的时候，程颐在洛阳授徒讲学，形成了洛学学派。

程颐将"天理"视为宇宙的本体，认为"万物皆是一个天理"，"天理"是一种超越物质世界的形而上的永恒的存在，同时又是派生天地万物的最终本原，宇宙万物都是绝对天理的体现，先有天理而后有万物。程颐指出，"天理"不是从事物中抽象出来的，而是先验地存在于一切事物之中的，"所以谓万物一体者，皆有此理"，世界必先有一个普照万物的理，然后才有被照的万物存在，"天理"之照物，犹如"月印万川"，也就是说千万条河流中都映照着月亮，可是这许多条河流中的月亮却全都是那同一个月亮。程颐还将人间伦理与天理直接联系起来，指出："人伦者，天理也。"这就将人类的道德理念提升到世界的本体范畴。以这种天理观为基础，程颐吸收了张载的人性论，并将张载所说的"天地之性"改称为"天命之性"，此"天命之性"即是"天理"在人性中的体现。程颐说道："性即理也，所谓理，性是也。"此外，程颐还对"格物致知"的认识论进行了深入的阐发，指出："格，犹穷也；物，犹理也。"所谓"格物"，也就是穷理。程颐一生以复兴儒学为使命，经过艰辛的治学努力，为宋代理学体系的建立和发展以及日后的兴盛作出了极为重要的贡献。

宋代理学体系的集大成者是朱熹（1130~1200年）。朱熹，字元晦，一字仲晦，号晦庵，又号晦翁，祖籍徽州婺源（今属江西），生于南剑州尤溪（今属福建），宋高宗绍兴十年（1148年）进士，卒后追谥"文"。朱熹早年受业于理学大师李侗，师承二程学说，并兼采周敦颐、张载的思想，集宋代理学之大成，建立了一个庞大的理学思想体系，是中国封建社会后期影响最大的思想家。朱熹的主要著作有《四书章句集注》、《伊洛渊源录》、《八朝名臣言行录》、《资治通鉴纲目》、《楚辞集注》、《诗集传》、《韩文考异》等，后人编纂有

朱熹像

《朱子语类》和《朱文公文集》。朱熹的理学思想体系大体由理气论、心性论和格物致知论这三部分构成。朱熹发现各种事物都具有两个方面，即性和形，而其来源则在于理和气，理是"生物之本"，是超越世间一切事物的绝对本体；气是"生物之具"，是形成万物的质料。理和气浑然一体，从宇宙生成的角度来讲二者无分先后，而从形而上的观点来看，则是理在气先，理是宇宙的最高实体，亦即谓"天理"者是也。朱熹特别强调"天理"的普遍绝对的客观存在的伦理意蕴，阐释说："天理只是仁、义、理、智之总名，仁、义、礼、智便是天理之件数。""天理"是一种最高的道德原理，具有永恒性与绝对性。而理气论落实到人生中便表现为心性论。朱熹认为："性只是理，万物之总名。此理亦只是天地间公共之理，禀得来便为我所有。"人性就是天地之性、本然之性，是纯善的，而情是性的发用，朱熹说："有这性，便发出这情；因这情，便见得这性。"因为性是善的，所以情也是善的，但是实际上情却常常发为邪恶，朱熹认为这是"情迁之于物"的结果，而心则能够管摄性情，心之全体湛然虚明，通过心可以致知穷理。格物致知论是朱熹的认识论的核心内容，其要领是，物格而知至，则知所止，而所止之处，即至善之境界，也就是《大学》中所言的"止于至善"。朱熹在其身后不断地被追封，使他的学说在南宋后期确立了在中国思想界的统领地位，并一直延续到清朝末年，前后长达六七百年之久。

与程氏兄弟和朱熹的学说相对应，南宋的陆九渊（1139~1193年）创立了心学体系。陆九渊，字子静，号象山翁，世称象山先生，抚州金溪（今属江西）人，与理学大师朱熹为同时期的人，但是学术思想与朱熹多有不合，另行开创了理学思想体系中的心学流派。陆九渊也认为"理"是宇宙的终极本体，同时也是万事万物的存在秩序，并且也就是社会伦理的秩序。理作为自然与社

朱熹学派遭禁锢

朱熹学派在南宋时被诬为"伪学"，遭到禁锢。宋孝宗时，朱熹上书批判贪官唐仲友，而他是宰相王淮的亲戚。王淮就使孝宗斥责朱熹学说欺世盗名。宁宗即位后，朱熹上书宁宗提防大臣窃权。宰相由此怀恨在心，不断对宁宗挑拨，发布朱熹的十罪状，使理学书籍遭到焚毁。后有人公然上书要求处死朱熹。宁宗又公布了朱熹伪学逆党名单，致使朱熹的门徒不敢露面。朱熹病逝后，宁宗下诏只许他的门徒参加葬礼。9年后，宁宗定朱熹谥号为"文"，称他为朱文公。这时，朱熹学说才得到政府的肯定。

会的法则，具有普遍性和共通性，贯穿于自然与社会的各方各面。实际上，陆九渊的这种理论认同是在为现实的伦理规范寻找一种本体依据，他将伦理规范由社会扩展到自然，再反过来用以证明伦理规范的天然合理性。陆九渊的思想与朱熹的学说相区别的实质之处在于，他融"心"于"理"，一方面肯定"理"的外"吾心"而存在的特性，一方面又认为"吾心"与"理"通融为一。陆九渊所讲的"心"是一种伦理性的实存，道德行为是这种实存的本质表现，"心"与"理"相合而相为等同，"心"即"理"，即是宇宙万物的终极本体，道德实践的最后依据在于主观内在的心灵，道德修养的任务就是不断地剔除"心"的不纯然合"理"之处，并最终将"心"塑就为纯然天理的道德灵明。陆九渊先肯定"心"即"理"，"心"与"理"相合，然后又说"心"有不尽然合"理"之处，这表现出理论逻辑上的矛盾，实际上陆九渊这种论述的用意在于先肯定"心"的本然的与"理"相通的一面，让人们知道自己具有先天而生的道德之本心，然后再告诫人们这种本心会时时为外物所蒙蔽，但是人要获取这种自信，就是通过自我的认真修养可以涤除蔽障，而还自己以灵明的本心，从而达到劝人向善的目的。

当时，陆九渊的学说与朱熹的学说形成两强争锋的对立局面，为了调和朱熹"理学"和陆九渊"心学"之间的理论分歧，使两派的哲学观点"会归于一"，同为南宋著名学者的吕祖谦亲自邀请陆九龄、陆九渊兄弟前来信州鹅湖寺（今江西铅山县境内）与朱熹会面，于是，南宋孝宗淳熙二年（1175年）六月，朱熹同陆氏兄弟在鹅湖寺进行了一次面对面的、激烈的思想辩论，这就是中国学术史上非常著名的"鹅湖之会"。这场论争的中心议题是"教人之法"。在这个问题上，朱熹主张"泛观博览，而后为之约"；陆九渊则主张"先发明人之本心，而后使之博览"。朱熹强调"格物致知"，所谓"格物"，就是穷尽事物之理，而"致知"就是推致其知以至其极。朱熹认为"致知格物只是一事"，是认识的两个方面，因而主张多读书，多观察事物，多获取经验，并以此进行分析与综合，然后得出结论。陆氏兄弟则从"心即是理"的观念出发，强调体认和发明本心，心明则万事万物的道理自然贯通，不必多读书，也不必汲汲于考察外界事物，而只要去掉心的蒙蔽，事理就可以通晓，所以反对多做读书穷理之工夫，认为读书之义只在做学问，而不是成为圣贤的必由之路，而尊德性、养心神才是最为重要的。会上，双方各执己见，互不相让，热烈地争执了三天，陆氏兄弟略占上风，但最终并未出现会议的发起人吕祖谦所期望的那样相互调和的结果。

后来，朱熹的学说被奉为官学，陆九渊的学说则趋于销匿，直到明代王守仁的出现才令心学呈现出复兴的局面。王守仁（1472~1529年），浙江余姚人，字伯安，因曾结庐于贵州龙场驿（今贵州修文境内）阳明洞，遂自号阳明子，世称阳明先生。王守仁10岁时随父亲迁居北京，18岁时考取进士，授兵部主事，35岁时因反对宦官刘瑾而被贬为贵州龙场驿丞，刘瑾被诛后，迁庐陵县知事，后来擢升为右金都御史，继任南赣巡抚，其后由于镇压农民起义和平定"宸濠之乱"而拜为南京兵部尚书，受封"新建伯"，但是功高遭忌，遂辞官回乡，在绍兴、余姚一带创建书院，宣讲学问。嘉靖六年（1527年），王守仁又被派遣总督两广军事，后因肺病加疾，上疏乞归，病逝于江西南安舟中，谥号"文成"。

王守仁生值明朝中叶，当时中国的阶级矛盾十分尖锐，社会动荡不安，王守仁把社会动乱的原因归结于人心的败坏，为了拯救人心和挽治时局，王守仁在陆九渊思想的基础上创立了一整套心学理论，人称"王学"。王守仁的著作由门人编辑为《王文成公全书》，他的哲学思想主要体现于《传习录》和《大学问》这两种论著中。王守仁继承了宋代陆九渊的心学思想，提出"心外无物"这一知名的命题。他认为，心是宇宙万物的本原，客观事物的存在与否，完全以心的感知为依归，也就是说，心与物同为一体，物不能离开心而存在，心也不能离开物存在。离开灵明的心，便没有天地万物；而离开了天地万物，也没有灵明的心。一方面，灵明的心是天地万物的主宰；另一方面，心无体，以天地万物感应之是非为体。客观的事物没有被心知觉，就处于虚寂的状态。王守仁曾与友人讲说："你未看此花时，此花与汝心同归于寂；你来看此花时，则此花颜色一时明白起来，便知此花不在你的心外。"当然，需要意识到的是，王守仁所谓的"心外无物"，并不是说人的主观意识决定着客观物质的存在，而是指外界事物的存在离开了人的主观体验则没有意义，它指向的不是宇宙本原问题，而是存在与意识之关系的问题，并不应当按字面意思牵强地将王守仁的心学理论简单地界定为"唯心主义"。

与"心外无物"相联系，王守仁又提出"心外无理"的命题，认为事物的"理"不存在于客观事物之中，而存在于人心之中。在认识论方面，王守仁重要的观念是"致良知"和"知行合一"。"良知"就是存在于人心之中的天理，也是一种天赋的道德。所谓"致"，就是说良知会被人欲所蒙蔽，所以必须下一番"致"的工夫来涤除人欲以恢复本然的善心。"致良知"说的也就是人们要努力于道德的修养，以道德理念来克服非道德的思想，从而使自己的人格境界得到提升，趋于完善。王守仁将"格物致知"反过来讲为"致知格物"，也就是先致其良知，而再将心中的良知施于事事物物，使外在的事物与心中的良知相符合。王守仁所说的"知行合一"并非是指要令自己的实践与自己的认知相符合、相统一，而是说知和行都源出于心，这二者是合一的，是不可分离的。总而言之，王守仁是宋明心学的集大成者，其学说在明代中后期一度影响甚大。

宋元时代的科技进展

宋朝虽然没有取得唐朝那样辉煌的军事成就，但是在文化的繁荣方面与唐朝相比却有过之而无不及，特别是在科技发明领域，宋代取得了举世瞩目的伟大成就，最为典型的例子，印刷术、指南针和火药这三大发明虽然并非肇始于宋代，但是在宋代却都实现了突破性的改进，从而使得中国文明在世界古代文明中尤其显得昭彰瞩目。

在唐代，中国人就已经发明了印刷术，但那时的印刷方法是雕版印刷，每印行一种书籍就要雕刻一套印版，不仅印版的雕刻非常费力，而且这种书籍印完之后，除非该书一直加印，否则这套印版也就长期都不再有其他的用处了。因此，雕版印刷尽管对文化传播事业具有重大的影响，但是其大规模的应用仍多有不便之处，所以在雕版印刷时代，书籍的印刷还并不是很流行，直到宋朝活字印刷的出现，这种局面才得以改观。活字印刷术是平民毕昇在北宋庆历年间

王守仁

交 子

　　交子是世界上最早流行的纸币,它于北宋初年在四川成都开始流行。成都在北宋时期是一个商业繁荣、商品交易发达的地区,然而最初使用的交换货币是铁钱。这种铁质的钱虽然很重,但价值却很低。这就促使一些商人在交易中发明了一种制楮(纸)的卷。他们在楮卷上暗藏标记,隐蔽密码,并以此代替铁钱,从而大大方便了商人们的商品交易。当时这种楮卷被称为"交子",它的性质与现在的存款凭据相近。

　　"交子"的出现,便利了商业往来,弥补了现钱的不足,是中国货币史上的一件大事。此外,"交子"作为中国乃至世界上发行最早的纸币,在印刷史、版画史上也占有重要的地位,对研究中国古代纸币印刷技术有着重要的意义。

（1041~1048 年）发明的。毕昇取胶泥刻字,而后将胶泥烧硬,成为字模,之后将众多的字模分类分序地排列在一起,待到排版的时候,取出一块铁板,在上面涂上用油脂、腊和纸灰做成的粘合剂,之后用铁框将铁板围住,将字模排列于其中,再用火加热,以让粘合剂熔化,将字模固定住,并且用平板将字模压平,冷却之后,一张活字印版也就制作完成了。印刷之后,可以对印版进行加热,令粘合剂熔化,将字模取下,重新放回到平时存放的位置,以备下次使用。活字印刷术的优点是显而易见的,因为字模可以多次使用,就不需要每印刷一种书籍就进行一次繁重的刻版工作,所以活字印刷不仅大大提高了印刷速度,也显著地降低了印刷的成本。因为活字印刷术的出现,书籍的大规模印行才成为可能,所以直到宋代,书籍才不再是一种奢侈品,人们很容易接触到大量的书籍,这对人们

中国科学家毕昇于 1041 ～ 1048 年间发明了活字印刷术。

的求学和求知是有着极大助益的,宋代文化的发达在很大的程度上就是得益于活字印刷术的广泛应用。因此,在中国科技史乃至世界科技史上,发明活字印刷术的毕昇同改进造纸术的蔡伦一样,都对人类文明的发展作出了不朽的巨大贡献。

　　指南针肇始于战国时期的司南,虽然历史久远,但是在其后一千多年的时间当中,指南针技术却并无进步,甚至在东汉以后就从中国人的视野中消失了,直到宋代,指南针才重又浮出水面,并且出现了精确度较高的指南仪器。沈括在《梦溪笔谈》中详细记述了指南针的四种安装方法,还讲到了磁偏角问题,这是一项非常重要的发现。同时,指南针在宋代的航海事业中被派上了十分重要的用场。宋代的《萍洲可谈》一书中记载人们在航船的时候,"夜观双星,昼慢观日,隐晦观指南针"。吴自牧的《梦粱录》中进一步记述,当时船上已经有专人掌管指南针,且将这一职务看做是"一舟人命所系",可见指南针在宋人航海中所具有的非同一般的作用。

中国士兵把装有火药的小管系在箭上,制造出了最早的火箭,又称突火筒。

火药也在唐代就已经发明，并且在唐末和五代时期被用于军事，而到了宋代，火药在军事中的应用才得到普及。北宋兵书《武经总要》中载有三种火药配方，即毒药烟球方、蒺藜火球方和火药方。不过，按照黑火药中硝、硫和木炭三种基本成分的比重来推算，这三种配方还都只不过是强燃烧剂，其爆炸性能是很小的。北宋末年，战场上才有了强爆炸性的火药武器。到了南宋，管形火器也已经出现，最早的记载是绍兴二年（1132 年），宋军守卫德安城时，将火药装填在竹杆中，制成了竹杆火枪。其后，火枪技术有了进一步的发展，例如南宋末期寿春府所生产的突火枪，以巨竹为筒，并且在火药中加入了"子窠"，即铁弹子，这样，火枪的杀伤力就大大提高了，而这种火枪也正是火炮技术的雏形。不过，因为中国机械技术的落后，从元代开始，中国的火药

武器制作技术就已经逐渐落后于欧洲了，此前，是中国的火药传入欧洲，此后，则是欧洲的火器传入中国了。

三大发明之外，造船技术在宋代也有了重大的进步。在唐代之前，中国造船技术的发展方向是不断增大船体，早在汉武帝时期，制造的楼船已经达到了十余丈的尺度，而到了隋朝南伐陈朝的时候，杨素在永安建造的五牙大舰能够容纳 800 人之多。可是需要了解的是，古代的大型船只不同于现代的巨轮，因为它没有强大而足够的动力，全靠人力和自然力来促使船只的运行，这样，当船只的尺寸增加到一定程度之时，人力就无法操控了，船只行走之时只能听凭自然力，也就是水力和风力的驱动，因此只能顺风顺水而行，而一旦遇到风水不顺的情况，一艘巨船也就只能搁浅在河流之中了。到了唐代，人们已经开始认识到再这样造船不是个办法，因而改变了策略，将造船技术的发展由增加船只规模转到改进船只动力结构的方向上来。例如唐人李皋发明的车船，就是将船只的动力来源由木桨划水改为以轮击水。船只技术的这种发展策略在宋代得到继承，因此宋代的造船技术在军用和商用两个方面都有了重大的进步，并且这种情形一直延续到明代前期，直到郑和下西洋之时，中国建造的船只也还都是世界一流的。但是此后由于海禁的原因，中国的造船技术开始停滞不前，到了清朝后期，就已经大大落后于西方国家了。

宋代在工艺技术方面也有着明显的发展，在号称"中国三大工艺技术"的陶瓷、建筑和纺织当中，建筑和纺织工艺在唐代之后都已经走向衰落，唯独陶瓷工艺一路高歌，不仅在宋代取得了引人瞩目的

约 1092 年的中国的一架水力驱动天文钟的模型。实际的钟塔高度超过 11 米。它有观察恒星、记录天文日期、报时三种功能。

新成就，而且在其后的元、明、清几代持续发展，其繁盛景况一直延续。继唐代陶瓷技术出现转折性的重大进展之后，五代及至宋代，中国的陶瓷技术更进一步地出现了名窑倍出、异彩纷呈的局面。五代时期出现了柴、汝、定、官、哥这五大名窑，并且除了柴窑，另外几大名窑的兴盛局面一直延续到宋代，而在宋代，均窑异军突起，同汝、定、官、哥仍并称为五大名窑。宋人和元人发明了陶瓷制作中的复烧工艺，并且发明了石灰碱釉、乳光釉、铜红釉、钴蓝釉等多种新釉料，同时涌现出青花、影青、釉下彩等众多新的瓷器品种，使得中国更加无可置辩地成为名副其实的"瓷器之国"。其后，明人和清人将中国的陶瓷工艺进一步推向了极致的境界，陶瓷制作的复杂程度和精致水准已经达到了令人叹为观止的程度，特别是明清彩瓷，代表了中国古代陶瓷工艺发展的最高阶段。

地磁偏角示意图

沈括以缕悬法指南针做试验时，观察到磁针的指向并不是正南正北，而是南端微微偏东，从而在世界上首先发现了地磁偏角。

宋元时期，中国在科学著作方面也硕果累累。在宋代，最为重要的科学著作无疑当属沈括的《梦溪笔谈》。沈括（1031~1095年），字存中，钱塘（今杭州）人，号梦溪丈人，早年曾受父荫而担任阳县主簿，宋仁宗嘉祐八年（1063年）中进士，出任扬州司理参军，后来入京在昭文馆参加编校图书的工作。宋神宗熙宁五年（1072年），沈括提举司天监，主持宋朝的天文和历法工作。在任期间，沈括修成了《熙宁奉元历》。宋哲宗元祐二年，沈括又完成了熙宁九年开始奉命绘制的《天下郡县图》，这是宋朝的一部国家地图集，不仅以其全面性取胜，而且在地图的比例尺、方位和精度方面也都远远超出了前人之作。在这两部重要的天文、地理著作之外，沈括还制作了用于观测天体位置、时间和日射长短的新浑仪、浮漏和影表这三种天文仪器。当然，与这些成就相比，给沈括带来最大声望的还是其晚年时所完成的科学巨著《梦溪笔谈》。人们习惯于将《梦溪笔谈》看做是一部科学著作，可实际上《梦溪笔谈》所涉及的领域远远超出了科学之外，同时包括政治、经济、文化等多个方面的记载，因此可以说，《梦溪笔谈》是一部百科全书式的著作。《梦溪笔谈》涉及数学、天文历法、地理、气象、地质、物理、化学、生物、农业水利、医学等几乎所有的科学领域，具有极为重要的科学史料和科学研究价值，中国古代的很多科学技术都是藉此书而得以保存和流传的，例如，宋代的活字印刷术和指南针等重要发明，人们都是通过这部书才了解到的。当然，《梦溪笔谈》并不仅仅是已有科技资料的汇集，其中也包含着沈括本人的大量的独创。例如，在物理学方面，沈括提出了地磁偏角的理论，还通过对光线直线和凹面镜成像的观察，发现了倒

仰仪（元代）

现存河南登封观星台。外形似平放的锅，又称碗晷，郭守敬利用针孔成像原理发明制造。用以测定日蚀发生的时刻、方位角、蚀分多少和日蚀全过程，还能测定月球的位置和月蚀。

铜方日晷　元

郭守敬设计制造的天文仪器，现存于南京紫金山天文台。

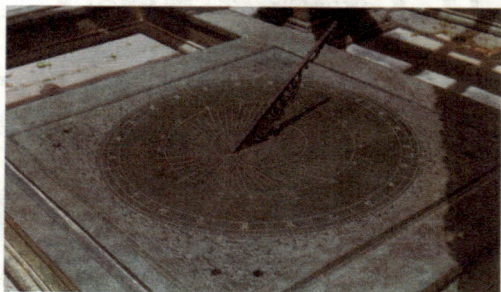

像是因为光线通过"碍"（小孔、焦点）而形成光束的道理。在数学方面，沈括发明了计算有空隙的堆积体的体积的"隙积术"和利用圆的直径和弓形的高度来计算弓形的弦长和弧长的"会圆术"。在天文历法方面，沈括不仅修成了《熙宁奉元历》，更值得注意的成就是创制了《十二气历》。与中国古代习用的阴历不同，《十二气历》是一种阳历，其基本规则是："直以立春为孟春（正月）之一日，惊蛰为仲春（二月）之一日，大尽（大月）三十一日，小尽（小月）三十日，岁岁齐尽，永无闰余。十二气常一大一小相间，纵有两小相并，一年不过一次。"这表明，《十二气历》

我国历史上使用的三种纪年法

干支纪年。干支就是天干（甲乙丙丁戊己庚辛壬癸）和地支（子丑寅卯辰巳午未申酉戌亥）的合称。天干和地支循环相配，可配成60组，统称为"六十甲子"。

谥号纪年。齐宣王和鲁隐公均为帝王或诸侯的谥号，这就是帝号纪年。

年号纪年。公元前141年，汉武帝刘彻即位，使用年号"建元"，首创年号纪年。此后历代帝王都仿照他建立自己的年号。

与当今世界通行的格里高利历，也就是通常所谓的"阳历"是基本一致的，两者的主要不同之处仅仅在于月份天数的划分并不一致，《十二气历》一年当中都是大小月相间的，而格里高利历并不完全遵守这一规则，例如七月和八月均为大月，而二月却毫无道理地被剥削为二十八天。在地质学方面，沈括对冲积平原的形成以及水的侵蚀作用等都有深入的研究，并且首先对石油进行了命名，同时对石油的性能和用途作了详细的记述，还预言"此物后必将大行于世"。在化学方面，沈括利用石油不容易完全燃烧而生成炭黑的特点，首先创造了用石油炭黑代替松木炭黑以制造烟墨的工艺。当然，沈括所取得的伟大科学成就远远不止于以上列举的这些，可是从以上所了解到的其中的部分科学成就，我们就可以深切地感受到，沈括是一位多么了不起的科学巨人，其实，英国的科技史学家李约瑟先生已经为这位伟大的科学家给出了非常准确的评价，也是极为高度的评价，他称沈括是"中国整部科学中最卓越的人物"，并且指出《梦溪笔谈》是"中国科学史上的里程碑"。为了纪念这位永远值得世人敬仰的伟大科学家，1979年7月1日，中国科学院紫金山天文台将1964年发现的一颗编号为2027的小行星命名为"沈括星"。

明代的科学成就

在沈括和《梦溪笔谈》之后，中国明代又出现了四大科学巨匠和四部科学巨著，分别是李时珍和《本草纲目》、徐光启和《农政全书》、宋应星和《天工开物》、徐宏祖和《徐霞客游记》。

李时珍（1518~1593年），字东璧，晚年自号濒湖山人，湖广蕲州（今湖北省黄冈市蕲春县蕲州镇）人。李时珍出生于行医世家，他的父亲李言闻是当地的名医。可是在中国古代，科学技术向来为人所轻视，医学也不例外，从事医生职业的李言闻尽管很有名声，在社会上的地位却依然较为低下，这使得李言闻对李时珍寄予了不同的期望，他希望李时珍能够摆脱医生职业，走科举入仕之路，从而为李家光耀门楣，但是李时珍却恰恰对医术颇感兴趣，而对科考感到索然寡味。因此，李时珍在三次应举落败之后决心不再走科考为官的道路，转而专心学医，并且对父亲作了这样的保证："身如逆流船，心比铁石坚。望父全儿志，至死不怕难。"李言闻见儿子学医之心如此坚定，也就接受了儿子从医的志向，此后对李时珍悉心教授，而李时珍也的确没有让父亲失望，很快就成为当地新一代的名医。不过，李时珍并没有仅仅满足于做一个好医生，就如同当年司马迁为写作《史记》而遍访大江南北一样，李时珍为了探访名医、搜求验方和考察药物，穿着草鞋，背着药筐，

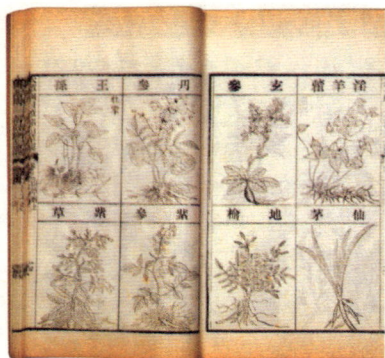
《本草纲目》书影

在徒弟庞宪和儿子建元的伴随下游走祖国各地。在长期的实地寻访和考察当中，李时珍积累了大量宝贵的行医经验，特别是掌握了极为丰富的药物学知识，其中有很多是前人所未曾知悉的。在此基础上，李时珍前后花费了三十余年的时间，最终于万历六年（1578 年）完成了多达 52 卷、近 200 万字的药物学巨著——《本草纲目》。《本草纲目》记载药物 1892种，其中有 374 种是此前的药书中从未出现过的；收录验方11096 则；配有动植物插图 1160 幅。同时，《本草纲目》还纠正了很多前人的错误，因此，《本草纲目》以其记载内容之广泛和精要当之无愧地成为中国药学史上的空前巨著，并且在世界药学发展史上也占有重要地位，此外，这部著作还在生物学、矿物学、地质学、化学等方面也作出了重要的贡献。

徐光启（1562~1633 年），字子先，号玄扈，南直隶松江府上海县（今上海市）人，万历三十二年（1604 年）中进士，选翰林院庶吉士，官至礼部尚书和文渊阁大学士。徐光启是明代后期著名的科学家、政治家和军事家，并且为推动中西文化交流作出了重要贡献，曾与意大利传教士合译过欧洲影响最大的数学著作——《几何原本》，今天我们在数学上使用的"几何"一词，就是由徐光启最早使用的。徐光启一生著作宏富，而其中最为重要的一部著作就是《农政全书》。《农政全书》共 60 卷，约 60 万字，分作农本、田制、农事、水利、农器、树艺、蚕桑、蚕桑广类、种植、牧养、制造和荒政共 12 目，几乎囊括了明代社会农业生产的各个方面，但与此前贾思勰的《齐民要术》等农书不同的是，《农政全书》并不单纯是一部农业技术著作，而是兼及"农政"，也就是说，徐光启在这部书当中着重表述了自己有关农业方面的政治思想，强调"富国必以本业"，而农业正是富国之本。由于这种诉求，在《农政全书》中，有关农政思想的阐述和对于农业技术的记载大体上居于同等重要的地位，甚至更加强调农业政策对农业发展乃至国运兴衰的重要影响，这在"荒政"一目中体现得尤为明显，全书共 60 卷，而此目就独占了 18 卷。徐光启在这一部分内容当中对此前历代在备荒政策方面的得失利弊做了详明的分析和论述，进而对备荒救灾经验做了系统性的总结，甚至还在书中附录了在灾荒时期可以用来代替粮食进行充饥的野生植物，而且其数量达到了 414 种，可见徐光启在这一领域的用力之勤，因此，《农政全书》中的"荒政"一目堪称中国古代备荒措施的指导大全。

宋应星（1587~1666 年），字长庚，江西奉新北乡雅溪牌坊村人，万历四十三年（1615 年）考中举人，但是此后却屡试不第，在第五次会试失败之后，宋应星毅然放弃了科举之途，转而甘于清贫，潜心著书，特别是在实用生产技术方面用力颇多，而《天工开物》就是这一方面的集大成之作。《天工开物》的书名取自《易·系辞》中的"天工人其代之"和"开物成务"这两句话，前一句的意思等同于成语"巧夺天工"，后一句则是说只要掌握了事物的规律，做事就能够取得成功。《天工开物》共分上、中、下 3 篇，

利玛窦

利玛窦（1552 ～ 1610 年），意大利人。1582 年奉派来中国传教，他是明末来中国的天主教耶稣会士中最重要的人物。他会说汉语、写汉字，熟悉中国礼节，通晓儒家经典，人称西儒。曾向明神宗进贡世界地图、八音琴和自鸣钟。神宗赐他房屋，许其在北京常住。利玛窦与中国科学家徐光启交往密切，合作翻译欧几里得的《几何原本》。借此将天文、数学等欧洲近代科学介绍到中国，同时把孔子和儒家思想传入西方。辛于北京，神宗以陪臣礼葬于阜成门外。著译除《几何原本》外，还有《天学实义》和《利玛窦中国札记》。

又细分为 18 卷，在内容编排次序上，依照"贵五谷而贱金玉"的观念，将农事生产排在了最前面，其次是工矿业和兵器制造等，最后才是有关颜料的制作、酿酒和珠玉的知识。全书内容极为全面，在总结农业生产的技术和经验方面堪与徐光启的《农政全书》中的有关部分相媲美，同时还详致地记述了金属的冶炼、矿物的开采、军械的制作等更为广阔而宏富的内容，可以说是涵盖了中国明代后期之前的所有的农业、工业和手工业方面的实用生产技术，具有极高的科学价值和历史价值。

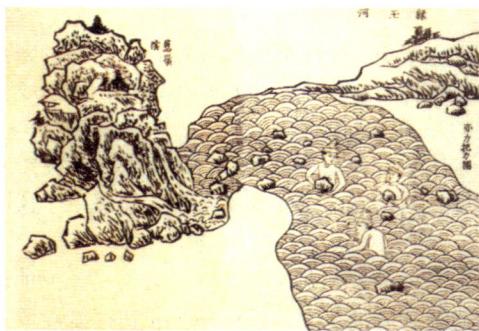

天工开物·采玉图

徐宏祖（1587~1641 年），字振之，号霞客，南直隶江阴（今属江苏省）人。与宋应星曾一度热衷于科举之途不同，徐宏祖虽然出身于书香世家，但是却无心于应举做官，仅仅在 15 岁那一年参加过一次童子试，此后就终身远离了科举之道，将几乎一生的时间和精力都用在了旅行探险和地理考察上，而积三十余年之功，徐宏祖为我们留下了宝贵的地理学著作同时也是一部精彩的文学作品的《徐霞客游记》。徐宏祖一生云游不止，根据自己的亲身考察而撰写了 260 余万字的游记，可惜其中的大部分都遗失了，传世的《徐霞客游记》仅有大约 40 万字，

天工开物·开采银矿图

当然，这仍是中华文化史上的一笔了不起的宝贵财富。徐宏祖一生踪迹遍布中国的名山大川、奇境险地，在当时交通工具还很落后的情况下，完全凭借一人之力所走访的区域涉及到当今江苏、上海、安徽、浙江、山东、河北、北京、天津、河南、山西、陕西、福建、江西、湖北、湖南、广东、广西、贵州、云南等大约 20 个省区，对中国各地的地形地貌、江河源流、生物形态、矿藏物产、民俗风情等都作了生动而详实的记述，特别是对于中国西南地区的石灰岩溶蚀地貌进行了深入的考察和独到的研究，为中国古代的地理学发展作出了卓越的贡献，堪称中国古代最伟大的地理学家和旅行家。需要意识到的是，徐宏祖的旅行远非当今人们的旅游活动那样轻松，而是在很多时候都非常艰苦的，特别是在某些情况下还会遭遇险情。徐宏祖正是因为具有这种不惧险阻、坚韧执着的为科学而献身的大无畏精神，才能够游览那么多常人难以抵达的奇险之地，从而获得常人所不能够得到的诸多宝贵的亲身经历和重要发现。

"跛子帖木儿"

1401 年，蒙古征服者跛子帖木儿警告大马士革的居民说："你们是恶人，但我更是一个恶人。"当他进入这座叙利亚城市后，便展开了大屠杀，以其行为印证了这句话——正如他在以往 30 年的征服战争中，在德里、伊斯法罕和其他城市中所做的那样。帖木儿是一位杰出的军事将领，他击败了强大的马木留克和奥斯曼土耳其军队。尽管帖木儿痴迷于征战，但他没有成立一个有效的国家管理机构，当他在 1405 年去世后，他的帝国很快就分裂了。

　　帖木儿于1336年出生于河间地区，这个地方位于乌浒水（即阿姆河）以北，在今天的乌兹别克斯坦。帖木儿是中亚察合台汗国的蒙古人，察合台汗国由成吉思汗的次子察合台建立。帖木儿年轻时在一次军事行动中负伤，这次受伤使他获得了"跛子帖木儿"的称号。经历了这次不祥的开端后，帖木儿依靠武力和计谋获得了成功，并在1369年成为察合台汗国的领袖。

　　帖木儿的第一次对外征服是针对波斯发起的，并以此获得了以残酷著称的名声。1387年，为了惩罚伊斯法罕的一次叛乱，他屠杀了这座城市的几万居民，并在城墙四周将亡者的头骨堆积成金字塔。

　　虽然帖木儿所到之处暴行不断，但他却尽量不伤害学者和工匠，因为他需要这些人来重建他的都城撒马尔罕，虽然帖木儿在都城停留的时间从来没有超过两年。在其他的时间里，他数次侵犯格鲁吉亚，占领了巴格达，摧毁了俄罗斯的蒙古金帐汗国，而且还向南进犯已经开始衰落但依然强大的德里苏丹国。在那里，他的军队进行了三天疯狂的屠杀和劫掠。

　　接着，帖木儿开始对付他在西方的两个强大的对手：奥斯曼土耳其人和埃及与叙利亚的马木留克人。1400年，帖木儿率领3万大军进攻叙利亚，在阿勒颇城外大败当地的马木留克王朝军队。马木留克王朝11岁的苏丹法拉杰得知这一消息后，即刻带领主要的部队返回开罗。帖木儿随后洗劫了大马士革和巴格达，并命令每一个士兵斩杀当地两名男性平民。

　　之后，帖木儿与奥斯曼土耳其的新任苏丹、人称"雷电之王"的巴耶塞特展开斗争。两支大军在安卡拉附近相遇，其中一些土耳其将士发生叛变，加入了蒙古军队。巴耶塞特本人被俘，被囚在一个铁笼子里示众。

　　帖木儿此时成为从印度到地中海这部分亚洲土地的主人。尽管他已年近70且健康状况开始恶化，但征服外国的雄心依然没有减退。1405年，帖木儿企图发兵攻打中国，但是因病在河间地区的边境去世，这项行动也因此流产。

　　帖木儿死后，他所创建的帝国很快四分五裂。由于他主要关心的是劫掠而非治理国家，所以

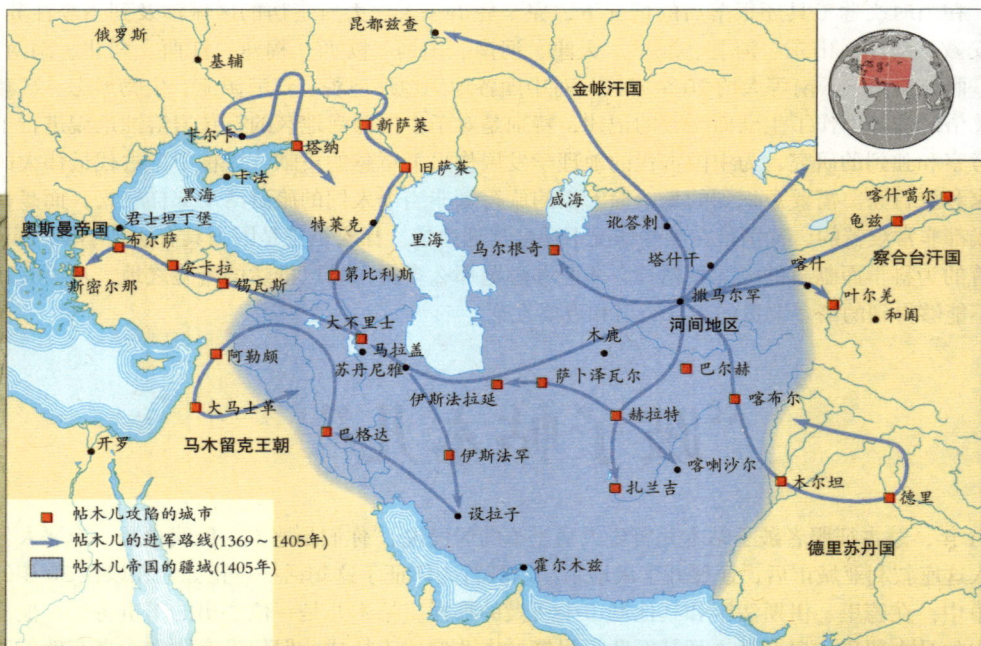

↑ 帖木儿的征服大军向西穿过中亚，进入波斯、高加索山区和埃及的马木留克王朝，向东则进入印度的德里苏丹国。他的征服行为往往依靠暴行来完成：例如，当他于1401年攻陷巴格达后，屠杀了两万平民。

他没能建立一个有效的能将帝国凝聚在一起的中央政府。即使按照当时的标准来看，帖木儿也是一个落伍的人。他只是一个马背上的战士，那种以突袭为主的作战方式很快就不能应付装配有大炮的步兵。

阿兹特克和印加

　　15 世纪，美洲的两个伟大帝国在没有任何直接联系的情况下同时崛起。一个是墨西哥谷地的阿兹特克帝国，一个是秘鲁南部安第斯山脉的印加帝国。两个帝国都有着复杂的社会构成，制造出精美的艺术品，

库斯科城

　　库斯科城是印加帝国的首都，它的毁灭是由于西班牙殖民者的入侵，其时在 16 世纪。在此之前，库斯科依然发挥着"世界中心"的作用。库斯科的十二个街区，都围绕着太阳神中心广场，这广场也是宗教活动的主要场所。太阳神庙位于广场的东北，是属于金字塔式的建筑，顶上有由五间房子组成的神殿。太阳神殿严丝合缝，各石头缝隙间，连刀片也插不进去。以黄金雕琢的玉米和花草树木，以及黄金制成的板壁与宝座，都是出于存放皇帝木乃伊的目的而建造的。用来建筑太阳神庙的巨石，最重的一块有 3000 多吨。与太阳神庙相配套的还有月亮神庙和羽蛇神庙等。

　　在通往库斯科城的隘口上，印加人用巨石垒筑了许多城关堡垒。其中有一处萨克赛瓦的古堡，是用每块几十吨乃至几百吨的巨石垒砌的，非常雄伟，易守难攻。这座古堡花费的石工就有 30 万人，建造了 70 年才竣工。

这把装饰华丽的小刀为印加工匠所造，用于宗教祭祀。它表达了阿兹特克和印加文化的共同观念：血的牺牲和黄金。

● 约 1200 年　游牧的阿兹特克人来到墨西哥谷地，寻找安全的栖身之地。

● 约 1200 年　印加人在秘鲁境内安第斯山脉的库斯科附近定居。

● 约 1325 年　阿兹特克人在特斯科科湖的一个岛上定居，这里后来成为他们的都城提诺契特兰。

● 1428 年　阿兹特克人为阿卡波查科这个城市国家做了多年雇佣军，之后他们洗劫了这座城市，成为墨西哥谷地的一支重要力量。

● 1438 年　帕恰丘特克继承印加王位。他是一位伟大的军事领袖，奠定了印加帝国的基础。

● 1471 年　图帕克·尤潘丘伊在帕恰丘特克之后成为印加统治者。

● 1476 年　图帕克·尤潘丘伊率领印加军队征服了秘鲁北部沿海的奇穆帝国。

● 1493 年　图帕克·尤潘丘伊死后，瓦伊纳·卡帕克继位，成为印加统治者。

● 1502 年　蒙特祖玛二世继承阿兹特克王位。

● 1519 年　在赫尔南·科尔特斯的率领下，西班牙征服者在墨西哥海岸登陆，向提诺契特兰挺进。蒙特祖玛将科尔特斯作为客人接待，但却被西班牙人囚禁。

● 1520 年　蒙特祖玛在一次临时发起的驱赶西班牙占领者的暴乱中被其臣民所杀。

● 1521 年　经过 8 个星期的围攻，科尔特斯攻下了提诺契特兰，为西班牙控制了阿兹特克帝国。

● 1525 年　瓦伊纳·卡帕克的两个儿子阿塔瓦尔帕和瓦斯卡为争夺印加王位，发动了内战。

● 1532 年　阿塔瓦尔帕获得了胜利，但却被弗朗西斯科·皮萨罗率领的征服者俘虏。皮萨罗进而从印加海岸向其内陆挺进。

● 1533 年　皮萨罗处死了阿塔瓦尔帕。西班牙人控制了库斯科。

这个巨大的石圈表现的是阿兹特克人的月亮神，石圈雕刻在提诺契特兰的神庙基部。

阿兹特克人最初是游牧民族，他们为了寻找草场，从墨西哥南部的沙漠地带迁徙而来。他们在大约1200年来到墨西哥谷地。这一地区在早期的托尔特克文明衰落后，就形成了权力真空。起初，阿兹特克人以雇佣军的身份出现，为相互争斗的各个城市国家提供服务。1428年，阿兹特克人起来反抗原先的主人阿卡波查科人，夺得了他们的土地，并屠杀他们的居民。阿兹特克人逐渐成为这里的统治者，并随着数个世纪里一系列成功的军事行动，巩固了他们的地位。

并建造了伟大的城市。然而，它们都没有使用牵引用的牲畜、带有轮子的交通工具以及铁器。它们所有的只是以图画而非字母作为书写方式的象形文字。两个帝国都是通过武力控制了邻近的地区，但霸权建立不到一个世纪，就都成为西班牙征服者的受害者，因为它们无法抵御后者的坚船利炮。

印加帝国统治着安第斯山区，阿兹特克帝国的中心地带位于现在墨西哥中部的沃野之地。

马丘比丘

1911年，在当地人的带领下，美国历史学家海勒姆·宾厄姆在秘鲁山脉深谷中发现了一个保存完好，与世隔绝的印加古城遗址——马丘比丘。这座被人遗忘了几个世纪的古城遗址极为壮观，海拔2000米，背后是茫茫山脊。虽然距离印加帝国都城库斯科仅仅80公里，马丘比丘却逃过了被西班牙人洗劫的命运。这座古城有3000多层台阶，约建于1500年左右，可能是当时印加皇室的夏日避暑胜地。

阿兹特克人的崛起要归功于他们熟练的作战技巧和好战的军事型社会组织，这些使他们在战斗中获得最大的胜利。阿兹特克的所有男孩在很小的年龄就要接受军队训练，他们被教导：在战斗中获胜——如果必要的话，在战斗中死去——是最高的荣誉。

不过，阿兹特克人也有一些重要的成就。建造在特斯科科湖浅水地带岛屿上的都城提诺契特兰是一个秩序井然的大都市，拥有大约 20 万人口，比同时代欧洲任何一个城市的人口都多。

印加帝国同样建立在武力之上，这要归功于它的两位杰出的领袖：帕恰丘特克（1438～1471 年在位）和图帕克·尤潘丘伊（1471～1493 年在位）。不过，印加帝国的文化不像阿兹特克那样充满好战色彩。在印加帝国的皇帝（他自称是太阳神的后裔）的统治下，国家体系按照严格的等级制度建立起来。其官员从各省的长官到只管理 10 户家庭的小地方长官依次排列。所有身体健康的男人和女人都在国有的农田上为国家服务，并参与诸如修路、开辟梯田等公共劳动。

但是，不论是好战的阿兹特克人还是更具公共精神的印加人都遭受到同样的命运。面对西班牙征服者的进攻，两个帝国最终灭亡。这些征服者尾随哥伦布而来，他们有着更具优势的军事技术，如战马、枪支和盔甲。到 16 世纪 40 年代，阿兹特克帝国和印加帝国成为西班牙迅速兴起的新世界帝国的一部分。其人民因失败而士气低落，也因为从欧洲带来的天花等疾病而大量死亡，在一片混乱之中，成为被征服的臣民。

印刷术的传播

印刷术的发明与互联网的诞生有些类似，它为 15 世纪欧洲的信息技术带来革命性变化。在此之前，书籍的复制主要由人工完成，费时且费力，书籍成为一种奢侈品，只有富人才有能力拥有它。印刷术发明后，书籍的制作变得既快且便宜，可以被大量生产出来。书籍因此获得更大范围的流通，也减少了错误的出现。

在欧洲建立第一座印刷厂的是德国人约翰尼斯·古腾堡。1455 年，他在自己的印刷厂里印出的第一本书是《圣经》。但是，印刷术并非古腾堡的发明。在此之前，印刷术就存在很长时间了。中国人早在公元 8 世纪或更早的时候就能够印刷书籍。他们将书籍的内容刻在一块木版之上，用刷子将墨汁刷在上面，然后就可以印出书中的一页。重新制版后，就可以再印刷下一页。欧洲人在 15 世纪早期，也运用同样的技术印制宗教图画或短小的文本。

古腾堡对印刷术的革新主要是引入了活字印刷。他将每个字母都制成一块模子，将这些模子

← 古腾堡发展了印刷术，将之用于印刷配有插图的书籍。这种印刷技术改变了书籍的生产过程，使思想得到快速传播，推动了欧洲宗教改革运动的发展。

→ 欧洲的第一本完整的印刷书《古腾堡圣经》，出版于 1455 年左右，文字是拉丁文，共 3 卷。没有人知道古腾堡印了多少本，流传到现在的大约有 40 本。

这幅关于 16 世纪印刷厂的木刻画，展现的是印刷工人正在排列纸张和往刻版上涂墨的情形。背景上的工人正在将一个个字符组成一页页的文字。

放在一起排列组合后，就形成一段文字。这些模子可以拆散重组，用于印刷其他文字。中国人在此前很长的时间里就发明了活字印刷术，但由于中国文字十分繁多——大约有 6 万多个——这一技术并不实用。而对于欧洲的字母文字（包括大写字母）、数字和标点符号来说，活字印刷就显得十分容易。

印刷工人将一行行字符排列在一个框架内，就形成了一块印版。当这块印版使用完毕后，字符可以拆下来，等待下一次使用。当印刷书籍中的一页时，工人将一页纸放在涂上墨的印版上，然后用两块木板夹紧。当用螺丝旋紧压印盘时，一页书籍便被印刷出来——这种技术其实在罗马时代就用于压榨葡萄或装订手稿。

古腾堡的印刷技术很快得到许多人的仿效，他们的产品在欧洲城市不断增多的识字阶层——律师、商人、大学教师和拥有技术的工匠——中有了市场。随着印刷厂在一个个城市中的建立，一本本的《圣经》、百科全书、宗教书籍、古典著作、历史书籍和文学作品不断出现，满足了人们的需要。

古版书

如图所示，1501 年之前印刷的书籍被称为"古版书"。这个词来自拉丁文"摇篮"。为了满足人们的需要，早期的印刷商印制出配有漂亮的蓝色、红色、金黄色插图以及书边经过装饰、带有大写首字母的精美图书。早期的印刷工人通常使用经过装饰的印刷字体，有时甚至亲自在大写首字母旁边的空白之处进行修饰，以增加图书的吸引力。如同要与之竞争的手稿一样，这些印刷的书籍通常都很巨大，人们只能坐在书籍旁阅读，而无法随身携带它们。这样的书通常一次印刷 200 或 300 本，现存的古版书大约有 3.5 万册。

第六章

全球一体化的缘起时期

公元1500年～1750年

发现的世纪

欧洲航海家所取得的业绩主要归功于当时航海技术的发展，像上图所示的星盘。这样的工具用来计算太阳和其他天体的位置，使得水手能够判定他们的位置并记录下他们的发现。

传统上，欧洲的水手很少向大西洋航行。尽管1000年左右，维京人就到达了纽芬兰，但他们的业绩很快就被人遗忘了。中世纪的大多数时间里，商船很少在离陆地遥远的海域冒险。但是，15世纪结束之前，葡萄牙的舰队远航至大西洋，并绕道非洲进入印度洋。此时，哥伦布也到达了美洲。一个发现的世纪拉开了序幕。

欧洲水手在中世纪晚期探险大西洋的最重要原因是商业。因此一些欧洲人决定寻求一条获得这些商品的通道，并希望得到其他财富。

处于欧洲西部边缘的葡萄牙人已经知道了从非洲南部经由陆路抵达北非城市的商路，他们在这些城市从事黄金和奴隶贸易。在15世纪早期，他们便开始从海上沿着非洲海岸南下探险，15世纪40年代，他们到达了西非。受西非一带大西洋海域强烈的北风的影响，他们返回葡萄牙的途中充满了危险。尽管如此，他们还是探索了进入大西洋的航路，并发现向南吹的风可以将他们平安地带回故乡。不久以后，葡萄牙人每年定期从他们在非洲海岸建立的商业据点向里斯本运送黄金和奴隶。

1488年，巴托罗缪·迪亚士绕过非洲最南端进入印度洋。10年后，瓦斯科·达·伽马成为第一个绕过非洲到达印度的欧洲人。他开通了直接通向富饶的亚洲的航路。

与此同时，为西班牙斐迪南国王和伊萨贝拉女王效力的克里斯托弗·哥伦布向西穿越大西洋，寻找通向中国的航路，但却发现了美洲。哥伦布是意大利人，他以船长的身份在里斯本生活了很长时间。他驾船向北到达过冰岛，向南到达过塞拉利昂，对大西洋上的风向和海流了如指掌。他研读了威尼斯旅行家马可·波罗的游记，对地图和天文学著作也有研究，计算出波罗所说的日本岛与欧洲西海岸相距大约3200公里。当然，这一计算是十分不精确的，日本与欧洲之间隔着美洲、大西洋和太平洋，实际距离大约有1.9万公里。不过，这一错误并不有损于哥伦布的海上航行技术，他指挥着3艘小船开始穿越大西洋。尽管面临着绝望的水手们哗变的危险，哥伦布还是向西航行，终于于1492年10月12日在巴哈马群岛登陆。此后他奉西班牙政府之命，还曾三次到达美洲。

航海

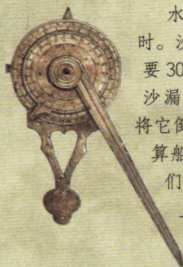

第一批水手沿着海岸从一个里程碑航行到另一个里程碑。不过他们一旦远离陆地，就不能如此了！葡萄牙的水手们学着利用太阳和星星的方位来测算他们所到之处的位置。在指南针、星盘、象限仪、沙漏以及夜间测时仪的帮助下，他们可以越来越准确地航行很远的距离。

← "航海家"亨利王子

亨利王子（1394～1460年）是葡萄牙国王亨利一世的儿子。他对大海非常感兴趣，并且赞助过许多次远洋探险。他创建了一所专门教授航海、天文学以及制图技术的学校来培养船长和舵手。

→ 沙漏

水手们用沙漏来报时。沙漏里边的沙子需要30分钟的时间到达沙漏的底部，然后再将它倒转过来。为了测算船的行进速度，他们就在船的旁边系上一根打了结的绳子浮在水上，然后由此计算出水流经过每个绳结的时间。

↑ 夜间测时仪

根据太阳方位报时的老方法，在夜间是不起作用的，16世纪50年代发明的夜间测时仪解决了这一问题。利用与北极星并排的两颗星星进行测量，可以在10分钟内报出时间。

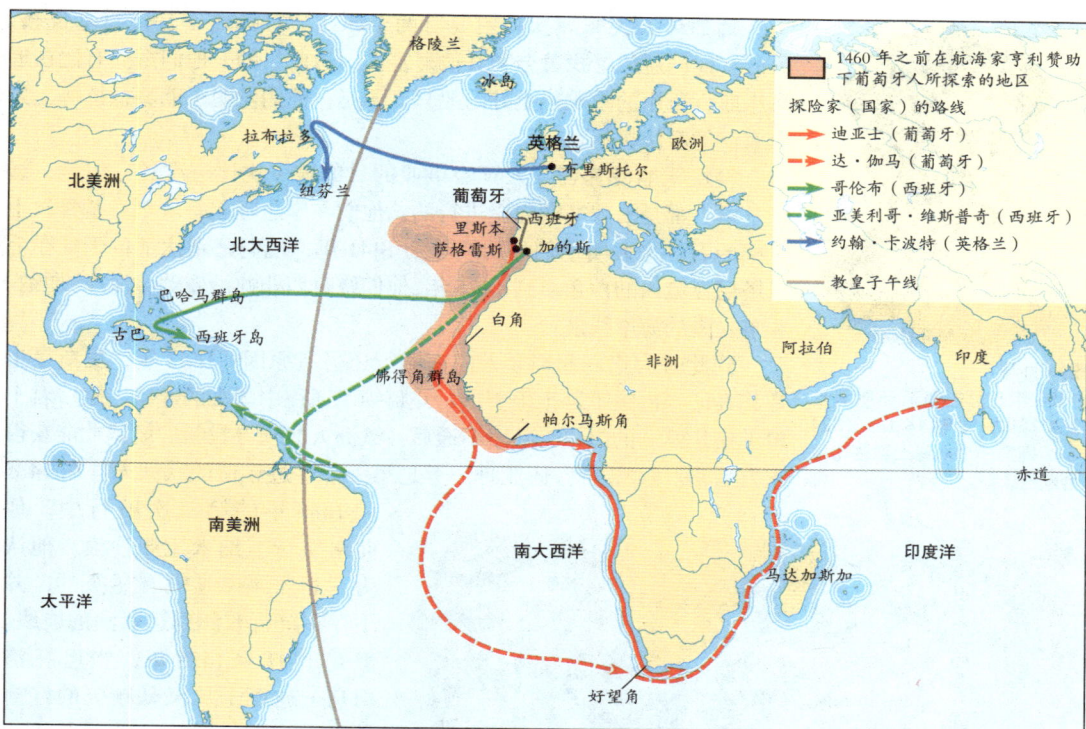

图例：
- 1460 年之前在航海家亨利赞助下葡萄牙人所探索的地区
- 探险家（国家）的路线
- → 迪亚士（葡萄牙）
- →→ 达·伽马（葡萄牙）
- → 哥伦布（西班牙）
- →→ 亚美利哥·维斯普奇（西班牙）
- → 约翰·卡波特（英格兰）
- — 教皇子午线

地名：格陵兰、冰岛、拉布拉多、北美洲、纽芬兰、英格兰、布里斯托尔、欧洲、北大西洋、巴哈马群岛、古巴、西班牙岛、葡萄牙、里斯本、萨格雷斯、西班牙、加的斯、白角、佛得角群岛、帕尔马斯角、非洲、阿拉伯、印度、赤道、南美洲、南大西洋、好望角、马达加斯加、印度洋、太平洋

伟大的探险时代由航海家亨利开启，它使欧洲的经济中心从地中海地区转移，在西班牙、葡萄牙、英国以及后来的荷兰的努力下，几个世纪后，大西洋沿海地区成为欧洲的经济中心。

葡萄牙人

葡萄牙位于西欧一隅，濒临大西洋。葡萄牙人依靠海洋来维持生计。传统上，他们靠着打鱼和沿大西洋向北与法国和英国进行贸易为生。但是到了 15 世纪，他们把注意力转向南方——非洲。

→ 指南针的使用

用磁石制成的指南针是由中国人发明的，13 世纪初开始在欧洲使用。使用指南针，水手就可以知道他们正在朝什么方向航行。然而，早期指南针往往不太准确，因为它很容易受到船上其他铁制物品的干扰，使得许多船只沿着错误的方向航进。直到 15 世纪初航海家亨利所生活的时代，指南针才有了很大的改进。

大事记

*1419 年，亨利王子成立了一所航海学校。

*15 世纪 20 年代，葡萄牙人第一次朝着摩洛哥南部方向航行。

*1475 年，葡萄牙水手绘制了从摩洛哥到喀麦隆的非洲海岸线地图。

*1482 年，迪亚哥·考穿越赤道。

*1485 ~ 1486 年，迪亚哥·考向南航行至纳米比亚。

*1487 ~ 1488 年，巴托洛梅乌·迪亚士绕过好望角。

*1497 ~ 1498 年，瓦斯科·达·伽马绕过非洲航行到达印度。

葡萄牙人去非洲探险主要有两个原因。目标之一是传播基督教，另外，他们还想寻找黄金和其他财富。为达此目的，他们需要有比在近海岸航行所用的敞舱船更好的船只。于是，他们发明了能够抵抗海上大风大浪的轻快帆船。

轻快帆船使葡萄牙人冒险事业的目的地一次比一次远。但是，远征基本上都是沿着非洲海岸进行的，他们在岸边竖起一块刻有基督教十字架的石柱来表明他们的功绩。到1441年，他们已到达了位于现在毛里塔尼亚境内的白角。到1475年，他们绕过西非并沿着黄金海岸（加纳）和喀麦隆的海岸线航行。

到此时为止，葡萄牙人向南航行还另有原因。1453年，奥斯曼土耳其人已经占领了君士坦丁堡，并封锁了通往中国去的丝绸之路。君士坦丁堡是亚洲的门户，陆路不通后，欧洲人必须寻找新的航路才能获得东方财富。1482年，迪亚哥·考是第一个穿过赤道的欧洲人。在1485～1486年的第二次航行中，他向南航行至纳米比亚沙漠。他认为，非洲海岸是没有尽头的，并不存在绕行非洲到达亚洲的航线。但是1487～1488年，当巴托洛梅乌·迪亚士从风暴频仍的好望角进入到印度洋时，证明了迪亚哥·考是错误的。迪亚士是第一个进入这一水域的葡萄牙探险者。

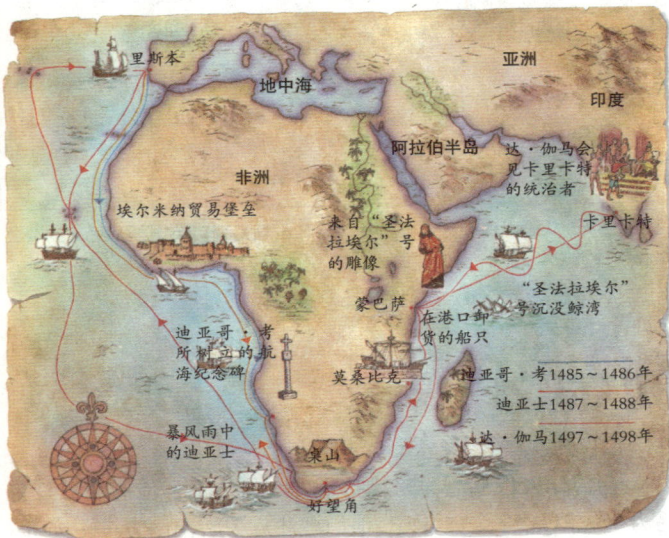

达·伽马

1498年5月，葡萄牙航海家瓦斯科·达·伽马（1460～1524年）是第一个从海上到达印度的欧洲人。

去往印度的航线

葡萄牙人通过逐步绘制非洲海岸的地图发现了一条最终能够到达印度的航线，先是绕过好望角到达东非，然后利用西风穿过海洋到达印度。一旦非洲海岸的地图被绘制好，下面的航行就可以选取一条更为便捷的路线了。

新大陆

哥伦布所访问的大陆令他很失望，因为他没有发现传说中那些带有城墙的城市、传奇般富庶的中国以及期待已久的日本。然而，他依旧坚信，他已经航行到了亚洲，并且他始终未意识到他所发现的大陆乃是欧洲人以前并不知晓的另外一个大洲。

← 费迪南德和伊莎贝拉

1469年，当阿拉贡的费迪南德和卡斯蒂利亚的伊莎贝拉结婚时，自罗马帝国以来，西班牙首次成为了一个统一的国家。伊莎贝拉赞助了哥伦布的首次航行。

← 美洲土著

居住在西印度群岛上的阿拉瓦克人以水果和浆果为生。他们住在用棕榈枝叶建成的房子里。大多数人平时什么衣服也不穿，只在一些典礼上穿衣服。

↓ 烟草

在古巴，哥伦布看到阿拉瓦克人把烟草的干叶子卷成一个管状的东西，然后用火点着吸食。吸烟很快就成为全欧洲人的一个时髦的消遣。图中的烟草叶正在棚里等待晾干。

虽然他还想继续探险，但他那些已经筋疲力竭的船员迫使他不得不返航。10 年后，瓦斯科·达·伽马实现了葡萄牙人的这一梦想。他带领一支由 4 条船组成的舰队绕过非洲角，航行过东海岸之后，向印度洋进发。1498 年 5 月，他到达了位于印度南部的、繁忙的卡里卡特贸易港。至此，他已经发现了通往亚洲的一条新航线。

克里斯托弗·哥伦布

几个世纪以来，欧洲人一直认为，世界上只有 3 个大洲——欧洲、非洲和亚洲。他们认为，世界的其余部分都为海洋所覆盖。

通往亚洲的传统路线过去一直是沿着丝绸之路穿行大陆。15 世纪，葡萄牙人发现了一条到达那里的海路，绕过非洲海岸，向东向南航行。那时一个名叫克里斯托弗·哥伦布的意大利人提出，通过向西航行穿过伟大的大西洋，最终有可能到达亚洲。

哥伦布

克里斯托弗·哥伦布(1451 ~ 1506 年)出生于意大利的热那亚港口。他是根据旅行者守护神圣克里斯托弗的名字来命名的。他发现了古巴和巴哈马。

哥伦布把一生都献给了寻找通往遍地黄金的亚洲的海路事业上。起初，人们认为这是个愚蠢之举，因而哥伦布得不到任何资助。但是 1492 年，西班牙女王伊莎贝拉同意赞助他代表西班牙进行远航。1492 年 8 月，他带领 3 条船起航。36 天后，他们在现在的巴哈马群岛登陆。之后继续向东南航行，他在 1493 年 3 月成功返航之前还经过了古巴和伊斯帕尼奥拉岛（即今天的海地）。

哥伦布认为，他已经发现了通往亚洲的新航线。虽然他对新大陆并不是黄金遍地而备感失望，但是在有生之年他一直对他在第一次航行的发现确信不疑，并多次远征。

在美洲登陆

当哥伦布及其船员在巴哈马的瓦尔汀岛登陆时，他宣布该岛归西班牙所有，并以上帝的名义给它重新命名为圣萨尔瓦多，因为是"上帝引导我们来到这里，并且从千难万险中拯救了我们"。

↓ 哥伦布的航行

在这 4 次航行中，哥伦布几乎游遍了加勒比群岛的大多数岛屿，并在中南美的海岸探险，他认为，他已经找到了通往亚洲的新航线。

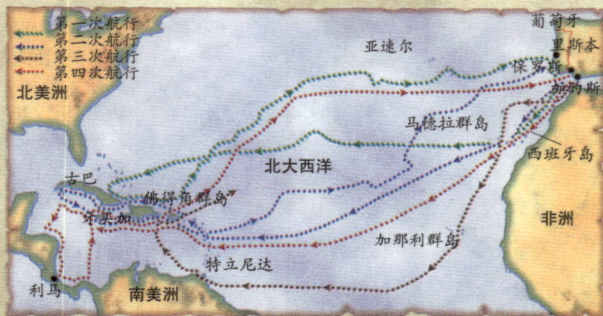

大事记

*1492 ~ 1493 年，哥伦布到西印度群岛进行第一次远航，并发现了巴哈马、古巴和西班牙岛。

*1493 ~ 1496 年，他在第二次远航中游遍了整个西印度群岛，并在西班牙岛上建立了几个定居点，还在牙买加进行探险。

*1498 ~ 1500 年，在第三次远航中，他在特立尼达与南美洲之间航行，这是欧洲人第一次在南美洲登陆。

*1502 ~ 1504 年，在第四次远航中，他沿着中美洲的海岸航行。

哥伦布曾经 4 次向西穿越大西洋航行，他在所经过的岛屿上建立了多个西班牙殖民地，并宣称那里是西班牙的领土。直到 1506 年他去世时为止，他仍然相信他曾经到过印度，尽管他没能发现证据。因为他向西航行，他所遇见的那些新岛屿现在被称为西印度群岛。

不过，没有几个人接受他的看法。1502 年，亚美利哥·韦斯普奇从沿着南美东海岸的航行中回到了欧洲。他确信，这些岛屿并不属于亚洲，而是属于欧洲人所不知道的那个大洲的一部分。他称之为姆恩杜斯·诺乌斯——新大陆。1507 年，德国的地理学家马丁·瓦尔德泽米勒把新大陆重新命名为美洲，正是为了纪念亚美利哥·韦斯普奇。事实上哥伦布所发现的东西要远远比通往亚洲的航线更为重要。在他偶然发现了美洲大陆之后的不长时间，美洲和欧洲的历史被完全改写了。

哥伦布的足迹

在发现新的土地与商业机会的强烈欲望驱动之下，许多勇敢无畏的航海家积极效仿哥伦布，在只拥有非常粗陋的航海设备的艰难状况之下扬帆启航，从欧洲来到遥远的东方和西方，麦哲伦、韦斯普奇以及其他航海家"发现"了欧洲人在此之前闻所未闻的陆地与海洋，建立了新的通商路线。

16 世纪，葡萄牙航海家是探险的先行者。1511 年时，阿方索·德·阿尔布克尔克强占了马来西亚半岛的港口马六甲，为葡萄牙获得了从事东印度香料贸易的重要据点。从果阿（位于印度西海岸的一个基地，在前几年时已为阿尔布克尔克强占）向外进行的冒险，导致葡萄牙人"发现""香料群岛"（摩鹿加群岛，今天为印度尼西亚的一部分）。他们与中国的贸易始于 1520 年，到 1557 年，葡萄牙人占据了澳门，将它作为长期贸易基地。1542 年，葡萄牙商人在种子岛登陆，从而打破了位于中国东方的日本的隔绝状态。葡萄牙海上贸易帝国的优势地位一直延续到下个世纪荷兰以及英国的东印度公司的崛起。

16 世纪，葡萄牙最负盛名的探险家是费尔南多·麦哲伦，他在西班牙国王支持下于 1519 年扬帆启航，经过南美的顶端，通过后来以他的名字命名的海峡，穿过太平洋，从而开辟了从欧洲向西航行到达印度的航线。麦哲伦本人在菲律宾的宿雾岛被杀，在塞巴斯蒂安·德尔·卡诺指挥

探险家与他所服务的国家名称
佩德罗·卡布拉勒（葡萄牙）
亚美利哥·韦斯普奇（葡萄牙）
麦哲伦与德尔·卡诺（西班牙）
阿瓦诺·德·萨维德拉（西班牙）
塞巴斯蒂安·卡伯特（英格兰）
西班牙与葡萄牙所划分的界线

格陵兰岛　北美洲　布里斯托尔　欧洲　亚洲　里斯本　大西洋　非洲　菲律宾　赤道　南美洲　太平洋　印度洋

15 世纪后期到 16 世纪早期，一系列伟大的航行探险将全球各地联系了起来，在此之前，这些地方几乎根本互相不知道对方的存在。英勇的航海家们从西班牙、葡萄牙以及英格兰出发，向西抵达了美洲新大陆，向东到达了印度。1522 年，塞巴斯蒂安·德尔·卡诺——他在船队中的领导地位仅次于死于航程中的费尔南多·麦哲伦——最终完成了世界上首次环球航行。

香料之路

自从罗马时代以来，香料作为食品的调料以及药剂的原料一直为欧洲人所看重，它们出产于热带地区，从陆地上运送到西亚的港口，威尼斯人控制着向欧洲进口香料的贸易。16世纪，欧洲人渴望直接获得香料，这刺激了他们在东方进行探险，葡萄牙开始从印度（右图）运走胡椒，从斯里兰卡运走肉桂，从摩鹿加群岛运走肉豆蔻和丁香，从中国运走姜。香料易于大规模运输且获利丰厚，为了更加降低运送到北欧的香料运输成本，葡萄牙人将主要的销售中心从里斯本转到了阿姆斯特丹与安特卫普，到1530年，安特卫普成为欧洲最为富庶的城市，其后进一步成为西班牙从秘鲁输入白银的中心。

之下，1522年，麦哲伦船队当中的一艘船完成了世界上首次环球航行。

与哥伦布一样，亚美利哥·韦斯普奇也是为西班牙服务的意大利航海家兼商人。在他第二次到达美洲的时候（1499~1500年），他看到了气势磅礴的亚马孙河口。在之后的一次航行中，这次是为葡萄牙服务，他探索了今天的巴西一直往南的海岸。作为早期的探险家之一，亚美利哥·韦斯普奇证实了这里并不像哥伦布所认为的是印度的一部分，而是另一个单独的大陆——"新大陆"。当时的制图者为了向亚美利哥·韦斯普奇表示敬意，将这块大陆命名为"美洲"。

西班牙急于建立殖民地，希望能大肆掠夺新大陆的财富。1509年，阿隆索·德·奥赫达——他曾经与哥伦布和韦斯普奇一起航行过——宣称南美东北部的大片土地为西班牙所有，他见当地的房子像威尼斯一样建造在水上，于是将其命名为委内瑞拉。两年之后，瓦斯科·纽讷兹·德·巴尔布亚在达连（今天的巴拿马）建立了殖民地，为了寻找黄金，他横穿了狭窄的中美地峡，这样，在1513年9月29日，瓦斯科·纽讷兹·德·巴尔布亚成为了第一个见到太平洋的欧洲人，这也最终证明了哥伦布的错误。

此时，西班牙在美洲殖民地的规模并不大，但是，赫尔南·科尔特斯与弗朗西斯科·皮萨罗很快就分别去征服墨西哥与秘鲁，为西班牙建立起庞大的美洲殖民帝国。

征服新大陆

在哥伦布那次具有历史性意义的航行之后的几年里，一批西班牙探险者相继在中南美洲登陆。他们是为了寻宝而来。

瓦斯科·德·巴尔博亚（1475~1517年）就是其中的一位探险者。他是一位住在伊斯帕尼奥拉岛（海地）的殖民者，为了逃债，也为了寻找黄金，1513年9月，他来到这个岛。27天后他向西航行穿越大海，成为第一个看到太平洋东海岸的欧洲人。

1518年11月，又一支远征队离开古巴圣地亚哥的西班牙殖民地驶往墨西哥。此前的几支远征队曾经报告说，那里有高大的庙宇和大量黄金。11艘船载着780个人，由曾经到过西印度群岛寻宝的西班牙律师赫尔南·科尔特斯率领。科尔特斯沿着墨西哥海岸线航行了数月，

刀

阿兹特克人是技艺精湛的手工艺人。他们用镶嵌有宝石和许多贝壳以及绿松石的木头做成了带有手柄的献祭刀。他们把它作为礼物送给了赫尔南·科尔特斯。

特诺奇蒂特兰城

阿兹特克的首都拥有人口 20 万，比西班牙任何城市的人口都多，然而，科尔特斯和他的 400 个士兵利用权谋和欺诈便占领了该城。

袭击当地城镇，由此获得了很多财物和知识，然后进入特诺奇蒂特兰的首府阿兹特克。

虽然阿兹特克人是一个多才多艺的民族，但是他们却不能与西班牙人匹敌。阿兹特克人没有火药，美洲人对于马匹也一无所知。科尔特斯在获得了与阿兹特克人为敌的人的帮助后，进入阿兹特克城并俘虏了它的统治者蒙特祖玛。1521 年 8 月，科尔特斯仅仅用四五百人就攻克了特诺奇蒂特兰城。伟大的阿兹特克帝国由此变成了新兴的西班牙的一个行省。

不久谣言便在当时南美洲的另一个富庶的帝国——印加帝国——内传播开来。1530 年，弗朗西斯·皮萨罗只用 168 个士兵便征服了这个富庶的帝国。

皮萨罗所发现的印加帝国因为内战以及瘟疫（可能是天花）而被削弱，西班牙士兵又一次征服了他们的敌人。到 1532 年为止，庞大的印加帝国被打败，它所储备的大量黄金和白银处于西班牙人的控制之下。

科尔特斯、皮萨罗及其他冒险家都是"康魁维斯特德"，亦即西班牙的征服者。"康魁维斯特德"不仅野蛮，而且通常也不诚实。他们到处搜刮财富并说服他们所遇到的每个人都要皈依基督教。他们的征服纵深于整个中南美洲，从墨西哥到智利。在哥伦布完成远征之后的 50 年内，美洲已沦为欧洲人的治下。

蒙特祖玛的头饰

阿兹特克人和印加人通过捕捉热带鸟类来获取它们的羽毛。绿咬鹃那漂亮的绿色羽毛极其珍贵，阿兹特克最后一位统治者蒙特祖玛的头饰就是用它来制成的。

环游世界

欧洲人着迷于亚洲遍地是宝的传说。游历者和商人谈论着印度、中国和日本的财宝以及这些国家海岸线上分布着的富饶的香料群岛。整个 16 世纪，航海者们从事着史诗般的航行去寻找能够

私掠船和海盗船

满载财宝驶往西班牙的宝船，很快就被西班牙的主要敌人——英国和法国的船只盯上。战争期间，两国默许它们的船只（私掠船）攻击西班牙的船来获战利品。然而，私掠船在和平时期也经常出击。非法的海盗船也加入到这个行列中来。西班牙便认为，每个攻击它船只的人都是海盗。

↑ **海盗旗**

16 世纪，海盗船开始悬挂海盗旗——黑色旗子上绣有一个骷髅和一对呈交叉状的股骨图案——给其他敌对的海盗船看。虽然每个海盗船都有自己的旗帜，但是最为恐怖的还是那种单一色的红旗，*这意味着每个反抗海盗接管的人都会被杀死。

← **达布隆**

西班牙人在美洲采掘宝贵的金银。他们把其中的一些铸成金币运回西班牙。金子被铸成达布隆，银子则为金子的1/8。

→ **海盗**

海盗被捕就意味着死亡。逃跑的奴隶和罪犯往往成为海盗。当船员们遭到海盗船的攻击时，他们经常加入海盗的行列，希望分得财富。

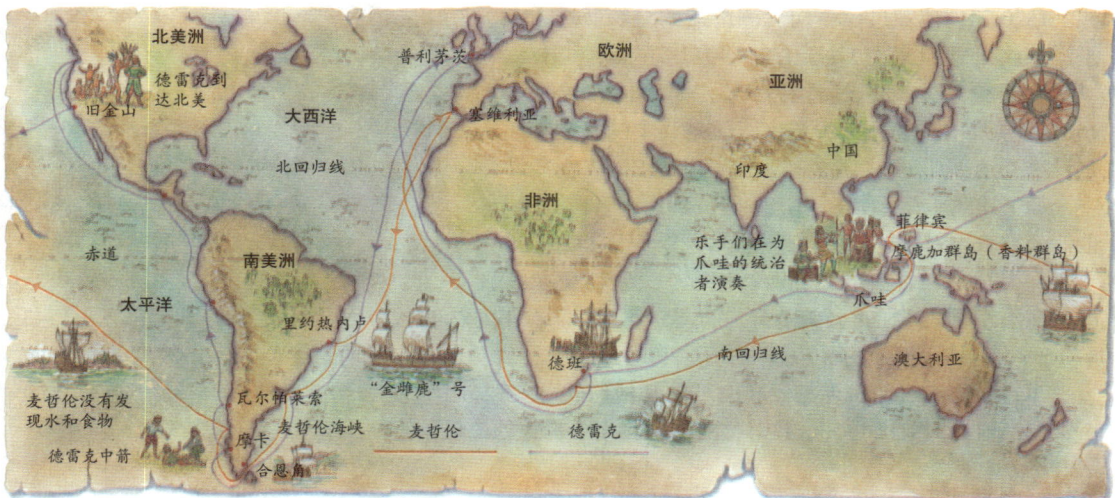

地图上标注：
北美洲　德雷克到达北美　旧金山　大西洋　普利茅茨　欧洲　亚洲　塞维利亚　中国　印度　大洋　指南针　北回归线　非洲　乐手们在为爪哇的统治者演奏　菲律宾　摩鹿加群岛（香料群岛）　赤道　南美洲　太平洋　里约热内卢　德班　爪哇　南回归线　澳大利亚　麦哲伦没有发现水和食物　瓦尔帕来索　德雷克中箭　秘卡　麦哲伦海峡　麦哲伦　合恩角　德雷克　"金雌鹿"号

环游世界

麦哲伦和德雷克向西航行，他们从欧洲出发驶向南大西洋，绕过合恩角，穿过太平洋和印度洋，然后经由好望角和大西洋返航。

获取这些财富的新航线。

在葡萄牙人远航到印度以及哥伦布发现美洲之后，西班牙和葡萄牙于 1494 年签署了《托得西拉斯条约》。其中规定将来两国共同瓜分未发现的大陆。他们在地图上划了一条经线，同意这条线以西属于西班牙，这条线以东的一切均属于葡萄牙。就这样，南美洲被这条线一分为二。

正像哥伦布曾经尝试过的那样，西班牙探险者们仍旧想发现向西通往亚洲的新航线。哥伦布在向西航行的过程中发现了美洲，尽管他认为那就是亚洲。他的继任者们不得不再去发现一条能够绕过美洲的路线，以便能够到达亚洲。1519 年，费尔南多·麦哲伦带着 5 条船和 260 名船员从西班牙出发，去寻找通往富饶的香料群岛（即现在印度尼西亚的摩鹿加群岛）的路

"金雌鹿"号

弗兰西斯·德雷克的旗舰"金雌鹿"号，开始叫"鹈鹕"号。它有三个桅杆，是这支舰队中最大的一条船。

→ 香料

欧洲人极为珍视香料，他们在把肉腌渍好后，在肉上撒上香料。还把香料放到其他食品和饮料中。丁香、豆蔻、肉桂、胡椒和其他香料都生长在远东的野外。它们已经被人们培植了几个世纪，就像今天一样在市场上出售。

大事记

*1519～1521 年，麦哲伦从西班牙出发，穿越太平洋到达菲律宾。

*1521～1522 年，胡安·德·埃尔卡诺第一个完成环游世界。

*16 世纪 20 年代，第一艘宝船载着阿兹特克的黄金回到西班牙。

*1545 年，西维尔在玻利维亚发现了巨大的波托西银矿。它成为此后 100 年中世界上最大的白银基地。

*1545 年，墨西哥的卡特卡斯州发现巨大的银矿。

*1577～1580 年，德雷克成为第二个环游世界的人。

线。1520 年，他穿过位于南美洲南端的海峡而进入太平洋，继续向西北航行，并于 1521 年到达了菲律宾群岛。

麦哲伦从未到达过香料群岛，因为他在发生于 1521 年 4 月的一场冲突中丧生。但是其中的一艘船还是设法到达了那里。"维多利亚"号由胡安·塞瓦斯蒂安·德·埃尔卡诺率领。当这些船员到达香料群岛后，他们满载着香料穿越印度洋返航。

费尔南多·麦哲伦
麦哲伦（1480 ~ 1521 年），是一位葡萄牙航海家，因与葡萄牙国王发生争执而于 1514 年离开葡萄牙，效力于西班牙王室。他的周游世界的舰队所悬挂的旗帜就是西班牙的国旗。

在寻找通往香料群岛的西行过程中，麦哲伦及其海员在不经意间成了进行海上环游世界的第一批人。其他人也接踵而至。弗兰西斯·德雷克（1543 ~ 1596 年）是英国的一位远洋航海家和海盗，曾经成功地袭击过西班牙船只。1577 年，他驶向太平洋，当他经过西班牙的船只时就洗劫他们的财宝和黄金。在香料群岛，他购买了 6 吨贵重的丁香。当他返回英国时，这些财物的价值相当于现在的 1 亿英镑。

进入加拿大

约翰·凯彼特
约翰·凯彼特（1450 ~ 1499 年）也许出生于意大利的热那亚。他在前往英国前，曾经与阿拉伯人做贩卖香料的生意。

大约在 1494 年，有一位名叫约翰·凯彼特的商人来到英国。他也想像哥伦布那样，向西航行穿越大西洋去寻找通往东亚的香料群岛的航线。然而，他建议沿着更高的纬度航行，认为这样可以缩短航程。凯彼特需要找人赞助他的航行，在遭到西班牙和葡萄牙两国的拒绝后，他向英国国王亨利七世说了他的想法。亨利曾经拒绝过赞助哥伦布，但此时，他已经知道新世界的富庶，便支持凯彼特以便能够从任何的新发现中获利。

1497 年 5 月，凯彼特从布里斯托登上"马修"号出海。一个月后，他们在加拿大东海岸的纽芬兰登陆，他宣称该地属于英国所有。尽管他没有发现亚洲，也没有找到财富，但是他发现了尚未被西班牙占据的富庶的渔场和土地。

法国也开始对这些新陆地进行探险。1534 年，雅克·卡提尔（1491 ~

土著美洲人
许多美洲土著部落居住在圣劳伦斯河流域的树林里和平原上。16 世纪早期，5 个主要的部落——摩和克、奥奈达、奥农萨加、瑟内萨和卡尤加——组成了易洛魁联盟来抵御该地区其他有实力的部落。

↓ 毛皮贸易
加拿大的河流与森林中生活着很多野生动物，为人们提供穿的毛皮和可供食用的食物。欧洲人猎杀动物获取毛皮，尤其是海豹、旱獭和海狸的毛皮。

← 休伦人
休伦人欢迎法国人来到北美，与他们进行毛皮及其他贸易，另外还给他们当向导和参赞。他们还在法国人的帮助下与易洛魁联盟作战。

魁北克木制城堡

1608 年，当尚普兰到达加拿大时，他在一座小山上建造了一个木制的城堡，从这里瞭望圣劳伦斯河。当地的美洲人称该地为柯白克，也就是今天著名的魁北克城。

用于战略用途的瞭望平台

用于快速射击的大炮

横跨圣劳伦斯河的桥梁

蒙特利尔

1535 年，卡提尔沿着圣劳伦斯河逆流而上，他最远到达过位于侯奇莱加的、装有木墙的赫彻拉嘎的休伦村。卡提尔爬上了村后面名为利尔的山（皇室山），也就是现在的蒙特利尔。

1557 年）从圣马洛起航。像凯彼特一样，他也努力寻找向北到达亚洲的新航线。他绕航到圣劳伦斯河河口，并于次年逆流而上到达了现在的蒙特利尔。他们与住在休伦的印第安人建立了良好的关系，休伦人告诉他关于西边距离圣劳伦斯较远的萨格内王国的富庶。1541 年，卡提尔打算寻找萨格内王国。但是他并没有找到，因为萨格内王国是一个虚构出来的地方。休伦人编造出关于令人神往的、充满财宝的国度来让他们的法国客人高兴！

毛皮商人和渔民沿着卡尔的路线到达了圣劳伦斯。但是直到下个世纪，法国人才放弃寻找通往亚洲的新航线并开始在加拿大定居。塞缪尔·德·尚普兰（1567 ~ 1635 年）在北美东海岸探险并向内陆航行至大湖区。1608 年，他发现了魁北克，在此建立法国人在北美的第一块永久性殖民地。这个大陆正在向欧洲的殖民者敞开胸怀。

大事记

*1497 年，约翰·凯彼特宣称纽芬兰为英国所有。

*1534 年，雅克·卡提尔在加拿大的圣劳伦斯河口探险。

*1535 ~ 1536 年，卡提尔沿着圣劳伦斯河逆流而上直至蒙特利尔。

*1603 年，德·尚普兰沿着圣劳伦斯河逆流而上直至蒙特利尔。

*1604 年，德·尚普兰从新斯科舍省出发到科德角进行探险。

*1608 ~ 1609 年，德·尚普兰建立魁北克殖民地。

*1615 年，德·尚普兰在休伦湖和安大略湖探险。

↑ 探索加拿大

在 1497 年约翰·凯彼特的探索性航行之后，法国的雅克·卡提尔和塞缪尔·德·尚普兰在圣劳伦斯河流域探险并宣告该地区为法国所有。德·尚普兰建立了魁北克城。

地图标注：
美洲、拉布拉多、休伦湖、圣劳伦斯湾、魁北克、蒙特利尔、纽芬兰、新斯科舍省、尚普兰湖、北大西洋、英伦三岛、布里斯托、法国、欧洲

凯彼特，1497 年
卡提尔，1535 ~ 1536 年
尚普兰，1608 ~ 1816 年

西北航道

1494年，当西班牙和葡萄牙人把尚未发现的世界一分为二之时，其他欧洲国家企图通过绕道南非或是南美洲到达亚洲的航行受到了阻挠。由于教皇在西班牙和葡萄牙之间划分世界，两国不允许英国和荷兰商人的船只穿越大西洋向南航行。这样，留给英国和荷兰的唯一方法就是绕行世界的北极。在300多年的时间里，探险者试图发现一条穿越北冰洋或是绕道加拿大或西伯利亚的航线。然而，他们的努力后来证明都是徒劳的。

1576年，英国女王伊丽莎白一世派遣马丁·佛洛比西尔寻找一条通往中国的西北航道。他到达了巴芬岛，带回了金矿石。但后来被证明是硫铁矿，没有什么价值，被称为"愚人金"。

英国人亨利·哈得逊是经验丰富的航海家，1609年，他在美洲东海岸发现了一条大河，这条河就以他的名字命名为哈得逊河，但是他并没有发现西北航道。1610年，他驾驶着他的"发现"号在向南朝着他所希望是太平洋的地方航行之前，绕过加拿大北部。事实证明，这里虽然地域辽阔，但却是个内陆海湾，现在称之为哈得逊湾。他的船员拒绝继续前进并发生了兵变，使得哈得逊和那些忠于他的船员最后只能乘坐一只小木船在公海上漂浮。

北极熊

北极熊长期威胁着前往北极的探险者，尽管它们的肉可以补给探险者食物的不足。

在接下来的两个多世纪里，许多探险者都绘制了加拿大北部海岸的地图，但是并没有在穿越北冰洋群岛所构成的迷宫方面取得什么进展，人们对于这方面的兴趣逐渐淡化。1817年，英国政府悬赏两万英镑给能够找到西北航道的人。许多探险者开始冒险，仍都是无果而终。1844年，英国皇家海军组织了一个由约翰·富兰克林率领的大规模远征队。但富兰克林及其所有队员都成了极度严寒的牺牲品，他死于1847年的探险途中。

10多年后，40多个探险者出去寻找富兰克林。1859年，在威廉国王岛上发现了他所留下的最后一点信息。其中的一些船

北极

加拿大北部海域岛屿密布。这里每年冬季都会结冰，即使在短暂的夏季，其间也漂满了浮冰和冰山。

因纽特人

极地探险者们所遇到的居住在加拿大北部以及格陵兰的因纽特人十分习惯于那里的寒冷环境。在夏季的几个月中，他们迁移到靠近海岸的地方，积聚过冬的食物。他们从事捕鱼，猎杀驯鹿、海豹、北极熊和鲸。动物身体的每个部分都被他们用来制作食物、衣物、燃料、房屋和武器。

↑ **因纽特雕刻**

因纽特人用海象的牙、驯鹿角和海豹或是鲸的骨骼来雕刻那些真实存在的以及想象出来的动物。

← **圆顶屋**

因纽特人用冰雪筑造圆顶屋。

兵变

1611 年 6 月，哈得逊的"发现"号船上的船员在哈得逊湾发动兵变。他们把哈得逊及其儿子，还有忠于哈得逊的船员赶到了一只没有桨的小船上，让他们在那里等死。

只发现了西北航道，尽管没有一只船由此通过。直到 1906 年，挪威的极地探险家罗尔德·阿蒙森从东向西沿着加拿大北海岸到达了太平洋。到这时为止，西班牙和葡萄牙的霸权已经衰落，巴拿马和苏伊士运河也已对各国船只开放。西北航道到现在也只是一条狭长而冰冷的危险地带，并不具有什么商业或是政治意义。

东北航道

当英国海员专注于寻找绕行加拿大北部的西北航道之时，荷兰人正在寻找通往俄罗斯北部和西伯利亚的东北航道。荷兰人擅长航海，他们的渔船和捕鲸船经常往来于北冰洋海域，但是即使这样他们也不能确定是否真的存在这样一条东北航道。

荷兰人循着英国人休·威洛比（1510～1554 年）的经历，威洛比曾经成功地航行远至巨大的新地岛，不过在 1554 年返程的过程中葬身于来自于科拉半岛曼尔曼斯克的浮冰中。

1594 年，荷兰水手威廉·巴伦支（1550～1597 年）开始其寻找东北航道的首次远征。他也同样没有成功，虽然他在 1596 年的第三次航行中发现了熊岛，这个岛得名于他的船员与一头北极熊战斗的经历。他还发现了位于斯匹次卑尔根群岛的富饶渔场，这个地

西伯利亚

西伯利亚东海岸位于北极圈内。这里的温度在夏天也很少能够达到冰点以上，而冬季气温又下降得很快。很少有什么东西能够在这样一个荒凉之地生存，除了有些动物例如驯鹿居住在这里。

↑ 西北航道

探险者花费了 300 多年的时间来寻找西北航道，许多人都为此丧生。1906 年，罗尔德·阿蒙森终于成功。而到那时为止，已经有了其他许多通往亚洲的捷径。

大事记

*1576 年，马丁·佛洛比西尔在巴芬岛登陆，并带回他认为是金子的矿石。

*1610～1611 年，亨利·哈得逊在宽阔的哈得逊湾探险，但是他的船员发动兵变，丢下他返回。

*1845～1847 年，约翰·富兰克林企图寻找西北航道，却在途中不幸丧生。

*1903～1906 年，挪威的罗尔德·阿蒙森首次成功地沿着西北航道航行。

床位　　逃生烟囱　　土耳其式浴缸

北极的房屋

1596 年的冬天，巴伦支的船及其 20 名船员被困于北极的冰中。他们用水中漂浮的木头建立了一个小木屋而生存了下来。这个小木屋有 10 米长、6 米宽，能够容纳下一个炉子和烟囱。假如这个小木屋被雪埋没，他们可以从烟囱中逃生出去。木屋中甚至还有一个用木桶制成的、原始的土耳其式浴缸。

方后来使那些以捕猎鲸、海豹和海象为生的荷兰人大获其利。巴伦支的船队遭遇浮冰而毁灭，虽然有的船航行了 2 560 千米到达科拉半岛，但是巴伦支本人却在海上饥饿而死，他的船员生存下来并设法回到了家。

在巴伦支的探险失败后，很长一段时间内都没有远征队出行，直至俄国的探险者谢米扬·德志涅夫（1605 ~ 1672 年）绕过西伯利亚从东侧进入太平洋，证明了亚洲和美洲并不是连接在一起的。对于这一知识，欧洲人很多年都不知晓。其后，北冰洋主要留给了西伯利亚人进行捕鱼。直到 19 世纪末期，当俄国人和其他欧洲国家意识到西伯利亚的大河和森林是一块富饶的狩猎场所的时候，才有人再次对东北航道感兴趣。1878 年，芬兰的极地探险家尼尔斯·诺登切尔德（1832 ~ 1901 年）从瑞典南部登上他的"维加"号的甲板，沿着西伯利亚海岸，他向东航行直至白令海峡，冰挡住了他的道路。次年 7 月，他驶入太平洋，完成了东北航道的探险。东北航道现在多用于商业用途。

大津巴布韦

大约自公元 1000 年之后，先后有几个小的王国在南非的赞比西河与林波波河区域兴起又衰落。约 1300 年，赞比亚高原（位于现代津巴布韦东部）上的大津巴布韦完全控制了这个区域，但到 16 世纪末，这个伟大的城市国家陷入衰落之中。

在 12 ~ 15 世纪，说修纳语的卡兰加人建造了大津巴布韦的城市。它除了规模惊人之外（覆盖面积达 7 平方公里），更让人难忘的是其本身为石头建筑（"津巴布韦"意思为"神圣的石屋"），这个城市是黑非洲最大最复杂的石头建筑，其中很多巨大的墙壁历经风雨一直保存到今天。如同南美洲印加帝国的建筑者一样，建造大津巴布韦的工匠砍凿花岗岩石块，然后将它们非常完美地堆砌起来，不用任何灰浆，随后，墙上还要雕刻上复杂的人字形纹以及曲曲折折的图案。

因为建筑者们没有书面语言，所以他们没有留下任何与这些石头建筑有关的历史记录，人们无从得知建筑中隐藏的秘密。

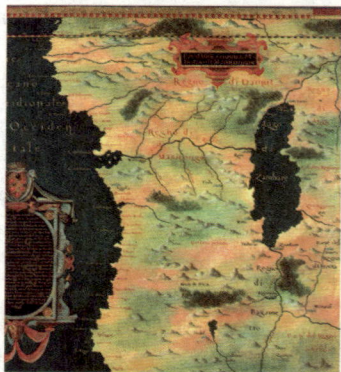

对于欧洲人而言，大津巴布韦在此后几个世纪仍是未知之域，直到 1867 年它又被重新"发现"。这张意大利所绘的刚果及其西北地区的地图大约完成于 1575 年。

卫 城

在大津巴布韦遗留下来的谜团之中，最让人感觉神秘莫测的就是卫城，它是这座石头城的残留中最为引人瞩目的建筑，这个复杂建筑物的墙壁高约10米，厚大约5米。卫城的一部分或许曾经涂抹着被称为"达嘎"的灰泥，这是一种由花岗岩与砂砾构成的混和物。这个建筑显然是为了防卫而修建的，但考古学家认为它的功能不止于此，一些专家认为这个封闭式的建筑——它包括一个坚固的约高9米的圆锥形塔状建筑（左图）——是城市的统治者用来炼金用的，还有一些专家认为它是城市统治者（或者其最重要的妻子）的住所，或者是进行宗教礼拜活动的神圣场所。

不管其用途如何，卫城给初次目睹的欧洲人留下了深刻的印象，使他们确信这个城市就是圣经中的示巴女王的都城。

在建筑的最高处是一个能容纳两万人的居住区，这些人居住的泥巴棚屋如今早已消失得无影无踪。城四周是宽阔的草原，牧业是该王国经济中的重要部分。但是，仅仅靠牧业无法养活王国的子民，而这里的土地又十分贫瘠，他们无法从事产量较高的农业生产。

所以，许多居民很可能是靠商业为生。他们的商业活动主要以赞比亚高原蕴藏丰富的金矿资源为基础，大津巴布韦非常有战略眼光地控制了阿拉伯与斯瓦西里的贸易，商人将金子与象牙（另外一种重要的贸易品）运送到索法拉，这是距离他们约450公里、位于非洲东海岸的一个港口。在这里，商人们通过交换得到棉布以及其他需要输入的商品，在津巴布韦发现的明代中国的瓷器见证了当时的交易盛况。

大约在1450年之后，一支新兴的力量崛起，它对大津巴布韦在这一地区的显赫地位构成挑战，大津巴布韦产金的省份发动叛变，并以自己的名义控制了高原地区的大部分区域，他们的领导人是莫诺姆塔帕（强占土地的地主），这个名字不仅传给了他的继承者，而且还成了这个国家的名字，莫诺姆塔帕王国后来也被叛乱所削弱，于17世纪早期衰落了下去。

西班牙征服者

随着欧洲探险家在新世界所迈出的探索脚步，相当数量的西班牙士兵和冒险家跨过大西洋来到这里，他们的目的是寻找黄金与荣光，其中的一些人在这里丧生，只是寻找到了自己生命的尽头，另外一些征服者则的确改变了历史的进程：赫尔南·科尔特斯率领的队伍征服了位于墨西哥的阿兹特克帝国，弗朗西斯科·皮萨罗领导的另一支队伍则成为了位于秘鲁的印加帝国的主人。这些征服者在中美洲与南美洲缔造的西班牙帝国延续了约400年，与此同时，这些征服也使得西班牙本土在一个多世纪里成为欧洲最富有的国家。

1519年，赫尔南·科尔特斯在墨西哥登陆，他仅仅率领了508个士兵，但非常关键的是他还拥有16匹马与7门小炮，这对于当时的美洲大陆而言可是闻所未闻的新奇事物。就在这群人还不知道在这片大陆能够寻找到什么的时候，他们非常惊奇地发现了组织完备的阿兹特克帝国。与当

阿兹特克使者欢迎赫尔南·科尔特斯

时的马德里与伦敦相比，它的都城提诺契特兰城规模更大。阿兹特克帝国是凭借武力建立起来的，所以，新到来的西班牙人能够在当地找到盟友，受阿兹特克压迫的人正渴望着打碎身上的枷锁。西班牙人还得益于阿兹特克统治者蒙特祖玛二世对他们做出的反应，最初的时候，他非常欢迎西班牙人的到来，怀疑这些携带新奇武器的陌生人正如阿兹特克神话中所预言的那样，是神派来的使者。

弗朗西斯科·皮萨罗同赫尔南·科尔特斯一样幸运，当他们抵达印加帝国的时候，帝国正因为内战而陷入分裂，当胜利的一方——阿塔瓦尔帕——同意与他们见面的时候，皮萨罗的军队俘虏了皇帝，杀死了没有武装的护卫，从而使得这支只有180人的队伍能够将自己的意志强加在群龙无首的众人身上。

许多西班牙征服者在战斗当中丧生，还

被赫尔南·科尔特斯所征服的阿兹特克帝国占据了今天墨西哥的大部分地区（左图），他的军队是从古巴出发的。弗朗西斯科·皮萨罗从巴拿马向南航行，在秘鲁北部登陆（右图），当地人让他们去拜见印加帝国的统治者阿塔瓦尔帕，皮萨罗同意了，他的目的在于发动突然袭击。通过俘虏阿塔瓦尔帕，弗朗西斯科·皮萨罗成为了印加帝国的主人。

银山

不是别的，正是金银吸引了西班牙征服者进入中美洲与南美洲，他们所发现的一切没有让他们失望。赫尔南·科尔特斯将精美的阿兹特克金银制品送回西班牙的时候，它们立刻就成为了欧洲的奇观。在秘鲁，阿塔瓦尔帕的属下将金子堆积在宫殿中的一个房间，仅仅差两米就到了宫殿的房顶，他们想以这些黄金作为赎金，从西班牙人手中赎回他们的皇帝。西班牙人在征服了这些地区之后，他们在波托西山（下图）发现了更为惊人的财富，从这座位于玻利维亚的山脉中开采出的白银最终超过了1.8万吨。运输白银的船只将这些财富运回西班牙，这使得西班牙成为欧洲最富有的国家。这种状况延续了一个多世纪，直到这里的银矿资源枯竭。

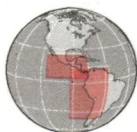

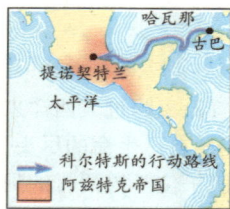

有的死于疾病，但少数的幸运者发了大财。更为重要的是，他们使西班牙得到了一个广大而富裕的美洲帝国。在历史上，很少有数量如此少的人能留下如此浓重的一笔。

西班牙人的胜利对于土著人则完完全全是一个灾难，成千上万的人死于战斗之中，上百万的人死于疾病：比如，西班牙人携带来的天花，土著人对它毫无抵抗力。据估算，墨西哥在被征服之后不久，它的人口数量就从 2500 万降到了 270 万，而秘鲁的人口则从 900 万降到了 130 万。

文艺复兴

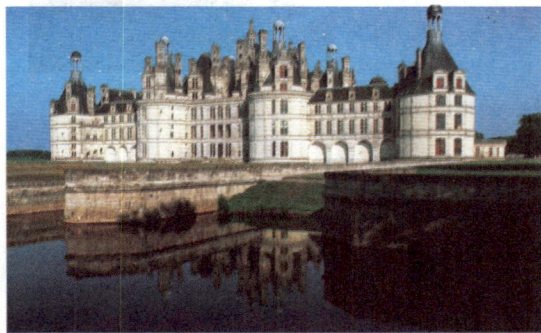

就像香波堡所表现的那样，16 世纪，文艺复兴的艺术与建筑风格向北越过了阿尔卑斯山。香波堡从 1519 年开工，是为法国国王佛朗西斯一世修建的。

"文艺复兴"一词字面含义是"再生"，它指的是从 14 世纪发端于意大利北部，到 16 世纪中叶传布到欧洲各地的文化艺术运动。今天的历史学家认为，文艺复兴是一个转变的时期，中世纪在这一时期终结，同时，它又为后来引发了 18 世纪启蒙运动的新的科学文化成就开启了道路。从文艺复兴的来源看，它的目光投向过往，从希腊罗马世界的艺术与文学成就中汲取了灵感。

在过去，欧洲曾经出现过对古典时期的复兴，比如在公元 8 世纪的查理曼大帝时期，以及 12 世纪对亚里士多德作品的"再发现"。

十四十五世纪时出现了新的因素，那就是拜占廷帝国的衰落与瓦解。为了安全起见，在 1453 年土耳其人攻陷君士坦丁堡之前，希腊学者已经携带大量希腊手稿来到了意大利。在此之前，这些著作并不为西方人所知，它开启了新的研究领域，比如算术学、地理学、医药学以及哲学等。

到 15 世纪早期，意大利城市如佛罗伦萨、费拉拉、乌尔比诺、威尼斯以及米兰等通过从事长途贸易与银行业变得非常富裕，这些地方成为富于创造力的中心，艺术家与能工巧匠们——比如建筑家阿尔贝蒂与布鲁内雷斯基、画家多纳泰罗与马萨乔——以过去的理念为根基，正在发展出新的绘画、装饰以及建筑方式。在这一时期，人们对于古典世界的兴趣重新高涨起来，统治这些城市的大家族的成员，比如佛罗伦萨的美第奇以及米兰的史伏查，他们都大力赞助艺术事业，修建了带有古典风格的图书馆和教堂。同时，他们还对大学进行捐赠，这刺激了学术的发展，他们还委托艺术家们为自己制作肖像以及徽章，在这些作品中，他们常常被表现得如同罗马皇帝一样。部分是因为印刷品起到的媒介作用，部分是因为战争导致的结果，如法国的查理五世以及佛朗西斯一世对意大利的战争，文艺复兴的影响很快就越出了意大利，传布到了欧洲各国的宫廷之中。

这些拥有新知识的学者向僵化的权威——中世纪的教会——发起挑战，他们从柏拉图与其他古典作家那里寻找灵感，人们称之为人文主义者，这反映了他们以人

《蒙娜丽莎》或许是世界上最著名的画作，它别名"吉奥孔达"，来自画作中的人物——弗朗西斯科·戴尔·吉奥孔达的妻子。《蒙娜丽莎》的作者是列奥纳多·达·芬奇，意大利文艺复兴时期的艺术巨匠。

鹿特丹的伊拉斯谟

　　如果说列奥纳多·达·芬奇是文艺复兴时期艺术天才中最为杰出的一个，那么，德西德里乌斯·伊拉斯谟（1466～1536年）则是当时最为著名的学者。伊拉斯谟出生于荷兰的鹿特丹，在少年时代，他成为一个僧侣，后来来到巴黎求学，在这里，他抛弃了少年时所接受的严格的经院哲学，转而信奉强调人类理性力量的人文主义新学说。伊拉斯谟四处旅行，他在英国的牛津大学、剑桥大学以及其他大学度过了许多时光，与当时欧洲最杰出的学者通信联络。伊拉斯谟是在印刷时代非常受人欢迎的作家之一，他的著名作品《愚人颂》在自己的有生之年就再版了43次。伊拉斯谟还出版了非常畅销的《箴言集》以及自己勘订的经典著作。伊拉斯谟对于天主教会的荒唐行为进行了严厉地批评，但他并没有参与宗教改革运动，后来，他还反对路德的激进观点。

为中心的世界观。在艺术领域，人文主义理念号召艺术创作转向对自然进行现实主义的刻画，就像在列奥纳多·达·芬奇（1452～1519年）的作品中看到的那样。除了画家兼雕刻家，达·芬奇还是建筑家与工程师，他的手稿展示了极富创造力的思维，他在生物学、解剖学、机械学以及空气动力学等方面的探索远远超越了他所生活的那个时代。

宗教改革

　　新教发端于路德对天主教会进行改革的尝试，他认为天主教会已经遭到了贪婪与腐化的侵蚀。路德所发出的号召引发了巨变，使得西方的基督教世界陷入分裂的状态。在当时的时代，宗教是日常生活中必不可少的一部分，教会方面出现动乱影响到了整个欧洲，从而引发了长达一个半世

● 1517年 马丁·路德在维登堡的卡斯尔教堂大门上张贴了《九十五条论纲》，批评教会的弊端。

● 1525年 威廉·丁道尔将希腊语《新约》译为英语。

● 1529年 英王亨利八世打算与阿拉贡的凯瑟琳离婚，引发与教皇的矛盾。

● 1533年 亨利八世无视教皇克莱门七世的反对而与安妮·博林结婚，很快，他就被开除教籍。

● 1534年 亨利八世同教皇决裂，建立了英格兰的国教会。

● 1534年 马丁·路德完成了将《圣经》翻译成德语的工作。伊格纳修·罗耀拉创建了耶稣会。

● 1536年 约翰·加尔文发表了《基督教原理》。

● 1540年 耶稣会从教皇保罗三世那里得到了正式认可，它将成为反宗教改革的先锋。

● 1541年 在日内瓦，加尔文被任命为首牧。

● 1542年 耶稣会士圣方济各·沙勿略抵达印度西海岸的果阿。

● 1545年 在意大利北部举行的特伦托会议上，天主教高级教士讨论了教会改革的问题。

● 1549年 英国国教祈祷用书问世，它是供英格兰国教徒使用的。

● 1553年 玛丽一世成为英国女王，她坚持天主教信仰，许多新

教徒受到迫害而死。

● 1555年 《奥格斯堡和约》允许神圣罗马帝国境内的各邦自行决定：他们境内是信仰天主教还是路德宗。

● 1558年 玛丽一世去世，信奉新教的伊丽莎白一世即位。

● 1559年 法国的胡格诺教徒（法国的新教徒）首次举行全国性会议。

● 1572年 在巴黎发生了圣巴托罗缪日大屠杀，按照查理九世的母亲凯瑟琳·德·美第奇的命令，成百上千的胡格诺教徒被屠杀。

纪的痛苦的战争与恶意的迫害。

许多历史学家认为，从较早时起天主教会就一直处于不断的改革之中，在中世纪也并不缺乏改革者。但1517年，德国修士马丁·路德在维登堡的卡斯尔教堂大门上张贴了他的《九十五条论纲》，对教会的弊端进行批评。这一批评所代表的是一种与以往完全不同的对教会态度的变化。

人们通常认为，路德是第一个"新教徒"，后来，遵循路德指引的方向前进、最终同天主教会决裂的所有派别与个人都被囊括在这一名词之下。马丁·路德认为：教会的结构在信男信女与上帝之间形成阻碍。这种观念迅速传布到德国各地乃至北欧大部分地区，革命的精神迅速蔓延，他所引发的对教皇权威的打击很快发展成了宗教上的分裂。

1520年，教皇利奥十世发布教皇训令（左图），谴责马丁·路德的观点，将它看做异端。马丁·路德以烧毁文件的方式答复了教皇的谴责。随后，教会革除了马丁·路德的教籍，而宗教改革运动不断发展起来。

法国宗教改革家约翰·加尔文主张严格的新教教义，清教徒遵循了这一点。加尔文在瑞士的日内瓦获得机会，将自己的思想付诸实施，他在这里担任首牧达28年之久。

与马丁·路德一样，很多认为教会需要改革的新教徒都是虔诚的信徒，神职人员的胡作非为让他们感到震惊，但其他一些人则是利用时机浑水摸鱼。最初英国的亨利八世反对马丁·路德的主张，但在教皇不同意他提出的离婚请求之后，他就发生了变化。亨利八世所建立的英国国教最初与天主教并没有什么区别，只是不再遵从罗马教廷的管辖——这才是他所要的。

路德自己攻击的靶子是教会的组织结构以及教职人员的恶劣行为，他的核心信仰并没有发生变化。但是，居住在日内瓦的法国传教士约翰·加尔文连同基督教义也进行了重新思考，提出了一套更加严肃而且更加看重圣经的神学体系。在英语国家，加尔文的追随者被称为"清教徒"，他们以严肃的个人道德以及对待不同信仰者的不宽容态度而闻名。

《圣经》

今天，教徒理所当然地认为阅读《圣经》是一项虔诚的宗教义务，但在宗教改革之前，阅读《圣经》被认为最好是留给教士去做，教会认为：如果由训练有素的宗教人士将上帝的语言解释给普通民众，则不易出现偏差。对于没有学问的普通民众而言，学习和研究《圣经》是极其困难的一件事情，人们能够获得的《圣经》文本都是用拉丁语、希腊语或希伯来语写成的，

普通民众中很少有人能够理解这些语言。宗教改革家，比如路德，认为教会的政策阻碍了上帝讯息的传布，他们通过《圣经》方言化——以本国的语言表述——的工作来鼓励人们接触《圣经》。路德自己所完成的德语版《圣经》（上图）于1534年问世。天主教会坚决反对类似努力，英语版本的译者威廉·丁道尔先是遭到放逐，最后被烧死在火刑架上。

宗教改革的政治影响首先就是它导致了欧洲的分裂，后来世界许多地方分裂成敌对的天主教和新教两大阵营。在天主教所控制的地区，新教徒遭到迫害，而天主教徒在新教人数不断增长的地区也同样遭到迫害。

同时，一些善于严肃思考的天主教人士意识到了路德的抱怨中所体现出来的合理性，他们对于教皇非常忠诚，所以要求从内部清理天主教会的恶行，将内部改革作为打击新教的手段。天主教高级教士在特伦托召开会议（1545～1563年），讨论教会进行必要改革的问题。一批虔诚的天主教作家、艺术家与教士在精神领域发起复苏天主教信仰的运动，这就是反宗教改革。

苏莱曼一世

苏莱曼大帝时期的金币，金币上将苏丹描述为"海上与陆地上的强有力的胜利之王"。在苏莱曼统治下，奥斯曼帝国的疆土从阿拉伯海几乎扩展到了直布罗陀海峡。

在奥斯曼土耳其帝国，苏莱曼的子民称他为"法律制定者苏莱曼"，这是为了纪念他为了保护个人不受统治权威的过分压制所进行的努力；在西方，苏莱曼却经常被称为"苏莱曼大帝"。苏莱曼大帝的统治时期代表了奥斯曼帝国的巅峰时期，随后而来的却是长期的衰落。

当谢利姆一世（苏莱曼大帝的父亲）成为苏丹的时候，未来的苏莱曼一世仅十几岁。谢利姆是一位非常有影响力的统治者，1514年，他在查尔迪兰打败了波斯的萨非王朝——奥斯曼帝国在东方的主要敌对者，两年后他又打败了马木留克王朝，获得了埃及和叙利亚。谢利姆获得胜利、维护权力的手段与历史所赋予他的称呼完全相符——"残酷的谢利姆"，他的父亲很可能是被急于继承王位的谢利姆所毒死的；而且谢利姆绞死了自己的两位兄长，将他们的5个儿子分散开来，以便清除敌对势力。

当苏莱曼于1520年继承王位的时候，他在继承了一个强大帝国的同时，还继承了绝对的专制统治传统。奥斯曼帝国是13世纪后期在安纳托利亚北部崛起的，苏莱曼是第十位统治者，他的先辈已经灭亡了信仰基督教的拜占廷帝国，占据了包括土耳其、巴尔干、地中海东海岸地区以及埃及的广大区域。

继承苏丹之位后，苏莱曼一世的第一个动作就是对法律系统进行彻底改革，苏莱曼引进新的法律，保护自己的臣民免受强征暴敛、商业限制以及土地没收的侵害。

在对外事务方面，苏莱曼的政策是侵略性的。1521年，苏莱曼夺得了贝尔格莱德；第二年，他夺取了爱琴海上的战略要地罗德岛。1529年，他围困维也纳，尽管最后苏莱曼没能攻下这个城市，但这一事件震惊了整个欧洲；1543年，他完成了对匈牙利的征服。前几任

这是奥斯曼土耳其的一幅水彩画，表现的是1521年，苏莱曼的军队在贝尔格莱德城外列队的情形，经过数星期的战斗之后，贝尔格莱德陷落。

奥斯曼土耳其苏丹受到了缺乏海上力量的束缚，苏莱曼认为这是一个弱点，所以加以改善。在巴巴罗萨·海雷丁——一位北非海盗——的指挥之下，奥斯曼的舰队不断劫掠西方人在地中海上的船只，摧毁了尼斯。他还同法国国王法兰西斯一世结盟，共同对付神圣罗马帝国的查理五世。

在内政问题上，苏莱曼同样残酷无情。1536 年，他处死了自己长期以来一直信任的顾问——大维齐尔易卜拉欣，因为他深爱的来自俄罗斯的妻子罗珊兰娜憎恶易卜拉欣的权势。1553 年，苏莱曼下令处死了自己的儿子穆斯塔法，因为怀疑他搞阴谋诡计，危害自己的统治。

"恐怖的伊凡"

伊凡·瓦西里耶维奇是第一位使用"沙皇"称号的俄国统治者，在历史上，他通常以"恐怖的伊凡"而闻名。"恐怖的伊凡"这个名字丝毫没有夸张，在他统治的最后岁月中，他的杀人情绪毫无征兆，对于属下残酷无情，的确让人感到十分恐怖。但不管怎样，伊凡四世造就了现代俄国的命运，他对于塑造这个国家的性格颇有影响。

诺夫哥罗德的居民无法相信眼前发生的事情：他们像受惊的家畜一样，被驱赶聚拢到城市广场，当男人、女人以及儿童被活生生地刺死、开膛、剥皮、煮熟的时候，四周的建筑也被纵火烧毁。发生在 1570 年的"诺夫哥罗德谋叛"——这正是他们被如此残酷惩罚的原因——的性质已经不可能完全搞清楚：可能是沙皇害怕这座城市脱离自己，加入临近的立陶宛——它最近已经通过卢布林联盟的形式加入了敌国波兰，还有人怀疑这个繁荣的商业中心的富裕与精于世故触怒了冷峻而多疑的沙皇，因为他素来以因为微不足道的刺激就会大发雷霆而闻名。

这是当代的一幅木刻画，伊凡是一个精力充沛、反复无常的统治者，他以不可遏制的残酷而闻名。

伊凡·瓦西里耶维奇出生于 1533 年，他在 3 岁的时候成为莫斯科大公，仅仅 5 年之后，担任摄政的母亲离开了人世（可能是被毒死的），伊凡成了一个孤儿，沦为莫斯科宫廷中不同派别的贵族手中的傀儡。但是，

圣巴索教堂

圣巴索教堂屹立在莫斯科红场南边，它是世界上最著名的建筑之一，被认为是俄罗斯的象征。它包括富丽堂皇的洋葱形塔尖和华美的建筑，黑色的内部蜂窝状地排列着一系列小礼拜堂。这座建筑是用来纪念"恐怖的伊凡"的赫赫战功的，这位沙皇不喜欢教会对于农民的控制，但他需要教会的支持，以加强自己的权威，还需要教会成为抵挡新教威胁的"精神防波堤"，防止在西方国家出现的由新教引发的政治后果。圣巴索教堂于 1555 年开工，一直到 1679 年才最终完工。

他在 13 岁时就进行了自己一生中的第一次暗杀行动。1547 年，伊凡四世亲自掌权，成为了第一个采用"沙皇"（源自罗马的"恺撒"）这一称号的俄国统治者。在生活看起来比较稳定之后不久，伊凡四世同安娜塔西亚结婚，放弃了少年时他所热衷的放荡不羁的娱乐活动。

1552 年，伊凡征服蒙古喀山汗国，这位年轻的统治者表现出了强大的行动能力。第二年，英国航海家理查德·钱塞勒发现了经过白海到达俄国北部海岸的路线，由此，伊凡四世重新开始了同西方的贸易。1556 年，他再次开疆拓土，吞并了阿斯特拉罕汗国，打开了通往伏尔加河、里海、高加索山脉以及西伯利亚的通道。1558 年，伊凡发动了立窝尼亚战争，这场战争旷日持久，当时在北欧居于主导性地位的强国瑞典也卷入其中。

1560 年，安娜塔西亚去世。从此之后，伊凡的猜疑心与日俱增，难以控制。他将自己的王国分成两个部分：特辖区与领主辖区。特辖区即莫斯科周围地区，由伊凡自己亲自统辖，领主辖区则拟定由贵族会议统辖。但伊凡的秘密警察在领主辖区任意横行，伊凡统治时期，没有什么人是安全的：俄国东正教会的首领是这一恐怖统治的牺牲者，另一位是他的堂兄弟。1581 年，他在盛怒之下甚至杀死了自己的儿子。伊凡死于 1584 年，身后留下了一个强大与统一的国家，但与此形成鲜明对照的是，这个国家经济落后并且处于恐怖统治之下。

伊丽莎白时代的英国

英国女王伊丽莎白一世的统治时期，被后世的人们看做是一个黄金时代——"欢乐的英格兰"时期，子民昵称她为"好国王贝丝"。在伊丽莎白一世将近 50 年的统治时期，英格兰由因为宗教争端而四分五裂的国家成为了一个相当和平、稳定、繁荣的国度，这在很大程度上应该归功于伊丽莎白一世坚决而富有力量的个性。

伊丽莎白出生于 1533 年，是亨利八世与他的第二个妻子安妮·博林的女儿。亨利八世的第一个妻子阿拉贡的凯瑟琳已经生有一个女儿，名字为玛丽，但是他非常希望有一个儿子。亨利八世为了同凯瑟琳离婚，迎娶安妮·博林，同罗马教廷决裂，宣布亲自担任新建的英国国教的首领。但安妮·博林没能生育儿子，这使得她自己的地位每况愈下，在她生下伊丽莎白还不到 3 年的时

← 1588 年，西班牙的菲利普二世——伊丽莎白昔日的姐夫——派遣 130 艘船只组成无敌舰队入侵英国，这些船只首先前往西属尼德兰，计划在这里同另一支舰队会合。但是，英国的纵火舰打破了无敌舰队的阵型，松锚之后，无敌舰队又被暴风向北吹去。承受了英国人打击的无敌舰队又遭到了狂风摧残，最后仅有不到一半的船只非常艰难地返回了西班牙。

威廉·莎士比亚

威廉·莎士比亚是伊丽莎白时代最伟大的作家，他于1564年出生在埃文河畔的小城镇斯特拉特福。16世纪90年代，他在伦敦居住，在这里，威廉·莎士比亚成为了张伯伦勋爵剧团——由伊丽莎白女王支付薪水的剧团——中的一员，他很快就通过创作一系列戏剧——包括喜剧、历史剧、浪漫爱情剧以及悲剧——而赢得了声誉，他的剧作在剧院中受到了普遍欢迎，得到了人们的称赞。在对语言的运用方面，莎士比亚所取得的成就让后世难以超越，他所运用的词汇、他的表述方式以及个性已经渗透到了英国人的语言和想象力之中。1616年，威廉·莎士比亚在斯特拉特福去世。

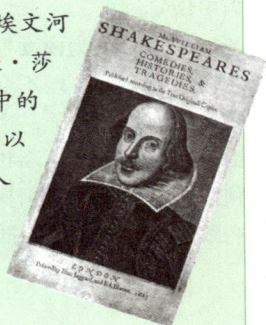

候，亨利八世下令将她处死。从此之后，年幼的伊丽莎白极少能见到她的父亲，尽管如此，她接受到的是在文艺复兴时期通常针对王室男性继承人的教育。伊丽莎白学习了希腊语、拉丁语、历史、哲学以及神学，还有法语以及意大利语等方面的课程，是一位富有才智与学习热情的学习者。

1547年，亨利八世去世，他年仅10岁的儿子爱德华六世即位，这是他和第三个妻子简·西摩生下的儿子。爱德华尽管年幼，却具有强烈的新教信仰，使宗教改革在英国继续发展。但爱德华六世16岁时突然去世，他同父异母的最年长的姐姐玛丽——一位虔诚的罗马天主教徒——成为了女王，这导致天主教在英国复兴，她将许多新教徒处以火刑。对于伊丽莎白而言，这段岁月让她非常不快。1558年，玛丽去世，伊丽莎白成为英国女王，这时她已经具备了足够的政治才干，使自己渡过各种难关。

伊丽莎白在人生早期受到的艰苦磨练使她受益匪浅，执政伊始，她的统治方式既精明又坚定。伊丽莎白总是保留自己的意见，仔细挑选顾问，同国会保持良好关系。她首先采取的一个措施就是在英格兰恢复新教信仰，但是她避免如同爱德华六世以及玛丽女王那样

和现代的政治家一样，伊丽莎白女王非常注意自己的公众形象，在这幅由尼古拉斯·希利亚德于1575年所画的肖像画中，42岁的女王身着盛装。

● 1533年 伊丽莎白在伦敦附近的格林威治宫出生。

● 1536年 伊丽莎白的母亲安妮·博林因为被指控犯有通奸罪而被处死。

● 1549年 海军将领兼女王卫队长托马斯·塞穆遭到指控，人们认为他意图引诱伊丽莎白，后来以叛国罪将其斩首。

● 1554年 玛丽女王怀疑伊丽莎白阴谋叛国，所以将她监禁了起来。

● 1558年 玛丽女王去世，伊丽莎白加冕，成为英国女王。

● 1559年 国会宣布伊丽莎白为英国国教的最高领袖并恢复使用英文祈祷书。

● 1562年 伊丽莎白险些因为感染天花而丧命。

● 1585年 伊丽莎白派遣了一支由莱斯特伯爵率领的军队来到荷兰，支持这里反对西班牙统治的新教起义。

● 1587年 苏格兰的玛丽女王，伊丽莎白的表姊妹，流亡到英格兰，人们发现她密谋杀害伊丽莎白，因而将其处死。

● 1588年 西班牙国王菲利普二世派遣无敌舰队——由130艘船只构成的舰队——进攻英国，遭到失败。

● 1590年 德蒙·斯宾塞发表了《仙后》的前三本，这是为了颂扬伊丽莎白女王而创作的叙事长诗。

● 1598年 伦敦的环球剧场开业，这里上演了威廉·莎士比亚的戏剧《亨利五世》。

● 1601年 伊丽莎白女王先前所宠信的埃塞克斯伯爵罗伯特·德弗罗发起叛乱，最终因叛国罪而被处死。

● 1603年 伊丽莎白女王去世，苏格兰玛丽女王的儿子詹姆斯六世继承王位。

强迫臣民改变宗教信仰。她认为，英国需要一段稳定的时期，使它能够从过去的宗教与政治动乱当中恢复过来。

许多人认为由女性来统治男性是一件不正常的事情，但伊丽莎白认为自己并不比任何男性逊色。作为女王，她不会听从于任何男性权威。伊丽莎白终身未嫁，但是她在自己身边聚拢了一个联系紧密的小圈子，这些围绕在她身边的侍臣、诗人以及画家颂扬她为"童贞女王"。伊丽莎白统治时期也是英国不断扩张的一个时期，弗朗西斯·德雷克爵士、约翰·霍金斯爵士、沃尔特·雷利爵士以及其他英国探险家，通过探险、贸易以及抢掠等活动，使得这个国家变得非常富裕，他们致力于海外开发、抵抗西班牙势力的壮举为伊丽莎白长时间的统治所铸造的民族骄傲锦上添花。

火药革命

这是一幅意大利版画，刻画的是一位金属品制造者正在铁工厂当中铸造大炮部件的情形。生产重炮的花费极为惊人，这使得单个贵族的私人武装难以与国家的军队相抗衡。

16 世纪快结束的时候，火药革命终于来临。到这个时代，欧洲与亚洲的军队在运用火药武器方面已经拥有了将近 300 年的历史，最初，枪炮是军事领域的一个新鲜事物，而此时，它已经成为战场上的主要武器，改变了战争进行的方式。火药革命并不仅仅改变了作战的状况，它还促进了与此密切相关的化学、数学以及机械学的发展，带来了金属铸造方面的进步，从而为现代科学的发展铺平了道路。此外，它还增强了国家的实力。

火药是硝石、木炭以及硫磺的混合物，当被点燃时，它会发生爆炸，爆炸而产生的动力足以推动抛射物沿着金属的管筒前进。早在公元 1 世纪的时候，中国人就掌握了火药的特性，最初的时候，火药仅仅应用于宗教典礼上所用的爆竹。到了 10 世纪，中国人将火药应用到了战场之上，用它从竹管中推射出带火的箭支。13 世纪早期，在同蒙古军队作战的时候，中国军队应用了火药发射的箭支，有关这种令人吃惊的技术的消息传到了欧洲。

● 1232 年 由火药发射的箭支第一次被记录了下来，当时中国军队用它来对付蒙古军队。

● 1248 年 在欧洲，牛津学者罗吉尔·培根第一次提及火药。

● 1331 年 大炮被用在对意大利奇维达莱的围攻之中。

● 1376 年 威尼斯制作出铸造大炮的参考资料。

● 1389 年 土耳其在围攻科索沃的时候应用了大炮。

● 1411 年 第一份关于火绳枪扳机的机械结构的说明手稿问世。

● 1420 年 在胡斯战争当中，小型炮以及手枪在捷克得到了使用。

● 1449 年 "芒斯梅格"——一门巨型铁炮——被造了出来，它是为勃艮第公爵"好人"菲利普所造的。

● 1450 年 法国在弗米尼战役中，使用两门长炮对抗英格兰长弓手。

● 1454 年 法国发明出了两轮炮架。

● 约 1525 年 肩扛托具应用于小型武器。

● 1527 年 威尼斯的大划船上装备了有盖子的炮门。

● 1537 年 首次用缝合线治疗枪伤。

● 1543 年 英国改进了铸造铁炮的方法。

● 约 1550 年 在欧洲，毛瑟枪取代了弩，成为战场上除了剑之外的主要武器。

● 1588 年 无敌舰队经历了第一次炮战，这次战役进行时，双方的战舰都密集地聚集在一起。

正是在欧洲，第一批大炮得到了发展，事实证明，用青铜或者铁制成的短管发射石弹在围攻战中非常有效，但是，大炮常常在点火的时候发生爆炸，导致炮手丧生。尽管大炮在爆炸时发出的声音以及散发出来的烟雾让敌人心惊胆寒，但它实际上能多大程度地打击敌人还是值得怀疑的。

在接下来的两个世纪中，有关武器的技术以及设计都缓慢地得到改进。冶金工匠冶炼出了青铜与铁的合金，它足以承受爆炸所引起的震动；炮耳被固定在炮管之上，使炮手能够调整发射角度；带轮炮架的应用增加了大炮的移动性能。大炮逐渐变得更小、更加轻便。最终，更高效的火药混合物被发明出来。

15世纪中期，最初的小型武器出现在战场上。起初，它的发射状况是这样的：一个炮手手持被固定在简易木制架上的小型手持炮，第二个人点火射击。后来，小型武器安装了可旋转点火机械装置，使一个人通过拨动扳机进行瞄准射击成为可能。火绳枪首先出现在德国，之后迅速传遍了欧洲以及奥斯曼帝国。到16世纪，火绳枪已经发展成了毛瑟枪，这是一种更为精确的武器，能够杀死距离300步远的人。同时，威力巨大的大炮已经安装在船只之上，这改变了海战的方式。

这幅插图可以追溯到1512年，它展现的是各种样式的火绳枪的雏形。如图中所示，最初的时候，这种枪需要两个人，一个人持枪瞄准，另一个人点火。后来，火绳式发火装置被发明了出来，这是一种可旋转装置，用拇指轻击可以使它落下，从而点燃火药装置，使得火绳枪能够由一个人操作。在早期，常常用支撑物来固定大炮并且支撑起沉重的炮管。

火药革命的结果是它增加了统治者的力量。生产大炮和以毛瑟枪装备步兵团，这即使对于大领主而言也过于昂贵，难以承受，所以这导致了私人武装的废止。到16世纪末，制造枪炮与火药需要得到王室许可，军队以及兵工厂的维持都要依靠政府支出，大规模的战争变成了国家的"专利"。

城堡时代的终结

枪炮传播的一个主要的结果就是中世纪城堡的衰落。1453年，君士坦丁堡陷落在奥斯曼土耳其围攻的炮火之下，这表明高耸的石墙与防卫塔在围攻的火炮面前起不到防卫作用。为了应对这种威胁，军事工程师很快就尝试着用新的方式筑城，如英格兰的迪尔城堡（左图）。第一座这种防御工事式的城堡首先出现在意大利，其设计源自艺术家兼工程师，如列奥纳多·达·芬奇与弗朗切斯科·迪乔治。

北美的殖民活动

在 17 世纪之前，欧洲各国几乎没有打算系统地在北美进行殖民活动。早期的探险家来到这里，目的在于追逐财富或者是寻找从西北到达东亚的航路，比如西班牙的冒险家在南部寻找传说中"黄金国"。在较为靠北的地区，法国航海家雅克·卡蒂埃从 1534 年到 1541 年对圣劳伦斯河进行了探险。然而，到 17 世纪 30 年代后期的时候，数群欧洲人在东部沿海区域建立了牢固的立脚点。

第一个英国北美殖民地的命运人们无从得知。1584 年，一小块殖民地在弗吉尼亚海岸之外的罗诺克岛建立起来，著名的探险家沃尔特·雷利于 1587 年派来了更多的殖民者。但是，救助队在 1591 年抵达这里的时候，殖民地的 120 位居民已经消失得无影无踪。

这是荷兰艺术家约翰尼斯·维克伯斯的绘画，表现的是荷兰殖民曼哈顿岛时的情形，当时它被称为新阿姆斯特丹。

没有人知道罗诺克岛是不是遭到了暴力冲突、疾病或者是饥荒——这些都是早期殖民者面对的实实在在的威胁。1607 年在弗吉尼亚建立的殖民地詹姆斯顿就因为面对着疟疾、土著人的敌意以及饥饿等种种艰难困苦，几乎被放弃。烟草种植最终保证了殖民地的繁荣，1619 年，约 22500 公斤詹姆斯一世所痛恨的"醉鬼草"输送到了英国。同样是在 1619 年，另外一种更加罪恶深重的贸易开始了——荷兰船只运送的首批非洲奴隶登陆。但是，詹姆斯顿的生活仍然是非常脆弱的，1622 年，土著居民的波瓦坦联盟大规模袭击了詹姆斯顿，导致 350 人死亡。反过来讲，从旧大陆输入的疾病，如天花、伤寒以及疟疾则夺去了大批土著居民的生命。

大致在同一时期，萨缪尔·德·尚普兰领导的殖民者与居住在五大湖区的土著居民易洛魁人陷入了冲突之中，尚普兰同易洛魁人传统的敌人休伦人与阿尔贡金人建立了友好的皮毛贸易联系，这种联盟关系也使得法国人在

欧洲各国在北美的殖民活动是从东海岸开始的，来自英国、法国、瑞典以及荷兰的殖民者开拓疆土，互相之间以及同土著人之间争夺土地。

18 世纪对英国人的战争中受益匪浅。

自 17 世纪 20 年代以后，欧洲殖民者开始注意美洲东北部地区。1626 年，服务于荷兰西印度公司的彼得·米纽伊特从土著人那里购买了曼哈顿岛，建造了新阿姆斯特丹（后来的纽约）。荷兰较大的殖民地是在哈得逊河与康涅狄格河之间，但是它没能繁荣地发展起来，原因在于荷兰人对它并不重视，他们更为注重从东亚获得的利益。

商业目的是早期殖民主义的主要动力，但不久之后，一种特殊的殖民扩张逐渐扩大。分离派是英国清教中最激进的一派，由于受英国国教的残酷迫害，其中一部分教徒决定逃离英国，迁居至大洋彼岸的新大陆，希图在这块土地上开拓自己的家园，实现和平与信仰。1620 年，这些人在鳕鱼岬（马萨诸塞州东面，一个像蝎子尾巴的半岛区域）建立普利茅斯殖民地。他们决定共同签署一份公约，名为《五月花号公约》（以他们乘坐的船只为名），宣誓自愿结为民众自治团体，以本殖民地的总体利益为基础建立一个公正、公平的国家。《五月花号公约》表达了早期美国民主的心声。

波卡洪塔丝

在 1607 年，当詹姆斯顿的殖民者开始挨饿的时候，他们的领袖约翰·史密斯船长从切萨皮克海湾来到内地，打算同阿尔贡金人交换谷物。阿尔贡金人对约翰·史密斯非常敌视，想要杀死他，在波瓦坦酋长 12 岁的女儿波卡洪塔丝恳求下，阿尔贡金人放了他一条生路。5 年之后，这位姑娘被詹姆斯顿抓为俘房，在这里她遇到了殖民者约翰·罗尔夫，并且在 1614 年的时候嫁给了他。1616 年，罗尔夫带着自己的妻子返回了英国，这时候她已经信仰了基督教并且改名为丽贝卡。在英国，波卡洪塔丝被引见给国王，整个社会也知道了她，众人对她充满了好奇心，同时她也得到了人们的广泛赞誉。但遗憾的是，当波卡洪塔丝乘船返回美洲的时候却死于天花。波卡洪塔丝通常被人们视为不同民族之间和谐关系的象征，但实际上，多数殖民者是以暴力与掠夺作为手段来对待土著人的。

三十年战争

自从宗教改革以来，宗教争端就不断地折磨着欧洲，在三十年战争中达到了高潮。三十年战争的起因是信奉天主教的神圣罗马帝国与信奉新教的属地之间的斗争，它很快演变成为一场国际

瓦伦斯坦

在三十年战争中，阿尔勃莱希特·冯·瓦伦斯坦是最具魅力的军事统帅。瓦伦斯坦在波希米亚长大，从年幼时就是新教徒，但他在 1606 年转信天主教，于 1620 年的白山战役（右图）中一举成名。在没收新教贵族财产的过程中，他积累了大量财富，募集了一支 2.4 万人的军队。1624 ～ 1629 年，他连续在德国北部击败丹麦的军队。但是，他在战场的胜利为自己招来了敌意，1630 年，皇帝被迫解除了他的职务。为了应对瑞典的威胁，两年之后他被重新召回。瓦伦斯坦夺回了波希米亚，但没能取得决定性胜利。1634 年，他再次被解除职务，随后遭到叛国指控，并且被英国雇佣军杀害。

战争，在这场战争中损失最大的是中欧的各个民族，因为中欧是主要战场，导致这里人口锐减、土地荒芜。

哈布斯堡统治者费迪南二世是一位激情澎湃的天主教徒，他大力在自己的属地推行打击新教的政策，三十年战争由此而引发。为了表示自己的抗议，愤怒的新教贵族按照"掷出窗外"的习俗将两名帝国官员从王家宫殿的高高的窗户之中扔了出去。反叛者将王冠戴在了新教加尔文派的巴拉丁选帝侯腓特烈五世的头上，但他的统治非常短暂，这位被人们称为"冬天之王"的国王在 1620 年的白山战役之中失利。从西班牙（同属哈布斯堡统治）派来的军队占据了巴拉丁，波希米亚被强迫天主教化。

西班牙继续挥师镇压尼德兰的持续反叛活动。为了保卫荷兰与德国北部的新教地区，1625 年，丹麦侵入下萨克森地区，但它的军队被击退，并于 4 年后从战争中退出。到 1629 年，天主教联盟的力量占据了优势，正是在这一年，费迪南颁布了《归还敕令》，这将剥夺新教徒来之不易的信仰自由权。

1630 年，瑞典国王古斯塔夫二世加入新教联盟一方，一度扭转了战争的形势，但两年之后他死于战场，天主教联盟重新获得了主动权。

然而，就在天主教联盟的优势达到高峰的时候，事情发生了转变。1630 年是三十年战争一个重要的分水岭，在这一年举行的雷根斯堡选帝侯会议上，皇帝的雄心受到遏制。与此同时，一支新的力量加入战斗，打破了作战双方的军事平衡：在精力旺盛的古斯塔夫·阿道夫指挥之下，瑞典军队赢得了一系列胜利，一直深入到了德国南部。但 1632 年，古斯塔夫死于战场，瑞典军队失去了动力。

当法国加入战争的时候，一个让人有点不可思议的新的新教联盟出现了。1635 年，为了遏制神圣罗马帝国的势力，法国首相红衣主教黎塞留同反哈布斯堡的力量结成同盟。尽管法国与瑞典的军队对于西班牙与帝国的军队而言占有一定优势，但是双方都无法取得压倒性优势。1637 年，稳健而有节制的费迪南三世继承了帝国的皇位，战争进入了血腥的相持僵局。最后，到 1648 年的时候，经过数十年的流血战乱，终于通过《威斯特伐利亚和约》艰难地结束了战争。

战争的主要舞台在现在德国、波兰以及捷克的南部与东部，但战争几乎将欧洲所有国家卷入其中。

日本的"锁国"政策

日本首次受到西方影响是在 16 世纪中期。长期以来，日本已经习惯于同中国保持繁荣的贸易关系，因此最初的时候，对于欧洲商人带来的商业增长日本是持欢迎态度的。但是，日本是一个具有严格的社会分层与历时甚久的宗教传统的国家，统治者很快就对基督教传教士的活动做出了强烈的反应，他们担心欧洲人怀有殖民的野心。1641 年，日本对外国人关上了大门，"锁国"政策要等到两个世纪之后才结束。

由于丰臣秀吉所进行的征服战争，在 1603 年德川家康掌握将军职位之前，日本已经逐步变得统一和稳定。这种状况为贸易、工农业以及交通运输的发展提供了更有利的机遇。

同中国的贸易已经持续了 1000 年之久，此时有了更大的发展，因为地方封建军阀将中国文化视为他们的新社会地位的象征。随着 16 世纪的推进，另外一种陌生的影响——欧洲的影响——在日本社会打上了自己的烙印。

日本画家眼中的欧洲商人

日本第一次同欧洲人的接触非常偶然，1542 年，有一艘携带了两名葡萄牙人的中国船只在种子岛外失事。具有重要意义的是，这两名外国人卖给当地的封建主一些毛瑟枪，日本人很快对其进行了模仿制造，这些火器改变了战争的方式，对强有力的军事领导人致力于国家统一起到了重要的作用。

葡萄牙的海上帝国不断向东推进，从 1570 年开始通过长崎港同日本进行经常性的贸易。日本人对于欧洲持一种谨慎的开放态度。1600 年，英国探险家威尔·亚当斯的船在九州发生海难，后来他担任了德川家康——三年后他成为了幕府将军——的顾问，为其服务。亚当斯为荷兰与英国商人赢得了在日本进行贸易的许可，同时他也致力于发展日本的商船队。外国商人寻求的商品是金、银以及铜，他们用从中国带来的生丝、丝织品以及

这是日本的一幅绘画，表现一位葡萄牙船长正在看着他的手下登岸。最初，日本人出于好奇，欧洲人在这里受到了欢迎，但后来却遭到了驱逐。

原城大屠杀

1637 年 12 月，在长崎附近的岛原半岛爆发了反抗德川统治的起义，这次起义是由于对农民征收重税而引发的。在 1612 年左右，这一地区已经基督教化，对于教徒的反复折磨与杀害已经在当地引发了不满情绪，在年轻而富有个人魅力的领导人天草四郎率领之下，起义者占领了原城，面对大批军队的镇压坚持抵抗了 3 个月。但是，因为饥饿以及双方实力的悬殊，起义最终失败。3.7 万名起义者全部遭到屠杀：约 1.1 万人被斩首，其他人被活活烧死。自 1992 年以来，在该地区进行的考古发掘发现了数个小型十字架、玫瑰花坛以及耶稣、圣母玛利亚与传教士领导人圣方济各·沙勿略的画像。

新样式的火器来交换这些金属。

　　但因为宗教问题，日本同这些外国人的关系很快恶化。西班牙以及葡萄牙的耶稣会传教士沿着商人的足迹而来，使得一些日本人皈依了基督教——特别是一些有影响的封建大名。在带来基督教的同时，耶稣会士也带来了关于新技术的知识，如数学、天文学、工程学以及采矿技术。但是，耶稣会士的影响引起了敌对者的强烈憎恶，他们怀疑这些传教士意在使国家变得不安定，为外国入侵做好铺垫。因此，一系列的迫害接踵而来。1637 年，岛原起义最终使这一问题演变到最严重的地步——将欧洲人以及他们的宗教驱逐出日本。从此以后，日本处于隔绝状态达两个多世纪。

中国的清朝

　　多个世纪以来，北方大草原上的游牧民族影响了中国历史的发展，他们的生活方式为人所厌恶，他们的入侵让人恐惧。汉人将自己视为勤劳而文明、爱好和平的定居民族，而这些飘忽不定的袭击者则是一种截然不同的存在，但是，历史上曾经数次出现这样的情况——这些游牧民族拯救了轻视他们的汉族文化，女真人所建立的清王朝就是这样的一个例证。

　　在推翻明王朝之前，女真（或者称为满人，是生活在中国北部的一个部族）已经建立了稳固的政权，早已将满洲统一在自己的统治之下，同时还打败了蒙古以及朝鲜，他们的注意力随后投向南方富饶的土地，而那里此时正陷入由于经济混乱、政治腐败而导致的失序状态之中。17 世纪 40 年代早期，中国各地纷纷叛乱，明朝的最后一位皇帝采取了非常危险的权宜之计：调遣北方训练有素、战斗力很强的军队来巩固自己的统治秩序。但是，他的这一命令太迟了，没有能够挽救他的统治：1644 年，起义军打到了北京，明朝的最后一位皇帝被迫自杀。清朝的军队利用权力真空的有利时机——这确保了

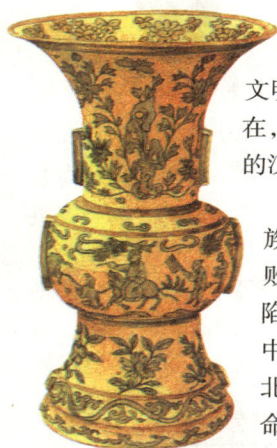

明代精美的花瓶

沈阳的皇宫

　　在征服明朝其他部分、建立清朝之前不久，女真的皇帝在沈阳（女真称为奉天）建造了皇宫。这个建筑在现在中国北部的辽宁省，工程是在 1625 年开始的，当时还处在努尔哈赤统治时期，直到 11 年后，他的继承者皇太极统治时期才完工。整个宫殿是仿照北京的紫禁城建造的，虽然只有后者的 1/10 大，但它表明了女真与衰落中的明朝相抗衡或者是取而代之的雄心。在清朝统治的几个世纪中，它仍然作为皇家消暑宫殿而被使用，这对于皇帝也能经常起到提示作用，使他不忘自己的祖先。

这是当时的一幅绘画，表现的是1699年，康熙帝在自己的国土上巡游，进入一个村镇时的情形。此时这位皇帝已经统治了37年，此后他还将执政20多年。

满人以自己的旗号夺得大权。尽管从名义上来讲，满人的领导人多尔衮仅仅是他的5岁的侄子的摄政王，事实上，他是中国的实际统治者。多尔衮的侄子采用的年号为顺治，这是清王朝入关后的第一位皇帝。

1662年，顺治帝去世，年仅6岁的康熙帝即位。作为顺治帝的继承人，康熙帝对于强化清朝的权威做出了很多贡献。最初，辅政大臣掌控着帝国的各项事务，但在1669年，康熙将最后一位辅政大臣免职，年仅15岁的他亲自执政。

从各个方面来讲，康熙帝都是一位杰出的统治者。他精力充沛，对于知识领域充满了好奇，他致力于完成一个微妙的平衡，一方面要赢得汉人对于新王朝的支持，另一方面又不至于疏远为清朝夺得大权立下功勋的武士。开始的时候，他不得不应付南方的军事抵抗。到1673年的时候，发生了三藩叛乱——三个被任命为行省统治者的军事将领阴谋分裂。

康熙帝采取胡萝卜加大棒的方法击败了这些对他的统治的挑战：一方面，他开始了一系列重要的公共工程项目，如恢复运河航运，筑堤防洪；另一方面，对于不满以及骚乱采用强硬手段予以打击。这位皇帝还成功地构建了一个权力结构，在这个结构当中，汉族臣民也能上升到高位，为帝国的文官所珍视的传统儒家价值得到了保持。康熙帝一直活到了1722年，留给他的后继者一个处于和平与繁荣的黄金时期的帝国。

英国革命

在17世纪中叶的英国，有关最高统治权的两种不同观念陷入了血腥冲突之中。冲突的一方是斯图亚特王朝的国王查理一世，他是一位尽职尽责但又闭目塞听的统治者，抱有一种牢固而不可动摇的信念：国王的权力是神圣的。冲突另一方是国会，它代表的是拥有财产的上层阶级的利益。双方都深信自己有权决定这个国家以什么样的方式运转，这种对立最终导致了内战的爆发。

从一开始，查理一世与国会的关系就不太融洽：国会怀疑他偏向于天主教信仰，而查理一世则毫不隐瞒自己君权神授、国王应按照自己的喜好进行统治的信念。国会知道，如果国王能够做到的话，他就会对付他们，从1629年以来的11年间他就是这样做的。1640年，查理一世因为资金短缺而被迫召开国会时，冲突达到了顶点：他需要征收新税以便发动"主教战争"，目的在于用武力迫使苏格兰接受英格兰国教。查理一世的政策遭到了英国的清教徒以及信奉长老会的苏格兰的反对。

事实证明，第一个国会并不配合他，查理一世在23天后将它解散，重新召集了国会。这个"长期国会"——间断性地存在了20年——有所让步，改为对国王有条件的支持，而局势迅速恶化，妥协已经远远不够了。1642年初，查理一世带领400名士兵闯进了国会，打算逮捕5名激进的国会成员，但却发现，"鸟儿已经飞了"。他的强硬手段使得温和的主张失去了作用，双方都开始准备作战。

在这个雕塑中，查理一世一只手握着权杖，另一只手托着教堂模型：这个模型象征着他作为英格兰教会首脑的身份，正是这个身份引起了清教徒与他的敌对。

开始时，国王的军队占有优势，因为国会不得不从头组建自己的军队。但事实证明，查理一世优柔寡断，而他的敌人却组织得越来越好。国会发现了一位天才的军事领导人奥利弗·克伦威尔，他为赢得这场战争打造了强有力的"工具"——新模范军，因为许多士兵的清教信仰而增强了这支富于献身精神的军队的力量（通常而言，人们称他们为"圆颅党"，因为与王家骑士飘逸的卷发相比，他们的头发剪得比较短）。他们在马斯顿荒原赢得胜利，后来又在纳西比战役中取得了决定性的胜利。

在战场上失败之后，查理一世到苏格兰寻求避难。苏格兰人同英格兰国会的关系破裂，他们派遣军队以国王的名义入侵英格兰，但被打败。与此同时，国王再次被俘虏。1649年，国王在伦敦遭到审判，后来被斩首。

作为胜利的一方，国会开始着手建立共和国，但事实证明，它难以稳定下来。克伦威尔越过

● 1625年 在父亲詹姆斯一世去世后，查理一世成为英国国王。

● 1629年 查理一世解散了国会，开始长达11年的个人统治时期。

● 1640年 查理一世召集并很快解散了"短期国会"。

● 1640年 "长期国会"召开。

● 1642年 国王与国会之间爆发了内战。

● 1644年 在马斯顿荒原战役中，克伦威尔的新模范军打败了国王的军队。

● 1645年 在纳西比战役中，国会军取得了对国王军的决定性胜利。

● 1646年 查理一世向苏格兰投降。

● 1647年 苏格兰将查理一世交给了英国国会。他逃了出来并且同苏格兰签订了密约。

● 1648年 苏格兰军队入侵英格兰，但在普雷斯顿停止了前进的步伐。查理一世再次被俘。

● 1649年 查理一世被审判并处死；英国成为共和国。

● 1650年 查理一世的儿子——后来的查理二世——在苏格兰登陆并宣布自己为国王。他入侵英格兰，但在伍斯特被打败，逃往法国。

● 1653年 克伦威尔解散了国会，以护国公的名义掌握大权。

● 1658年 克伦威尔去世，他的儿子理查德继任为护国公。

● 1659年 军队解除了理查德·克伦威尔的职务。

● 1660年 斯图亚特王朝在查理二世的名义下复辟。

↑ 这是一幅可以追溯到1649年的粗糙的木刻版画插图，表现的是查理一世被处死的情景，他是在众人围观之下在伦敦被处死的。

判处死刑

在反复失败之后，查理一世于 1646 年向苏格兰军队投降，苏格兰将他交给了英格兰国会，但英格兰国会却与苏格兰以及英国军队的领导层闹翻了。1648 年，苏格兰为了查理一世的利益而入侵英格兰，结果遭到了重创，没能成功。英国军队进而清洗了国会，并以叛国罪的名义对查理一世进行了审判，他非常坚决地为自己进行辩护，但他还是被判处死刑。他的死刑判决书（右图）特别强调："通过把他的头从身体上切下来将他处死"，超过 59 人在上面签了字（克伦威尔的签名为最左边一列从上数第三个）。查理一世是在 1649 年 1 月 30 日被处死的，他身穿两件衬衣，这使得他在寒冬早晨的凉风中不至于瑟瑟发抖。他的死震惊了整个国家的公共舆论，为他赢得了更多的支持——超过了他在世的时候人们对他的支持，因为处死他的人难以为自己的统治确立起合法性。

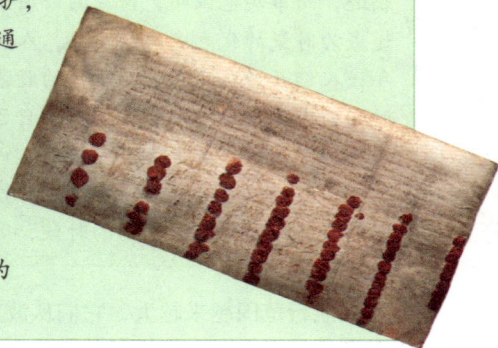

国会辩论，实施独裁的统治，而且在 1653 年的时候，他像查理一世一样解散了国会，授予自己"护国公"的称号。人们得出了结论：他们仅仅将一位独裁者换成了另外一个独裁者。1658 年，克伦威尔去世，两年之后，查理一世的儿子查理二世被邀回国，英国恢复了君主统治——同时恢复的还有防止绝对王权的诸多附加措施。英国的革命就这样结束了。

荷兰共和国

荷兰共和国的历史是一部决心、进取心与好运的历史。到 17 世纪中叶，这个处于欧洲北海岸的小国才拥有不足 50 年的历史，但它已经成为世界上最强大的贸易国。荷兰的船只航行得越来

● **1588 年** 荷兰从西班牙手中获得自由，成立联省共和国。

● **1602 年** 为了同东南亚进行贸易，荷兰成立了荷兰东印度公司。

● **1609 年** 阿姆斯特丹股票交易中心成立。

● **1619 年** 荷兰东印度公司在巴达维亚（今天的雅加达）建立了贸易基地，它成为荷兰亚洲贸易帝国的中心。

● **1629 年** 法国哲学家勒内·笛卡儿在荷兰共和国定居，他在那里一直居住到 1649 年。

● **1642 年** 伦勃朗创作了《夜巡》。

● **1642 年** 荷兰航海家艾贝尔·塔斯曼发现了塔斯马尼亚岛（他称其为范·达尔曼岛）与新西兰。

● **1648 年** 在《威斯特伐利亚和约》中，西班牙正式认可了荷兰共和国的独立。

● **1656 年** 克里斯蒂安·惠更斯造出了带钟摆的钟表。

● **1660 年** 扬·维梅尔正处于巅峰状态，创作了一些家庭室内画，比如《戴珍珠耳环的少女》。

● **1667 年** 在第二次英荷战争中，荷兰舰队沿着泰晤士河与梅德韦河逆流而上，破坏了查塔姆的英国海军船坞。

● **1672 年** 法国的路易十四派军入侵尼德兰，为阻止其前进的步伐，荷兰打开了堤坝，淹没了低地。在这次危机当中，奥兰治的威廉三世上台。

● **1677 年** 威廉娶了玛丽为妻，她是约克公爵詹姆斯（后来的英王詹姆斯二世）最大的女儿。

● **1689 年** 威廉接受了英国的王位，和他的妻子一起进行统治。

↑ 这幅浮雕画表现的是一艘荷兰船只，正是这种类型的船只支撑着这个国家获得了广泛的商业利益。

郁金香狂潮

花草能使金融破产是极为罕见的事情，但在17世纪30年代，郁金香球茎的价格达到顶峰的时候，这种事情就降临到了成百上千的荷兰投资者身上。这种新近才由土耳其引进的花颜色鲜明，受到园艺家的热烈欢迎，而事实也证明，荷兰的沙质土壤非常适宜这种球茎的生长。它迅速成为时髦的代表身份的商品，人们愿意为了购买它而付出高价。1636年，人们开始在几个荷兰市镇的股票交易中心进行郁金香交易，郁金香时尚变成了投机狂潮，人们抵押自己的房子、土地，甚至于自己的商业产业到郁金香市场上去大发横财。许多郁金香还种在地里，却已经数次倒手。但这一狂潮并不能持久，1637年，恐慌降临了，市场于一夜之间崩溃，在人们尚未觉悟的时候，财富已经消得无影无踪。

越远，航行范围越来越大，它们从波罗的海运送谷物与木材到法国与西班牙，从东南亚运输香料以及奢侈品到欧洲，荷兰商人变得非常富裕，给这个国家带来了艺术与科学的黄金时代。

16世纪中叶，尼德兰是西班牙天主教王国的一部分。但大部分荷兰人是新教徒，而且他们不愿向西班牙缴纳高额的税收，所以发动了起义。最初的时候，西班牙极为残暴地镇压了他们的反抗。1579年，北部的七省组成了联盟继续进行斗争，1588年，这些联合省宣布成立共和国。尽管荷兰实际上已经获得了独立，但西班牙直到1648年才承认它的独立。

尼德兰位于欧洲贸易的十字路口之上。因为荷兰的反抗斗争，西班牙控制的港口安特卫普日渐衰落，阿姆斯特丹取代了它的位置。很快，富有进取心的荷兰商人从葡萄牙手中夺取了利润很高的香料贸易，而炼糖业以及造船业等工业为这个年轻的国家增加了财富。同时，它的宗教宽容政策也吸引欧洲各国的避难者来这里居住，这些移民带来了珍贵的技术，如钟表制造、望远镜制造等。而通过利用风车来抽水和造圩田（从海中获得的低田），荷兰工程师还增加了农田的数量。

共和国的经济发展促进了艺术的繁荣。为了展示自己的财富，富有的商人请画家为自己和家人画像，用艺术家们——如维梅尔、德·荷赫、夸普、法兰斯·哈尔斯等——创作的风景画以及日常生活画装饰住所的墙壁。

《夜巡》是1642年完成的一幅画作，当时伟大的荷兰画家伦勃朗36岁，这是受民兵保卫队的委托而创作的组画中的一幅。

当时非常杰出的荷兰画家是伦勃朗，他的自画像以及画作《夜巡》、《蒂尔普医生的解剖课》都跻身于世界杰作之列。

荷兰共和国由国会——它代表所有省份——进行统治，但最重要的官员是荷兰——最富有的省份——的总督，这个职位几乎一直由奥兰治王子担任，正是他的祖先——沉默者威廉领导了荷兰的起义。实际上，这个职位成了世袭职位，总督也被认定为政府首脑。1689 年，英国驱逐了詹姆斯二世之后，奥兰治的威廉成为英国国王，他实际上成为两个国家的国王。在此之前，为了争夺海上霸权，荷兰与英国进行过三次英荷战争，而在未来的日子里，英国将在世界贸易方面成为领导性的角色，从而使得属于荷兰共和国的伟大时光走向终结。

法国的"太阳王"

路易十四非常好地总结了自身在法国宪法中的位置，他宣称：朕即国家。在太阳王长达 73 年的统治的大部分时间中，法国发展到了顶峰，成为了极为重要的强国，这使得它早期的敌手英国与西班牙相形见绌。但是，同样在路易十四的统治下，无休止的战争严重地消耗了国家的财富，同时他的专制主义统治最终为法国大革命铺平了道路。

1643 年，当路易十四成为法国国王的时候，很少有人能够想到他会成为他所处的那个时代中的主导性人物。在路易十四成为国王的时候，他年仅 5 岁，与他的摄政相比他看起来是一个并不重要的人物。作为摄政的首相，红衣主教马扎然精明能干，他很快就在行政体系中打上了自己的印记：他使得行政体系富于活力而又专制独裁。靠着马扎然灵活的外交活动，通过《威斯特伐利亚和约》结束了三十年战争，对于法国而言这是一个胜利——现在它已经成为欧洲舞台上的主角。但是，马扎然在国内却遭人憎恨，饥荒与重税使得普通民众心存不满，同时，他对贵族采取的高压政策也引发了一系列痛苦而且延续时间很长的反抗活动，这些活动总括起来称为"投石党运动"。

1661 年，马扎然去世，路易十四开始亲政。路易十四再也没有任命新的首相，而是汇集了一群富有才能的人物在接下来的几十年中为他服务，其中包括卢夫瓦侯爵——他担任了军事大臣、以防御工事而闻名的工程师沃邦，还有让 - 巴普蒂斯特·柯尔伯，他担任法国财政总监一职达 20 多年。这位年轻国王的主要目标之一就是要驯服那些棘手的贵族，他们曾经将马扎然搞得非常狼

凡尔赛宫

路易十四的自我吹嘘已经不仅仅是一个虚荣的问题，他无法认清他个人的光荣与他统治的这个国家的光荣之间的区别。1688 年，他下令在巴黎郊外的凡尔赛建造一座富丽堂皇的宫殿，对他而言，这与他的光荣是非常匹配的。凡尔赛宫由路易·勒沃与朱尔斯·哈杜安·曼萨尔设计，这一巨型建筑被人们视为法国的财富与权力的象征。完工之后，这座建筑的奢华以及其规模都让人震惊，仅仅它的西边一面的长度就达到了 580 米。宫殿内部有成百上千的房间，里面装饰得极为豪华，这都是为了与最强大的君主的住所相匹配。宫殿之外是由安德雷·勒诺特设计的装饰性花园，喷泉掩映在宽阔的林荫大道与隐蔽的人行道之中。

这是路易十四时代铸造的银质大奖章，图案为地球之上、雄伟有力地放射着光芒的太阳王。法国所有强有力的王室都偏爱太阳的形象，他们将自己统治中的成就看做是太阳的神圣光辉在尘世间的体现。

狁，另一个目标就是取代神圣罗马帝国与西班牙的哈布斯堡统治者，使自己成为欧洲最强大的君主。

路易十四迎娶了玛丽亚·特丽莎为妻，她对西班牙王位有继承权，这给了他削弱西班牙国力的一个理想"工具"。从名义上来讲，他的王后宣布放弃了对西班牙王位的继承权，但要求给予自己巨额的嫁妆，而西班牙已经财政破产，无力拿出这笔钱。路易十四利用了这一点，以此作为借口发动战争。交战之初，法国对西班牙属尼德兰作战取得了胜利，这不仅使得临近的荷兰警觉起来，而且惊动了北欧的两个强国——英国与瑞典，它们组成了三国同盟，尽管法国保留了已经征服的区域的大部分，但三国同盟还是遏制了法国的进一步扩张。

在以后的岁月中，路易十四同邻国还进行了另外三场战争。捍卫天主教信仰的强烈欲望日益成为他政策中的核心，他也因此开始打击法国国内信仰新教的少数派——胡格诺教徒。战争耗尽了法国的国库，国内出现经济困难的局面。到路易十四统治的最后几年，法国在文化发展上的光辉灿烂确实是无与伦比的，但人们却越来越不满，他的统治中日益强化的专制独裁与宗教上的不宽容为后来的法国大革命播下了种子。

俄国对东方的侵略

很多人都听说过伟大的航海家麦哲伦、塔斯曼与库克，他们的探险活动勾勒出了太平洋的地图，人们或许也听说过探险家刘易斯和克拉克，是他们第一次横跨了北美大陆。但是，那些曾经在陆地上进行探险、跨越广袤的西伯利亚到达太平洋的俄国先驱却鲜为人知，他们的探险其实也充满了戏剧性。

● 1574 年 "恐怖的伊凡"将乌拉尔山脉以东、图拉河与托博尔河这一区域的土地赐予了斯特罗加诺夫商业家族。

● 1582 年 在斯特罗加诺夫家族的委派下，哥萨克首领叶尔马克·季莫费耶维奇打败了西伯利亚汗国的古楚汗，占领其首都卡什雷克。

● 1587 年 俄国人在托尔斯克建造了一座城堡。

● 1607 年 至 1610 年，哥萨克人击溃了西伯利亚的通古斯猎人的反抗活动。

● 1632 年 雅库茨克在勒拿河畔被建造起来。

● 1639 年 首批俄国人抵达了太平洋。

● 1644 年 瓦西里·波雅科夫穿过阿尔丹河与结雅河（中国古籍中称为精奇里河）的分水岭，抵达了黑龙江盆地。

● 1648 年 在贝加尔湖附近的乌第河边，一座俄国城堡建造起来。

● 1648 年 谢米扬·德兹涅夫的船队驶过白令海峡。

● 1651 年 到 1653 年间，叶罗费·哈巴罗夫对黑龙江进行了详细考察并绘制地图。

● 1689 年 通过签订《尼布楚条约》，俄国人放弃了对黑龙江的企图。

● 1697 年 俄国人宣称拥有堪察加半岛的主权。

西伯利亚西起乌拉尔山，横跨北亚大陆，向东一直延伸到太平洋，它的北部以北冰洋为界，南部延伸到中亚的山脉。西伯利亚拥有广泛分布的苔原、大面积的森林、沼泽密布的平原、大大小小的湖泊，并且有几条向北注入北冰洋的大河将它们分割开来。

16世纪晚期，俄国人开始越过乌拉尔山脉。在沙皇"恐怖的伊凡"支持之下，1582年，一位名为叶尔马克·季莫费耶维奇的哥萨克首领率领全副武装的骑兵进行了一场持续时间长达3天的战役，打败了古楚汗。此后不久，叶尔马克在横渡一条河流的时候溺水而亡，据说是他的锁子甲——沙皇给他的礼物——将他坠了下去。

在下一个世纪中，西伯利亚的俄国人数量增长很快，大部分先驱者都是从俄罗斯南部而来的哥萨克人与武装探险者。夏天，他们乘坐船只沿着河系航行，在冰封地冻的冬天则乘坐雪橇。在前进的过程中，他们建造堡垒式的殖民地，在其中与当地的捕猎者进行交易，每年都有貂皮货物运回俄国宫廷。到1619年，他们抵达了叶尼塞河，然后是勒拿河，1632年，他们建造了雅库茨克。从这里，他们向北行进，抵达北冰洋。大约在1639年，首批俄国人抵达了鄂霍次克海——太平洋的一个海湾。他们在白令海边建造了阿纳德尔斯克，并且还进入了亚洲的最东北端——山峦密布的堪察加半岛。

与此同时，其他探险者从雅库茨克向南行进。1643年，瓦西里·波雅科夫率领一支探险队沿阿尔丹河逆流而上，穿过了西伯利亚与外蒙古之间的山脉，到达了黑龙江，然后顺水而下，抵达鄂霍次克海，1646年返回了雅库茨克。1651～1653年，叶罗费·哈巴罗夫测绘了黑龙江的地图。在黑龙江畔，俄国人建造了一些城堡，由哥萨克人在这里驻守，他们与中国

1582年，哥萨克首领叶尔马克·季莫费耶维奇开始了俄国征服西伯利亚的行动，他率领探险队击败了乌拉尔山脉以东的西伯利亚汗国。

✓这是早期印刷品上的雅库茨克城，俄国殖民者在东西伯利亚的勒拿河畔建造的一个殖民地。1632年，他们在这里建造了第一个城堡，它远离其他人口中心，遭受着极端气候的蹂躏，摇摆在冬季和夏季的巡回之间。在数个世纪中，这座城市成为容纳囚徒以及因为政治或其他原因而被放逐的人的地方。

↑ 堪察加半岛分布着许多非常雄伟的山脉，图中是在彼得罗巴甫洛夫斯克附近的一座山脉。第一个宣布拥有这个半岛主权的是俄国人弗拉基米尔·阿特拉索夫，1697年，他在这里建造了两个城堡。

　　德兹涅夫是一位哥萨克，他历经艰险向西伯利亚的东北挺进，目的在于获得皮毛以及海象牙。1648年，他率领大约100人的探险队，乘坐7艘小船，从科累马河口沿着北极海岸向东航行，绕过了楚科奇半岛。这7艘船中仅有3艘航行到了白令海峡的入口处（后来被命名为德兹涅夫岬），仅有1艘最终抵达了阿纳德尔河口。通过完成上述航程，德兹涅夫成为历史上第一个揭示了亚洲与北美两块大陆并不是连在一起的人。一些历史学家认为，或许德兹涅夫探险队还第一次到达了阿拉斯加，但这一点还没有得到证实。德兹涅夫在白令海峡中的多个岛屿进行了探险活动，注意到了岛上的居民用骨片、石片或者海象牙装饰他们的下唇。

军队发生了冲突。最后，俄国人同意放弃这些堡垒。双方于1689年签订的《尼布楚条约》确认了中国对于黑龙江流域的控制，这也是中国同欧洲国家签订的第一个条约。

科学革命

　　现在我们认为这些都是理所当然的：心脏将血液输送到全身、行星围绕太阳运转、世界上存在着人类肉眼无法看到的微型生命体。但是，在1600年之前，几乎没有人相信上述事物，到17世纪末的时候，情况发生了显著的变化，这是因为知识领域的巨大进步已经改变了人们对于物理世界的理解，历史学家将这一巨大进步归结为17世纪的科学革命。

大与小

　　没有新仪器的出现，科学革命的新发现是难以出现的。荷兰眼镜匠汉斯·李普希在1608年前的某个时间发明了望远镜；不久，伽利略就用自己改进的望远镜对天空进行了革命性的科学观测。与此相仿，显微镜将极其微小的事物显现在人的眼睛中。在这方面，荷兰人仍然是先行者，安东·冯·列文虎克通过自己制作的镜片来研究血细胞、跳蚤（下图）以及微小的细菌。

　　17世纪的欧洲人并不是最早对事物的本质进行探讨的人。希腊人对于数学、天文学以及自然世界已经有了深刻的理解；阿拉伯人对于医学以及机械学也有了较为深入的研究。但在近代早期的欧洲，天主教会认为地球是世界的中心，是由上帝创造的，而且宇宙是完美而亘古不变的，这种奠基在圣经之上的世界观与亚里士多德于公元前4世纪所给出的教导是一致的，所以，任何质疑亚里士多德思想的人也就是在挑战教会的权威。

17世纪的天体观测仪，用来测量星体以及行星的高度。

　　波兰天文学家尼古拉·哥白尼运用数学知识进行运算，认为是行星围绕着太阳运转而不是太阳围绕着地球运转。但直到1543年，哥白尼才发表了自己的想法，这个时候他已经生命垂危了。一直过了60多年，

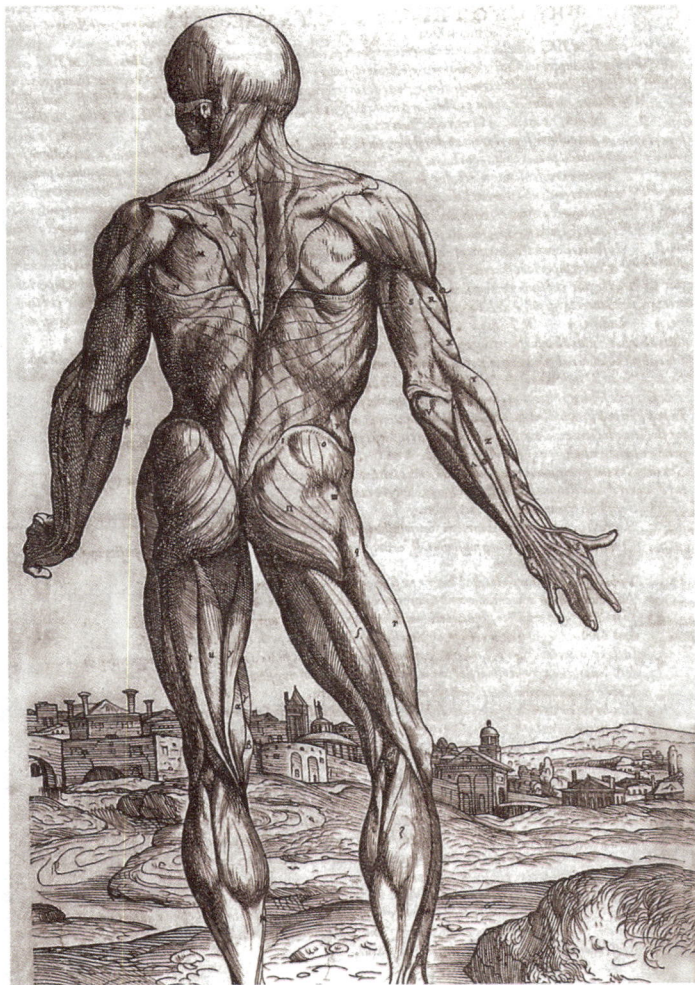

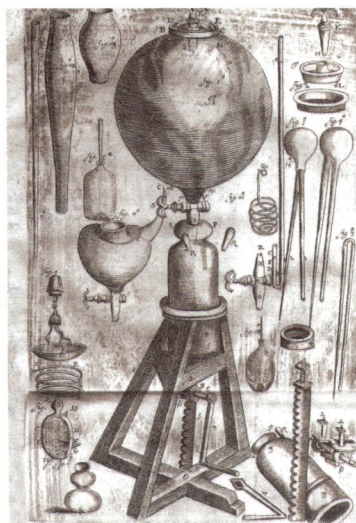

英国科学家罗伯特·波义耳设计的气泵

16世纪，安德烈·维萨里的研究使科学家和医生得到了清晰的人体解剖图（左图）。17世纪，对人体的了解深入到内部，特别以血液循环系统的研究为代表。

才有人敢于同意他的观点。随后，在1609年，德国天文学家约翰内斯·开普勒论证指出：行星运转的轨道是椭圆形的，而不是圆形的。在意大利，伽利略用望远镜——一项新近的发明——对天空进行观测，比以前任何人所进行的观察都严密。他开创了多项世界第一：第一个看到了月球上的山脉；第一个发现木星的卫星；第一个观察到金星的位相变化；第一个发现太阳上的黑子。

伽利略的科学观测引导着他自己接受了哥白尼提出的以太阳为中心的宇宙体系。伽利略不顾朋友的劝告，在1632年出版的书中坚决捍卫自己的思想，教会立刻将这本书列为禁书，对伽利略进行了审判。宗教裁判所以判处火刑对他进行威胁，他只好宣布放弃自己的想法。教会将他囚禁在佛罗伦萨附近的家中，在这里他继续自己的工作，一直到1642年去世。伽利略在力学与运动方面的研究为科学革命中伟大的天才艾萨克·牛顿的工作铺平了道路。牛顿在光的性质方面的实验以及他发现的运动定律、重力定律都是杰出的成就，为现代物理学奠定了基础。

17世纪，"科学"与"科学家"这些词还没有出现，这些新的发现也没能在大学中教授。许多人对于"自然哲学"——当时人们就是这样称呼它的——非常感兴趣，他们组成学会等组织，进行聚会，交流各自的思想，讨论他们的实验，发表自己的成果。山猫学会是这些最早的组织之一，它于1603年在意大利的佛罗伦萨成立。1662年，英国皇家学会成立，早期的成员包括建筑学家克里斯多夫·雷恩爵士、显微镜学家罗伯特·胡克、天文学家埃德蒙·哈雷以及艾萨克·牛顿等人。这些学会对传播科学革命中的新思想具有重要的影响。

彼得大帝

在 1714 年俄国获胜的汉科角海战之后，俄国船只护送着被俘获的瑞典船只进入圣彼得堡的港口。彼得几乎是从白手起家建立了俄国海军，它拥有 52 艘战舰以及将近 600 艘军舰。

彼得授予自己"大帝"的称号，历史证明，他并没有自吹自擂，他留下的遗产可以证明他对于这个国家的影响非常深刻。彼得是一个非常具有决心，甚至是残酷无情的梦想家，正是因为他精力充沛，意志如钢，才使得他能够将封建落后的俄国引领进现代世界，成为一个力量强大、富于自信、昂首向前的强国。

彼得出生于 1672 年，11 岁的时候担任了"第二沙皇"——因为他同父异母的兄长伊凡患有精神疾病。当时的实权掌握在彼得同父异母的姐姐索菲娅·阿列克谢耶芙娜手中，这种状况一直持续到 1689 年：正是在这一年，彼得从索菲娅手中夺回了大权。1692 年，伊凡去世，彼得成为唯一的统治者。

1696 年，他为自己赢得了第一个军事胜利——从奥斯曼土耳其手中夺得了黑海上的亚速港。第二年，彼得启程前往西欧国家进行了广泛的游历与考察，仔细观察了从礼节到艺术的各项事务，他出席公共演讲、到工厂以及船坞访问，甚至还亲自接受木工训练。

返回俄国之后，彼得竭尽全力将自己在西欧接触到的思想观念引介到自己的国家。他命令贵族剃掉胡须，努力将法国风尚（包括法语）引入到俄国的上层社会中。随后，他又继续进行更多的实质性的改革，大批引进国外的工匠与科学家，以前所未有的规模推进教育事业的发展。他按照西方的模式建立了一支现代式的海军，还改革了俄国的许多制度，包括军队、行政以及东正教会等领域。

彼得对西方的羡慕之心并没能阻止他同自己的欧洲邻居之间发生冲突，和当时波罗的海地区的强国瑞典之间尤其是这样。1700 年，延续时间长达 21 年的北方战争爆发，这场战争反映出彼

圣彼得堡

彼得时代之前，在经历了几个世纪的发展之后，故都莫斯科已经成型。但由于莫斯科远离海岸与边界，外部世界对它一直充满了猜疑。通过在临近波罗的海的地方建造新的都城圣彼得堡，彼得主动倾斜了俄国的传统轴心，使其成为一个面向西方的现代国家。圣彼得堡是一个全新的城市，它是按照欧洲最新的式样构划出来的：宽阔的林荫大道、带有阳台的石头房屋。圣彼得堡坐落在涅瓦河上，这使得它非常引人注目（右图），远眺它的宽宏的街景，能够看到林立的宫殿与教堂，它们划破天空，高高耸起。这个崭新的城市也是彼得的建筑理念的反映，它通过公共设施给人们带来愉悦，比如街道照明、铺设人行道、修建公园。同时最重要的是，圣彼得堡是一个海港，它不仅对海外贸易以及文化交流打开了窗口，而且该城的建造也宣告了俄国作为一个海上强国追赶上了欧洲其他国家。

得开疆拓土的决心。1703 年，他在涅瓦河口建造了一个城堡，眺望着波罗的海的方向，到 1712 年，俄国已经将这个城堡发展成为新的都城——圣彼得堡。

但是，彼得在许多方面又不像是一个现代化者：他是一个富有侵略性，甚至是非常凶暴的一个人。他身材高大，身高约为 2.1 米，说话声音宏亮，言谈举止咄咄逼人。对于艺术与科学本身，他几乎没有什么兴趣，他积极寻求的是将西方的科学实验在俄国付诸于实践，推动俄国的发展，增强俄国的国力。他在政治领域的改革也是本着上述同样的精神：他渴望增强这个国家的实力，而不是为了促进社会公正。所以 1721 年，俄国颁布法律，允许企业家从乡村地主手中如同奴隶买卖一样购买农奴，从而刺激俄国工业的发展。这种方式的确促进了经济发展，但对人权却漠不关心。

奴隶贸易

15 ～ 19 世纪，大约有 1200 万非洲人——不管是男人、女人还是儿童——被塞进黑暗、肮脏、空气不流动的船舱，以奴隶的身份运送到美洲，占总人数 1/6 的人死在了航运的过程之中，而那些幸存下来的人则陷入悲惨的处境。就在这些奴隶遭受极大的人生痛苦的时候，他们在非洲的家乡也遭到了极大的破坏，那些从事奴隶贸易的商人却因此而大发横财。

中世纪的"旧世界"，奴

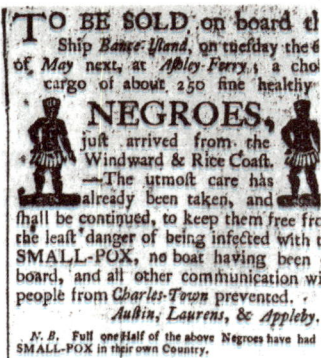

为 1700 年左右新到波士顿的一船奴隶做的广告，这些奴隶来自"海风吹拂、盛产大米的海岸"——指的是从今天的塞内加尔到利比里亚的非洲西海岸地区。

尽管奴隶贩子也贩运来自内陆的俘虏，但是受到奴隶贸易破坏最严重的区域仍是非洲中部与南部的沿海地区。除了向美洲运送奴隶这条线路之外，还有一条陆上奴隶贸易之路，它通向北非。

隶制是可以接受的，在我们可以了解到的地区都有类似情况：被征服的民族——不管是士兵还是普通民众——以及因为犯罪或者欠债而丧失了自由权利的人，可以被买卖并从事各种劳动，从非技术性的农业、建筑以及家庭劳动到高度技术性的美术家、工匠、书记员，奴隶们从事着各种工作。

1441 年，来自葡萄牙的欧洲船只抵达非洲海岸，运回了奴隶，这在历史上还是第一次。随后的发展非常缓慢，直到 17 世纪，奴隶贸易才进入了繁盛时期。这时候，被打开了大门的美洲大陆需

奴隶之屋

在西非的塞内加尔海岸外1公里处，有一个名为戈里岛的岛屿，它曾经作为奴隶贸易的中心达3个世纪之久。对于欧洲船主来说，这个处于海洋之中的基地非常便利，对于本土的奴隶贩子而言也是如此，因为能够非常放心地在这里安置那些被捕获的人，他们根本无法逃走。这个岛屿在不同的时期掌握在不同的所有者手中，葡萄牙、法国、英国都曾经控制过它。不管是在谁的控制之下，运送奴隶的基本过程其实都是一样的。成千上万的"货物"——奴隶——通过这个岛屿进行中转，他们被戴上镣铐运送过来，然后再被运到海外。今天看到的"奴隶之屋"可以一次性关押200人，修建于1780年，正是奴隶贸易的最鼎盛的时期。

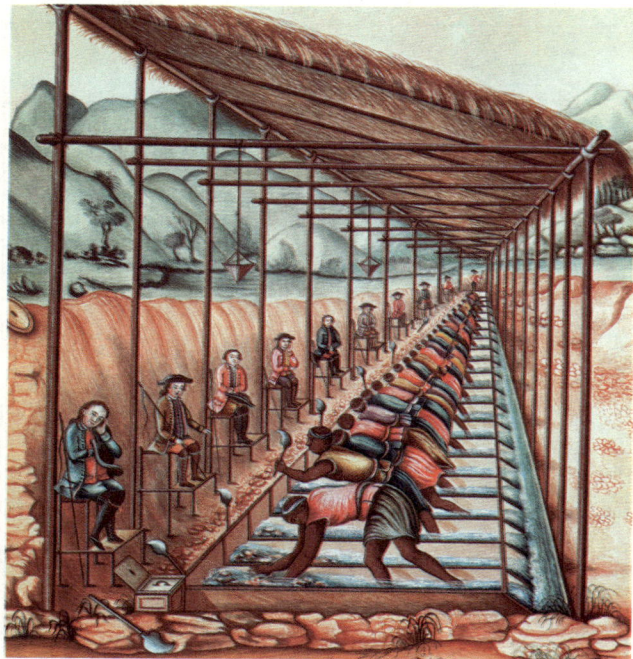

在监工的注视之下，巴西的奴隶正在从河床的泥浆之中淘钻石。3个世纪中，330万非洲人被贩运到巴西。

要劳动力，本土的土著居民无法满足这种需求——他们对于来自旧大陆的传染病没有抵抗能力，已经大批死亡。

最初，一些不幸的欧洲人遭到了奴役，包括罪犯以及欠债者，他们通过工作的形式来完成自己的义务。但是，由于在美洲南部、古巴、其他加勒比海岛屿以及巴西，有面积广大的肥沃的土地需要劳动力，所以对于种植业劳动者的需要迅速增长。

到1700年，大西洋三角贸易已经确立了。在贸易的第一个阶段，从欧洲港口启程的船只向南航行，满载着制成品、枪支以及廉价的小商品，船只来到非洲海岸后，在市场上同当地的奴隶贩子进行交易，这些奴隶贩子带着被俘获的人，有的是通过向内地进行袭击而获得的，有的是从当地首领那里购买来的。

贸易的第二个阶段就是臭名昭著的"中间过程"：奴隶们被戴上镣铐，成百上千地塞在甲板之下极其肮脏的环境之中。在经过一段航程——可能是几个星期——之后，那些活下来的奴隶被从骇人听闻的禁闭环境之中释放了出来，像牲口那样接受检查，然后被出售给新的主人。贸易的第三个阶段是返回欧洲的航程，带回的是在这个过程当中购买的棉花、糖、烟草以及其他种植园出品。

对于那些投资三角贸易的商人而言，这个过程使他们获得了高额利润。处于快速的工业化过程之中的英国受益匪浅：三角贸易带来了廉价的生产原料，同时将工业品销往了非洲与美洲。像布里斯托尔、利物浦这些港口，直到1750年，每年都有大约40艘贩奴船从这里驶出，因为航运的发展而繁荣了起来。但是，三角贸易对于非洲西部地区造成极大破坏同时，也为后来的美国积累了问题，它将在一个世纪之后的美国内战中分裂这个国家。

启蒙运动

启蒙运动首先是一个哲学运动，但在 18 世纪的欧洲，社会与文化的许多方面都感受到了它的影响，引领了这个被称为理性时代的时期。人们的思想奠基于理性探索的原则之上，支持者们相信：人类可以沿着精神与物质进步的道路前进，通过这条道路，人类将逐渐地趋于完善。

由于受到十六十七世纪宗教争端而引发的广泛的暴力冲突的惊吓，许多学者致力于寻找替代性的方式给人们带来意义和秩序。17 世纪 90 年代，英国哲学家约翰·洛克发表了《人类理智论》，他通过说明人并不是生而邪恶和非理性，而是环境使然，从而阐述了新思想中的一个重要的原则。思想家们甚至并不主张彻底地抛弃宗教，而是为人类要求一种与正统信仰中与上帝的关系相比，更为个人的、自然的关系。

17 世纪兴起的自然科学否定了对于宇宙的传统解释。这个时代的思想家们信奉的是对自然现象进行仔细观察，通过经验主义的方法来揭示自然的运行原理。英国科学家艾萨克·牛顿对这种新的方法进行了归纳，尽管他个人仍然保持很深的宗教世界观。

与对于宗教的挑战相伴的就是对于社会改革的要求。法国思想家，如蒙田、伏尔泰以及卢梭，都支持公民自由：包括法律面前人人平等、言论自由、政府遵守以"公意"为基础的统治者与人民之间的"社会契约"。现代的宗教多元的观念以及种族宽容等理念在那个时代也首次发出了自己的声音；在德国，犹太启蒙运动（即"哈斯卡拉"）呼唤着政治解放与强有力的希伯来文化。

许多王室感觉到自己受到了新思想的威胁，伏尔泰自己就被关进监狱并被迫背井离乡。但是，欧洲的一些著名的专制主义统治者，如俄国的叶卡捷琳娜、奥地利的约瑟夫二世、普鲁士国王腓特烈二世，他们采纳了新思想，进行了社会、教育、司法等方面的改革。当然即使这样，这些开明专制主义者也并没有引入代议制政府。

到 18 世纪末期，美国与法国的革命采用了启蒙运动的一些重要的信条。但是在法国，理性时代的乐观主义已经让位于恐怖统治，将整个大陆拖进新一轮的血雨腥风和动荡之中。

哥特霍尔德·埃菲拉伊姆·莱辛是德国启蒙运动的主导性人物。他因为戏剧写作与文学批评而赢得声誉，他还对戏剧的自然主义风格以及言论自由进行了探讨。在他晚年的时候，他参与了神学辩论，激情澎湃地支持宗教宽容事业。

百科全书

启蒙运动的一个重要目的就是促进大众教育的发展，如果人们知道他身边的世界是如何运转的，他们就能更好地掌握自己的人生。哲学家狄德罗与数学家达朗贝尔试图建立起知识的基本架构，他们开始合作编著《百科全书》。这部里程碑式的巨著卷数达到了 33 卷，历经 26 年的时间才得以出版完成，包括了当时法国的主要思想家的文章。实用主题（比如右图中的烘烤技术）与激进的主题（如进步主义哲学理念以及政治方面的自由主义）都囊括在《百科全书》之中。因为书中的一些内容表现出反对教权的口气，所以最初的两卷受到了压制。

261

西班牙在美洲的统治

多罗雷教堂位于圣弗朗西斯科的现代商业区，是西班牙殖民统治的遗留物，这座建于1791年的建筑是圣弗朗西斯科最古老的保存完好的建筑物。

在16、17世纪的大部分时间中，西班牙是欧洲处于支配性地位的强国。在1700年之后，西班牙的优势地位开始滑落，西班牙的统治者查理二世去世后没有留下子嗣，使得西班牙本土陷入王位继承战争，但它的美洲殖民地继续繁荣发展。在发展起来的以等级制度为基础的殖民地社会中，内在的张力正在不断增长，到18世纪末，脱离母国获得独立的压力变得不可遏制了。

从经济方面来讲，西班牙的美洲帝国变得越来越强。墨西哥与秘鲁持续地从金矿与银矿中获得巨额收入，同时还得到了快速增长的大规模的商业化农业的补充。在庄园体制之下，大片未开发的处女地以及从土著农民手中夺得的土地联合成大地产，为富有的家庭所拥有。被剥夺了土地的印第安人除了到大地产者那里充当只能获得低报酬的劳动者之外，几乎没有什么其他选择。经营大地产能够产出巨额的财富，从而刺激了它的进一步扩张。1776年，新设立了拉普拉塔总督区（今天的乌拉圭与阿根廷），目的是从这里日益繁荣的畜牧业中获益，同时增加皮毛的出口。

其他强国对于西班牙在美洲主导权的挑战影响甚微。从1739年起，西班牙与英国发生了"詹金斯耳朵之战"，这场战役得名于英国的一位船长，他声称自己的耳朵被西班牙在加勒比海的税务官员割掉了。实际上这场冲突发端于英国商人所受到的挫折——他们被排除在西班牙属美洲殖民地的贸易之外。直到七年战争（1756～1763年）的时候，西班牙帝国的领土大致上仍是完好无损的，在这场战争后期，西班牙援助了法国。在这场具有重要影响的战争中，英国占据了古巴的哈瓦那，1763年签订和平条约时，又迫使西班牙割让了佛罗里达。

尽管西班牙得到了法国先前在路易斯安那的领土，但他们并没有很好地利用起来。相反，内部的张力开始削弱这个西班牙帝国。18世纪80年代，在促进商业发展的尝试中，西

图帕克·阿马鲁二世的起义

作为印加最后一位统治者的后代，何塞·加夫列尔·孔多尔坎基·图帕克·阿马鲁二世（下图）是一位值得尊敬的人物。由于对西班牙的非正义统治日益失望，他在1780年发动起义，意在恢复印加的统治。他吸引了许多不同的集团投入到这项事业当中来，他呼吁克里奥人与麦斯地索人参与进来，向黑人奴隶允诺给予他们自由。他声称效忠于西班牙王室，宣布是那些本地的统治者毁坏了帝国的理想。在围攻首都库斯科失败之后，他的支持者开始不加区别地屠杀白人。之后有人叛变，他被抓获，在1781年被处以绞刑，在此之前，他被迫亲眼目睹了自己的妻子与子女被处以死刑。图帕克·阿马鲁二世的起义是西班牙在美洲的统治遭受到的最严重的挑战，在起义过程中，超过20万人付出了生命的代价。

班牙国王查理三世放松了殖民地贸易体系（长期以来它的范围仅限于拥有执照的行会商人以及西班牙的特定港口），同时还重组了行政体系，增强了国王的权力，削弱了当地总督的权力。尽管这些改革促进了贸易发展，但也引发了殖民地的憎恶情绪。查理三世还开始压制教会在殖民地的影响，1767 年，他将耶稣会传教士从帝国的各个地方驱逐了出去，这一措施使得西属美洲土地上的土著居民受到的损失最大，因为传教士在一定程度上抑制了白人殖民者对他们的残酷剥削。

探索亚洲

彼得大帝
彼得一世（即彼得大帝，1682 ~ 1725 年）是俄罗斯的沙皇。在他的统治下，这个落后的国家一跃变成了一个欧洲强国。

18 世纪初，俄国拥有一个活力四射的统治者——沙皇彼得一世。他建立了一支强大的海军和陆军，重组政府并且建设俄国的新都彼得堡。俄国的领土跨过西伯利亚向太平洋沿岸延伸，然而之前俄国几乎没有什么人考虑过他们的新领土会包括什么，或者是想把俄国与美洲联系在一起，但彼得大帝却决定这样做。

维图斯·白令（1681 ~ 1741 年）出生于丹麦。他是一个杰出的管理者，彼得邀请他来帮助俄国海军实现近代化。1724 年，彼得任命他率领一支大型远征队穿过西伯利亚。1725 年，这支远征队离开圣彼得堡，两年后来到了太平洋。白令及其船员在那里建造了"圣加布瑞尔"号轮船，沿着海岸继续前行，进入到北冰洋水域。白令高兴地看到西伯利亚与美洲并没有连在一起，1730 年，他返回到彼得堡。1732 年，白令负责进行新一次大规模的探险。参加这次伟大北部远征的人数超过 3000，其中包括 30 位科学家和 5 名测绘人员，以及 13 艘轮船和 9 辆货车的科学仪器。此行的任务就是要对整个西伯利亚的北部海岸及其东部海域进行勘测。

10 多年后，5 支队伍绘制出了北部海岸和经由俄国向北流向北部海岸的大河的地图。白令专注于西伯利亚以外的海域。这时他穿过太平洋向阿拉斯加航行，沿着阿留申群岛回到了勘察加半岛。

1741 年，尽管白令在这次远征尚未结束之时便已逝世，但他的远征队还是取得了巨大成功。远征队绘制了西伯利亚地图，使得西伯利亚和阿拉斯加两地都向俄国的毛皮商人开放。到 1800 年为止，阿拉斯加已经成为俄罗斯帝国的一部分。尽管谢米扬·德志涅夫早在一个世纪以前即已发现了西伯利亚和美洲为海所阻断，但是他并没有留下什么记录。而白令再次确定了这些发现，因此为了纪念他，就把位于两大洲之间的这个海峡命名为白令海峡。

白令之死
1741 年，白令开始从阿留申群岛离开阿拉斯加返航。当他到达了堪察加半岛附近的一个岛屿上时，死于坏血病和暴晒。现在这个岛屿就以他的名字命名。

向美洲进军

在哥伦布登上西印度群岛的 200 年后，欧洲人对于西印度群岛以北广袤的美洲大陆的知识仍然是少得可怜。西班牙人在佛罗里达和墨西哥湾探险，英国人在东海岸建立了一些殖民地，法国人则沿着圣劳伦斯河逆流而上，并在加拿大进行殖民。但是位于二者之间的广袤的土地仍然处于神秘状态。

1541 年，西班牙的赫尔南多·德·索托开始在佛罗里达探险，并成为第一个着眼于密西西比河南岸广大区域的欧洲人。不幸的是，他不久就去世了，西班牙人没有能够继续探险。一个多世纪以后，在密西西比河以北的几百千米处，路易斯·朱略特（1645 ~ 1700 年）和法国的耶稣会传教士雅克·玛库特（1637 ~ 1675 年）发现了一条由密西西比河通往大湖区的航线。他们在这条河上向南探险，直至阿肯色。另一个法国人罗伯特·德·拉萨勒（1643 ~ 1687 年）成为第一个顺着密西西比河而下直至位于墨西哥湾的河口的欧洲人。他宣布密西西比河流域的土地归法国所有，并以法王路易十四的名字将之命名为路易斯安那。

一个多世纪以后，欧洲人在北美的影响发生了巨大变化。尽管西班牙人仍旧控制着佛罗里达和墨西哥，但是英国人已经取代了法国在加拿大的统治。最为重要的是，英国殖民者起来反抗他们的母国并建立一个从大西洋沿岸至密西西比河东岸的独立的国家——美国。西部——路易斯安那——仍旧属于法国，但是 1803 年，法国将其卖给了美国。

杰斐逊

1803 年，美国总统托马斯·杰斐逊从法国手中购得路易斯安那，路易斯安那比当时美国领土的两倍还要多。

萨卡加维亚

1804 年，一位名叫萨卡加维亚的肖肖尼族部落成员加入到刘易斯和克拉克的探险队伍中来。她会说很多种当地的语言，在探险过程中当翻译。

新大陆

西班牙人是第一批从他们位于墨西哥的帝国出发往北到北美洲去探险的欧洲人。当赫尔南多·德·索托（1500 ~ 1542 年）于 1541 年成为第一个看见密西西比河的欧洲人的时候，潘弗洛·德·纳瓦埃斯（1470 ~ 1528 年）正在墨西哥湾探险。他们是最早向这个辽阔的新大陆进发的人。

↑ **卡伯萨·德·巴卡**

阿尔瓦·努涅斯·卡伯萨·德·巴卡（1490 ~ 1556 年）与纳瓦埃斯一起在墨西哥湾航行。1528 年，虽然这支舰队在得克萨斯失事，但是卡伯萨·德·巴卡却被雅基族部落的人救起。德·巴卡跟他们在一起生活了 5 年后，他开始徒步走过得克萨斯，渡过大河进入墨西哥，于 1536 年安全到达墨西哥城。

← **野牛**

在 350 多年中，欧洲殖民者在大草原上几乎将野牛捕杀殆尽，从而断绝了土著人的食物和衣物来源。

→ **密西西比河**

汹涌的密西西比河从北美向南注入墨西哥湾。朱略特和玛库特所发现的密西西比河北部河段使美洲进一步向欧洲的探险者和殖民者开放。

美国总统托马斯·杰斐逊想发现比他所购买的更为广阔的土地。1804年，他派了两个人去探险。分别是他的私人秘书梅里韦瑟·刘易斯（1774～1809年）和前陆军军官威廉·克拉克（1770～1838年）。通过两年的探险，他们从圣路易斯沿着密西西比河逆流而上，翻过落基山脉，

冲过急流
刘易斯和克拉克利用小船在危险重重的密苏里河、哥伦比亚河和黄石河上航行。

沿着哥伦比亚河直至太平洋沿岸，然后他们渡过黄石河返回到圣路易斯。

探险的成功使美国政府相信，路易斯安那适于居住。在一代人的时间之内，殖民者渡过密西西比河，涌向大平原和太平洋沿岸来开始新的生活。美国横跨美洲大陆的扩张开始了。

穿越太平洋

自从古希腊时代以来，欧洲人一直认为在世界的另一边还有大陆存在。他们推断，因为在北半球有一个欧亚大陆，那么在南半球必定存在着一个相似的大陆来使这个世界得以平衡。唯一的问题就是尚没有人成功地发现这个南部大陆究竟位于何处。

受雇于东印度公司这一贸易组织的许多海员，在他们的航行中偶然遇到了一块尚未被发现的陆地。1605年，威廉·詹茨（1570～1629年）从新几内亚出发向南航行，发现了澳大利亚的北端。1615年，德克·哈托（1580～1630年）到印度尼西亚游历，向东航行了很远的距离并在澳大利亚西部登陆。他们报告说，这个新大陆实在是贫穷而不值得考虑，因此荷兰东印度公司并未采取进一步的行动，因为它只对贸易感兴趣而无心于探险。

↑ 向整个美洲扩张
罗伯特·德·拉萨勒曾经两次在大湖区以及沿着密西西比河航行，刘易斯和克拉克则沿着密西西比河逆流而上，他们的探险使北美洲进一步向殖民者开放。

大事记

*1527～1528年，德·纳瓦埃斯到墨西哥湾探险。

*1528～1536年，德·巴卡在得克萨斯探险。

*1541年，德·索托是第一个见到密西西比河的欧洲人。

*1672年，玛库特和朱略特在密西西比河上游探险。

*1678～1680年，拉萨勒在大湖区探险。

*1680～1682年，拉萨勒沿着密西西比河顺流而下直至墨西哥湾，并宣布这些地区归法国所有。

*1804～1806年，刘易斯和克拉克在密苏里河探险，并寻找通往太平洋的路线。

荷兰东印度公司贸易港
1602 年，荷兰在东印度群岛设立公司管理贸易活动。他们在印度建立了很多像本图所示的贸易港，很快控制了当地的香料贸易。

艾贝尔·塔斯曼
艾贝尔·塔斯曼在两次航行中绘制了南部海洋上很多未经勘察的陆地的地图。

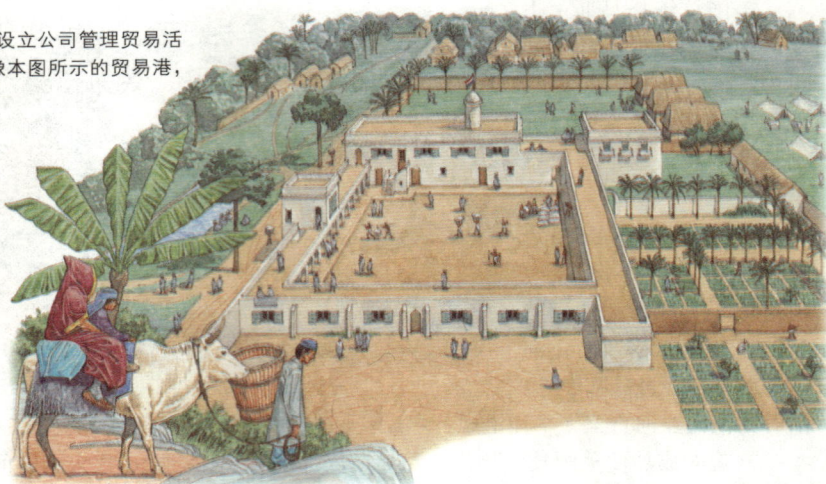

　　1642 年，东印度公司改变策略，开始寻找"隐姓埋名的澳大利亚大陆"或叫"未发现的南部陆地"。1642 ～ 1643 年，艾贝尔·塔斯曼（1603 ～ 1659 年）绕着印度洋和太平洋环游了一大圈，而没有发现一块南部土地，尽管他发现了后来以其名字命名的塔斯马尼亚岛和新西兰。1643 ～ 1644 年，他在詹茨和哈托曾经发现过的澳大利亚海岸线探险。塔斯曼认为，通往新几内亚南部的陆地并不是南部大陆的一部分，但是他并没有发现它是否与新几内亚相连或者它是否是一个岛屿。

塔斯马尼亚
1642 年 11 月，塔斯曼在一个新岛屿登陆时，他根据东印度公司巴塔维亚总督的名字，称之为"范帝门士兰"。后来人们以塔斯曼的名字给它重新命名。

　　令人十分惊奇的是，路易斯·托雷斯（约 1570 ～ 1613 年）早已经证实，新几内亚就是一个岛屿。1607 年，他通过现在以他的名字命名的海峡环游新几内亚，证明它是一个岛屿。因此，通往南方澳大利亚的陆地并非与之相连。然而，塔斯曼并未意识到这一发现的重要性，因此关于南部大陆以及上述未命名的大陆之谜尚未解开。

南方海域
　　库克对所到之处陌生而奇异的景色感到震惊。他发现了许多欧洲人前所未闻的动物和植物，并遇见了许多不同的人。波利尼西亚人大体说来还是很友善的，但是住在新西兰的毛利人则不太平和。

↓ 毛利人的独木舟
　　毛利人是技术熟练的水手。当库克船长到达新西兰时，他们用装饰复杂、刻有各种花纹并能容纳 100 个将士的独木舟来欢迎他。

↑ 袋鼠
库克的船员是第一批看到袋鼠的欧洲人，但他们却不知道它到底是什么动物。最后，他们认为它是"某种鹿"。

→ 酸橙
　　在长途的旅行中，因为食物里缺少维生素 C，大多数船员都患上了坏血病。库克和船员们靠吃富含维生素 C 的腌制卷心菜以及酸橙来解决这个问题。

↓ 金银花
　　悉尼·帕金森是这次航行中的一个绘图员。他在途中采摘了许多种奇异的植物，金银花就是其中的一种。

第七章

西方据优势地位时期

公元1750年～1914年

库克船长

库克船长

詹姆斯·库克（1728～1779年）在1755年加入英国皇家海军之前，已经在商船上度过了十多年的时间，并成为了一个经验丰富的航海家和水手。

到18世纪为止，欧洲人尚不清楚位于南半球的那块神秘陆地——隐姓埋名的澳大利亚大陆——的形状和大小，他们甚至不能确信这块神秘的新大陆是否真的存在。此时，英国人已经取代了荷兰人而成为世界上主要的贸易国，他们的皇家海军统治着大海。1768年，英国海军向南部海域派遣了一支远征队去寻找南方大陆。詹姆斯·库克是率领这支远征队的理想人选——他是一位航海专家和经验丰富的水手，曾经在商船上度过了10多年的时间。

1768年8月，库克从英国的普利茅茨出发。1769年4月，他到达了塔希提岛，在那里他和他的船员被那里的温暖气候和美丽的动植物所深深吸引。然后他向西南行进到新西兰，新西兰西海岸曾经被塔斯曼发现过。库克在这里做了一个"8"字形的航行之后，发现新西兰是由两个岛屿组成而并非一个岛屿。库克继

"奋进"号

库克船长选择了经过改建的运煤船"奋进"号周游世界。这艘船虽然行驶缓慢，但却坚固、宽敞，还能够容纳下94个人及其给养。

↑ 库克的航行

在1768～1779年的远航中，库克勘察了太平洋的许多地区，包括澳大利亚东部在内，他把该地命名为新南威尔士。他还发现了许多岛屿，包括夏威夷，最后他就是在这里遇害的。

大事记

*1755年，库克参加英国皇家海军，并被擢升为船长。

*1768～1771年，库克首次航行，绕过新西兰，在澳大利亚东部探险，并宣称它为英国所有。

*1769年，库克发现了塔希提岛。

*1772～1775年，第二次航行中，库克朝着南极洲的方向驶去。

*1776～1779年，库克在第三次航行中向北航行，在去北冰洋的路上发现了夏威夷。

*1779年，库克在一次凶残的混战中被杀死于夏威夷海滩上。

续向西航行并在现在称之为博塔尼湾的地方登陆，在澳大利亚，他宣称该地为英国所有。然后他沿着海岸线向北航行直至大堡礁，因"奋进"号撞礁搁浅而不得不进行修缮。之后穿过托雷斯海峡，经由印度洋和大西洋返回英国。库克后来向南海海域又做了两次更远的航行。他第二次远航是在 1772 ~ 1775 年向着南极前进，因为他认为南方大陆就在那里。他的最后一次远航是在 1776 ~ 1779 年，向北航行去寻找进入北冰洋的入口。

库克最后惨死于夏威夷海滩上发生的一场混战。但是在他的三次远航中，库克最终证实，澳大利亚和新西兰是两个分开的岛屿，并且也不是南方大陆的一部分。当后来在南极附近发现大陆时，南极洲就被认为是真正"隐姓埋名的澳大利亚大陆"。库克从南部海域带回来的有关科学、植物报告和航海信息同等重要，他使探险开始从冒险转变为科学发现。

穿越澳大利亚

继库克在博塔尼湾登陆之后，欧洲人开始在澳大利亚定居。但是 90 年后，他们对这个新的国家仍旧知之甚少。第一批移民是从英国派出到福特·杰克逊即今天的悉尼去服刑的罪犯。此后不久便有农民加入到这一行列中来，到陌生的地方以开始新的生活。因为每个人都占有很多土地，因此他们很少有人离开海岸到内陆去冒险。

一些勇敢的探险者却沿着海岸线或是河谷进行深入考察。1828 年，查尔斯·斯德特（1795 ~ 1869 年）发现了达令河，然后沿着默里河到达了大海。1844 年，向默里内陆前进。（1840 ~ 1841 年），爱德华·埃尔（1815 ~ 1901 年）从阿德莱德城出发，沿着南部海岸步行，发现了一条通往澳大利亚西部爱伯尼殖民地的路线。但直到 19 世纪 50 年代末期为止，殖民者还不知道他们的这个广袤的国家的内陆究竟是个什么样子。有人认为是一个巨大的内陆海，而其他人则担心只是沙漠。1859 年，南澳大利亚政府悬赏奖励第一个由南而北穿越澳大利亚大陆的人。

骆驼

骆驼是由伯克和威尔斯在远征过程中从印度带过来的。后来证明它们对这里水土不服，大多数最终都被探险者们杀掉食用。那些得以生存下来的骆驼的后代仍然生活于内地。

有两支远征队声称要拿这个奖项。第一支由罗伯特·奥哈拉·伯克（1820 ~ 1861 年）及其年轻的伙伴威廉·威尔斯（1834 ~ 1861 年）率领，伯克与其说是一个探险家不如说是一个冒险家。这是一支在澳大利亚组织的规模最大、花费最多的远征队。它由 15 个人组成，并带有马匹和骆驼。他们从墨尔本出发向北到达了卡奔塔利亚湾。但是这支远征队组织不善，伯克和威尔斯在南返的途中死去。

约翰·斯图尔特（1815 ~ 1866 年）则更为成功。他是一个经验丰富的探险者，他知道如何在人烟稀少的内地生存下来。他从阿德莱德出发，试图穿行大陆，但是受到了土著人的阻挠。他再一次开始，但是又受到了漫长的荆棘灌木丛带的阻挡。1862 年 7 月，他最终到达了达尔文城。斯图尔特证实，澳大利亚内陆实际上就是沙漠。他的旅程开启了向内陆殖民的过程。

普鲁士的崛起

这是七年战争当中普鲁士的一个步兵团所持的旗帜。普鲁士之所以能够崛起，很大程度上是因为在德国的各国中，它在军事方面非常突出。军队在普鲁士人生活中居于重要地位，同时也为这个公国赢得了权威地位。

16 世纪时，普鲁士还只是东波罗的海地区的一个小公国。它是条顿骑士团的遗产，13 世纪，这个骑士团从异族手中夺得了这块地区。17 世纪早期，普鲁士名声大振，这个时候，它成为勃兰登堡公国的一部分，处于霍亨索伦王朝富有活力的统治之下。在后来的 250 多年之中，普鲁士成为讲德语的国家中最强大的一个，也正是在普鲁士的推动下，统一的德国最终于 1871 年形成。

为普鲁士的光荣奠定基础的是勃兰登堡选帝侯——腓特烈·威廉（1620～1688 年）。尽管名义上，从 1618 年以来，普鲁士公国就属于勃兰登堡，实际上它仍然处于波兰的封建权力控制之下，腓特烈·威廉通过战争与讹诈才于 1660 年获得了普鲁士的完全主权。腓特烈·威廉逐步建立了这个公国的军事力量，组建了一支 3.1 万人的常备军，这在当时是非常可观的军事力量。

1701 年，在西班牙王位继承战争中，腓特烈·威廉的继承人腓特烈一世率军支持哈布斯堡，作为回报，奥地利认可它为普鲁士王国，定都柏林。但是，直到腓特烈一世的儿子腓特烈·威廉一世的时候，他才在 1713 年登上了王位。腓特烈·威廉一世打造了普鲁士军国主义与专制主义的特色，这些特征将影响到后来的数个世纪。组织完好的征兵体系增强了这个国家的力量，它的军队数量达到了 8.3 万人。另一项重要的改革是在 1722 年设立了行政性质的总理事务院，它成为普鲁士官僚体系的中心，将分散的霍亨索伦领土凝聚成一个统一的国家。腓特烈·威廉一世以军人国王的名声广为人知，虽然在他统治的时期，普鲁士并没有参与战事。

1740 年，腓特烈·威廉一世去世，腓特烈二世登基。他的首个行动就是发挥他的父亲积累起来的军事力量，下令进攻西里西亚，从而揭开了奥地利王位继承战争（1740～1748 年）的序幕。

开明的专制君主

与腓特烈大帝的军事功绩相对应，他是一位著名的开明专制君主，这位专制统治者对当时的文化与社会改革具有广泛的兴趣。1745 年，他自己设计了新的洛可可式的宏伟宫殿，建在柏林附近的波茨坦，他称其为"无忧宫"（右图），他在这处奢侈豪华的宫殿中招待当时最重要的作家与思想家，其中包括遭到法国驱逐的伏尔泰。

腓特烈自身也是一位"称职的"作曲家与音乐家，他非常喜爱笛乐。他还有雄心成为一位作家，但是，他用法语写作，而不是德语，他在《论德国文学》中尖刻地评论道："德国本国语言只适合讲给仆从与马来听。"

在他 46 年的统治时期，普鲁士的领土增长了一倍，巩固了自己作为中欧强国的地位。腓特烈的扩张策略并不是没有风险，在七年战争当中，都城柏林遭到了敌军的占领与焚烧。但是，这位国王持续有力的统治，以及他对工业、商业与农业发展的推动，为他赢得了"大帝"的称号。

1786 年，腓特烈二世去世，在此之后，普鲁士置于腓特烈·威廉二世毫无生气的统治之下。然后是腓特烈·威廉三世，在他统治时期，普鲁士努力抵制拿破仑的威胁，在拿破仑战争当中，最终站在了胜利的一方。它发现，在铁血宰相俾斯麦的掌控之下，自己成为欧洲首要的强国。

七年战争

18 世纪中叶，欧洲各个主要强国之间互相猜疑，由此引发了七年战争，这场战争是由一系列陆战与海战组成的，作战地点分布于全球的不同区域。在欧洲本土，因为西里西亚问题，葡萄牙与奥地利重新互相敌对，而法国与英国的冲突则是因为北美与印度殖民地之间的纷争。

在这场新的战争爆发之前，新的防卫条约已经重构了欧洲的政治地图，这场外交革命打破了原有的联盟，使英国同普鲁士联合在一起，而奥地利则与法国和俄国（后来还有瑞典）联合起来。不管是出于扩张自己的帝国的愿望，还是意在用先发制人的手段来对付奥地利的威胁，普鲁士的腓特烈大帝发动了战争，在 1756 年出兵侵入萨克森。战争之初，他的军队取得了可观的战果，萨克森的军队无力抵抗，普鲁士还巩固了在波希米亚的优势。

但是，普鲁士很快就感受到了敌对联盟给它造成的

在莫农加希拉战役中，法国与英国殖民地的军队正在作战。这场战役是法印战争——七年战争在北美的战事——早期的一次冲突。在美洲的战事爆发于 1755 年，比欧洲大陆提前了一年。

● 1618 年 勃兰登堡公爵继承了普鲁士公国，其首府在柯尼斯堡（现在的加里宁格勒，俄罗斯在波罗的海的飞地）。

● 1655 年 在第一次北方战争中，勃兰登堡选帝侯腓特烈·威廉同瑞典联合，与波兰争夺对于普鲁士的控制权，后来，他又转为同波兰联盟（波兰以承认他对普鲁士的最高统治权作为回报），帮助波兰驱逐瑞典。

● 1685 年 在路易十四撤除了对于胡格诺教徒的保护之后，腓特烈·威廉鼓励胡格诺教徒来自己的领土定居，这些法国新教徒丰富了普鲁士的商业生活。

● 1700 年 柏林科学院成立，

哲学家高特夫瑞德·莱布尼兹担任了第一任院长。

● 1701 年 勃兰登堡选帝侯腓特烈三世宣布自己为普鲁士国王腓特烈一世。

● 1713 年 腓特烈·威廉一世继承王位。他通过进行军事、行政以及金融改革，为普鲁士后来的军事、经济实力奠定了基础。

● 1732 年 1.2 万名奥地利萨尔茨堡的新教徒来到东普鲁士定居。

● 1733 年 普鲁士建立的征兵体系使来自不同地区的农民被强征进当地的军团。

● 1740 年 腓特烈二世即位。

● 1745 年 连接易北河与奥得河的运河完工。

● 1756 年 普鲁士向萨克森发起进攻，参与到七年战争之中；奥地利、法国、俄国开始与英国和普鲁士对抗。

● 1770 年 腓特烈大帝进行农业改革，其中的一项是引进了土豆，它将成为农民的一种主要产品。

● 1772 年 在第一次瓜分波兰的时候，普鲁士获得了西普鲁士地区，将原有的勃兰登堡公国和东普鲁士连接了起来，成为一块面积广大的疆土。

● 1813 年 莱比锡战役中，普鲁士与俄国的联军赢得了对拿破仑作战的决定性胜利。拿破仑战争结束之后，普鲁士得到了萨克森以及莱茵河边的领土。

夺取魁北克

1759 年 9 月 13 日，在年轻的将军詹姆斯·沃尔夫（他年仅 32 岁，但是，在前些年镇压詹姆斯二世党人、夺取新斯科舍的路易斯堡的战争中，他已经身经百战）指挥之下，英国的一支舰队沿着圣劳伦斯河逆流而上，3600 名士兵在法国的魁北克要塞附近上岸。他们采取了大胆的军事行动，爬上河边起伏不平、没有设防的亚伯拉罕高地，获得了进入亚伯拉罕平原的通道，这里非常有利于向这个城市发起进攻，经过短暂的战斗，英军打垮了法国守军。这次重要的胜利为英国征服整个新法兰西——加拿大圣劳伦斯河以东的区域——铺平了道路。在战斗中，法国统帅蒙特卡姆侯爵以及詹姆斯·沃尔夫本人（右图）都身受重伤，最终丧生。

压力，法国开始与腓特烈的汉诺威和英国联军对抗，奥地利最终将普鲁士军队驱逐出了波希米亚。同时，俄国（当时其统治者为伊丽萨维亚女皇，长期以来，她对普鲁士的崛起一直保持着警觉）对东普鲁士进行了蹂躏，而瑞典则侵入波美拉尼亚。

此后三年，欧洲的战事起伏不定，但没有一场具有决定性意义。在更大范围的冲突中，英国同法国在殖民地进行的战争具有重要的意义。在印度，英国军队确立了自己在陆上与海上的优势，1761 年，他们夺得了庞迪遮里，迫使法国放弃在次大陆的权利。在北美，尽管最初遇到了一些挫折，但英国最终击败法国及其休伦盟友，1760 年，整个新法兰西落入英国手中。在距离英国较近的地区，1759 年，英国海军在葡萄牙的拉古什和奎贝隆海湾取得了对法作战的胜利，打破了法国入侵英国的计划。在这个时期，英国追求自己雄心壮志的中心人物就是他们精力充沛的首相老威廉·皮特。

1758 年，英国攻占了路易斯堡，这是法国在圣劳伦斯河河口一个居高临下的堡垒。

- 1619 年 荷兰在巴达维亚建立了一个贸易站。
- 1639 年 英国在印度东南的马德拉斯（现在的钦奈）建立基地。
- 1715 年 英国东印度公司在中国的广州建立了一个贸易站。
- 1757 年 在普拉西战役中，罗伯特·克莱武的军队打败了法军。在 4 年之内，英国人还将获得庞迪遮里。
- 1765 年 莫卧儿皇帝沙·阿拉姆将孟加拉的征税权授予了克莱武与东印度公司，实际上是将这个省置于英国人的控制之下。
- 1769 年 在英国的统治下，孟加拉爆发了饥荒，到 1770 年，有 300 万人——占人口的一半——死亡。
- 1773 年 英国东印度公司在孟加拉的省督沃伦·哈斯丁斯被任命为印度总督。
- 1775 年 英国议会对罗伯特·克莱武在孟加拉时的腐败以及管理不善提出指控，在指控声中，他自杀身亡。
- 1785 年 沃伦·哈斯丁斯返回英国，发现自己遭到了检举，他因为腐败问题而面临刑期为 7 年的审判。
- 1799 年 荷兰开始对荷兰东印度公司进行清理，它的殖民地由荷兰政府直接接管。
- 1858 年 在印度大起义一年之后，英国国会通过《印度法令》，将南亚次大陆置于英国王室的直接控制之下。

尽管遭受到了一些严重的失败，但是，腓特烈在军事劣势面前表现出了极大的耐力。到1761年年底，普鲁士与俄国的军队都集中在普鲁士的边界之上，而在1760年，英国新国王乔治三世登基，老威廉·皮特辞去了首相之职，英国政府发生的变化对于普鲁士而言非常不利。但是，情况在1762年发生了戏剧性的转折，这时，俄国的伊丽萨维亚女皇去世了，而新上台的沙皇彼得三世对于腓特烈极其崇拜，尽管他当政仅仅6个月就被暗杀了，但继任的沙皇叶卡捷琳娜二世也没有恢复针对普鲁士的敌意。

到1763年，这场漫长的冲突终于结束了，最终签订的和平条约确认了英国在北美获得的领土，腓特烈保住了原有的疆域。战争中，普鲁士军人的英勇无畏提高了普鲁士的声誉，但是他们付出了惨重的代价：18万名普鲁士士兵与3.3万名平民在战争中丧生。

东印度贸易

发现时代的伟大航海探险活动重构了世界地图，扩展了欧洲的地理疆域，延伸了想象的空间。同时，人们的经济视野也发生了转变，现在，大量的财富可以通过贸易的方式而获得。很快，最早打开通往东方道路的葡萄牙就被法国、荷兰、英国赶上，他们都发现了一个高效地获得远距离地区资源的方式——通过商业公司。

这个体系很简单：这些国家的统治者授予那些雄心勃勃的商人集团特许状，允许他们扩展海外贸易，可以采取一切手段保护自己的贸易活动。实际上，这意味着这些公司成立之后，很快就突破了人们所理解的商业的界限，它们的举动在很多方面都像是主权国家。公司的职员贿赂或者逼迫当地的统治者为他们提供建立基地的地点，部署军队或军舰强行进行"自由"贸易。彼此之间出于竞争，它们结成同盟，同邻国作战，卷入当地的冲突之中。

这是英国以国王查理二世的名义发行的银卢比，它最初出现在印度的苏拉特。17世纪60年代，孟买落入英国手中，1672年孟买成为英国东印度公司的总部所在地。

第一个这样的公司是英国的东印度公司，早在1600年，它就得到了伊丽莎白一世的授权。公司同亚洲、非洲以及美洲（大洋洲还没有列入欧洲人的计划之中）的贸易增长缓慢，但是到18世纪早期，它们从中国购买茶叶、丝绸、瓷器以及其他奢侈品，在泰国和越南建立起了基地，与马来西亚和印度尼西亚也建立起了关系网络。很长时间里，这些地区都是控制在荷兰的联合东印度

荷兰东印度公司的总部设在爪哇印度尼西亚群岛的巴达维亚（下图）。1619年，荷兰人就在这里建立了据点，当时，商人冒险家占·彼得逊·科恩建立了一块殖民地，从很多方面来看，它都像是一个荷兰市镇，还有运河相连。荷兰东印度公司不断从巴达维亚向相邻岛屿扩散自己的影响，他们与当地的伊斯兰苏丹国进行了激烈的竞争。到18世纪后期，尽管荷兰的贸易帝国开始衰落，但巴达维亚自身却继续繁荣发展。现在，它是印度尼西亚的首都雅加达。

这里所示的是 18 世纪的一幅版画，表现的是船只聚集在加尔各答的胡格利河上的情形，从 1772 年之后，加尔各答就成为英国在印度东海岸的主要贸易基地，它也是英属印度的首府。画面当中的背景是威廉堡，加尔各答就是围绕着这个根据地发展起来的。

公司手中的，它建立于 1602 年，其总部设在巴达维亚（今天印度尼西亚的雅加达），这里是这个繁荣的商业帝国的中心。

来自印度的财富为英国提供了足够的补偿。他们于 17 世纪早期就在这里建立了立足点：1612 年，英国人就来到苏拉特港口；1639 年，夺得了马德拉斯（现在的钦奈）；1668 年，在孟买建立了基地；1690 年，在加尔各答建立了基地。之后的 100 年里，这些地方都迅速发展起来。在南亚次大陆的某些地方，英国东印度公司行使着政府的功能，在其他地方，他们

则随心所欲，恣意妄为。最初，英国东印度公司也面对着与它相类似的法国印度公司的威胁，但它逐渐将后者排挤了出去。1761 年，英国夺得了庞迪遮里，法国失去了在印度的最后一个重要基地。

伴随着权力与财富而来的是诱惑。印度有足够的腐败条件，在当地的统治者与官员之间，受贿现象极其普遍。这些人的贪婪之心之所以遭到斥责，部分原因来自 1769 年孟加拉的饥荒所造成的恶劣影响——本土居民大量死亡，英国的财富也受到了损失。这些确定无疑的丑闻给公司带来了负面影响，到 19 世纪早期，对于公司的批评与日俱增。

1857 年，为英国东印度公司服务的印度本土士兵发起了兵变，这场大规模的起义最终使得英国政府认为：应该直接管理帝国的这一财富。殖民体制的建立结束了东印度公司在印度的统治，一个时代结束了。英国的东印度公司成为了历史，面对着英国强大的压力，荷兰政府也逐渐接管了荷兰东印度公司的行政义务。

北美独立战争

直到 18 世纪中叶，英国在北美的殖民地都没有表露过获取独立的倾向，而触发这一倾向产生的根源在于英国与法国之间所进行的世界范围内的霸权争夺战。在欧洲，1756 年到 1763 年间，英、法两国进行了七年战争；在北美，英国则在 1754 年到 1763 年间发动了针对法国人和印第安人的战争。最后，英国获得了胜利，巩固了其霸权，但是，英国在战争当中也付出了相当大的代价，出现了严重的财政困境，为此，英国政府意图加强对北美殖民地的控制，企图增加对该地区的税收。实际上，此前北美殖民地所缴纳的税收仅仅是地方税以及并不以增加收入为目的的少量关税，尽管如此，北美商人依然大量逃税，很少有人按照规定缴纳关税。当时英国政府规定北美不许生产出口商品，可是北美的商人却长期向法属西印度群岛出口铁制品，同时违法地进口糖。应当说，北美殖民地所缴纳的税款主要用于当地政府开支，在很大程度上享有免税的特权，英国本土并没有从北美殖民地受益很多。可是应当注意到，正是英国对法国和印第安人的强烈打击，才维护了北美殖民地的安全，也促成了北美经济的进一步发展，而战争的耗费却都是由英国本土来承担的。在这种情况下，战后英国政府想打破北美殖民地所拥有的地方特权，于是在 1764 年出台了《税收法》，并且于第二年将该法案推广到美洲。表面上看来，《税收法》降低了北美殖民地的关税，可是英国政府的实际意图是想让关税政策在北美得到落实，因为此前法律上所规定的关税，北美殖民地大多没有正常缴

纳。结果，新税法在北美殖民地遭受了强烈的抵制，特别是对新增加的印花税，也就是说，所有的应用纸张，如报纸、收据、法律文件等，都要纳税，而后在上面贴上印花。然而，印花税并未能在美洲推行，1766 年，英国政府被迫取消了印花税，但是他们转而又出台了《汤森税法》，规定北美殖民地进口的纸张、颜料、金属、茶叶等商品都要交税，可是在殖民地人民的抗议下，这项税法不久之后也被迫取消了，不过，英国政府还是保留了茶叶税，这个税项的保留，与其说是英国政府想从中获取财政收入，莫不如说是为了象征英国政府对北美殖民地依然持有收税的权力。

在这场较量当中，显然英国政府处于相当被动的姿态，步步都为北美殖民地牵着走，而北美殖民地则表现得咄咄逼人，分毫不让，直到英国政府最后作出了最大程度的让步。《汤森税法》取消之后，英国政府和北美殖民地之间的矛盾有所缓和，可是好景不长，1773 年，就爆发了著名的"波士顿倾茶事件"。事件的起因是这样的，那时，英国东印度公司积压了大量的中国茶叶急需出售，为此而要求得到新的商业特权，同时也为了弥补公司由于管理法的调整而在印度丧失的政治特权。这样，英国政府允许东印度公司可以通过美洲的公司代理人，将茶叶直接卖给北美商人，而在此前，北美商人要购进东印度公司的茶叶，必须经过北美经纪人之手，如此一来，北美殖民地的商业中间人的利益就受到了严重的损害，为此，他们联合起来，抵制一切东印度公司贩来的茶叶。在波士顿港口，为了抵制东印度公司的茶叶强行上岸，一些乔装成印第安人模样的北美经纪商人闯到茶船上，将茶叶全都倾倒进海中。北美殖民地这一十分不友好的举动激怒了英国政府，他们下令将波士顿港进行封闭，同时还取消了波士顿所在的马萨诸塞的自治特许状。英国当局和北美殖民地之间的关系空前紧张。就在这时，英国政府颁布的另一项法令引起了北美殖民地更加强烈的不满，那就是 1774 年出台的《魁北克法令》。英国在对法战争取得胜利后，接手了法国在加拿大魁北克的殖民地，可是那里居住的却大多是法国人，英国不大可能将那些法国人都赶走，因此，为了避免冲突，英国政府通过这项法令规定魁北克地区可以依然使用法国民法，同时保障他们信仰天主教的权利，但是这项法令也规定，俄亥俄河以北的地区，即今天美国的威斯康星州、密歇根州、伊利诺斯州、印第安纳州和俄亥俄州全都归属于魁北克，因为这一区域居住的大多也是法国人。对于处理英、法两国之间的矛盾来讲，这一法令是相当合理的，然而英国政府却忽略了北美殖民地的感受，他们认为这是英国政府偏袒魁北克而有意削弱英国原北美殖民地的举措，因此强烈谴责《魁北克法令》是"最不可容忍的法令"之一。

这样，多种因素作用在一起，英国政府和北美殖民地之间就走到了剑拔弩张的地步。1774 年，北美殖民地的各自治团体派出代表召开了第一次"大陆会议"，作出了严格抵制英国商品的决议。第二年，事态进一步恶化，4 月 18 日，波士顿的一支英国军队前往康考德搜查一个未经批准的军火库，当走到了莱克星顿的时候，遭到了北美民兵的伏击。在这次战斗中，莱克星顿打响了美

本杰明·富兰克林在 1754 年所绘制的漫画，为了激励殖民地人民，寓意为"联合或死亡"。

莱克星顿的枪声

1775 年 4 月 18 日晚，英国殖民军准备偷袭北美波士顿西北郊莱克星顿和康考德两地民兵的秘密火药库。英军一出发，负责侦察英军行动的民兵就在波士顿北教堂的塔尖上悬挂起灯笼。民兵、银匠保尔·瑞维尔看见灯光立即驰马，向沿途民兵报信。民兵迅速集合应变。19 日拂晓，英军在莱克星顿遭到迎头痛击，一些英军继续向康考德前进，亦遭伏击，共死伤近 300 人，大败而归。该战斗打响了美国独立战争的第一枪，揭开了北美独立战争的序幕。

国独立战争的第一枪。不久之后，北美召开第二次大陆会议，决定组建一支美利坚军队，并且任命乔治·华盛顿为总司令，同时还派出了一支远征军前往魁北克，迫使魁北克加入反英同盟，同时也与法国政府进行了沟通。

北美殖民地仓促之间组建的军队当然不能与强大的英国军队相匹敌，然而北美也并非没有优势，首先，当时的北美人民已经酝酿了十足的斗志，他们的战斗情绪之高昂，远非英国军队可比；其次，北美军队在一开始就选择了军事才能相当卓越的华盛顿为统帅，相形之下，英军统帅在战争中的表现即使不说让人大跌眼镜，也实在是乏善可陈的；再次，英国军队前往北美需

地图：
- 温尼伯
- 鲁伯特地区（哈得逊湾公司）
- 威廉堡
- 苏圣玛丽
- 魁北克
- 魁北克
- 新斯科舍
- 哈利法克斯
- 蒙特利尔
- 法尔茅斯
- 本宁顿(1777)
- 莱克星顿(1775)
- 邦克山(1775)
- 波士顿
- 萨拉托加(1777)
- 奥斯坎尼(1777)
- 尤亚加拉堡
- 怀特普莱斯(1776)
- 普罗维登斯
- 蓬查特兰堡
- 纽约
- 长岛(1776)
- 桑达斯基堡
- 福吉谷
- 蒙茅思(1778)
- 布兰迪万(1777)
- 普林斯顿(1777)
- 巴尔的摩
- 日尔曼敦(1777)
- 圣路易
- 温森斯堡
- 费城
- 詹姆斯敦(1781)
- 约克镇(1781)
- 切萨皮克湾(1781)
- 大西洋
- 路易斯安那
- 贝德福德
- 卡斯卡斯基亚
- 美利坚合众国
- 基尔科德(1781)
- 阿肯色
- 国王山(1780)
- 霍布克寇九丘(1781)
- 威明顿
- 考朋斯(1781)
- 卡姆登(1780)
- 罗莎莉堡
- 奥古斯塔(1779)
- 托斯普陵(1781)
- 巴吞鲁日
- 沙凡那(1778)
- 查尔斯顿

图例：
- 1775年时英国所占有的地区
- 北美13个殖民地
- 印第安人占有的地域
- 魁北克
- 其他被占据的地区
- 美国独立战争中的战役
- 1783年时的美国
- 1783年时的边界

- 西佛罗里达
- 新奥尔良
- 圣奥古斯丁
- 墨西哥湾
- 东佛罗里达
- 巴哈马群岛

为了美国的诞生，在独立战争中，东海岸爆发了数次战斗。

要远渡重洋，在军需补给和作战调度上都处于显然的劣势；最后，尤其重要的是，北美人民的独立战争决非单独作战，而是有广大的盟友并肩战斗，法国、荷兰、西班牙等国都对北美军队给予了相当有力的支持，战事既开，北美独立战争实际演变成为欧洲列强利用这一契机再次与英国争夺霸权的战争。

北美独立战争的第一个阶段是 1775 年 4 月到 1777 年 10 月，主战场在北部地区，英军占据着有利地位。1775 年 6 月 17 日，波士顿民兵在邦克山与英军展开了第一次正面交锋，在这次战斗中，北美军队面对装备精良的英国军队毫无惧色，显示出了超强的斗志，战斗的胜利极大地鼓舞了北美人民胜利的信息，以此为基础，在战争正酣之际，北美发表了举世闻名的《独立宣言》。

● 1765 年 英国通过《印花税法》，对北美殖民地征收直接税。

● 1773 年 "波士顿倾茶事件"发生，它是北美人民针对征收茶税的暴力抵抗活动。

● 1774 年 因为"波士顿倾茶事件"，英国国会通过几项强制法案惩罚马萨诸塞。

● 1774 年 在费城召开了第一次大陆会议，抵制高压法令，爱国者们称其为"不可容忍法令"。

● 1775 年 乔治·华盛顿得到授权，领导大陆军。

● 1775 年 在邦克山战役中，反叛者给予英军沉重打击。

● 1776 年 华盛顿在圣诞之夜渡过特拉华河，前去袭击特伦顿。

● 1777 年 在宾夕法尼亚的布兰迪万河战役中，大陆军遭到了挫败。

● 1777 年 到 1778 年初，华盛顿的军队在弗吉谷度过了一个艰难的冬季，然后重新集结起来。

● 1781 年 约克镇陷落，北美独立战争结束。

● 1783 年 《巴黎条约》正式承认了美国的独立。

● 1788 年 得到 9 个州的批准后，美国《联邦宪法》生效。

● 1791 年 通过了《权利法案》，这是针对《联邦宪法》的第一批 10 条修正案。

美利坚合众国的成立

1776 年 7 月 4 日，北美大陆会议发表了《美利坚十三个联合邦的一致宣言》，人们通常称之为《美国独立宣言》，简称《独立宣言》。

《独立宣言》声称："这些联合一致的殖民地从此是自由和独立的国家，并且按其权利也必须是自由和独立的国家，它们取消一切对英国王室效忠的义务，它们和大不列颠国家之间的一切政治关系从此全部断绝，而且必须断绝；作为自由独立的国家，它们完全有权宣战、缔和、结盟、通商和采取独立国家有权采取的一切行动。"由此，作为一个独立主权国家的美利坚合众国正式出现在国际舞台上。

1776 年 7 月 4 日这一天被视作美国的诞生日，但是，那时的美国还仅仅是出台了一份《独立宣言》而已，尚未得到国际社会的承认，特别是没有得到原宗主国英国的认可，英国政府在北美集结了大批的军队，企图将北美殖民地的独立之梦彻底击碎，因此，《独立宣言》发表之后，英军向美军发起了更为强烈的攻势。1776 年 12 月，战争进入了最为激烈的时期，经过几番拉锯式的争夺，华盛顿最终决定放弃纽约。12 月 25 日夜里，华盛顿率军渡过特拉华河，对英国的特雷顿黑森兵营发起了出其不意的突袭，大获全胜。接着，华盛顿又在普林斯顿重创英军，在很大程度上扭转了美军的被动局面。1777 年 7 月，英军计划分兵三路，会师奥尔巴尼，从而切断新英格兰与美军主力的联系。当 7200 多名北路英军在伯戈因的率领下南进的途中，遭遇了新英格兰民兵的包围，在进军接连受挫之后，伯戈因退守萨拉托加。随后，美军集结了三倍于英军的火力对伯戈因实行了团团包围。最后，伯戈因在内部弹尽粮绝，外部又没有救兵到来的情况下率领余下的 5700 多名英国士兵投降美军。这就是在美国独立战争中具有重大转折意义的"萨拉托加大捷"，而美军之所以能够在萨拉托加取得如此辉煌的胜利，很大程度上得力于国际援助，美军在此次战役中所使用的武器有 90% 以上是由法国提供的。

美国在独立战争刚开始的时候就与法国进行了沟通，不过法国并没有立即行动起来，尽管法国人很希望北美能够实现独立，从而削弱英国的实力，可是在他们看来，美国的那一小撮武装力量实在是微不足道，然而随着战事的进展，法国人发现，此前过于低估美国人的能量了，他们遂转而积极支持美国的独立战争，给予了美军大量的援助。

← 华盛顿率军渡过特拉华河

乔治·华盛顿

　　乔治·华盛顿，1732 年生于美国弗吉尼亚的威克弗尔德庄园。1753 ～ 1758 年在军中服役，积极参加了法国人同印第安人之间的战争，从而获得了军事经验和威望。1758 年解甲回到弗吉尼亚，不久便与一位带有 4 个孩子的富孀——玛莎·丹德利居·卡斯蒂斯结了婚（他没有亲生子女）。

　　1774 年他被选为弗吉尼亚的代表去参加第一届大陆会议时，就已经成为美国殖民地中最大的富翁之一了。华盛顿不是一位主张独立的先驱者，但是 1775 年 6 月的第二届大陆会议却一致推选他来统率大陆部队。他军事经验丰富，家产万贯，闻名遐迩；他外貌英俊，体魄健壮，指挥才能卓越，尤其他那坚韧不拔的性格使他成为统帅的理所当然的人选。在整个战争期间，他忠诚效劳，分文不取，廉洁奉公，堪称楷模。

　　华盛顿于 1775 年 6 月开始统率大陆军队，到 1797 年 3 月第二届总统任期期满，他的最有意义的贡献就是在这期间取得的。1799 年 12 月 14 日华盛顿病逝于弗吉尼亚温恩山的家中。20 世纪中叶被追认为美国陆军六星上将。

　　萨拉托加大捷之后，北美独立战争进入了第二个阶段，时间是 1777 年 10 月到 1781 年 3 月，这是一个战略相持的阶段，主要战场转移到了南部。在这一时期，美国赢得了广泛的国际援助，首先是法国，在战争的初始阶段，法国还仅仅是给美国提供军火支持，而美国的萨拉托加大捷使得法国彻底放弃了动摇观望的态度，1778 年 2 月，法国与美国缔结了军事同盟，不仅在国际社会上最早承认了美国的独立，而且于同年 6 月向英国宣战，对美国给予了正面的、直接的军事支持。在法国的带动下，与英国存在着利益纷争的西班牙、荷兰也分别于 1779 年 6 月和 1780 年 12 月对英宣战，另外，俄国、普鲁士、丹麦、瑞典等国也闻风而动，在"中立"的名义下对美国给予支持，对英国进行打击。英国作为当时的世界霸主，引起了欧洲列强的广泛嫉妒，美国的独立战争为它们提供了一个极好的报复的机会。

　　在国际反英同盟的支持下，美国在战争中逐渐掌握了主动权，英军在美国南部伤亡惨重，日渐感到力不能支，到 1781 年春季，美军已经解放了绝大部分的南部国土，战争的最后胜利已经指日可待。

　　1781 年 4 月到 1783 年 9 月是美国独立战争的第三个阶段，也是最后一个阶段。到 1781 年夏季，北美的英军全部退缩至约克敦和纽约两个据点。在这种情形下，华盛顿在陆上率领法美联军给予了英军最后一击，同时，德格拉斯率领的法国军舰也在海上击溃了来援的英国舰队，由此，英国在北美的制海权也丢掉了。9 月 28 日，1.7 万法美联军完成了对约克敦的包围，激战之后，英军主帅康沃利斯带领 8000 英国士兵缴枪投降。至此，美国独立战争基本告捷，余下的只是一些零星的战斗而已。

　　1783 年 9 月 3 日，英国宣布承认美国独立，美国独立战争到此彻底结束。

　　美国独立对于世界历史所产生的巨大影响是任何人也不能够否认的，《独立宣言》不仅宣告了一个新的国家的诞

起草《独立宣言》的委员会成员们站在主席约翰·汉考克面前，站立者中左数第四人为杰斐逊。

生，也宣告了一种新的政治制度的形成，在美国独立之前，欧洲的伟大思想者们已经推动社会完成了思想启蒙，他们提出了全新的国家学说，而正是美国，将这些精彩的思想变成了活生生的实践，使人们最终意识到，启蒙时代的许多思想都是切实可行的。再如，美国在其《独立宣言》中声明："我们认为下面这些真理是不言而喻的：人人生而平等，造物者赋予他们若干不可剥夺的权利，其中包括生命权、自由权和追求幸福的权利。为了保障这些权利，人类才在他们之间建立政府，而政府之正当权力，是经被治理者的同意而产生的。当任何形式的政府对这些目标具破坏作用时，人民便有权力改变或废除它，以建立一个新的政府；其赖以奠基的原则，其组织权力的方式，务使人民认为唯有这样才最可能获得他们的安全和幸福。"这也显然是以欧洲启蒙思想家的主张为蓝本而起草的。

不过，《独立宣言》中声称的"人人生而平等"，在实践中仍是有限度的，这个"人人"，并不包括所有的人，在美国独立之后的相当长一段时间中，享有充分公民权利的都只是欧洲人的后裔，而且是男性，妇女、有色人种、印第安人等长期都受到不公平的对待，当时美国存在的奴隶制就是对其《独立宣言》中有关人权平等之主张的最为鲜明、最为严厉的讽刺。

1783 年，美国彻底摆脱了英国的控制，取得了至关重要的对外胜利，但是当时的美国内部却有很多亟待解决的问题，首要的就是以何种方式来组建这个新的国家。战争胜利后，美利坚合众国实际上是一个由 13 个州所组成的松散的联盟，并没有一个强有力的

我们，人民

战争结束之后，人们进行了一场大辩论：联邦应该如何进行治理？各州选出的代表们参加了制宪会议，他们被称为宪法之父。1787 年，他们在费城召开会议，为的是决定将多少权力授予国家政府，各个州有多大的自由来进行自治。会议的一个主要的任务就是设计一种遏制与平衡制度，以防止政府中的任何部分权力过大，行政部门对立法机关（参议院与众议院）与司法机关负责。美国《联邦宪法》开篇就是"我们，人民"（下图），在历史上第一次庄严地确认了人民意志的原则。4 年之后，《权利法案》——包括第一批总计 10 条针对宪法的修正案——列出了对于国家权力而言公民所享有的权利，保证了言论自由、信仰自由、得到公平审判的自由、携带武器的自由等。

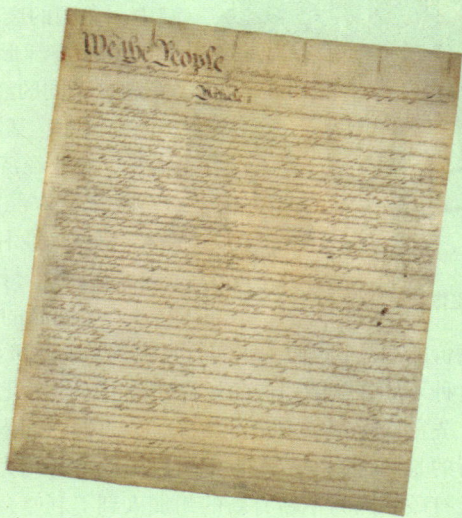

政治制度将各州紧密地连接在一起，非常直接的一个体现就是，独立战争结束后的数年之间，美国并不存在一个国家通常所应当具有的政府首脑。为了解决这一问题，1787 年，美国在费城召开了制宪会议，华盛顿虽然在战后即卸甲归田，但是出于他的德高望重，仍受邀参加此次会议，并且被选为会议主席。这次会议获得了圆满成功，制定了美国宪法，而且这部宪法成为世界上迄今仍在执行的最为古老的一部宪法。宪法确立了美国的联邦体制，规定合众国的法律高于各州的法律，此外，这次宪法最为重要的一项成果就是选举出了美国第一届总统，他就是在美国独立战争中功勋卓著的乔治·华盛顿。1789 年，华盛顿履任，并于四年任期满后连任。如果他愿意，完全可以接着担任第三届总统，但是华盛顿对权位毫不贪恋，毅然于 1796 年第二任期满时退隐田园。此后，

总统连任不超过两届在美国成为一个不成文的惯例，直到第三十二任总统富兰克林·罗斯福才打破这个记录，连任四届。然而，罗斯福病逝之后，美国宪法修正案立即作出了明确的规定：总统连任不得超过两届。

在费城制宪会议上，华盛顿是以毫无异议的全部票数获选的美国总统，这一情形在华盛顿第二次当选时再次出现，这是美国历史上至今为止仅有的记录，再没有第二个当选的总统能够获得如此广泛的支持和肯定。当时的美国人都知道，由华盛顿来担任美国的第一任总统，是对这个国家顺利走过初生期而迅速地成长和茁壮起来的最好的保证。

南北战争

林肯坐像

美国内战的根源在于蓄奴问题。美国在成立初期是存在着奴隶制度的，而这与美国《独立宣言》中关于人类平等权利的宣扬显然是背道而驰的，更为重要的是，进入19世纪之后，废除奴隶制已经成为国际社会的普遍共识，例如，1833年，英国的殖民地废除了奴隶制；1848年，法国的殖民地也废除了奴隶制；1861年，俄国废除了农奴制；在此前后，拉丁美洲的各个国家也都先后废除了奴隶制。在国际废奴运动的高潮中，美国的废奴问题也提上议事日程，然而对于蓄奴问题，美国北方和南方却形成了截然不同的两种态度，归根结底，这还是由两个地区不同的经济利益所决定的。在世界工业化进程中，美国北方受益较大，基本实现了工业化，到处都是工厂，而美国南方则依然以农业经济为主，遍地都是种植园，这样，北方以生产工业产品来获取经济利益，而南方则依靠出口工业原料主要是原棉来获取商业利润，因此，北方出于发展自身工业生产的考虑，主张推行贸易保护政策，实行高关税，这样才可以减少英国商品的涌入，而南方则恰恰相反，他们只希望能够买到更为廉价的商品，因而主张实行自由贸易的政策，降低关税，所以，南北双方的利益冲突就日趋严重，而这种矛盾在美国西进的过程中被进一步激化。

先前，美国北方已经废除了奴隶制，而南方则继续保留着大批的奴隶，北方各州与南方各州推行的是两种制度，在一定时期内双方势均力敌，但是不久之后，这种均势随着美国的西进运动而被打破。因为不断有新的州加入到美利坚合众国，而新州是否推行奴隶制就成为一个必须解决的问题，为了保持南北均势，1820年，双方达成了一个"密苏里妥协案"，据此，西部新成立的州只能两两地加入到联邦之中，这样，一个州实行奴隶制，另一个州则实行自由制，南北才可以继续保持平衡。这种均衡在加利福尼亚州建立之时出现了例外。当时，加利福尼亚州由于一时没有找到"伴侣"而单独地加入了联邦，成为美国一个新的自由州，这引起了南方的不满。为了缓解冲突，北方与南方在1850年再一次达成妥协，那时，南方有很多奴隶会潜逃至北方，此前北方对此置之不理，而因为加利福尼亚州的加入，北方同意此后对逃往北方的奴隶实行法律制裁，但是，这种妥协激起了北方废奴主义者的强烈不满。与此同时，美国南方的地方主义也日趋抬头，企图脱离联邦的制约，谋求独立。于是，北方欲消灭南方的奴隶制，而南方则企图成立一个不受废奴问题干扰的新的联邦，双方的矛盾变得越来越不可调和。

1860 年，主张废除奴隶制的共和党人亚伯拉罕·林肯当选美国第十六任总统，美国政府开始推行一系列有利于北方的政策，例如，将西部新开发的自由土地分给农民，采取保护性的高额税率，修筑横贯美洲大陆的铁路等，这迅速引起了南方分裂主义者更大的不满，于是，在 1860 到 1861 年间，南方共有 11 个州宣布退出美利坚合众国，成立了新的"美洲南部各州联盟"，推举杰斐逊·戴维斯为总统。出于捍卫国家领土完整的目的，林肯立即组织军队镇压南方的叛乱，由此爆发了美国历史上的"南北战争"。

1861 年 4 月和 5 月，林肯先后颁布了两次征召令，分别招募了 7.5 万和 4.2 万军队，服役期限为三个月，这是因为林肯当时推断，南方的叛乱并不能够坚持很久，然而战事的进展大

"地下铁道"

为了帮助黑人奴隶逃出那充满罪恶的蓄奴州，废奴主义者们组织了一整套接应逃亡奴隶的线路和方法。他们称这一逃亡线路为"地下铁道"。这条"地下铁道"设有各个"车站"——同情黑奴的人的住宅，过路的黑人可以歇脚、投宿；有"火车"——逃亡的奴隶群；有"乘务员"——熟悉道路和情况的领路人。当时的一些伟大的废奴主义领袖，如约翰·布朗、哈里特·塔布曼都是著名的"乘务员"。约翰·布朗领导的起义把这场运动推向高潮。废奴运动是南北两种社会制度矛盾尖锐的产物，是美国南北战争的序幕。

大大出乎林肯的预料。造成代表联邦政府的北方军队未能迅速取胜的原因在于，当时的南方各州是一个相当团结的整体，而且美国立国之初的几十年中，南方人才辈出，在这方面远远超过了北方，例如，在林肯之前的 15 位美国总统当中，来自南方的有 12 人，美国的高层和精英也大多出自南方，这是对北方大为不利的。由于南方所具有的强大吸引力，战争一开始，当时美国所拥有的全部军官共 1108 名，有 387 名由北方投靠了南方，其中有 288 人都是西点军校毕业的高材生，里面包括南北战争中南方军队最为杰出的、也是在美国历史上最为知名的将领之一的罗伯特·李将军，这样，军事指挥人才的严重缺乏成为战争初期北方军队的一大软肋。

当然，北方与南方相比，还是具有明显优势的，也正是以此为基础，北方最终才能够获得胜利。当时，美国北方有 22 个州，2200 万人口，而南方则仅有 11 个州，900 万人口，更为重要的是，北方当时占有全国五分之四的工厂和 70% 的铁路线，在作战期间，大约 90% 的工厂和三分之二

亚伯拉罕·林肯

今天，在人们的记忆当中，林肯是联邦的保护者，尽管他当选为美国的第 16 任总统的时候，南方的分离主义者指控他为联邦的破坏者。亚伯拉罕·林肯出生在肯塔基州的小木屋中，家境比较贫穷，他很大程度上是自学成才的。19 世纪 40 年代，作为一名律师，他在伊利诺伊州的斯普林菲尔德崭露头角。在林肯的早期政治生涯中，他是一位温和的废奴主义者，能够接受奴隶制在南方的继续存在，但反对奴隶制向西部新开放的地区发展。尽管如此，当他在 1861 年上任的时候，他的观点还是与南部各州发生了冲突。1862 年，他转而信奉解放所有奴隶的政策。在战争当中他毫不退缩，努力要获得胜利，但对于被打败的敌手心无怨恨。战争结束之后，痛恨他的南部分离主义分子刺杀了他，这使得美国举国悲恸不已。

南方联军总司令罗伯特·李将军（左）与格兰特（右）在投降仪式上应李的要求，格兰特允许南方军官保留佩剑，投降仪式在"令人敬畏的平静中"进行，"就像在悼念死者"。在这场历时4年的战争中，北方最终取得了胜利，资本主义在美国得以全面、迅速地发展。

的铁路线都用来专门为战争服务，这一强大的优势在战争后期得到了充分的发挥。另外，林肯在战争中对民众进行了相当有效的动员，使广大人民了解到，这是一场维护祖国统一和捍卫人类自由的正义的、伟大的战争，例如，1863年11月19日，林肯在宾夕法尼亚州面对烈士的陵墓，向美国公众进行了一次简短的讲话，这就是历史上十分著名的《葛底斯堡演说》。演说的内容如下：

八十七年前，我们的先辈在这个大陆上创建了一个新的国家。她孕育于自由之中，奉行人人生来平等的信条。

现在我们正进行一场伟大的内战，以考验这个国家，或者任何一个孕育于自由和奉行人人生来平等信条的国家是否能够长久坚持下去。我们相聚在这场战争的一个伟大战场上，我们来到这里把这战场的一部分奉献给那些为国家生存而捐躯的人们，作为他们最后的安息之所。我们这样做是完全适合的、恰当的。但是，从更高的意义上说，我们是不能奉献，不能圣化，也不能神化这片土地的，因为那些曾经在这里战斗过的人们，活着的和死去的人们，已经圣化了这片土地，他们所做的远非我们的微薄之力所能扬抑。这个世界不大会注意也不会长久记得我们今天在这里所说的话，但是，它永远不会忘记勇士们在这里所做的事。

毋宁说，我们活着的人，应该献身于留在我们面前的伟大任务：从这些光荣的死者身上汲取更多的献身精神，以完成他们精诚所至的事业，我们在此下定最大的决心，以不让死者白白牺牲，让这个国家在上帝的保佑下获得自由的新生，让这个民有、民治、民享的政府与世长存。

再有，对于夺取战争的胜利相当重要的是，林肯总统在战争中执行了相当务实而明智的策略，他将战争意义的立足点首要地确定为维护国家的统一，而对解放奴隶的问题则有意地进行了一定程度的忽略，有关战后如何处理奴隶以及怎样分配西部土地的事宜，林肯并没有给出明确的说法，因此这导致密苏里、肯塔基、特拉华、马里兰4个州在战争中脱离了南方联盟，重新回到美利坚合众国的怀抱。

正是基于南北双方这种互有优势的情况，这场战争打得相当激烈，但是，北方依靠更加雄厚的实力，后发制人，挫败了南方军队在战争初期意欲凭借明显的军事优势迅速取胜的企图之后，在随后的拉锯战中逐渐掌握了战争的主动权。1862年9月24日，林肯发表了《解放奴隶宣言》，这更加鼓舞了北方人民的斗志，特别是在广大黑人的心中产生了强大的影响，北方的黑人积极踊跃地参加军队，而南方的黑人奴隶则对白人奴隶主们采取了不合作的态度，这就更进一步地推动了北方军队在战争中走向胜利。

从1861年4月12日开始，到1865年5月26日结束，美国南北战争持续了4年的时间，双方的伤亡人数达到60多万，是美国历史上牺牲最大的一场战争。南北战争以北方的胜利而告终，由此，美国南方的奴隶制被彻底摧毁，国家的统一得到了维护，美国开始走上了一条高速发展的轨道。

美国的崛起与扩张

南北战争之后，美国彻底解决了自建国以来就一直存在的分裂问题，联邦政府的权威得到空前加强，在此基础上，国家建设也得到了空前的快速发展。例如，战前，美国的铁路线总长度大约为5万千米，而到了1900年，这一数字变更为32万千米，其中最为著名的就是建成于1869年的美国第一条横贯东西、连通了大西洋和太平洋的大铁路。同时，更多的人口涌入西部，使得先前的一片蛮荒之地到处都呈现出一派繁荣的景象。另外，战后的美国吸引了来自欧洲和亚洲的大批移民，这些移民更加刺激了美国发展的活力，最终使得美国形成了一个文化多元又生机勃勃的文明社会。比如发明大王托马斯·爱迪生（1847~1931年），一生之中发明了留声机、白炽灯、碳粒电话筒、电影放映机、水底潜望镜、鱼雷机械装置等上千种发明，其中在1881年这一年当中申请立案的发明就有141种之多，平均两天多就有一项新发明。爱迪生的伟大成就，当然与他个人的造诣和勤奋密不可分，但同时，与他所生长的那个欣欣向荣的峥嵘时代也息息相关，爱迪生一生的发明事业，成为美利坚合众国的那一段奋发有为之伟大历史的一种最好的时代记录。

随着国家实力的日渐强大，美国也日益将自己的视野指向北美之外更远的地方，它开始参与到同欧洲列强对全球利益的瓜分浪潮之中，这其中就包括对阿拉斯加的购买，而在此前后，美国更是走向了全面的扩张之路。

巴拿马是中美洲最南端的国家，也是地跨南美和北美两大洲的国家，巴拿马运河就是两洲的分界线，同时，巴拿马运河还连通了太平洋和大西洋，因此，巴拿马正处于两洲两洋的中心位置。在巴拿马运河开凿之前，中美洲地峡将太平洋和大西洋阻隔开来，人们欲在两大洋之间航行，只能从南美洲的最南端绕过，这显然要走很大的弯路，可是巴拿马运河的出现，改变了这种极为不便的情况。其实，早在1523年，当时的西班牙国王查理一世就提出了在中美洲开凿一条运河以连通太平洋和大西洋的主张，因为当时巴拿马同拉丁美洲的其他很多地方一样，都是西班牙的殖民地，但是，这一主张在提出之后却长期被搁浅，直到1814年，西班牙政府才终于决定，在巴拿马开凿一条大运河，但是拉美独立战争的爆发扰乱了西班牙修筑运河的计划。

1821年，大哥伦比亚共和国成立，巴拿马成为它的一部分。但是这个国家到1830年即宣告解体，此后，巴拿马成为新格林纳达共和国的一个省。新格林纳达也将修筑运河看做一项重要的事业，但是，当时以新格林纳达本国极为有限的财力，无法完成这项浩大的工程，因此只能借助外部的力量。这时，美国闻风而动，在1835年最早就修建运河问题同新格林纳达进行磋商，但是

巴拿马运河自开通之日起，美国人就取得了控制权，由此巩固了自己在拉美的霸主地位。

船闸

　　船闸的诞生成为促使运河体系飞速发展的极为重要的一个原因，船闸又叫船栏、船室，可以有效地封住一部分河水，从而平稳地升高或降低水面，方便船只航行。船闸最初诞生于古代中国，于1370年左右在荷兰以及意大利得以完善。运河船闸的两端各有一个铰链式闸门，它们以一定角度面对上游来水关闭（因此向下流动河水产生的压力恰好能够帮助船闸门闭合）。位于闸门中央或两端的水闸可以抬升或降低，以控制河水进入或放出。以从上游进入船闸的的货船为例，以下是具体的操作顺序：首先打开上游闸门的水闸，将河水放入船闸，直到船闸充满河水为止；然后1.打开上游船闸门，让货船进入船闸；2.关闭上游闸门，提起下游闸门放水，直到船闸内水位同下游水位相等。3.打开下游闸门，使货船离开船闸。对于逆流而上的船只而言，船闸系统的操作顺序恰好相反。

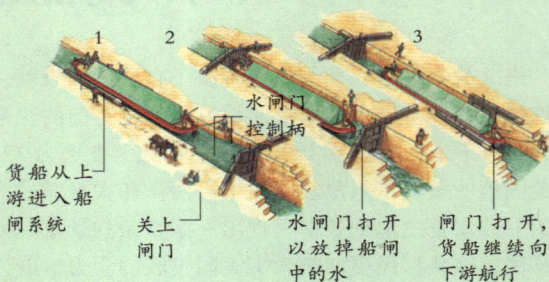

　　刚刚走出殖民主义阴影的新格林纳达对外国政府有着相当强的戒备心理，所以他们拒绝了美国的提议。随后，又有法国的公司派人前来勘察。后来，1843年，新格林纳达政府照会英、法、美、荷、西等国，请求他们共同修建这条运河，条件是让各国保证此后运河的中立地位，但是只有美国对这件事表现出浓厚的兴趣。最终，经过一系列的谈判之后，1846年12月12日，两国签订了《美国与新格林纳达和平、友好、航海及通商条约》，又称《彼得拉克－马利亚里诺条约》，条约有效期为20年，据此，美国获得了这样的好处："美国公民、船只、商品在其境内可以享有新格林纳达公民所能享有的种种权利，通过巴拿马地峡的美国旅客、邮件和商品也应给予同等优惠，将来在巴拿马修建任何交通设施时，其通行权或过境权应对美国政府和公民自由开放，新格林纳达政府不得向美国公民征收高于新格林纳达公民的通行费用，对美国商品也不得征收进口税。"同时，美国也向新格林纳达政府承诺，保证巴拿马地峡地带的完全中立，保证运河在未来的任何时候都会自由通行而不会遭受中断或阻碍，最为重要的是，美国保证，新格林纳达政府拥有巴拿马地峡的主权和财产权。

　　不过，虽然新格林纳达与美国签署了这项条约，但是此后由于两国之间所产生的种种摩擦以及美国内战的影响，运河的开凿一直被延宕着，结果直到条约期满，这项工程也没有开始。两国之间又进行了第二次谈判，但是由于彼此缺乏诚意，最终不欢而散，于是，哥伦比亚政府（1858年新格林纳达更名为哥伦比亚）将目光转向了欧洲。这时，刚好法国主导完成了埃及的苏伊士运河的开凿工程，运河所带来的巨大利益使得法国人对开凿巴拿马运河极感兴趣。1878年3月20日，两国达成协议，运河由法国来开凿。为了防止上一次的情况重演，哥伦比亚政府提出要求，法国的运河公司必须在5年内完成勘测工作，在其后的12年中完成运河的全部工程。同时，两国协议，哥伦比亚政府将运河租让给法国公司，租让期为99年，哥伦比亚每年可从法国运河公司的收益中按比例提成，前25年为每年5%，以后每过25年提高一个百分点，分别为6%、7%和8%，但是哥伦比亚每年获取收益最低不得少于25万美元，租让期满后运河即归哥伦比亚政府所有，期满以前，法国运河公司可以将租让权转给其他公司，但是不得转让给其他大国政府。

　　然而，法国人这一次远非像在埃及那样顺利，由于机械地照搬修建苏伊士运河的经验，对巴拿马地理状况的特殊性认识不足，结果工程进行得一塌糊涂，根本无法按期完工，尽管哥伦比亚政府又对期限进行了延长，但是法国人依然无法在短期内结束这个烂摊子。这时，美国对于巴拿马运河的修建变得更加重视，1898 年，美国与西班牙作战期间，美国的"俄勒冈"号新式战列舰为了从西雅图赶往古巴参战，居然要漂越万里重洋，绕道南美洲南端的合恩角航行，这使得美国人意识到，控制巴拿马运河对于美国将来的发展与扩张至关重要。因此，在法国人无法妥善地解决运河修建问题之时，美国人站了出来，而美国这时之所以能够再次插手巴拿马运河的开凿权问题，与英国的妥协有关。此前，英国为了避免美国在巴拿马利益独占，一直对美国在巴拿马的势力进行排挤，特别是对运河问题，对美国处处掣肘，但是到了 1898、1899 年的时候，美国在与西班牙的战争中获胜，国力进一步增强，英国此时却正陷于争夺南非殖民地的布尔战争的泥潭当中，急需获得美国的支持，因而对美国妥协，使得美国可以放手扩大自己在巴拿马的利益，首要的，就是夺取巴拿马运河的开凿权。最终，1903 年 1 月 22 日，美国与哥伦比亚签订了《海约翰 – 埃尔兰条约》，条约规定美国拥有运河的续租权，同时可以在运河驻军。这显然是一个极大伤害哥伦比亚主权的不平等条约，因而遭到了国内人民的强烈反对，哥伦比亚政府不得已而在 8 月 12 日否定了这一条约。

美国见与哥伦比亚签约受阻，就转而采取其他的办法，那就是策动巴拿马独立。在美国的支持下，1903 年 11 月 4 日，巴拿马宣布独立，首任总统阿马多在独立大会上致辞时振臂高呼："巴拿马共和国万岁！罗斯福（指当时的美国总统西奥多·罗斯福）万岁！美国万岁！"这一口号非常显然地表明了如此事实：巴拿马共和国就是美国的一个保护国。

两个星期之后，即 1903 年 11 月 18 日，两国签订了《美利坚合众国与巴拿马共和国关于修建一条连接大西洋和太平洋的通航运河的专约》。条约规定，美国保证巴拿马的独立，巴拿马则把宽 16千米、面积为 1432 平方千米的运河区交给美国永久占领，巴拿马湾中的一些岛屿也交给美国使用，同时，美国一次性付给巴拿马 1000 万美元，而后，自 1913 年起，每年支付 25 万美元。这项条约还明确规定，巴拿马共和国不得在运河区执行国家主权，这就把运河区变成了国中之国。

此后，巴拿马运河工程的进展大大提速，8 个月之后，运河就进行了试航，1914 年，巴拿马运河正式投入使用，1920 年，运河开始对国际社会开放。

从 1914 年直到 1979 年，巴拿马运河一直都为美国完全控制，1979 年，美国将运河的控制权转交给由美国和巴拿马共同组成的联合机构——巴拿马运河委员会。1999 年 12 月 31 日，巴拿马政府才收回了运河的全部主权。

美国通过对巴拿马运河的掌控获取了巨大的经济利益，与此同时，巴拿马运河区也成了美国本土之外一个极为重要的军事基地，美国在那里成立了加勒比海司令部，后来又扩大为南方司令部，负责美国本土之外西半球的三军行动，这一点在冷战时期表现得尤为明显。

与夺取巴拿马运河的开凿权相比，美国在 19、20 世纪之交对外扩张的更为重要的步伐是对古巴、

1898 年 6 月，美国军队在古巴登陆。这是一场殖民者践踏弱小国家利益的战争，就连美国大文豪马克·吐温也愤慨地说：美国国旗上的"白条应当涂成黑色，旗上的星条应当改为骷髅头和交叉骨"。

波多黎各、菲律宾等地的占领。这几个地区长期以来都是西班牙的殖民地，经过19世纪的拉美独立运动，古巴和波多黎各成为西班牙在美洲最后拥有的两块殖民地，而菲律宾则成为西班牙在亚洲硕果仅存的殖民地，并且就是在这几处，西班牙也一直遭受着当地人民的强烈抵制，而西班牙政府则每每都要花费很大的力气去镇压。那时，美国人在古巴的投资已经达到了5000万美元，古巴的糖对于美国人的生活来说至关重要，而西班牙对古巴的镇压则或多或少地影响到美国在古巴的利益，因此，美国就想从西班牙手中夺取这块富庶的土地。那时，曾经显赫一时的西班牙帝国早已衰落，而美国则是全球势头最强的新兴国家，因此美国人对于战胜西班牙信心十足。

1898年2月15日，美国派往古巴保护侨民的"缅因"号军舰在哈瓦那港发生爆炸，尽管大多数人倾向于认为这是一场由机械故障而导致的事故，但是美国政府却毫无根据地将责任推到了西班牙身上，并以此为借口，于4月22日在古巴对西班牙发动了军事攻击。稍后，4月30日，在亚洲，美国军舰也驶进了菲律宾的马尼拉湾，在美

自由女神像。这座雕像高46米，1885年在纽约落成。它是由一名法国雕塑家设计的，是法国赠送给美国人民的礼物。自由女神像是来到纽约的贫穷欧洲移民们看到的第一个标志物。

洲和亚洲同时向西班牙开火。战前，美国因为蓄谋已久，作了充分的准备，而西班牙方面则混乱不堪，加之当地人民对美军的配合，西班牙在战争一开始就已经注定了败局。1898年7月3日，美国攻取了古巴；8月13日，美国占领了菲律宾。战争期间，美国还夺取了其他一些地方：6月20日，美军占领关岛；7月4日，占领威克岛；7月到8月间，美军又经过小规模的战斗，攻取了波多黎各；夏威夷也是在这一时期被美国占领的。通过美西战争，进一步加强了美国人的信心，也更大大地刺激了美国人进行海外扩张的野心。

←↑ 1770年，库克船长以英国王室的名义占领了新南威尔士，与其他航海家相比，他在打开澳大利亚的大门，有利于欧洲在这里进行殖民活动方面贡献良多。

欧洲殖民澳大利亚

在早期的地图上，澳大利亚被描绘为"未知的大陆"，在地球上，它是欧洲人发现的最后一个大陆，同时也是进行殖民活动最晚的一个大陆。17 世纪，荷兰水手最先在这块大陆的北部和西部进行了探险，他们称自己发现的这个海岸为"新荷兰"。1770 年，英国航海家詹姆斯·库克船长发现了这个大陆的东岸，宣布其主权为英国所有，18 年以后，第一艘殖民船抵达了这里。

库克船长是有史以来世界上最伟大的航海家之一，1768 ~ 1779 年，他在 3 次探险活动中探索了太平洋的广大水域——从南极洲到阿拉斯加。在第一次航行过程中，他发现了澳大利亚，并在距离今天的悉尼市不远的博特尼湾登陆。返回英国之后，他报告说：这个地方适宜进行殖民活动。在那个时代，犯下极其微小的罪行，如偷一块面包或者是手帕，都会被投进监狱，英国的监狱人

残酷的迫害

如果说，那些罪犯的命运是艰难的，那么澳大利亚土著的命运则是令人绝望的。这些土著人已经在澳大利亚居住了至少 6 万年，他们生活在与其他世界隔绝的状态之中，过着游走的狩猎—采集生活，从自己生存的环境中汲取灵感，发展出了复杂的部族文化。他们独特的岩石艺术（绘画与雕刻）可以追溯到几千年前，这对于他们的部族而言是非常神圣的，里面包含着一个神话式的"梦境时代"。

土著人的精神祖先在梦境时代创造了宇宙：石块、河流、沙漠、植物、动物，还有人。而欧洲人认为这些土著人还处于石器时代，仅比动物略胜一筹。殖民者掠夺这些部族的土地，杀死他们。迫害、战争以及疾病等原因使得土著人数量锐减。最恶劣的暴行发生在塔斯马尼亚，在这里，土著人在种族灭绝的大清洗中一扫而空。

● 1606 年 威廉·简兹从爪哇的班塔姆启程，在澳大利亚约克角半岛以西的北部海岸进行了探险活动，他称这块地方为"新荷兰"。

● 1616 年 荷兰航海家在澳大利亚西海岸之外的一个岛上登陆（今天称为德克哈托格岛）。

● 1642 年 荷兰航海家艾贝尔·塔斯曼发现了"范迪门之地"（1855 年更名为塔斯马尼亚），但是，他没有看到澳大利亚大陆。

● 1770 年 库克船长从新西兰向西航行，发现了澳大利亚的东海岸；他探索航行了 5000 公里，在博特尼湾（在今天的悉尼附近）登陆一次。

● 1788 年 1 月 26 日，第一支运送罪犯的船队抵达博特尼湾，它是在前一年的 5 月从朴次茅斯出发的，船长为阿瑟·菲利普——殖民地的第一任总督。

● 1790 年 第二支运送罪犯的船队抵达杰克逊港，船上载有 1000 名罪犯，其中有 1/3 在航程中，或者是抵达澳大利亚后不久死亡。

● 1791 年 第三支船队抵达澳大利亚，船上载有首批爱尔兰罪犯。

● 1791 年 一群罪犯逃离了杰克逊港，试图走向中国（他们认为中国就在北方的某个地方），他们最后都因饥饿而死亡。

● 1793 年 第一批总共 11 名自由殖民者抵达澳大利亚，他们的航程是免费的，而且还得到了免费的土地与工具。

● 1794 年 首批政治犯被转运到了澳大利亚。

满为患，而这个国家也已经习惯了每年运送 1000 名罪犯到马里兰以及弗吉尼亚的"罪犯流放殖民地"去。1783 年失去了北美殖民地之后，这种转运工作不得不中止。所以，英国决定在澳大利亚开辟新的"罪犯流放殖民地"。

1788 年 1 月，第一支船队抵达博特尼湾，它由 11 艘船组成，上面载有 750 多名罪犯（568 名男性、191 名女性、19 名儿童）。这些刚刚抵达的人几乎饿死，这里的土地远比他们想象的贫瘠，庄稼没有什么收成，他们的牲畜有的死亡了，有的跑丢了。从南非的开普殖民地运送来了新的补给，但对于最先到达的殖民者以及第二支船队（1790 年到达）运送来的罪犯而言，这些供给的数量远远不够。由此，这段时间被称为"饥饿时代"。

到 18 世纪 90 年代后期，澳大利亚常规性地接收运送来的罪犯，他们当中的大部分停留在杰克逊港，这里距离博特尼湾很近，也有一些被运送到了诺福克岛（太平洋上的一个小岛，在大陆往东 1500 公里处），还有一些被运到了"范迪门之地"（后来的塔斯马尼亚，在大陆往南几百公里处）。这些罪犯被驱赶着修路建桥，强迫他们从事农业生产、整修土地等无偿劳动。罪犯的待遇非常差，经常遭到鞭打，很多人试图逃跑，但只能是死在人们难以生存的偏远地区。这就是这个新殖民地残酷的开端，到 19 世纪，成千上万的自由移民迁居到这里，使这里成为充满了希望、能够实现人们愿望的地方。但很长时间之后，这里仍残留着痛苦的让人憎恨的遗留物。

法国大革命

法国大革命是欧洲历史上地震性的巨变，它见证了法国王室的终结，颠覆了法国的政府与社会，一些人热烈地欢迎它的到来，而另一些人则满怀恐惧。它将整个欧洲大陆拖进政治混乱与绵绵战火之中，导致了拿破仑·波拿巴的崛起，成为法兰西的统治者。

法国为支持美国独立战争、与英国进行作战所付出了高昂的代价，导致政府破产。为了增加税收，提高收入，1789 年，法国国王路易十六被迫召开了三级会议，自 1614 年以来，它还是首次召开。飞涨的物价与食物短缺孕育了改革的要求，三级会议当中的一部分人脱离了出来，成立了国民议会，开始通过改革性的立法。这时有一个谣言四处传播，人们认为国王的军队正在计划停止国民议会，愤怒的人群如暴风骤雨般袭击了巴士底狱——巴黎的一个监狱堡垒，是人们所痛

● 1789 年 第三等级——三级会议中由平民组成的那一部分——从官方认可的会议中退出，组成了国民议会，宣誓要起草一部新的宪法。

● 1789 年 在攻克巴士底狱之后，农民暴动在法国各地扩散开来；三色旗被采用，成为法国大革命的旗帜。

● 1789 年 到 1791 年间，国民议会实行了一系列的改革措施，确立了法律面前人人平等、言论出版自由、宗教宽容等原则。

● 1791 年 路易十六逃出巴黎，但在瓦伦纽斯被抓获。

● 1791 年 国王同意接受新宪法。

● 1792 年 温和的吉伦特派组建了政府，但遭到了激进的雅各宾派的破坏。

● 1792 年 雅各宾派控制了由普选产生的国民公会。

● 1793 年 国民公会将权力授予由雅各宾派领导人罗伯斯庇尔控制的救国委员会；恐怖统治时期开始。

● 1793 年 在法国西部，被称为朱安党人的农民游击队发动叛乱，反对共和政府。

● 1793 年 法国采用共和历，它将 10 天作为一个星期，取消了星期天，将每一个月的名称都重新命名。

● 1794 年 罗伯斯庇尔被政变推翻，并被处死。

● 1795 年 法国成立督政府，它由 5 名对两院制的立法会议负责的督政官组成。

● 1799 年 拿破仑·波拿巴发动雾月政变，推翻了督政府的统治，成立了临时执政府，波拿巴作为第一执政，同其他两人共享权力。

无套裤汉，之所以这样称呼他们，是因为他们不穿当时上层社会人士所穿的长及膝盖的短裤，在法国，他们成为彻底的共和主义的象征。

断头台

断头台是作为恐怖的象征而走入大众视野的，这种恐怖在法国大革命中达到了顶峰。但是，断头台并不是中世纪就有的刑具，而是启蒙运动的产物，1791年才投入使用。它是由法国医生约瑟夫·吉约坦设计的，由锋利的刀片组成，刀片快速地从两根木柱上方落下，瞬时就将受刑者的头颅切掉。与早期的死刑行刑方式相比，这种方式更加快速。在大革命中，使用断头台处死了大约2600人，不过这和由于大革命而引发的内战以及骚乱——尤其是在法国的西部与南部——中死亡的20万人相比，还是一个比较小的数目。

恨的专制王权的象征。

人们传统上把这一事件看做法国大革命的开端。国民议会信奉的口号是"自由、平等、博爱"，它宣布了《人权宣言》，通过了一系列改革措施，取消了农奴制，没收了教会的财产，结束了世袭头衔。

最初，国民议会准备同国王一起发挥作用，但是路易十六并不愿意同他们合作。1791年，他试图带着自己不受人们欢迎的妻子玛丽·安托瓦内特逃离法国，但他们两个被截住然后送回了巴黎。在奥地利对法宣战之后，1792年新选出的国民公会宣布法国为共和国，国王与王后被指控犯有叛国罪，于1793年1月被处死。

法国大革命中最黑暗的一段开始了，激进的雅各宾派领袖罗伯斯庇尔控制了处于主导性地位的救国委员会。在接下来的恐怖统治时期，他对自己的对手加以报复，许多人死在断头台上。但是，罗伯斯庇尔的胜利是短暂的，到1794年，他自己也被推上了断头台。

随后，国民公会试图利用军事力量恢复秩序，成立了比较温和的督政府，但在1799年，它在

← 这是塔萨尼尔的一幅画作，表现的是1794年7月27日夜间政变的情景。当时，雅各宾派领袖罗伯斯庇尔以及与他关系密切的政治盟友遭到逮捕，并被处以死刑。这一事件标志着由罗伯斯庇尔发起的，目的在于清除王权制度遗留的恐怖统治结束。

拿破仑·波拿巴领导的政变中被推翻。拿破仑·波拿巴是一位年轻的将军，他在意大利与奥地利都取得了光辉的胜利，现在波拿巴成为第一执政，实际上成了这个国家的统治者。尽管对外他仍然致力于传播革命，但在对内方面，他实行的是军事独裁。

攻占巴士底狱

路易十六调集军队的举动令第三等级感到十分恐慌，他们被迫开始自卫，第三等级的代表们组织了一个临时市政府，同时开始四处搜求武器，发起进攻。到1789年7月13日，暴动的人群已经攻占了巴黎的很多重要场所，到了第二天，几乎整个巴黎都掌控在起义的平民手中，只有巴士底狱还在他们的控制之外。巴士底狱建造于14世纪，原本是一座发挥防御功能的军事要塞。它是由8个高达300多米的巨大的塔楼所组成的，塔楼之间由高24米、宽3米的城墙相连，城墙上装备有重型火炮，也有密集的枪眼，要塞的四周还有一道宽26米、深8米的壕沟。因此，巴士底狱是一座十分坚固的军事碉堡。16世纪之后，因为战争局势的变化，巴士底狱失去了它的军事防御功能，转而用来关押一些高等的囚犯，其中大多是反抗法国封建制度的政治犯，所以，巴士底狱成了法国封建统治的一种象征。

1789年7月14日，起义者包围了巴士底狱，要求巴士底狱为他们提供武器，因为当时巴士底狱虽然已经不再作为一座军事堡垒来发挥作用了，但是仍存放着大批军火。巴士底狱的长官拒绝了起义者的请求，并且在城墙上架起了大炮。群众要求他们将大炮撤走，巴士底狱的长官没有同意。双方就这样僵持着，可没有想到的是，狱中意外起火，使得塔楼下面的群众误以为上面准备开火，所以立时义愤填膺，向巴士底狱发起了猛烈的攻击。在战斗中，有98个平民牺牲，愤怒的群众冲进巴士底狱之后，杀了6个巴士底狱的守卫者，一个起义者还用刀砍下了守狱长官的头颅，挑在长矛上在巴黎的各条大街上游行示众。

巴士底狱被攻克的消息传出之后，起义群众受到了极大的鼓舞，而国王路易十六则变得手足无措。实际上，这场暴动之所以能够发生，与路易十六的性格有着很大的关系。在中国历史上有热衷于艺术而不务国政的南唐后主李煜、宋徽宗等皇帝，法国的路易十六国王与这些中国皇帝有

表现巴黎人民攻占巴士底狱的图画

着相似之处，当然，路易十六喜爱的不是赋诗作画，而是制锁。他与那些制锁匠大有不同，路易十六是将制锁作为一门艺术来看待的，他制造出来的锁，极富创意，艺术价值高于实用价值，路易十六的制锁的手艺或许能够与中国明朝的天启皇帝朱由校的木匠手艺相比美，不过，正如朱由校是一个不幸的皇帝一样，路易十六也是一个不幸的国王，并且比朱由校更加不幸，最后被送上了断头台。也许路易十六更适合做一个普通的贵族，而不是做一个国王，可是他是国王路易十五的孙子，也是一代雄主路易十四的第六代孙，因为路易十四的寿命很长，他的儿子和孙子都死在了他的前面，所以路易十五作为他的

路易十六的王后玛丽·安托瓦内特，她因奢靡生活和通敌叛国而被推上断头台。

曾孙而继位；同样，路易十五的儿子也死在了他的前面，因此，1774 年，时年 20 岁的路易十六作为路易十五的孙子而登上王位。不幸的是，路易十六尽管在制锁工艺上极具天赋，可是对于政治却很不擅长，实际上，政治方面的很多事情都要由他的妻子玛丽·安托瓦内特做主，然而，玛丽·安托瓦内特也并不具有政治才能，她真正热衷的是奢侈的享受，而丝毫不顾国家的安危和人民的感受。因此，玛丽·安托瓦内特对于国家政治的插手，就激起了人民更多的不满。事实上，尽管法国在路易十五时期就已经矛盾重重了，但是如果路易十六是一个有能力的君主，很难说就不能够扭转那种不利的局面，以法国的先进地位和强大国力为依借，完全可以避免国家走到乱作一团的地步，遗憾的是，路易十六没有那样做，他也并不知道如何去做。在 1789 年法国大革命中，路易十六在政治方面的无能得到了充分的暴露，对他来说，治理一部这样庞大的国家机器，远不如设计小巧的锁具那样得心应手。

在起义者攻占了巴士底狱之后，路易十六再次表现出他软弱妥协的一面，他接受了既成事实，承认巴黎平民所组织的临时市政府，并且遣散了先前费了很大力气才调来的军队，同时，路易十六命令一些顽固的教士和贵族去参加由第三等级所创立的国民议会。

攻占巴士底狱，意味着法国平民，特别是资产阶级取得了政治运动的胜利，标志着平民阶层正式登上了法国的历史舞台，成为国家的主人。为了纪念这一伟大的事件，7 月 14 日被确定为法国的国庆节。另外，法国现在的国旗也是这一时期诞生的。攻陷巴士底狱后成立的巴黎国民自卫队使用蓝、白、红三色左右相间的旗帜作为队旗，居中的白色象征着国王，两边的蓝色和红色则象征着巴黎市民（因为巴黎的城徽是由这两种颜色构成的），同时，这三种颜色还象征着平等、自由、博爱。1794 年 2 月 15 日，红、白、蓝三色旗被确定为法兰西第一共和国的国旗，其后在波旁王朝复辟时曾一度被废，但是 1830 年开始又重新使用，并且一直沿用到今天。

《人权宣言》

巴士底狱被攻陷后，国家政治的主导权转移到第三等级，也就是平民阶层的手中，国民议会被承认为国家的立法机构，而且也得到了广大民众的支持。但是，这时法国大革命远未结束，由于受到经济困难的严重影响以及对贵族阶层发动反革命运动的担心，1789 年 7、8 月间，法国农村爆发了新一波的暴乱，在暴乱中，大批的贵族采邑中的房屋被焚毁，里面保存的各种档案也被烧掉，修道院以及主教的住所也纷纷遭到攻击，起义的民众甚至还杀死了一些进行反抗的贵族。法国农民的暴乱使得国王和贵族阶层更加恐慌，他们被迫作出了更大的让步。1789 年 8 月 4 日，国民议会中的一小部分代表在大多数代表缺席的情况下达成了一项协议，通常称之为"8 月 4 日法令"或"8 月法令"。这项法令取消了贵族和教会所享有的种种特权，使得法国公民在法律面前居于平等的地位。

接下来，为了进行更深层次的政治和社会改革，国民议会特别请教了美国《独立宣言》的主

《人权宣言》宣传画

要起草人之一、当时正担任美国驻法大使的托马斯·杰斐逊。在杰斐逊的帮助下，国民议会拟定了一份有关公民基本权利的纲领性文件，并于1789年8月26日正式公布，这就是历史上尤其著名的《人权和公民权宣言》，经常简称为《人权宣言》，其内容如下：

代表认为，无视、遗忘或蔑视人权是公众不幸和政府腐败的唯一原因，所以决定把自然的、不可剥夺的和神圣的人权阐明于庄严的宣言之中，以便本宣言可以经常呈现在社会各个成员之前，使他们不断地想到他们的权利和义务；以便立法权的决议和行政权的决定能随时和整个政治机构的目标两相比较，从而能更加受到他们的尊重；以便公民们今后以简单而无可争辩的原则为根据的那些要求能确保宪法与全体幸福之维护。因此，国民议会在上帝面前并在他的庇护之下确认了十七条权利，它庄严宣布：

第一条　在权利方面，人们生来是而且始终是自由平等的。只有在公共利用上面才显出社会上的差别。

第二条　任何政治结合的目的都在于保存人的自然的和不可动摇的权利。这些权利就是捍卫自由、拥有财产、维护安全和反抗压迫的权利。

第三条　整个主权的本原主要是寄托于国民。任何团体、任何个人都不得行使主权所未明白授予的权力。

第四条　自由就是指有权从事一切无害于他人的行为。因此，各人的自然权利的行使，只以保证社会上其他成员能享有同样权利为限制。此等限制仅得由法律规定之。

第五条　法律仅有权禁止有害于社会的行为。凡未经法律禁止的行为即不得受到妨碍，而且任何人都不得被迫从事法律所未规定的行为。

第六条　法律是公共意志的表现。全国公民都有权亲身或经由其代表去参预法律的制定。法律对于所有的人，无论是施行保护或处罚都是一样的。在法律面前，所有的公民都是平等的，故他们都能平等地按其能力担任一切官职，公共职位和职务，除德行和才能上的差别外不得有其他差别。

第七条　除非在法律所规定的情况下并按照法律所指示的手续，不得控告、逮捕或拘留任何人。凡动议、发布、执行或令人执行专断命令者应受处罚；但根据法律而被传唤或被扣押的公民应当立即服从；抗拒则构成犯罪。

第八条　法律只应规定确实需要和显然不可少的刑罚，而且除非根据在犯法前已经制定和公布的且系依法施行的法律以外，不得处罚任何人。

第九条　任何人在其未被宣告为犯罪以前应被推定为无罪，即使认为必须予以逮捕，但为扣留其人身所不需要的各种残酷行为都应受到法律的严厉制裁。

第十条　意见的发表只要不扰乱法律所规定的公共秩序，任何人都不得因其意见、甚至信教的意见而遭受干涉。

第十一条　自由传达思想和意见是人类最宝贵的权利之一；因此，各个公民都有言论、著述和出版的自由，但在法律所规定的情况下，应对滥用此项自由负担责任。

第十二条　人权的保障需要有武装的力量；因此，这种力量是为了全体的利益而不是为了此种力量的受任人的个人利益而设立的。

第十三条 为了武装力量的维持和行政管理的支出，公共赋税就成为必不可少的；赋税应在全体公民之间按其能力作平等的分摊。

第十四条 所有公民都有权亲身或由其代表来确定赋税的必要性，自由地加以认可注意其用途，决定税额、税率、客体、征收方式和时期。

第十五条 社会有权要求机关公务人员报告其工作。

第十六条 凡权利无保障和分权未确立的社会，就没有宪法。

第十七条 财产权是神圣不可侵犯的权利，除非当合法认定的公共需要所显然必需时，且在公平而预先赔偿的条件下，任何人的财产不得受到剥夺。

显而易见，《人权宣言》在强调人人生而自由平等、私有财产神圣不可侵犯等方面，与美国的《独立宣言》如出一辙，尽管这份《人权宣言》受到了美国《独立宣言》的直接影响很大，可是美国的《独立宣言》却恰恰是以法国的伏尔泰、孟德斯鸠、卢梭等启蒙思想家的政治理念为蓝本而起草的，所以说，法国的《人权宣言》中所阐发的权利精神，追根溯源，还是来自于法国本土。

《人权宣言》的颁布，标志着法国大革命取得了重大的阶段性成果，不过，接下来的事情却更加麻烦。

拿破仑·波拿巴

1800 ~ 1815 年，有一个人以前无古人的方式控制了世界，他就是法国的军事领袖与专制统治者拿破仑·波拿巴。在欧洲与美国，很多人将拿破仑视为英雄，因为他用战争的胜利在国外传播了法国大革命的理念；另一些人则憎恶他，因为他的统治方式是专制独裁，他的扩张政策造成了大量的死亡。不管怎样，有一点是无可争议的：他持久地改变了法国、乃至世界。

1769 年，拿破仑·波拿巴出生在科西嘉岛，10 岁这一年，父母将他送到法国的军事学校里面接受教育，1785 年，16 岁的拿破仑以二等炮兵少尉的军衔毕业。

很快，法国就陷入了大革命引发的混乱之中，拿破仑证明自己是一个天才的军人，他赢得了与意大利和奥地利作战的胜利，保证了法国的安全，这也使得他自视为天命所归的人物。1799 年，

● 1793 年 拿破仑取得土伦战役的胜利，他自己也因此晋升准将。

● 1795 年 拿破仑在巴黎击散了王党暴徒，他被授权统辖巴黎的军队。

● 1796 年 拿破仑在意大利与奥地利取得的胜利为自己赢得了光荣与威望。

● 1799 年 拿破仑成为法国第一执政。

● 1804 年 《拿破仑法典》颁布；同年，教皇为拿破仑加冕，他成为法兰西帝国的皇帝。

● 1805 年 在奥斯特里兹战役中，拿破仑打败了奥地利和俄国的军队。

● 1808 年 拿破仑为自己的兄长约瑟夫加冕，使他成为西班牙国王。

● 1809 年 在瓦格拉姆战役中，拿破仑打败了奥地利。

● 1810 年 为了迎娶奥地利弗朗西斯一世的女儿玛丽亚·路易莎，拿破仑与自己的妻子约瑟芬·博哈列离婚。

● 1812 年 拿破仑入侵俄国，但被迫撤退。

● 1814 年 拿破仑退位，被放逐到地中海上的厄尔巴岛。

● 1815 年 拿破仑逃出厄尔巴岛，3 月他进入巴黎。但英国与普鲁士的军队最终在滑铁卢战役中打败了拿破仑，拿破仑的"百日统治"结束。

● 1821 年 拿破仑在自己流放的圣赫勒拿岛——一个处于大西洋上的岛屿——去世。

● 1840 年 拿破仑的遗体运回了法国，被重新安葬在荣军院。

1812年的战役

1812年6月，拿破仑率领50多万大军入侵俄国，俄军采取坚壁清野的战略应对。9月7日，两军在俄国都城之外进行了博罗迪诺战役，双方伤亡惨重，但没能分出胜负。一周之后，拿破仑在没有遇到抵抗的情况之下进入了莫斯科，这座城市几乎是空城，法国人既得不到食物，也没有任何遮蔽物。沙皇亚历山大一世拒绝了拿破仑的和平提议，拿破仑没有别的选择，只能撤退。当他的军队在莫斯科的时候，冬天已经来临了。返回时，成千上万的人死于寒冷与饥饿，最终只有不到4万人回到了法国。

在推翻督政府的统治的政变中，拿破仑成为第一执政。他立即着手恢复这个国家的秩序，进行了广泛的改革，建立了以自己为首的高度中央集权、极富效率、现代化的国家。1804年，拿破仑称帝。

称帝后的拿破仑持续在国外征战，他决心在欧洲以及世界其他各地建立法国的权威。在1805年的奥斯特里兹战役中，拿破仑打败了奥地利和俄国的联军，由于无法征服处于大海之中的英国，他设计了大陆封锁体系，意在通过经济制裁的手段使英国屈服。到1808年，拿破仑已经成为欧洲从西班牙到波兰广大地域的主人，他改写了欧洲的地图，委派自己的家族成员掌握大权。

1812年，拿破仑派遣大军入侵俄国，这一行动过于消耗资源，为他的失败铺平了道路。在俄国的失败导致法国力量大为减弱，欧洲其他国家联合起来与其对抗。在1813年的莱比锡战役中，拿破仑战败，1814年3月，联军进入巴黎，拿破仑被迫退位，被流放到地中海上的厄尔巴岛。拿破仑在岛上待了还不到一年就就返回法国重获大权，但随着1815年滑铁卢战役的失败而再次被放逐。这一次，拿破仑被放逐到了南大西洋上的孤岛——圣赫勒拿岛。拿破仑于1821年去世，法国人始终认为他是一位民族英雄。

热月政变之后的法国局势

罗伯斯庇尔被处决的事件在法国历史上被称作"热月政变"，热月政变标志着恐怖统治的结束，但是，这场政变远未能够解决法国大革命中的所有问题。人们取缔恐怖统治，是着眼于恐怖统治当中不利的一面，可是罗伯斯庇尔垮台之后，他所推行的政策当中有利的一部分也一起被取消了，其中最为突出的一项就是对于物价的管制。热月政变之后，不受约束的物价再次膨胀起来，工人和农民重又回到两年之前食不果腹的窘境当中，1794年到1795年之间的冬天，巴黎几乎每天都有人因为饥饿和寒冷而横尸街头。于是，民众的叛乱在各地时有发生，1795年3月的一场暴动（即芽月暴动）甚至一度驱散了国民公会，国民公会不得不调集军队前来镇压，有1万多人被捕，几个组织者后来被处死。

芽月暴动被镇压之后，法国的经济状况依然没有好转，5月15日，国民公会宣布巴黎居民的面包配给量减至每人每天不足半磅，第二天又宣布印有国王头像的指券一律终止流通，只能够用来购买政府没收的尚未售完的土地。因为此前国民公会已经宣布面额在50里弗尔以上的指券废除使用，而余下的小面额的指券大多掌握在普通群众的手中，所以这项法令一出，受到影响最大的就是这些原本就在经济上相当困难的普通群众。尽管国民公会宣布这些指券仍可用来购买土地，但是因为土地多是大块出售的，售价较高，一般民众根本没有足够的指券和钱币去购买土地，所以对于大多数人来讲，原来是货币的指券一日之间就变成了废纸，由此，民众又掀起了新一轮的暴乱，这就是发生于1792年5月20日到23日之间的"牧月起义"。这场起义被平定之后，又有六名组织者被处死。

随着两次民众起义相继被镇压，反革命势力又抬起头来。1795年6月8日，处于监禁中的路易十六的儿子路易十七病死在狱中，随后，流亡意大利的路易十六的弟弟普罗旺斯伯爵自封为"摄政王"，并且在6月24日发表了告臣民书，自立为"路易十八"，宣布继承侄儿

巴黎"无套裤汉"
这一名称来自于百姓们不穿只有贵族才穿的短裤，而他们却是大革命的主力军。

路易十七的王位，成为法国波旁王朝的新一代君主。6月27日，一批逃亡的贵族率领大约4500人乘坐英国的军舰在法国西海岸登陆，准备打垮革命政府，进行王权复辟，结果，不到一个月，这支由法国王室及贵族所组织的军队就被全部歼灭。法国贵族的这次复辟活动使得革命政府的政策再次明显左倾，一度稍有缓和的局势又变得紧张起来。

在外部复辟势力气焰嚣张的同时，法国内部的保王党人也集中起来，对革命政权进行疯狂反扑，与此同时，在芽月暴动和牧月起义中被镇压的部分群众也出于报复的心理而站到保王党人的一边，与之共同在1795年10月3日发起了"葡月暴动"。为了控制局面，国民公会再次下令调集军队。在镇压保王党人的叛乱过程中，一个年轻的将领脱颖而出，立下了首功，他就是后来叱咤欧洲的拿破仑·波拿巴。

葡月暴动的镇压成功，使得8月份所制定的新宪法得以实施，这部宪法被称作"1795年宪法"。在此之前，国民公会在恐怖统治时期还制定过"1793年宪法"，但是并未能够执行。"1795年宪法"与"1791年宪法"最大的不同，就是国家体制由君主立宪制改为共和制，同时施行两院制，上院由250人组成，称作元老院，因为代表都是40岁以上的已婚男人；下院由五百人组成，俗称五百人院。两院成员并不称"议员"，而是按照习惯，依旧称作"国民代表"，代表均由选举产生，每两年改选三分之一。另外，由

共和历

1793年10月5日，雅各宾派颁布了共和历法。历法规定，1792年9月22日为共和元年。一年分12个月，每月30天，从9月22日起依以下顺序排列：葡月（9月22日~10月21日）、雾月、霜月为秋季；雪月、雨月、风月为冬季；芽月、花月、牧月为春季；获月、热月、果月为夏季。每月3旬，每旬10日。另有5日在一年之末，称"无套裤汉日"，分别定为才艺节、劳动节、行动节、报偿节、舆论节。

1806年1月1日，共和历被废除。

五名督政官组成督政府，施行集体领导。督政府由立法机构任命，五名督政官中每年更换一人，在此之外还设有独立的司法机构。

督政府组成之后，面临的最大困境来自经济方面，当时法国政府面临着严重的财政赤字，例如，在督政府形成之前的1794年12月21日到1795年1月19日这一个月间，政府的财政收入为5700万里弗尔，而支出则高达4.28亿里弗尔，入不敷出的情况极为严重。另外，民众的经济困境更加不容轻视，同时却有着一批投机商人及军人、政客等权势阶层大发国难财，社会的两极分化相当严重，由此也就导致了尖锐的阶级对立，而这也使得法国大革命依然要继续进行下去，因为它的任务还没有最后完成。

1796年5月11日，巴黎即将再一次发生武装起义，领导者是弗朗索瓦·诺埃尔·巴贝夫，他支持财产公有制，一度因为宣传共产主义而被捕入狱，1795年10月出狱后，继续联系战友，积极宣传自己的政治主张。1796年2月，巴贝夫的政治俱乐部被查封，他们的活动遂转入地下，人们称之为"平等派"。经过一番周密的准备，平等派成员决定在5月11日这天发动起义，以暴力手段推翻督政府。不幸的是，由于叛徒的出卖，5月10日，巴贝夫及其战友共六十五人被逮捕。5月27日，巴贝夫与他的同事达尔特被处以死刑。

巴贝夫所领导的平等派运动刚刚被镇压不到一年，议会选举就出了大问题。1797年3月，法国进行了首次真正意义上的自由选举，但是选举的结果却令很多人大失所望，因为进入元老院和五百人院的成员中大部分都是保王党人，这使得当初废除君主制，甚至在他们的主张下将国王路易十六处死的共和党人深感不安，这些人知道，一旦保王党人在议会中占据优势，很可能会发生复辟事件。为了抵制保王党掌权，共和党人再一次向军队求助，这一次他们的求助对象是当时已经颇有名望的将军——拿破仑·波拿巴。

出于自身利益的考虑，拿破仑也不希望保王党人得势，这不仅是因为当初拿破仑曾经应国民公会之召镇压过保王党人而与保王党人结仇，更重要的是因为当时拿破仑的军事天才已经初步显露，他率领法国军队占领了意大利北部，并且当时他在很大的程度上已经摆脱了巴黎政府的控制，他所征服的地区实际上已经成了他自己统辖的地盘，而保王党人曾经得到过各国政府的支持，一旦这些人掌权，就很可能与各国缔结合约而将法国军队已经占领的地区交还给原属国，而这恰恰是拿破仑所不希望看到的，那样的话，他的地位和权势也就难免会受到很大的影响，因此，拿破仑在议会的分裂中站到了共和党人的一边。

当时，拿破仑正在意大利征战，因而派遣他的部下奥热罗带领一支军队赶回巴黎去维持局面。1797年9月4日，这支军队刚一赶到巴黎，由共和党人所把持的督政府就宣布3月份所进行的大部分选举无效。这就是共和党人在拿破仑的帮助下战胜保王党人的"果月政变"。

然而，在果月政变终止了督政府的右倾走

> **督政府**
>
> 热月政变后法国建立的大资产阶级政权。1795年8月22日，热月党人组成的国民公会通过共和三年宪法，宪法规定建立两院制的立法团，行政权交给由两院选出的5人督政府。1795年10月27日建立了督政府。建立后，取消了雅各宾派专政时期的各项革命措施，对内一方面镇压人民革命运动，同时又要防止封建势力的复辟；对外继续抗击欧洲反动势力的武装干涉。1796年5月镇压了巴贝夫运动；1797年打败了奥地利和意大利，致使第一次反法同盟瓦解。1797年9月通过逮捕和改组，清洗了立法和行政机构中的王党分子。民主共和势力在1798年选举中获胜，督政府又宣布该派议员的当选资格无效，这种摇摆政策史称"秋千政策"。1798年，英、俄、奥等国第二次反法联盟组成后，法军节节失利。1799年11月7日，拿破仑发动"雾月政变"，督政府被推翻。

10 年的大革命风暴过后，稳定的局面重现于巴黎。资产阶级满心欢喜地转到追求愉悦的生活。

向之后，与保王党人相应的另一极势力却又发展起来，那就是以激进主义而著称的雅各宾派余党。在 1798 年的两院选举中，这一支力量赢得了很大的胜利。为了避免雅各宾派得势而令法国革命重又陷入左倾的极端统治当中，督政府于 1798 年 5 月 11 日宣布 106 名代表的当选资格无效。这就是"花月政变"。保王党人在选举中的获胜将督政府推向了复辟的险境，而果月政变则将督政府推向了另一个端点，接着，花月政变将督政府再次从另一个端点上

猛拉回来，人们将督政府的这种在左右摇摆中寻找平衡的做法形象地称之为"秋千政策"。"秋千政策"说明，成立于 1795 年的督政府在政治上极不成熟，尚不具备足够的能力来稳妥驾驭国家的政治走向，在迫不得已的情况下，督政府只能够求助于军队，甚至不惜破坏宪法，而这两种作为都是非常危险的，用这样的办法来解决政治危机，无异于饮鸩止渴。

督政府的反复无常，使得广大民众对政治逐渐变得冷淡，例如在 1799 年的初级议会选举之时，仅有十分之一左右的选民参加了投票。在远离政治的同时，一些富人开始浸淫于享乐，他们整天过着一种花天酒地的生活，似乎将一切烦恼都抛开了，他们这种堕落的表现是督政府统治之失败的最为鲜明的表征。在国内革命降温的同时，督政府依旧进行着对外战争，法国军队在征服了意大利之后，又相继占领了伯尔尼和日内瓦，1798 年 5 月，拿破仑更是率军远征埃及。然而，法国军队的接连胜利，使得以英国为首的其他国家在 1798 年 4 月再一次组织起了反法联盟，而进入 1799 年，法国督政府就在战场上节节败退，无力阻挡联盟军的攻势。在军事失利的情况下，督政府中的两名督政官被迫辞职，史称"牧月事件"。在此之后，督政府更是威严扫地，保王党和雅各宾派乘机又纷纷活动起来。在政治局面失去控制的同时，国家的经济局面也依然没有根本的好转，这就使得存在了四年的督政府陷入了内忧外患的重重包围之中。当督政府陷入绝境之时，一个伟大的英雄人物也就应运而生了。

滑铁卢之战与《维也纳和约》

为了更进一步地设计战后的欧洲格局，1814 年 9 月，诸国召开了维也纳会议，几乎欧洲所有的国家都派出代表来参加了这次会议，包括许多当时已经不存在了的国家，其遗老们也派遣人员前来游说，以期恢复他们的国家。这场会议的主导者没有疑义地是四大战胜国：英国、俄国、普鲁士和奥地利，俄国沙皇亚历山大一世、普鲁士国王腓特烈·威廉三世、奥地利皇帝弗朗西斯一世及其宰相梅特涅、英国外交大臣卡斯尔雷子爵、法国外交大臣塔列朗等显要人物都出席了会议。这些大国与会的共同目的就是扩张本国的领土和势力范围，当然，各国的利益不尽一致且相互冲

突，这使得列国之间矛盾重重，会议进程一拖再拖。

波兰问题是维也纳会议斗争的焦点之一，当时，拿破仑在占领波兰之后所成立的华沙大公国已经崩溃，波兰的命运面临着一次新的转机。在这种情况下，俄国主张终止波兰在拿破仑入侵之前由三国瓜分的状态，让普鲁士和奥地利也交出此前所侵占的波兰国土，成立一个以俄国沙皇为立宪国王的波兰王国。显然，俄国表面上是扶助波兰重新获得独立，实际上却是想排挤普鲁士和奥地利，从而独占波兰。普鲁士接受了俄国的这项提案，当然，条件就是将萨克森王国并入普鲁士。而奥地利对于俄国和普鲁士的领土交换十分反感，于是同英国联合起来进行抵制。同时，法国也担心俄国和普鲁士的领土野心得逞之后会对自身不利，于是，英、奥、法三国代表于1815年1月3日撇开其他国家签订了一项秘密条约，达成了一项重要协议，那就是在必要时刻，三国会协同对俄、普两国作战，法、奥各出兵15万人，而英国则为两国军队供应充足的军火。三国密约很快泄露，俄国沙皇亚历山大一世害怕战端重启，遂作出了妥协，他同意奥地利和普鲁士仍保持原来所侵占的波兰领土，新成立的以他本人为国王的波兰王国，其领土范围仅限于此前拿破仑在其占领地区所建立的华沙大公国的疆界。同时，普鲁士也作出了让步，它只获得了萨克森的五分之二，另外五分之三的土地仍归萨克森王国本国所有。尽管如此，俄国和普鲁士的疆界都较战争之前向西挺进了数百千米，使得俄国在欧洲的影响力进一步增强，而普鲁士也由此奠定了其日后统一德意志的基础。

诸国代表为波兰与萨克森问题争吵了几个月之久，这一问题得到处理之后，各国之间不再有过大的争议，于是代表们开始协商起草维也纳会议的最后议定案，不料，这时突然传出了一个令他们十分震惊的消息——1815年3月1日，拿破仑奇迹般地出现在法国南岸的儒昂湾，并且在他的身边重新集结了一批军队，之后拿破仑于3月12日极为顺利地抵达巴黎，法国政府很快就为拿破仑所接管，路易十八仓皇出逃，而拿破仑不仅恢复了皇帝之位，还率领大军向维也纳进发，企图驱散正在分赃的列国代表们。

拿破仑的重新出现，使得欧洲诸国异常惊慌，他们马上中止了争吵，形成了第七次反法联盟，匆忙组织军队迎战拿破仑，1815年6月中旬，双方军队在比利时相遇。6月18日中午，一场决定拿破仑命运，同时也是决定整个欧洲命运的决定性战役在比利时南部打响，这就是举世闻名的滑铁卢之战。

从此图可看出滑铁卢战场的概貌，惠灵顿将军队部署在圣让山以南的山脊上，从而形成通往布鲁塞尔的最后一道防线，防御体系西面以一座乡间别墅为据点，中间以一座农庄为缓冲，东面则以两座农庄为前哨，这样，整个防御体像三只伸向前的拳头，将拿破仑的进攻割裂开来。

　　拿破仑一世从1815年3月20日～6月22日第二次统治法国，历时近百天，故名。1814年4月拿破仑退位后，波旁王朝在法国复辟，逃亡贵族纷纷归国，人民群众深感恐惧与不安，而反法联盟各国在维也纳会议上也因利益分配问题矛盾重重。流放于地中海厄尔巴岛的拿破仑于1815年3月1日在法国南部海岸登陆，3月20日进入巴黎。拿破仑重登皇位，组成新内阁，恢复了法兰西帝国的统治。宣布废除波旁王朝危害革命的法令，允诺进行广泛的政治和社会改革。英、俄、法、奥立即组成第七次反法联盟围攻法国。1815年6月18日，法军与反法联盟军队在比利时的滑铁卢决战，法军大败，联军再次占领巴黎。6月22日，拿破仑宣布再次退位，被流放到大西洋南部的圣赫勒拿岛。

　　这次战役的结果众所周知，拿破仑遭受了彻底的失败，他重新振兴法兰西帝国的梦想也随之彻底破灭，而"滑铁卢之役"也因此成了一个典故，经常作为惨痛失败的代名词为人们所讲述。

　　拿破仑在滑铁卢遭遇失败，有着多方面的原因，从根本上来讲，是拿破仑仓促之间所组建起来的这支军队其实力远远无法与反法联军相比拟，在人数方面，反法联军先头部队有65万人之众，后续部队还有30万人，而法军全部只有28.4万人；在军人的素质方面，法国军队中的大部分成员都是刚刚招募来的，完全来不及进行充分且必要的军事训练，这就使得法军的战斗力不及训练有素的联盟军。此外，法军在将领方面也缺乏得力的人选，尽管有很多人因为不满路易十八的平庸统治而继续拥护拿破仑，但是更多的人并不愿意让法国重新陷入战争的状态，特别是拿破仑昔日的部下，并没有对拿破仑给予充分的配合与支持，这就使得拿破仑大有孤力难持之感。另外，在战场的部署方面，拿破仑囿于各种制约因素，也出现了严重的失误，以致未能掌握最佳战机，使得原本势弱的法军更加如雪覆霜。

拿破仑作战从来不轻易动用自己的老近卫军，可在滑铁卢一战中，他运用了自己所有的军队。

　　滑铁卢之战的失败令拿破仑·波拿巴的军事生涯和帝国事业彻底终结。1815年6月21日，战败的拿破仑返回巴黎，第二天被迫再次退位。7月7日，反法联军又一次开进巴黎。7月8日，路易十八复位。同年10月16日，拿破仑被流放到比厄尔巴岛遥远得多的位于南大西洋的圣赫勒拿岛。这一次，拿破仑再也没有逃离的可能了，而且他也不想再次逃离了，因为经过滑铁卢之战的惨败，拿破仑对于自己的政治命运已经不抱有任何希望了。此后，拿破仑就在这座小小的孤岛上每天对着一望无际的茫茫大洋，以撰写回忆录来打发空虚的时光。6年之

这幅反映1814年维也纳和会的讽刺画，生动地再现了参加和会的各国代表的丑恶嘴脸。

后，即 1821 年 5 月 5 日，拿破仑·波拿巴，一个曾经征服了大半个欧洲的拿破仑一世皇帝，就在这座小岛上悄悄地死去，终年 52 岁。

有关拿破仑的死因，至今未有定论，当时英国医生给出的验尸报告是，拿破仑死于严重的胃部溃烂，可是后来有人发现，拿破仑之死与砷中毒有关，有人猜测，很可能是当时伴随在拿破仑身边的蒙托隆伯爵因为急于继承拿破仑所留给他的一部分遗产，并且还有可能受到了英国人的指使和贿赂，所以他在拿破仑所饮用的葡萄酒中长期投放一定剂量的砒霜，以致拿破仑最终因为慢性砷中毒而死去。当然，不论拿破仑究竟死于何因，在他离去之后，一种新的国家体系正在欧洲形成。

此前，欧洲诸国因为急于迎战拿破仑，于 1815 年 6 月 9 日匆忙达成了维也纳会议的最后总决议，人们将其称作《维

圣赫勒拿岛上的拿破仑

拿破仑昔日流放地——厄尔巴岛

厄尔巴岛位于意大利中部托斯卡纳地区西边海域，面积 200 多平方千米，是意大利的第三大岛，仅次于西西里岛和撒丁岛。它距离陆地约 10 千米，同意大利皮翁比诺市遥遥相对。

据传说，厄尔巴岛及周围的几个小岛，是爱和美的女神维纳斯身上戴的宝石项链跌碎之后，碎片掉入海中而形成的。事实上厄尔巴岛曾经是海盗经常出没和盘踞的地方，而且为外族人长期侵占。不过现在它已成为意大利的旅游胜地之一。

厄尔巴岛上矿产资源丰富，其中以铁矿最为有名。当年拿破仑流放时居住的地方就叫作"铁港镇"。这个小镇坐落在山岗顶上，依着碧波荡漾的海湾。古墙、房屋等均沿山坡而建，山丘顶上有古堡和灯塔，所有建筑几乎全是红色的瓦和黄白色的墙。整齐的建筑掩映在翠绿的灌木丛和树林之中，风景如画。

拿破仑 1814 年 3 月退位后，于 5 月 3 日下午 6 时半乘坐英国船只被押送到"铁港镇"。随行的有母亲，妹妹波利娜和一些随行人员。当他乘坐船只靠岸时，厄尔巴岛上的地方官员和当地老百姓对拿破仑表示了热烈的欢迎。拿破仑的到来，使原来名不见经传的厄尔巴岛成了全欧洲注意的中心。

拿破仑选中了位于铁港镇最高处的"磨坊"别墅作为自己和家人的住处。这幢别墅是由佛罗伦萨地方统治者梅迪奇于 1724 年修建的。拿破仑从法国请来工匠进行了精心整修。现在，这幢别墅各房间内的物品都是按拿破仑居住时的模样原封未动地保存着。其中有一幅拿破仑骑着战马威风凛凛的肖像画，色彩鲜艳，形象逼真，淋漓尽致地表现出这位诗人的气质。在"磨坊"别墅的红墙上立有一块石牌，上面刻着："拿破仑自 1814 年 5 月 5 日至 1815 年 2 月 26 日生活在这里"。

离铁港镇不到 5 千米的圣马尔蒂诺，有另外一幢别墅，那是拿破仑的乡下住处。从这幢别墅的窗户可以望见铁港镇的码头和海湾，风景十分美丽。由于它坐落在圣马尔蒂诺山脚下，故称为"圣马尔蒂诺别墅"。现在圣马尔蒂诺别墅已成为博物馆，里面陈列着许多珍贵的艺术品。其中一尊叫做"礼貌"的白色大理石雕像十分引人注目，它塑造的是拿破仑的妹妹波利娜侧身蹲下的裸体形象，真切细腻，栩栩如生。

为了纪念拿破仑，现在岛上的许多饭馆、旅馆、街道和广场都以拿破仑的名字命名。因为是拿破仑使小岛名扬天下。

也纳和约》。据此，各国疆土进行了新一轮的划分，各个主要战胜国对于领土的要求都在一定程度上得到了满足。例如，原华沙大公国的大部分领土为俄国所占有，使得俄国成为拿破仑之后欧洲大陆最为强大的国家；普鲁士得到了萨克森王国五分之二的领土，使其具备了日后统一德意志的实力基础；英国得到了马耳他岛、爱奥尼亚岛、特立尼达、多巴哥、圣卢西亚、好望角、毛里求斯、锡兰、新加坡等诸多的海外领地，进一步巩固了其海上霸主的地位；奥地利得到了意大利最为富庶的伦巴第和威尼斯，并且继续维持对意大利大部分地区的控制。在这几个大国之外，瑞典、撒丁王国等国家的疆域也有所调整。另外，法国作为战败国和战争责任国，东北边境的17座城堡和要塞交给反法联军占领三到五年，并且占领军的费用由法国来承担，同时，法国还要支付7亿法郎的战争赔款，再有，为了遏制法国再次扩张，列国在法国东部边界建立了一道坚固的防线，那就是将比利时并入荷兰，成立了新的尼德兰王国，将卢森堡公国也交给尼德兰监管，以期通过一个强大的尼德兰王国来制约法国，同时，确立法国东部的瑞士为永久中立国，以作为列国抵御法国东侵的缓冲地带，为了让瑞士更好地发挥这一作用，条约还扩大了瑞士的边界，将一些战略要地都划入瑞士的版图。此外，作为维也纳会议的副产品，欧洲许多封建王朝都在各自的国家恢复了统治，由34个邦和4个自由市参加的一个松散的德意志邦联也因此形成。

1815年的《维也纳和约》是此前1648年的《威斯特伐利亚和约》与此后1919年的《巴黎和约》之间最为重要的一项国际协定。尽管《维也纳和约》本质上是战胜国的分赃协定，但日后的事实表明，这项协定是卓有成效的，在新的国家体系据此形成之后，欧洲出现了相对平衡的均势局面，此后100年间，欧洲内部都维持了大体上的和平，没有发生过长时间的、大规模的战争。

民族主义思潮

当代世界的国家体系基本由民族国家所构成，然而在近代之前的欧洲，人们心中并没有民族国家的概念，在漫长的中世纪，基督教的普济主义在欧洲人民的思想中占据着主导的地位，有关身份问题，一个人首先意识到的是自己是一个基督教徒，而后想到的是自己是某一地区的居民，如果非说不可的话，他最后想到的才会是自己是某一个国家的公民。在很多个世纪当中，欧洲的大部分地区都处于数量众多而规模很小的分散的邦国而不是强大的中央集权国家的统治之下。然而，随着人口的增长和经济的发展，地区之间的远距离贸易越来越频繁，而游走于关卡林立的各个邦国之间，商人们感到非常不便，同时，邦国之间经常发生各种争斗，人们的生活，特别是商人的经营会受到很大的影响，因此，人们对建立一种更加强大的公共权力来保护他们的正常生活的需求变得越来越迫切，而那些国王也纷纷意识到扩大自己政府规模的必要性，而想要实现这一目的，基本途径只有一个，那就是发动战争。就如同中国在东周时期的诸侯纷争一样，13世纪之后商业日益繁荣的欧洲也经历了一个长达数百年的列国混战的过程，而战争恰恰是加强民族凝聚力的最为有效的催化剂，无论是主动的一方，还是被动的一方，该国人民的民族意识都会在相当大的程度上被战争所激发起来，于是，人们的心中逐渐形成了"民族"的观念，欧洲人普遍越来越深刻地感受到，居住在一定地域范围内、有着相同的历史起源、享有共同的文化和生活习惯的人们应当团结起来，形成一个牢固的共同体，从而更好地捍卫自己的家园，或者更好地扩大自身的利益。在这样的基础上，民族国家最早在英吉利、法兰西、西班牙等地区形成，与之相应，在意大利和德意志，民族国家的形成就要晚得多，而也正因如此，在相当长的一个时期内，统一的英国、法国和西班牙都分别维持了各自国家的强盛局面，相形之下，分裂之中的意大利和德意志则长期未能在欧洲以及国际事务中占据主导性的地位。

18、19世纪之交的法国革命和拿破仑的征战，更进一步地激发了欧洲各地区的民族意识，各个民族为了更好地维护自身利益，纷纷为建立自己的民族国家而努力，特别是一些重要的革命家为民族主义思潮的传播而极力鼓吹呐喊，其代表人物之一就是意大利的民族主义活动者朱塞普·马志尼。1805年，马志尼出生于热那亚，早年在大学先后修习医学和法律，1827年毕业后担任律师工作，同时为报刊撰写文章。1830年，马志尼参加了活跃于意大利北部、反对奥地利统治的秘密政治组织烧炭党。不久之后，他因为叛徒的出卖而被捕入狱。第二年，马志尼被驱逐出意大利，但是马志尼的政治活动并没有因此而终止，他立即在马赛组织成立了青年意大利党，以发动武装起义从而推翻奥地利的统治并且建立一个统一、民主、自由的意大利资产阶级共和国为奋斗宗旨。1833年7月，青年意大利党在热那亚发动起义，但是很快就被镇压，结果，青年意大利党随之瓦解，马志尼也因此被判处死刑，不过，这是一次缺席判处，马志尼并没有被捕。此后，马志尼长期致力于意大利民族的解放和国家的统一事业，尽管直到1872年去世之际他也未能获得成功，但是他联合欧洲各国的民族主义组织，广泛地传播民族主义思想，对于促进19世纪欧洲的民族主义运动产生了重要的影响，并且对于意大利的最终统一也作出了重大的贡献，因此，有历史学家评论说："意大利的统一，归功于马志尼的思想、加里波第的刀剑和加富尔的外交。"

各种迹象表明，进入19世纪，民族主义已经成为遍及欧洲的一种主导思潮，意大利之外，德意志、爱尔兰、希腊、奥地利、波兰等地区，民族主义思想也影响极大。例如，在爱尔兰，也出现了一个民族主义运动领袖，此人名叫丹尼尔·奥康内尔（1775~1847年）。1169年，英国入侵爱尔兰，后来，1800年，英国与爱尔兰订立了同盟条约，成立了大不列颠及爱尔兰联合王国。在英国的统治之下，爱尔兰人民备受压抑，重新寻求独立的渴望非常强烈，奥康内尔毕生致力于将爱尔兰从英国的统治之下解救出来。

在东欧，民族主义思想也日益浓厚，不过与意大利和爱尔兰不同的是，东欧的民族主义思想更主要地表现在文化方面而不是政治方面，其最为重要的体现就是泛斯拉夫主义的兴起，当时各个斯拉夫民族都在努力发展具有鲜明特色的本民族的文化，这突出表现在他们对本民族语言的发展上，例如，1814年，塞尔维亚人武克·卡拉基制订出了一套塞尔维亚语字母表，还出版了一部本族语言的语法书和一部《塞尔维亚流行歌曲与叙事诗集》，再如，1836年，捷克族的历史学家帕拉茨基出版了他用德文写作的史学巨著《波希米亚史》的第一卷，而不久之后，他就将这部书的名字改为《捷克民族史》，语言也改为捷克语，因为对民族语言发展的杰出贡献，帕拉茨基后来被捷克人誉为"民族之父"和"民族的唤醒者"。

斯拉夫人包括俄罗斯、乌克兰、白俄罗斯、波兰、捷克、斯洛伐克、斯洛文尼亚、克罗地亚、塞尔维亚、保加利亚等多个民族，在今天，这些民族的名字都能够与地图上的国家一一对应，但是在19世纪的时候却远非如此，那时，这些民族主要分布在俄国、奥地利和奥斯曼土耳其这三个国家。因为民族关系复杂，所以奥地利和奥斯曼土耳其对于泛斯拉夫主义思潮的广泛传播非常恐慌，因为一旦斯拉夫人的民族主义运动在这两个国家兴起，它们就面临着分裂的危险。可是俄国对于泛斯拉夫主义却采取支持的态度，这一方面是因为俄国本身就是斯拉夫人统治的国家，另一方面更主要的原因是，俄国想通过煽动斯拉夫人的民族独立情绪而削弱和分裂奥地利与奥斯曼土耳其，从而为自己博得更多的好处。不过，在1848年之前，斯拉夫人对民族意识的表达是温和的，尚未发展成激进的政治运动。

马志尼

1848年革命

　　欧洲的19世纪，或者说全世界的19世纪，都是一个革命的时代，而因为其当时在全球居于领先和主导的地位，所以欧洲的革命就格外引人注目。19世纪的欧洲，一场又一场的革命运动此起彼伏，尤其在1848年，欧洲的多个国家都发生了程度不同而目标相似的革命运动，其普遍性可以说是前所未有。

　　1848年革命最早并非发生于法国，但是法国的革命却影响最大，是欧洲1848年革命最为重要的组成部分之一。1824年，法国国王路易十八驾崩，他的弟弟查理十世继位后，在很大程度上恢复了法国在1789年革命之前的旧制度，例如，那些土地和财产曾被没收的贵族被给予赔偿，教会也重新得到了它在学校中授课的权利。1830年，查理十世更是解散了议会，以期另行组建一个更符合他的统治意愿的新议会，并且他在新议会形成之前就修改了选举法，规定只有拥有土地的人才享有选举权，另外，他还加强了对新闻报刊的审查力度。查理十世这些举措的目的就是加强君主的权力，当然，这使他遭到了普遍的反对，由此引发了"七月革命"。1830年7月27日，法国民众在巴黎发动起义。由于军队和警察并不愿意杀伤起义群众，这场运动并没有被镇压下去。三天之后，查理十世被迫逃往凡尔赛。8月1日，查理十世依照起义队伍的愿望，任命他的远房堂侄奥尔良公爵路易·菲利普为摄政，并在第二天让位给他的孙子波尔多公爵亨利五世，而后，查理十世逃至英国，直到1836年在意大利死去，没有再回到法国。此前的王太子路易十九也被迫流亡，同样于1844年死在了意大利。亨利五世继位仅仅七天，就又传位给路易·菲利普。

　　路易·菲利普继位之后，法国的君主立宪体制得到了保证，拥有选举权的人数也由先前的10万增加到20万，增加的选民主要来自上层资产阶级，而贵族的势力在很大程度上被削弱。因此，1830年的七月革命使法国的资产阶级受益良多。

路易·菲利普窃取七月革命的果实，成立"七月王朝"，继续对人民进行残酷统治。

匈牙利1848年革命

　　匈牙利反对奥地利争取民族独立的资产阶级革命。1848年3月15日，奥地利统治下的匈牙利首都布达佩斯爆发了革命，提出了民族独立和民主改革的12条要求，奥皇被迫同意匈牙利建立内阁制。9月，奥皇决定镇压匈牙利革命，11日向匈牙利出兵。起义军顽强抵抗，1849年4月14日，匈牙利议会通过了匈牙利独立宣言，废黜哈布斯堡王朝的统治，宣布匈牙利独立，科苏特被选为国家元首。5月下旬，起义军攻克了布达佩斯，匈牙利的首都光复，全国土地解放。这时，奥皇与俄国沙皇勾结起来，5月27日，14万沙皇俄国军队兵分两路进攻匈牙利。匈牙利革命处于腹背受敌的境地，反动势力又乘机卖国。在优势敌人的进攻下，8月下旬革命失败，匈牙利又重新陷入奥地利帝国的统治之下，但这次革命推动了奥地利境内被压迫民族的解放运动。

法国国民自卫军

国民自卫军是存在于1789～1871年的法国非正规军。1789年7月13日，巴黎资产阶级选举人会议决定建立4.8万人的有产者自卫军。次日，部分自卫军参加了攻打巴士底狱的战斗。起义胜利后，任命拉法耶特为总司令，定名为国民自卫军。国民自卫军戴红、白、蓝三色帽徽，以区别于戴白帽徽的王军，各大城市纷纷仿效。法国大革命中，议会多次颁布法令使国民自卫军逐步制度化，并规定以团、营、连按地区编制，下级军官由选举产生，总司令由政府任命。

国民自卫军积极参加了1792年8月10日推翻王政的起义和1793年推翻吉伦特派政权的斗争。此后，它在不同时期起过不同作用，尤其在1871年巴黎公社革命时起过决定性作用，并为捍卫公社作出了很大牺牲。公社失败后，被梯也尔政府强行解散。

不过，尽管如此，当时有资格参加选举的公民仍然只是总人口当中很小的一部分，仅仅相当于当时法国成年男性的三十分之一，而决定是否拥有这种资格的标准仍是拥有财产的数量。那时在英国，中产阶级以上的公民都可参与选举，而在法国，仅仅是那些最富有的一小部分人才享有这项权利，因此，法国的国民议会在路易·菲利普统治时期仍然是代表少数人利益的政治机构，这使得正在日益崛起的广大中产阶级的利益要求得不到满足，同时，这一时期的政府官员和富商们相互勾结，贿赂和腐化的现象比比皆是，更惹得法国民众怨声载道，所以，改革的呼声变得越来越强烈。

在呼吁改革的人群当中，大体可分作自由和激进的两派，自由派希望在现有的君主立宪体制内扩大自身的权益，而激进派则希望法国能够成为共和国。改革派中存在的这种分歧对于国王来说是有利的，因为他可以拉拢自由派去反对激进派，从而依然能够在很大的程度上保卫自身的权力和地位，但是，路易·菲利普此时表现得异常顽固，他拒绝进行任何改革，这就让他无法得到大部分人的同情和支持，也促使自由派和激进派更紧密地联合起来反对他的统治。

1848年2月，改革派人士打算于22日那天在巴黎街头举行示威游行，但是在前一天，法国政府下令禁止举行一切集会。因此，改革派人士转而准备发动武装起义，他们在巴黎的很多街道和十字路口都搭建起了由木头、石块、大件家具等构成的街垒，以作起义时的掩护。路易·菲利普立即调集国民自卫军镇压，但是在关键时刻，军队却拒绝服从国王的命令，这使得路易·菲利普束手无策，只得同意进行选举改革。然而，这时激进派的一些人士却主动向部署在一片住宅区的自卫军发起攻击，自卫军被迫还击，有20个起义者因此牺牲。而后，激进派人士将这些起义者的尸体装在点燃着火炬的马车上在巴黎的各条街道上到处游行，由此引起了全城性的巨大骚乱。路易·菲利普见事态一时变得不可控制，只得在2月24日宣告退位，并逃往英国。

路易·菲利普出走之后，自由派打算推举他的孙子继位，但是激进派依靠暴力控制了国民议会，并强行宣布法国成立共和国，并组成了10个成员的临时政府。而后，临时政府成员之一的路易·布朗开始积极推行他一向主张的具有社会主义性质的"国家工场"

国王路易·菲力普逃离巴黎后，一街头顽童爬到国王的宝座上游戏。

政策，也就是按照行业组织成受到国家支持的生产合作社，然而因为临时政府中的多数成员并不同意这项政策，所以当时建立的"国家工场"有其名而无其实，其主要作用仅仅是在一定时期内吸纳了为数众多的失业工人，从而在很大程度上缓解了政府的失业压力。与成立"国家工场"相比，临时政府所颁布的一项较为实在的政策是在法国的殖民地废除了奴隶制。

5月4日，由法国各地的成年男子普选出来的代表所组成的制宪国民议会开幕，议会选举出了临时执行委员会以取代临时政府，而在这个新的政府当中，激进派的声音就更弱了，自由派人士和保王党人士在议会中占据了主体，同时，资产阶级的利益得到了肯定，而工人阶级的利益却再一次被忽略。5月15日，集中在"国家工场"中的极度不满的工人发动起义，解散了制宪国民议会，并且选举出了自己的临时政府。但是，工人们的行动受到了国民自卫军的镇压，制宪国民议会马上又恢复，他们反过来准备解散当时形同工人俱乐部的"国家工场"，并且打算将其中的工人或者转移到地方的工场，或者编入军队，或者赶出巴黎。工人们闻讯后全体起义，进行激烈的抵抗，

1848年法国政府军与起义者之间的激战

临时执行委员会被迫集体辞职，而巴黎也进入了戒严状态。

1848年6月24日到26日，巴黎的工人队伍与镇压军队展开了激烈的武装斗争，结果致使大约3000工人牺牲，约1.1万工人被俘。事后，这些成为俘虏的工人绝大多数都被流放到法国的北非殖民地阿尔及利亚。

巴黎工人在1848年6月的起义中所付出的巨大的流血牺牲在法国乃至整个欧洲的革命史上都是罕见的，而这次事件在法国人心中所引起的恐慌也是前所未有的，就如同曾亲历此事的一个法国妇女曾经写过的一句话，在当时的很多法国人看来，人类社会已经成为"自从野蛮人入侵罗马以来的空前的恐怖感情的牺牲品"。

六月起义被镇压之后，由临时执行委员会集体辞职后全权控制巴黎的路易·欧仁·卡芬雅克将军主持的制宪国民议会决定，在新的宪法起草完成之前就应当立即选出一个强有力的总统来驾驭一个强有力的政府，从而及早结束国家的混乱局面，而这个总统应当在经过全国成年男子普选而产生的候选人当中进行投票选择而产生。普选之后，出现了四个总统候选人，分别是温和的自由派领导人拉马丁、领导镇压六月起义的卡芬雅克将军、社会主义者亚历山大·奥古斯特·勒德律–罗兰和拿破仑·波拿巴的侄子路易·拿破仑·波拿巴。总统选举的结果是，路易·拿破仑·波拿巴所获得的选票比另外三人得票之和还要多。

路易·拿破仑·波拿巴是曾经的法兰西皇帝拿破仑·波拿巴的弟弟路易·波拿巴的儿子，当年，拿破仑·波拿巴，即拿破仑一世在征服荷兰后，将他的弟弟路易·波拿巴封为荷兰国王，并且把自己的妻子所带来的女儿奥通斯嫁给自己的弟弟。1808年，路易·波拿巴与奥斯通在巴黎生下了他们的第三个儿子，即路易·拿破仑·波拿巴。1810年，路易·波拿巴为了照顾荷兰商人而

法国六月起义

　　1848年6月巴黎无产阶级反对资产阶级的武装起义。1848年6月22日，法国资产阶级临时政府下令解散"国家工厂"。资产阶级的步步进逼，迫使无产阶级举行武装起义。当日，工人群众示威游行，揭开了六月起义的序幕。6月23日巴黎工人群众大规模起义，5万起义者拿起武器，筑起街垒，与政府军展开激烈的巷战，提出了"打倒人剥削人的制度"、"民主的社会共和国万岁"等口号。24日冲到市政厅附近，制宪会议对政府的软弱无能不满，解散执行委员会，调集军队向起义者发起疯狂的进攻。起义者顽强抵抗，经过4天激战，26日下午圣安东区陷落，起义失败。资产阶级对工人群众进行了残酷屠杀。六月起义是现代社会中两大对立阶级的第一次伟大战斗，是为保存或消灭资产阶级而进行的战斗，具有明显的无产阶级性质。

破坏了拿破仑一世为抵制英国而建立的大陆封锁体系，为此，拿破仑一世废黜了弟弟的王位。随后，路易·波拿巴去往法属意大利王国的佛罗伦萨，但是因为夫妻之间已经产生裂痕，奥通斯没有一同前往而留在了巴黎的皇宫，路易·拿破仑·波拿巴就跟随他的母亲自小在皇宫中长大。波旁王朝复辟后，波拿巴家族的成员都被流放到国外。奥通斯也因此离开了巴黎，经过一段时间的流浪之后，她带着自己的小儿子在瑞士定居。青年时的路易·拿破仑·波拿巴在瑞士学习军事，后来一度参加意大利革命。1832年，他加入了瑞士国籍，但是他的心却在法国，小时候在伯父的皇宫中成长的经历在路易·拿破仑·波拿巴的内心中留下了深刻的印迹，他向往继承伯父的事业，重新振兴波拿巴家族。不久之后，路易·菲利普治下的法国所出现的动荡局面给他创造了机会，在几个曾为拿破仑一世效劳过的旧军官以及一些老兵的拥戴下，路易·拿破仑·波拿巴跑到斯特拉斯堡的军营中进行演说，企图说服军队支持他取代路易·菲利普而出任法国国王。不幸的是，他的这次鼓动没有成功，反而使得自己被抓，并且被流放到了美洲。第二年，即1837年，他逃回瑞士。这时，法国的局势更加动荡，路易·拿破仑·波拿巴出版了一部自我宣传性质的名为《拿破仑思想》的书，在这部书中，他对拿破仑一世进行了高度的美化，并充分强调了他作为拿破仑一世之继承人的身份和能力，而这也恰恰迎合了很多法国人对昔日帝国之辉煌历史的深切的缅怀之情，从而为路易·拿破仑·波拿巴赢得了更多的支持。1840年，路易·波拿巴·拿破仑再次试图反叛夺位，结果因为失败而被判终身监禁，但是他在1846年成功越狱。两年之后，在法国1848年革命中，路易·拿破仑·波拿巴在一部分保王党人的支持下跻身于总统候选人之列。最后，路易·拿破仑·波拿巴之所以能够高票当选总统，并不是源于他自身的能力，而是沾得了其伟大伯父的荣光与恩泽，他的得票中大部分都是法国农民投出的，当年，拿破仑一世确认了农民对小块土地的占有，使得广大的法国农民受惠，因此将这种感恩之情回报在他们恩人的侄子身上，然而他们当时并不知道，此拿破仑非彼拿破仑。

　　对于心怀家族旧梦的路易·拿破仑·波拿巴来说，不论他的奋斗历程多么曲折，但终于修成正果，如愿以偿，成为法兰西第二共和国的总统。不过，总统之位并不是他梦想的终点，他的最高理想是像他的伯父一样成为法兰西

曾先后担任法兰西第二共和国总统和第二帝国皇帝的路易·波拿巴。

帝国的皇帝。因此，上台之后，路易·拿破仑·波拿巴就不断谋求更多的权力，最终，他在1852年12月2日皇袍加身，由法兰西第二共和国的总统转身为法兰西第二帝国的皇帝，加号为拿破仑三世（拿破仑二世是拿破仑一世的儿子，于1832年病死）。

受法国二月革命的影响，1848年3月13日，在欧洲的另外两个大国的统治中心，即普鲁士的首都柏林和奥地利的首都维也纳，两地民众在同一天爆发了大规模的示威游行，而且也都同政府军展开了武装斗争。斗争的结果是，两国各自改组政府，修订宪法，资产阶级的地位得到提高，权益得到扩大。另外，在1848年间，捷克、匈牙利、意大利等国家和地区也都纷纷爆发了革命运动。这一年，可以说是大部分的欧洲地区都熊熊燃烧着革命的火焰，尽管各地的革命多以失败告终，但是这一场席卷了大半个欧洲的革命运动，沉重地打击了各国政府的封建统治，一方面进一步促成了有利于资本主义经济发展的政治制度，另一方面，工人阶级也被广泛地动员起来，为欧洲后来的工人运动和社会主义运动准备了革命队伍，同时，这场革命也在很大程度上加速了德意志和意大利的统一进程。总而言之，1848年革命预示着欧洲即将步入一个新的时代，在这个新的时代，作为革命基本动因的自由主义、民族主义、社会主义运动都将掀起新的高潮，呈现在世人面前的将是一幅更加汹涌澎湃、波澜壮阔的历史画面。

德意志的统一

在19世纪民族主义思潮席卷欧洲之时，如同其他很多民族一样，德意志人也在积极地谋求着民族和国家的统一。正如同意大利是由撒丁王国所统一，德意志统一的任务是由普鲁士来完成的。普鲁士王国原本在德意志诸邦国中并不是很强大，可是与其他邦国明显不同的是，普鲁士长期以来都在推行着一种积极扩张的政策，例如，1740年，它占领了西里西亚，18世纪70年代和90年代又两次分割了波兰的部分领土，1815年又攫取了莱茵兰。这一次又一次的领土扩张使得普鲁士在德意志诸邦国中的地位越来越突出。在拿破仑时代，普鲁士因为法国的入侵而遭受了严重的削弱，甚至几乎灭国，但是，1815年拿破仑政权垮台之后，普鲁士重又迅速崛起，此后的数十年中一直都为建成一个统一的德意志国家而奋斗着。在此期间，普鲁士所取得的最为重要的成就之一是促成了奥地利之外包括所有德意志邦国的关税同盟，这样，德意志在实现政治的统一之前就率先实现了经济的统一，而经济的统一又极大地促进了德意志经济的发展。相较于英、法等国，德意志的工业化进程开始得较晚，但是却后来居上，在关税同盟形成之后到德意志统一之前的二十

普鲁士王国

普鲁士原为古普鲁士人居住地，13世纪为条顿骑士团征服，始称普鲁士。1466年臣属波兰，1525年成为普鲁士公国，1618年普鲁士和勃兰登堡合并，1648年摆脱波兰宗主国，1701年普鲁士王国正式建立。18世纪后半叶的七年战争和三次瓜分波兰，使其获得奥地利的西里西亚、波兰的西普鲁士等地，逐渐成为德意志的封建军事大国。19世纪，资本主义得到进一步发展。1848～1849年爆发了资产阶级革命，但遭失败。1862年俾斯麦就任首相后，通过战争，击败了主要竞争对手奥地利和法国，实现了德意志的统一。1871年建立以普鲁士王国为中心的德意志帝国，帝国皇帝和首相分别兼任王国国王和首相。帝国实行中央集权统治，普鲁士王国失去了"国家"的含义。1919年德国十一月革命推翻了帝制，建立共和国，普鲁士王国的名称消失。

几年间，德意志的资本主义经济获得了长足的发展，例如，在被看做工业发展之基础的煤、铁产量上，到 1871 年的时候，德国都已经超过此前作为欧洲大陆第一工业强国的法国。而经济发展的程度越高，人们就越会感到建立一个统一的国家是如此的必要。

在整个德意志资本主义工业体系中，普鲁士的发展是走在最前列的，这在很大程度上得益于普鲁士对农奴的解放，从 1850 年到 1865 年间，普鲁士有 65 万户农奴获得了

19世纪中期的德国工厂

自由。农奴的解放从两个角度给普鲁士的经济发展带来了巨大的好处，一个角度是，农奴们因为获得了人身自由而极大地活跃了社会生产力，另一个角度是，农奴们是以政府的贷款和自身出让的部分土地作赎金而摆脱封建性的人身依附关系的，这使得广大的地主阶级获得了大量的资金和土地，这些人因此可以转变经营方式，利用既有的原始资本积累来从事资本主义工业生产，同时也就带动了普鲁士资本主义经济的发展。

1859 年，意大利的统一进程再次开启，而这也进一步推动了德意志的统一运动。这一年 9 月，出现了第一个全德性的政治组织——德意志民族同盟。到 1862 年，民族同盟的成员已经达到 2.5 万人，涵盖了来自德意志多个邦国的各界名流，同盟的政治宗旨就是支持普鲁士完成德意志的统一。

正如在意大利的统一过程中出现了马志尼、加富尔和加里波第这几个关键性的人物一样，德意志的统一也呼唤着伟大的民族英雄来代表国家完成神圣的历史使命。1862 年，这个在德意志的统一进程中发挥了举足轻重之作用的巨人终于出现，他就是来自易北河东岸老勃兰登堡的一个容克地主家庭的奥托·冯·俾斯麦。这一年，俾斯麦受命出任普鲁士宰相。

当时普鲁士要完成统一德意志的目标，直接面对的一个难题就是议会拒绝为扩军增加拨款。以往，德意志人曾尝试着通过和平手段来促成民族的统一，但事实证明，那是一个行不通的办法，要实现统一，必需依赖强权和武力，而建设一支强大的军队无疑是这一切的基础，可是为

1871 年 1 月，威廉一世加冕为德意志帝国的皇帝，台阶下着白衣者为俾斯麦。

一些富有的自由主义者所控制的普鲁士议会偏偏从中作梗，只顾自己的喜好来行事而置民族大局于不顾。因此，俾斯麦上任之后首要的任务就是同议会作斗争。面对议会的偏误，俾斯麦明确指出，普鲁士为德意志人所欣赏的不是它的自由主义，而是它的权力，他还说过这样一句在世界历史上极为知名的话："当前的各种重大问题不是依靠演说和多数票所能解决的——这正是 1848 年到 1849 年所犯的严重错误，解决问题所依靠的只能是铁和血。"因为这句话，俾斯麦经常被人们称为"铁血宰相"，而他的统治手段则被称作"铁腕政策"。历史证明，正是依靠"铁"与"血"，德意志才快速实现了统一。

在此后数年间德意志走向统一的过程中，俾斯麦带领他的普鲁士军队胜利地赢得了三场重要的对外战争，其中的第一场战争发生在普鲁士与丹麦之

铁血政策

俾斯麦通过王朝战争实现德国统一的政策。1862 年 6 月，俾斯麦出任普鲁士的宰相兼外交大臣。他代表容克地主和大资产阶级的利益，竭力主张由普鲁士以强权和武力统一德国，建立以普鲁士为中心的德意志帝国。同年 9 月，他在普鲁士议会的首次演说中宣称："德国所注意的不是普鲁士的自由主义，而是权力……普鲁士必须积聚自己的力量以待有利时机，这样的时机我们已经错过了好几次……当代的重大问题不是通过演说与多数人的决议所能解决的——这正是 1848 年和 1849 年的错误——而是要用铁和血。"他不顾议会的反对强行扩大军队，并发动了 1864 对丹麦的战争、1866 年对奥地利的普奥战争、1870 年的普法战争。1871 年 1 月 18 日在凡尔赛宫宣告了德国的统一，成立了德意志帝国。俾斯麦推行的这种政策称为"铁血政策"，后来成为战争政策的代名词。

间。当时，丹麦人也在谋求民族的统一，他们想让石勒苏益格公国并入丹麦的版图，因为该公国是丹麦人的聚居地之一，不过，石勒苏益格公国同样也有很多德意志人居住在那里，与之类似的还有荷尔斯泰因公国。为了争夺这两个公国，俾斯麦将德意志邦联内另一强国奥地利拉入进来，于 1864 年联合向丹麦宣战。这场战争并没有持续很久，丹麦很快就战败求和，但是，普鲁士和奥地利为了瓜分战利品马上就吵得不可开交，而这恰恰是俾斯麦所希望看到的，因为他正便借此机会来发动一场对奥地利的战争，他知道，只有挫败了奥地利，普鲁士在德意志邦联内才会享有绝对的权威。

除了在军事上进行充分准备之外，在外交上俾斯麦也做了大量的工作，纵观欧洲近现代史，每当有地区性的战端发生之时，总是少不了英、法、俄这几个大国的身影，各国都不想因为地区局势的变化而伤害自身的利益，也都想浑水摸鱼，以期利益均沾，同时进行相互牵制，维持国际政治军事格局整体上的均势。俾斯麦稔知当时的欧洲态势，英国因为普、奥纷争与其利益并不直接相关而奉行不干预的政策；俄国则因为在克里米亚战争中与奥地利结怨而不会予其援助，反而因为 1863 年俾斯麦曾支持俄国镇压波兰人的起义而对普鲁士怀有好感；至于法国，当时正忙于墨西哥战争，也无暇顾及德意志事务；而意大利也同样好对付，当时意大利已经统一，可是威尼斯却仍然控制在奥地利的手中，俾斯麦答应战胜奥地利后迫使对方将威尼斯转让给意大利。就这样，欧洲的几个大国没有一个会对奥地利进行援助，奥地利只有联合其他的德意志邦国来抵制普鲁士，

萨多瓦会战中，普鲁士重创奥军主力，历时 7 个星期的战争以奥地利的失败结束。

但是普鲁士根本不把那些小国放在眼中。普奥战争的结果是，从 1866 年 6 月 8 日战争开始，到同年 7 月 22 日战争结束，普鲁士仅用了 45 天时间就相当轻松地赢得了战争的胜利，因此这场战争又被称作"七周战争"。

1866 年 8 月 23 日，普鲁士与奥地利在布拉格签订合约，普鲁士不仅独吞了石勒苏益格和荷尔斯泰因，还摧毁了 1815 年依照《维也纳条约》而形成的由 35 个邦国和 4 个自由市所组成的德意志邦联，并且在俾斯麦

普鲁士陆军

普鲁士王国从 1701 年建国开始，历代统治者都非常重视加强军队建设（当时军队的主力是陆军），以求在列强的夹缝中生存。

1740 年腓特烈二世即位后，普军人数由原先的 7 万人激增到 20 万，占全国人口 9.4%，军费开支每年要占政府全部财政预算的 4/5。当时普鲁士的面积在欧洲仅居第十位，人口居第十三位，但它的军队数量却居全欧第四。到了威廉二世时期，普军又增加到了 23.5 万人。普鲁士军队装备优良，训练有素，战斗力很强。曾有人这样描述普鲁士的军国主义："对其他国家来说，是国家拥有一个军队；对普鲁士而言，则是军队拥有一个国家。"凭借这支军队，普鲁士不断发展壮大，相继击败了奥地利、波兰、丹麦、法国、俄国等国家，夺取了大片领土。普鲁士奉行的军国主义，直接促成了后来俾斯麦"铁血政策"的出台和两次世界大战的爆发。

的主持下，德意志北部诸邦国组建了由普鲁士控制的北德意志联邦，由此可知，普鲁士可谓获得了全胜，而作为战败国的奥地利则不仅要支付战争赔款，还被迫将威尼斯割让给意大利，更为重要的是，奥地利从此失去了在德意志诸邦国中的主导地位，并且开始失去欧洲强国的地位。这样，击败了奥地利之后，普鲁士就完成了统一德意志任务的一大半。

在奥地利衰落之后，法国就日益感受到普鲁士崛起对其自身的威胁，因此，无论是法国要保持其在欧洲大陆的主导地位，还是普鲁士要完成德意志的完全统一，法、普两国的一场战争都是不可避免的，而不论哪一方获得胜利，这场战争都必然会对欧洲大陆的国家格局产生重大的影响。这一次，俾斯麦又巧妙地找到了让普鲁士掌握战争主动权的一个突破口。当时，西班牙爆发了一场革命，女王被驱逐出境，王位因此产生了空缺，在西班牙人的再三请求下，普鲁士王室霍亨索伦家族的利奥波德亲王同意出任西班牙国王。然而由普鲁士王室的成员来占据西班牙的王位是法国所不愿看到的，因此法国驻普鲁士大使先后两次会见普鲁士国王威廉一世，要求霍亨索伦家族的成员无论在任何时候都不得出任西班牙的国王。随后，威廉一世将他与法国大使会谈的全部内容都通过电报传达给俾斯麦，俾斯麦经过一番精心的剪裁，将修改过的电报向普鲁士全国公布，使得普鲁士人认为他们的国王遭受了法国大使的侮辱，因而群情激愤，纷纷要求向法国开战。同时，俾斯麦又向法国传送了虚假的信息，使得法国人认为他们的大使受到了普鲁士国王的怠慢，求战的情绪也日益高涨。俾斯麦这样做的目的就是一方面激起普鲁士人的仇法情绪，一方面则挑逗法国主动宣战。果然，法国人很快就中了圈套。1870 年 7 月 19 日，法国对普鲁士宣战。表面上看，似乎法国掌握着战争的主动权，可实际上法国人的动向完全是由俾斯麦精心策划而成的，由于法国的主动进攻，普鲁士人以及其他德意志邦国人民都认为普鲁士遭受了法国的侵略，因而就为更加紧密地团结在普鲁士的周围，共同抵抗法国的入侵。在俾斯麦看来，战争是激发民族情感和提高民族凝聚力的一种最为有效的手段。

为了孤立法国，俾斯麦再次进行了一轮出色

色当会战

此会战，法军共损失 12.4 万人，其中仅 3000 余人逃到比利时境内；普军损失近 9000 人。色当惨败加速了拿破仑三世帝国的崩溃。

普鲁士主要首脑
国王（中）左边的是俾斯麦首相和毛奇伯爵，1861 年，威廉一世即位普鲁士国王，开始进行扩军备战。同年任命毛奇为总参谋长，进行军事改革。第二年任命有"铁血宰相"之称的俾斯麦为首相，进行战争准备。

的外交动员，而此时的法国就如同几年前的奥地利一样不得人心，它在美洲对殖民地的疯狂争夺使得英国将法国视作一个强大的对手和敌人，而俄国正在为突破克里米亚战争之后英、法两国对其军队在黑海活动的封锁而竭力斗争，意大利人也想乘机从法国人手中夺取罗马，因此可以说，法国只能是孤军对抗普鲁士，而普鲁士则得到了几乎所有德意志邦国的一致拥护。在普鲁士的主导下，德意志人民同仇敌忾，更加上当时普鲁士军队的装备已经

超过了法军，因此他们很快就将法国军队打得落花流水，特别是在 1870 年 9 月 2 日的色当战役中，连法国皇帝拿破仑三世都成了普军的俘虏。两天之后，巴黎再次发生革命，法兰西第二帝国被推翻，取而代之的是法兰西第三共和国。与此同时，普鲁士及其他德意志邦国的军队也开进了法国，可是法国尽管已经改朝换代，但是仇视普鲁士的情绪并没有改变，因此拒绝向普鲁士投降，结果，巴黎被围困了长达 4 个月之久。

在此期间，德意志人就在法国领土上的凡尔赛重新组建了他们的国家——1871 年 1 月 18 日，俾斯麦在凡尔赛宫向全世界宣布，德意志帝国从此诞生，原普鲁士国王威廉一世成为统一之后的德意志帝国皇帝，至此，奥地利之外的原德意志诸邦国都被纳入一个新的德意志国家。

1871 年 5 月 10 日，德国与法国签订了《法兰克福条约》，法国在支付巨额的战争赔款之外，还将阿尔萨斯与洛林的一大部分领土割让给德国，这使得统一之后的德国领土进一步扩大。此后，德国迅速成为欧洲大陆上的第一强国，并且积极参与同英、法等老牌殖民强国对全球领土的激烈争夺，而这最终也成为引发第一次世界大战产生的重要根源。

拉丁美洲的解放

19 世纪早期，在美国独立后不久，拉丁美洲以美国为榜样，将自身从殖民统治之下解放了出来。反抗的火炬点燃于 1810 年，在这以后的 14 年之中，整个西班牙美洲帝国——从墨西哥到阿根廷——分崩离析。与此同时，巴西宣布脱离葡萄牙而独立。

19 世纪初，西班牙庞大的美洲帝国从北美南部的加利福尼亚一直延伸到南美的智利，它被分成了 5 个总督区：新西班牙区（包括墨西哥与中美洲）；新格拉纳达区（包括委内

西蒙·玻利瓦尔既是一位思想家又是一位实践家，这是极为罕见的，他的杰出不仅表现在为西班牙属美洲殖民地获得独立而做出的贡献上，还表现在为独立的讲西班牙语地区的合作事业而付出的努力上。但不幸的是，1830 年，委内瑞拉与厄瓜多尔脱离了哥伦比亚，他的联合之梦遭到了破坏。

1824 年 12 月 9 日，大哥伦比亚－秘鲁联军与西班牙主力部队在阿亚库乔平原上进行决战。

瑞拉、哥伦比亚以及厄瓜多尔）；秘鲁区（包括秘鲁与玻利瓦尔）；拉普拉塔区（包括乌拉圭、巴拉圭与阿根廷）以及智利区。西班牙殖民者在墨西哥与秘鲁开矿，获得大量的金银，通过大西洋将其输送出去。他们还建立大农场，做"缺位老板"——自己居住在沿海的市镇甚至返回欧洲，强迫印第安人在矿山和农场为自己工作。

在北美独立战争以及法国大革命的鼓舞之下，拉丁美洲爆发了独立运动。拿破仑的军队于 1808 年占领了西班牙，拿破仑的兄长约瑟夫·波拿巴成为了国王，这为拉美的变革要求提供了新的推动力。

1810 年，革命首先在墨西哥爆发，但是这次起义很快就遭到了镇压，领导人米格尔·伊达尔哥被处死。

1811 年，巴拉圭宣布独立，玻利瓦尔开始了解放自己的故乡委内瑞拉的斗争。1819 年，玻利瓦尔成为新成立的哥伦比亚共和国的总统，两年之后，他将西班牙人驱逐出了委内瑞拉。与此同时，另一位革命领导人圣马丁也在不断进行斗争，最初在 1816 年的时候，他投身到阿根廷的解放

解放者西蒙·玻利瓦尔

西蒙·玻利瓦尔在历史上是独一无二的：有一个国家——玻利瓦尔——是以他的名字而命名的，还有一种货币——委内瑞拉的玻利瓦尔——也是以他的名字而命名的。1783 年，西蒙·玻利瓦尔出生于委内瑞拉加拉加斯市的一个富裕的西班牙血统家庭，年轻的时候，他在欧洲——尤其是在意大利与法国——的旅行中度过了多年的时光，在那里，他成为拿破仑的崇拜者。返回南美之后，玻利瓦尔将自己的精力投入到反抗西班牙统治的斗争中，他花费 11 年的时间解放了委内瑞拉，接下来，他继续致力于厄瓜多尔的解放事业，最后，他在 1824 年 12 月进行的阿亚库乔战役中终结了西班牙人在秘鲁的统治。玻利瓦尔希望建立一个南美国家联邦，但是他过去掌权时的严格的统治风格导致很多支持者疏远了他。玻利瓦尔在 1830 年去世时已经没有实权了，不管是在哥伦比亚还是委内瑞拉。

● 1810 年 墨西哥、委内瑞拉、阿根廷与智利出现了反抗西班牙统治的起义。

● 1811 年 7 月 5 日，委内瑞拉宣布脱离西班牙独立。

● 1814 年 玻利瓦尔被西班牙人驱逐出了委内瑞拉，他以牙买加与海地为基地，不断对南美大陆进行袭击。

● 1816 年 阿根廷从西班牙手中赢得独立。

● 1817 年 何塞·德·圣马丁在阿根廷筹集起了一支军队，翻过安第斯山脉，前去解放智利，以配合贝纳多·奥希金斯领导的智利革命。

● 1817 年 玻利瓦尔返回委内瑞拉，在奥里诺科地区建立了基地。

● 1819 年 玻利瓦尔聚集起了一支 2.5 万人的军队，其中包括一些英国与爱尔兰的雇佣军，他率军进入了哥伦比亚，赢得了波亚卡战役的胜利。

● 1819 年 12 月 17 日，玻利瓦尔宣布哥伦比亚共和国独立，他自己担任了总统。

● 1821 年 何塞·德·圣马丁夺取了秘鲁的利马。

● 1821 年 通过卡拉波波战役，玻利瓦尔将委内瑞拉从西班牙的统治之下解放了出来。

● 1821 年 墨西哥从西班牙手中获得独立。

● 1822 年 葡萄牙王子佩德罗宣布巴西脱离葡萄牙的统治而独立，他自己成为巴西皇帝。

● 1822 年 玻利瓦尔与安东尼奥·何塞·德·苏克雷将军解放了厄瓜多尔。

● 1822 年 德伊图维德宣布自己为墨西哥皇帝奥古斯丁一世。

● 1824 年 玻利瓦尔与苏克雷赢得了阿亚库乔战役的胜利，打败了在秘鲁的最后一支忠于西班牙的军队，完成了南美的解放事业。

1825年，玻利瓦尔处于权力巅峰，他统治着一个庞大的帝国，从委内瑞拉一直延伸到阿根廷—玻利瓦尔的边界。

事业，随后，他又领导军队翻越了安第斯山脉，夺取了秘鲁的首府利马。到1824年，玻利瓦尔与苏克雷将军已经将西班牙人赶出了秘鲁的其他地区，整个西班牙美洲帝国——除了位于加勒比海的古巴岛以及波多黎各岛——都赢得了独立。

但是，解放并没有延伸到每一个人的身上。这些新建国家的权力掌握在西班牙后裔的手中，在他们之下是麦斯蒂索人（欧洲人与印第安人的混血后裔），处于最底层的是土著印第安人和逃脱了的黑人奴隶的后代，他们没有任何权利。在接下来的几十年中，这些新建立的国家之间不断发生争端与边界战争，很多国家还陷入了考迪罗（通过掌握军队而掌握政权的独裁者）的统治之下。

地图图例：
- 西班牙1810～1825年失去的地区
- 1830年时西班牙所控制的地区
- 葡萄牙1822年失去的地区
- 大哥伦比亚共和国1819～1830
- 同墨西哥联合在一起的地区1821～1823
- 1830年时的边界
- 1818各国独立时间

地图标注：美国、墨西哥湾、哈瓦那、古巴、墨西哥城、墨西哥(1821)、危地马拉城、英属洪都拉斯、牙买加属英国、海地、1822年归海地、波多黎各、圣胡安、小安的列斯群岛、加勒比海、加拉加斯、中美洲联合省(1823)、莫斯基托海岸属英国、巴拿马城、特立尼达岛属英国、英属圭亚那、荷属圭亚那、法属圭亚那、波哥大、新格拉纳达(1831)、委内瑞拉(1830)、加拉帕哥斯群岛1832年归厄瓜多尔、基多、厄瓜多尔(1830)、亚马孙河、利马、秘鲁(1821)、拉巴斯、玻利维亚(1825)、巴拉圭(1811)、巴西(1822)、里约热内卢、亚松森、阿根廷邦联(1810)、太平洋、大西洋、圣地亚哥、智利(1818)、布宜诺斯艾利斯、乌拉圭(1828)、蒙得维的亚、大西洋、福克兰群岛（马尔维纳斯群岛）1820年归阿根廷

● 1825年 玻利瓦尔——原来的西班牙秘鲁总督区的一部分——宣布独立，为了向玻利瓦尔致敬而采用了这个名称。

→ 西班牙属美洲殖民地的独立战争得益于西班牙在欧洲的拿破仑战争中筋疲力尽。最初，西班牙与法国结盟，由此引发了英国在1806年对布宜诺斯艾利斯的袭击（右图），两年之后，法军占领了西班牙本土，西班牙在国内进行着艰苦的内战，导致母国无法派遣军队，也不能拨出资金去镇压殖民地的起义。

工业革命

　　大约从 1750 年起，西欧与北美开始了深刻的经济社会变革，它在未来将从根本上影响到全世界的各个民族。在后来的 150 年中，商业化以及城市的发展改造了这些地区，它们从农业社会跨入到了工业社会，这一转变被人们称为工业革命。

　　工业革命发端于英国，这里拥有丰富的矿藏，现成的资本，还拥有一个帝国可以出口商品，这些都为工业革命创造了理想的条件。工业革命的推动力最初来自于纺织业。新的机器体积较大，价格较贵，要求工人们集中在大型的工厂里面进行生产。随着生产的集中化，社会也发生了变化，它不再是为了本地的消费而生产多种商品，而是为了更广阔的市场生产有限范围的商品。

　　机械化也促进了重工业的增长。18 世纪 60 年代，詹姆斯·瓦特对最初的蒸汽机进行了改进之后，蒸汽动力的时代来临。

　　下一个发展步骤就是将蒸汽机应用到运输上。第一条应用蒸汽能的铁路修建于 1825 年英

伊萨姆巴德·金德姆·布鲁内尔

　　伊萨姆巴德·金德姆·布鲁内尔（右图）是工业革命时期最伟大的工程师，他出生于英国的工程师家庭。19 世纪 30 年代，他声名大震，因为他开发了英格兰大西部铁路，为了支撑铁轨，他设计了先进的桥梁，这更提高了他的名声。随后，布鲁内尔转向了建造钢铁结构的蒸汽船，使得海洋运输发生了革命性的变化。这在他设计制造的"大东方号"身上得到了典型地体现，它能够运载 4000 名旅客，堪称是一个技术上的成功典范，但最终没能取得商业上的成功。这艘巨船下水仅仅一年之后，耗尽了精力的布鲁内尔就于 1859 年去世了。

- 1733 年　约翰·凯伊发明了一个机械装置飞梭，它加快了织布的速度。
- 1764 年　到 1774 年间，苏格兰工程师詹姆斯·瓦特改进了蒸汽机。
- 1776 年　苏格兰政治经济学家亚当·斯密发表了他的富有影响力的著作《国富论》。斯密支持自由贸易以及包括分工在内的现代模式的工作实践。
- 1801 年　法国发明家约瑟夫·贾卡发明了一种新的提花机，它能够生产华丽的丝绸纺织品。

- 1815 年　苏格兰工程师约翰·麦克亚当用碎石块铺成第一条现代意义的公路。
- 1825 年　世界上第一条商业铁路开始运行，它位于北英格兰的斯托克顿和达灵顿之间。
- 1827 年　法国的贝诺特·富尔内隆发明了水轮机。
- 1833 年　英国的《工厂法》禁止在工业生产中使用童工。
- 1838 年　伊萨姆巴德·金德姆·布鲁内尔所造的蒸汽船"大西方号"成为了一艘定期跨越大西洋、输送乘客的船只。20 年以后，他又

制造了"大东方号"，从事同样的业务。

- 1846 年　英国取消《谷物法》，这可以看做国家之间自由贸易时代的开端。
- 1856 年　在英格兰，亨利·贝塞默改革了由铁矿石炼钢的方法，发明了转化炉，它能除去生铁中的杂质，产出廉价、含碳量不同的钢。
- 1862 年　美国发明家理查德·加特林发明了机枪；25 年之后，海勒姆·马克西姆改进了这种机枪，它后来得到了广泛的使用。

格兰的东北部，在接下来的几十年中，铁路网络得到了大规模的扩展，它以人们在此之前难以想象的速度运输着货物，运送着乘客。

尽管德国在政治上仍然处于四分五裂之中，但是，从19世纪40年代起，它也迈出了工业化的步伐，随着德国在1871年的统一，工业增长进一步加速，到1900年，德国在钢铁产量方面已经超过了英国，它在化工方面领导着世界潮流。与欧洲各国相比，美国的工业化相对较晚，但在内战之后的几十年中，它经历了一段快速增长时期，这使它很快就迎头追赶了上来。

工业革命在社会方面的影响是非常彻底的。1750～1914年，西欧大部分国家的农业人口从占总人口的70%降到了10%，这些新的城市居民忍受着这一切：过度拥挤、居住条件恶劣、糟糕的健康状况以及周期性的失业。各个国家开始采取措施遏制剥削当中一些最为恶劣的方面，比如童工以及工作时间过长等。到19世纪末的时候，人们的呼声不断增强，人们要求劳动者拥有更好的政治代表，劳动者以劳工组织或者是社会主义团体的形式组织了起来，开始对现存的制度提出了挑战。

苏格兰工程师詹姆斯·内史密斯革命性地发明了蒸汽锤，从1839年起应用于英国曼彻斯特的工厂里。

蒸汽机

从古埃及起到17世纪末，除了人力与畜力外，人类能够利用的自然动力只有风能与水能。随着蒸汽机的发明与改进，这一状况发生了深刻的变化，蒸汽机的历史从1690年起开始，到1765年詹姆士·瓦特的发明到达发展的顶峰。

最早的蒸汽机并没有使用蒸汽作为动力，它们利用的是大气压。也正是基于这一原因，更准确地说，它们应该叫"大气机"。第一台蒸汽机由旅居英国的法国物理学家丹尼斯·帕潘(1647～1712年)设计发明，该机器有一个垂直的末端开口的汽缸，有一个密封的活塞，汽缸底部有一些水，用火加热汽缸底部，使缸内水沸腾，产生水蒸气，抬起活塞；随后将汽缸冷却，蒸汽再次冷凝为水，汽缸内产生部分真空。此时，作用在活塞顶部的大气压再次将活塞压下，使一根连接活塞的

● 1879年 美国的托马斯·阿尔瓦·爱迪生与英格兰的约瑟夫·斯万分别发明了电灯。

● 1885年 德国工程师戈德里布·戴姆勒与卡尔·本茨设计出内燃机，并造出了用它提供动力的汽车。

● 1903年 在北卡罗莱纳的基蒂霍克，奥维尔·莱特与威尔伯·莱特第一次成功地用重于空气的动力机器进行飞行试验。

↑ 工业革命早期显著的特征是工资微薄而工作条件非常恶劣，图中的儿童正在矿井中运输煤炭，直到1833年，英国才最终禁止使用童工。

煤矿很快采用新式蒸汽机驱动抽水泵，将矿井深处的积水抽送到地表。

绳子绕过一个滑轮运动，能抬起重物、驱动水泵等。

1698年，英国矿业工程师托马斯·塞维利（约1650～1715年）采用了相似的设计，将大气机改进为实用蒸汽泵。该设计除了手动操作的阀门能够提供持续运作外，并没有活塞以及其他活动的部件。水沸腾产生的水蒸气进入由一个工作室后被冷凝，被提升的水通过一个单向阀进入工作室，由此产生部分真空。蒸汽随后再次进入工作室，将水挤出并向上通过另一个单向阀。

1712年，英国工程师托马斯·纽可门（1663～1729年）完善了塞维利的设计，并使用蒸汽压力驱动一个活塞。因为其建造方式非常独特，所以当时人们又称之为"横梁发动机"。然而，纽可门蒸汽机与托马斯·塞维利发明的蒸汽泵实在太过相近了，因此纽可门始终未能取得该发明的专利权。不过也正因为此，纽可门与塞维利二人才从此成为合作伙伴，共同研制蒸汽机。

1764年，苏格兰工程师詹姆士·瓦特（1736～1819年）在修理一台纽可门蒸汽机模型的过程中意识到：在纽可门蒸汽机运行时，大量的能量消耗在不断地加热与冷凝汽缸的过程中。1765年，他突发灵感，在纽可门蒸汽机上加上一台分离的外置冷凝器。此外，他还利用蒸汽推动活塞向上，随后又利用另一侧的低压蒸汽将其再次压下。这种双向运动大大提高了蒸汽机的效率。

进一步的发展则围绕增加发动机中的蒸汽压力，用现代的术语表示，即制造"强力蒸汽"。而这直到具有密闭性更好的活塞以及高蒸汽压力下仍保证安全的锅炉的汽缸的出现才得以实现。1800年，

纽可门蒸汽机

纽可门蒸汽机是第一台真正意义上的蒸汽机，与塞维利发动机不同，纽可门蒸汽机利用蒸汽压力直接推动活塞，而不是依靠大气压。尽管如此，二者的设计依旧十分相像，因此纽可门不得不使用塞维利发动机的专利权在市场上推销自己设计的蒸汽机。

锅炉中产生的蒸汽进入汽缸，顶起活塞，随后冷水被注入汽缸以冷凝蒸汽，产生部分真空，而真空效应又将活塞吸下。活塞杆连接长振荡杆的一端，而振荡杆的另一端则连接着水泵等器械。因此，随着活塞的上下运动，振荡杆也能带动水泵不停地运动。

纽可门蒸汽机一分钟可以摆动大约12次，但因为每次摆动都需要煮沸水及使用冷水冷凝蒸汽，所以它要消耗很多的燃料，效率较低。1765年，瓦特在此基础上改进了纽可门蒸汽机，加了一个分离的冷凝器，这一改进使得汽缸始终保持较热的状态，而冷凝器则始终保持冷凉的状态，节省了大量的燃料。

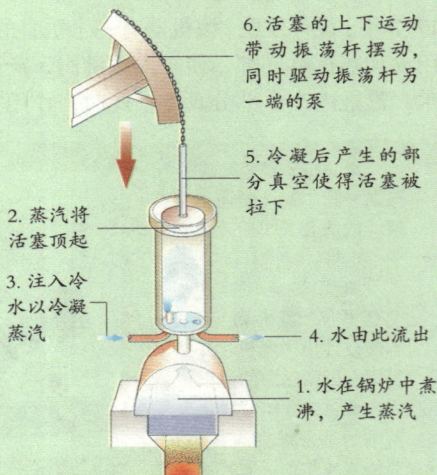

6. 活塞的上下运动带动振荡杆摆动，同时驱动振荡杆另一端的泵

5. 冷凝后产生的部分真空使得活塞被拉下

2. 蒸汽将活塞顶起

3. 注入冷水以冷凝蒸汽

4. 水由此流出

1. 水在锅炉中煮沸，产生蒸汽

瓦特蒸汽机的专利权到期时，这一设想也逐渐变为现实。1801 年，英国发明家理查德·特里维希克 (1771 ~ 1833 年) 开始建造双向作用高压蒸汽机，他抛弃分离的冷凝器，并利用蒸汽机产生的废蒸汽预热进入锅炉的水。4 年内，特里维希克建造了约 50 台这种高压发动机，主要用于英国的各个矿产地，甚至秘鲁以及南美洲的其他地区也有使用。

采用上述设计，早期蒸汽机只能产生上下运动，但是除了水泵外，当时的大多数机器均需要旋转运动，因此，蒸汽机发明早期，大部分机器依旧用水轮驱动。直到 1781 年，詹姆士·瓦特设计发明"太阳与行星齿轮"装置后，才最终使得蒸汽机得以提供旋转运动。

图中巨大的纽可门蒸汽机建于 1730 年，位于伦敦的自来水厂，它的工作便是从泰晤士河中抽水，并将其压入导管，为城市提供家庭用水以及工厂用水。

詹姆士·瓦特

詹姆士·瓦特是英国最伟大的工程师之一。工业革命初期，瓦特发明的实用性发动机便常被用来为纺织机以及矿场里的抽水泵提供动力。之后，工程师们将瓦特设计的发动机改造为适合汽车、轮船的动力引擎，最终蒸汽引擎火车头的推广引发了一场横跨欧美的铁路交通革命。

1736 年 1 月 19 日，瓦特出生于苏格兰克莱德河畔的小镇格林诺克 (位于格拉斯哥市附近)，父亲为木匠兼商人，而瓦特是六个孩子中最小的一个。少年时代的瓦特没有接受完整的正规教育，但曾就读于格林诺克文法学校，并在父亲的工厂学习技术。1755 年，瓦特只身前往伦敦，在一家精密仪器制造厂当学徒。2 年后，成为格拉斯哥大学仪器制造厂工人，并拥有了自己的车间。1764 年，学校里的一台纽可门蒸汽机模型出现了故障，请瓦特前去维修。在修理的过程中，瓦特意识到该类型蒸汽机的两大弊病：首先，活塞动作不连续而且非常慢；其次，该汽缸在不断地加热与冷凝的过程中，能量大量流失，热效率十分低下。

据说有一次，少年瓦特坐在壁炉边烤火时，看到壶水被烧开，壶盖被水蒸气顶起，于是产生了灵感，设计出蒸汽机，开创了蒸汽动力。实际上，瓦特是在当时已有蒸汽机的基础之上进行改进，逐步发展出瓦特蒸汽机的。

1765 年，瓦特设计发明了带有分离冷凝器的蒸汽机，克服了纽可门蒸汽机的缺陷。该设计能够将做功后的蒸汽排入汽缸外的冷凝器，令汽缸产生真空，同时又可以始终保持汽缸处于高温状态，避免了在一冷一热的过程中造成的能量消耗。据瓦特的理论计算，这种新型蒸汽机的热效率是纽可门蒸汽机的 3 倍以上，因此，学校教授、苏格兰物理学家、化学家约瑟夫·布莱克 (1728 ~ 1799 年) 决定资助瓦特继续研制蒸汽机。

1767 年，瓦特前往伦敦，得到化工技师约翰·罗巴克的资助，二人开始合作研制蒸汽机，但 1772 年他们的工厂因经营不善而破产。不过罗巴克又将瓦特介绍给自己的朋友——工程师兼企业

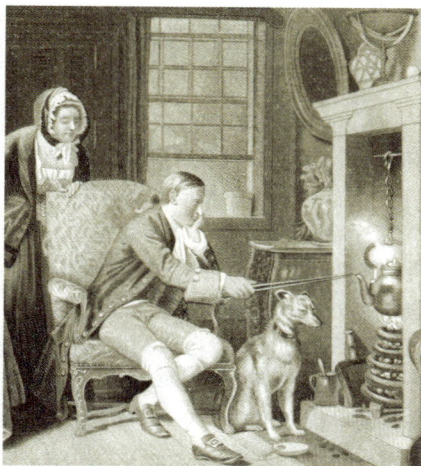

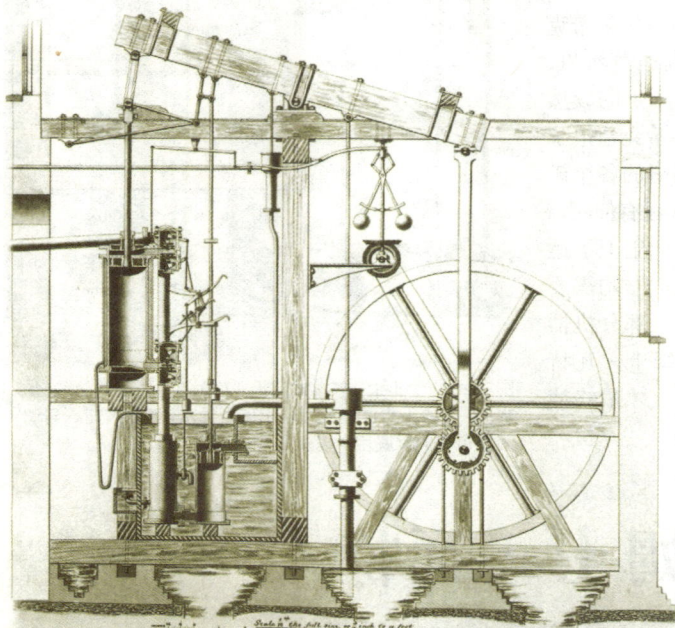

瓦特式蒸汽机的核心部件是分离冷凝器（图中中间偏左的那个小圆筒汽缸），图中也展示了"太阳与行星齿轮"联动装置（位于最大的飞轮的中心），这一装置将振荡杆的上下运动转换为圆周运动，从而为其他机器提供动力输出。

家马修·博尔顿（1728～1809年）。博尔顿在伯明翰附近的梭霍地区设有工厂，生产各式各样的金属制品，如镀金的用具、银纽扣与带扣等，并且博尔顿还于1797年设计了英国新型铸币技术，并为此设计了专用机械。

1775年，与博尔顿合作之后，瓦特开始按照1769年设计的原型制造蒸汽机，不过与之前的蒸汽机相比，瓦特于1776年建造的第一台新型蒸汽机仍无显著提高。经过5年的不断摸索与改进，瓦特终于制造出真正意义上的实用型蒸汽机，随后便大批量生产。在此期间瓦特还不断地与仿冒侵权行为作斗争，保护自己的专利。在英国西南部城市康沃尔的铜矿、锡矿中绝大多数运行了50年之久的纽可门蒸汽机都被瓦特蒸汽机所取代。

瓦特一直潜心改进蒸汽机，为了将活塞的上下往复运动转化为旋转运动，1781年他发明了"太阳与行星齿轮"，以及杆和曲柄联动系统。这些改进使蒸汽机得以应用到机床、织布机与起重机上，结束了这些机械靠水能驱动的历史。

1782年，瓦特又设计了双向作用蒸汽机，即蒸汽能够从活塞的每一侧交替进入。这种机器在活塞的每一次运动时都利用了蒸汽力。1788年，瓦特设计了飞球离心调速器，用以控制引擎速度，这是历史上首台负反馈式装置被应用于蒸汽机之上。1790年，瓦特发明的压力计完成了瓦特式蒸汽机的历史性飞跃。至18世纪末，世界各地共有约500台瓦特式蒸汽机在不停地运作。

1783年，瓦特用"马力"作为瓦特式蒸汽机的输出功率单位，他用当时最普遍的动力源——马匹的输出标准作为参照。因为一匹马能够在1分钟之内将453千克重的物体抬升10米，所以由

离心式调速器

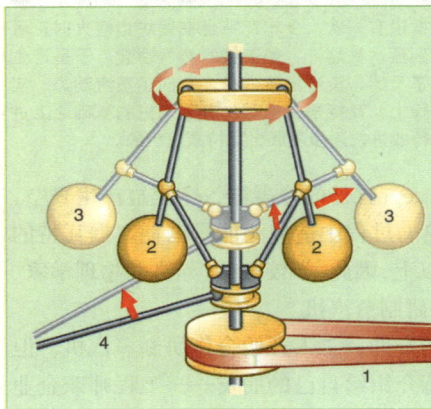

詹姆士·瓦特设计了离心式调速器用来控制蒸汽机的运作。传送带（1）由蒸汽机驱动，带动调速器上一根垂直杆转动；杆转动时，借助离心力向外甩起重物（2）；随着转速的提升，重物也随之上升（3），同时提起传动杆（4），而传动杆则控制着蒸汽阀门。进入汽缸的蒸汽量减少时，会降低蒸汽机的运转速度。当蒸汽机运转速度降低时，杆的转速逐渐降低，从而增加进入汽缸的蒸汽量。这一设备属于反馈式控制器。

18 世纪 50 年代制造的塞维利大气蒸汽机模型，当时，纽可门蒸汽机已逐渐取代大气蒸汽机，成为蒸汽机家族的主力。

此计算得出马匹的动力为每分钟 33000 尺磅 (1 尺磅 = 1.3558 焦耳)，相当于每秒 550 尺磅，瓦特称之为 1 马力。根据这个标准，普通人的功率输出约为 1/10 马力，家用汽车的功率则约为 20 马力。

除了发明蒸汽机外，瓦特在其他领域亦做出过不少贡献，如于 1780 年获得专利、使用特制化学墨水复制文件的技术——胶版印刷术，以及用来复制雕塑的雕刻机等。1794 年，博尔顿、瓦特以及瓦特的儿子一起开办公司，之后瓦特的儿子慢慢接手公司事务。1800 年，瓦特退休，但其仍旧醉心于发明设计。1817 年，小詹姆士·瓦特为 "卡列多尼亚号" 远洋蒸汽船设计制造蒸汽机，该船下水时，整个英国都为之振奋、欢呼。瓦特亲眼目睹了这一场景，见证了儿子的成功。

为了纪念瓦特的贡献，国际单位制中功率的单位被定为 "瓦特"，在机械运动中，瓦特的定义式 1 焦耳 / 秒。而在电学单位制中，瓦特的定义是 1 伏特·安培。

纺织机

纺纱常常由妇女来承担。图中的女工用手转动轮子纺纱。不久之后，手纺车增加了脚踏板，使得纺纱工可以坐下来纺纱。

由手动纺纱轮发展到走锭纺纱机，走过了大约 6 个世纪。在随后的 70 年里，西方纺织工业逐步走向完全机械化。织布机可以进行机械化纺纱、织带、织布、织地毯。从最初的由水力驱动，到后来的使用蒸汽机驱动，纺织工业走在了工业革命的第一线。

最初用于协助纺纱的器械为卷线杆，在长杆开裂的一端夹有未纺织的羊毛、亚麻等。纺织工通常是妇女，她们将纺纱杆夹在一条手臂下，并搓出一股连续的羊毛绳，同时在一只手的手指间将这些羊毛绳绕在一个旋转的纺锤纱锭的一端。历史学家们通过考古挖掘发现古代美索不达米亚人于 7500 年前便开始使用纺纱杆，成为可与轮子匹敌的最古老的发明之一。

13 世纪，欧洲开始大规模推广手纺车，手纺车具有垂直的大纺纱轮，大大简化了纺纱的工作。它有一根带子带动纱锭旋转，纺纱者一只手从垂

珍妮机使得纺纱工能够同时纺织多股纱线。该机器由英国机械师詹姆士·哈格里夫斯于 1764 年设计发明。

织布机

简易织布机包括一个有一系列平行经纱的架子。同时纬纱（与经纱交错，并相互垂直）连在一个梭子上，随着梭子在经纱间来回穿梭。同时，简易织布机包括另一样重要的部件：综片。综片末端连接数个不同的金属环，经纱即从这些金属环中穿过，通过控制脚踏板，综片能够升高不同股的经纱，使得梭子穿过后，编织出不同类型的布匹。

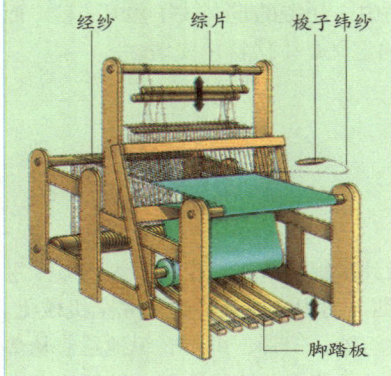

织布机上能够依据综片不同的导引方式弯曲细纱，从而编织不同类型的布匹（见左图）。依次为：1.缎纹织法。2.平纹织法。3.棉缎织法。4.斜纹织法。

直的纺纱杆中不断地抽出羊毛线，另一只手不断地转动纺纱轮。16世纪的手纺车又增加了脚踏板，纺纱工从此可以坐下来纺纱。

18世纪，纺纱机有两次极为重要的改进。首先是1764年，英国机械师詹姆士·哈格里夫斯（约1720～1778年）发明的珍妮机（于1770年取得专利），其次是1769年哈格里夫斯的同胞理查德·阿克赖特（1732～1792年）发明的精纺机。早期珍妮机由手转动纺纱轮，主要用于纺织羊毛纱线，而且能够同时织8股纱线。而精纺机则是由水轮驱动，主要用于纺结实的棉纱作为经线。1779年，英国织布工萨缪尔·克朗普顿（1753～1827年）结合珍妮机与精纺机的长处，发明了走锭纺纱机，它能够同时纺出48股细纱。

因为走锭纺纱机结合了早期两种纺纱机的长处，所以又称之为骡机，意为两种纺纱机的"杂交"后代。

这些纺纱机的原理大致相同，首先将纺纱纤维即粗纱缠绕在旋转的纱锭上并移到一架走锭纺纱机上，走锭纺纱机首先向外拉出细线，然后将其扭在一起形成纱线，当纱线绕在线轴上时再移回。1828年，美国人约翰·索普（1784～1848年）发明了环锭纺纱机之后，棉便在环锭纺纱机上纺。在环锭纺纱机中，粗纱穿过一系列高速滚筒后，被抽成精纱，之后每根精纱均穿过"滑环"上的小孔，将其扭成一股后，缠绕于高速旋转的垂直的纺纱锭之上时扭着纱线。

获得纱线后，纺织工便可用它制作布匹了，这也正是织布机的主要功能。最简单的织布机即为有一套平行细线（即布料经线）的一个架子。织工们以垂直的角度使用梭子导引的另一根细线（即布料纬线）织入织布机上的经线之中，生产出布匹。最初的重要改进是加上了一些绳索，用于提起所有的经线，使得梭子能够快速轻便地从一端穿到另一端。很快，纺织工便将纺织机的脚踏板引入织布机，更加方便地控制提线绳索。

1733年，英国工程师约翰·凯（1704～约1780年）发明飞梭后，更大大提高了纺织工业的工作效率。这一设计使得织工能够更加快速地将梭子从布料的一端移到另一端。随着人类文明的进步，机械织布机也逐渐登上历史舞台，最初是由水力驱动，1785年，英国发明家埃德蒙·卡特赖特（1743～1823年）发明首台蒸汽动力织布机后，蒸汽动力正式代替水力，成为纺织工业的主要动力输出。

农业机械

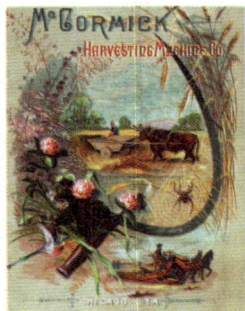

麦考米克成为农业机械领域最为著名的人物，他所设计的农业机械在许多国家拥有众多的使用者。

史前时代，人类就已发明了耕犁与镰刀，但此后很长时间农业机械便无更大进展，直到金属犁铧的出现，这一状况才得以改善。大约公元前 1900 年左右，中东地区就已经开始使用锻铁犁铧，18 世纪末，西方国家才开始出现铸铁犁铧。

1785 年，英国工程师罗伯特·兰塞姆 (1753 ~ 1830 年) 发明了铸铁犁铧。12 年后，美国工程师查尔斯·纽伯德也发明了铸铁犁铧，并取得专利。尽管铸铁耕犁仍旧需要马匹拉动，但是与木质耕犁相比，铸铁耕犁能切入土壤深处，使耕地更容易。1819 年，美国工程师史蒂芬·麦考米克 (1784 ~ 1875 年) 及其同胞叶特罗·伍德 (1774 ~ 1834 年) 各自独立设计出完全由铸铁铸成并有可更换部件的耕犁，最终由美国实业家约翰·迪尔 (1804 ~ 1886 年) 于 1839 年开始大规模生产。

1862 年，荷兰农场主开始使用蒸汽耕犁，这种耕犁有反转的犁铧装在一个有轮的车架上，轮子通过一对蒸汽牵引引擎从田地的一头到另一头绕绞盘运动。与此同时，美国以及欧洲其他地方的农场主则使用蒸汽拖拉机牵拉标准耕犁。

农夫耕完地并将土壤耙松后，便进入播种程序。从古代起，人们只能用手撒播子，1701 年，播种技术取得重大突破，英国农学家叶特罗·塔尔 (1674 ~ 1741 年) 发明了机械条播机。使用该机械，农场主可以均匀并排地撒播种子，不但易于锄草，而且也易于收割。收割之后，

下图为位于美国俄勒冈州一块小麦田里的早期联合收割机，其收割宽度达到 6 米。不过该机器需要 4 个人同时操作，并且需要 30 匹马为之提供动力。

18世纪晚期的这幅乡村景色图中含有各种不同的农具，包括耕犁、辊子、耙、条播机等。值得注意的是，图中的场景仍处于人力与畜力耕作时期。

如小麦等谷物需要经过脱粒，但是使用连枷抽打谷物进行脱粒非常耗时耗力，直到1786年，苏格兰装技工安德鲁·米克尔（1719～1811年）发明谷物脱粒机后这一情况才得以改善。

农业生产中最后一项实现机械化的程序便是收割。现今一般将收割机的发明人归于塞勒斯·麦考米克（1809～1884年），他的父亲尽管也曾尝试设计收割机，但最终还是失败了。1831年，年仅22岁的塞勒斯设计制造首台收割机，并于1834年取得专利。尽管3年内并未对该设计进行任何的改动，塞勒斯还是开始大规模生产自己的收割机。1859年，塞勒斯与自己的哥哥利安德合伙，于1879年组建麦考米克收割机械公司，他们在芝加哥拥有大型工厂，一年能够生产约4000台收割机。

1827年，在塞勒斯·麦考米克取得收割机专利权之前，苏格兰牧师帕特里克·贝尔（1799～1869年）曾制造一种不同的收割机，并向美国专利局送去4台样机，或许正是贝尔的收割机激发了塞勒斯的设计灵感。1833年，美国工程师奥贝德·赫西（1792～1860年）发明了另一类型的收割机，经过1847年的改进之后，该机器在割草以及加工干草方面的性能甚至比麦考米克的收割机要好很多。不过很可惜，赫西没有麦考米克庞大的公司运作体系，同时也没有敏感的商业嗅觉，并未将他的设计付诸大规模生产。因此，在1851年的伦敦万国博览会以及1855年的巴黎国际博览会上，麦考米克收割机均位于显著的展览位置，大出风头。

同样在19世纪30年代，紧跟美国著名铁匠、发明家约翰·莱恩之后，许多工程师开始设计联合收割机，这类机器不但能够收割小麦，同时也能够将其推入传动带打包。值得一提的是，在1878年，美国人约翰·阿普莱比（1840～1917年）发明了分离式扎捆机。不久之后，联合收割机也拥有了脱粒的功能，不过，这些笨重的机器需要10匹甚至更多的马才能拉动。

蒸汽牵引引擎以及于1908年发明的蒸汽履带牵引车克服了联合收割机笨重的缺点。两年后，以汽油为动力的联合收割机逐渐走上工业机械的主舞台，最初由分离式拖拉机牵引，比如爱丽丝·查

● 1815年 在拿破仑战争结束之后，世界上1/5的人口处于大英帝国的控制之下。

● 1819年 英国官员史丹福·莱佛士爵士在马来半岛建立了新加坡自由港，它后来发展成为一个重要的贸易中心。

● 1824年 到1826年间，在第一次英缅战争中，英国夺得了沿海的阿拉干与丹那沙林两个省份，由英属印度的孟加拉向东扩张。

● 1830年 到1831年间，在路易·菲利普统治下，法国开始在非洲进行殖民，占据了阿尔及利亚。法国从国际上招募兵员，在阿尔及利亚组建了法国外籍军团。

● 1835年 到1838年间，在南非的荷兰殖民者进行了布尔人大迁徙，在血河战役中，他们打败了祖鲁人，后来，他们建立了纳塔尔共和国。

● 1838年 到1842年间，第一次阿富汗战争爆发，英国军队侵入阿富汗，阻止俄国向南扩张，因为他们担心俄国会威胁到英属印度。

● 1852年 到1853年间，在第二次英缅战争中，英国合并了缅甸南部的庇古地区，使得缅甸成为一个内陆国家。

● 1854年 法国加强了对塞内加尔的控制，它成为法国正在发展的西非帝国的核心。

● 1857年 在镇压了印度兵变之后，英国将对印度次大陆的控制管理权从东印度公司转移到王室的直接控制之下。

● 1859年 在雄心勃勃的拿破仑三世皇帝统治之下，法国夺取了交趾支那（越南）的西贡，开始建立自己的印度支那殖民地。

● 1859年 西班牙夺取了摩洛哥的得土安地区，在北非建立了殖民点，到1912年，这里发展成为了西班牙属摩洛哥。

● 1863年 法国的拿破仑三世试图在墨西哥建立自己的海外帝国；后来，美国迫使法国军队撤离。

● 1870年 在南非发现了极具价值的矿藏（主要是金矿与金刚石矿），由此而引发了列强对非洲的争夺。

默斯公司于 1935 年生产的万用做物收割机。随后，设计者们将动力设施融入收割机本身，这些横列于大草原上的自推进式联合收割机自此成为一道亮丽的风景。

殖民主义

为了获得新的原材料来源，同时也为了给随着工业革命的发展而从工厂中如潮水般涌出的工业制成品打开新的市场，欧洲各国致力于扩大它们的海外殖民地。很长时间以来，欧洲人早已在亚洲与美洲建立起了贸易帝国，在作为商人的同时，他们还日益担当统治者的角色，将西方的标准强加在这些遥远的土地上。

这是殖民统治中的典型情形，印度村民正在向巡视的地区官员——英属印度的地方代表——报告他们的问题。

在失去北美的殖民地、并在 1815 年打败了拿破仑一世之后，英国努力地巩固自己的帝国，扩大自己在亚洲的贸易机会。1819 年，殖民官员史丹福·莱佛士爵士建立了新加坡自由港，它地处控制这里的地区贸易的关键点上。1824 ~ 1826 年，英国在与荷兰达成协议、建立了海峡殖民地之后，巩固了对于马来半岛的控制。同时，来自印度的英国军队对于缅甸入侵孟加拉做出了反应，攻击了这个邻国，很快就征服了这个国家的沿海地区，到 19 世纪 80 年代中叶，整个缅甸已经被并入了印度。

棉制品贸易迅速增长，它们产自印度或者是英国本土，经过新加坡，这些货物被运送到东南亚以及中国。但是，利润更为丰厚的是另外一种印度产品——鸦片，由此引发了中国与英国之间的 1840 年鸦片战争，当时，中国的统治者下令没收这种毒品，英国人以武力作为回答。冲突结束的时候，英国人夺得了直辖殖民地香港，这是英国在东方的另外一个非常重要的基地，直到 1997

印度兵变

印度兵变，人们也称之为第一次印度民族独立战争，它于 1857 年 5 月爆发于驻扎在印度北部为英国服役的印度军队之中。起义者得到了人们的支持，他们夺取了首都德里，围困了勒克瑙与坎普尔的前哨基地。

但在 1858 年年中，随着英国增援力量的加入，这次起义遭到了镇压。在起义爆发之后，莫卧儿王朝最后一位统治者被兵变者拥立为名誉领袖，英国当局将他废掉。在这次兵变中，双方的暴行都恶化了他们看待对方的态度，在米如特，欧洲人遭到了残酷的屠杀，而英国人则将抓获的起义者炸得粉碎，以恐吓那些土著士兵。

年才归还中国。

在非洲，英国在好望角进行的殖民活动以 1809 年建立西蒙斯敦航海站为开端，建成了开普殖民地。1835 年，最初来到这里的荷兰殖民者由于反对英国而离开这里，向内地进发，这被称为"布尔人大迁徙"，后来他们建立了德兰士瓦与奥兰治自由邦。这两群不同的白人殖民者之间的矛盾在世纪末爆发，这次惨烈的战争被称为英布战争。

与英国相比，法国的局势动荡不安，经历了 1830 年与 1848 年两次革命，但是，它也开始致力于殖民事业。1830 年，它夺取了原来为奥斯曼土耳其帝国所拥有的阿尔及利亚，仅用了 3 个星期，阿尔及利亚的首府阿尔及尔就落入法国人之手，但是，在后来的 15 年之中，法国一直遭受到阿布杜卡迪尔的反抗。法国还急于获得东南亚的市场，1858 年，它派遣远征军夺取了西贡，4 年之后，安南统治者被迫签署条约，将东交趾支那的控制权交给了外国人。在后来的 20 年中，法国所控制的区域延伸到了整个越南以及邻近的柬埔寨。

在成功地进行殖民活动的同时，法国也遭受到了失败。拿破仑三世皇帝非常夸张地将自己的手伸向了拉美，1863 年，他试图控制墨西哥。尽管当时的美国正处于内战之中，它还是迅速地迫使法国人放弃了这次冒险，法国人控制的命运不济的傀儡皇帝——奥地利的大公马克西米连一世被废掉并被处死。面对着门罗主义的反殖民决心，欧洲各国再也没有试图在美洲进行殖民。

发明的时代

在 19 世纪，普通人的生活因为技术发展而造成的改变是如此彻底，以至于超过了过去几千年所发生的变化。1800 年的时候，大部分人还居住在农村，日出而作，日落而息，只能使用油灯或者蜡烛来照明。到 1900 年的时候，铁路在大地上纵横交错，电报被发明了出来，人们每天都在使用电能，从家庭照明一直到洗衣服。

19 世纪，科学的发展来自实验室，而技术的提高则来自工厂和矿山。在这个世纪的早期，蒸汽动力使得工业发生了革命性的变化，与此相类似的是，在这个世纪的后期，电力改变了人们的日常生活。最初的时候，电只不过是一件科学上的奇事，在公共演讲中，它的特性使得上流人士非常惊奇。随着时间的流逝，人们开始探索它的实际应用问题，在这一过程当中，英国科学家迈克尔·法拉第的发现具有深远的意义，他在电磁学方面的工作推动了电动机、变压器以及其他辅助装置的发明。

← 1831 年，英国科学家迈克尔·法拉第利用右图所示的电磁设备，证明了磁感应原理，从而把世界引领进电力时代。

● 1804 年 英国人理查德·特拉维斯克设计了第一台能够运行的蒸汽机车，但是，真正成功的第一台蒸汽机车是乔治·斯蒂芬孙的"火箭号"，它在 1829 年得到了检验。

● 1821 年 英国科学家迈克尔·法拉第发明了电动机。

● 1830 年 法国的路易·蒂莫尼亚发明了第一台缝纫机。

● 1831 年 法拉第发明了变压器与发电机。

● 1832 年 美国画家萨缪尔·莫尔斯着手进行电报方面的工作。6 年之后，他完善了自己著名的莫随着这个世纪的慢慢消逝，技术的进步以加速度的方式向前发展，因为后来的新发明都是奠基在前人的工作之上的。例如，在 1830 年，法国的路易·蒂莫尼亚发明了人类历史上第一台缝纫机，但要等到 15 年之后，美国发明家埃利亚斯·哈维才设计出了第一台可供家庭使用的实用型缝纫机模型。1832 年，萨缪尔·莫尔斯就有了关于电报的想法，他与其他探索者后来在这个问题上探索了 12 年，构思出一系列更为精致的想法来改善这个体系，到 1866 年的时候，人们铺设了横跨大西洋的电报线。1879 年，托马斯·爱迪生发明了第一个实用灯泡，在此之前，其他人已经发明了实验性的早期模型。人们将电话的发明归功于苏格兰裔发明家亚历山大·格雷厄姆·贝尔，但对于最后的产品而言，爱迪生对电话的改善是非常必要的。

对于改变人们的生活而言，电能起到的作用最为巨大，19 世纪晚期，美国在电能利用方面引领了世界的潮流。这很大程度上应该归功于发明家托马斯·爱迪生，1879～1882 年间，他为自己的 225 项发明申请了专利，其中包括左图所示的碳丝灯泡。

整个 19 世纪，这些天才人物取得的成就累积起来，使得这个世纪成为发明的时代，到世纪末的时候，他们的发明改变了日常生活。1834 年，雅各布·帕金斯发明了以乙醚作为制冷剂的制冷机器；到世纪末，冷藏存贮与运输在生活当中已经成为了现实。1839 年，查尔斯·古德伊尔发现了硫化橡胶（通过用硫来进行蒸煮使得橡胶更有弹性）的方法，这对于普通大众而言并不意味着什么，但在 1889 年，当约翰·博伊德·邓洛普制成了实用充气轮

斯蒂芬孙的"火箭号"

1830 年 9 月 15 日，在英格兰北部开通了世界上第一条进行常规性旅客运输的铁路。在曼彻斯特—利物浦铁路的开通仪式上，发生了一个悲剧性的事件：当时英国非常重要的政治家威廉·哈斯基逊倒在了火车轮下。尽管发生了这样的悲剧，火车运输的优势仍是显而易见的，对于出自英国工程师斯蒂芬孙之手、牵引着列车前进的蒸汽机车"火箭号"而言，这一天意味着胜利，因为在前些年的试验中它曾经遭到激烈的反对。观看的人群的欢呼声响彻云霄，反应非常热烈，但是，他们却很难估计出他们正在经历的这件事情的重要性：铁路的应用将遍及到每一个地区，它不仅可以运输大宗货物以及大量的乘客，改变人们的经济文化生活，它还彻底地改变了人类的空间观念以及社会地理。

尔斯码，12 年后，第一条电报线得以铺设。

● 1834 年 雅各布·帕金斯发明了早期的制冷机器。

● 1850 年 世界上第一条水下电报线将法国靠近海岸的加莱与英国的多佛连接了起来。

● 1858 年 汉密尔顿·史密斯发明了第一台旋转式洗衣机。

● 1876 年 亚历山大·格雷厄姆·贝尔发明了电话机；第二年，托马斯·爱迪生在上面添加了振动膜，显著地改善了它的性能。

● 1877 年 德国工程师尼考罗斯·奥托发明了被人们广泛地认为是后来的内燃机原型的一种机器。

● 1879 年 托马斯·爱迪生的留声机捕获了世界上第一个被记录下来的声音。

● 1885 年 德国工程师卡尔·本茨与戈特利普·戴姆勒各自独立地进行研究，分别发明了实用的汽车。

● 1889 年 约翰·博伊德·邓洛普成功地制成了充气轮胎。

● 1898 年 鲁道夫·狄塞尔制成了后来以他的名字而命名的动力机器。

胎的时候，它的影响就发挥了出来，邓洛普的发明经历了一个逐渐改善的过程之后，现代的汽车工业诞生了。

到 1900 年，铁路极大地缩短了旅行所用的时间：穿越美国大陆所需的时间以天来计算，再也不需要以星期或者是月来计算了。大陆之间可以通过电报传递信息，人们可以利用电话在一个城市对另一个城市谈话，声音能被记录下来，电能应用在各个地方，汽车变得越来越快、用途越来越广。另外，莱特兄弟已经开始思考下一个飞跃：能否实现利用动力来进行飞行。

清朝的没落

在清朝统治中国的 268 年时间当中，康熙、雍正、乾隆三个皇帝的在位时间一共是 134 年，恰好是整个清朝的一半，而这一时期通常被称作"康乾盛世"或"康雍乾盛世"，尽管有人对这种提法表示质疑，但不可否定的是，这三个皇帝在位时期，中国政治稳定，经济繁荣，人口显著增加，疆域也有所扩大，至少就表面意义来讲，这的的确确是一个当之无愧的盛世时期。然而，正如人们所质疑的那样，这一时期国家繁荣发展的表象之下却隐藏着当时几乎所有的中国人都不曾察觉的深刻的危机，当欧洲和美洲社会正在发生翻天覆地之巨大变化的时候，中国却依然缓慢地行驶在传统的轨道上，它所遵从的体制基本上仍沿袭着公元前 3 世纪秦始皇时代所定下的祖制，当欧美已经步入近代工业社会之时，中国依然是一个古老的农业经济占绝对地位的远古王朝。

中国是世界上最早的文明发祥地之一，曾经在多少个世纪中，中国文明都在世界上保持着领先地位，这种领先地位也曾将让中国人为之无比骄傲，以致常常将自己的国家视为"天朝上国"，然而 1840 年广州珠江口岸的一声炮响，使得一些先见之士还是从天朝迷梦中清醒过来，似乎一觉醒来，就天地翻覆，盛世的荣光已经成为陈年旧事，中国人接下来所要面对的将是长达一个世纪之久的压迫和屈辱。就在乾隆朝之时，这个中国 2000 多年帝王史上最长寿的皇帝还以"十全武功"而沾沾自诩，可是到了其孙道光一朝，这个庞大的帝国就只有俯首屈膝、向别国割地赔款的份儿了。中国的衰落决非转瞬之间的事情，至迟，中国从明朝中后期开始就已经在国际队伍中被甩开了，然而正所谓猛虎已老，余威犹存，这种衰势在百年之后才充分表现出来，而"康乾盛世"也就是传统的中国在走向彻底的没落之前在中国历史画面上所投下的最后一抹灿烂的夕阳，"康乾盛世"之后，紧接着就是"嘉道中衰"。

在中国来讲，康熙、雍正、乾隆这三个盛世帝王的年号，几乎可以说是家喻户晓，而处于中衰之世的嘉庆、道光这两个皇帝就很难被多年之后的人们再想得起来了，当然，人们提到道光皇帝的时候还

乾隆帝宫中行乐图　清　（意大利）郎世宁

是比较多的，而这时他的名号又总是与屈辱的一纸和约联系在一起的。实际上，嘉庆皇帝主政时期以及道光皇帝在位的前20年,中国历史上的确不像康、雍、乾几朝那样发生了很多可圈可点的大事情，诚然，衰象已经显露，但还远没有出现什么不可收拾的难堪局面，总体而言，在这大约40年的时间当中，中国是平安无事的，而平和之世最容易为人所忘记，连同这一时期驭政的皇帝也不例外。嘉庆皇帝比起他的父祖来，既没有东征西讨、开疆拓土的赫赫武

四库全书楠木匣　清

功，也没有编纂《康熙字典》、《四库全书》之类的可以彪炳千秋的文化业绩，甚至连几下江南、游山玩水那样的风流之事也不曾做得，同时，嘉庆也几乎让人寻找不到什么劣迹，与前几代皇帝大兴文字狱，对异己之士残酷镇压的情形有所不同，嘉庆皇帝在位期间的表现实在可以用宽容厚道这样的美词来形容，而他驾崩之后被授予的谥号也很贴切地说明了这一点，他被后世称作"清仁宗"，中国是一个尊奉儒家学说为正统思想的国度，而在儒家创始人孔子那里，"仁"是一个相当了不起的评价，因此可以说，嘉庆皇帝堪称一个非常合适的守成之主。可是只要细翻一翻乾隆朝后期的历史账本就会发现，嘉庆皇帝从他尊贵的父皇手里所承接过来的远不是什么尽可以高枕无忧、坐享其成的太平盛世，而实在是一个糟糕极了的烂摊子，只是这种情形尚为盛世的余晖所掩盖，身处其中，非目光迥然之人不易看得分明。

有关乾隆皇帝后期的乱象，有两个事例来窥斑见豹。第一件事就是大家非常熟悉的和珅受宠。和珅之贪，当时尽人皆知，可是因为乾隆皇帝的佑护，谁都对他没有办法。不过和珅比乾隆年轻了近40岁，尽管乾隆是最为长寿的一个皇帝，但还是没有足够长寿到能够亲自送他的爱臣和珅平安地走完最后一程，嘉庆四年，即1799年，正月初三太上皇乾隆驾崩，十天之后，嘉庆就给和珅钦赐了二十条罪状，将其下狱，又五天，即正月十八这一天，和珅被赐自尽。当时从和珅家中抄没的财产分作109号，其中有83号未曾估价，而仅仅是其中的26号，就已经价值"二百二十三兆两"，即2.23亿两白银，单凭2.23亿这个数字就足够惊人的了。由于货币单位的不同，我们无法确切地感受到这个数字能够等同于当今的多少货币，但是我们可以间接地换算一下，一般来讲，用作不同时期货币价值参照最为基本的衡量标准就是大米的价格，因为大米是人们日常生活当中必不可少的食品，在某些时候甚至可以当作一般等价物来使用。乾隆、嘉庆时期的米价是每石约1两银子，1石即大约相当于现在的120市斤，如果当前的米价以2元每市斤来计算，那么一两银子就相当于现在的240元人民币，而2.23亿两银子即535.2亿元人民币，这个数字当然就更加惊人了，

绿营

绿营是由明朝降军和招募的汉族士兵组成的各省地方军。以绿旗为标志，以营为基本建制单位，所以称之为"绿营"。绿营和八旗兵一样，是国家的正规军，称经制兵。

绿营兵分标、协、营、汛等级。总兵所属称标兵，副将所属称协兵，参将、游击等所属称营兵，千总、把总所属称汛兵。绿营兵约有60多万，分布在全国各地。绿营平时担负繁重的地方杂役，如维持地方治安、镇压反抗，守护城池、官衙、仓库，解送饷银、钱粮、人犯，防护河道、护运漕粮等。战时奉调出征，为八旗兵打先锋、当后勤，在平定三藩之乱时发挥了重要作用。但绿营兵的待遇远不如八旗兵，装备也很落后，处处受到压制。绿营本是募兵制，但承平日久，父终子继，逐渐转化为世兵制。后来，绿营军纪废弛，战斗力下降，以至于镇压太平天国时不得不依靠湘军等乡勇。

然而这在和珅的家财当中还仅仅是一小部分。个例反映着普遍的情况，乾隆朝后期，官吏贪贿成风是无可辩驳的事实。

第二件事，是发生在乾隆皇帝在第六次下江南之时所发生的一个插曲。那是乾隆四十九年（1784 年）之际，乾隆皇帝在巡行途中有一次观看八旗兵的军事演习，可当时八旗兵的表现，与其说是军事演习，莫不如是滑稽表演更贴切一些，《清仁宗实录》卷三十八曾记载了现场的情形，其中的一句话写的是："射箭箭虚发，驰马人堕地，当时以为笑谈。"八旗兵的堕落与腐化不完全是发生在乾隆后期的时期，实际上可以说，这支军队自从入主中原，过上了富贵的日子之后，也就日渐亲于酒色而远离了甲胄，八旗兵的退化几乎贯穿清朝统治历程的始终。乾隆江南观兵非常典型地反映了清王朝入主中原百年之后军力的衰颓。

嘉庆皇帝从乾隆手中所接过来的已经远非蒸蒸日上的盛世景象了。继承了乾隆事业的嘉庆皇帝，他所要做的也就不能够仅仅是规规矩矩地守成，而应当是一个励精图治、翻转乾坤的中兴之主，可是嘉庆皇帝在位 25 年，几乎没有任何重大的改革举措。此后的道光皇帝是一个节俭得出了名的皇帝，据说衣服不仅穿得旧了不肯换，就是穿得破了，也要打上补丁接着穿，而一批朝臣们也都纷纷仿效，可是，仅凭省几块布头，实在不足以挽救这个国家，而道光皇帝似乎在力行节俭之外，也实在是拿不出更多的能够拯救国家于危难之中的更好的办法。

清朝与此前的历代王朝不同，它的衰落，不仅仅意味着一代王朝的没落，同时还给中国绵延了 2000 多年的封建社会敲响了丧钟，它代表着一种业已极度腐朽的社会体制的终结。与此同时，清王朝所面临的敌人也并非此前的王朝所能比拟，因为这个敌人来自遥远的大洋彼岸，是日益没落的清王朝所根本无力抵抗的一个殖民地遍布全世界的"日不落"王国。

中英鸦片战争

1840 年，是中国历史的一个转折点，因为在这一年发生了一场开启了中国百年屈辱史的鸦片战争。鸦片战争的直接诱因是前一年由林则徐所主持的虎门销烟，可实际上，英国发动一场对中国的战争决非一朝一夕心血来潮的事情，而是蓄谋已久，即使没有虎门销烟一事，这场战争也是不可避免的。

鸦片贸易并非清朝时才开始有的，也并不是只有英国才向中国输入鸦片，早在唐朝的时候，中国就已经有了鸦片输入，那时的贸易输出方是阿拉伯人，到了明朝后期，葡萄牙人、西班牙人、荷兰人也都开始向中国输入鸦片，不过，长期以来，中国的鸦片输入量都很小，鸦片基本是作为药材来使用的，对社会的危害也是微乎其微的，所以一千多年以来，中国并不存在什么鸦片问题。然而到了清朝雍正时期之后，输入中国的鸦片骤然多了起来。雍正年间中国进口的鸦片平均每年是 200 箱，每箱约 100 斤，到了乾隆年间就增加到平均每年 4000 箱了，是雍正时期的 20 倍，到嘉庆年间，进一步增加到平均每年 4500 箱，而从道光元年到道光十四年，这个数字则激增至 14000 箱。也就是说从雍正到道光，这短短的 100 年间，中国的鸦片进口规模就扩大了 700 倍，然而这还远不是终点。道光十八年，即林则徐虎门销烟的前一年，中国进口的鸦片已经达到了 40200 箱。

为什么在这一时期中国鸦片进口的增长速度如此之快？这与鸦片战争的发动者英国有关。1600 年，英国在印度成立了东印度公司，东印度公司为了攫取商业利润，在印度大面积种植鸦片，然后再将这些鸦片源源不断地向国外输出。此时的英国东印度公司与中国之间的鸦片贸易还并不显得特殊，它输入中国的鸦片数量也并不是很大，但是恰恰因为清朝政府自身的腐败，英国人才将中英之间的鸦片贸易越做越大。其实，中国政府早就意识到鸦片的危害性，因此从雍正时期开始就禁止国人吸食鸦片，至于少量的进口，其用途是做药材，乾隆时期也同样如此，但是到了嘉庆时期，随着鸦片输入的增多和危害的增大，清政府开始明令禁止输入鸦片，可是，以合法的名义无法进口，那些英国商人就与清朝的地方官员相勾结，结果通过走私的手段输入中国的鸦片有增无减，这一点也显示出清朝当时的吏治已经腐败到非同一般的程度。这样一来,就弄得清政府的禁令于禁烟无益，却又白白丢失了每年几万两银子的关税。因此，就有人提倡解禁，并且这种声音通过一些大臣之口直吹到了道光皇帝的耳边，然而道光皇帝本人却还是倾向于禁烟的，这其中主要的原因是黄爵滋和林则徐两位大臣的拳拳之言深深地打动了道光皇帝。

林则徐像

林则徐在奏折中说，将来因为鸦片会使"中原无可以御敌之兵，且无可以充饷之银"，这决非危言耸听。

黄爵滋当时的官职是鸿胪寺卿，负责主持重大的朝廷礼仪。道光十八年（1838年）闰四月，黄爵滋在上呈道光帝的一份奏则中建议以一年为期，禁绝人民吸食鸦片，当然，此前清政府对吸食鸦片的行为也是禁止的，但是黄爵滋认为过去的刑罚过轻，最多不过服刑两年，现在应当改为判处死刑，如此，胆敢吸食鸦片的人当然也就不会再有了。这样一来，"无吸食自无兴贩；无兴贩，则外夷之烟自不来矣"。这种办法是否可行暂且不论，至少黄爵滋主张禁烟的这种态度是正确而且坚决的。

相较而言，湖广总督林则徐的言辞在道光皇帝的心里引发了更为强烈的震动，他在上书中十分痛切地指出："适流毒于天下，则危害甚巨，法当从严。若犹泄泄视之，是使数年之后，中原几无可以御敌之兵，且无可以充饷之银。"林则徐的这番话以当时的情形而言决非危言耸听，也正因此，道光皇帝最后决定禁烟，并于当年十一月十五日（12月31日）任命林则徐为钦差大臣，赴广州主持禁烟事宜，于是，这才有了第二年震惊中外的虎门销烟。

1839年8月初，中国虎门销烟的消息传到了英国，使得英国极为震动，国会经过激烈讨论，最终主战派以271票对262票获胜，10月1日，英国内阁正式作出"派遣舰队去中国海"的决定，但是因为中英两国相距遥远，所以战争真正打响已经是1840年6月了，不过，在此之前，中英之间就已经爆发了小规模的战斗，其导火线是"林维喜事件"。1839年7月7日，在香港对岸的九龙尖沙咀，一群英国的水手因为没有买到酒而发怒，殴打当地的中国百姓，其中一个叫林维喜的人被打成重伤，并于第二天死去。事后，英国的在华长官义律一面给林维喜家人送去一笔补偿金，并且让他们写下一个字据，说林维喜是意外死亡，一面又在英国水手内部采取悬赏的方式缉拿凶手。其后，中国政府与义律进行交涉，请求将凶手交与中国政府处理，但是义律却坚称他自己有权审判在中国境内以及沿岸100英里之内的中国领海中的所有英国公民，并且邀请林则徐到英国船上去"观审"。林则徐对此当然置之不理，而义律私自作出的裁决是，只审判祸首五人，其中三人判处六个月的徒刑与20英镑的罚款，另二人判处三个月的徒刑和15英镑的罚款，罚款当即缴纳，徒刑则回英国之后执行。林则徐见义律如此公然践踏中国主权，遂下令对英国商人进行封锁，断绝他们的日用品供应。这样一来，英国商人的生活就无法维持下去，因此双方相持数日之后，开始有英国商人突破义律的命令，表示遵从中国的法令。义律为了拦截企图"屈服"于中国政府的英国商人，就调动了兵船驶入穿鼻岛附近，而中国兵船也就相应地出面制止英国兵船的不轨行为，于是双方开始了一次炮战，那一天是 1839 年 11 月 3 日。此后的十余天中，中英双方又发生过多次炮战，英国兵船多次被击退，并没有占到便宜。

1840 年 6 月 28 日，侵华的英国军队抵达中国海域，封锁了珠江口。当时来华的英国兵船共 16 艘，另外有东印度公司派来的武装汽船 4 艘，还有运兵船 1 艘、运输船 27 艘，海军两 3000 人，陆军 4000 人，大小火炮共 540 门，其统帅是与义律同族、同姓的懿律，他和义律分别被英国政府封为第一全权使臣和第二全权使臣。英军在珠江口仅留下了一小部分兵

清军广东水师战船模型

力，主力部队则沿海北上，7 月份，英军先后封锁了厦门，攻占了定海。

1840 年 8 月 11 日，英军抵达天津。8 月 19 日，道光皇帝收到了英国的文书，可是由于此前对英国以及中英之间的贸易情况一点儿都不了解，再加上翻译人员的误译，道光皇帝还以为英国此番兴师动众地前来进犯中国，是为了"申焚烧鸦片之冤"，只要将主持虎门销烟的林则徐查办了，英军自然也就撤退了，于是林则徐就被撤职了。可实际上，英国此番出兵，并不是因为什么销烟的事情，至少主要不是为了这个，他们想要的是割地、赔款和通商。

林则徐被撤职后，道光皇帝派琦善为钦差大臣，兼任两广总督，与英国人进行谈判。谈判的结果是，道光皇帝认为英国人所提出的割地、赔款等要求十分无礼，于是命令琦善积极备战。就这样，1841 年 1 月 7 日，中英两国在虎门重开战端。这次战役当中，尽管中国军队奋勇杀敌，但是却以付出重大的牺牲而换取英军很小的代价而告终。此后，中英双方又开始进行谈判。谈判依然无果，2 月 24 日到 26 日，第二次虎门战役打响，中国水师提督关天培牺牲，虎门失守。其后，英军开始进攻广州，后来由于清政府同意赔款，加之英军开始发生疾疫，因此 6 月 1 日撤回香港。经过一番调整，英军再次发起攻击，8 月 27 日，厦门失守。其后，英军主力继续北上。1841 年 10 月 1 日，定海战役打响，中国守军 5000 多人全部阵亡，而英军仅死 2 人，伤 27 人。10 月 10 日、13 日，镇海、宁波相继失守。

1842 年 6 月 16 日凌晨，英军进犯吴淞口，同一天，第二批侵华英军抵达中国，至此，在华英军人数达到 20000 人。三天之后，上海陷落。7 月下旬，英军攻陷镇江。8 月 2 日，英军开始向南京进犯。这时，清政府已经坚持不住，准备屈辱求和。

1842 年 8 月 29 日，中英两国代表签署了《南京条约》，其正文部分内容是：

一、嗣后大清大皇帝、大英国君主永存平和，所属华英人民彼此友睦，各住他国者必受该国保佑身家全安。

二、自今以后，大皇帝恩准英国人民带同所属

虎门销烟池纪念碑 清

广州海战图 清

这幅英国凹版图画中，一艘中国战船因被英国战舰"奈米西斯"号开炮击中而烧毁。此战发生于1841年1月，地点在珠江三角州亚森湾，在两个小时的作战中，11艘中国战船被击沉，500名船员阵亡，而英军只有几人受伤。"奈米西斯"号是英国的第一艘铁甲战舰。在这样的战舰面前，中国海军的木船不堪一击。

家眷，寄居大清沿海之广州、福州、厦门、宁波、上海等五处港口，贸易通商无碍；且大英国君主派设领事、管事等官住该五处城邑，专理商贾事宜，与各该地方官公文往来；令英人按照下条开叙之列，清楚交纳货税、钞饷等费。

　　三、因大英商船远路涉洋，往往有损坏须修补者，自应给予沿海一处，以便修船及存守所用物料。今大皇帝准将香港一岛给予大英国君主暨嗣后世袭主位者常远据守主掌，任便立法治理。

　　四、因大清钦差大宪等于道光十九年二月间经将大英国领事官及民人等强留粤省，吓以死罪，索出鸦片以为赎命，今大皇帝准以洋银六百万银元偿补原价。

　　……

　　八、凡系大英国人，无论本国、属国军民等，今在中国所管辖各地方被禁者，大清大皇帝准即释放。

　　九、凡系中国人，前在英人所据之邑居住者，或与英人有来往者，或有跟随及俟候英国官人者，均由大皇帝俯降御旨，誊录天下，恩准全然免罪；且凡系中国人，为英国事被拿监禁受难者，亦加恩释放。

　　十、前第二条内言明开关俾英国商民居住通商之广州等五处，应纳进口、出口货税、饷费，均宜秉公议定则例，由部颁发晓示，以便英商按例交纳；今又议定，英国货物自在某港按例纳税后，即准由中国商人遍运天下，而路所经过税关不得加重税例，只可按估价则例若干，每两加税不过分。

　　十一、议定英国住中国之总管大员，与大清大臣无论京内、京外者，有文书来往，用"照会"字样；英国属员，用"申陈"字样；大臣批复用"札行"字样；两国属员往来，必当平行照会。若两国商贾上达官宪，不在议内，仍用"禀明"字样为着。

　　……

　　《南京条约》是中国近代史上的第一个不平等条约，中国从此由一个享有完全主权的独立国家开始沦为一个不能够完全自我掌控的半殖民地半封建国家，而中国人民也从此陷入了延续达百年之久的屈辱史，但同时，这也是中国人民的一部抗争史和探索史。

太平天国起义

太平天国运动的发起人是洪秀全，他生于嘉庆十八年，即1813年，父亲洪镜扬，洪秀全是洪镜扬的第三个儿子，在16岁、24岁、25岁和31岁的时候，共参加过广州的四次科举考试，但是都没有成功，可正是这一次次的科考失败，使得洪秀全的思想逐渐发生了变化。第二次考试失败之后，洪秀全在广州的街头偶然碰到了一个白袍长须的英国传教士和一个中国的基督徒梁阿发，梁阿发送了一本《劝世良言》给洪秀全。这《劝世良言》也就是中国简化版的《圣经》宣传册，洪秀全读过之后，仅仅是觉得新奇而已。过了一年，洪秀全又遭遇了第三次失败。但六年之后，洪秀全还是又参加了一次科举考试，结果依然是名落孙山。从此以后，洪秀全彻底断了科考之念，把孔孟之书全都弃之一边，却把数年前偶然得到的《劝世良言》捧起来认真拜读，并且自认为基督徒，还同两个亲戚冯云山和李敬芳到一条河中去沐浴，以示"洗礼"。这一年，洪秀全31岁，是大清国道光二十三年，西历1843年。此后，洪秀全就开始同冯云山四处传教，并且在广西桂平创立了"拜上帝会"。

后来，拜上帝会形成了六人领导核心，他们结拜为兄弟，奉耶稣为长兄，次兄为洪秀全，其后依次为冯云山、杨秀清、萧朝贵、韦昌辉和石达开。道光三十年十二月初十（1851年1月11日），这一天正是洪秀全的生日，拜上帝会选定在此日举行誓师大会，正式起义反清。

太平天国起义之后，因为清朝地方官员的军事才能低下以及相互掣肘等原因，太平军所到之处，连克连捷，高奏凯歌。咸丰元年八月，在攻占第一座州城永安（今广西蒙山）之后，洪秀全自称天王，杨秀清被封为东王，萧朝贵被封为西王，冯云山被封为南王，韦昌辉被封为北王，石达开被封为翼王。

咸丰三年（1853年）二月，太平军占领南京，改南京为"天京"，定为国都。其后，太平军

太平军号衣图

《天朝田亩制度》

《天朝田亩制度》是太平天国前期的纲领性文件。它是一个以解决土地问题为中心的比较完整的社会改革方案，它的主要内容是：关于土地纲领提出了废除封建土地所有制，按人口平均分配土地的原则和办法。关于理想社会蓝图，太平军的组织系统移植在社会上，制定了"兵民合一"的社会组织和守土乡官制度。规定五家为伍，设伍长；五伍为两，设两司马；四两为卒，设卒长；五卒为旅，设旅帅；五旅为师，设师帅；五师为军，设军帅。军帅以上设监军、总制，称守土官。每一户为一个生产单位，规定每户必须种桑织布，养五只母鸡，两头母猪。各家有婚娶、生育、吉喜等事，由两司马按一定标准从国库开支。每家设一人为伍卒，有警则首领统带为兵，杀敌捕贼；无事则首领督带务农。这个纲领继承和发展了中国历代农民在革命斗争中提出过的"均贫富"、"等贵贱"的思想，表现了农民群众对封建土地制度大胆否定的革命精神，但是，它所规定的分配土地和"通天下皆一式"的经济生活方案，是一种绝对平均主义思想，实际上是不可能实现的。

洪福瑱被擒图
幼天王（1849～1864年），本名洪天贵，洪秀全长子。1861年洪秀全在其名下加一"福"字，为其即位后用。同治三年（1864年）6月1日洪秀全病逝后，幼主随即即位，称幼天王。幼天王玉玺名下横刻"真主"二字，清方误称为"福瑱"。幼主后随陈得才、赖文光等辗转江西玉山之际，在石城杨家牌为清军所袭，被俘。一个月后，在南昌殉难。中国封建历史上最后一个农民政权至此彻底瓦解。

继续进行北伐和西征，尽管北伐遭受失败，但是西征却取得了重大胜利，致使清军主将曾国藩几欲自杀，然而遗憾的是，正当西征形势一片大好之际，石达开却被调回以解天京之围，使得曾国藩保留了湘军的主力，这为日后清军的反扑创造了相当有利的条件。就总体来说，太平天国在起兵的前6年，都是呈现着咄咄逼人的强锐之势，太平军连连进攻，夺城略地，而清军则在防守之时捉襟见肘，狼狈不堪，可是在太平天国六年，也是清咸丰六年，太平天国内部却爆发了一场严重的动乱，使得太平天国至此由盛转衰，在苦苦坚持了8年之后，最终为清军所击溃。

太平天国定鼎天京之后，洪秀全就变得腐化起来，沉溺于酒色，而疏远于朝政，这时，西王萧朝贵和南王冯云山都已经阵亡，而北王韦昌辉和翼王石达开原本权力较弱，不足以制衡东王杨秀清，因此杨秀清也就逐渐大权独揽，洪秀全的"天王"之位几乎沦为一种象征。这年夏天，太平军攻破了围困了天京三年之久的清军江南大营，这意味着天京的安全从此有了保障，太平天国也因此打开了一种前所未有的大好局面。杨秀清见天京之围已解，自恃劳苦功高，不再满足于"东王"这个名号，而打算借天父之口逼洪秀全让出天王之位。洪秀全下密诏调遣在外征战的北王韦昌辉、翼王石达开和燕王秦日纲火速回京救驾。韦昌辉和秦日纲先行抵达天京，突袭东王府，不仅杀了东王杨秀清，而且将东王府内上上下下、男男女女、老老幼幼数千人等杀得一个不剩。韦昌辉并没有就此罢手，随后，他以清除"东党"为名，血洗天京，将东王杨秀清手下的众多部属，甚至一些相关或不相关的贫民也一概杀掉，结果，经此事变，有两万多人死在屠刀之下。石达开抵达天京之后，严厉责备韦冒辉的滥杀之举，两人闹得不欢而散，这时，石达开已经敏感地意识到韦昌辉将乘机发动叛乱，因此连夜缒城出逃。果不其然，韦昌辉当夜就突袭翼王府，府中所有人等无一幸免，唯有最为关键的人物石达开因先行逃走而幸免

太平天国圣宝

333

1859 年，洪秀全的族弟洪仁玕来到天京（今南京），向天王提出了新的改革计划《资政新篇》。《资政新篇》首先提出"审势"、"立法"的思想，详细阐述了当时西方国家的历史和现状，指出当时世界上最先进的国家是英、美、法，强调了它们政教体制的"善法"。同时，一些国家昧于大势，守旧不变，因而国势衰颓，挨打受欺。在分析大势的基础上，洪仁玕系统提出了整饬政治、加强中央集权和学习西方发展资本主义的具体内容和方法。《资政新篇》的主张，具有鲜明的资本主义的色彩，符合中国社会的发展趋势。

于难。石达开出城之后，立即起兵讨伐韦昌辉，结果，韦昌辉兵败被杀，随后，燕王秦日纲也被处死。

天京事变到此算是告一段落了，可是洪秀全这时加强了疑忌之心，迫使翼王石达开率众出走。太平天国经此一乱，损兵折将，元气大伤，日后也就只能是在清军的步步紧逼之下苟延残喘了，幸赖洪秀全后来破格提拔的英王陈玉成和忠王李秀成等一批青年将领在与清军的长期对峙中表现不凡，才使得这个业已残破不堪的太平天国又延续了八年之久。

经过多年的拉锯战，到同治二年（1863 年），在列强的配合下，清军终于在江浙一带取得了压倒性优势，这年十月，苏州失守，这时的局势已经很显然，天京是无法据守的，因此李秀成建议洪秀全放弃天京，退至江西、湖北，以避敌兵之锋锐，再图进取，可是洪秀全非要死守天京。第二年正月，清军就围困了天京，到五月二十七这天，洪秀全因为多日以野草充饥，营养严重缺乏而病逝，又有说法是，洪秀全见大势已去而服毒自杀。而后，他的儿子洪天贵福继位，被称为"幼天王"。半个月之后，天京就被攻破，李秀成被俘后为曾国藩杀害，幼天王虽然在李秀成的帮助下一时得以突围，不久之后也仍落入清军之手，很快被处死。

太平天国运动，前后坚持斗争 14 年，虽然最后以失败而告终，但是它沉重打击了清王朝的统治，使得本就已经腐朽不堪的清政府经此一击，变得更加摇摇欲坠，而继续支撑着这栋千疮百孔的残楼破厦的，正是以曾国藩、李鸿章、左宗棠等人为代表的一批新兴的汉族官僚，这些人不仅扑灭了太平天国战争的烈火，随后又掀起了一场旨在挽救衰微之国势的洋务运动。

翼王大渡河败亡

太平军起义后，势如破竹，把清军打得抱头鼠窜，革命形势一片大好。可是没几年，太平军发生了内讧，东王杨秀清竟然逼洪秀全亲到东王府封他为万岁。洪秀全一面答应这个要求，一面密令北王韦昌辉和翼王石达开回京处理这件事。北王韦昌辉对杨秀清早就怀有不满，接密令后，立即率军回天京，于 1856 年八月初三深夜包围东王府，第二天清晨将杨秀清及其眷属、家丁、部属全部杀死。八月中旬，石达开从湖北赶回天京，对韦昌辉滥杀的行为进行批评，韦又杀了石达开全家，幸好石达开逃脱。韦昌辉还想趁机谋害天王洪秀全，但终未成功。韦昌辉的滥杀，激起天京太平军将士的愤怒，将士们面见天王洪秀全，请

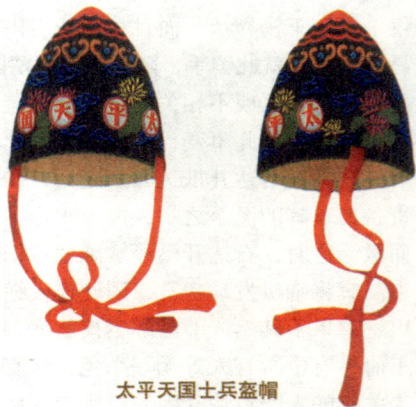

太平天国士兵盔帽

太平军"典金靴衔听使"号衣

湘军和淮军

为了镇压太平天国起义，清政府准许地方组织团练。湖南湘乡大官僚曾国藩趁机组织了湘军（最初称湘勇），专力从事镇压太平天国的活动。湘军有陆军和水师，大小将领多是曾国藩的亲戚、朋友、学生和同乡，相当于曾氏的私人武装。同时，曾国藩的门生李鸿章也在安徽组织淮军。湘军和淮军与外国反动势力一起联合绞杀了太平天国运动，并且制造出了一个虚假而且昙花一现的"同治中兴"的局面。此后，曾氏裁撤湘军，李鸿章则继续扩大淮军，并派袁世凯训练新式陆军。淮军派生了以后的北洋军阀。

求将韦昌辉杀死，洪秀全答应了这个请求，于十月将韦昌辉处死。十月底，石达开回天京，受命处理政务。但杨、韦事件后，洪秀全对石达开也心存戒心，于是封了自己的兄弟洪仁达和洪仁发为安、福二王，以牵制和削弱石达开的势力。

不久，石达开愤而出走，还带去了十几万的太平军。他先在江西、福建等地转战，后来率领队伍走向湘桂川一带活动。此后，军心开始涣散，渐渐陷入困境。先是卫辉应、张志公、鲁子宏等人叛变投敌，部分人因思念亲人和条件艰苦也离开队伍。后来，吉庆元、朱衣点等人因看不惯石达开的消沉和元宰张遂谋的专横，率部回归了洪秀全的统率之下。

1863年，石达开的部队在大渡河南岸的紫打地（今石棉县安顺场）被清军及当地的反动土司围困，陷入绝境。石达开知道突围的可能性微乎其微，便以太平天国圣神电通军主将翼王的身份，给松林地区的总领王千户写了一封信。信中阐明了自己战斗到底的立场，同时希望王总领以大局为重，认清形势，早日退兵让路。

此后，他又亲赴清营谈判，请求四川总督骆秉章奏请太后，赦免士兵，愿意务农的就放他们回家，愿意当兵的就编入军队。骆秉章不仅拒绝了石达开的请求，还背信弃义地于当晚下令以火箭为号，袭击了石达开的队伍。一夜之间，2000多名起义军官兵遭到血洗，侥幸逃出的寥寥无几。

石达开被捕后被押往成都。他对审讯他的骆秉章说道："成则为王，败则为寇。今生是你杀我，怎么会知道来生不是我杀你呢？"不久，他被凌迟处死。石达开从行刑开始到停止呼吸，昂然挺立，神情镇定，没有一点畏缩的表现，不发一声痛苦的呻吟，连清兵都不得不感叹道："真奇男子啊！"此时，石达开年仅33岁。

石达开之死，预示了太平天国离覆灭不远了。

天京事变破坏了太平天国的内部团结，削弱了军队战斗力，给太平天国事业带来了不可弥补的损失。

虽然洪秀全为了弥补太平王国的损失，培养了李秀成等一部分新生力量，并取得了一些成就，但还是没能改变太平天国灭亡的命运。同治三年（1864年）正月，李秀成率部进攻

穿窄袖服装的太平天国妇女

太平军斩刀

曾国藩大营时，反被湘军攻陷天保城，湘军进而逼向天京东北部太平门及神策门外，将天京团团围住，太平军粮源断绝。同年四月二十七日，洪秀全去世。五月初三，洪秀全长子洪天贵福继位，为幼天王。月底，地堡城失守，湘军借居高临下之优势对天京城日夜不停地进行炮击，同时挖掘地道准备用炸药轰城。六月十六日，轰塌天京城墙 20 多丈，天京失陷。李秀成、林绍璋等人保护着幼天王突围出城。九月二十五日，幼天王在江西石城荒山之中被清军俘获，并在十月二十日于南昌被害。

太平天国紧急公文封戳"云马圆戳"

太平天国运动历时 14 年，战火烧及 10 多个省，最终在中外反动势力的联合绞杀下失败。

火烧圆明园

圆明园始建于明朝。1709 年，康熙帝将它赐给四子胤禛，并赐名为圆明园，"圆"乃"君子之灵魂"，"明"为"用人之智慧"，是康熙帝授其子孙为人治国之计。雍正即位后，将圆明园大规模扩建，乾隆三十五年（1770 年）圆明园三园格局基本形成。后来圆明园又经过嘉庆、道光、咸丰等皇帝的经营，才营造成为一座规模宏伟、景色秀丽的宫苑。清朝皇帝每到盛夏就来此避暑听政，所以圆明园也被称为"夏宫"。

圆明园共经营了 150 多年，它由圆明园、万春园、长春园三园组成，其中以圆明园最大，此外它还有许多属园，建筑面积达 16 万平方米，园里共有 100 多个景点。它继承了中国历代优秀的造园艺术，汇集了全国的名园胜景，是我国园林艺术的集大成之作。同时，它也大胆吸收西方建筑形式。有一组中西合璧的"西洋楼"建筑群，兼备中、日、西欧三种风格。除此之外，圆明园还是一座皇家博物馆，珍藏了无数的孤本秘籍、名人字画、鼎彝礼器、金珠珍品和铜瓷古玩等，堪称人类文化的宝库。

1856 年，正当清政府忙于镇压太平天国运动之时，英法联军在俄国和美国的支持下，发动了

圆明园鉴碧亭原址　清

新的旨在扩大《南京条约》所取得的权益的侵略战争，这就是第二次鸦片战争。在这次战争中，中华文化遭受到一次空前的劫难。著名的皇家园林圆明园不仅被残暴洗劫，甚至被野蛮的侵略者们付之一炬。

1860 年 10 月 5 日，英法联军兵临北京城下，听说清军驻守力量在北城最薄弱，便绕道安定门、德胜门，进犯圆明园。首先闯入的是法国侵略军，当法军攻破宫门时，园内太妃董嫔恐受辱而自缢身亡，护园大臣亦投水自尽。侵略者们见物就抢，口袋里装满了珍品宝物，刚开始司令部还对士兵们有所节制，后英军亦赶到，联军司令部发出了"自由抢劫"的通知，一万多名士兵军官贪婪地扑向琳琅满目的珍藏，进行疯狂的洗劫，能抢就抢，能运就运，对于那些搬不走的大件器物，他们就丧心病狂地砸碎破坏。大肆洗劫后，额尔金在英国首相支持下，竟下令烧毁圆明园。10 月 7 日到 9 日，迈克尔率英军第一师持火燃园，园内 300 多名太监、宫女、工匠都葬身于火海，大火连续烧了三天三夜，这座世界名园化为一片焦土。10 月 13 日，侵略军攻占了安定门，控制了北京城，10 月 18 日再次抢劫万寿山、玉泉山和香山等多处珍贵文物，并进行第二次大焚烧。这次焚烧圆明园的

圆明园九州清晏图 清

事件之后，有些偏僻角落和水中景点并没遭劫，清廷 30 多年间仍将此当成重兵看守的禁苑，进行一系列的修复工程，同治、光绪和慈禧还常到此巡游。1900 年八国联军侵华，圆明园再次遭受劫难，遗址被彻底破坏。

圆明园被焚使中国文化蒙受了巨大的损失，大量的珍奇、瑰宝、文物流落国外。它见证了外国列强无耻侵略我国的罪恶，提醒我们不忘国耻、奋发向上，为祖国的振兴和强大而不停奋斗。

被抢劫与焚毁后的圆明园大水法遗址

那拉氏夺权

咸丰在位的 10 年，内忧外患不断：先是太平军起义，然后是捻军大乱淮泗；而英、法等国又乘机要挟，大动干戈；沙俄更是狮子大开口，一下子就割去了东北一百多万平方公里的土地，甚至连满洲帝国的发祥地也不放过。这真是爱新觉罗宗室的奇耻大辱。

在这种内忧外患的交迫下，咸丰帝身染重病，一病不起。

1861 年 7 月，咸丰皇帝在多次昏厥之后，知道自己将要去世，便考虑托孤一事。他知道懿贵妃（就是慈禧）是权利欲极强的女人，而皇后钮钴禄氏（慈安皇后）没有主见。为了防止出现女后专权的局面，他把辅政的重责交给协办大学士、户部尚书肃顺和怡亲王载垣、郑亲王端华等八大臣。在他看来，八大臣联手足以对付懿贵妃，即便是恭亲王站在懿贵妃一边也不怕。

慈禧太后像

但是，由于咸丰留下了"御赏"、"同道堂"两颗印章，便埋下了后宫垂帘听政的祸根。

原来"御赏"是咸丰帝赐皇后钮钴禄氏的私章，"同道堂"是咸丰帝赐给独子载淳的私章。这两枚私章成为皇权的象征，咸丰皇帝的意思已十分明确，那就是说，用这两颗印章来制约八大臣。

不久，八大臣上了一个极有利于懿贵妃的章疏：尊皇后钮钴禄氏为慈安皇太后；尊懿贵妃叶赫那拉氏为慈禧皇太后。

幼帝的生母叶赫那拉氏原为咸丰的宫人，因生载淳而被封为懿贵妃，载淳继位后被尊为慈禧太后。时年26岁的慈禧有着极强的权势欲，很想个人把持朝政大权。咸丰在位时，那拉氏曾帮咸丰帝批阅奏折，这给她提供了很好的学习机会。按照清朝家法，太后可以垂询国事，此所谓"听政"。慈禧利用此规矩，在先帝驾崩后就向东宫慈安太后提出应废除"顾命体制"，而改为垂帘听政之制。慈安太后宽厚和平，不懂朝政，一切听慈禧的安排。贸然提出垂帘主张，必然会招致大臣的反对和清议的不满，慈禧于是开始拉拢恭亲王奕䜣共商计策，两人一拍即合。

1861年10月，皇室护送咸丰灵柩回京，两宫太后偕幼帝载淳先到北京。11月2日，慈禧发动政变，以幼帝之命发布上谕，解除载垣、端华、肃顺的职务，并处以死刑。同时宣布两太后垂帘听政，命奕䜣为议政王，入军机处，改年号为"同治"。虽然垂帘听政的是两个皇太后，但实际上实权只掌握在慈禧一人之手。由于得到多数文武大臣的支持，又采取了不予株连的明智政策，所以政局没有发生重大动荡。这次政变因发生在辛酉年，因此被称为辛酉政变。

从此，叶赫那拉氏便掌握了清王朝的政权。她依靠曾国藩、李鸿章等组织的汉族地主武装，勾结外国侵略势力，先后镇压了太平天国、捻军和苗民、回民起义，使清王朝的统治得到暂时稳定。中日战争中，她一味求和，幻想列强出面干涉、调停，导致了甲午战争的失败，与日本签订了丧权辱国的《马关条约》。1898年，光绪帝为了振兴国家而决定变法，那拉氏发动政变，扼杀新政，囚禁光绪帝于瀛

母仪天下

作为皇帝正妻的皇后，肩负着管理后宫、统帅众妃、母仪天下的重要职责。清宫选立皇后极为严格，按德、言、容、正等各种标准，选拔出相貌、才能、品德俱佳的人才为皇后。

垂帘听政处

慈禧太后发动辛酉政变，从辅政八大臣手中夺取朝政大权，开始与慈安太后一起垂帘听政。此为养心殿东暖阁垂帘听政处。

台，开始复出训政。1900 年，八国联军入侵北京，那拉氏挟光绪出逃西安，并于第二年签订了丧权辱国的《辛丑条约》。1908 年 11 月 14 日，光绪帝死，她命立年仅 3 岁的溥仪为帝，年号宣统，自己也于次日病死，结束了对清朝长达 47 年的统治。

洋务运动

　　洋务，又称夷务，泛指包括通商、传教、外交等在内与西方资本主义有关的一切事物。洋务运动指清政府一批具有买办性质的官僚军阀在 19 世纪 60 年代到 90 年代为挽救统治危机，自上而下推行的一场以引进西方的军事装备、机器生产和科学技术为主要内容，以富国强兵为目的的自救运动。

　　洋务派在中央以总理衙门大臣奕䜣、侍郎文祥等为代表，在地方上以曾国藩、李鸿章、左宗棠、张之洞等为代表，同治登基后他们握有实权，可以左右清朝的政局。洋务派的指导思想是"中学为体，西学为用"，他们认为中国的政治制度比西方好得多，只是火器比不上西方列强，只要清

李鸿章像

　　反对外国教会侵略行为的斗争

　　随着外国资本主义势力深入内地，人民群众掀起了反对外国教会的斗争，教会一般都是外国势力入侵的先行军和帮凶，人民对其极其憎恨，各地发生了多起捣毁教堂、驱逐外国传教士的斗争，19 世纪 60 年代后期形成一个反侵略的浪潮，其中以 1870 年的天津教案和 60 年代贵阳教案最为出名，中法战争期间一直到 90 年代，反教会一直是人民群众反抗半殖民地半封建统治秩序的主要形式。

政府掌握了西方的近代军事技术和装备，就可以强盛起来。洋务运动分为前后两个阶段，60 年代为第一阶段，洋务派打着"自强"的旗号，依照西方资本主义国家的办法制造新式枪炮和船舰，兴办了一批军事工业企业。70 年代到 90 年代是第二阶段，以"求富"为口号，洋务派开始举办民用工业企业。

　　在第一阶段洋务派建立的军工厂中规模较大的有江南制造总局、金陵机器局、福州船政局、天津机器局等。李鸿章在曾国藩支持下在上海创立江南制造总局，创办经费为 54 万余两白银，工人 2000 余人，主要生产枪炮、弹药和小型船舰，还附设译书馆来翻译西方书籍，这是洋务派创办的规模最大的军工企业。这些军工企业全部都是官办企业，由清政府和湘、淮系军阀控制，具有浓厚的封建性，同时对外国有着严重的依赖性，从设计施工、购置机器设备、生产技术直到原料供应完全依赖于外国，并长期受外国人控制，但这些近代企业毕竟也具备了一定的资本主义因素。

　　由于在创办军工企业的实践中遇到资金、原料、运输等困难，洋务派认识到必先求富才能自强，所以决定发展民用企业以积累资金，有了雄厚经济基础后才能制造洋枪炮以自强御侮。70 年代起，洋务派开始大力发展工业企业，到 90 年代就已创办了大约 20 多家

轮船招商局 清

民用企业，包括交通运输、采矿、纺织、冶炼等各个行业。规模较大的有上海轮船招商局、上海机器织布局、电报总局、铁路交通运输业等。在这些企业中，上海轮船招商局是最有成就的一个，它是1872年李鸿章在上海创办的，是中国第一家近代轮船航运公司，也是洋务派兴办的第一个民用企业，这个企业在经营过程中屡遭英美轮船公司的排挤，但并没有被挤垮，一直在夹缝中求生存。

洋务派在兴办军工、民用企业的同时，还进行了筹建海军、加强海防、设立外文学馆、派遣留学生等活动。1875年，两江总督沈葆桢、直隶总督李鸿章等人奏请筹建北洋、南洋、粤洋三支海军。1885年三洋海军已初具规模。1867年，奕䜣设立京师同文馆，以教习外语为主，同时兼习天文、历史和数理化。此后，各类学堂学馆在各地纷纷建立。1872年，中国首次派遣留学生到国外，30名学生由上海赴美留学。此后，政府还多次遣派留学生到国外学习。

洋务派的活动旨在维护清王朝封建统治。他们创办了中国第一批近代工业企业。洋务派为中国培养了近代中国第一批新型的科技、军事和翻译人才，是近代最早觉醒的先行者。洋务派向西方学习的探索，尽管带有浓重的封建性和对外国的强烈依赖性，但其进步作用也是不容忽视的。

日本的明治维新

进入19世纪，欧美列强为了进一步扩大海外市场，在北太平洋地区进行扩张，频频叩响日本的大门。1852年11月，美国东印度舰队司令马修·培理就率领4艘战舰前往日本江户湾浦贺，要求日本幕府接受美国总统的国书，并且威胁道："若不受理，舰队就开进江户与将军直接谈判，否则万一开战，美国必胜，那时可执白旗来见。"在这种情形下，就是否放开锁国政策，转而与外

安政条约

安政条约是日本被迫先后同美、荷、俄、英、法五国签订的不平等的《友好通商条约》的总称，因签订于安政五年（1858年），故名。1858年7月29日，美国迫使日本签订了《日美友好通商条约》。主要内容为：日本开放箱馆、神奈川、长崎、新潟、兵库5个港口和江户、大阪为商埠；美国在江户驻外交代表，在各通商口岸派驻领事；美国可在江户、大阪两地及各通商口岸等设相当于租界的"居留地"；美国享有贸易自由和领事裁判权；美国的进出口货物实行协议关税。同年8～10月间，荷、俄、英、法相继迫使日本签订了内容类似的条约。这些条约进一步损害了日本的主权，彻底地打破了日本的锁国政策。从此日本陷入了沦为半殖民地的危机。条约由于未经天皇批准而签订，加剧了尊王攘夷的活动，导致了安政大狱，至1911年才完全恢复主权。

国通商，日本国内掀起了一场激烈的争论，争论的结果是主张开国通商的一派占了上风。1854 年 3 月，在美国武力的威胁下，日本与其签订了《日美亲善条约》（又称《神奈川条约》），规定日本开放伊豆的下田和北海道的函馆两个港口，供给美国舰船的煤、水、食品及其他用品，价格由日方规定，日本优待美国遇难的船员，美国在两个港口设领事等，同时，这一条约还规定，日本今后所给予其他国家的一切权益均无条件地适用于美国，也就是说给予美国最惠国待遇。其后，英国、俄国、荷兰等国也都先后与日本签订了类似的条约，日本的锁国政策被全面打破。1856 年，当英法联军侵华之际，美国也趁机要挟日本，声称英法联军在华作战胜利后即将攻打日本，而美国可以从中斡旋，使日本避免一场灾难，不过，这种援助当然是有条件的，按照美国人的意愿，1857 年和 1858 年，两国先后签订了《日美约定》和《日美修好通商条约》，由此，日本开放神奈川（今横滨）、长崎、兵库（今神户）、新潟、函馆、江户、大阪等地进行通商，并且承认在通商地区美国人拥有居住权，并且美国还享有领事裁判权和关税议定权。这两个条约将日本推向了与中国相同的半殖民地道路。

通商之后，日本不仅丧失了部分主权，在经济上也遭受了沉重的打击。由于黄金外流，钱价下跌，一些生活必需品价格飞涨，导致农民、城市贫民和下级武士的生活非常困难，因此各地起义接连不断，在 1865 年到 1867 年间，日本的农民起义平均每年发生 55.3 起，城市贫民起义也达到了 16.6 起，可谓社会矛盾空前尖锐。由此，日本反对幕府统治的声音就日益高涨，倒幕运动接连发生，并最终引发了明治维新。

1867 年 1 月 30 日，反对倒幕运动的孝明天皇突然死去，其后，16 岁的睦仁继位，即明治天皇，这为倒幕运动的成功创造了有利条件。1867 年 11 月，倒幕运动的领袖西乡隆盛、大久保利通和木户孝允通过公卿岩仓具视，从明治天皇手中得到了命令萨摩、长州两藩讨伐幕府的密诏。此后，倒幕派与幕府之间展开了一场激烈的国内战争，史称"戊辰战争"。战争以幕府的失败而告终，1868 年 6 月 27 日，幕府的残余势力所固守的最后一个要塞被攻破，这标志着统治日本长达 265 年之久的德川幕府被彻底推翻。

当时的日本人创作的培理漫画像

"明治三杰"

"明治三杰"指的是推动日本明治维新的三位杰出代表：大久保利通、西乡隆盛、木户孝允。

大久保利通，1830 年 9 月 26 日出生在一个下级武士家庭。17 岁步入政界，成为萨摩藩实力派人物，并成为倒幕运动的领袖之一。1873 年他以参议身份任内务卿。任职期间，他建立了一支近代的常备军。1878 年 5 月被刺身亡。

西乡隆盛，1828 年 1 月 23 日出生在一个下级武士家庭。1865 年投向倒幕运动，与木户孝允等建立"萨长倒幕同盟"，策划"王政复古"。1868 年日本戊辰战争爆发后，指挥政府军取得鸟羽、伏见之战的胜利。1872 年任近卫都督，受领元帅称号。1873 年因主张"征韩"失败，辞职回乡。1877 年 2 月在反动士族拥戴下发动叛乱，挑起日本西南战争，9 月兵败自杀。1889 年明治政府大赦，恢复其名誉。

木户孝允，1833 年 6 月 26 日出生于一个医生家庭。1859 年步入仕途，他力主联合强藩。在推翻幕府统治，建立明治维新政权中起了巨大作用。1873 年他主张制定宪法，优先内治，反对征韩论。1874 年兼任文部卿，主张普及小学教育，重视培养人才，提高国民文化水平。

1868 年 10 月 23 日，日本朝廷将年号由"庆应"改为"明治"，随后又进行了一系列重要改革，史称"明治维新"。这场改革的主要内容有：政治上，废藩置县，将全国分为 3 府 72 县，府、县长官均由中央政府任命，这样就在日本建立了中央集权制度。同时，废除了封建身份制度和武士的特权。军事上，建立常备军，推行武官制，并且设立海军部和陆军部，同时还设立了一批军事学校。经济上，进行土地改革，允许土地的自由买卖，同时进行地税改革，稳固了国家的财政基础。此外，还大力兴办国营企业，扶植私人资本，并且设立了银行等金融机构。文化上，改革社会风习，推行新式教育，创办大学，一面向先进国家派遣留学生，一面积极引进外籍人才。

总之，经过明治维新，日本迅速由一个落后的封建国家转变为先进的资本主义国家，不仅很快摆脱了遭受欺凌的命运，还立即走上了对外扩张的道路。19 世纪中叶，面对欧美列强的步步紧逼，中、日两国的处境大体相同，然而两国的应变之举却大有不同，尽管都进行过一系列的改革，但中国是一次又一次地失败，日本却一举成功。之所以会出现这样的差别，既有内部的因素，也有外部的因素。

就内部来讲，日本与中国尽管同为封建锁国，但实质上是有着显著差异的。在经济上，中国是地主土地所有制，而日本是幕藩领主土地所有制，两者的区别是，前者更为灵活，因为地主土地所有制允许土地的自由买卖，但也正是由于这种灵活性，地主阶级在资产阶级的打击面前就会拥有更为顽强的生命力，相反，幕藩领主却因为土地制度的僵化，一旦受到攻击，就会表现得较为脆弱。这就是说，中国封建势力对于资产阶级变革的阻力更大。同时，中国的资产阶级发展程度也不如日本。在政治上，中国的体制是高度的中央集权，而日本则分为 200 多个藩国，这些藩国虽然统一于幕府的领导之下，但是其领主享有较高的自治权，而其中有一些藩国是不满于幕府统治的，这就为日后的倒幕运动提供了有利的条件，相反，中国就不具备这样推翻清政府统治的有利条件。另外，中国政府对于人才的选拔，推行的是科举制，而日本则主要是世袭制，显然，科举制较世袭制更加先进，然而正因如此，清政府才获得了社会各层更多的支持，因而就更不容易被推翻，可是，极度腐朽的清政府一日不倒，对中国发展所起的阻碍作用就会存在一日。

就外部来讲，尽管日本也遭受着外国侵略的压力，但是相对而言，中国所面对的外敌压力要远远

明治天皇像
生于 1852 年，是孝明天皇第二皇子，名睦仁。1866 年 12 月继承皇位，第二年实行王政复古。1868 年举行即位典礼，并改年号为明治。在他即位初期，日本发生维新运动，建立了天皇专制政权。在他的主持下，日本先后实行一系列资产阶级改革，推出版籍奉还、废藩制县、制定征兵令等改革措施，促进了日本资本主义的发展，摆脱了被殖民的危机。

明治维新大搞"文明开化"，学习西方。图为东京音乐学院的学生穿戴上欧洲服饰在举行一场西洋音乐会。

大于日本。当时英国在亚洲的注意力集中于印度和中国，并不重视对日本的扩张；法国在亚洲的关注点同样不在日本，而是东南亚；美国当时尚不具备在亚洲开辟殖民地的能力，同时还有内战的困扰，尽管曾经对日本进行过武力威胁，但是如果真的发生战争，美国也并不能够确保真的取胜；至于德国，当时尚未实现统一，与日本一样是一个后起的强国；因此，当时的欧美列强中只有俄国对日本的压力较大，双方争夺的焦点是库页岛。库页岛原本是中国的领土，但是在英法联军侵华之际，俄国趁火打劫，将包括库页岛在内的中国东北数十万平方千米的土地据为己有，不过，早在很久之前，日本就已经在库页岛南部进行殖民，将该岛南部视作日本的领土。然而，俄国从中国手中正式攫取了库页岛的所有权后，同样不会容忍日本人的存在，在俄国的武力威胁下，日本被迫让出库页岛南部，转而将扩张的注意力放在了朝鲜和中国，并且由此引发了中日甲午战争。

中日甲午战争

　　早在明治维新之前，日本就已经蓄谋侵略中国和朝鲜，1855 年，长州藩士吉田松阴认为，同美、俄等欧美强国维持友好关系，将对外扩张的方向制定为朝鲜和中国这样衰弱的国家，这样一来，尽管在与美、俄等国的交往中吃了一些亏，却可以通过侵略朝鲜和中国弥补回来。此后，日本所推行正是这样一条扩张路线。日本扩张领土所迈出的第一步是侵略台湾和吞并琉球。

　　琉球王国由位于中国台湾岛和日本九州岛之间的一系列岛屿组成，数百年来都是中国的藩属国。1871 年 11 月 30 日，一艘琉球船只因为遭遇风暴而意外地漂泊到台湾西南海岸牡丹社的八遥湾，登陆的船民却为不知详情的岛民所杀害，逃出的琉球国船民受到了凤山县清政府官兵的保护。这件事原本与日本毫无关系，但是日本却声称琉球是日本领土，被杀害的是日本人，因此决定出兵侵略中国台湾，同时借此机会吞并琉球王国。1874 年 4 月，日本明治政府设立"台湾番地事务局"，任命大藏卿大隈重信为长官，以陆军中将西乡从道为台湾番地事务都督。5 月 7 日，西乡从道率兵 3600 人进犯台湾。5 月 22 日，这支日本军队在台湾登陆，并于 6 月 1 日开始对牡丹社和高士佛社发起总攻。在台湾人民英勇抗击入侵日军的同时，清政府也命令福州船政大臣沈葆桢率军增援台湾。日本见侵占台湾的意图无法得逞，只得在英、法、美三国的调停下与中国议和。10 月 31 日，清政府代表李鸿章与日本全权大使大久保利通签订了《北京专约》。清政府承认中国曾对"日本国属民等妄为加害"，而日本出兵则是"保民义举"。日军虽撤出台湾，但是清政府要赔偿日本 50 万两白银。清政府丝毫不讲原则的软弱妥协更进一步刺激了日本的侵略野心，随后，日本强迫琉球王国与中国断绝一切关系，琉球王国从此成了日本的一个藩国，1879 年又改为冲绳县。

　　侵略台湾和吞并琉球之后不久，1875 年 9 月，日

兴宣大院君像

1836 年掌权的兴宣大院君是李氏王朝第二十六代国王高宗李熙的父亲，他和高宗王后闵氏的政治斗争是朝鲜政坛不稳的一个原因，而在他们的身后，是列强们虎视眈眈的目光。

清朝北洋海军

1874 年，总理各国事务衙门提出创立北洋水师的建议。1875 年，李鸿章督办北洋海防。1876 年起陆续派遣学生分赴英、法学习海军。1879 年在天津设立海军营务处。1880 年在天津开办北洋水师学堂。向外国订购铁甲战舰，修筑军港。到 1888 年编成北洋舰队，共有舰船 25 艘，其中铁甲舰 2 艘，巡洋舰 7 艘。丁汝昌任海军提督。军事训练由德国、英国人操纵。1894 年 9 月，黄海海战中，中、日舰队互有伤亡，后李鸿章借口"保船制敌"，下令避免作战，困守威海卫军港。1895 年初在威海卫被日军包围袭击，2 月北洋舰队全军覆没。以后虽购置一些军舰，但已不成军。1909 年，海军事务处成立，北洋海军名义也被取消。

本就在美国的支持下派军舰侵入朝鲜，制造了"江华岛事件"，占领了江华岛炮台。第二年 2 月，日本又派出 6 艘军舰在仁川登陆，迫使朝鲜签订了《日朝修好条约》，又称《江华条约》。条约第一条就声明，"朝鲜国是自主的国家，与日本国保有平等的权利"。这表面上是认可朝鲜的主权，实际上日本的意图仍然是让朝鲜断绝同中国的一切关系，因为同琉球一样，朝鲜此前也一直都是中国的属国。同时，这一条约授予了日本船只在朝鲜各港口自由活动的权利，日本人在朝鲜还享有治外法权，而这正是日本刚刚解除的美、俄、英、法等国在日本所享有的特权，现在它又如法炮制到朝鲜身上。

日本对朝鲜主权的践踏激起了朝鲜人民的反抗，1882 年 7 月，朝鲜的一部分士兵和民众联合起来焚烧了日本在京城（今首尔）的公使馆，并且杀死了日本军事教官。日本政府闻讯后立即派出军队侵犯朝鲜，迫使朝鲜于 8 月 30 日与日本签订了《济物浦条约》，又称《仁川条约》。条约规定，日本在朝鲜拥有保护公使馆的驻兵权。同时，日本还加紧了对朝鲜的经济侵略。日本的最终目的是吞并整个朝鲜，将朝鲜如同琉球一样完全纳入日本版图。当时日本资产阶级的代言人福泽谕吉说道："等待时机不如创造时机……日本若不着手朝鲜，只有顷刻间落入他人之手。"福泽谕吉的这种担心并不是多虑，俄国在侵占了中国东北大片领土之后，一直图谋继续南侵，吞并中国整个东北地区以及朝鲜半岛。鉴于这种考虑，日本就积极筹备武力攻占朝鲜。为了减轻占领朝鲜的阻力，日本在出兵之前先策划了一次政变，1884 年 12 月 4 日，日本扶植朝鲜以金玉均为首的开化党亲日势力，占领了王宫，劫持了朝鲜国王，史称"甲申政变"。然而由于清政府出兵，日本的阴谋没能完全得逞，不过，日本还是从中谋取了一些好处，特别是通过与中国签订《天津条约》，取得了日本在朝鲜发生变乱之时可以出兵的权利。

1887 年，日本参谋本部制定了《征伐清国策》，计划在五年之后侵华，侵略地区包括盖平（今辽宁盖县）以南的辽东、山东的登州、舟山群岛、澎湖列岛、台湾和长江两岸十里以内的区域。1890 年 12 月 6 日，日本内阁总理大臣山县有朋更是在《施政方针》中指出："盖国家独立自卫之道有二：一是守卫主权线，二是保护利益线。何谓主权线？国疆是也。何谓利益线？同我主权线安危有紧密关系之区域也。""方今立于列国之间，欲维持国家之独立，仅仅守卫主权线已不足，非保护利益线不可。"显然，中国与朝鲜正处于日本的"利益线"范围之内，也正是日本所要征服和占领的对象。其实，在扩张领土的要求之外，当时日本的经济发展对于朝鲜和中国的依赖程度也越来越大，例如从明治初年到 1893 年，日本从国外输入的黄金总值约为 1230 万日元，其中来自朝鲜的就有 835 万日元，占总值的 68%。另外，日本对朝鲜的粮食和中国的矿产也极为依赖。因此，一旦朝鲜有变，日本的资本主义经济发展必将受到严重的冲击。为此，日本为了占领朝鲜并进而侵略中国做了充分的准备工作。

1894 年春，朝鲜南部爆发了一场旨在"尽灭权贵"和"逐倭灭洋"的农民大起义，朝鲜政府无力镇压，遂请求清政府进行援助，而在清政府出兵的同时，日本也派出军队登陆朝鲜。日本军队的动作要比中国军队快速得多，抵达朝鲜之后，接连攻城掠地，而此时中国军队尚未深入朝鲜境内。这时，起义结束，日军也就失去了继续进攻的理由，清政府建议中、日两国同时撤兵，然而日本拒不撤兵，还接连发起挑衅。显然，中、日两国的一场战争已经在所难免，可是清政府却并不积极备战，而是寄希望于列强出面调停，但是日本早已经与列强勾结，确保日军在朝鲜的行动以及与中国交战之时不会受到干涉。这样，清政府就失去了备战的时机，直到最后迫不得已，才仓皇应战。

1894年7月25日，日本海军在丰岛海面炮击中国的运兵船，中日甲午战争由此拉开序幕。8月1日，中、日两国同时宣战。战争的第一阶段在朝鲜境内进行。9月16日，山县有朋率领的日军占领平壤，清军将领叶志超连夜出逃。21日，清军就已退至中朝边境。9月17日，中、日海战也已打响。交战双方的军力为：日舰12艘，炮272门，总排水量为4万余吨；北洋舰队10艘，炮213门，总排水量3.5万吨，日本海军并不占明显优势。经过5个小时的激战，北洋舰队在失利后退回旅顺和威海，日军从此取得了黄海的制海权。10月25日，日军开始分兵两路进犯中国大陆，一路由山县有朋带领，从朝鲜渡江进攻辽东；一路由大山岩带领，经海上在辽东半岛花园口登陆。鸭绿江防线的清军除聂士成部英勇抵抗外，余皆溃逃，安东、九连城、凤凰城相继失陷，日军乘胜进逼盛京（今沈阳）。11月，金州、大连、旅顺也相继沦入日军之手。日军占领旅顺后，进行了野蛮的大屠杀，当时日军下达了"一人不留"的命令，全城军民除36人留下背死尸之外，两万多人全部被杀。

1895年1月，日军进一步攻打威海卫，2月2日，威海卫失守，12日，北洋舰队全军覆没。3月上旬，日军相继攻占了鞍山、牛庄、营口、田庄台等地，所过之处，势如破竹。清政府见战争接连失利，只得屈辱求和。

1895年3月14日，清政府全权代表李鸿章从天津启程，赴日本马关与日方全权代表伊藤博文进行和谈。李鸿章要求和约达成之前先行停战，但是日本因为作战目的尚未完全实现，主要是台湾和澎湖尚未到手，因而不同意立即停战，反而为了拖延时间，提出了清政府所根本不可能接受的条件，那就是将大沽、天津和山海关割让给日本，如果清政府不予同意，那么日本也就不会停战。这时，日本国内的很多人也认为此时停战为时尚早，甚至主张应当在日军占领北京之后再进行和谈，因此，就有人图谋破坏和谈，于3月24日派人刺杀李鸿章。刺杀虽未成功，但是引起了日本政府的警觉，他们担心一旦李鸿章被刺死或者因为伤势过重而回国，和谈就难以进行，那时如果中国在战场上进行反击，日本的战果就难以保全，因此马上要求日本军方停战，以促和谈，但是正享受着胜利果实的日本军方不愿停战，无奈之下，伊藤博文只得向山县有朋透露消息说有3万俄军正在进入中国北方，要对侵华日军进行干涉，山县有朋这才同意停战三周。

4月17日，中、日两国达成《马关条约》，主要内容有：中国承认朝鲜独立，这实际上承认了日本对朝鲜的统治权；中国将辽东半岛、台湾全岛及其附属岛屿、澎湖列岛割让给日本；中国赔偿日本

中日甲午海战图

李鸿章与伊藤博文签订《马关条约》图

军费 2 亿两白银，分八次付清；中国对日本增加开放重庆、沙市、苏州和杭州为通商口岸；日本臣民可在中国各开放商埠自由从事各种制造业。

日本对中国的侵略，特别是对辽东半岛的割占，严重影响了俄国在中国东北的利益，因此俄国伙同德国、法国出面干涉，要求日本将辽东半岛归还中国，日本迫于俄国的武力威胁，只得同意放弃辽东半岛，但是向中国勒索了 3000 万两白银作为赎辽费。不过，日、俄两国有关争夺中国的矛盾并没有就此化解。日本还辽之后，俄国凭借归辽有"功"，向清政府攫取了更多的在华权益，意欲将整个中国东北地区都变成俄国独占的势力范围。与之同时，日本对于中国东北也是垂涎欲滴，而俄国独吞中国东北的企图当然会与日本的扩张野心产生严重的冲突，因此，日、俄两国的一场利益争夺战也就是不可避免的了。1904 年，两国在中国东北爆发了一场战争。

在俄国的干预下失去辽东半岛之后，日本就已经开始为与俄国交战而积极准备了，而俄国也在着手发动对日本的战争，同时，欧美列强出于各自利益的需要都希望日、俄之间爆发一场战争，从而坐收渔利。1904 年 2 月 6 日夜里，日军在旅顺炮击俄国军舰，日俄战争正式打响。经过一年多激烈的厮杀，俄军遭受惨败，但日本也损失重大，双方均无力再战，因此到 1905 年 5 月开始进入和谈阶段。最终，1905 年 9 月 5 日，日本与俄国达成了《朴茨茅斯条约》，据此，俄国承认朝鲜为日本的保护国，日本有权对朝鲜进行任意处置，并且将在辽东半岛、长春至旅顺之间的铁路及其支线所享有的一切特权以及该地域内的一切公共财产均转让给日本，还将此前两国所争夺的库页岛南部也割让给日本。另外，俄国还承认在中国东北地区各国享有利益均等的权利。

经过中日甲午战争和日俄战争的胜利，日本侵略扩张的野心愈加膨胀起来，这为此后日本进一步侵略中国以及东南亚的广大地区奠定了基础。

镇南关大捷

法国侵略越南，清政府采取绥靖政策，息事宁人；但法国蓄意与中开战，独占越南后，不断犯边挑衅清军；1884 年竟炮轰中国福建水师，致使福建水军全军覆灭，清廷无奈对法宣战。

1885 年 3 月中旬，法军再度大举进犯，集中两个旅团约万余人兵力向谅山清军发动进攻，广西巡抚潘鼎新不战而退，法军未经战斗即占领战略要地谅山。法军进犯文渊州，守将杨玉科力战牺牲，清军纷纷后撤，法军乘势侵占广西门户镇南关。

由于潘鼎新怯战致法军深入桂北，清廷免去其职务。在清军中素有威望的原广西提督冯子材受旨督办广西关外事务。冯子材赶到镇南关后，根据清军内部派系之争的情况，对诸将晓以民族大义，使众将感动而团结一致，冯子材得以统一指挥协调各军行动。此时法军因兵力不足，补给困难，已从镇南关退回文渊，伺机再北犯。冯子材亲自跋山涉水勘测地形，依托有利地势构筑起坚固的防御工事，形成一个完备的山地防御阵地体系。15 日，冯子材得悉法军将经扣波袭尤封，

冯子材旧照

妄图从侧后包抄清军关前隘阵地；他急调兵力前往扣波和艽封，挫败了法军的迂回企图。19日，有人密报法军将入关攻龙州，冯子材决定先发制人。21日，他率王孝祺军出关夜袭文渊之敌，激战竟日，"毙贼甚多"，极大地鼓舞了清军斗志，增强了诸部的信念。

3月23日，法军前线指挥官尼格里因文渊受袭，恼羞成怒，纠集了二三千侵略军，集起谅山之众，直扑关前隘长墙。尽管之前他曾观察了清军的设防，知道清军工事坚固，但他受报复心理驱使，睁着眼踏入冯子材早已布置好的陷阱。法军在炮火掩护下，攻占隘东小青山上清军三座堡垒后，"势如潮涌"般扑向关前隘长墙。第一天战斗异常激烈，炮声震得地动山摇，砂石横飞，双方伤亡都很重。冯子材挥刀大声激励部众：若让法寇再入关，我们有何面目见家乡父老！活得又有什么意义？将士们深受感动，"皆誓与长墙俱死。"由于清军浴血奋战，在炮弹如雨点般倾泻入阵地的险境下拒不退缩，法军猖狂进攻没有占到什么便宜，只好收兵。

尼格里仍然迷信武器装备的精良，还要拼死一搏。翌日黎明，他先派副手爱尔明加中校率一股法军乘浓雾弥漫山野之时，攀登大山头，以迂回偷袭清军大青山大堡，然后居高临下，配合正面攻击的法军主力，夺取清军关前隘阵地。然而当地山路曲折崎岖，灌木丛生，爱尔明加的法军被地形搞得像无头苍蝇一样胡冲乱撞，转了半天也找不到攻击目标，只好沿原路返回。而尼格里以为偷袭得手，迫不及待地把全部兵力派上正面冲锋。法军在炮火掩护下，稀稀拉拉向长墙推进。炮弹在冯子材身边不远处爆炸，清军担心主师安危，劝其退避。但冯子材长矛插地，岿然不动，铿锵凛然地说道："怕炮弹还打什么仗？我是宁死不会退的，谁退就是动摇军心！"

法军这时已抵长墙下，有的已从长墙缺口爬入墙内。冯子材看到就近歼敌、转守为攻的时机已到，遂下达反击命令。霎时，号角嘹亮取代了炮声沉闷，战鼓擂得震天响，只见须发斑白的冯子材大吼一声，率两个儿子首先持矛冲出长墙，直奔法军。清军诸将士见主将年老尚如此奋不顾身，皆感奋，一齐杀出，"奋挺大呼从如云，同拼一死随将军"的动人场面出现了。清军与法军进行白刃格斗，法军的枪炮不管用了，而清军的刀矛却大显威力，双方在关隘前战得难分难解，但清军毕竟人多势众，以十倍二十倍于法军的兵力猛压过来，法军主力被打退。此时，绰号"王老虎"的清将王德榜在击溃法援军、消灭其运输队后，又从关外夹击法军右侧后，配合东岭的陈嘉、蒋宗汉军攻袭法军，夺回了被占堡垒。而清将王孝祺也已击溃西岭的法军，并包抄敌人左侧后，法军三面受敌。而在敌后，关外游勇客民千余，闻冯子材身先士卒，亦来助战，袭敌后方。清军如潮水般冲向敌寇，法军在四面打击下死伤数百人，弹药将尽，后援断绝，尼格里只得下令作梯形阵势退却。

法军残部狼狈逃到文渊，又退到谅山，企图重新积蓄力量反扑；但冯子材岂会给尼格里喘息机会，率清军乘胜追击，26日

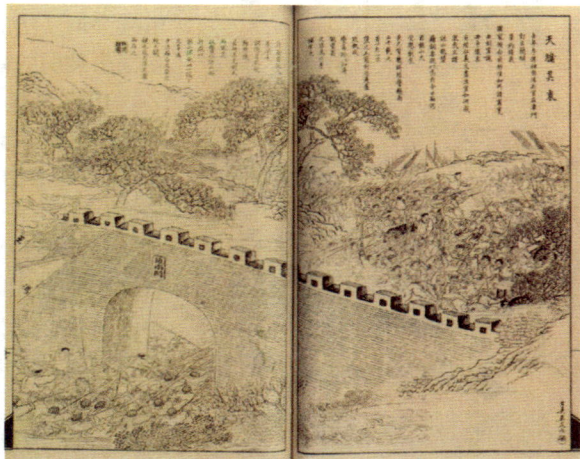
镇南关大捷图
点石斋画报，光绪末年上海东亚社石印本。

克复文渊，28日在激战中又把尼格里击成重伤，29日突袭谅山。法军士气沮丧又疲惫不堪，代指挥爱尔明加下令毁坏各种军用物资后，弃城而逃。清军和黑旗军继续追击，又在谷松、威坡、长庆重创法军，缴获各种枪炮弹药不计其数，法军第二旅团精锐悉被歼灭。与此同时，黑旗军与清军在临洮也取得大捷。

戊戌变法

1895年到1898年，在中国发生了一场颇有声势的资产阶级维新变法运动。到了1898年，百日维新成为这次运动的高潮。这是一场由资产阶级改良主义者领导的改革。维新运动的主要领导人是康有为。康有为出身于封建官僚家庭，深受儒家思想熏陶，他后来又阅读了许多介绍西学的书籍，渐渐产生了要求改变现状的革新思想。1888年他到北京参加科举考试，时值中法战争结束不久。康有为第一次上书皇帝，他的奏折因顽固派的压制而未能送交皇上，但该书在爱国士子中广为传诵。1891年，康有为在家乡广州创办万木草堂，聚众讲学，引导学生关心天下大事，探索救国救民的道路。后来，他发表了《新学伪经考》和《孔子改制考》两部著作，宣传自己破旧立新的改革思想。康有为又多次上书光绪帝，其中第二次上书（即"公车上书"）在社会上产生了很大影响，维新思想也随之传播。康有为领导维新派创办了强学会等多个团体和《万国公报》等多种刊物，并与封建顽固派展开了激烈的论战。全国议论时政的风气逐渐形成，维新的思想开始深入人心。

光绪帝朝服像

中日甲午战争后，帝国主义列强掀起瓜分中国的狂潮，民族危机空前严重。就在德国强占胶州湾的消息传出后不久，康有为第五次赴京上书光绪帝，提出变法自救的强烈主张。这份上书亦被阻，但其内容已在北京广为传抄。1898年初，光绪帝知道了上书内容，想召见康有为，但被恭亲王奕䜣所阻，光绪只好指派翁同龢、李鸿章等五大臣接见康有为。后康有为第6次上书光绪帝，即著名的《应诏统筹全局折》，继续强调变法的急迫性，并提出具体措施。光绪帝一心想改变国事贫弱的局面，于是决心接纳维新主张。

1898年5月，恭亲王奕䜣病死，变法阻力减少。康有为即刻鼓动帝党官员上书敦请变法，光绪帝接受建议，于6月11日颁布由翁同龢草拟的《定国是诏》，变法运动正式开始。16日，光绪在颐和园召见康有为，商讨具体变法措施。光绪任命康有为总理衙门章京上行走一职，准予专折奏事；赏杨锐、刘光第、谭嗣同、林旭四品卿衔，擢为军机章京，参与新政。变法期间，光绪帝发布了上百道变法诏令，包括：政治方面设制度局，裁减冗员，提倡西学等；军事方面设厂制造军火，改用西法精练军队。这些措施虽然是没有触及根本政治制度的变革，但都有利于民族资本主义经济的发展和近代资产阶级进步思想文化的传播。

随着变法运动的高涨，以慈禧为首的顽固派与维新派的矛盾也日益尖锐。

慈禧太后首先逼迫光绪帝下令将翁同龢革职。翁同龢是光绪帝的亲信大臣，在帝党和维新派之间起着桥梁的作用，将他革职，就大大削弱了变法维新的力量。接着，慈禧太后逼迫光绪任命荣禄为直隶总督兼北洋通商大臣，统率北洋三军，这实际上是把北京控制在她的手里。慈禧太后又用光绪帝的名义，宣布在公元 1898 年 10 月 19 日去天津检阅军队，准备到时发动政变，逼迫光绪帝退位。

在这危急的时刻，光绪帝便与维新派的主要人物反复商量，认为唯一能想到的办法，就是依靠袁世凯的军事力量。

袁世凯早年曾在天津小站督练新建的陆军，当时是荣禄的部下，是北洋三军中的重要将领。当光绪帝皇位难保之时，谭嗣同挺身而出，表示愿意冒险去找袁世凯，说服他出兵帮忙。

当天深夜，谭嗣同独自到了袁世凯的寓所，拿出光绪帝的密诏，并将维新派的全部计划也和盘托出，要袁世凯扶持光绪皇帝诛杀荣禄，消灭后党。

谭嗣同慷慨激昂地说："今天只有你能救皇上。如果你愿意，就请全力救护；如果你贪图富贵，就请到颐和园告密，你可以升官发财！"

袁世凯正颜厉色地说："你把我袁某看成什么人了！皇上是我们共事的圣主，救驾的责任，你有，我也有！"

第二天，光绪帝召见了袁世凯，要他保护新政。退朝之后，袁世凯匆匆赶回了天津。一到天津，他就去向荣禄告密。荣禄得报后，连夜乘专车进京，赶往颐和园去向慈禧太后报告。袁世凯从这一叛变行动开始，便飞黄腾达起来，他用维新派的鲜血，染红了自己的顶戴。

第二天凌晨，慈禧太后就带着大批人马，气急败坏地从颐和园赶到紫禁城，下令把光绪帝囚禁在中南海的瀛台。对外则宣布光绪帝生病，不能亲理政务，由慈禧太后"临朝听政"。同时，下令大肆搜捕维新派和倾向维新派的官员。百日维新期间推行的新政，除了京师大学堂等少数几项措施以外，全部被废除了。这一年，正是甲子纪年的戊戌年，所以，通常把这场政变称为"戊戌政变"。

维新派领袖人物康有为得知消息后，从天津搭乘英国轮船逃往香港。梁启超当天得到日本使馆的保护，化装逃往日本。

1898 年 9 月 28 日，慈禧太后下令杀死谭嗣同、康广仁、刘光第、林旭、杨锐、杨深秀六人，他们被称为"戊戌六君子"。

至此，资产阶级改良主义运动彻底失败了。戊戌变法虽然失败了，但它对中国历史发展产生了不可磨灭的影响，留下了深刻的历史教训。它是资产阶级领导的一次政治改革运动，也是一场思想启蒙运动，符合中国近代社会发展的趋势，具有爱国救亡的积极意义。它的失败证明，在半封建半殖民地社会的中国，资产阶级改良的道路是行不通的。

大学堂匾　清

梁启超旧照

康有为旧照

慈禧太后西逃

　　光绪二十六年（1900年）五月一日晚，义和团焚烧丰台火车站的消息与京津铁路轨道被拆毁的谣言传到外国公使居住的东交民巷。各国公使感到形势紧急，立即举行会议，全体同意调军队保护各国使馆。次日，驶抵大沽口外的外国舰队先后接到进京的电报，并很快派出陆战队，由海河乘船抵达天津，准备向北京进犯。五月上旬，进入天津租界的各国军队已达2000人。五月十三日，各国驻津领事和海军统帅在英国领事贾礼士的提议下举行会议。在美国领事的鼓动下，会议决定将在津的八国现有兵力组成联军进军北京，由在津军队中级别最高的英国人西摩尔中将为统帅，美国人麦卡加拉上校为副统帅，八国联军正式组成。光绪二十六年（1900年）五月二十一日，八国联军攻打大沽炮台，当天义和团和清军就联合攻打紫竹林租界，天津战役爆发。五月二十五日，清政府宣布对各国开战。7月19日夜里，炮声急促起来，慈禧不敢入睡，坐在养心殿听取军情报告。忽然载漪慌慌张张地跑了进来，喊道："老佛爷，洋鬼子打进来了！"接着，军机大臣荣禄也惊慌失措地报告沙俄哥萨克骑兵已经攻入天坛。

　　慈禧慌忙召集王室亲贵和军机大臣，紧急商议撤离京师避难事宜。

　　7月21日凌晨，慈禧与光绪皇帝等皇室人员，换便衣乘马车仓皇逃离京城。当时东直门、齐化门已被洋人攻下，慈禧一行从神武门出宫，经景山西街，出地安门西街向西跑。当队伍到德胜门时，难民涌来。慈禧的哥哥桂祥率八旗护军横冲直撞一阵，才开出一条道来。

　　队伍在上午像潮水一般到达颐和园，两宫人员纷纷下车进入仁寿殿休息了一会。随后，慈禧下令马上出发。由皇室成员和一千多护驾人员组成的队伍，马不停蹄地一路向西急行军。

　　慈禧一行，历尽了颠沛之苦。沿途只能夜宿土炕，既无被褥，又无更换的衣服，更谈不上御膳享用，仅以小米稀粥充饥。

　　一直到了西安后，安全和供应才有了保障。这时候，慈禧又开始摆起太后的架子了。同时，为了能早日"体面"地回京，她命令庆亲王奕劻回京会同直隶总督李鸿章与各国交涉议和。

　　虽然国家已经面临亡国的危险，但慈禧仍然要求地方官员供应她奢侈的贪欲。为了满足慈禧一行在西安浩繁的开支，各省京饷纷纷解到，漕粮也改道由汉口经汉水、丹江运往陕西。据档案文献统计，截止光绪二十七年二月初，解往西安的饷银就高达五百万两，粮食一百万石。

　　就御膳而言，仍分荤局、素局、饭局、茶局、点心局等，每局设管事太监一人，厨师数人至十余人不等，统一由总管大臣继禄管理。每天选菜谱百余种，以致每天要花掉银子200两。

　　为了讨好列强，慈禧不断发布上谕：这次中国变乱，事出意外，以致得罪友邦，并不是朝廷的意思；对于那些挑起祸乱的人，清朝政府一定全力肃清，决不姑息。这些话完全表明她要丢卒保帅，不惜一切代价讨好列强。

　　慈禧为尽量满足列强的心愿，还以光绪的名义下罪己诏，奴颜十足地说："量中华之物力，结与国之欢心。"

　　1901年8月15日，《辛丑条约》签订，中国赔款白银4.5亿两，这笔费用相当于清政府12年的收入总和。《辛丑条

西摩尔旧照

向北京进犯的八国联军旧照

约》的签订，标志中国完全沦为半殖民地半封建社会。

"议和"告成，慈禧一行便于同年 8 月 24 日踏上返京的路途。这次归返京城与逃出京城的情形可大不一样了。从西安启程时，百姓"伏地屏息"、"各设彩灯"欢送，数万人马按照京城銮仪卫之制列队行进，慈禧乘坐八人抬大轿，轿前有御前大臣及侍卫，后面是 3000 多辆官车，装着慈禧及王公大臣的行装及土特产，浩浩荡荡如同打胜仗般凯旋。

同年 11 月 28 日，慈禧、光绪帝等人回到了北京，京城地方官动用了大量财力和人力，将御道装饰一新。但入城的气氛叫人感到压抑，沿途大街上除了乱哄哄的八国联军官兵围观外，跪迎慈禧回銮的官员百姓没有几个。经历浩劫的京城已经再也打不起精神，来迎接这个祸国殃民的国贼了。

末代皇帝

光绪在位三十四年，最终抑郁而死。他"驾崩"两个时辰后，醇亲王载沣被宣入中南海，跪在西太后的帏帐前。

慈禧开口说："载沣，你得了两个儿子，这是值得喜庆的事。光绪晏驾，我又在病重之中。现国家有难，朝廷不可一日无君，我决定立你的长子溥仪为嗣，继承皇位，赐你为监国摄政王！"向来懦弱的载沣，听了这番话，如五雷轰顶，手足无措，不知该怎么办才好，只是反复念叨说："溥仪仅仅 3 岁，溥仪仅仅 3 岁……"慈禧马上劝慰说："这是神意，也是列祖列宗牌位前卜卦请准了的！明天，你将溥仪带进宫，举行登基仪式。"

西太后的决定传到醇王府，醇王府立即炸锅了。溥仪的祖母不等念完谕旨就昏了过去。刚苏醒过来，便一把夺过溥仪，紧紧抱在怀里，一把鼻涕一把泪地说："你们把自家的孩子（指光绪）弄死了，却又来要咱的孙子，这回咱是万万不能答应的！"

对于西太后的歹毒，她是领教过的，所以她止不住地哭闹着，不忍心让孙子再落入西太后的魔掌。后来，府中的人不得不把她扶走。这时候接皇帝的内监要抱溥仪走，但 3 岁的溥仪见到这些生人，拼命地挣扎，他一点也不管"谕旨不可违"的说教，连哭带打不让太监来抱。于是，太监们一商量，决定由载沣抱着"皇帝"，带着乳母一起去中南海。

1908年10月，一群太监将溥仪带入皇宫，第二天，西太后便一命呜呼了。又过了半个多月，也就是12月2日，清廷举行了隆重的皇帝登基大典。

登基大典开始时，不满3周岁的溥仪，坐在皇帝的龙床宝座上，竟哇哇地大哭起来。他父亲载沣侧身坐在龙床上，双手扶着他，叫他不要再哭闹。

根本还不懂事的溥仪，见那些文武百官不断地磕头，高呼："万岁、万岁、万万岁"，加之山崩地裂般的锣声、鼓声、钟声，更加害怕，哭声也更大了。载沣觉得在这样的盛典上，皇帝却哭闹不止，太不像话，心中一急，不由脱口而出，叫道："就快完了！就快完了！马上回老家了！一完就回老家了！"

幼年溥仪旧照

溥仪与伪满洲国皇宫

1908年，3岁的溥仪上台，年号宣统。3年后，清廷覆亡，民国成立。6岁的溥仪退位，1924年被赶出紫禁城。溥仪只得搬入醇亲王府，不久逃入日本公使馆，后又居住在天津的日本租界里。他念念不忘复辟，积极组织保皇力量。同时也开始了被日本人利用的傀儡生涯。1931年，"九一八"事变爆发，东北沦陷。日本政府和军队在东北三省成立了伪满洲国政府，溥仪担任所谓的"执政"。后来，改满洲国为满洲帝国，溥仪任皇帝，改元"康德"。于是溥仪提出修建像样的宫殿，日本人将当时的吉黑榷运局及盐仓的改造成"皇宫"，也修建了几处新的建筑，但主殿直到日本失败时还没有完成。

伪满洲国皇宫整个宫廷可分为内外两部分，内廷是溥仪及其家属日常生活的区域，主要建筑有缉熙楼、同德殿；外庭是溥仪处理政务的场所，主要建筑有勤民楼、怀远楼、嘉乐殿。此外还有花园、假山、养鱼池、游泳池等附属场所。正式"皇宫"只完成地下部分，而金碧辉煌的宫殿系50年代完工。宫殿占地0.512平方千米，殿前的草坪广场可容50多万人集会。站在宫殿的中轴线上向南眺望，一条宽80米的笔直的新民大街直向南湖公园延伸，中线花坛为松、柏、丁香树风景带和两侧的高可钻天的杨树，形成1500米的绿色长廊，伪国务院及下属"八大部"的办公室全部坐落在大街两侧，形成一个菱形景区，建筑各具特色，绝无雷同。满洲国皇宫固然精美，但留给人们的却是民族的耻辱和愤恨。

● 1805年 在沿着尼日尔河的河道进行探险活动的时候，苏格兰探险家芒戈·帕克去世。

● 1807年 英国废除奴隶贸易。

● 1835年 布尔人（荷兰裔殖民者）进行了布尔人大迁徙，他们从非洲最南端的开普殖民地进入了内地，穿过奥兰治河与瓦尔河，进入了德兰士瓦。

● 1841年 英国传教士戴维·利文斯从开普向北行进，经过10多年的艰苦跋涉，穿越了喀拉哈里沙漠，到达了赞比西河，打开了进入中非的一条通道。

● 1858年 英国探险家约翰·汉宁·史贝克与理查德·伯顿抵达了坦噶尼喀湖。

● 1862年 约翰·汉宁·史贝克将维多利亚湖确定为白尼罗河的源头。

● 1867年 在开普殖民地进行第一笔钻石交易。

● 1868年 法国殖民者在象牙海岸建立了保护制度。

● 1876年 比利时的利奥波德二世成立了国际非洲协会，目的在于推进殖民进程。

● 1881年 法国占领了突尼斯。

● 1882年 英国占领了埃及。

● 1884年 柏林会议上，欧洲

话一出口，文武官员们不由得窃窃私语起来："怎么说是'快完了'呢？说要'回老家'是什么意思呢？"回满族老家？不就是结束 270 年的满人统治吗？

载沣这一番话，竟不幸得到了应验。到了 1911 年，溥仪当皇帝不到三年，辛亥革命就爆发了，在重重压力下，隆裕皇太后不得不替溥仪宣布退位，大清帝国就此宣告灭亡了。

列强在非洲的争夺

在 19 世纪 70 年代之前，非洲的内地还没有引起外界的关注。这块大陆的一部分地区已经为外国人所熟知，它的海岸地区遭到了欧洲以及阿拉伯商人的掠夺，而北非沿海地区自从罗马时代以来就是地中海世界的一部分。19 世纪中叶，探险家们对非洲的腹地——欧洲人称之为黑色大陆——进行了探索，他们的发现引起了各国殖民主义者的兴趣，列强很快就完成了对这些地区的主权与矿权的瓜分。

在 17 和 18 世纪，欧洲人仅仅知道西非海岸是他们的奴隶来源；南非的好望角是非常方便的航海基地。但是，到 19 世纪的时候，情况发生了彻底的变化。在较远的南部，英国向开普的内地扩张，赶走了这一地区居住的荷兰裔农民布尔人，迫使他们进行了布尔人大迁徙，穿过了受恰卡统治的祖鲁王国，来到了德兰士瓦地区。

当时，一连串的探险家帮助殖民者打开了非洲，对其进行掠夺，尽管在他们艰苦地进行探险活动的时候，主观上并没有这种意图。19 世纪早期，苏格兰人芒戈·帕克在尼日尔河进行了探索活动；到世纪中叶，传教士戴维·利文斯对大陆的腹地进行了探察；从 1857 年起，两个英国探险家——理查德·伯顿与约翰·汉宁·史贝克在大湖地区进行了探险，寻找白尼罗河的源头。

不管这些探险家们自身怀有什么样的动机，一个地区的状况被大致了解之后，接踵而来的就是殖民要求。到 19 世纪 70 年代，欧洲各国寻找投机和冒险机会的人们都在研究这块大陆上的商业和获利机会。比利时的利奥波德二世成为一个领导性的角色，他担任了国际非洲协会的主席，还在刚果河流域建立了一个私人王国。他的这个私人王国臭名昭著，因为它对土著劳动者进行极为残酷的掠夺。

到 19 世纪 80 年代，在欧洲的主要国家中，占据非洲的土地成为了它们进行的斗争当中的一部分。最初，英国与法国是这一舞台上的主要演员，英国梦想建立一个从南到北的帝国——从开普延伸到开罗，这与法国的野心产生了矛盾，后者渴望建立起从大西洋一直延伸到印度洋的殖民地。从 1878 年起，德国也发出了自己的声音，它在多哥与

列强对如何瓜分非洲领土产生冲突。

● 1885 年 德国侵吞了"东非"（今天的坦桑尼亚）。比利时的利奥波德二世建立了刚果自由邦。

● 1885 年 马赫迪的穆斯林拥护者攻陷了苏丹的喀土穆。

● 1890 年 桑给巴尔成为英国的保护领土。

● 1895 年 为了向塞西尔·罗得斯致敬，英国南非公司将其殖民的领土——在今天的津巴布韦以及赞比亚——改名为罗得西亚。

● 1896 年 意大利试图夺得对埃塞俄比亚的控制权，但是，他们在阿多瓦战役中失败。

● 1899 年 在南非，英国与布尔殖民者之间的第二次布尔战争爆发。

→ 这是 19 世纪后期，尼日利亚的优鲁巴工匠所雕刻的英国女王维多利亚像。欧洲人在非洲的殖民活动给互相了解甚少、甚至是一无所知的人们带来了意义重大的文化碰撞。

从 1880 年到第一次世界大战爆发的 1914 年，非洲的地图成为欧洲殖民地的拼凑物，只有埃塞俄比亚与利比里亚努力地抵制着外国控制的狂潮，前者在 1896 年击退了意大利的入侵，后者作为被解放了的奴隶的家乡，得到了美国的援助。

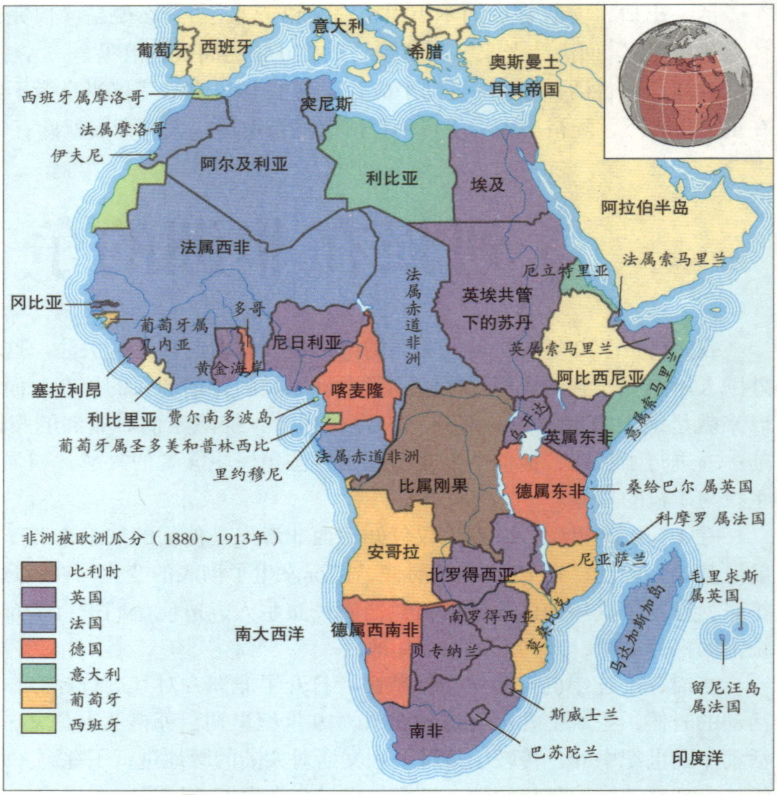

喀麦隆以及东非与西南非建立了自己的保护区。意大利则要求拥有索马里地区与埃塞俄比亚，但是它夺取埃塞俄比亚的计划没能成功。

到这个时候，这块大陆的大部分地区——除埃塞俄比亚与利比里亚之外——被欧洲各国政府分配完毕，尽管它们对于自己统治的非洲人几乎是一无所知，也缺乏对他们的理解。对于非洲的争夺很大程度

非洲被欧洲瓜分（1880～1913年）
- 比利时
- 英国
- 法国
- 德国
- 意大利
- 葡萄牙
- 西班牙

上是没有计划、机会主义的；它造成这些国家只为了自己的利益，而不是这个大陆的传统社会的利益进行统治，使得这里的传统社会走向了瓦解。

塞西尔·罗得斯

没有一个人能够像英国的塞西尔·罗得斯一样，拥有在非洲进行殖民活动的如此野心：如上面的漫画所示，一个巨人跨越整个大陆——从好望角的开普到埃及的开罗。在一段时间之内，他的公司控制着世界上 90% 的钻石产量。他利用自己不可计数的财富打造政治影响，他买断报纸，用它来宣传自己的帝国主义主张。1885 年，他说服了英国政府在开普殖民地以北的贝专纳建立保护制度。4 年之后，塞西尔·罗得斯成立了英国南非公司，并获得了特许状：可以利用以他的名字命名的罗得西亚这一大块地区的资源。1890 年，他担任了开普殖民地的总理，将大部分精力投入到了自己很长时间以来就怀有的目标：将布尔人的独立的德兰士瓦共和国与奥兰治自由邦置于英国统治之下，建立起统一的、白人统治之下的南非。布尔人拿起了武器，反抗这一计划，从而导致了第二次布尔战争，英国的军队最终取得了胜利。不过罗得斯没能在有生之年看到胜利的来临，他于 1902 年带着殖民帝国的幻想死去，仅仅两个月之后，这场冲突就结束了。

第八章

现代的全球重组时期

公元1914年至今

第一次世界大战的爆发

1914 年 6 月 28 日，奥地利皇储弗朗西斯·费迪南大公（1863~1914）及其夫人在新近吞并的波斯尼亚省首府萨拉热窝巡行的时候遇刺身亡。这不是个人恩怨所导致的，而是一场蓄谋已久的政治事件。刺杀费迪南大公的凶手是原波斯尼亚塞尔维亚省的一个青年学生，名叫加夫利洛·普林西波，他是受到了塞尔维亚秘密组织"黑手党"的指派而执行这一任务的。"黑手党"是俗称，其正式名称是"统一党"。该党于 1911 年成立于贝尔格莱德，公开宣称党的宗旨是团结所有的塞尔维亚人，实现塞尔维亚人的民族理想。不过，塞尔维亚政府并不支持统一党，认为它是一个十分激进的、非常危险的、会给政府惹来巨大麻烦的政治组织，于是，统一党的活动大多转为地下，然而，其影响力依然很大，吸引了众多的塞尔维亚青年，其中包括一些年轻的军官。费迪南大公虽然仅仅是奥地利的皇储，但是在奥地利政府中的影响力非同一般，实际上，1914 年的时候，奥地利的君主弗朗西斯·约瑟夫（1830~1916 年）已经在位 67 年之久，达到了 84 岁的高龄，因此，费迪南大公继位成为奥地利的新一代君主是指日可待的事情，他自然会得到越来越多的拥护。眼看着自己即将成为奥地利新君，费迪南大公心潮澎湃，他产生了一个宏大的想法，那就是重建奥地利哈布斯堡帝国，这个帝国的领土在以德意志人为主的奥地利和以马扎尔人为主的匈牙利之外还应当将以斯拉夫人为主的巴尔干地区也囊括进来，可是地处巴尔干半岛的塞尔维亚族的激进分子强烈反对费迪南大公的这一构想，因为他们担心一旦这种构想成为现实，他们就将失去更多的自由。为了遏止这一计划的实施，塞尔维亚人觉得最为有效的办法就是除掉费迪南大公。

1914 年 6 月 28 日那天，多个杀手身上携带着左轮手枪以及炸弹在萨拉热窝指定的巡行路线上静静地等待着费迪南大公的到来。而在这些杀手当中，加夫利洛·普林西波成为最"幸运"的一个，因为当费迪南大公的巡行队伍在街道上的一处拐角停下来的时候，恰好普林西波守候在那里，于是，他看准了费迪南大公，抬手就是一枪，枪声未息，紧接着就又是一枪，这一枪是对着陪同费迪南大公巡行的波斯尼亚省总督波西奥莱克将军去的，只是打得偏了一些，子弹冲进了费迪南大公夫人的身体。费迪南大公及其夫人还没等得医生前来救治，就已经伤重而亡了。这就是震惊世界的"萨拉热窝事件"。

皇储遇刺，奥地利政府当然是极为震怒，他们当即断定，此一事件一定是塞尔维亚政府所策划的政治阴谋，不过，奥地利政府并没有立即采取行动，而是拖延了近一个月之久才开始与塞尔维亚进行交涉，其原因主要是奥地利需要得到德国的支持，而德国在萨拉热窝事件之后所表现出来的态度却非常暧昧，过了多时才做出明确表态，愿意坚定地站在奥地利一边。在同德国接洽成功

描绘费迪南夫妇被刺场面的图画

之后，7 月 23 日，奥地利政府向塞尔维亚发出了条件苛刻的最后通牒，包括严厉查禁反奥报刊，取缔秘密爱国社团，清除政府与军队中所有从事过反奥宣传的人，等等，并且还额外提出塞尔维亚政府应当允许奥地利官员参与调查和处置刺杀费迪南大公的凶手。7 月 25 日，塞尔维亚政府给出答复，在 11 项条款之中，无条件地接受 5 项，其余可以再行商榷，但是对于奥地利政府所提出的派遣人员到塞尔维亚领土上调查此案的这项要求却坚决不予接受，因为这是对塞尔维亚主权的严重侵犯。对于这样的答复，奥地利政府立即同塞尔维亚断绝了外交关系，并于 7 月 28 日向塞尔维亚宣战。而塞尔维亚政府也已经料到了会出现这种结果，因此在给奥地利政府作出答复之前三个小时就开始进行战争部署了。同时，令塞尔维亚人对战争的胜利感到有信心的还来自，他们对于俄国人对奥地利政府出兵塞尔维亚所会作出的反应的判断，他们认定，俄国人一定会站到塞尔维亚人这一边，因为一旦塞尔维亚为奥地利所占领，那么俄国在巴尔干半岛的利益就会受到严重的损害，并且在此前的历史上俄国也的确因为这一点而不止一次地支持过塞尔维亚。果然，俄国决定帮助塞尔维亚抗击奥地利。但是，俄国不是将军队直接派到了塞尔维亚，而是开往了德国和奥地利的边境，因为俄国知道奥地利的军事行动已经得到了德国的支持，德国早晚也会参战，所以准备先行向德国发动进攻。德国面对俄国的进犯，于 7 月 31 日对俄国发出了限期 12 个小时的最后通牒，要求俄国中止对德国的军事行动，当然，这是不可能得到答复的，因此，8 月 1 日，德国向俄国宣战。

俄国在出兵德国之时，还同法国进行了联络，作为欧洲的两大强国，法国与德国可谓夙敌，当时德国正日益崛起，这令法国深感不安，因此它正可以借此机会联合俄国来遏制德国的发展。而德国对于法国的这一动向也了解得一清二楚，因此在向俄国宣战两天之后又向法国宣战。这意味着德国要同时面对来自东西两侧的两个强大的敌人，但这时最令德国人担心的还不是俄国和法国，而是英国，假如英国参战，肯定是支持其盟友法国的，可是德国人判断，英国不会参加到这场战争中来，因为英国政府此时正在坚守一种孤立的政策，然而德国人没有料到，随着局势的变化，英国政府的态度也发生了转变。

就在向法国宣战的同一天，即 8 月 3 日，德国出兵比利时，在西部率先展开了军事行动。德国对比利时的入侵令英国感到恐慌，政府内部原来的分歧因此而消弭，这时，英国从议会到民众，都对向德国宣战表示支持。8 月 4 日，英国政府向德国发出最后通牒，要其尊重比利时的中立国地位，并在午夜之前给予满意的答复。这时德国已经在西部投入了 78 个步兵师，英国政府姗姗来迟的表态已经阻止不了德国的军事行动了。8 月 4 日午夜，英、德两国开始进入战争状态。

"一战"前的军备竞赛

20 世纪初，新兴的帝国主义国家德国与老牌帝国主义国家尤其是英国争夺世界市场和世界霸权的斗争日益激烈。双方拉拢盟国，在欧洲逐渐形成了两大军事对抗集团：以英国、法国和俄国为主的协约国集团与以德国、奥匈帝国和意大利为主的同盟国集团。两大集团疯狂扩充军备，掀起了军备竞赛。

当时协约国及其殖民地总人口为 7 亿，可动员陆军兵力达 977 万；德奥两国及其殖民地总人口只有 1.3 亿，可动员陆军兵力 643 万。但德国军事工业发达，战争准备也比较充分。

英国海军为了保持优势，建造了先进的无畏舰，德国海军不甘落后，奋起直追，两国在海军上展开了军备竞赛。到 1914 年，英国拥有 21 艘无畏舰，而德国只有 13 艘。英国拥有的大型战舰总数达 177 艘，德国则只有 87 艘。为了弥补不足，德国拼命发展潜艇、鱼雷和水雷等。

截至"一战"前，德国常备军扩充至 87 万，法国达 80 万，沙俄则准备增加到 230 万。随着军备竞赛的不断升级和各种矛盾日益激化，终于引发了第一次世界大战。

在欧洲的几大强国之外，其他很多国家也都卷入了这场战争，例如，奥斯曼土耳其加入德国一方对俄宣战，而日本则加入到英国一方对德宣战，当然，远东的日本其参战的主要企图不在于参与欧洲事务，而是想夺取德国在中国的租界和势力范围。

当时间步入 1914 年 8 月的时候，一场世界范围的战争已经打响了。

两大集团的武装对峙

在第一次世界大战中，德国和其盟国被称为轴心国，其敌对方则被称作协约国。战争刚开始的时候，各国都期望第一次世界大战是一场短期的战争，但是不久之后他们发现，自己卷入了一场持久的、残酷的战争中，而且他们损失的财物和伤亡的士兵人数都是前所未有的。

战争开始之前，德国总参谋部详细分析了各协约国可能作出的反应，制定了著名的"施里芬计划"。他们认为法国在战争初期，面对普法战争的胜利者，必然会竭尽全力地去收复失地——阿尔萨斯和洛林，以此来鼓舞士气，期待把战争拖入僵持阶段。据此，德国参谋本部拟定，同时与法国和俄国两线作战。把德军的主力部署在西线沿海地带，集中强大而精锐的军队凭借坚固防线死守阿尔萨斯和洛林，战争爆发后以大兵团形式迅速突破比利时和荷兰，然后横扫法国，速战速决，把法军主力"关"在德法边境一举歼灭。至于东线，俄国领土广阔，铁路却不发达，这样他们对战争的部署相对来说就会缓慢很多。根据这些情况，德国只在东线配备了少许兵力，组成了一个集团军来防守东普鲁士。这个计划的确比较完美，但是仍有两点不足：一是该计划忽略了英国远征军的作用，英军可能会突袭德军后侧，还可能会加入法军主力阻击德军；二是这一时期的战争已经远不是普法战争时代的战争了，机关枪和重炮的普及使得再精锐的步兵都不可能轻而易举地突破坚固的防线了，矛的发展已经远远落后于盾了。

普法战争以法军的失败而告终，自此以后他们就没有停止想要报仇的念头。从 1872 年开始，法国就接连不断地制定对德国作战的计划。法军总参谋长霞飞将军对德国制定了一个最新的作战计划，被命名为

第一次世界大战时期的欧洲势力分布图。欧洲各国为保证国家安全，结成不同的联盟。一个小事件引发了它们之间的战争。

临时组织起来的比利时军队，等待他们的是近在咫尺的战争。

"第十七号计划"。这个计划的核心问题是霞飞将军认为德军会将部队驻扎在德国设防比较严密的法德边境线上，法国应该派部队前往，并且要积极主动地对德军展开进攻，还希望在战斗中能够将以前在普法战争中失去的阿尔萨斯和洛林两省重新从抢回来，收复失地，一雪前耻。

在战争的初期，"第十七号计划"执行得很糟糕。在洛林，法国的军队在进攻萨尔堡和莫朗日两地德军的防线中，被打得焦头烂额。而右翼德军在占领了比利时后，近百万德军像一把挥舞的镰刀，从比利时斜插入法国。8月25日，德军攻占那慕尔。此时，巴黎人心惶惶，法国政府也迁往波尔多。

在柏林却是另一番景象。首战告捷的德军士气大振，在随后的一个多月内，他们严格遵照施里芬将军的指挥，以最快的速度穿越比利时，向着法国的领土迅速推进。那时几乎全世界，特别是所有的德国人都坚定地认为德军的胜利指日可待，法国很快就会被攻破，而巴黎也是德国的囊中之物。然而，历史并没有像人们预期的那样继续发展下去，当德国人翘首期待着胜利，而法国人惶惶不可终日的时候，协约国军队却在马恩河转败为胜，彻底改变了法国的被动局面，这次战役被人们称之为"马恩河畔的奇迹"。这场战役的结果改变了战争的局面，德军被迫节节后退，协约国军队开始在战争中占据主动地位。德军虽然在东线取得了胜利，并且战果辉煌，但是却不能扭转西线已经失去的大好局面了。

1916年初，德国为打败法国，决定把进攻重点再次转向西线。法国的凡尔登成为德军统帅最先选择的进攻目标，因为它是法国的军事要塞，战略地位十分重要。凡尔登是协约国军队防线的突出部分，对于德军部队深入到法国、比利时国内作战产生很大的威胁性。此外，德军如果想要进攻巴黎，并且破坏法军的阵线，就必须要占领凡尔登。此时，协约国也计划沿着索姆河发动反攻。1916年2月，凡尔登战役打响。这次战役是典型的阵地战、消耗战，双方僵持了10个月之久，参战总兵力达到了200万。由于伤亡惨重，凡尔登战场被称为"绞肉机"、"屠场"和"地狱"。最终，德国因伤亡惨重，不得不停止进攻，德军的计划再一次失败了。

7月，协约国军队为了突破德军防御，同时减轻凡尔登方向法军的压力，决定在索姆河地区发动反攻，尽管他们知道德军在该地区构筑了号称"最坚固的防线"，史称索姆河会战。协约国军队首先对德军进行了一个星期的大炮轰击，第一天的战役中，英国军队采用的行进方式是以较为密集的队形向前推进。德军使用机枪和大炮向英国军队猛轰，使英军损失很严重，伤亡人数接近6万人。当天法军和主攻方向上的英军都突破了德军第一道阵地，但英军左翼则毫无进展。参加索姆河会战的人数和战争开展的区域都非常大，堪称是第一次世界大战中规模最大的一次战役。同盟国和协约国的军队伤亡都很惨重，双方的伤亡人数达到了134万人之多，其中德国的伤亡人数是最大的，达到了50多万人。这次会战，没有让英、法军队如愿，他们并没有能够突破德军的防线，但是却钳制了德国军队，使德军不能对凡尔登发动进攻。从根本上来说，经过这次战役，德国的军事力量已经大不如前了。英军在进攻中首次

除了老鼠、泥浆、害虫和毒气的危害之外，士兵们待在战壕中可以受到保护。但是如果他们探出身准备攻击时，会很容易被敌人杀死。在1916年的索姆河战役中，大约有70万的英法士兵伤亡。

坦克的发明运用

坦克这种能移动的城堡，早在第一次世界大战爆发之前，人们就已经在开始认真考虑它的建造了。

1914年，法国首先试验了装甲炮车，但大部分开发工作是由英国人完成的。有刺的铁丝网和密集机枪的火力也阻挡不住的坦克在其说明书中被称为"机关枪毁灭者"。坦克是在第一次世界大战开始之时，由英国人试验和制造的。为了保密，坦克的车体和底盘是在不同的工厂制造的，当时人们叫这种车辆为机动"水箱"，并说它是为前线供水用的。"坦克"一词即由英文"水箱"（Tank）音译而来。英国海军大臣温斯顿·丘吉尔早已预见了这种新武器的前景，力主制造和使用，并于1916年首次在西线战场投入使用。在此后不久，德国人就发明了一种有效的反坦克武器。

使用了坦克作战，这在世界战争史上也是第一次。但是由于坦克数量较少，因而在战争中所起的作用并不大。这次战役的胜利，使得战局的主导权逐渐从德国移向协约国一方。

自从开战以来，双方的军队在陆地上没有取得实质性的结果，因此他们又将希望寄托在海上。以前英国在海上的霸权地位使其他国家望而却步，但德国不甘示弱，逐步加大了对海军的投入，把自己的海上力量也建设得十分强大，足以和英国相抗衡。但是，英国在法国的协助下，对德国采取了严厉的海上封锁措施。他们宣布了一项新的国际法，禁运品（军需品和某些可用于制造军事装备的特殊材料）和非禁运品（实物和原棉）的区别将逐渐被取消，英国海军将会阻拦送往德国和其盟国的一切货物；中立国家还不得给同盟国提供港口。这项海上封锁措施，给德国及其盟国带来了很大的打击，使得一些生活必需品和工业原料不能得到及时的供应，对其国内的生产和生活造成了严重的影响。

德国人也不甘示弱地采取了一项反封锁措施来还击。德国利用潜水艇在水下击沉海面上的船只，但是有时候他们并不能很好地判断这些船是否是协约国的船只。1915年2月，德国宣布英伦三岛周围的海域属于战争区域，实行无限制潜艇战，在这里的协约国船只将要受到鱼雷的攻击，而中立国的船只有时候也不能幸免。1916年春季，英国的主力舰队在日德兰半岛附近对德国海军进行了突然袭击，日德兰大海战展开。在数小时的激战之后，这场海战因德国人撤退到布雷区而结束。虽然德国的伤亡和损失要比英国少，他们也证明了自己在海战中的能力，但是未能撼动英国的海上霸主地位。

日德兰海战情形
交战中，德军射击技术和舰艇操作水平较高，"同时转向"战术运用娴熟，但舰队实力处于劣势；英军虽握有主动权，但行动不坚决，也失去歼敌良机。

巴黎和会

第一次世界大战结束以后，作为战胜国的协约国为了重新瓜分世界，获得更大的利益，就筹划召开一次世界性的会议。美国为了确立其在战后世界的霸权地位，在战争还没有结束的时候，美国总统威尔逊就授命给他的助理豪斯组成专门机构研究战后和会问题。英国外交部也积极组织一批专家探讨大战结束后英国对和会的对策。各个帝国主义国家都虎视眈眈，唯恐落于人后。此时，美国总统威尔逊的声望最高，正是由于美国参加战争，才使第一次世界大战能够提前结束。威尔逊得到了前所未有的尊敬，而且连战胜国都认为美国在这场战争中发挥了决定性的作用，这

巴黎和会上的美、英、法、意四国首脑，坐者左起为：意大利总理维托里奥·奥兰多、英国首相劳合·乔治、法国总理乔治·克列孟梭、美国总统伍德罗·威尔逊。

也使得美国的国际地位提高了不少，在处理国际事务上更有发言权了。

在帝国主义国家的期待下，1919 年 1 月 18 日至 6 月 28 日，第一次世界大战的战胜国（协约国）和战败国（同盟国）在巴黎的凡尔赛宫召开了会议，此次会议就是巴黎和会，一共有 27 个国家参加。这次会议标榜要建立真正的世界和平，但会议的真正目的实际上是英、法、美、日、意等帝国主义战胜国分配战争赃物、重新瓜分世界的会议。

威尔逊的观点在"十四点"中已经显而易见了。1918 年 1 月 8 日，美国总统威尔逊在国会演讲中提出了关于战后和平解决世界问题的十四点建议，人们将其称作"十四点"，其主要内容包括：德军撤出比利时，并恢复其主权。德军撤出法国，阿尔萨斯和洛林归还法国。根据民族分布情况，调整意大利疆界。允许奥匈帝国境内各民族自治。重建独立的拥有出海口的波兰，以国际条约保证其政治、经济独立和领土完整。根据旨在国家不分大小、相互保证政治独立和领土完整的特别盟约，设立国际联合机构。等等。

"十四点"反映了美国在第一次世界大战后凭借强大的经济实力，在世界范围内扩张自己势力范围的强烈愿望。它以民族自决、裁减军备为幌子，来换取世界舆论的支持，以此削弱英、法等竞争对手，进而通过建立国际联盟，在政治上干预与控制战后世界局势，参与瓜分殖民地。"十四点"实际上是战后美国企图冲出美洲、争夺世界霸权的总纲领。威尔逊竭力劝说协约国政府接受他的"十四点"建议，但是英国和法国在某些条款上并没有和美国完全达成共识。法国坚决要求德国履

国际联盟

第一次世界大战后建立的国际组织，简称国联。1920 年 1 月成立，总部设在日内瓦。成立时会员国有 44 个，后增到 60 多个。美国本是其主要倡议者，但因争夺领导权失败而未参加。设有会员国全体代表大会、行政院、秘书处，附设国际法庭、国际劳工局等常设机构。行政院由英、法、意、日 4 个常任理事国和经大会选出的 4 个非常任理事国的代表组成。大会和行政院的决议，除程序问题和盟约另有规定者外，须经全体一致通过。由于战后人民反战情绪高涨，国联盟约规定要裁减军备、制裁侵略，但这些规定根本不能实现。国联盟约还规定了"委任统治"制度，把战败国的殖民地和领地以"委任统治"的形式由战胜国瓜分。国联自成立之日起即为英、法所操纵，实质是帝国主义国家推行侵略政策、重新瓜分殖民地的工具。1946 年 4 月宣告解散。

各国代表在和约上签字

描绘三巨头试图操纵世界的漫画

行战争赔款义务，而英国则否决了公海上的自由，除了这两点，它们都表示愿意接受其他的条款。

在这次会议中，威尔逊还想争取建立一个由各国参与的永久性的国际组织，那样，各国可以一起召开会议，商讨解决国际事务和争端，而且每个国家都保证不主动发动战争。威尔逊的这个想法也得到了协约国的同意，国际联盟盟约也写进了对德条约中。鉴于此，威尔逊也作出了让步，把自己理想化的"十四点"进行了修正，满足了英、法的愿望。

在第一次世界大战中，法国付出了巨大的代价，不但有大约500万军民伤亡，而且西线战场绝大部分在法国境内。因此法国在和会上强烈要求扼制德国，维护自己国家的安全。法国还希望能取得德国工业的控制权以补偿战争中的损失。法国总理克列孟梭的主张主要是：德国必须要对法国在战争中包括人员、财产等方面的损失进行赔偿；为了使德国不能再对法国进行侵犯，他还要求对德国的军国主义进行惩罚，使其不能再回到以前的那种对法国具有威胁的阶段；虽然德国皇帝在战争结束以前已经主动退位，并且流亡到了荷兰，但是法国为了以儆效尤，依然要求当众处死他；法国还要求收回阿尔萨斯和洛林的统治权，并在莱茵建立非军事区；对德国海外殖民地觊觎很久的战胜国，可以理所当然地对这些殖民地进行瓜分；德国的军队的人员和武器装备数量都必须要削减到最低的水平，目的是可以不再对战胜国构成威胁；除此之外，他还希望战胜国能够签订一个秘密的协约，目的是用来封锁德国的海岸线，这样法国就能控制德国的进出口贸易，进而就能控制他们的经济。

尽管英国本土在战争中未遭战火的袭击，但是仍有相当数量的士兵在其他国家的战场上失去生命，因此英国国内也要求严惩德国。首相戴维·劳合·乔治清醒地认识到，法国提出的那些对德国的惩罚条件一旦全部被满足，那么它就会成为欧洲大陆的超级强国并破坏欧洲大陆的形势。这种局面不是英国愿意看到的，它还是希望在欧洲大陆能够维持一个相对均衡的状态，这是英国一直奉行的传统政策。乔治还有一个顾虑，就是美国总统威尔逊提出的"民族自决"政策，这个政策对英国十分不利，因为英国在海外拥有数量巨大的殖民地，一旦这些国家都进行"民族自决"，对英国来说无疑是一个巨大的损失。在乔治看来，为了维护英国的利益，他只同意签订封锁德国海岸线的条约。乔治在赢得1918年大选后，为迎合英国民众提出了德国需为发动战争负责的主张，联合政府中的保守党也对他施加压力，要求对德国进行严惩，这样或许能够保证德国日后可以不再对英国的安全构成威胁。在诸多方面的要求之下，乔治也要求提高德国对英国的战争赔款，并且还要求瓜分德国更大份额的殖民地。英国和法国是拥有殖民地数量最多的国家，因此两个国家的领导人都不同意威尔逊的"民族自决"政策。

乔治的意识要比克列孟梭清醒很多，他并不希望对德国提出过于苛刻的条件，因为这样肯定会激发德国民众的复仇心理，这样英国所希望的和平局面就不能维持很长时间。他还有另一方面的考虑，因为英国的第二大贸易伙伴就是德国，两个国家在经济上有着较为广泛的联系和合作，一旦同意对德国经济进行限制，那么毫无疑问，英国的经济必然也会受到打击，这是他所不愿意看到的结果。英国和法国都意识到一个不争的事实，就是此时的美国已经成为一个经济强国，并且它还在极力变成一个军事强国。意识到这一点，在和会上威尔逊的"民族自决"政策就必然会被其他国家忽略。

在这次和会中，德国失去了它在海外的全部殖民地，德国的所有殖民地被移交给国际联盟，而国际联盟又以"托管"的名义把这些殖民地分配给了各强国管理。英、法得到了非洲最好的殖民地，而意大利在殖民地方面却一无所获。中国作为战胜国，在这次会议中却变成了被瓜分的对象。在会议中，中国试图废除列强在华的全部特权和治外法权，但是却没有任何一个国家的代表肯听取中国的提议，在他们眼中，中国就是一只任人宰割的肥羊，而日本居然要求接管德国在中国的种种特权。这种情况下，中国代表只得愤然离场。可见所谓的国际联盟，是帝国主义用来瓜分世界的幌子，连战胜国的正当权利都不予维护，根本不能使世界得到和平。

协约国还接管了德国的舰队，为表示抗议，德国水兵凿沉军舰不愿投降。此外，德国的陆军数量被削减为10万人，而且禁止德国征兵。条约还禁止德国拥有重型火炮、军用飞机和潜水艇。其实威尔逊的普遍裁军计划，只在德国得到了真正的应用。

和会通过的《凡尔赛条约》在三个月内拟定完成。1919年5月，德国拒绝在条约上签字，此时协约国就以恢复敌对状态相威胁，而且柏林还发生了政府危机。这一切，使得德国代表不得不在这份令所有德国人都不能接受的文件上签字。

凡尔赛体系

巴黎和会在经过几个月的激烈争吵之后，列强终于完成了对德国的分赃，于1919年6月28日在凡尔赛宫签订了《协约国和参战各国对德和约》，即《凡尔赛和约》。和约是在战胜国列强宰割战败国和牺牲弱小民族的基础上订立的，它为第二次世界大战的爆发埋下了祸根。

和约在德国领土的问题上规定：德国西部边界恢复到1870～1871年的状况，阿尔萨斯和洛林重归法国；萨尔区的行政权由国联代管，15年后进行公民投票决定其归属，萨尔煤矿由

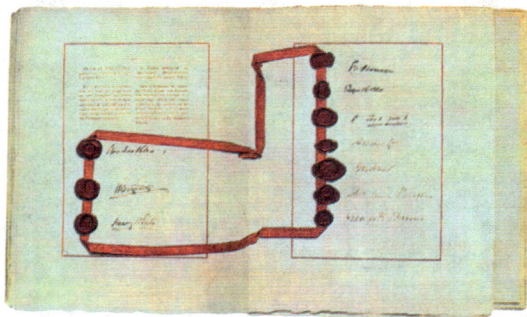

《凡尔赛和约》条文图影

人们试图透过凡尔赛宫的玻璃门观看影响世界格局的条约的签署。

法国开采；莱茵河右岸作为非军事区，不得设防，左岸分成三个占领区，分别由协约国占领5年、10年、15年；在东部，德国承认波兰独立，并将一部分领土划归波兰；在南部，德国承认奥地利独立，德、奥永远不合并；在北部，将德国与丹麦之间的部分领土划归比利时和丹麦。

关于德国的殖民地，由战胜国以委任统治的形式加以分割。

和约在德国军备的问题上规定：德国废除普遍义务兵役制，解散总参谋部；陆军人数不得超过10万，海军不得拥有主力舰和潜水艇，不得拥有空军。德国必须拆除西部边境线上的防御工事，但仍可保留沿海和东线的军事工程。

关于德国赔款问题，和约规定：由协约国专门委员会加以确定。在此之前，德国应于1921年5月1日前支付200亿金马克的现金和各种实物，德国负担占领军的全部费用。

德国和约签订后，战胜国立即与德国的战时盟国签订了一系列条约。1919年9月10日，协约国与奥地利签订了《圣日耳曼条约》。条约确认了匈牙利、捷克斯洛伐克、塞尔维亚—克罗地亚—斯洛文尼亚王国的独立及其疆界；规定奥地利废除征兵制，陆军不得超过3万人；赔款数额必须在30年内付清。协约国又同保加利亚在巴黎近郊的纳依签订《纳依条约》，规定：西色雷斯交给战胜国代管；保加利亚必须废除义务兵役制，陆军不得超过2万人；偿付4.45亿美元的战争赔款。而后，战胜国在凡尔赛的特里亚农宫与匈牙利签订了《特里亚农条约》。根据条约，匈牙利只剩下了原来国土的28.6%，陆军限额为3.5万人，赔款22亿金法郎。1920年8月10日，在巴黎近郊的色佛尔，战胜国与土耳其苏丹政府签订了《色佛尔条约》，这一条约使土耳其失去了4/5的领土，财政经济由战胜国监督。

以上这些条约同《凡尔赛和约》《国际联盟盟约》一起形成了一个互为联系的条约体系，建立了帝国主义在欧洲、西亚和非洲的国际新秩序，使这些地区的政治、经济、军事活动又重新纳入了列强所控制的轨道，这一体系被称为"凡尔赛体系"。

步入凡尔赛宫的各国代表

参加凡尔赛条约签定的协约国妇女代表团

华盛顿会议

参加华盛顿会议的各国代表在《五国海军条约》上签字

第一次世界大战前，在远东和太平洋地区争霸的是英、法、俄、日、德、美六国。战后，德国败北，沙俄消亡，法国则忙于医治战争创伤和处理欧洲事务。因此，在亚太地区便形成了英、美、日三国角逐争霸的局面。在远东和太平洋地区，主要矛盾是美、日矛盾。大战期间，日本趁欧美国家忙于战事之机，夺取了德国在中国和太平洋上的殖民权益，形成了远东和太平洋地区事实上的独霸局面，从而加剧了列强间的利害冲突。美、英、日三国在亚太地区展开的激烈争斗，主要表现在三国的海军军备竞赛上。美国看出要在海上获得优势，还需要花些时间，便想通过外交途径来制约竞争对手。

1921 年 8 月 11 日，美国正式向远东互有利害关系的八个国家:英、日、中、法、意、比、荷、葡发出邀请，参加华盛顿会议。1921 年 11 月 12 日，华盛顿会议开幕。美国在会议中居主导地位，列入会议正式议程的问题有两项：一是限制海军军备；二是太平洋及远东问题。

经过近 3 个月的争吵，会议于 1922 年 2 月 6 日闭幕。会议缔结了 7 项条约和 12 项决议案，主要有《四国条约》、《五国海军协定》、《九国公约》和中、日《解决山东问题悬案条约》。

美国主张废除英日同盟。英日同盟问题虽然未被列入会议议程，但一战后，英日同盟成为美国争霸远东和太平洋地区的障碍。因此，美国把废除英日同盟视为自己的头等大事。经美、英、日代表私下磋商和法国同意，1921 年 12 月 13 日，四国共同签署了《关于太平洋区域岛屿属地和领地的条约》，简称《四国条约》。条约规定：缔约各国相互尊重它们在太平洋区域内岛屿属地和领地的权利；如上述权利遭到任何国家侵略或威胁时，缔约国应进行协商，以便联合或单独地采取对付措施；条约生效后，英日同盟应予终止。《四国条约》以体面的形式埋葬了英日同盟，这是美国外交史上的一大胜利。

关于中国"门户开放"原则的《九国公约》与中、日解决山东问题的条约方面，在华盛顿会议上，中国政府迫于中国人民反帝斗争的压力，提出了取消《凡尔赛条约》中关于山东的条款，要日本放弃"二十一条"等一

1921 年，英国失业的退役军人在街上当叫卖的小贩。

美国总统威尔逊为结束第一次世界大战而提出的纲领。1918年1月威尔逊为蛊惑人心在国会的演说中提出了"十四点原则"。其主要内容是：公开订立和平条约；贸易条件；各国军备裁减到同国内安全相一致的最低点；"公正调整"殖民地；德军撤出俄国，调整俄国问题；德军撤出法国，并归还阿尔萨斯、洛林；德军撤出比利时；重新调整意大利边界；奥匈各族自治；重新调整巴尔干国家领土；奥斯曼帝国境内非土耳其族自治，开放达达尼尔海峡；重建波兰；建立国际联盟。"十四点原则"的真实意图是，美国利用其经济优势来夺取世界市场和殖民地，取消在大战初期签订的未包括美国的分赃密约，并通过国际联盟来操纵国际事务。它是美国企图越出美洲、争夺世界霸权的纲领。

系列正当要求。由于美、日矛盾激化，中国政府的一些反日要求得到了美国的支持。1922年2月4日，中日签订了《解决山东悬案条约》及《附约》，规定：恢复中国对山东的主权，日军撤出山东，归还胶济铁路，但中国要以铁路产值偿还日本。山东问题的解决，为贯彻美国的意图扫除了障碍。1922年2月6日，与会九国共同签署了《九国公约》，公约声称尊重中国的独立和领土完整，遵守在中国之"门户开放"和各国商务实业机会均等的原则。

华盛顿会议是巴黎和会的延续，它在承认美国在远东及太平洋地区占优势的基础上，建立了战后帝国主义列强在亚太地区新的国际关系结构后，被称为"华盛顿体系"。由凡尔赛体系和华盛顿体系构成的帝国主义国际关系新格局，标志着帝国主义战胜国完成了全球范围内对世界秩序的重新安排，史称"凡尔赛—华盛顿体系"。它调整了帝国主义的关系，暂时缓解了它们的矛盾，并巩固了它们的既得利益。20世纪30年代，随着资本主义政治经济危机的加深，德、日先后建立了法西斯专政，形成了欧、亚两个战争策源地，该体系开始局部瓦解。1939年9月，德国突袭波兰，英、法对德宣战，第二次世界大战全面爆发，该体系彻底崩溃。

土耳其凯末尔革命

第一次世界大战后，土耳其作为战败国，被迫与协约国签订了《摩得洛斯协定》，协约国军队据此占领了土耳其海峡地区。1920年8月，协约国又强迫土耳其接受了《色佛尔条约》，瓜分了其本土五分之四的领土。悲惨的生活激起了土耳其人民对帝国主义和卖国的苏丹政府的强烈愤慨。在俄国十月革命胜利的鼓舞下，土耳其人民掀起了一场轰轰烈烈的争取民族独立和主权的斗争，并最终发展成为民族独立战争。

早在1919年5月，凯末尔受苏丹派遣到安纳托利亚维持地方秩序，他在那里参加了当地的反帝斗争，并很快赢得了当地群众的信任和拥护。9月，全国各地"护权协会"在锡瓦斯召开了代表大会，成立了全国统一的资产阶级革命组织"护权协会"，通过了反帝民族纲领，并确立了以凯末尔为首的代表委员会作为统一的领导核心。

在代表委员会的坚决要求下，苏丹政府被迫于1920年1月召开了帝国议会，议会通过了凯末尔起草的《国民公约》。《国民公约》要求土耳其享有完全的独立和自由，反对帝国主义强加给土耳其的各种不平等条约以

穆斯塔法·凯末尔像

割让土地的国家	
法国	希腊
苏联	亚美尼亚

凯末尔领导的革命最终将属于土耳其的土地收归己有，此地图表明土耳其收回的各国侵占土地的范围。

及对土耳其的各种限制，被誉为土耳其的独立宣言。

　　《国民公约》引起了帝国主义及苏丹傀儡政权的恐慌。1920 年 3 月 16 日，协约国以武力占领了伊斯坦布尔，并迫使苏丹政府解散议会，逮捕凯末尔派议员。在这种形势下，凯末尔派于 4 月 23 日在安卡拉召开了大国民议会，成立了以凯末尔为总统兼国民军总司令的国民政府。

　　安卡拉革命政府充分依靠广大人民群众进行反帝斗争。9 月 18 日将希腊侵略军全部逐出安纳托利亚，英军被迫同土耳其讲和。10 月，凯末尔政府同协约国签订了停战协定。11 月 1 日，安卡拉大国民议会通过了废除苏丹制度的法案，结束了长达 600 多年的奥斯曼帝国的君主统治。

　　1923 年 10 月 29 日，土耳其共和国宣布成立，凯末尔当选为第一任总统。凯末尔革命是第一次世界大战后殖民地半殖民地国家由民族资产阶级领导的一次取得胜利的民族民主革命。共和国成立后，土耳其开始进行全国性的建国复兴运动。

1922 年 10 月，土耳其人在麦士拿城外围着一面巨幅国旗庆祝胜利。

色佛尔条约

　　色佛尔条约于 1920 年 8 月 10 日在巴黎附近的色佛尔签订，故称。条约规定：土耳其承认汉志和亚美尼独立；伊拉克、巴勒斯坦成为英国的委任统治地；土耳其在欧洲的领土除了伊斯坦布尔及其郊区以外，全部割让给希腊；在亚洲的领土，沿叙利亚边境的一个广阔的地带让给法国；摩苏尔石油产地割让给英国；黑海海峡宣告开放，不论何国的军舰与商船都能通过；领事裁判权继续有效；土耳其军队不得超过 5 万人；协约国有权对土耳其的财政进行监督。条约不仅使土耳其帝国的领土削减了 4/5，而且完成了对土耳其本土的瓜分，把土耳其推到了亡国的境地，激起了土耳其人民的反帝怒潮。

印度的非暴力运动

1930 年 3 月，甘地率信徒开始"食盐进军"，揭开了第二次"非暴力不合作运动"的序幕。

第一次世界大战以后，印度开始了反抗英国统治的革命，甘地也参与了国大党的独立运动。他以不服从、不合作等政治主张，获得了世界范围的关注。他曾被英国当局多次逮捕，他四次入狱的时间分别为 1922 年、1930 年、1933 年和 1942 年。虽然被关在监狱中，但是他的反抗却没有停止，他通过绝食来开展自己倡导的文明不服从运动，他的抗争时刻都在进行着。1931 年，甘地满怀信心地到伦敦去参加一次关于印度的将来讨论的圆桌会议，但是却无果而返，这让他十分伤心。随着时间的流逝，到 1942 年的时候，甘地认识到印度的唯一出路就是走独立这条道路。

1930 年，在印度发生了"食盐进军"运动，甘地倡导的"非暴力不合作运动"也在此次运动中达到了高潮。"食盐进军"运动的发生是由于英国殖民当局要垄断食盐生产，颁布了食盐专营法。并且还增加盐税，抬高盐价，增加了人们的生活负担，引起了全体民众的不满。在此形势下，甘地号召印度人民起来反抗，他教大家采用海水煮盐，自己制作食盐，以抵制英国殖民政府对食盐的垄断。那一年，甘地已经 60 多岁了，但是他仍然身体力行，和广大人民群众一起，从印度北部的一座寺院出发，向南部海边步行前进。这一路跋山涉水，历尽风吹雨打，但是甘地却毫不退缩，一直带领着煮盐队伍向前进发。一路上他还不断地向沿途的居民进行宣传，发表各种演说，号召人民抵制英国殖民政府的垄断。经历将近一个月的跋涉，甘地带领的队伍终于到达了海边，此时加入进来的群众已有上千人。

甘地拖着病体和追随他的人们在海边劳动了三个星期。甘地的行为受到印度各大报纸的关注，记者们纷纷写文章对他的"食盐进军"运动进行报道。报纸铺天盖地的宣传，使得甘地的号召深入人心。各地群众纷纷响应起来，效仿甘地开始自己制造食盐。此时，在印度全国范围内，为了反对英国的殖民统治，工人们举行罢工，学生们也开始罢课，人们纷纷走上街头参加到游行示威的队伍中，请愿运动的人数一次多过一次，全国的反抗之声一浪高过一浪。殖民当局对这种状况始料不及，十分害怕。于是就逮捕了甘地和国大党的其他重要领导人。殖民当局还下令对国大党进行取缔。

甘地被捕的消息一经传开，在全国范围内引起了巨大的轰动，整个国家都愤怒了。人们纷纷向当局表示要和甘地一起去坐牢，监狱门口聚集

在这艘象征印度驶向光明、自由彼岸的大船上，手持竹竿的甘地是领路人和掌舵者。紧随其后的是其夫人嘉斯杜白——印度杰出的妇女运动领导人。印度社会中的各阶层不管是穷人还是富人，都加入了这支反抗的大军当中。在他们的共同努力下，1948 年 5 月，印度终于完全摆脱了英国的殖民枷锁，走向自由和新生。

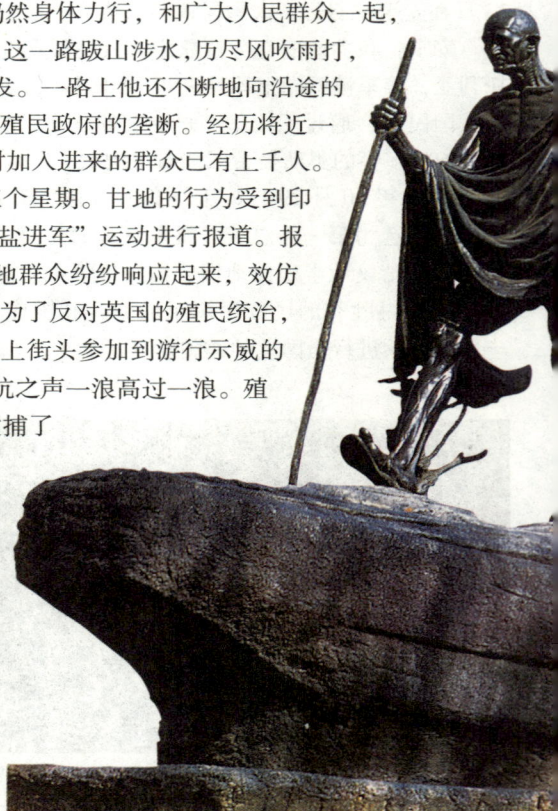

印度国大党

代表印度资产阶级和地主利益的民族改良主义政党，全称是印度国民大会党。由英国殖民官吏休谟于1885年12月28日在孟买首创，主要成员是地主、资本家、商人、高利贷者和资产阶级知识分子。成立之初，主张通过制定宪法的手段在印度实现立宪和代议政治，带有浓厚的改良主义色彩。19世纪末随着大量的中小资产阶级及知识分子的加入，形成以提拉克为首的激进派，主张印度独立。1905年10月，针对殖民当局分割孟加拉省的法令，掀起全国规模的抗议活动，并发展为抵制英货、提倡国货的运动。次年，在激进派坚持下第一次提出"自治、提倡国货、抵制英货、民族教育"四点纲领。1907年温和派和激进派分裂。1916年，两派重新联合。国大党成立初期，揭露了英国官吏的专横残暴，要求自治、独立，唤醒了印度人民的民族意识。

起来的人数越来越多。殖民当局面对这种情况，只得将请愿的群众都抓捕起来，一天就逮捕了6万多人。这无异于火上浇油，印度的人民彻底被激怒了。此后，在印度全国范围内多次爆发了反对殖民统治的武装起义。还有部分地方的人民宣布独立，成立了自治政府，脱离英国的统治。但是当时印度的情况和甘地的预想有所不同，它的革命正在背离"非暴力"的初衷，开始走上通过暴力夺取政权的道路。

当时的状况使本来就惊恐万分的殖民当局更加害怕了，他们想起了甘地的"非暴力"主张，于是改变了对待印度的策略。1931年，入狱将近一年的甘地被释放出来了，不仅如此，取缔国大党的命令也被英国当局撤消了，英国殖民当局派代表和甘地进行谈判，最终达成了协议：只要甘地改变他倡导不合作的态度，并且停止不合作运动，那么殖民当局就放出被抓进监狱的政治犯，还允许印度人民用海水煮盐。

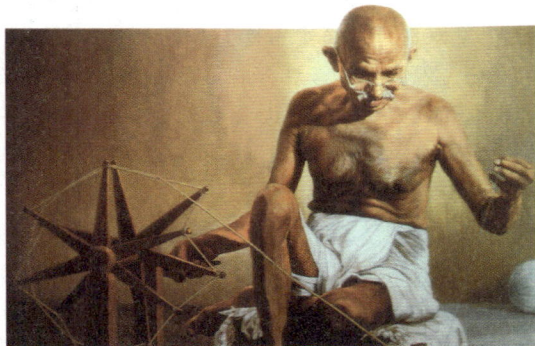

甘地在"非暴力不合作运动"中纺线的情形

1915年，甘地回国，受到印度民族资产阶级的热烈欢迎，被称为"圣雄甘地"。他的非暴力主张，也深得资产阶级和国大党稳健派的支持。甘地后来成为国大党的领袖。

素食主义

　　甘地的家族信奉印度教中的毗湿奴教派，这一教派奉行仁爱、不杀生与素食。甘地的母亲是个虔诚的印度教徒，在家庭的影响下，甘地从小就是个素食主义者，中学的时候在"革新"潮流的影响下，他曾瞒着父母成了食肉者，后来他在英国宁可忍饥挨饿也不再吃肉了。坚持食素不仅是他与过世的母亲联系的纽带，同时也是出于道德方面的原因。在他的政治生涯中，他不断宣扬素食主义，到后来进一步发展成禁食主义，这都构成了甘地非暴力主义的重要因素。

　　留学英国的时候，甘地初次接触了英国的素食主义者，曾经加入伦敦的素食者协会，从伦理、健康等角度细致地了解了素食主义。从伦理学的角度上看，素食者认为：人之所以超越低等动物，并不在于人类以动物为食，而是在于人作为高级动物必须保护低级动物，两者之间是互助、平等的关系，他们还指出："人们之所以饮食并不是为了享受而是为了生存。"从健康的角度出发，素食者指出，人本来是不需要烹调食物的，而是吃果子之类作为食物；人只能吃母乳，长出牙齿后开始吃硬食物；人类也不应该吃香料和酱料。

　　甘地成为真正的素食主义者的种子是在英国种下的，然而当时他主要还是从养生和经济的角度出发而食素的，真正从宗教精神上戒荤，还是到了南非之后。

　　他们签订的就是《甘地－艾尔文协定》。然而，这个协定只是满足了印度人民的部分要求，印度的独立并没有得到英国的同意。仅剩的少数依然为印度独立坚持斗争的人们都遭到了当局的无情镇压。甘地是个一直坚持非暴力的领导人，当他看到无数生命在抗争中流血牺牲的时候，心中充满痛苦。由于他依然要坚持非暴力的抗争形式，和英国政府签订协议就成为了可能，英国人也正是看到了这一点。可是，这一切和他的奋斗目标——为印度独立而战相差甚远。但是他没有因此而放弃，依然在为印度独立而奋斗着。此后他又发动了几次不合作运动，都被当局政府镇压了。

　　甘地的非暴力主义在印度民族独立运动中起了非常重要的作用，它促使广大民众积极投入到斗争中去。甘地所倡导的非暴力学说的基础是印度教的神学和伦理观，但是它又是和现实需要相结合，反映民族斗争需要的一种学说。这种学说之所以对广大的印度人民具有极强的号召力和感染力，正是因为它既有非常浓厚的宗教色彩，又有坚持真理的斗争方法。这种学说，既能够唤起印度人民自由需求，又能激发他们的反抗精神，在发动广大群众投身到为印度独立而进行的斗争中起了非常大的推动作用。另外就是甘地巨大的人格魅力，感染了身边的每一个人。他具有高尚的人格，从不把自己放到领导的位置上，高高在上。相反无论多么恶劣的环境，多么艰苦的条件，甘地总是以身作则，身先士卒，就这样他得到了印度人民的尊重和爱戴，大家对他的学说深信不疑。在甘地运用非暴力学说所进行的第一次运动中，他运用苦行精神，带动了数以万计的非暴力志愿者。甘地发动的第二次运动就是"食盐进军"，这次他带领着2500名精心挑选的志愿者，浩浩荡荡地向丹地盐场进发。甘地和这些志愿者们没有携带任何武器，严格遵循着非暴力学说的原则。

　　甘地的非暴力主义为国大党提供了斗争武器，使国大党转化为具有群众基础的政党。1919年，在发动对《罗拉特法案》的斗争中，甘地领导印度人民将非暴力不合作的斗争方式运用到实践中，取得了比较好的效果，并使他们最终赢得了斗争的胜利。国大党内部的大多数人，对非暴力不合作斗争的态度也转变成赞许和肯定。一年后，也就是1920年，在国大党召开的一次会议上，代表们决定将非暴力不合作的斗争方式，当成为争取印度独立而进行的斗争所采用的主要方法。

　　在甘地领导的非暴力不合作运动和文明不服从运动中，部分人放弃了英国殖民当局为巩固殖民统治而授予他们的职位和头衔，他们抵制英国人开办的法庭和学校，抵制英国生产的商品和货物。

工人罢工，商人罢市，学生罢课，不分男女老少都走上街头，开展集会和游行示威运动。他们抵抗缴纳英国殖民当局制定的各种税种，抵制和反抗各种针对印度人民而制定的不公正法律和制度。毫无疑问，全国范围内的这些运动，必然会动摇英国的殖民统治，给他们带来一定的威胁，但是这些也给印度的经济和社会发展带来了比较严重的损失。

世纪之交的俄国

19世纪中叶，尽管沙皇亚历山大二世（1855~1881年在位）对俄国社会进行了多方面的改革，而且这些改革对于提升俄国的综合国力也的确起到了非常显著的作用，但是其负面影响也同样是不可低估的，特别是俄国社会所出现的过度自由化的倾向令沙皇政府非常担心，因此沙皇亚历山大二世企图采取措施来遏止这种倾向，但是政府的镇压反而更加激起了人们的反抗，一些激进分子认为，只有除掉沙皇才能够获取完全的自由，因此针对亚历山大二世的暗杀行动一起接着一起，好在亚历山大二世处处小心谨慎，躲过了一次又一次的危险。然而，面对俄国自由主义激进分子的重重劫杀，亚历山大二世最后还是未能逃脱厄运。1881年3月1日，亚历山大二世在乘车途中遭遇炸弹袭击，亚历山大二世双腿都被炸断，不治而亡。

俄国沙皇尼古拉二世与他的儿子亚力克塞

但是，令暗杀的策划者没有想到的是，他们除掉亚历山大二世之后所得到的不是更多的自由，而是更为严厉的镇压。新继位的亚历山大三世（1881~1894年在位）对自由主义者和恐怖主义者进行了疯狂的报复，同时，俄国的专制程度进一步加强，亚历山大二世推行了二十余年之久的社会改革至此中断。亚历山大三世的这种高压政策在他的儿子尼古拉二世统治期间被继续执行，同时，这对父子还对俄国实施了有计划的俄罗斯化进程，也就是强迫俄国境内的波兰人、乌克兰人、立陶宛人、高加索人、芬兰人等众多的民族全盘接受俄罗斯民族的语言、文化和宗教，从而实现完全的民族同化。

在此期间，俄国开始出现了一些革命政党，其中后来影响最大的就是社会民主工党。1898年

《火星报》

《火星报》是由列宁创办的第一份全俄马克思主义政治报纸。1900年12月在德国莱比锡创刊，先后在慕尼黑、伦敦、日内瓦出版。报头刊有"星火可以燎原"的口号。编辑部成员有列宁、普列汉诺夫、马尔托夫、罗得、波特列索夫和查苏利奇。列宁是该报的主编和领导者，他在该报发表了许多有关俄国社会民主工党建设和无产阶级斗争，以及反映并评述国内外重大事件的文章。在列宁的倡议和参与下，编辑部制订了俄国社会民主工党党纲草案，并得到大多数地方的社会民主工党组织的拥护，而且筹备党的第二次代表大会的召开。这次大会宣布《火星报》为党的中央机关报，并选出新的编辑部成员：列宁、普列汉诺夫和马尔托夫。为加强中央委员会的领导，列宁于1903年退出编委会。《火星报》共出版112期，1905年10月停刊。

1905 年 1 月 9 日（俄历），当示威者在冬宫前的广场向沙皇请愿实行最低工资制和 8 小时工作制的时候，遭到军队的枪击，史称"流血星期日"。惨案唤起了广大人民群众的觉醒，在布尔什维克的领导下，他们拿起武器反对沙皇专制制度，导致 1905 年革命的爆发。

3 月 1 日至 3 日，来自莫斯科、圣彼得堡、基辅等地的"斗争协会"和工人组织的代表在明斯克秘密召开了俄国社会民主工党的第一次代表大会。大会通过了《俄国社会民主工党宣言》，指出俄国无产阶级必须付出更大的努力同资产阶级进行顽强的斗争，直至取得社会主义的胜利。大会还选举出了俄国社会民主工党中央委员会，并且将《工人报》确定为党的机关报刊。但是不久之后，中央委员会被俄国政府破获，《工人报》也被迫停刊，此后社会民主工党的活动转入更加秘密的状态。

　　1903 年 7 月 30 日至 8 月 23 日，俄国社会民主工党在布鲁塞尔和伦敦两地秘密召开了第二次代表大会，这次大会的主要任务是制定党纲、党章和重新选举中央委员会。经过激烈的讨论，大会终于将无产阶级专政写入社会民主工党的党纲，但是在议定党章之时，代表们发生了更为严重的分歧，分歧主要是有关如何确定党员条件这一问题。列宁认为，凡是承认党纲，在物质上帮助过党的并且参加了党的某个组织的人就可以成为党员；但是马尔托夫认为，党员不一定要参加党的组织，也不一定要接受党的纪律的约束，只要承认党纲就可以自行入党。围绕着这种争议，俄国社会民主工党分成了两个派别，即拥护列宁的"布尔什维克"（俄语"多数派"的意思）和拥护马尔托夫的"孟什维克"（俄语"少数派"的意思），与此相应，形成了布尔什维克党和孟什维克党以及布尔什维主义和孟什维克主义两种革命指导思想，布尔什维主义又称作列宁主义。此后，布尔什维克党与孟什维克党分道扬镳，孟什维克逐渐走向反动，而布尔什维克则继续坚持无产阶级革命道路，并且成为俄国革命的砥柱。

　　1905 年，俄国在对日本的战争中遭受失败，这使得俄国社会要求改革的呼声越来越高。这年 1 月 22 日，大约 20 万民众齐集冬宫，向沙皇政府进行请愿，要求政府成立由大众选举的议会。但官员下令对请愿群众开枪射击，致使数百人因此牺牲，另有几千人受伤，这一天成了俄国人民的"流血星期日"。这场流血事件使俄国人民开始明白了一个道理，那就是要想推动俄国实现改革，就必须首先推翻沙皇的统治。尼古拉二世于 1905 年 3 月表示同意让更多的能够真正代表人民利益的人加入到政府中来。但是，这种让步实在是过于微小了，根本不可能让广大民众满意。同年

10月，俄国发生了全国规模的大罢工，致使俄国陷入了瘫痪的状态。尼古拉二世见状不妙，赶紧发表了"十月宣言"，对人民作出了进行立宪改革的承诺，由此，俄国成立了有史以来的第一个议会机构——杜马。不过，沙皇对杜马的权力作了很大限制，并且日后尼古拉二世更是接连颁布了一系列法令，使得"十月宣言"中所声明的各项承诺都化为乌有。因此，1905年的革命并未在根本上解决问题，而只是将最后解决问题的时间推迟了而已。

1917年的革命

1917年，俄国再次爆发革命。引发俄国革命的社会因素，主要源自沙皇政权对下层社会数世纪的压迫，及尼古拉二世在第一次世界大战中的失败。

第一次世界大战加重了俄国社会的动乱程度，战争期间的征兵在俄国国内引起了人民的极大不满。工厂里生产大量的战争物资，需要工人长时间工作，使得工人们怨声载道，引起了更多的劳工暴动与罢工。征兵使得城市里熟练的工人不得不到战场上流血牺牲，然后让农民取代他们的位置在工厂里工作，但是这样还是不能满足前线对于战争物资的需求。这些情况持续下去的结果就是连俄国的军人也开始敌视沙皇。

1914年8月第一次世界大战爆发，这使得俄国社会的各种矛盾暂时搁置了，俄国人民将焦点转移至对抗共同的外敌，但是这种情况却没有持续很长时间。俄国在战争中的表现并不尽如人意，俄军的伤亡非常惨重。除了这些，军队还陷入了弹药紧缺的困境，最后连受伤的士兵都被送上了前线。尽管如此，1915年春季，俄军还是不得不持续撤退，军心开始涣散，民心也动摇了。

除了这些，俄国的经济在战争的重负之下，也到了几近崩溃的边缘。食物短缺、物价上涨，人民饥寒交迫。

政府对国家面临的这种情况已经无能无力了，于是，在彼得格勒出现了两个政权并存的情况：一个是杜马委员会，另一个是彼得苏维埃政权，很快苏维埃就成为了工人阶级起义的指挥中心。

在彼得格勒苏维埃政权的压力下，1917年3月17日，沙皇尼古拉二世被迫退位，俄国终于成为了共和国。随即，俄国成立了临时政府，并拟定在这一年年底召开立宪会议，起草一部宪法。但是，这个政府没有了解人民的疾苦和国家的现状，依然继续进行对德战争。7月，临时政府主动发起了一次进攻，但是由于士兵们士气低落和物资紧张，这次进攻仍然以失败告终。临时政府曾经答应农民，把土地重新分给他们，但是这些领导人在上台后忘记了自己的承诺。广大农民在失望的情绪支配下发动了地区起义，他们烧毁农庄，强占了土地。在前线的士兵也不愿继续受战争之苦，而且他们更不愿失去分得土地的机会，大家纷纷从军队里逃出来，回到自己的家乡。此时，俄国国

冬宫前的广场及凯旋门
十月革命前，俄国临时政府的驻地即在冬宫。

内又呈现出混乱的局面。

列宁是布尔什维克党的领导人，他把党的纲领归纳成四点：其一，立即和同盟国停战；其二，把土地重新分配给农民；其三，没收资本家的工厂、矿山和其他企业，交给各厂的工人委员会管理；其四，苏维埃取代临时政府成为最高权力机关。列宁的这个纲领是根据当时俄国的情况而制定的，用"和平、土地、面包"把士兵、农民和工人都争取了过来。

1917年11月7日，布尔什维克党领袖列宁率领他的革命军向无能的临时政府发动进攻。因为依照俄国当时使用的儒略历，那一天是10月25日，因此这次革命被称作"十月革命"。

十月革命胜利之后，苏维埃代表大会召开了。会议决定由以列宁为首的委员会来取代临时政府的地位。布尔什维克建立了无产阶级专政，没有忘记农民的重要性，他们把大片土地分给了贫苦的农民，这样新政权就得到了最广泛的支持。

苏维埃社会主义共和国联盟的成立

俄国十月革命之后，虽然脱离了同德国的战争，但是马上就爆发了国内战争。这场内战的双方是"红军"和"白军"，"红军"就是布尔什维克党所领导的军队，而"白军"则是由保皇党人、自由主义者、社会革命党、孟什维克党等各种组织所领导的武装。当时，对于布尔什维克党来说，不仅国内反对者众多，而且它的反对者还得到了国外势力的援助，英、美、日、法等国相继对俄国革命进行武装干涉，企图扑杀苏维埃政权。好在那时第一次世界大战尚未结束，列强无法抽出大规模的军事力量介入俄国，因而对俄国革命的发展影响有限，与之相比，苏维埃政权更大的威胁仍然来自国内。

1919年春季，俄国国内战争进入高潮阶段，此时白军一方的主要领导者是高尔察克。高尔察克是前沙皇俄国海军军官，曾担任黑海舰队司令，1918年11月18日，高尔察克被反苏维埃政治组织宣布为俄国最高执政官。1919年3月4日，高尔察克率领由英、美等国援助装备的30万大军从乌拉尔山地区出发向西进攻红军。3月14日，高尔察克军队攻占了乌法，随后又击败了红军第五集团军，向着伏尔加河挺进。到4月中旬，高尔察克已经占领了沃特金斯基、奇斯托波尔、布古利马、布古鲁斯兰、奥尔斯克、阿克纠宾斯克等广大地区。与高尔察克的东线进军相配合，邓尼金在南线，米列尔在北线，尤登尼奇在西线也都向着红军大举进攻，使得红军陷入四方的包围之中，俄国四分之三的领土都为白军及国外军队所占领。在这种万分危急的情形下，列宁经过深刻的分析，认为当前作战的重点是粉碎东线的高尔察克部

星期六义务劳动

苏俄国内战争时期开展的群众性义务劳动运动。1919年春，高尔察克从东线发动进攻，布尔什维克党发出"一切为了东线"的号召。4月，莫斯科-喀山铁路一个机车库的工人发起星期六义务劳动。工人们下班后，不取任何报酬地为急需开往前线的货运列车修理了三台机车。5月7日，在莫斯科-喀山铁路分局召开的共产党员和同情分子大会上，决定把工作时间延长1小时，把这些时间集中起来，在星期六这天进行6小时无报酬的集体劳动，并提议在全分局内实行共产主义星期六义务劳动，直到完全战胜高尔察克。5月10日晚上，共产党员和同情分子用革命精神进行了第一次星期六义务劳动。这一行动很快得到全国工人的热烈响应，党和国家领导人也积极参加这一运动。列宁称颂这一具有共产主义萌芽性质的新事物为"伟大的创举"。

队，于是在 4 月 12 日发布了《俄共（布）中央关于东线局势的提纲》，随后，党中央又召开全会制定了东线作战的具体措施。于是，在列宁的战争动员和托洛茨基的亲自指挥下，高尔察克的军队接连战败，曾经占领的土地又纷纷回到红军的手中。1919 年 10 月，高尔察克在托博尔斯克再次战败之后被迫撤退。至此，红军开始转入反攻阶段。在红军的追击之下，高尔察克决定横穿 6000 多千米的西伯利亚地区，抵达远东寻求日本的支持从而东山再起。但是未及到达远东，

1918年彼尔姆附近的一支红军特遣队

高尔察克就在途中被捕，并于 1920 年 2 月被秘密处决。

在高尔察克部队被击溃的同时，另外几个方面的白军到 1919 年冬季也基本被粉碎。1920 年春季，协约国再次发起对红军的进攻。1920 年 11 月，红军在彼列科普－琼加尔战役中取得了决定性的胜利，至此，西部战事基本结束。在东部，1922 年 2 月，红军在沃洛恰耶夫卡附近的海战中歼灭了远东的最后一支白军，迫使日本的侵俄军队随后撤离。前后持续了三年多的俄国国内战争以苏维埃政权和红军的胜利而告终。

1922 年 12 月 30 日晚，斯大林在莫斯科召开的苏维埃社会主义共和国联盟首次苏维埃代表大会上宣告了苏联的成立。列宁因为生病而没有参加这次大会，但是被推选为大会的名誉主席。大会最重要的成果是通过了苏联成立宣言。当时加入苏联的有俄罗斯苏维埃联邦社会主义国家、南高加索苏维埃社会主义国家、乌克兰苏维埃社会主义国家和白俄罗斯苏维埃社会主义国家等四个加盟共和国。

苏联的联盟原则是要解决民族主义问题，苏联拥有了世界陆地面积的六分之一，是其他任何国家都无法相比的。在苏联内部，各民族的语言有上百种，而被承认的民族也有 100 多个，其中的大部分民族的人数都很少，但这些民族和其他的大民族一样，都获得了自治的权利。

因为各民族的大小不同，因此他们在联盟中的重要性也就有很大的不同，因而也会形成不同水平层次上的自治。苏维埃共和国联盟本身应该是权力最大的机构，但是事实上最有权力的却是俄罗斯苏维埃联邦社会主义国家。它的人口占了苏联的一半，领土更是占了苏联的四分之三，这些都远远地超过了其他的国家，因此其他国家也就不可能和它处于一个水平线上，这就给联盟的解体埋下了隐患。

苏联农业全盘集体化运动

1929 年 9 月～1932 年期间，在苏联开展的对农业进行社会主义改造的运动。1927 年底，联共（布）第"十五大"提出了农业集体化的任务。1929 年 9 月 18 日，在批判了所谓"右倾反对派"之后，在全国范围内掀起了农业全盘集体化运动。11 月 3 日，联共（布）中央领导人要求农民整村、整乡、整区地加入农庄。1930 年 1 月 5 日联共（布）通过了《关于集体化速度和国家帮助集体农庄建设的办法》的决议，规定对富农采取消灭政策，提出要在五年计划期间完成绝大多数农户集体化的任务。在农业全盘集体化运动期间，加入集体农庄的农户从 1928 年占农户总数的 1.7% 上升到 1932 年的 61.5%，至 1937 年上升到 93%。苏联农业集体化把个体小农经济改造成了社会主义的公有经济，消灭了富农，但也一度造成农业生产的下降和苏维埃政权同农民关系的紧张。

在苏联内部，"战时共产主义"政策引起了农民的极大不满，如果这种情况继续下去，对于国家的稳定是十分不利的。此时，由于连年的战争，国家经济也到了濒临崩溃的边缘。根据当时的情况，1921 年，苏联决定采用新经济政策，这项政策一直持续到 1927 年。

在新经济政策的指导下，农民可以自由地选择是否要出卖自己种植的农产品，商人也可以决定产品的价格和生产数量。新经济政策的实施，使苏联的国民经济得到了一定的恢复。

在政权建立后的法律改革中，妇女是最大的受益者。她们获得了以前对她们来说简直是奢望的平等的投票权、离婚权，以及受教育权，女孩可以和男孩一样可以在学校里获得很好的教育机会。

凯恩斯主义

英国经济学家凯恩斯像

凯恩斯主义产生于英国，在 20 世纪二三十年代，英国之外的其他西方国家也不同程度地出现了类似凯恩斯主义的经济思想，使其成为当时经济学界的一种思想。所谓"凯恩斯主义"，是指凯恩斯在其《就业、利息与货币通论》一书中建立了"有效需求"的理论，并对"福利国家"型的国家干预主义思潮作了系统的论证。

约翰·梅纳德·凯恩斯于 1883 年 6 月 5 日出生于剑桥，14 岁获奖学金进伊顿公学，接受英国最好的教育，1902 年获数学和古典文学奖学金，去剑桥大学学习数学和文学，1905 年毕业并获剑桥大学文学硕士学位。毕业后师从 A·马歇尔教授和 A·C·庇古教授等人学习经济学，次年被分配到英国政府印度事务馆任职。1908 年由马歇尔介绍成为剑桥大学讲师，讲授经济学。1909 年，凯恩斯因数学概率论方面的研究成就，获得剑桥大学皇家学院研究员荣誉；同年，他创立政治经济学俱乐部，1911 年主编《经济杂志》。1913 年任皇家经济学会秘书，后任主席。第一次世界大战爆发后不久，凯恩斯到英国财政部任职，战后，以财政部首席代表、经济顾问的身份出席"巴黎和会"，在会议期间，他因反对对德国索取过重的赔款而愤然辞职，重返剑桥大学任教，并开设"和约的经济意义"的课程，受到广泛的欢迎，在 1919 年出版了《凡尔赛的经济后果》，使凯恩斯一时成为欧洲经济复兴问题的中心人物。1921 年凯恩斯发表了《自由放任主义的终结》一文，转向了主张国家干预经济、实行明智管理的建议。面对 20 世纪 30 年代的经济危机，他主张通过加强国家对经济的干预来摆脱危机，这一主张受到了美国等资本主义国家的高度重视，并逐渐被各资本主义国家所接受。同时，资本主义各国在危机期间采取的通过国家干预来缓解危机的措施，也推动了凯恩斯经济理论的成熟和完善。1936 年，他出版了《就业、利息与货币通论》，系统地阐述了他的反危机理论。该书确立了凯恩斯主义经济学的基本原理，成为凯恩斯的代表作。凯恩斯认为，垄断资本主义时代出现严重的经济危机的原因，主要是由于社会上对生产资料和消费品的"有效需求"不足，而有效需求不足则是由三条基本心理规律造成的：一是"边际消费倾向规律"，即随着收入的增加，消费也增加，而在增加的收入中，用来消费的部分所占的比例越来越小，用来储蓄的部分所占的比例却越来越大。这样，在收入和消费之间出现了一个越来越大的缺口，有效需求量降低，造成生产过剩和失业。二是"资本边际效益递减规律"，即资本家心理上的资本边际效益递减，资本家害怕投资越多利润就越少，因此对投资的兴趣降低，导致国民收入水平下降和对原料、消费品的需求下降。三是"流动偏好规律"，货币是流动性最大的资产，同其他资产比较，具有使用上的灵活性，因而人们都习惯在手里保持一定数量的货币。出于投机目的，货币持有者在银行利率降低到一定程度时，就会更多地保存

经济危机造成无数儿童被迫打工维持生计，图为 1930 年一个意大利小孩儿在面粉场扛着要去干燥的面条的场面。

这些货币，造成消费不足。基于这种分析，凯恩斯认为，要消除经济危机就应该相应地采取措施，国家应对经济进行干预，实行赤字预算，增加投资，实现充分就业，刺激并鼓励消费，以充分保证"有效需求"。

凯恩斯主义经济学在资产阶级经济学说发展史上，是一个新的里程碑。它对国家垄断资本主义的发展以及对资产阶级庸俗经济学说发展的影响，是重大而深远的。凯恩斯的反危机理论，是针对经济危机爆发的直接原因——生产与消费之间的矛盾提出的，在一定范围内、一定程度上对缓和与摆脱经济危机起到了一定的作用。因此，在 20 世纪 30 年代经济危机期间，凯恩斯主义得到

在 20 世纪 30 年代出品的电影《摩登时代》中，卓别林对大萧条时期人们的失业之源——流水生产线进行了讽刺。

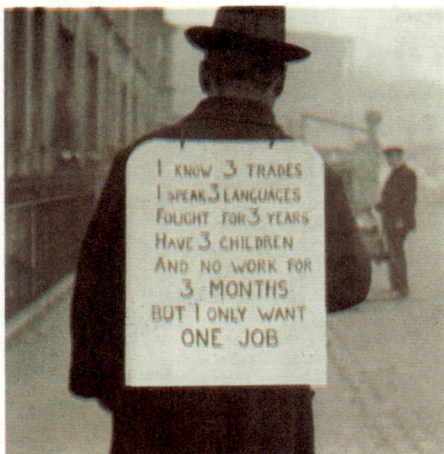

在 20 世纪 30 年代的资本主义经济危机中，一位
失业的英国人独自示威，抗议大萧条。

了迅速的发展和传播，特别是其中的反危机理论，受到
人们的高度重视。

在第二次世界大战结束后，各资本主义国家都不
同程度地采用了凯恩斯主义，加强了国家对经济生活的
干预和调节，极大地促进了国家垄断资本主义的发展。
但是，凯恩斯的反危机理论并没有找到资本主义经济危
机爆发的根本原因—资本主义的基本矛盾，因此也就不
可能从根本上提出消除经济危机的有效办法。随着资
本主义各国在 20 世纪 30 年代不断出现的"滞胀危机"，
凯恩斯主义关于实行赤字财政和通货膨胀来避免危机
的主张，逐渐被各国抛弃。但是，凯恩斯主义关于加强
国家对经济生活的干预的思想一直为资本主义各国所
接受。作为经济危机的治标措施，它在一定范围内、一
定程度上对缓和与摆脱经济危机起到了一定的作用。

1929年到1933年世界经济危机

这次世界性的经济危机最开始是从股票市场和金融危机开始的。1929 年的 10 月。那时全球
的经济都开始出现了减退的迹象，很多专家此时发出了这样一个警告，就是股票的发行价格过高
了。这个警告一出现，立即引起了轩然大波，很多投资者都决定要退出股票市场，以避免更大的
损失。在 10 月 24 日那天，纽约股票交易所出现了因为恐慌而引起的股票抛售，这就导致了股票
价格的疯狂下跌。那些把自己的血汗钱投进股市的人们，此时都焦急地关注着股市的动态。但是，
一切都已经太晚了，从贫穷的农民到腰缠万贯的富翁，在一眨眼的工夫，都成了身无分文的穷光蛋。
波涛汹涌的股市，卷走了他们所有的财产，纽约有 11 个金融家在这场股市风暴中自杀了。贷方再
也坐不住了，如果不赶快收回贷款，他们将血本无归，于是他们就加紧了收贷的速度。这一切又
促使危机更加恶化，很多投资者不惜以任何价格抛售自己的股票。

股市的这些变化向人们宣告经济的繁荣
已经是过去的事情了，现在整个世界陷入了
危机之中。伴随着经济混乱而来的是工人们
工资的大幅度下降，以及失业率的持续上升。
很多人在股市中已经失去了他们的财产，有
的甚至还欠下了巨额的债务，现在他们还必
须要面对收入的减少和更加艰难的生活，他
们无力购买各种企业生产出来的产品，所有
人都在艰难度日。与此同时，企业也意识到
他们库存产品的销售成为了一个亟待解决却
又没有任何办法解决的问题，于是，大量地
减少产量和减少雇佣工人的数量成了他们唯
一可行的方法。而大量的工人失业又势必会

一位"黑色星期五"的受害者以 100 美元的价格出售他的汽车，
以尽快得到现金。

使需求的数量进一步减少，从而更多的工厂破产了，失业工人的数量激增。这是一个恶性的循环，却没有人能从根本上来解决它。

20世纪30年代，物价开始疯狂下跌，国家收入也大幅缩水。美国有大约一半的银行没有任何业务。第一次世界大战以后，世界经济的繁荣很大程度上是对美国的资金和进口市场的依赖，现在美国经济的萎缩也导致了全球的经济波动。世界上的大多数工业国家此时也在经历着经济困难，虽然每个国家的程度不同，但是经济却都发生了萎缩。其中最糟糕的国家是日本和德国，它们是依赖出口产品来换取石油和食物的国家。拉美、亚洲和非洲的一些生产国也没能幸免于难。

大萧条结束了人们的娱乐。许多美国人失去了他们的工作、储蓄和财产，他们不得不生活在例如图中的西雅图贫民窟中。

华尔街的银行都在试图收回他们的贷款和投资，贷款一旦到期就要求借贷者按期还款，不能拖延。因为奥地利和德国的很多银行都向美国的银行申请了贷款，这两个国家的银行就变得十分脆弱，在这种情况下很多银行都破产了。经济危机中，德国的经济经历了严重的倒退，失业率大幅增加，产量一直在下降，经济发展停滞不前。虽然在第一次世界大战中，德国是战败国，但是战后它仍是世界上的经济强国，因为战争并没有在德国的土地上发生，因此基础设施、资源和生产力都没有被破坏。但是，它还是没能躲过这次经济危机的打击。世界上各个国家的对外贸易都在大幅减少，企业面对的形势都十分严峻，很多企业都在挣扎中破产了。日本的经济一直是依赖向美国出口产品来维持的，当美国出现萧条景象的时候，日本立即就感受到了这种影响。日本对美国的出口量迅速减少，国内的失业率持续增加。

大萧条还破坏了资本主义的商业和贸易网。随着大萧条的加剧，国际间的合作在不断减少，政府就试图实现本国经济的自给自足，希望这样可以拉动本国的经济发展。它们通过征收关税、制定进口限额等措施来实现这个目标。但是，在各个国家相互依赖程度如此之大的前提下，本国的自给自足根本难以实现，而且还不可避免地得到了相反的结果。任何限制进口的措施都引起利益受损国的强烈抵制，结果是导致国际贸易量大幅下降，大萧条形势进一步恶化。

帝国主义国家的经济战

为了减轻经济危机的打击，各个帝国主义国家为了自身的利益，相互间展开了激烈的贸易战、关税战和货币战，破坏了世界经济关系，加剧了列强之间的矛盾。

1930年6月17日，美国总统胡佛签署了美国国会通过的《霍利－斯穆特关税法》，提高了75种农产品和925种工业品的关税率，使整个关税的平均税率由33%增加到40%。这样，美国率先挑起了资本主义国家之间的关税战。对此，其他资本主义国家表示出极大的愤慨，33个国家对美国提出了抗议,继而纷纷采取了报复措施。到1931年底,有25个国家相应提高了关税。1932年4月,提高关税的国家增加到76个,资本主义世界的关税大战愈演愈烈。

在进行关税战的同时,资本主义国家之间还展开了激烈的贸易战。1932年8月,为限制美国商品进入大英帝国,英国召集加拿大及澳大利亚、新西兰等自治领土和殖民地在渥太华开会,缔结了帝国特惠协定,对来自帝国外部的商品征收高关税。为了与英国的贸易集团相抗衡,美国打着反对贸易歧视和"机会均等"的旗子进行反击,并组建自己的贸易集团。

1933年底,美国召集了"泛美会议",在与会国相互妥协的基础上通过了《泛美非战公约》,约定相互间降低关税。法国也采取了限额输入的办法,以保护本国的商品市场。这样,各国间又展开了贸易战。

在各国争相抬高关税的情况下,为了提高本国商品的竞争力,用本国廉价的商品攻破别国的关税壁垒,各国纷纷宣布货币贬值,降低本国货币与外币的比价,从而导致了激烈的货币战。本来,在经济危机前,大多数国家都采取金本位制,这种货币制度被认为是对国际贸易比较有利而又相对稳定的。但在1931年,第一个实行金本位制的英国,却又首先放弃了金本位制,使英镑贬值1/3。英镑贬值之后,又有20多个国家放弃金本位制。资本主义国家纷纷放弃金本位制和英镑的贬值,大大削弱了英镑作为国际货币的作用,伦敦也有丧失国际金融中心地位的危险,英国对此采取了应急措施。从1931年11月起,英国和英联邦的其他成员国陆续联合起来,组成了英镑集团。英镑集团约定成员国间的贸易都使用英镑结算,各国货币与英镑保持固定汇率。在货币战浪潮中,经济实力雄厚的美国也于1933年4月正式放弃金本位制,宣布禁止黄金出口。1934年,美国又联合菲律宾、加拿大及大多数拉美国家等组成了美元集团。截至1935年止,资本主义世界被分裂为5个货币集团,主要是英镑区、美元区、黄金本位区,还有日元区和德国统治下的外汇控制区。在各个国家和不同集团之间的激烈

1929年危机爆发时的美国总统胡佛,他既没有能力避免危机的到来,也无法阻止衰退的加剧,最后只能黯然下台。

这幅漫画将经济危机比做一只笼罩全球的巨大章鱼,而美国资金从外国的撤出则加速了危机的蔓延。

广告表明为了摆脱经济危机,英国试图让全世界购买其商品。

20世纪30年代美国的一家罐头厂，随着关税战的展开，食品出口愈发困难。

渔业竞争同样非常激烈，图为英国东海岸的渔民在为捕捞青鱼做准备。

斗争中，帝国主义各国间重新进行了组合，为以后两大政治军事集团的形成创造了条件。

在资本主义各国为了摆脱危机而在国际上进行激烈的关税战、贸易战和货币战的同时，它们在国内也对经济进行了调整。许多民主国家都不同程度地加强了国家对经济生活的干预，使本国经济朝着国家垄断资本主义的方向发展，并通过国家干预以及对经济的内部调整逐渐摆脱了经济危机。

罗斯福新政

1932年11月，美国举行了总统选举。民主党人富兰克林·罗斯福利用人们对胡佛自由放任政策的不满，提出了"新政"的竞选口号，并以绝对优势击败了在危机中威信扫地的胡佛，当选为美国第32任总统。

罗斯福出身于富豪家庭，小时候经常随父母游历欧洲，从小就积累了不少的生活阅历。他14岁进入马萨诸塞州的格罗顿预备学校，18岁考入哈佛大学攻读政治、历史和新闻，1904年从哈佛大学毕业后，又进入哥伦比亚大学法学院学习法律。1905年，他与埃莉诺·罗斯福结婚，妻子成为他以后从政的得力助手。1907年，罗斯福从哥伦比亚大学法学院毕业，取得了律师资格，被一家律师事务所聘为律师。1910年，他以民主党候选人的身份当选为纽约州参议员，开始涉足政界。

1912年，罗斯福帮助威尔逊赢得了竞选的成功，他本人也因为出色的政治手段和组织才干在民主党中初露头角，并在次年被威尔逊总统任命为海军部助理部长，任职7年。1920年，他被民主党提名为副总统候选人，竞选失败后，他担任了一家保险公司的副经理。1921年夏天，他因为在很凉的水中游泳，染上了当时流行的脊髓灰质炎（小儿麻痹症），但他以坚强的毅力战胜了病魔。1928年，罗斯福成功竞选成为纽约州州长，第二年，美国爆发了严重的经济危机（大萧条）。罗斯

罗斯福像

罗斯福是美国历史上一位伟大的总统，也是美国历史上唯一一位坐在轮椅上的、唯一一位连任四届的总统。他推行新政，帮助国家克服了经济大萧条；他领导美国参加反法西斯的战争，并为二战的胜利作出了巨大的贡献。

福在纽约州采取了多种措施来救济失业工人、稳定社会秩序，在民主党人中的威信大增。罗斯福上任后，立即大刀阔斧地推行了一系列反危机措施，实行"新政"。在实施"新政"过程中，采纳了当时流行的"芝加哥学派"的部分思想。该学派主张危机时期实行国家调节，扩大政府开支，实行赤字财政，举办公共工程，以消灭失业。

两名美国妇女展示她们的社会保险卡，罗斯福为保障美国公民的社会福利，引入了养老保险、失业保险和事故保险。

罗斯福分两个阶段实施"新政"：1933 年 3 月 9 日至 6 月 16 日是第一阶段，罗斯福政府通过国会制定了 70 多个法案，加强国家对经济的干预和调节，克服大危机带来的紊乱状态，这一阶段史称"百日新政"；从 1935 年 4 月起，罗斯福政府又督促国会通过了 700 多个法案，掀起了"新政"的第二次高潮，这时的"新政"内容多侧重于社会改革，是"新政"的第二阶段。

"新政"的主要内容包括如下几个方面：

一是财政金融的整顿和改革。国会通过了《格拉斯－斯蒂高尔法》，将商业银行与投资银行分开，以避免使用用户存款进行投机。罗斯福在财政金融方面采取的措施，起到了疏通国民经济生活血液循环系统的作用，为经济的恢复创造了良好的条件。

二是调整工业生产。通过了《全国产业复兴法》，将全国工业划分为 17 个部门，分别成立协商委员会，制定了《公平竞争法规》，确定各企业的生产规模、价格水平、市场分配、工资水平等，以避免盲目竞争而导致生产过剩。

三是保证农业生产。1933 年 5 月，罗斯福公布了"新政"中的又一重要法令——《农业调整法》。根据该法，政府设立了农业经济调整署，有计划地缩减农业生产，销毁"过剩"的农产品，以提高农产品价格，克服农业生产相对过剩的危机。

四是以工代赈，建立社会保障制度。国会通过了《联邦紧急救济法》，成立了联邦紧急救济署，直接救济失业者和贫困者。又通过了《社会保障法》，开始了"福利国家"的实验。

反映罗斯福就任美国总统的漫画

1944 年 10 月，罗斯福打破了美国建国近 200 年来的传统，第四次连任美国总统。但此时，他的健康每况日下，心脏病、高血压经常发作。1945 年 4 月 12 日，他在佐治亚温泉的小白宫画像时突发脑溢血与世长辞，享年 63 岁。

罗斯福采取的一系列"新政"措施，对于美国和世界都产生了深刻的影响。首先，"新政"缓解了经济大危机对美国经济造成的严重破坏，促进了美国社会生产力的恢复。其次，"新政"在维护资产阶级利益的同时，也注意改善工人、农民和小资产阶级的经济和社会地位，缓和了社会阶级矛盾。"新政"通过对资本主义生产关系的局部调整，挽救了资本主义制度，从实践上和理论上为资本主义世界提供了由私人垄断资本主义向国家垄断资本主义过渡的重要经验，开创了福利国家的道路。

法西斯主义思潮泛滥

在世界经济大危机期间，富有资产阶级民主传统的美、英、法等国家法西斯主义思潮开始泛滥。

美国在 20 世纪 30 年代初，出现了众多的法西斯团体，如黑衣社、白衣社、民兵团、美国民族主义党、美国自由同盟、三 K 党等法西斯组织和右翼团体。1934 年 11 月，在"美国军团"和部分华尔街大资本家的策划下，由巴特勒将军率领 50 万退伍军人向华盛顿进军，企图发动法西斯政变，但最终未能得逞。1936 年出现的"德美联盟"是受戈培尔控制和纳粹指挥的法西斯团体，它指挥着在美国的 160 万德籍居民中的法西斯分子，并在各大城市设有分会。资产阶级的一些上层人物也公开嚷要建立独裁统治。堪萨斯州的州长艾尔弗雷德·兰登声称：宁可实行独裁统治，也不可让国家瘫痪。

美国面临着法西斯主义的现实威胁，有人甚至提出美国需要一个墨索里尼，实行法西斯统治，但是法西斯势力始终未能掌握政权。原因是：美国自建国以来就具有较深厚的民主自由传统，资产阶级民主制度在民众中有广泛的影响；另外，资产阶级两党都不愿法西斯上台，他们宁愿寻求资产阶级民主制度的新模式，也不愿接受法西斯独裁。在经济上，美国垄断资本乐于通过经济扩张争夺世界霸权，并不像德、意、日垄断资产阶级那样急于通过发动战争来重新瓜分世界。此外，美国垄断资产阶级不像德国垄断资产阶级那样面临着无产阶级的危机；美国中产阶级与农场主也不像德国的中产阶级和地主那样倾向于垄断资产阶级右翼。

1933 年 11 月，德国纳粹党徒招摇过市，拉拢选票，法西斯势力山雨欲来。

在危机年代，英国的一部分垄断资本家也开始向法西斯主义靠拢。1932 年 9 月，原工党执委会委员、工党政府大臣莫斯里，在工业巨头的资助下组织了"英国法西斯联盟"。该组织反对民主制度和犹太人，主张建立英国在世界范围的霸权。但是，由于英国在危机前的 20 年代，没有出现经济繁荣的局面，危机对英国的影响也便没有美、德等国那样大，大起大落的现象并没有出现。另外，英国的民主传统，工人阶级和民主派别的坚决抵制，使英国的法西斯运动没有形成气候。

法国卷入经济危机的时间比较晚，但摆脱危机也最

法西斯主义

第一次世界大战后出现的鼓吹种族主义、专制独裁和侵略扩张的政治理论、运动和政权形式。"法西斯"一词源于拉丁文，象征强权和暴力。法西斯主义否定资产阶级自由平等民主思想，鼓吹对领袖的绝对服从和国家主义，宣称"高贵"民族有统治"劣等"民族乃至全世界的权利，既反对资产阶级民主也反对共产主义，主张建立少数独裁者的恐怖统治，镇压劳动人民和进步势力，实行扩张政策和战争政策，是资本主义政治经济社会及意识形态全面危机的产物。墨索里尼和希特勒，先后于 1922 年、1933 年在意大利和德国建立了法西斯专政。日本亦于 20 世纪 30 年代法西斯化。西班牙、匈牙利、保加利亚、阿根廷等国也推行过法西斯主义。法西斯主义给世界人民带来痛苦和灾难，导致第二次世界大战的爆发，最终被世界人民彻底摧毁。

晚，直到1936年才有所好转。在危机时期，法国国内阶级矛盾加剧了。1930年2月至1934年1月，法国政府更迭达12次。由于政局混乱，财政政策摇摆不定，人民群众的不满情绪普遍高涨。在这种情况下，各种法西斯主义组织滋生起来，如"火十字团"、"法兰西行动"、"束棒"、"法兰西团结"等等，它们在垄断组织扶植下公开活动，非常猖獗。最有影响的法西斯组织是"火十字团"，由德拉罗克上校领导，因最初参加的人是获得战争十字勋章的复员军人而得名。该组织从1934年的20万人发展到1935年年底的70多万人，成员遍及各界，其骨干是退伍军人，他们头戴钢盔，身着军装，胸前佩带各种勋章，对群众产生了一定吸引力。"火十字团"不仅拥有大量武装，甚至还拥有150架飞机，它公开主张改组议会，建立法西斯主义专制政府。

日本的法西斯体制

在日本法西斯专政的建立过程中，军部的法西斯势力起着主导作用。由于历史的原因，日本军部在日本军事官僚机构中地位特殊，权力很大，直属天皇统领，不受政府管束，而且军部还可以通过陆海军大臣干涉政府事务。由于日本军部拥有这种特殊的地位，它成为法西斯势力崛起的温床和支柱。

1930年11月，在军部法西斯势力的支持下，法西斯组织"爱国社"成员暗杀了滨口首相，从此法西斯势力和军部少壮派势力日益嚣张，企图靠对外扩张、对内搞政变来夺取政权，建立法西斯独裁统治。

五一五事件后，斋藤实内阁成立。

1931年9月18日，日本关东军在沈阳北郊柳条湖附近炸毁了一段南满铁路铁轨，却诬称中国军队搞破坏，并以此为借口，向沈阳及东北全境发动进攻。由于蒋介石奉行"不抵抗"政策，使日军在三个月内占领了整个东北三省。"九一八"事变标志着第二次世界大战亚洲战争策源地的形成。

这次事件过后，军内法西斯势力开始分化，围绕着如何建立军事法西斯统治的问题，出现了对立的两派：以荒木贞夫和真崎甚三郎为首的皇道派，在新财阀的支持下，积极鼓吹"发扬皇道"、

军部

日本掌握军事的部门并起独特政治势力作用的军人上层集团。主要指参谋本部和军令部。此外，陆军省、海军省、侍从武官长、元帅府等军事首脑机关也属于军部势力。1872年日本成立陆军省和海军省，天皇作为大元帅统帅陆海军。这种统帅大权即军令权的行使则由参谋总长和军令部长辅佐，元帅府和军事参议院是其顾问机关。作为军政机关的陆军省和海军省的首脑陆海军大臣为内阁成员，拥有不经内阁直接向天皇上奏的权力。陆海军大臣只由现役大将或中将担任。大本营的幕僚全由陆海军将校组成。国务大臣不得参与大本营一切作战计划和作战领导事宜，法律上确定了军部上层在战时的独裁权力。进入20世纪30年代以后，军部是日本对外进行侵略战争和法西斯化的核心力量，确立了军部控制下的法西斯体制。1945年日本投降后，军部被废除。

日军发动"九一八"事变，进攻沈阳。

"尊崇天皇"，主张使用暴力手段，推翻政党内阁，建立以天皇为中心的军部法西斯独裁政权。因皇道派以中下级军官为骨干，又称为"少壮派"。以永田铁山和东条英机为首，军部上层为核心的统制派，认为军部势力已经壮大，没有必要用暴力手段改变现状，主张在军部中央机关将校军官的统治下，用自上而下的合法手段控制政权，实现全国法西斯化。

1932 年 5 月 15 日，在"血盟团"的领导下，几个海军少壮派军官率领陆军士官学校学生，袭击首相官邸、警视厅、内大臣官邸、政友会本部、日本银行等，首相犬养毅被枪杀。同日夜，橘孝三郎率领的"爱乡塾"成员企图袭击东京周围变电站，在混乱中颁布戒严令，建立军事独裁政权，但均未达到目的。政变参加者纷纷自首。事件后，军部借口"时局非常"，拒绝由政党继续组阁，政党内阁宣告结束。5 月 26 日，由海军大将斋藤实组织了包括军部、官僚和政党在内的所谓"举国一致内阁"，日本从此步入了向军事独裁政权过渡的阶段。

在扩军备战过程中，皇道派与统制派的矛盾日益尖锐。1936 年 1 月，皇道派成员对第一师团调往"满洲"的消息极端不满，决定提前发动武装政变，遂于 2 月 26 日清晨，在东京举行叛乱。他们提出"昭和维新"、"尊皇讨奸"等口号，要求"解散国会"、"任命真崎大将为首相、荒木大将为关东军司令官"、"建立维新政府"。遭到了天皇、统制派大部分人和官僚、财阀的反对。29 日下午 2 时许，叛乱被镇压，皇道派瓦解。3 月 9 日，在统制派的支持下，广田弘毅组阁，广田遵照军部意愿，组成了听命于军部的内阁。广田上台加快了法西斯化的进程。5 月，他下令恢复了军部大臣的现役武官制，使军人控制内阁披上了"合法"的外衣。广田内阁废除了议会多数的政党内阁制，取消了议会对内阁的监督权。同时，广田内阁加快了扩军备战的步伐，1936 年 8 月 7 日的"五相会议"制定了"基本国策纲要"，确立了日本对外扩张的战略目标。广田内阁的建立，标志着以军部为核心的日本天皇制法西斯体制基本形成。

苏联确立社会主义制度

经过社会主义工业化和农业集体化的改造，20 世纪 30 年代中期的苏联社会已经发生了翻天覆地的变化。从经济结构上来说，社会主义经济成分超过了资本主义成分，社会主义公有制在国

苏联农业全盘集体化运动

1929 年 9 月～1932 年期间，在苏联开展的对农业进行社会主义改造的运动。1927 年底，联共（布）第"十五大"提出了农业集体化的任务。1929 年 9 月 18 日，在批判了所谓"右倾反对派"之后，在全国范围内掀起了农业全盘集体化运动。11 月 3 日，联共（布）中央领导人要求农民整村、整乡、整区地加入农庄。1930 年 1 月 5 日联共（布）通过了《关于集体化速度和国家帮助集体农庄建设的办法》的决议，规定对富农采取消灭政策，提出要在五年计划期间完成绝大多数农户集体化的任务。在农业全盘集体化运动期间，加入集体农庄的农户从 1928 年占农户总数的 1.7% 上升到 1932 年的 61.5%，至 1937 年上升到 93%。苏联农业集体化把个体小农经济改造成了社会主义的公有经济，消灭了富农，但也一度造成农业生产的下降和苏维埃政权同农民关系的紧张。

民经济中占据了主导地位。从阶级构成上说，资产阶级和富农作为一个剥削阶级已经消失了。这表明社会主义制度已经在苏联确立起来。为了全面反映苏联政治、经济生活的变化，从法律上巩固社会主义改造和社会主义建设的胜利成果，制定新的宪法已提上议事日程。

1935 年 2 月，全苏苏维埃第七次代表大会决定修改 1924 年宪法，并成立以斯大林为首的宪法委员会负责草拟宪法。经过一年多的研讨，宪法委员会拟出新宪法草案并于 1936 年 6 月交全民讨论。1936 年 11 月 26 日，全苏苏维埃第八次代表大会在莫斯科举行。斯大林在会上作了《关于苏联宪法草案》的报告，他在报告中分析了苏联社会发生的深刻变化，概括了新宪法的基本特点等。大会一致通过了新宪法，这部宪法被称为《1936 年宪法》。

《1936 年宪法》规定：苏联是工农社会主义国家，全部政权属于城乡劳动者，由苏维埃实现之；经济基础是社会主义所有制——全民所有制和集体所有制，实行"各尽所能，按劳分配"的原则；国家最高权力机关是苏联最高苏维埃，它行使立法权，选举最高苏维埃主席团和人民委员会；实行普遍、直接、平等、无记名投票和等额选举制；公民一律平等，均享有劳动权、休息权、受教育权，有言论、出版、集会、结社等自由，人身不受侵犯；公民必须遵守公共生活准则，爱护公共财物，保卫社会主义祖国。

《1936 年宪法》从法律上巩固了社会主义改造和社会主义建设的胜利成果，推动了苏联社会主义改造和法制建设。1936 年宪法的制定，标志着苏联"基本上实现了社会主义，建立了社会主义制度"。但是，由于苏联的生产力发展水平较低，还没有达到马克思、恩格斯所设想的发达社会主义的程度，所以社会主义制度的确立并不等于社会主义社会的完全建成。

希特勒与德国法西斯主义

在 20 世纪的世界历史上，希特勒是不能不提到的一个人物，他的出现严重影响了人类 20 世纪的发展进程。

当年，年轻的希特勒过着勉强糊口的生活。后来他来到维也纳，然而这里的情形却令他十分厌恶。由于对奥地利的厌恶，希特勒来到了慕尼黑。当第一次世界大战争爆发的时候，无所事事的希特勒参加了德国军队。

1919 年，希特勒参加了一个名为德国工人党的小党，不久之后他成了这个党的领导人。1920 年初，希特勒公布了该政党的 25 点纲领，这时该党自称为"德国国家社会主义工人党"，"纳粹"这个词也是由此产生的，它是德文 Nazismus 的缩写 Nazi 的音译，其含义是"民族社会主义"。此时，希特勒全心全意投入到政治事业中，纳粹党是一个竭力煽动民族复仇主义和民族沙文主义的极端政治组织。为了争取群众，扩大影响，希特勒打着"民族主义"和"社会主义"两面旗帜进行鼓动宣传。希特勒是个聪明的人，他十分明白《凡尔赛条约》给国家和人民造成伤害，于是在民族主义旗帜的掩护下，他就将一切导致灾难和祸根的原因都归结到《凡尔赛条约》上。他还鼓动德国人民联合起来挣脱同盟国给他们设置的各种束缚，想通过这些办法来拯救处于危难中的德国。希特勒的狡猾，还在于他能够顺应国内的形势和人民的情绪。就因为这些需求，他一直将纳粹标榜成社会主义政党。纳粹党在德国刚一出现，就给了人们一种耳目一新的感觉，它和其他的政党都不一样，它是在批判资本主义，而不是维护它。

1923 年德国马克暴跌，引起国内的一片混乱。而正值这个关键时刻，法国和比利时又出兵占领了鲁尔区。德国人民的爱国热情以及对政府的不满情绪立马被激发出来了。这正好符合希特勒的想法，他认为筹划已久的夺取政权的时机终于到了。于是，希特勒就找到了德军的前参谋长鲁登道夫，和他一起谋划，用武装军队来推翻统治德国的魏玛共和国。这一年的 11 月 8 日，希特勒和鲁登道夫率领军队发动了武装政变。但警察很快镇压了这次暴动，希特勒被判处五年监禁。他在监狱里写出了《我的奋斗》一书，畅销一时。

在世界经济大萧条中，德国受到的损失比其他任何一个国家都要严重。此时很多人都对政府表示不满，出狱后的希特勒看准时机，积极进行他的宣传，给这种感情火上浇油。他谴责《凡尔赛条约》是国耻，魏玛共和国软弱无能，号召人民起来反抗。希特勒首先谴责的是犹太人，说他们在德意志的一切政治阵营里都可以找到。在那个时期，犹太人时常遭遇各种反犹太极端组织的攻击，希特勒在反犹主义中找到了最低的共同点，从这点出发他向一切政党和阶级发出呼吁。

希特勒的宣传在民众中引起了极大的影响。在 1930 年的选举中，纳粹党在国民议会里赢得了 107 个席位，而 1928 年的时候，只有 12 个席位。此后，纳粹的民众支持率一直处于上升的过程中。后来他还得到一些权贵和资本家的帮助，因为他们认为可利用希特勒来控制群众不满情绪的浪潮。1933 年 1 月 30 日，通过合法的手续，希特勒成为了德意志共和国的总理。他把共产党人排挤出议会，然后大叫大嚷地声称"国家处于危急状态"，于是国民议会就投票决定授予他独裁的权力。

德国纳粹士兵在列队行进
强大的舆论工具和谎言，使得法西斯主义在德国迅速蔓延开来。

希特勒把他的新政府称为"第三帝国"，并自称代表德国人民的绝对统治权。他把犹太人排除在德意志之外，还把民主政体、议会制政体和自由主义说成是"犹太人的"，建立集中营来关押政权的反对者。希特勒禁止所有对新政权有害的活动，还把自己的法律解释成德国人民的意志。经过一系列改革，希特勒引领德国走上了专制独裁的法西斯主义道路。

西班牙反法西斯战争

20 世纪 30 年代初，西班牙在经济危机的打击下，国内矛盾加剧。1931 年 4 月，资产阶级共和派在选举中获胜，建立了资产阶级共和国。共和国的建立，遭到了西班牙各种反动势力的仇视。1933 年，反动势力成立了"西班牙自治权利联盟"，简称"塞达党"。一些法西斯分子也蠢蠢欲动，于 1933 年 10 月建立了法西斯组织"长枪党"。这些反动势力疯狂地反对民主改革，并积极展开活动。1933 年 11 月，塞达党在选举中获胜，建立了亲法西斯的勒鲁斯政府。勒鲁斯政府取消了各项民主改革，在内阁里安插了不少法西斯分子，开始了西班牙历史上"黑暗的两年"。

勒鲁斯政府的倒行逆施，激起了西班牙人民的强烈反对，各地都开始举行罢工斗争，一些城市还发动了武装起义。在反法西斯的斗争过程中，左翼政党逐渐联合起来。1936 年 1 月，人民阵线在国会选举中取得胜利，成立了联合政府。人民阵线政府解散了法西斯组织，并采取了一系列的改革措施。

在国内形势最严峻的时刻，马德里的街头到处张贴着号召妇女起来战斗的宣传画。

人民阵线政府的建立，给反动势力以沉重打击。反动势力决定铤而走险，用武力推翻共和政府。他们在法西斯将领圣胡尔霍、佛朗哥、莫拉的带领下，策动军事叛乱。1936 年 7 月 18 日，圣胡尔霍等在西属摩洛哥发动了武装叛乱。7 月 19 日，叛乱蔓延到西班牙本土。西班牙内战爆发了。

叛乱爆发后，西班牙政府军在人民的支持下，很快打退了叛军的进攻，控制了局势。在西班牙政府军即将取得完全胜利的情况下，德、意法西斯开始进行武装干涉。德、意的武装干涉主要有两个意图，一是企图占领西班牙这一战略要地，在未来与英法的争夺中占据优势；二是打击西班牙的反法西斯势力，防止国际反法西斯势力的扩大。德、意的武装干涉，使西班牙内战转变为一场具有国际意义的反法西斯民族革命战争。

面对德、意的插手叛乱，西班牙各派民主力量联合起来，领导各阶层人民奋起保卫共和国。西班牙的反法西斯战争，得到了世界反法西斯力量的有力支持。在共产国际

1936 年，佛朗哥宣誓成为西班牙国家最高元首。

西班牙人民阵线

西班牙人民反法西斯统一战线组织。1931年西班牙成立共和国后，法西斯右翼势力活动猖獗，1933年亲法西斯的勒鲁斯政府上台。1936年1月，共产党、共和党、社会党、左翼共和联盟、工团主义党等左派政党组织签订了人民阵线公约，结成反法西斯统一战线，提出人民阵线纲领。2月在国会选举中获胜，组成新政府。人民阵线政府推进资产阶级民主改革，实施人民阵线纲领，释放政治犯，实行军队和国家机关的民主化，恢复民主自由，宣布各民族拥有自治权利；进行局部土地改革，实施劳动和社会立法，降低捐税和租金，提高工资。7月反动势力发动叛乱，德意法西斯全面武装干涉西班牙。共和国政府在人民阵线支持下坚决镇压叛乱，领导了反法西斯的民族革命战争，进一步推行社会改革政策。然而终因力量悬殊，1939年，共和国被扼杀，革命失败。

的号召下，54个国家的近4万名反法西斯人士来到西班牙，组成了"国际纵队"，与西班牙人民并肩作战。1936年10月至1937年3月，共和国军队在"国际纵队"的帮助下，先后进行了三次马德里保卫战。1936年10月，在德意法西斯的大力支持下，佛朗哥叛军从南北两面向首都马德里进攻，逼近郊区。叛军的进攻受到共和国军民的英勇反击。马德里地区96%以上的共产党员走上前线参加战斗，共产党建立的第五团同国际纵队守卫在最险要的地段，他们和共和国军并肩浴血奋战，击溃了叛军的精锐部队。第一次进攻被击退。1937年1月，叛军发动的第二次反扑也被击退。3月8日，意大利干涉军从东北方实施突击，企图配合叛军夺取马德里。共和军调整部署、顽强防御，至22日终于粉碎意军进攻。同年6月起，叛军的进攻重点从中部战线转向北部战线，马德里周围地区的态势趋于稳定。但是，由于英法等国奉行"不干涉"政策，对德、意的武装干涉坐视不管，共和国的形势越来越严峻。在严峻的形势面前，人民阵线内部的右翼势力叛变投敌。在内外交困的形势下，共和国于1939年3月28日被颠覆。4月1日，叛军将领佛朗哥宣布战争结束，西班牙建立起法西斯政权。

绥靖政策

一战后，英国国防开支紧缩，军事力量薄弱，因此当德国发动战争时，英国为维护自身利益，企图靠牺牲中、东欧弱小国家和苏联，来把德国扩张矛头引开，张伯伦将绥靖政策发展到了顶峰。

1935年3月16日，德国通过《国防法》，宣布实行普遍义务兵役制，将和平时期的军队人数扩充到50万人。这项军事条款公然违背了《凡尔赛和约》。面对德国的挑衅，英、法尽管于4月份联合意大利组成了"斯特莱沙阵线"，

1938年9月英、法、德、意在慕尼黑举行会议，签订阴谋瓜分捷克斯洛伐克的《慕尼黑协定》，图为希特勒（左二）与张伯伦（左一）在一起。

1938 年希特勒没动用闪电战即吞并了奥地利，维也纳被笼罩在纳粹旗下。

但英、意又表示，即使和约遭破坏，也不考虑制裁措施。这表明了它们纵容德国的绥靖立场。6 月，英国又同德国签订了《海军协定》，同意德国发展海军。这是英国公开支持德国违背《凡尔赛和约》的行为，它大大助长了德国的扩张野心。

1936 年 3 月 7 日，希特勒违背《凡尔赛和约》中关于莱茵非武装区的规定，下令向莱茵区进军。1936 年 7 月，西班牙内战爆发后，法国于 25 日单方面违反了《西法通商协定》，停止向西班牙供应武器。9 月 9 日，在英、法的倡议下，27 个国家在伦敦成立了"不干涉委员会"。委员会要求成员国执行"不干涉协议"，禁止向西班牙输出武器和军用物资，禁止西班牙购买的武器在本国过境。英、法等国严格执行不干涉政策，坐视德、意法西斯援助佛朗哥叛乱分子。这实际上单方面剥夺了西班牙共和国获得外部援助的权利，纵容了法西斯势力的扩张。1939 年 2 月，当战争尚在进行之时，英、法政府就宣布承认佛朗哥政权，断绝了与西班牙共和国的外交关系，这更是公开肯定法西斯的扩张。

1937 年 11 月，正当德国法西斯对奥地利蠢蠢欲动之时，英、法两国又对德国作出了绥靖的表示。英、法两国首脑会谈时，达成了一项"保持对东欧争端的不干涉政策"的协议。英、法的绥靖立场，使德国于 1938 年 3 月 13 日悍然吞并了奥地利，英、法则于 4 月初对此予以承认。

吞并奥地利后，德国随即把侵略矛头指向了捷克斯洛伐克。1938 年 9 月 29 日晚在德国慕尼黑举行英、法、德、意四国首脑会议，翌日凌晨签订《慕尼黑协定》。规定将苏台德地区和与奥地利接壤的南部边境地区割让给德国；捷克斯洛伐克必须在 10 月 1 日 ~ 10 日期间，从上述地区撤退完毕；上述地区一切设备不得破坏，无偿移交给德国。《协定》附件中还规定，由四个签字国保障捷克斯洛伐克的新国界。在整个会议中，捷克斯洛伐克代表被排斥在外。1938 年 10 月 6 日，德国策动斯洛伐克宣布"自治"。次年 3 月 15 日，德国吞并了捷克斯洛伐克的所有领土，随即把侵略矛头指向波兰。在这种形势下，英、法逐渐改变了绥靖的做法。1939 年，英、法两国向波兰、

美国中立法

美国在第二次世界大战前及初期通过的几个避免卷入国际冲突和战争的法案。30 年代大危机使美国主要关注国内经济问题，在法西斯侵略者面前主张退守美洲以自保。1935 年 8 月 31 日，美国国会通过第一个中立法，禁止向一切交战国输出武器。该法适用于意大利侵略埃塞俄比亚的战争，但美国仍向意大利输出了原料和战略物资。1936 年 2 月，国会对该法进行了修改，增加禁止贷款给交战国和武器禁运不适用于拉丁美洲等内容。1937 年 4 月，国会通过第三个中立法，使武器禁运适用于发生内战的国家。这三个中立法实际上纵容了法西斯的侵略扩张。第二次世界大战爆发后，国会通过了新中立法，取消武器禁运条款，改为"现款自运"。它的通过表明美国外交政策的调整，即在不直接参战的前提下尽可能援助反法西斯国家。1941 年中立法被租借法案彻底取代。

希腊、罗马尼亚、荷兰、比利时、土耳其等欧洲国家提供了安全保证。1939 年 4 月至 8 月，英、法还同苏联举行了三国政治和军事谈判，以缔结共同对抗德国的同盟。但是，英、法这时并没有完全放弃绥靖政策。正是由于英、法总想抱着绥靖政策不放，苏联也逐渐丧失了与英、法结盟的信心，致使三国谈判最终受挫，失去了制止战争的最后机会。

德国横扫西欧

1939 年 8 月 31 日希特勒命令早已集结的 150 万军队、2000 余架飞机和 2800 辆坦克向波兰发起进攻。9 月 1 日，德军采取闪电战术，首先以大批飞机密集轰炸战略要地，继而以坦克和摩托化部队为先导分三路突进。波军第一线对德作战部队因准备不足，装备落后，军事思想保守，未能挡住德军的攻势，边境防线迅即被突破，部队被分割包围。英、法两国随即向德国发出了警告：如果不在两天内撤出波兰，英、法将出兵保证盟国波兰的安全。在警告无效的情况下，英、法两国于 9 月 3 日向德国宣战。

1939年战前力量对比表

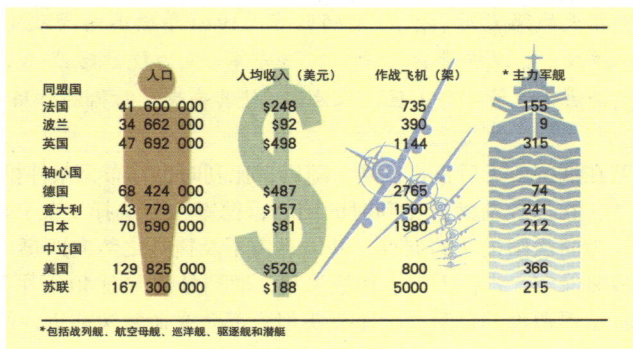

	人口	人均收入（美元）	作战飞机（架）	*主力军舰
同盟国				
法国	41 600 000	$248	735	155
波兰	34 662 000	$92	390	9
英国	47 692 000	$498	1144	315
轴心国				
德国	68 424 000	$487	2765	74
意大利	43 779 000	$157	1500	241
日本	70 590 000	$81	1980	212
中立国				
美国	129 825 000	$520	800	366
苏联	167 300 000	$188	5000	215

*包括战列舰、航空母舰、巡洋舰、驱逐舰和潜艇

英、法对德宣战时，在西线拥有近 110 个师的兵力，而德国在那里只有 23 个师。如果英、法在西线向德国发动进攻，德军将陷入两线作战的不利局面，这将从根本上扭转战局。然而，英、法政府对德国却是"宣而不战"。宣战后 8 个月的时间里，英、法除在大西洋上击毁过德国的军舰和商船外，在陆地上按兵不动。英、法军队躲在坚固的钢筋水泥的工事内，眼看自己的盟国被德国消灭。这种战争现象被称为"奇怪的战争"。其实，"奇怪的战争"并不奇怪，它实际上是英、法战前推行的绥靖政策的延续。英、法虽然对德宣战，却不想与德国正面冲突，只是企图封锁德国西进的路线，迫使其在灭亡波兰后向苏联进攻。

德国灭亡波兰后，并没有像英、法希望的那样进攻苏联，而是按原定计划加紧向西线进攻。为了保证进攻英、法时侧翼的安全，德国决定首先控制北欧。

1940 年 4 月 9 日，德国分别向丹麦和挪威发动进攻。丹麦在无力抵抗的情况下不战而降，德军在 4 个小时内就占领了丹麦。挪威也于 6 月 10 日陷落。

在挪威战事尚未结束之时，德国就同时向荷兰、比利时、卢森堡三国发动了进攻。卢森堡当天就不战而降；荷

法国维希政府的傀儡领袖贝当（居中者）

1940 年 6 月 14 日巴黎失陷，德国纳粹几乎没有发过一枪一弹。图为德军在击鼓声中列队走过凯旋门。

马奇诺防线

1929～1936 年法国为防备德国进攻在其东部与德国、比利时、卢森堡和瑞士的边境上构筑的防御阵地体系。因由陆军部长安德烈·马奇诺提议并主持构筑，故名。防线北起隆维，南至贝尔福以南，全长约 400 千米，共有 5600 个永久性工事，22 个大型工事群由地下坑道连接，设有暗堡、宿舍和容纳 3 个月粮食与弹药储备的仓库、独立电站等。工事混凝土顶盖厚达 3 米。共耗费 2000 亿法郎，是法国军事当局保守主义的消极防御理论的产物。第二次世界大战爆发后，有 50 个师驻守。1940 年德国向西欧发动进攻时，以少量兵力牵制防线守军，主力绕过防线，从北面法比边境阿登山区攻入法国，使其丧失了防御的作用。

兰在抵抗 5 天后正式投降；随后，比利时也宣布无条件投降。

在进攻荷兰、比利时的同时，德军主力选择了英、法军队防守薄弱的法比边境的阿登山区，作为向法国进攻的据点，并以迅雷不及掩耳之势向西挺进，直扑英吉利海峡。英、法联军因军事战略保守，指挥不当，作战失利，遭到分割，近 40 万军队溃退至法国西海岸的敦刻尔克地区，面临全军覆没的危险。德军先头坦克部队受命暂缓前进，使英、法联军得以巩固防御工事，掩护实施从海上撤退至英国的"发动机计划"。5 月 26 日～6 月 4 日，英国动用各种类型船只，冒着德机的轰炸，将 20 万英军和 13 万法、比军队由英吉利海峡撤至英国。到 6 月 4 日德军攻克敦刻尔克时，只有 4 万多名法国官兵未能及时撤离而被俘。这就是著名的"敦刻尔克大撤退"。这次撤退保存了反法西斯的有生力量。

6 月 5 日，德军直扑法军仓促构筑的"魏刚防线"，三天后就突破了防线，直逼巴黎城下。6

查尔斯·坎德尔用油画生动再现了盟军在敦刻尔克撤退的一幕。

月 10 日，意大利向法国宣战，使得法国的处境更加艰难。6 月 13 日，法国向德国提出停战请求，德军 14 日进入巴黎，并向法国视为牢不可破的"马奇诺防线"发起进攻。17 日，德军在德、法边境的莱茵河畔，歼灭了近 50 万法军。

6 月 16 日，法国总理雷诺辞职，法军元帅、投降派贝当就任新总理。贝当上任的第二天就要求全国停止抵抗，并向德国正式提出停战请求。

6 月 22 日，法国代表在贡比涅同德国签订了停战协定。24 日，法国又与意大利签订了停战协定。根据停战协定条款，法军解除全部武装并交出武器，占法国国土面积 3/5 的北部工业区由德国占领，剩余领土由设在维希的贝当傀儡政府管辖，史称"维希政府"。至此，法兰西第三共和国宣告终结。

苏德互不侵犯条约

1939 年 3 月 10 日，斯大林在联共（布）第十八次代表大会的总结报告中，认真分析了国际形势。斯大林对英、法的绥靖政策进行了无情的抨击，而对法西斯国家的批评却很少，并表示苏联将把"保持谨慎态度，不让那些善于从中渔利的战争挑拨者把我国卷入冲突中去"作为今后主要的对外政策之一。这表明苏联已开始把谋求自保作为外交的重点。

1939 年初，苏联开始与德国进行接触，这种接触在 1939 年 4 月～ 8 月的英、法、苏三国谈判期间也没有停止。三国谈判前期，由于英、法对德国采取绥靖

1939 年 8 月，苏德在莫斯科签订《互不侵犯条约》，图为斯大林（右二）与德国外长冯·里宾特洛甫（右三）在条约签订仪式上。

政策，因而在谈判中采取了消极应付的做法，并拒绝了苏联提出的制止战争所必需的一些条件，这使苏联失去了对三国谈判的信心。到 1939 年 8 月，尽管英、法在战争日益逼近的形势下开始尽量满足苏联的要求，但苏、德的接触这时已有了很大进展。德国为了摆脱两线作战的处境，几乎对苏联提出的一切要求都予以满足。德国不仅答应让苏联置身于未来的战争之外，而且同意了苏联划分东欧势力范围的要求，并许诺发挥自己的影响来改善苏联与日本的关系。在这种情况下，苏联抛弃了安全不可分的原则，把苏、德之间的谅解放在其外交决策的首位。8 月 21 日，斯大林同意了希特勒提出的德国外长访苏的要求，并于 8 月 23 日在莫斯科签署了《苏德互不侵犯条约》。正文主要有以下几点：双方保证彼此间不进行任何武力行动、任何侵略行为或任何攻击；通过和平方法解决两国间的纠纷；如果缔约一方成为第三国敌对行为的对象时，缔约另一方将不给予第三国任何支持；缔约任何一方将不加入直接或间接旨在反对另一方的任何国家集团；条约有效期为 10 年。二战后，双方又公布了该条约附加秘密协定书，主要内容为划分两国在东欧的势力范围。

《苏德互不侵犯条约》签订后，英、法、苏三国谈判宣告破裂，而德国则得以摆脱两线作战的困境，敢于放手发动第二次世界大战。《苏德互不侵犯条约》签订后的第九天，德国就发动了入侵波兰的战争，欧洲的全面战争爆发。

苏联不仅在欧洲对德外交中采取了绥靖政策，而且在亚洲对日外交中也奉行绥靖政策。

1941 年，苏联与日本在莫斯科签订《苏日中立条约》。

《苏德互不侵犯条约》的签订，为苏联赢得一个短暂和平时期进行反侵略战争准备，然而它使德国避免两线作战的危险，为发动世界大战创造了有利条件，同时条约也暴露了苏联大国主义的倾向。

1931 年"九·一八"事变后，苏联宣布对中日冲突奉行"严格的不干涉政策"。1932年初，苏联答应了日本关东军使用中东铁路的要求，而且只收一半的运费。当国际联盟邀请苏联协助"李顿调查团"解决东北事变时，苏联不仅不主持正义，还拒绝调查团取道苏联直达中国东北。1935 年 3 月，苏联不顾中国政府的强烈反对，根据日本的意见，把中东铁路低价卖给了日本的傀儡政权伪"满洲国"。苏联的这些做法，纵容了日本法西斯对中国的侵略行径，助长了日本的侵略气焰。

1935 年 5 月开始，日本在中蒙边境不断向苏联进行大规模的军事挑衅。苏联为了自保，加强了对华援助。但是，为避免与日本的正面冲突，这种援助都是在秘密状态下和日本势力所不能及的地方进行的。1941 年 4 月 13 日，苏联为了避免把自己推到与日本法西斯斗争的第一线，在与日本进行了 9 个月的讨价还价之后，签订了《苏日中立条约》。双方在订约时声明："苏联政府保证尊重满洲国的领土完整和不可侵犯，日本则保证尊重蒙古人民共和国的领土完整和不可侵犯。"这样，苏联就在法律上正式承认了日本在中国东北建立的傀儡政权。苏联又一次拿别国的领土和主权作交易，换取了自己的和平。《苏日中立条约》把苏联的对日绥靖推到顶峰，使日本敢于放手发动对东南亚的进攻。

艺术和娱乐

从 19 世纪晚期开始，艺术、音乐和文学领域开始发生巨大的变化，这种变化主要出现在西方。同时，也出现了一些普通民众可以享受的新的娱乐形式，这些人受过更好的教育，有更高的收入，也有更多的时间投入到个人爱好和娱乐中。

在 1900 年前后，很多画家团体摆脱了自欧洲文艺复兴以来很少变化的绘画风格的束缚。如果人们想要某个东西的画像，他甚至可以拍摄一张照片！画家们尝试了多种表现事物的新形式，其中就发展了一种包含形状和颜色，却无法在真实世界里找到相对应事物的抽象艺术。

同其他艺术家一样，从 20 世纪 20 年代开始，

图中的披头士（甲壳虫）乐队由 4 个来自英国利物浦的男孩组成。他们是 20 世纪 60 年代最成功的流行乐队。数以百万计的唱片被歌迷买走。

帕布罗·毕加索 (1881～1973年), 20世纪最著名的画家。一些人认为他的画丑陋而且不可理喻, 但艺术并不是拍照。

"现代"建筑师们也想要打破传统的建筑风格。他们认为一座建筑不应该突出装饰, 而应该表现建筑本身的内涵——即便它是一座屠宰场。他们已经可以使用一些新的材料, 像混凝土、玻璃和钢铁, 以及一些新的工程技术, 并且设计了一些有意思的、不同于以往任何风格的新建筑。但是许多受现代风格影响的廉价的建筑, 特别是那些建于第二次世界大战后的, 都不成功。直到20世纪90年代, 很多全新的建筑看上去都不够庄重。

对实验主义的期望影响了所有的艺术形式。实验主义作家放弃了描述故事, 转而去挖掘作品中人物的内心思想和感受。有的作家直接将语言本身实验化了, 一个著名的例子是詹姆斯·乔伊斯1939年的小说《芬尼根彻夜祭》。

与此同时, 更好的教育和更多的空余时间让数以百万计的人投入到阅读中, 这些读者需要更轻松易读的小说。这一需求刺激了作家们去创作新的更受欢迎的体裁, 比如侦探小说和科幻小说。尽管还有其他很多样的消遣, 在20世纪中还是出版了各种各样的书。

在音乐领域, 美国的爵士乐和舞曲在20世纪20年代变得流行起来。在西方, 年轻人和他们的父母一样, 拥有了更多的收入。这带来了很多商机, 尤其是在娱乐业方面。录音技术的发展——可以长时间播放的唱片 (1948年)、立体声磁带和压缩光盘 (1983年) 更进一步地推动了娱乐产业, 带动了流行音乐的发展。流行音乐受到年轻人的喜爱, 但年长者往往不感兴趣。受益于录音技术和后来的录像技术的进步以及年轻人口袋中越来越多的钱, 流行音乐在20世纪50年代发展成了一个产业。像披头士 (甲壳虫) 乐队等炙手可热的明星, 以及体育明星、时装设计师, 已经和家喻户晓的好莱坞电影明星一样, 成为富有和名气的代称。

无线电广播在20世纪20年代覆盖了全世界, 为人们提供了在家里就能享受的娱乐。电视机是在20世纪30年代发明的, 但是由于受到第二次世界大战的影响, 直到20世纪50年代才

在世界各地的城市里, 用新材料建造的巨大的新式建筑出现在有繁多装饰的古老建筑之间。图中是马来西亚首都吉隆坡的建筑。

电 影

大约在1890年发明了电影。虽然1928年之前都是无声电影, 但在两次世界大战之间, 看电影还是和观看体育运动一起成为了工薪阶层最主要的娱乐方式。好莱坞电影展现了一个更加富裕和迷人的世界, 而电影院也更像是一个宫殿。到了最近, 以孟买 (宝莱坞) 为基地的印度电影产业, 制作的电影数量超过世界其他任何国家。

开始在世界上的多数国家普及。到了 20 世纪 80 年代，几乎每个家庭都有了一台电视机。技术更进一步发展后，出现了录像机。通过电缆、卫星、天线，人们能够接收到更多的广播和电视频道。到了 2000 年，一种新的方法——数字信号传递——提供了更多的电视频道并创造出更多的机会。人们的家里有很多新式的机器设备，这些设备可以用来烹饪、做家务，也可以用来娱乐。

卢沟桥事变

卢沟桥事变，又称七七事变，是 1937 年 7 月 7 日发生在中国北平卢沟桥的中日之间的一场军事冲突。卢沟桥事变是日本帝国主义为实现它鲸吞中国的野心而蓄意制造出来的，是日本全面侵华的开始。

1937 年 7 月 7 日晚上 10 时，一大队日军在卢沟桥附近进行军事演习。卢沟桥距北平城有十几千米，日军将演习地点设在此地，足见他们的别有用心。演习进行不久，日军就宣称他们失踪了一名士兵，并且还提出要求，要到附近宛平城中进行搜查。对于日军的这种无理要求，被当地政府一口回绝了。恼羞成怒的日本人就向宛平县城和卢沟桥发动进攻，其实，这一切都是日军设计好的阴谋。第二天一大早，日本军队按计划占领了宛平县城。但是他们并没有就此收手，而是向驻扎在卢沟桥的中国军队继续发动进攻。卢沟桥位于北平城西南面的永定河上，是南下和北上的要道，也是重要的交通枢纽和货物集散地，自古以来就是兵家必争之地。因此，日军只要能占据卢沟桥，就将使北平进退失据。于是，日军由攻取卢沟桥和宛平城开始，揭开了全面侵华战争的序幕。

日军发动七七事变，在中国引起了强烈反响。7 月 8 日，中国共产党中央委员会就在第一时间，向全国人民发出来了号召，呼吁："同胞们，平津危急！华北危急！中华民族危急！只有全民族实行抗战，才是我们的出路！"并且提出了"不让日本占领中国！""为保卫国土流血！"等口号，号召全民抵抗。蒋介石也于 7 月 17 日发表了关于解决卢沟桥事变的"庐山谈话"，声称："如果战端一开，那就是地无分南北，年无分老幼，无论何人，皆有守土抗战之责，皆应抱定牺牲一切之决心。"卢沟桥事变后，日本动员几乎全部军事力量，开始全面攻击。虽然日军遭到中国军队的顽强抵抗，但是北平和天津还是相继陷落。

"八一三"事变

上海号称东方巴黎，是中国的金融和工商业中心，与国民政府首都南京毗邻。自开埠以来，几未遇过火。"九一八"事变之后，日本大本营认为：欲置中国于死地，必先占领这个中国的心脏地带。于是，日本再次玩弄惯熟的伎俩，于 1937 年 8 月 13 日在上海虹桥机场制造事端，挑起了"八一三"事变。

8 月 9 日，一个日本军官带领士兵闯入虹桥机场，担任机场警卫的中国保安队卫兵对其制止，日军首先开枪打死保安队卫兵。中国保安队激于民族义愤，严正还击，当场将日军军官与士兵击毙。日军遂调兵遣将，于 8 月 13 日对上海发动大规模进攻，中国第 3 战区军队奋起抵抗，淞沪会战由此展开。

次日，中国政府发表《自卫抗战声明》："中国决不放弃领土之任何部分，遇有侵略，唯有实行天赋之自卫权应之。"接着，日本政府发表声明："为膺惩中国军队的暴戾，以促使南京政府之反省，今即采取断然措施。"日本的侵略战争由此进一步扩大。

继七七事变之后，日本又于1937年8月13日在中国当时第一大城市上海发动了"八一三事变"。而后，中日之间展开了第一场大规模的战斗，史称"淞沪会战"。淞沪会战以中国军队的失败和上海的陷落而告终，不过，中国军民的顽强抵抗粉碎了日本此前疯狂叫嚣的"三个月灭亡中国"的军事计划，因为占领上海一地，日本就花费了三个多月的时间。

珍珠港事件

太平洋战争指的是第二次世界大战期间，日本法西斯所发动的侵略战争。这场战争的参战双方分别是日本和中国、美国、英国、荷兰、澳大利亚、新西兰以及亚洲和太平洋地区其他反法西斯联盟各国。太平洋战争是第二次世界大战的重要组成部分。

太平洋战争的爆发，并不是日本偶然的想法。这场战争在日本人的心中由来已久。当德国在西欧大陆发动侵略战争的时候，西方各国都忙于战争，无暇顾及远东地区。日本帝国主义抓住了这一时机，妄图实现它的大东亚共荣圈的计划。日本梦想着建立一个包括中国、朝鲜、东亚全区以及大洋洲在内的日本殖民大帝国。1940年9月，德国、意大利和日本在柏林签署了《德、意、日三国同盟条约》，这对美国来说是一个非常大的刺激，因为当时美国已经决定要帮助英国抗击德国的侵略。1941年4月，日本占领了越南、老挝、柬埔寨三个国家。这三个国家对日本来说，在位置上具有重要的作用，它们不但是日本物资的供应基地，而且还是日本军队向南进攻的重要跳板。日本的这些行为进一步加剧了美日之间的矛盾。美国和英国联合起来，逼迫日本从中国撤出军队，停止侵略行为。他们以限制对日本出口钢铁和石油进行威胁，但是没有成功。1941年12月1日，日本决定对美国、英国和荷兰开战。12月8日，日军偷袭了美国在太平洋上最大的海空军基地——夏威夷群岛的珍珠港，史称"珍珠港事件"。日本的这次袭击直接导致了美国加入第二次世界大战，也是这次袭击，引发了太平洋战争。

希特勒的胜利使得法国、英国和荷兰在东亚和东南亚的领地几乎不设防，日本从1941年中开始，积极向东南亚扩张。为了能够遏制日本的这些行为，美国冻结了对日本的经济贸易，其中重要的是石油，没有石油，日本的飞机就无法升天，舰艇也无法在海中行驶，日本也就无法继续对外扩张，而此时日本的石油储备只能维持半年的时间。

日本人之所以要策划珍珠港事件，是因为太平洋上的珍珠港是主要的交通枢纽。夏威夷位于美国西海岸、日本、南部诸群岛以及阿拉斯加和白令海峡的中间。在太平洋上南来北往的飞机，都要将夏威夷作为中转站。日本政府认为，要想在南下的过程中没有阻碍，就必须要在太平洋上夺取制空权和制海权。而要做到这一点就必须先摧毁美国的珍珠港。另外，对于美国的石油禁运措施，日本政府决定占据东南亚的资源以作为对禁运的回应。日本认为只要他们开始行动，美国就不会在一旁袖手旁观，因此考虑事前消灭美国在太平洋的力量。而要想实现这个战略目的，对美国在珍珠港的海军基地实施袭击就是一个重要的战略步骤。山本

珍珠港的偷袭成功，使日本在此后的半年里将整个太平洋抓在手里。

大东亚共荣圈

日本帝国主义在第二次世界大战中妄图建立殖民大帝国，奴役亚洲各国人民的侵略扩张目标。它是在 1931 年提出的"满蒙是日本的生命线"和 1938 年提出的"东亚新秩序"的基础上发展而来。1940 年 7 月，日本确立武力南进方针，近卫文麿内阁制定的《基本国策纲要》提出，建立"以皇国为核心，以日、满、华的强固结合为基础的大东亚新秩序"。8 月 1 日，外相松冈洋右首次使用"大东亚共荣圈"一词。其范围为南到澳大利亚、新西兰，西到印度，包括中国、朝鲜、东南亚和太平洋许多岛屿在内的广大地区。太平洋战争爆发后，日本侵占泰国、马来亚、菲律宾、荷属东印度（今印度尼西亚）、缅甸等地，建立殖民统治。随着第二次世界大战的结束和日本法西斯的彻底垮台，大东亚共荣圈最终彻底崩溃。

五十六于 1941 年初开始考虑袭击珍珠港。几个月之后，在他做了充足的考察之后，日本政府批准了他的这个行动计划。

这个计划中的一个重要部分还包括，在对珍珠港进行袭击之前终止和美国的协商。因此，直到 12 月 7 日以前，日本驻华盛顿大使馆的外交官并没有停止过和美国外交部的讨论。这一切其实只是为了迷惑美国而已。在袭击之前，日本大使获得了一封很长的电报，这份电报正来自于日本外交部。他被命令在发动袭击之前（华盛顿时间下午 1 时）将它递交美国国务卿科德尔·赫尔，但是日本大使的工作人员并未能及时将这封国书进行解码和打印。一直到日军对珍珠港进行袭击以后，这份国书才交到了美国手中。所有这一切都使美国十分愤怒，罗斯福将这一天称为"一个无耻的日子"。

珍珠港事件使得美国海军暂时失去了战斗力，日本因此可以在西太平洋畅游无阻。12 月 8 日，美国和英国向日本宣战；三天之后，德国和意大利向美国宣战。由此，一场全球战争开始了，第二次世界大战进入了最为激烈的阶段。

德国和第二次世界大战

在 20 世纪 30 年代，希特勒重新建立了强大的德国。但是他扩大新德国疆土的企图导致了一场新的世界大战，1919 年在凡尔赛签订的和平条约仅仅维持了 20 年。

第一次世界大战后签订《凡尔赛和约》的目的就是为了防止德国再次变得强大。但是希特勒对那个条约不屑一顾。1936 年，德国军队无视《凡尔赛和约》的规定，进入了莱茵兰地区。1938 年，希特勒又违反《凡尔赛和约》，以和平方式占领了奥地利。他还指责捷克斯洛伐克和波兰没有很好地对待他们的说德语的公民，并且用战争来威胁这两个国家。

没有其他的强权国家愿意阻止希特勒：美国不想插手欧洲事务；苏联是德国和捷克斯洛伐克共同的敌人，因此苏联也希望这两国开战；墨索里尼统治的意大利是希特勒的盟友。这样，就只剩下欧洲的民主国家——英国和法国了，而这两个国家都有他们各自的问题，而且它们最大的愿望就是避免新的战争。所以，尽管英法两国一直在抗议希特勒的非法行为，却没有采取任何实际行动。

1938 年 9 月，在慕尼黑举行了一个政府首脑间的会议，商讨如何避免德国进攻捷克斯洛伐克。在没有和捷克人商量的前提下，英国和法国领导人同意德国可以获得捷克斯洛伐克大多数说德语的人聚居的苏台德地区。苏台德地区也驻扎着捷克斯洛伐克的边防军队。6 个月后，希特勒的军队进入了捷克斯洛伐克的首都布拉格，并且没经过一场战斗就占领了这个国家。英国和法国到这时才意识到德国是不可以信任的，它们答应支持同样遭受德国威胁的波兰。1939 年 8 月纳粹德国和它的主要敌人——斯大林领导的苏联签署了《苏德互不侵犯条约》，震惊了世界。没有了苏联这个后顾之忧，德国可以放心大胆地侵略波兰了。但是当德国在 1939 年 9 月开始侵略波兰时，英国和法国向德国宣战了。

英国和法国没能帮助波兰，波兰很快就遭受了德国人的蹂躏。随后发生的事件也表明，英国和法国同样无法阻止德国军队侵略其他任何地区。在 1 年之内，德国就占领了丹麦、挪威、比利时以及荷兰。1940 年 6 月，法国投降了，德国占领了绝大部分地区。一个位于维西的政府统治着法国的东南部和法国的殖民地，但是这个政府是听命于德国人的。这样，除了英国和包括苏联在内的少数中立国家以外，整个欧洲都被轴心国（德国—意大利联盟）控制了。英国有一位有远见的领导人——温斯顿·丘吉尔，有它的庞大的海外殖民帝国，有天险——英吉利海峡，这让德国无可奈何。德国要想占领英国就必须要获得制空权，在 1940 年与英国的有史以来最大规模的空战中，德国没能获胜。

希特勒的野心是要让他的德意志帝国在东欧获得更多的领土。虽然签订了 1939 年的苏德条约，

闪电战

德国人发明了一种新的战术——闪电战。这种战术比堑壕战有效得多：高速挺进的坦克队列在战机的掩护下很快侵入敌方国家的腹地。在第一次世界大战中，坦克和飞机只发挥了很小的作用。

德国还是把苏联而不是英国看成是它最主要的敌人。1941 年德国开始进攻苏联，苏联是一个比德国大得多的国家，但是德国军队在那里也推进神速。在遭遇猛烈的抵抗和寒冷的冬天之前，德国军队已经到达了圣彼得堡和莫斯科。斯大林政府没有为抵御德国的进攻做好准备，并且防御力量很弱，但苏联人把他们的很多军工企业都转移到了乌拉尔山以东的西伯利亚，这样那些企业就不会受到德国的威胁了。

第二次世界大战的爆发

第二次世界大战持续时间达 6 年之久。从 1941 年起，美国和苏联开始与英国并肩作战。这两个大国雄厚的人力资源和庞大的工业体系注定了同盟国将取得最后的胜利。

美国反对日本在 1937~1941 年期间对亚洲进行的侵略。日本认为与美国作战在所难免，于是对夏威夷珍珠港的美国海军基地发动突然袭击（1941 年 12 月）。德国支持日本，美国由此卷入战争。

如同德国在欧洲进行的闪电战一样，美国和日本在太平洋也展开了一场新型的战争。早期的战斗主要使用航母编队和舰载飞机。中途岛战役（1942 年）失败之后，日本

美军在太平洋登陆。1942～1945 年，日军每岛必争，猛烈反击美军的推进。

方面开始撤退。在大西洋，德国潜艇和巡洋舰不断攻击将补给物资从北美运往英国的同盟国船队。然而，美国造船厂生产船只的速度是德国潜艇击沉船只速度的 3 倍。

直到 1942 年，轴心国似乎将要赢得战争的胜利，但是之后形势发生了转变。苏军在 1943 年初将大批德军围困在斯大林格勒（现伏尔加格勒）并迫使他们投降。英军在 1940 年被赶出欧洲后，

1944 年 6 月，几百艘舰船在几千架战机的掩护下，将盟军部队从英国港口运往诺曼底海滩。持续近 1 年、以德国投降而告终的最后的战役由此拉开了序幕。

纳粹集中营

1942 年，纳粹做出了清除犹太人的"最终决定"，犹太人将被处死。纳粹建立特别集中营作为杀人工厂，主要分布在波兰境内。其中，奥斯威辛集中营每天可以杀害 1.2 万名被害者。德国以外的人们直到盟军和前苏联军队在 1945 年占领了这些集中营之后才相信纳粹犯下的此等暴行。总共有 600 万犹太人死在了纳粹统治下的欧洲。

年轻的犹太囚犯们欢迎前来解放他们的盟军士兵。

却在北非坚持作战，并在阿拉曼战役（1942 年）中击败了一支德军。第二年，盟军将德军赶出北非，并以北非为跳板攻入意大利，推翻了墨索里尼政权。虽然意大利投降了，但是德国军队仍然占领着意大利，阻止盟军的推进。

盟军攻入欧洲的重大战役开始于 1944 年 6 月，这是历史上规模最大的一次进攻。在美国将军艾森豪威尔的指挥下，盟军在诺曼底登陆，德军被击退。8 月，盟军解放法国，结束德国在法国的统治，并攻入德国境内。在盟军从西线推进的同时，前苏联红军也将德军赶出苏联和波兰，并从东线攻入德国境内。1945 年 4 月，苏联红军攻占柏林。希特勒开枪自杀，德军投降。

1944~1945 年，美国军队在太平洋战场上不断击退日军。与此同时，英军重新控制了缅甸。日本的失败已经显而易见。但很多日军士兵却宁愿相信：与其战败，不如战死，拒绝放弃抵抗。为了避免损失数以千计的美国人的生命，美国政府使用了刚刚研制的一种可怕的新武器——原子弹，以此迫使日本投降。他们分别在广岛和长崎投放了一颗原子弹，摧毁了大片区域内几乎所有的建筑物，数十万人丧生。

20 世纪上半叶的惨烈战事使得一些人认为欧洲文明正在走向死亡。显然，欧洲已不再是世界的统治者。两次灾难性的世界大战使得欧洲不仅无力控制其他国家，甚至也无法控制其内部事务。至 1945 年，局势已很明显，两个获胜的"超级大国"——苏联和美国将会决定欧洲的未来。

雅尔塔体系

1943 年 9 月，意大利法西斯投降后，盟国开始就如何处置战败国和安排战后世界的问题进行了具体的讨论。1943 年 10 月，苏、英、美三国外长在莫斯科举行会议。会议期间，三国代表就如何处置德国和意大利的问题展开讨论，一致同意废除德国对奥地利的占领，重建奥地利为自由、独立的国家；并决定成立欧洲咨询委员会和意大利问题委员会，分别对这些问题进行研究。会后，苏、美、英、中四国还根据会议精神发表了关于普遍安全的宣言，重申罗斯福在1943年1月提出的"无条件投降"原则，决定建立一个维护战后和平的国际组织，用和平方式解决国际争端。

战后主宰世界格局的三巨头：（左起）丘吉尔、罗斯福、斯大林，在雅尔塔会议上。

1943年11月28日至12月1日，苏、美、英三国首脑在德黑兰举行会晤，商讨加速战争进程和战后世界的安排问题。会议主要包括以下内容：决定于1944年5月在法国南部开辟第二战场；就成立一个战后维护世界和平与安全的国际组织问题交换了意见；初步讨论了战后如何处置德国的问题；就波兰问题达成初步一致；苏联对日作战问题。会议签署了《苏、美、英三国德黑兰协定》和《苏、美、英三国德黑兰宣言》。该会议是反法西斯三大盟国首脑在第二次世界大战中的首次直接会晤，对加强盟国间的团结与合作，协调军事战略行动，加速反法西斯战争的胜利进程起了重大作用。但这次会议也反映出了大国强权政治的倾向，预示着几个大国对战后国际事务的主宰。

1944年8月至10月，美、英、苏三国和美、英、中三国先后在美国敦巴顿橡树园举行会议，就建立战后国际组织的问题专门进行讨论，最后通过了"关于建立普遍性的国际组织的建议案"。该案把未来的国际组织定名为"联合国"，并规定了联合国的宗旨、原则、会员国的资格、联合国主要机构的组成和职权等问题。敦巴顿橡树园会议形成了联合国宪章的雏形，在雅尔塔体系的形成过程中起了不可忽视的作用。

1945年2月4日至11日，在法西斯灭亡的前夕，苏、美、英三国首脑在雅尔塔举行了首脑会议。这次会议在安排战后世界的问题上达成了许多协议。在处置德国的问题上，三国一致同意

联合国

第二次世界大战后建立的最大的最有影响的世界性国际组织。根据雅尔塔会议的决议，1945年4月25日～6月26日，50个国家在旧金山举行联合国家国际会议，讨论通过了《联合国宪章》。10月24日，宪章开始生效，联合国正式成立。联合国的宗旨是：维护国际和平与安全，发展国际间以尊重人民平等权利及自决原则为基础的友好关系；促进国际合作等。总部设在纽约，主要机构有：联合国大会、安全理事会、经济及社会理事会、托管理事会、国际法院和秘书处。其中安全理事会是联合国的核心机构，由美、苏、英、法、中五个常任理事国和六个非常任理事国组成。秘书处设秘书长一人，为联合国行政负责人。

纽约的时代广场上，一个刚从战场归来的海军士兵在亲吻一个护士，以此庆祝第二次世界大战胜利结束。

雅尔塔会议上的丘吉尔(右一)和斯大林(右二)

对德国实行分区占领。关于波兰问题，三国进行了激烈争论，最后决定在广泛的基础上对苏联支持的波兰临时政府进行改组，波兰的东部边界以寇松线为界，扩增其西部和北部的领土。会上，苏联许诺在欧战结束后 2 ~ 9 个月参加对日作战。关于联合国问题，三国就橡树园会议上存有分歧的问题，继续讨论，最后达成了妥协：大国在非程序问题上拥有否决权，吸收苏联的两个加盟共和国为创始会员。同时，三国决定于 1945 年 4 月 25 日在旧金山举行联合国制宪会议。雅尔塔会议对苏、英、美三大国此前商谈过的问题作了调整与总结，为战后世界格局确定了基本框架以及赖以建立的精神原则。因此，人们把战后的国际秩序以"雅尔塔"来命名。

根据雅尔塔会议的决定，1945 年 4 月 25 日，48 个国家的代表在旧金山召开了联合国制宪会议。6 月 25 日，与会代表通过了《联合国宪章》。《联合国宪章》确定了联合国这一国际组织的宗旨和原则，这些宗旨和原则成为维护战后世界和平的最高纲领。同时，《联合国宪章》也成为雅尔塔体系的支柱。

1945 年 7 月 17 日至 8 月 2 日，苏、英、美三国首脑在波茨坦举行了最后一次会议，就安排战后世界的问题进行讨论。关于德国问题，三国确认了雅尔塔达成的协议；承认波兰临时统一政府，初步确定波兰西部边界为奥得－尼斯河，但泽和东普鲁士南部划归波兰；东普鲁士北部和哥尼斯堡划入苏联；苏联重申对日作战的承诺。通过了《苏、美、英三国柏林会议议定书》和《柏林会议公报》。会议还就成立外长会议，准备对意、匈、保、罗、芬的和约达成一致协议。此次会议解决了欧洲战争结束后的一系列迫切问题，巩固了欧洲反法西斯战争的胜利成果，加速了对日战争的结束，奠定了战后世界新秩序。

联合国总部大楼

纽伦堡和东京审判

二战后，如何处理战败的德国和日本的问题，成为国际关系中一个重要的问题。为了彻底肃清法西斯势力，实现民主化和非军国主义化，防止军国主义和法西斯主义死灰复燃，维护世界和平，盟国对德、日法西斯战犯进行了审判，这就是纽伦堡审判和东京审判。

1943 年 10 月，苏、美、英三国莫斯科宣言规定，战争结束后，将对战争罪犯进行审判。1945 年 8 月，上述三国和法国在伦敦签订协定，拟定欧洲国际军事法庭宪章，规定由四国指派检察官组成委员会进行起诉，由四国指派的法官组成国际军事法庭进行审判。1945 年 10 月 18 日，国际军事法庭第一次审判在柏林举行。从 11 月 20 日开始，审判移至德国南部城市纽伦堡举行，至 1946 年 10 月 1 日结束，历时近一年。包括纳粹第二、三号人物戈林、赫斯和外长里宾特洛甫在内的 20 多名战犯被提起公诉。法庭进行了 403 次公审，以大量确凿的证据揭露了德国法西斯的种种滔天罪行。法庭根据四条罪行对战犯进行起诉和定罪：策划、准备、发动、进行战争罪；参与实施战争的共同计划罪；战争罪（指违反战争法规或战争惯例）；违反人道罪（指对平民的屠杀、灭绝和奴役等）。前两条合起来称为破坏和平罪。1946 年 10 月 1 日，法庭做出了最后判决，判处戈林等 12 人绞刑，3 人无期徒刑，4 人有期徒刑。

死刑判决于 1946 年 10 月 16 日执行，戈林在处决前一天服毒自杀。与此同时，法庭还宣布了 4 个犯罪组织，它们是：纳粹党领导机构、秘密警察（盖世太保）、保安处和党卫队。对这几个犯罪组织的成员，各国可以判以参与犯罪组织罪，直到判处死刑。此后，在美、英、法、苏各个占领区以及后来的联邦德国和民主德国各法庭，又对众多的战争期间的犯罪分子进行了后续审判，他们大多是法西斯医生、法官、工业家、外交人员、国防军最高司令部人员、军事骨干以及党卫军高级干部等。

纽伦堡审判基本上是一次公正的审判，是人类有史以来对侵略战争发动者的第一次法律制裁，有利于防止历史悲剧的重演。它为以后对破坏和平罪的审判奠定了基础，标志着国际法的重大发展。

在第二次世界大战进行之时，盟国就认为，日本战犯也应受到与德国战犯同样的处理。1945 年 12 月 16 日至 26 日，苏、美、英外长决定实施《波茨坦公告》中的日本投降条文，包括惩办日本战犯。根据《波茨坦公告》、日本投降书、盟国的《特别通告》以及《远东国际军事法庭宪章》，盟国决定在东京设立法庭审判日本战犯。

根据宪章规定，法庭将审判及惩罚被控以个人身份或团体成员身份犯有以下三种罪行的战犯：破坏和平罪（策划、准备、发动或进行侵略战争）；战争罪（违反战争法规或战争惯例）；违反人道罪（对平民进行杀害、奴役和放逐，或以政治、种族和宗教为理由对平民进行迫害的行为）。盟军最高统帅麦克阿瑟于 1946 年 2 月 18 日任命澳大利亚的韦伯为首席法官，中国、苏联、美国、英国、法国、荷兰、菲律宾、加拿大、新西兰和印度 10 国各派一名代表为法官，美国的约瑟夫·B·季南为首席检察官。

战后的纽伦堡审判

旧金山和约

1951 年 9 月 8 日，在美国操纵下部分国家与日本签订的片面和约。1951 年 9 月 4～8 日，在旧金山召开包括日本在内的 52 个国家参加的对日媾和会议。美国未邀请中国、朝鲜参加。印度、缅甸、南斯拉夫虽被邀请，但未派代表出席。参加会议的苏、波、捷拒绝在和约上签字。条约共 7 章 27 条，主要内容有：日本放弃对台湾、澎湖列岛、南库页岛、千岛群岛的一切权利、权利根据与要求；日本承认朝鲜独立；日本同意将琉球群岛和小笠原群岛等交美国"托管"；各盟国承认日本是一个主权国家；盟国占领军应尽早撤出日本，但外国武装部队可依照同日本缔结的双边或多边协定，在日本领土上驻扎或驻留。1952 年 4 月 28 日条约生效。条约宣告了美国对日本全面军事占领时期结束，日本取得主权国家地位，确立起以军事同盟为基础的日、美特殊关系。

1946 年 4 月 29 日，东条英机等 28 名战犯正式被起诉。1946 年 5 月 3 日，远东国际军事法庭正式开庭。首席检察官历数了 28 名战犯在战争中的罪行，列举了 55 项罪状，指控他们犯有破坏和平罪、战争罪、违反人道罪。

1948 年 11 月 4 日，法庭宣读判决书，对 25 名出庭战犯判决如下：判处东条英机等 7 人绞刑；16 人被判处无期徒刑；其余判处有期徒刑。

1948 年 11 月 12 日，远东国际军事法庭闭庭。1948 年 12 月 23 日，东条英机等 7 名战犯在东京巢鸭监狱被绞死，尸体被火化。其余战犯入狱服刑。

对日本战犯做出的严正判决，受到了世界舆论的欢迎。这次审判，使全世界人民进一步了解了日本帝国主义从"九·一八事变"到太平洋战争期间的侵略真相和罪恶的事实，是对日本法西斯分子的一次全面清算和重大打击。但是，一些应该受到审判的战犯并未成为被告，一些罪大恶极的战犯并未受到严惩，给深受其害的各国人民留下了不良的印象。

欧洲帝国的消失

1930 年甘地领导示威游行，反对一项英国税收项目。甘地既是一位政治家，更是人们心目中的"圣雄"，他渴望改变人的心灵。甘地一直采取非暴力的手段进行抗议，梦想着建立一个所有种族、宗教和阶级都能和睦共处的国家。

以后，要求老牌帝国主义国家放弃殖民统治的呼声越来越高。这一压力不但来自被其统治的人民，同时也来自两个世界上最强大的国家——苏联和美国。

印度国大党创建于 1885 年，它领导着印度的独立斗争。起初，国大党只是一个要求改革的小政党，20 世纪 20 年代，国大党在甘地的领导下获得了更多的支持。英国人进行了一些改革，让印度人参与更多的政府事物。但是国大党于 1942 年提出了让印度完全独立的要求。至 1945 年，新一届英国政府已

1939 年以前，几乎整个非洲以及亚洲的大部分都处在欧洲国家的统治下。到 1970 年时，这些殖民地中的绝大部分都成了独立国家。在有些地区，独立运动是以和平方式进行的，但是在其他地区，独立却是以残酷的战争为代价换来的。

大多数欧洲人在建立殖民地的时候许诺它们终将获得独立——也许在久远的将来的某一天。1919 年，前土耳其诸省，例如叙利亚和巴勒斯坦，被交由法国和英国统治，但这并未给叙利亚和巴勒斯坦的独立带去多少希望。英国同时承诺将让印度独立，然而进展很缓慢。1945 年

新成立的国家中，有些人成了富人，然而大多数人依旧贫穷。在尼日利亚首都拉各斯，贫民窟就在现代化的市中心附近不断扩张。

亚洲

日本曾经占有了很多欧洲国家在亚洲的殖民地。尽管欧洲国家在1945年重回亚洲，大多数殖民地还是在随后的几年内获得了独立。1948年，英国同意缅甸和斯里兰卡（没有被日本占领）独立；1949年，印度尼西亚脱离荷兰获得独立；1946年，菲律宾脱离美国而独立。在东南亚，独立运动进行得较为艰难。马来西亚于1963年获得独立。尽管这些国家的内战仍然持续不断，法国还是相继撤离了柬埔寨（1949年）、老挝（1953年）和越南（1954年）。

经迫不及待地想要脱身。

直到20世纪60年代，几乎整个非洲都处在殖民统治之下。很多殖民地与它们之前的统治者保持着友好的关系，但是仍然存在着特殊的困难。其中有些地区非常贫穷，资源匮乏，教育水平低，并且缺少治国安邦的人才。因为殖民地统治者在划分殖民地时没有考虑区分不同民族，这些新成立的国家内部存在着分歧丛生的敌对派系，结果，政府动荡不安，小集团或军事独裁者趁机掌握权力，他们自己过着富足的生活，却让国家陷入贫穷的深渊。尼日利亚是非洲最大的殖民地，包括了不同的部族和宗教，建立了联邦共和国，然而不同地区间的纠纷最终导致了内战和独裁政权。

独立运动给那些白人众多的国家造成了很大的暴力伤害。在阿尔及利亚，民族主义者与法国当局和法国裔的当地人进行了一场长期而又血腥的战争。1958年，法国的战争领袖和总统——查尔斯·戴高乐重新执政，他认为唯一的解决之道就是法国撤离非洲。南非从16世纪开始就是一个"白人"国家，它于1961年独立，成为共和国。但是南非实行种族隔离政策，权力和财富集中在占人口少数的白人手中。英国的殖民地罗得西亚由于其白人统治阶层拒绝与占多数的黑人分享权力而无法实现独立。经过一场长期内战（1965~1979年），殖民地政府终于承认战败，罗得西亚也因此成为津巴布韦共和国。

联合国和冷战

联合国（UN）成立于1945年，作为国与国之间讨论纠纷的场所，并防止战争的发生。然而两个超级大国——苏联和美国在盟友的支持下各自为营，相互敌视，使得联合国的工作困难重重。

联合国取代了之前的国际联盟。几乎所有国家都是联合国成员。两个对立的超级大国操控下的安全理事会是其决策机构。联合国离不开成员国的支持，其自身几乎没有真正的权力。尽管它可以组织一支小规模的军队在世界范围内处理地区争端、维护和平，但是并没有常驻军队。当联合国真的进行战争时，如1991年的海湾战争，"联合国军"实际上主要是美军。

联合国的成员国逐渐分为两大阵营：以苏联为首的共产主义阵营，又称东方阵营；以美国为首的资本主义阵营，又称西方阵营。随着很多前殖民地国家的加入，出现了第三阵营，有时又称第三世界。

联合国最重要的部分工作是由专门的部门或机构完成的，其中包括世界银行和联合国儿童基金会。前者负责贷款给贫穷国家，后者致力于保护和提高全世界儿童的权利、教育和健康状况。

柏林空投

德国的分裂是冲突的一个根源。虽然柏林处在东德境内，城市的西半部分如同西德一样，却被亲西方的同盟占据着，1948年，他们计划使西德独立，结果惹恼了苏联。为了报复，苏联切断了西德和西柏林之间的一切交通。西方盟友只能通过空投，向西柏林提供食物、衣物，甚至煤炭，每天投下的物资重达6000吨。苏联没有试图阻止空投，并在15个月后重新开启了道路交通。

1956年，匈牙利人民起义，反对苏联控制，苏联军队入侵匈牙利，镇压起义。1968年，亚历山大·杜布切克在捷克斯洛伐克开始实行较为自由的政策，前苏军的坦克再次驶入（如图），杜布切克被打倒。

1945年，美国和苏联是当时最强大的国家。美国不但有军队驻扎在西欧，同时也向欧洲提供援助，帮助重建被战争摧毁的国家。苏联在东欧建立了一个包括东德在内的依附于它的国家组成的"帝国"，这些国家虽然自身有共产主义政府，却听从来自苏联的命令。从1947年到20世纪70年代，美国和苏联之间的"冷战"导致了一系列震撼世界的危机。某些时候，又一次世界大战似乎会再次爆发。

1956年，菲德尔·卡斯特罗领导古巴革命，在美国"后院"建立了一个得到苏联支持的共产主义国家。1962年，美国侦察飞机在古巴发现苏联核导弹，引发了一场世界危机。美国总统约翰·F. 肯尼迪要求苏联撤走这些导弹。在双方僵持的几天里，核大战似乎就要爆发。但是最后苏联同意了撤离的要求。

不同的国家集团建立了各自的国际性的联合会，这样做通常是出于经济因素的考虑——通过取消关税和遵守共同规则来促进贸易和商业发展。欧洲经济共同体（欧共体）于1957年由6个西欧国家组成，随后其他绝大多数欧洲国家也加入其中。1991年，欧洲经济共同体改称欧盟，并于1999年采用统一货币——欧元。

杜鲁门主义

1947年3月12日，美国总统杜鲁门在致国会的关于援助希腊和土耳其的咨文中，提出了以"遏制共产主义"为核心的对外政策的指导思想，这一咨文被称为"杜鲁门主义"。

第二次世界大战后，德、意、日3个国家遭到重创，英、法的力量也严重削弱，美国却依仗在战争中发展起来的雄厚的经济、军事实力，在资本主义世界取得了统治地位。1947年2月21日，英国照会美国国务院，声称由于国内经济困难，无法再给希腊和土耳其以经济和军事的援助，希望美国继续给予援助。

希腊和土耳其扼东地中海，地处国际交通要道的汇合点，具有重要的战略地位，尤其黑海海峡，是黑海通往地中海、大西洋的门户，历来为大国必争之地。第二次世界大战前，希腊和土耳其一直是英国的势力范围。战后，由于英国实力的全面衰退，美苏在这一地区的争夺异常激烈。1945 年 6 月，苏联向土耳其提出缔结新条约的要求，包括把 1921 年割让给土耳其的土卡尔斯和阿尔汉达两地归还苏联，苏联在达达尼尔海峡建立陆海空军基地等。土耳其拒绝了苏联的要求，两国关系顿时紧张起来。美国乘机向土耳其提出开放和联合管制达达尼尔海峡的要求，并提供贷款，全面支持土耳其，美国在海峡地区的影响不断扩大。战后，希腊的人民武装力量蓬勃发展。1946 年秋，希腊共产党领导人民掀起了武装斗争，不断取得胜利，希腊政府处于风雨飘摇之中。在这种情况下，希腊向英国提出加紧援助的要求。但英国已经难以收拾希腊的局面。1947 年 2 月 21 日，英国照会美国，表示"由于军事和战略上的原因，不应该允许希腊和土耳其落入苏联控制之下"，要求美国挑起全面援助希、土的担子。"希、土危机"不仅为美国提供了取代英国、夺取东地中海控制权的可能，而且为美国提出全球性扩张的纲领、抛出冷战政策提供了契机。

杜鲁门把"希、土危机"比喻为希特勒和第二次世界大战的再现，宣称世界已分为两个敌对营垒，一边是"自由制度"，一边是"极权政体"。他诬指"极权主义"和任何国家的民族民主革命都"危害着国际和平的基础和美国的安全"。声称美国的政策必须是支持各国"自由人民"抵抗少数武装分子或外来压力所施行的征服活动；必须帮助各国人民以他们自己的方式去解决有关他们各自命运的问题。他要求"立即采取果断的行动……在 1948 年 6 月 30 日截止的期间向希腊和土耳其提供 4 亿美元的援助"，并要求选派文职和军事人员前往增援。由此可见，杜鲁门主义远不止是援助希、土，而是美国在全世界范围内扩张的宣言，是对苏联发动全面"冷战"的宣战书。它是美国对外政策转变的完成，标志着美国对外政策已彻底摆脱了孤立主义的影响，开始由局部扩张转变为全球扩张。1947 年 5 月 22 日，杜鲁门正式签署《援助希、土法案》。1947 年到 1950 年，美国援助希、土两国 6.59 亿美元。1949 年，在美军指挥下希腊革命被扑灭。

杜鲁门主义是美国对外政策的重大转折点。它与马歇尔计划共同构成美国对外政策的基础，标志着美苏两国由战时的盟国变为战后的敌国，美苏之间的"冷战"正式开始。

美国总统杜鲁门像

杜鲁门主义是美国旨在遏制共产主义在欧洲发展的重要政策之一，是冷战的宣言书，是美国全球扩张的标志。

冷　战

冷战是指第二次世界大战后，以美、苏为首的帝国主义国家与社会主义国家之间除武力外的各方面的敌对活动和实力对峙局面。1947 年 3 月杜鲁门主义的出笼为冷战开始的标志，20 世纪 50 年代中期以前为冷战高潮阶段。美国为了遏制苏联，抛出马歇尔计划，组织北约集团。对此，苏联成立欧洲共产党九国情报局、经互会和华约集团与之对抗。除在欧洲形成美、苏为首的两大军事集团对峙外，冷战亦在亚洲、非洲、拉丁美洲展开。美国利用冷战，加强对广大中间地带的控制。20 世纪 50 年代中期至 60 年代是由全面冷战走向部分缓和的阶段。1959 年 9 月美、苏举行戴维营会谈，1961 年 6 月又举行维也纳会议，全面对峙逐步转向对话，但冷战仍然存在。20 世纪 70 年代以来进入全面缓和时期。冷战形成了第二次世界大战后初期两极对峙的世界格局，严重威胁世界和平与安全。

马歇尔计划

第二次世界大战后，西欧经济面临崩溃的危险，经济危机使社会矛盾加剧。1947 年 4 月，法国雷诺汽车厂工人首先发动罢工，随即波及全国。英、意、比等国工人运动也随之高涨。美国政府意识到，为了争夺世界霸权、"遏制"苏联，无论如何也要稳定欧洲，复兴欧洲。

1947 年 6 月 5 日，马歇尔在哈佛大学毕业典礼上发表演说，对美国援助欧洲的方针予以概述。他分析了援欧的原因、目的和方式，希望欧洲国家联合起来，主动向美国提出援助要求，然后美国将尽力支持。对此，西欧各国政府表示欢迎。6 月 27 日，英、法、苏三国在巴黎举行

美国国务卿马歇尔

外长会议，讨论"马歇尔计划"。会上，苏联代表莫洛托夫对制定欧洲统一计划表示"严重怀疑"，认为可能造成"某些国家干涉另一些国家的内部事务"的局面。由于分歧严重，苏联代表退出会议，并猛烈抨击了"马歇尔计划"。1947 年 7 月至 8 月，苏联与东欧各国签订多项双边贸易协定，统称"莫洛托夫计划"。

1947 年 7 月 12 日，英、法、意、奥、荷、比等欧洲 16 国在巴黎召开会议，会议确定欧洲经济合作委员会为巴黎经济会议的常设机构。1947 年 12 月 19 日，杜鲁门向国会提出《美国支持欧洲复兴计划》的咨文。国会通过了《1948 年对外援助法》，使"马歇尔计划"法律化。1948 年 4 月 3 日，《1948 年对外援助法》正式执行。该法规定，美国将在头 15 个月内向西欧拨款 53 亿美元，不确定 4 年援助总额，以后逐年审批援助额；管理马歇尔计划的经济合作署向美国企业采购西欧所需物资，然后输送给受援国。到 1952 年 6 月 30 日，美国共提供 131.5 亿美元，马歇尔计划结束。

"马歇尔计划"恢复和发展了欧洲经济，稳定了欧洲社会秩序，推动了西欧各国的经济协作。而且，该计划也解决了战后美国生产过剩与市场相对狭小的矛盾，使美国经济保持了一段繁荣时期。

1949 年 1 月 20 日，杜鲁门发表继任总统的就职演说，提出了美国今后外交政策的"四点行动原则"：一是联合国；二是马歇尔计划；三是北大西洋联盟；四是"新的大胆计划"，即"技术援助和开发落后地区的计划"，新闻界称之为"第四点计划"。"第四点计划"与"马歇尔计划"一样，也是美国政府在战后实施"遏制战略"、推行冷战政策的主要手段。两者都在经济援助名义下，为美国与苏联争夺世界霸权服务。

北约成立

第二次世界大战后，美国实施"遏制战略"，推行冷战政策，在军事政治上的表现便是筹建北约。1947 年 3 月 4 日，英、法为防止德国军国主义的复活，在敦刻尔克签订了军事同盟条约，这是西欧联合的第一步。第二步是布鲁塞尔条约组织的建立。

1948 年 3 月 17 日，英、法、荷、比、卢等西欧五国签订《布鲁塞尔条约》，组建了欧洲第一个集体防卫体系。随后，又于 3 月 22 日至 4 月 1 日，在华盛顿举行了由美、英、加三国参加的会议，

通过了《五角大楼文件》，提出扩大布鲁塞尔条约组织；另外缔结了北大西洋区域集体防务协定。1948 年 6 月 11 日，美国参议院以绝对优势通过了范登堡提出的议案，为美国建立北大西洋公约组织铺平了道路。议案允许美国政府在和平时期同美洲以外的国家缔结军事同盟条约。7 月 6 日，美国与加拿大、布鲁塞尔条约国举行会谈。于 9 月 9 日，通过《华盛顿文件》，对即将建立的北约组织的性质、范围、缔约国承担的义务及与欧洲其他组织的关系都作了具体规定。1949 年 1 月 14 日，美国国务院发表了题为《我们建设和平：北大西洋区域的集体安全》的声明。3 月 18 日，正式公布北大西洋公约组织的条文。4 月 4 日，美、加、英、法、比、荷、卢、丹、挪、冰、葡、意 12 国外长云集华盛顿举行北约签字仪式。公约规定：缔约国任何一方遭到武装攻击时，应视为对全体缔约国的攻击；其他缔约国应立即协商，以便行使单独或集体自卫的权利。1949 年 8 月 24 日，公约正式生效，北大西洋公约组织（简称"北约"）宣告成立。

北约先后建立了名目繁多的组织机构，其中，最高权力机构是由各成员国的外交、国防、财政部长组成的北约理事会。常设的行政机构是国际秘书处。北约最重要的军事指挥机构是欧洲盟军最高司令部，建立于 1951 年 4 月，负责欧洲防务。北约的军事战略经历了 3 个发展时期，初期是地区性遏制战略，1954 年采纳大规模报复战略，1967 年转而奉行灵活反应战略，其战略的变化完全跟随美国战略而变。

20 世纪 90 年代，随着华沙条约组织的解散和苏联的解体，欧洲的政治与安全形势发生了巨大变化，北约开始向政治军事组织转变。

1990 年 7 月，北约宣布冷战结束。为适应新形势的需要，北约开始全面调整战略。1991 年 12 月，北约决定与部分中东欧国家成立北大西洋合作委员会。1992 年，北约允许它的军队离开成员国领土到其他地方参与维和行动。1994 年

1954 年 10 月，西方大国签订《巴黎协定》，允许联邦德国加入北约，图为法德英美四国首脑举行联合记者招待会。

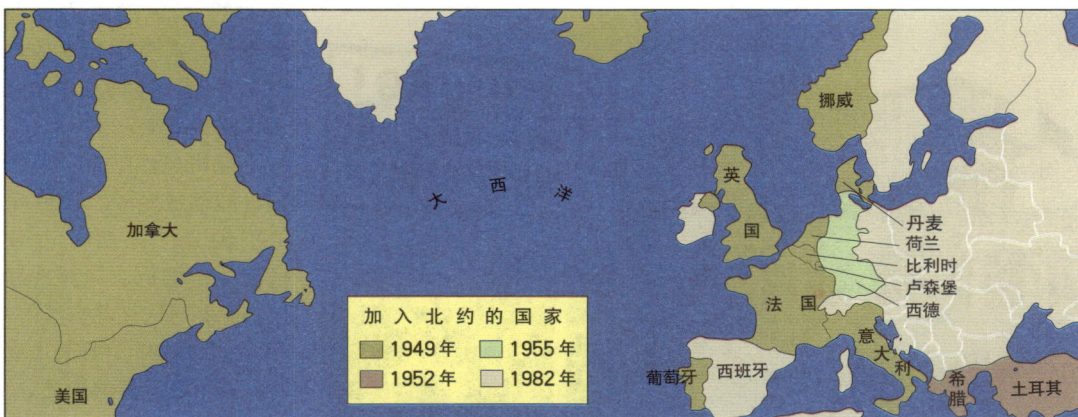

北约是西方遏制政策的产物，东欧剧变和苏联解体及华约解散后，其结构和政策做了重大调整，并积极东扩，吸收原华约成员国加入。至 2002 年有成员国 26 个。

1月，北约通过了与中东欧国家以及俄罗斯建立"和平伙伴关系"的计划。1997年5月，旨在取代北大西洋合作委员会，加强北约同欧洲和欧亚大陆的非北约国家之间安全关系的欧洲—大西洋伙伴关系理事会正式成立。1997年7月，北约东扩计划正式启动。1999年3月，波兰、捷克和匈牙利正式成为北约新成员。这是实现北约东扩计划的实质性一步。北约东扩后，其前沿地区向俄罗斯边境推进了650至750千米。北约的战术航空兵从波兰境内已能威胁到俄罗斯的圣彼得堡、摩尔曼斯克、库尔斯克和沃罗涅日等重要城市。

德国分裂

　　1945年6月5日，盟国签署了《关于德国占领区的声明》等文件，四国分区占领制度正式开始。德国被分为四个区：东区、西区、西北区和西南区，分别由苏、法、英、美占领，位于东区内的柏林由四国共同占领。这种分区占领制度原本是制裁德国的一种手段，但四国政府在各自占领区内推行对自己有利的政策，从而引发了柏林危机，导致德国分裂。1947年1月1日，英、美合并两国占领区，成立"双占区"，这是分裂德国的开端。1948年2至6月，美、英、法、比、荷、卢六国召开伦敦会议。6月7日，提出"伦敦建议"，要求合并西方三占区，召开西占区"制宪会议"，成立西德临时政府，在西占区实行货币改革。对此，苏联进行了反击，于1948年3月20日宣布退出盟国对德管制委员会；3月30日通知美方：从4月1日起，苏方对柏林与西方占领区之间的交通进行为期10天的管制，届时将检查所有通过苏占区美国人的证件及货运和私人行李以外的一切物品。

　　同年6月21日，美、英、法在西占区实行货币改革；23日又下令在柏林西占区实施同样改革，由此而引发了"柏林危机"。6月22日，苏联决定在苏占区和整个大柏林发行新币。6月24日起，苏联全面切断西方占领区和柏林之间的水陆交通，停止向西柏林供电、供煤。而美、英、法实行反封锁，中断了东西占领区之间的贸易和交通，同时对西柏林实施空运。危机期间，双方损失惨重。美、英、法、苏几经周折，于1949年5月4日达成协议，决定于5月12日取消一切交通封锁。

危机期间，美、苏剑拔弩张，美国把60架载有原子弹的B-29型轰炸机调到英国，在英国建立战略空军基地，但双方并没有发生武装冲突。

危机虽然平息，但德国分裂已成定局。1949年9月20日，在西方占领区建立了德意志联邦共和国。10月7日，在苏占区内，德意志民主共和国正式成立。两个德国最终形成。

赫鲁晓夫上台后，苏联利用柏林问题一再向西

在柏林墙西柏林一侧的标示牌写着："注意！你正在离开西柏林。"

柏林与柏林墙

柏林是德国的首都，位于德国东部的勃兰登堡斯普里河畔。它原是13世纪初由商人建立起的两个聚居地，15世纪合并成一个城市。柏林建城年代为1237年。在1701年，它被普鲁士王国定为国都。到19世纪中期，普鲁士统一了丹麦、法国与奥地利，建立了德意志帝国，把首都也定在这里。第二次世界大战后，柏林城依照波茨坦决议，受苏、美、英、法等国分辖。1949年，德国分为联邦德国和民主德国，由英、美、法分管的西柏林属于联邦德国管辖。

柏林墙是一条长40千米、高约4米的水泥墙，是1961年由民主德国建造的。后来，由柏林墙延伸165千米，作为民主德国与联邦德国的边界。两个德国统一后，柏林墙失去了作用，被拆毁，仅留一小段作为纪念。柏林墙存在了28年。

方施压。1958年11月，苏联要求西方从西柏林撤军，使西柏林非军事化。这个要求被西方三国断然拒绝，柏林危机再起。

1959年，苏、美举行戴维营会谈，使危机暂时缓和。1960年，发生了U-2飞机事件，美苏关系恶化，关于柏林问题的商谈中止。1961年6月，苏、美首脑在戴维营会谈，但不欢而散。此后，双方争相威胁对方，使柏林危机达到了高潮。8月，苏联和东德为了制止人流逃往西柏林，开始沿着东、西柏林的分界线修筑了"柏林墙"。美、苏双方相互以武力威胁。在1961年10月的苏共"二十二大"上，赫鲁晓夫主动让步，第二次柏林危机平息。

德国分裂，柏林被一分为二，驻守在柏林墙两侧的士兵只能隔墙相对。

20世纪70年代初，苏联与西方的关系再次缓和。1971年9月，美、苏、英、法签订了《西柏林协定》，柏林问题得以解决。

华沙条约

北约组织使苏联感到自身面临着严重的威胁。1949年1月29日，苏联外交部针对美国国务院的声明进行严厉谴责，把北约称作"美国和英国统治集团推行侵略政策的主要工具"。此后，苏联在各种场合都猛烈地抨击北约组织，并向联合国大会上诉。1954年10月23日，西方国家签订了《巴黎协定》，允许联邦德国建立正规军，并加入北大西洋公约组织，公开重新武装德国。11月13日，苏联政府立即向以美国为首的西方国家发布照会，要求他们不要批准《巴黎协定》，并建议召开全欧洲会议，讨论防止德国军国主义的复活问题，但遭到西方国家拒绝。11月29日至12月2日，苏联召集阿尔巴尼亚、保加利亚、匈牙利、波兰、民主德国、捷克斯洛伐克和罗马尼亚等东欧七国政府代表在莫斯科汇聚，警告西方国家，一旦《巴黎协定》被批准，苏联与东欧国家将采取共同措施，组建联合武装。但西方国家对苏联的警告置若罔闻。1955年5月5日，《巴黎协定》正式生效。5月14日，苏联与东欧七国在波兰华沙签订了友好互助合作条约，称为《华沙条约》，简称"华约"。

简称经互会,1949 年苏、罗、捷、保、匈、波六国在莫斯科成立的国际经济组织。此后，阿尔巴尼亚、民主德国、蒙古、古巴、越南陆续加入。经互会基本任务是：促成会员国之间经济合作；交流经济经验；相互给予技术援助；在原料、粮食、机器装备等方面相互协助。主要组织机构有经互会会议、执行委员会、常设委员会、秘书处等，还有若干专业性的经济组织。总部设在莫斯科。经互会的成立标志着欧洲经济上的分裂。其经济合作经历了进行商品交换和科技资料交换、推行生产的"国际分工"、实行"经济一体化"三个发展阶段。经互会对打破西方经济封锁、促进各成员国经济发展起到一定的积极作用，但受到苏联的控制，苏联与其他成员国之间关系不够平等。1991 年随着东欧剧变、华约解散、苏联解体，经互会正式解散。

华沙条约组织具有军事同盟的性质。条约规定：当缔约国之一遇到武装威胁时，其他缔约国应采取一切必要的方式给予援助；设立统一的武装部队司令部和政治协商委员会；缔约国不参加与华约相反的任何联盟或同盟，不缔结与华约相反的任何协定。华约还欢迎一切赞同该条约的国家参加。华约组织的主要机构有政治协商委员会和联合武装部队司令部。前者由缔约国各派一名政府成员或一名特派代表参加，负责审议一切重要的政治、军事问题。从 1960 年以后，政治协商委员会一般由各缔约国执政党的第一书记或总书记以及政府首脑、外交部长、国防部长和华约联合武装部队总司令参加。联合武装部队司令部

赫鲁晓夫（左）与波兰总统弗拉迪拉夫·哥穆尔卡在一起。

负责统率根据缔约国各方协议拨归其指挥的各国武装部队。上述两机构总部均设在莫斯科。

华约的建立使东、西方最终形成了两个对立的军事集团，使两大阵营带有强烈的军事对抗色彩，从而使冷战的气氛更加凝重。

华约组织后来成为苏联控制东欧的工具。1968 年 8 月，苏联以华沙条约组织名义，出兵侵占了捷克斯洛伐克。同年 9 月阿尔巴尼亚退出该组织。1990 年 10 月，民主德国并入联邦德国，民主德国不复存在。1991 年 4 月 1 日，华约组织宣布解散其军事机构，7 月 1 日，华约 6 个成员国领导人在布拉格签署议定书，宣布华约结束。至此，华沙条约组织正式解散，两大阵营的对峙宣告结束。

运输革命

世界上第一台可实际运用的内燃机引擎早在 1876 年就制造了出来；第一架动力推进的飞机在新世纪初的 1903 年起飞。做出这些贡献的发明者已经广为人知，但是，运输革命方面的其他的光辉业绩——它们如前面的发明一样意义重大——却没有得到人们的赞颂。这些技术改进所产生的影响并不局限在运输领域，而是深入到了现代生活的每一个方面。

1903 年 12 月 17 日，奥威尔·莱特在北卡罗莱纳州的基蒂·霍克上方从天而降，他的飞行仅持续了几秒钟，飞行距离不超过 36 米，但是，它的重要性却非常明显。

尽管汽车所产生的日益广泛的影响已经有所昭示，但航空飞行的全球性影响并没有很快地变得明显起来。与莱特兄弟相比，早期的飞机发动机工程师们所取得成就似乎有些黯然失色，但是其影响却随着时间的推进而日益深远。航空飞行成为廉价的大众运输方式还需要较长的时间，但汽车早在20世纪20年代就已经改造了美国。

1902年，威尔伯·莱特利用自己与弟弟奥威尔·莱特所设计的双翼滑翔机在北卡罗莱纳州的基蒂·霍克上空进行飞行。第二年，莱特兄弟将引擎固定在飞机上，在同一地点进行了首次由动力推进的飞行。

没有内燃机的发明，运输革命是不可能发生的，但是，运输革命并不仅仅是发动机技术进步的产物。与技术进步至少同样重要的是工业的组织形式，亨利·福特率先引入了流水线生产流程，它第一次保证了数量与质量的统一。在市场销售方面也发生了相应的革命，汽车拥有量在北美的迅速增长很大程度上是在新的广告技术的推动下而产生的，新的媒体——如针对大市场的报纸以及广播——得以运用。不断降低的价格与大规模生产共同发挥作用，使得汽车成为人们可以支付得起的消费品，与此同时，新近出现的贷款购买也有助于提高人们的购买力。很快，成千上万的家庭都拥有汽车。

在工商业的大力推动下，美国很快成为首个真正的机动化社会。第一次世界大战之后，汽车拥有量迅速增加，良好的道路、更为实用的设计都起到了推动性作用。20世纪20年代，受到人们极大欢迎的开顶式车体开始让位于带顶式汽车，到20世纪30年代，北美拥有全球汽车拥有量的85%。

第二次世界大战之后，汽车拥有量在其他经济发达地区快速增长。1958年，全球的汽车使用量达到了119万辆，到1974年时，这一数字增长到了303万辆，到1991年时则增长到了591万辆。

与汽车拥有量的迅速增长相比，飞机旅行的发展则较为缓慢。在一段时期之内，可操控的飞艇还在客运方面与飞机形成竞争。但到第二世界大战之后，航空也成为了一种跨国大规模运输方式，显著地缩短了在世界上进行长途旅行所需要的时间，人们所说的"地球村"趋势日益明显。

未来的工厂

1913年，亨利·福特在底特律的海兰园建立了一个工厂，它的规模极为惊人。福特保证了工厂的一切——从钢铁到工作空间——都是以较低的价格批量购入，他还设计了流水线生产流程。每一辆正在制造中的汽车在工厂里面缓慢移动，被指定的工人以严格的次序将各个部件添加上去，在每一个新的汽车底盘经过的时候，工人们完成同样的重复性的工作。工人们必须按照他们所要完成的任务各自接受训练，他们不需要有关生产全程的经验以及先前的工匠们所拥有的技能。由于福特的巨型工厂本身较为经济以及大规模生产的优势，他的制造方法使得成品的价格显著下降。最后，T型车以约300美元的价格零售，中等收入的美国人都能够支付得起这一数额。

大众传媒

20 世纪，大众传媒迅速发展，它的发展方式非常具有戏剧性，与 400 年前绘画的传播方式极为相似。无线电、电视与电影提供娱乐与传播信息，创造了新的受众，它们可以迅速地将信息传递到大众之中。广告业者迅速地意识到了这些新传播方式的威力，现代消费社会正是诞生于艺术与商业的联姻之中。

在美国早期的大众娱乐历史上，发明天才爱迪生做出了突出贡献。他制造出了第一部成功的无声电影，但他最为著名的发明是留声机，这一发明有助于拉格泰姆音乐、爵士乐以及布鲁斯音乐在 20 世纪早期的普及，当人们用发条留声机欣赏贝茜·史密斯与路易斯·阿姆斯特朗的最新歌曲的时候，钢琴的销量显著下降。

20 世纪 20 年代，无线广播走进了美国家庭，成

火箭抵达了月球，这是早期的一部幻想电影《月球旅行记》中的一幕，这部电影摄于 1902 年，导演为乔治·梅里爱。最早的一部放映给付费观众的电影是在 1895 年面世的，到 20 世纪 20 年代，查理·卓别林与玛丽·璧克馥这些影星已经闻名世界。

在美国的华盛顿特区，人们手持标语欢庆第一次世界大战的结束。在 20 世纪初期，随着报纸的大量发行，新闻也变成了一种商品。

为广受欢迎的娱乐方式，这极大地改变人们的生活。收音机的销售量飞速增长，1922 年时的销量为 6000 万台，1929 年的销量剧增到了 42600 万台。每个家庭都乐于收听各种音乐杂耍、喜剧以及测试等节目，棒球比赛与拳击比赛的现场直播使得这些职业运动成为了全民性的喜好。与此同时，无线广播商业广告促进了人们对于新产品的需求，比如汽车、电冰箱以及洗衣机等，当日用清洁剂厂商开始对无线电广播系列剧进行赞助的时候，肥皂剧诞生了。

关于电视的早期试验开始于 20 世纪初，但直到 20 世纪 20 年代的时候，可以实际运用的输送电视图像的方法才出现。到 20 世纪 30 年代，美国无线电公司开始从位于纽约的无线电城传输电视节

● 1895 年 卢米埃尔兄弟在法国巴黎开设了第一家电影院。

● 1901 年 意大利无线电工程师古列尔莫·马可尼跨大西洋传递了无线信号。

● 1903 年 托马斯·爱迪生制作了《火车大劫案》，这是美国的第一步无声商业电影。

● 1920 年 在密歇根州底特律市，8MK 电台开始首次新闻广播。

● 1926 年 在英国伦敦，约翰·洛吉·贝尔德造出了首个可以实际使用的电视系统。

● 1927 年 第一部商业上获得成功的有声电影《爵士歌手》发行。

● 1928 年 生于俄国的电子工程师维拉蒂米尔·斯福罗金申请了在电视机中使用阴极射线管的专利。

● 1935 年 流行歌曲排行榜首次在美国的无线电中播出。

● 1938 年 根据奥森·威尔斯的科幻小说制作的现实主义广播剧《世界大战》在美国听众中引起了极大恐慌。

● 1952 年 德怀特·艾森豪威尔与阿德莱·史蒂文森在总统大选当中对垒之时，第一个政治广告出现在美国的电视之中。

● 1952 年 世界上第一个袖珍晶体管收音机问世。

● 1954 年 美国首次出售彩色电视机，价格为 1175 美元。

好莱坞的黄金时代

在 20 世纪早期，电影工业的中心是纽约，但是到 1915 年的时候，它转移到了好莱坞，与东海岸不稳定的气候条件相比，加利福尼亚晴朗的天空更适合电影拍摄。到 20 世纪 30 年代，影院脱颖而出，成为各种大众娱乐中最受欢迎的一种形式。在大萧条以及第二次世界大战的艰难岁月中，电影中的世界以及影星们令人着迷的生活方式呈现给观众一个奇异的冒险历程，这是由世故、激情、喜庆与做作所组成的混合体。这时候，好莱坞的各摄影棚每年约制作出 400 部电影，每周拥有 9000 万美国观众。好莱坞的吸引力在 1939 年达到了顶点，这一年，有两部在那个时代票房收入最高的电影上演：《绿野仙踪》与《乱世佳人》（右图）。

目，1939 年时有了定时的电视广播服务，但当时全世界仅有约 200 台电视机。直到 20 世纪 40 年代后期与 50 年代之时，电视事业才有了大幅进步，这时电视机变得更为廉价，电视节目比如《我爱露丝》、《苏利文剧场》等赢得了大量观众。

新闻报道也受到了新媒体的巨大影响。印刷技术的进步加快了新闻登载到报纸上的速度，但是，随着时间的推移，报纸在报道时事方面的垄断地位不断下降，先是受到无线电新闻广播的威胁，后来又受到电视以及互联网的不断冲击。

到 20 世纪 60 年代，电视在美国人的生活中影响甚大，从越南发回的报道以及关于被杀死的美国士兵的图像强烈地影响了人们对于战争的态度，使得他们的反战情绪由动摇走向坚决。1969 年 7 月 20 日，全球超过 6 亿人通过电视直播观看了人类首次登上月球的情形。从那个时代起，不管发生在世界上什么地方的大事都会呈现在电视之中，一个拥有全球意识的时代到来了。

- 1962 年 通讯卫星"电星"首次将电视信号发射到全世界。
- 1971 年 计算机工程师雷·汤姆林森发出第一封电子邮件。
- 1991 年 提姆·贝纳斯—李设计出了万维网。

→ 世界范围的辛迪加（企业联合组织）使得早期的一些电视人物成为国际名人。由于连续剧《我爱露丝》（右图）获得了世界性的成功，喜剧女演员露西尔·鲍成为了在世界上享有盛誉的人物。

科学和健康

1950 年以后，由于科技和医疗水平的进步，工业化国家的大部分人的生活水平得到了提高。但是，有些人却担心这种进步不能永久地持续下去。

人们需要从自然界获取两种物质来发展工业：制造物品的原材料和驱动机器的能源。在工业革命时期，人们主要燃烧煤来获得能源。1950 年以后，石油取代煤成为主要的能源。煤和石油都是亿万年前形成的矿物燃料，在 20 世纪 70 年代，人们开始担心石油会在几年后枯竭。当新的资源例如海底的油气资源被勘探出来后，人们的忧虑消失了，但是人类仍然

关于太阳能、风能和潮汐能的实验使能量的获得有了更多的选择余地。图中这种风力发电机可以为小型的城镇提供能量，但是会占据大量的空间，危及野生生物，同时还影响市容。

绵羊多利

多利看起来就像一只普通的绵羊，但它其实是苏格兰实验室的研究人员在 1996 年从一头 6 岁大的母羊身上提取的一个单细胞培育而来的。因为它有和那只母羊完全相同的基因，它就叫"克隆羊"——一个完美的复制品。当多利在 2003 年死去时，它只有普通绵羊一半的岁数。但是它的出生和死亡引发了人们许多的思考：别的动物可以克隆吗？它们可以活多久？下一步会是造人吗？这些问题困扰着许多人。

需要探寻新的能源。

核裂变可以制造原子弹，也可以用来提供能源。20 世纪 50 年代时，许多人相信核能会取代矿物能源。但是核能的使用相当危险，在 1986 年乌克兰切尔诺贝利核电站发生爆炸后，世界上就很少再新建核电站。

更多的大学产生了更多的科学家。新的发现和发明推动了从天文学到动物学等绝大多数学科的惊人进步。地球和宇宙的历史变得更清晰，基于地球表面状况的"板块漂移"理论揭示了海洋和大陆的成因。电子学的进步极大地改变了人们的工作和娱乐方式。1960 年左右，激光被发明。激光被证明可以应用于许多方面，包括从全息摄影到减缓原子的运动以方便研究。有些科学家认为激光将来可以用来控制核聚变，这将解决能源问题。

激光在外科手术方面同样起着重要作用。例如，外科医生有时会使用这些精确的光束来杀死癌症的瘤体。外科手术的另一个巨大进步就是活体器官移植。1967 年，南非的外科医生克里斯蒂安·巴纳德实施了世界上第一例人类心脏移植手术。

昂贵的外科手术手段影响的仅仅是少数人，但是还有针对传染性疾病的许多医疗研究的进展。通过世界卫生组织的努力工作，天花于 1979 年被消灭。还有新的

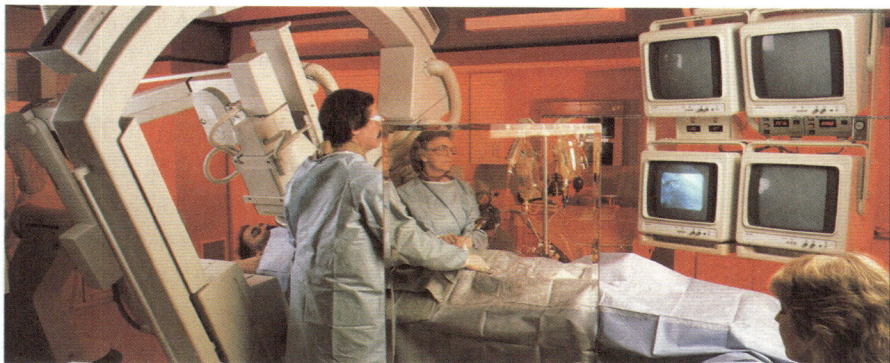

在医疗工程中，微小的外科手术器具的成功研制让医生不用切开一个大的口子就能看到病人体内的状况。图中，在一个细小能弯曲的管子末端装有一个微型摄像头，它能给身体流动的血液拍照并传送到监视器上。

疫苗能够预防其他的致命疾病，例如脑脊髓灰质炎（小儿麻痹症）。同时还发明了新的药物，例如抗生素。新发明的治疗方法也能够挽回一些癌症患者的生命。然而，还有一些新的疾病例如艾滋病和类流感的 SARS 病毒出现了，同时像肺结核曾经被广泛消灭的疾病又开始复活了。

或许最杰出的科技进步在于遗传学——科学家们发现了生命特征是如何通过基因遗传的。拥有这种知识，科学家可以改良农作物，例如使得它们长得更大。同时，我们也可以通过基因工程治疗预防人类疾病。放眼未来，它甚至有可能改变人类特征——很多人认为这会很骇人。

人类与地球

20 世纪末期，人们开始担忧已经遭到严重破坏的家园——地球。这时候的地球主要面临两个问题：第一个是世界人口的增长，第二个是污染。

1 万年前，世界人口仅有 1000 万。到 1650 年时人口总数是 5 亿，1930 年，达到了 20 亿，而到了 2000 年时，人口总数激增到 60 亿左右。不只是人口总数在持续增长，人口增长率也在升高。世界上大约 3/4 的人口生活在贫穷的发展中国家，那里的人口增长率也是最高的。因为人口数量和国家财富增长同步甚至更快，这就导致了当地的生活水平难以提高。

在富裕国家，人口增长缓慢是因为实行了生育控制，因此家庭中孩子越来越少。但是贫穷国家无法实施生育控制规划，同时穷人家庭经常想要很多孩子。有些信仰认为生育控制是错误的。中国人口总数居世界之首，达到了 13 亿。

在一些发达国家，由于商品过度包装，人们制造的生活垃圾也越来越多。而在一些不发达的国家和地区，人们常常会在垃圾堆里翻来翻去，期望找到能卖钱的东西，甚至吃的东西。

严重的地球环境污染始于工业革命，但是产生的影响却是许多年后才能看到的。直到 20 世纪 80 年代，普通民众才意识到我们的星球正在遭受的破坏。不仅是矿物燃料，还有森林、鱼类甚至淡水，人类以一种危险的速率消耗着这些自然资源。许多植物和动物濒临灭绝，地球上的原始生态环境所剩不多。

工厂和机器向空气中排放有毒气体。在斯堪的纳维亚，溶有工业化学物质的雨滴形成的酸雨导致树木死去，湖

人口激增是导致许多世界性环境问题的原因之一。在非洲的一些地区，良田因为过度利用而变得贫瘠。在热带国家，珍稀的森林被砍伐改造为农田。

泊被污染。人们向海中倾倒的垃圾和巨型油轮泄漏的原油杀死了无数的海洋生命。

在20世纪80年代，大部分科学家认为地球气候在变暖。由于工业气体，例如石油燃烧产生的二氧化碳，像一条毯子一样包住了地球，形成了温室效应，导致了全球性的变暖。2001年，人们预测在21世纪末期，地球会升温6℃，从而导致两极冰山融化，引发大洪水，也会引发干旱和其他极端的气候。人们还注意到了大气层的变化。保护地球免于太阳的紫外线伤害的臭氧层正在变薄，这主要是人造的化学物质——氟利昂导致的。

从1990年开始，大部分国家同意停止使用氟利昂。在1992年的一个关于环境的国际会议显示，全世界都在为污染和全球变暖而焦虑。政府答应减低工业带来的害处，保护渔业，并减少汽车和工厂的废气排放。但是这个问题并不好解决，因为要付出昂贵的代价。贫穷的国家不愿意停止工业发展，富裕的国家不想因为控制污染而付出昂贵的代价，使生活水平降低。

走向太空的第一步

超越地球进行探险的想法长期以来刺激着人们的想象。早在1865年，法国作家儒勒·凡尔纳就描写过虚构的月球之旅，1898年，英国作家威尔斯也出版过《世界大战》。但是，科学幻想变成科学事实还要等到20世纪50年代后期，这时候，美国和苏联正在太空探测方面激烈竞争，力争获得领先地位。有多个科研项目对太阳系中的大部分行星进行了探测，还有一些项目则走得更远，

↑ 1969年7月21日，巴兹·埃德林准备踏上月球表面，他的同伴尼尔·阿姆斯特朗在他之前几分钟踏上月球，他们成为第一批踏上月球土地的地球人。

● 1903年 俄国物理学家齐奥尔科夫斯基发表论文《利用火箭喷射仪器研究宇宙空间》，对多级火箭进行了构思，并预言了对太阳系的探测。

● 1919年 在《到达高度极限的方法》一书中，美国的火箭开拓者罗伯特·哥达德记述了月球探测计划。

● 1944年 在德国，由沃纳·冯·布劳恩领导的纳粹科学家制造了远程武器V2火箭以对抗盟国。

● 1957年 苏联发射了世界上第一颗人造卫星"斯普特尼克1号"（重84千克）。它绕地球轨道运转

了57天，发射了无线电信号。

● 1958年 在经历了几次失败之后，美国第一次成功地发射了太空探测器"探险者1号"，这个探测器发现了围绕地球的范艾伦辐射带。

● 1961年 人类进入太空的第一人是苏联宇航员尤里·加加林，他乘坐"东方1号"宇宙飞船完成了绕地球一周的飞行。

● 1962年 第一个进入太空的美国人是宇航员约翰·格伦，他驾驶"友谊7号"太空船环绕地球进行飞行。

"土星-V"运载火箭

美国的"阿波罗计划"能够取得成功，关键在于它所使用的火箭的动力与可靠性。"土星-V"运载火箭是人们所造出的最大的可实际使用的发射工具，它是由德国科学家沃纳·冯·布劳恩所领导的团队研制的。"土星-V"运载火箭直立起来高达110米，这一庞然大物属于三级火箭，前两级都安装有5个引擎，能够产生的推动力达340万千克，只有安装了如此强大的动力（它的应用时间仅20分钟），才能用它的有效负荷来帮助登月舱克服地球的吸引力。苏联与此类似的火箭没能取得成功，所以放弃了登月计划。"土星-V"运载火箭共发射了13次。左图为世界上最大的火箭发射架，它矗立在佛罗里达州的肯尼迪太空中心。

把目光投向了太阳系之外的外太空。

早在第二次世界大战之时，先前属于德国的科学家已经研制出了高技术水平的火箭，新兴的两大超级强国利用了这些技术，造出了比以往功能更为强大的火箭。最初，它们用在携带核弹头的洲际弹道导弹系统，20世纪50年代后期起，它们又被作为太空发射的工具。1957年，太空竞争时代真正开始，苏联在这一年将"斯普特尼克1号"（在俄文中为"旅伴1号"的意思）小型人造卫星送入了轨道，这使得美国的决策者们极为震惊。4年之后，苏联又取得了引人注目的成就，他们第一次将人送入了太空。

20世纪60年代中期，美国人用缆索拴住身体，在宇宙飞船外进行了"太空行走"，这引起了舆论的关注。但是，美国的航天雄心不止于此，1969年7月21日，"阿波罗11号"宇宙飞船登月，全世界成千上万的人通过电视直播观看了这一重大事件，到1972年阿波罗计划被放弃之前，美国总共有10名宇航员踏上了月球。与此同时，苏联则专心地致力于对金星进行无人探测。

● 1962年 美国通讯卫星1号是世界上第一个能投入实用的人造卫星，它被用来传送电视信号和电话信息。

● 1963年 苏联的"东方6号"太空船将第一个女性送入太空，这就是女宇航员瓦伦蒂娜·特瑞斯克娃。

● 1969年 7月21日，阿波罗11登月舱登上月球，尼尔·阿姆斯特朗和巴兹·埃德林成为落足于地球外区域的第一批人。

● 1972年 美国放弃"阿波罗登月计划"。

● 1981年 第一个可以再度利用的航天飞机、美国国家航空和宇宙航行局的"哥伦比亚"号航天飞机被发射。

● 1983年 "开拓者10号"太空探测器（1972年发射）成为第一个脱离地球所属的太阳系，进入更远太空的太空船。

● 1986年 "挑战者号"航天飞机在发射后发生爆炸，上面乘坐的7名宇航员全部遇难。

● 2003年 在回归时，"哥伦比亚号"航天飞机在得克萨斯州上空解体，上面乘坐的所有人遇难。

↑ 1961年，苏联宇航员尤里·加加林乘坐"东方1号"，在距离地面302公里的太空环绕地球进行了飞行，成为人类历史上第一位进入太空的人。

在 20 世纪 70 年代与 80 年代，苏联与美国都建造了空间站，苏联的空间站为"礼炮 1 号"，发射于 1971 年，美国的空间站称为"太空实验室"，发射于 1973 年。到 1986 年的时候，规模更大的"和平号"取代了"礼炮 1 号"，里面载有长期的工作人员。1981 年，太空探索的新时代开始，美国的航天飞机项目开始启动，这是一种可以重复发射的航天器。1990 年，航天飞机执行了一项著名的任务，将哈勃太空望远镜发射上天，该望远镜可以观测到距离地球非常遥远的星系的清晰图像。另外，几项对外太空进行探测的长期任务也开始启动。

军事与商业领域的大力资助支撑着费用巨大、正处于蓬勃发展时期的太空探测行动。在种种计划当中，非常具有野心但最终没能取得成功的是美国的战略防御计划（俗称"星球大战"计划），它计划在太空中安置装有激光的人造卫星，对发射来的核弹予以定位追踪并摧毁。冷战的结束使得国家对于太空项目的支持大幅下降，尽管间谍卫星继续在军事监视方面发挥着重要作用。不过，探索性的工作仍在继续，美国与俄国（后来还包括中国与欧洲空间局）发射了相当数量的人造卫星，它们被用来监视天气状况、勘探矿物资源，另外还用于无线通讯。

这是从 1995 年发射的"哥伦比亚号"航天飞机的内部所看到的地球。这种图像提供了一种对于地球这颗行星的新的认识，它看上去是那样的脆弱，仅是太空当中一个拥有生命的小岛。

地球村

到了 21 世纪，世界看起来很小，人们经常四处出游。新闻和图片可以瞬间传到世界各地。凭借着一台连接到互联网的电脑，一个人几乎可以同任何地方的任意一个人交换信息。

关税政策的协调以及国际性商业联盟，例如欧盟或者"欧派克"（石油生产出口国家联盟）的成立，促进了世界贸易的增长，商业变得更加国际化。大公司在许多国家都设有办事处、工厂和分支机构。一辆德国产的轿车的部分零件或许产于法国、英国和日本。大公司可以收购其他国的竞争对手。世界各地的城市变得越来越像：法兰克福和东京的商人可能穿着同样的衣服，在相似的办公室里办公。他们经常说着同样的语言——英语，英语正成为一门国际语言。

随着越来越多的人去国外度假，乘飞机旅游变得越来越便捷和便宜。水陆运输也有巨大的进步，比如英吉利海峡的海底隧道和长达 2000 米的连接日本两个岛屿的桥梁。贸易和汽车族的增长给道路带来了数以百万计的车流量。更多的空闲时间和钱意味着人们可以更频繁地外出旅游，甚至到很远的地方。在新世纪，旅游者甚至可以造访地球上最偏僻的角落。

当苏联宇航员尤里·加加林在 1961 年乘坐"东方 1 号"宇宙飞船绕地飞行时，人类就进入了太空时代。1969 年，美国人登陆月球。在 20 世纪 70 年代，苏联人制造了空间站，里面的科学家可以在太空中工作几个月。

1981 年，美国人发明了航天飞机。无人驾驶的太空船探索太空中的星球。到 2000 年为止，有几百颗人造卫星环绕着地球。一些卫星用于科学研究，为人类提供新的地球信息和天气状况。

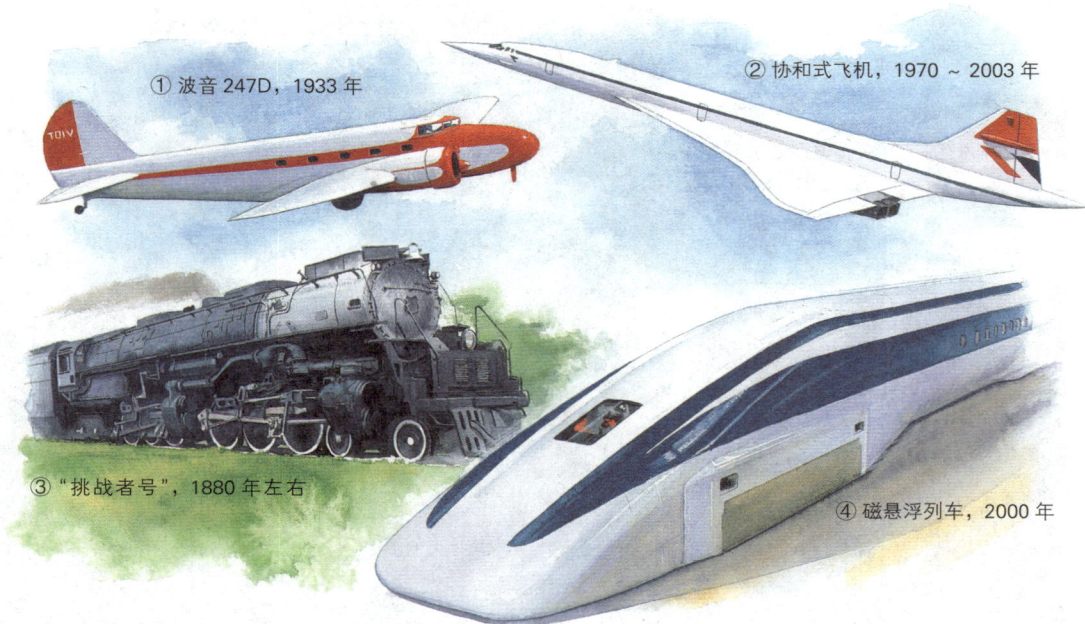

① 波音 247D，1933 年

② 协和式飞机，1970 ~ 2003 年

③ "挑战者号"，1880 年左右

④ 磁悬浮列车，2000 年

其他的许多卫星都是为通信服务的，对全球传送电视信号和其他信号。美国的哈勃望远镜可以从地球的轨道上观测宇宙。

在 1950 年到 2000 年期间所有的技术进展中，最重要的是电子通信技术。它影响着世界上的每一个人，为人类带来了益处，但也带来了一些问题。最早的计算机出现在第二次世界大战期间，用来破译敌人的密电码。当时的计算机体型十分庞大，第一台计算机重达 1 吨，但是远没有现代的手提电脑功能强大。1971 年，一小块硅晶片的微处理器的出现大大降低了计算机的重量和成本，个人电脑也随之出现。计算机产业创造了计算机元件制造的产业。到了 20 世纪 80 年代，许多公司和家庭都在使用计算机。随后出现了许多科技新发明和新进展，例如传真、电子邮件、互联网、录影机、便携式摄像机、手机、数码相机和数码电视机等。

个人电脑在 20 世纪 70 年代出现后，很快应用于公司、学校和家庭，如今已成为人们工作、生活必不可少的工具。

进入新千年

20 世纪最后几年最重要的事件是苏联集团从 1989 年开始在欧洲的瓦解。在世界的其他地方，依靠武力维护政权的政府也同时消失了。民主向前迈进了一大步。

从 1917 年开始，共产主义主导了苏联这个世界上最大的国家。从 20 世纪 40 年代开始，苏联控制了大半个欧洲和几乎整个中亚。1985 年米哈伊尔·戈尔巴乔夫成为苏联的领导，他是一个大胆的改革者。他引入新的制度，给人民更大的自由，愿意倾听不同意见。

然而，他这一削弱了共产党的权力的决定产生了始料未及的后果，它给了苏联的加盟共和国及其

苏联解体，独联体诞生，图为独联体各国领导人1991年在哈萨克斯坦共和国首都阿拉木图举行会晤。

拉丁美洲

大部分的拉丁美洲国家赢得独立后都经历了不稳定、不公正的政权和残暴的军事独裁统治，而这些政权一部分还是由美国支持的。玻利维亚在1825年到1952年间发生了180次起义。大约10万危地马拉民众死于20世纪60年代到80年代的暴力冲突中。但是到了20世纪90年代之后，改革和民主政治给许多国家带来了福音。独裁者——有些甚至是刽子手——纷纷被推翻：阿根廷在1983年；巴西在1985年；智利、巴拉圭和在美国帮助下的巴拿马纷纷推翻了独裁统治；尼加拉瓜在1990年、萨尔瓦多和危地马拉在1992年分别结束了长期而残酷的内战。这些国家纷纷建立起更公平和民主的政府。但民生方面的大量问题依旧存在，尤其是大城市中贫民窟的贫困问题。

他在共产主义统治之下的东欧国家摆脱苏联和共产主义政府控制的机会。随着民主政府的选举产生，庞大的苏联顷刻间解体了。

回顾20世纪，能够看到人类历史上最暴力的一段时间。和其他任何一个世纪相比，发生在20世纪的战争最多，死亡的人数最多，存在的暴力政府最多。但那也是一个有着伟大进步的时代。到2000年，世界上大部分人的生活水平都提高了，科学和医疗也有了惊人的进步。未来的世界仍然充满了新的和旧的挑战：饥荒和疾病远没有结束，还有像亚洲2004年的海啸那样的自然灾害存在。然而，更多的民族和人们变得更加宽容，各国更愿意通过联合国和其他组织来帮助别的国家。越来越多的人更注重人权。人们正在学会和不同种族、不同阶级或者性别的人和平相处。

大事年表Ⅰ：公元前200万~前1年

公元前200万~前1.2万年	公元前1.2万~前1万年	公元前1万~前3000年
欧洲 公元前100万年前~前40万年，欧洲出现已知最早的直立人定居者。 公元前40万年~前30万年，尼安德特人和"现代"人共同生活在美索不达米亚平原。 公元前3万年~前1.2万年，冰川期的欧洲异常寒冷。古代的艺术家们在法国和西班牙留下了许多伟大的洞穴壁画。	公元前1.2万~前9000年，地球变暖，冰川解冻，海平面上升。	公元前1万~前5000年，西班牙的洞穴壁画表明这时的人们已经开始在战斗中使用弓箭了。 公元前6000~前4000年，起源于土耳其的农业传播到东欧。 公元前4000~前2000年，石圈和巨石碑成为西欧的普遍现象。
非洲 公元前200万~前100万年之前，最早的类人猿——原人生活在非洲。 公元前100万之前~前40万年，早期的人类——直立人使用多用途的手工石斧。 公元前40万年~前30万年，智人、"现代"人等出现在撒哈拉南部的许多地方。		公元前6000~前4000年，现在撒哈拉沙漠地区的气候是非常湿润的，家畜饲养在这一地区已经非常普遍。 公元前3100年，埃及统一王国建立。纳迈尔国王统一了上下埃及，成为埃及统一王国的第一个法老。古埃及崇拜许多神灵。
亚洲 公元前200万~前100万年之前，爪哇和中国出现直立人。他们可能已经掌握了火的使用。 公元前40万~前30万年，尼安德特人和"现代"人共同生活在美索不达米亚平原。	公元前1.2万~前9000年中东地区开始驯养狗。	公元前9000~前6000年，中东新月沃土地区出现了农业。 公元前6000~前4000年许多贸易城市比如卡塔·于育克逐渐发展起来。 公元前5000年，苏美尔农耕民族定居在美索不达米亚平原南部。 公元前2900年，最早的书写文字——楔形文字在美索不达米亚地区出现。
大洋洲 公元前3万年，澳大利亚可能出现了人类定居者。 公元前2.9万年，与澳大利亚相连的塔斯马尼亚岛已经有人类生活。 公元前2.5万年，澳大利亚北部高地克里兰山附近的普里提加拉岩棚被人类占据。 公元前2.4万年，人类定居在新南威尔士的玛格湖附近。	公元前1万年，澳洲的土著居民大约有30万。	
美洲 公元前3万~前1.2万年，来自西伯利亚的，经由白令大陆桥来到北美的一群人，成为北美最早的定居者。	公元前1.2万~前9000年，智利人用木头和树皮建造了许多房子，这是美洲人住在掩蔽物中的第一个证据。	公元前9000年，科罗维斯文化时期，大平原的人们开始使用尖形的石矛狩猎。 公元前4000~前2000年，墨西哥农民开始种植玉米。其他农作物扩散到北美。

	公元前 2500～前 2000 年	公元前 2000～前 1500 年	公元前 1500～前 1000 年
欧洲	公元前 2000 年，制造工具和武器的冶铁技术出现。 公元前 2000 年，克里特米诺斯人建造了克诺索斯官殿。 公元前 2000 年，凯尔特部落开始祭祀当地神灵。	公元前 2000～前 1700 年，克里特岛上的米诺斯文明发展到鼎盛时期。 公元前 1900 年，克里特居民开始使用陶轮。 公元前 1800 年，瑞典人制造了石制短刀。 公元前 1600 年，青铜武器开始在瑞典和希腊使用。	公元前 1400 年，腓尼基水手在地中海探险。 公元前 1450 年，古希腊迈锡尼文明侵入并征服了米诺斯文明。 公元前 1200 年，迈锡尼文明衰落。
非洲	公元前 2686～前 2181 年，埃及古王国时期。法老们建立起专制统治，死后埋葬在金字塔中。	公元前 2040～前 1786 年，埃及中王国时期。 公元前 1786～前 1567 年，来自叙利亚和巴勒斯坦地区的侵略力量入侵埃及。	公元前 1570～前 1085 年，埃及新王国时期。法老们再次建立起专制统治，埃及文明逐渐繁荣。 公元前 1490 年，埃及人到达东非沿岸的朋特。
亚洲	公元前 2500 年，美索不达米亚地区的乌尔发展为一个重要城市。 公元前 2500 年，巴基斯坦的印度河平原上出现了第一座城市。 公元前 2500 年，现在伊拉克一带卡尔迪亚王国的乌尔城成为第一座设防城市。	公元前 1700 年，乌尔城衰落，巴比伦逐渐强盛。 公元前 1680 年，亚洲的定居者喜克索斯人把马拉战车引进埃及。 公元前 1500 年，印度教传播到印度北部。	公元前 1469 年，埃及和迦南之间爆发的美吉多战役成为历史记载的第一次战役。 约公元前 1200 年，琐罗亚斯德生活在波斯。
大洋洲		公元前 2000 年，南太平洋诸岛仍然无人居住。	公元前 1000 年，波利尼西亚人定居在汤加岛和萨摩亚岛。在此后的 2000 年里，波利尼西亚人缓慢散居南太平洋。
美洲	公元前 2300 年，农耕者成为墨西哥的永久定居者。 公元前 2300 年，墨西哥河和危地马拉地区开始使用陶器。	约公元前 2000 年，秘鲁出现金属冶炼技术。 约公元前 2000～前 1500 年，秘鲁农民普遍使用陶器。 约公元前 2000～前 1000 年，中美洲的玛雅文明兴起。农民开始定居生活。	公元前 1800～前 900 年，秘鲁文明初期。人们已经开始了永久性的村舍定居生活，形成了社会和宗教组织。陶器广泛使用。 公元前 1500 年，农业传播到北美东南部，随后扩散到北美中西部。 公元前 1200～前 900 年，墨西哥奥尔梅克人建立了第一个区域性大城市。

	公元前 1000～前 500 年	公元前 500～前 1 年
欧洲	公元前 900 年，希腊人兴起了地中海贸易。 公元前 753 年，传说罗慕洛斯和瑞摩斯建立了罗马。 公元前 700 年，希腊城邦衰落。 公元前 509 年，罗马共和国建立。	公元前 490 年，马拉松战役。这是希腊人第一次击败原以为不可战胜的波斯人。 公元前 146 年，希腊被罗马征服，罗马人重新命名了希腊诸神。 公元前 27 年，奥古斯都成为第一位罗马皇帝。
非洲	公元前 1083～前 333 年，埃及帝国解体，分裂为许多独立国家。 公元前 500 年，汉诺从迦太基出发，沿着非洲沿岸航行探险。	公元前 333～前 323 年，埃及成为亚历山大帝国的一部分。
亚洲	公元前 900 年，印度教经典《吠陀》编写而成。 公元前 605～前 562 年，尼布甲尼撒二世统治时期。他在近东最壮丽宏伟、设计精巧的城市——巴比伦建造了神话般的空中花园。	约公元前 500 年，中国古代军事家孙武写成第一部军事理论著作《孙子兵法》。 约公元前 500 年，丝绸之路开通。 约公元前 5 世纪，老子生活的时期。传说他是道教的创始人。 公元前 551～前 479 年，孔子生卒年。
大洋洲	波利尼西亚人向北航行到夏威夷，向东到达复活节岛，向南到达新西兰。	
美洲	公元前 850～前 200 年，安第斯高原查文·德·万塔尔文明达到鼎盛时期。	公元前 200 年，和普维尔文明在北美州兴起。 公元前 200 年，安第斯山谷兴起了许多独立的小型文明。 公元前 300～200 年，墨西哥、洪都拉斯和危地马拉建立了许多玛雅城市。

大事年表Ⅱ：公元1世纪~10世纪

公元1世纪前	公元100~200年	公元300~400年

欧洲

公元80年，圆形竞技场在罗马建成。

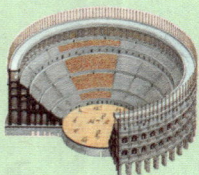

公元117年，图拉真皇帝征服达西亚王国（今罗马尼亚境内）。罗马帝国版图达到最大。

公元165~167年，欧洲爆发大规模瘟疫。

公元200年，罗马官道遍布整个帝国。

公元3世纪，蛮族首次入侵罗马帝国。

公元324年，基督教成为罗马帝国国教。

公元395年，罗马帝国分裂。东部帝国称为"拜占庭帝国"。

公元408~410年，哥特人在阿拉里克率领下围攻罗马，公元410年8月24日，罗马陷落。

公元400~500年，英格兰出现飞斧。

非洲

公元44年，摩洛哥被罗马征服。

公元70年，基督教沿着埃及的地中海沿岸传播到亚历山大城。

公元193~211年，利比亚人塞普蒂姆斯·塞维鲁成为罗马帝国皇帝。

公元238年，北非地区掀起反抗罗马帝国的斗争。

公元320~650年，东非埃塞俄比亚阿克苏姆王国时期。

亚洲

公元25年，中国东汉王朝建立。迁都洛阳。

公元30年，第一个基督教教会建立。

公元100年，佛教在印度出现，并传入中国。

公元105年，中国发明造纸术。

公元220年，权力斗争削弱了朝廷的力量，中国东汉帝国日渐衰落。

公元250年，大和文化在日本兴起。

公元350年，大和王朝统一日本。

公元399年，中国僧人法显到达印度和锡兰（今斯里兰卡）。

大洋洲

公元400年，波利尼西亚人到达复活节岛和夏威夷岛。他们可能来自东南亚，也可能是横越太平洋从南美秘鲁乘木筏而来。

美洲

公元150年，中美洲特奥蒂瓦坎城（今天墨西哥城附近）逐渐繁荣，到公元6世纪，城市人口已经超过了15万人。

公元200年（或公元200年以前），北美土著居民印第安人已经能够种植玉米了。

公元300~800年，墨西哥、危地马拉、洪都拉斯地区的古典时期玛雅文明进入繁荣时期。

公元400年，和普维尔文明衰落。

	公元 500～600 年	公元 700～800 年	公元 900～1000 年
欧洲	公元 500 年，来自北德意志的撒克逊人侵入并征服英格兰。	公元 7～10 世纪，挪威人侵入英格兰。 公元 700～1100 年，维京人使用双刃斧。 公元 778 年，伦塞斯瓦列斯战役。查理曼衰落的法国军队被巴斯克人和加斯科涅人击败。 公元 8 世纪，维京人把他们的信仰传播到整个北欧地区。	公元 992 年，维京人莱弗·埃里克松发现纽芬兰岛，并命名为"文兰"。 1054 年，基督教分裂为罗马天主教和东正教。 1066 年，黑斯廷斯战役。诺曼底人威廉入侵并征服不列颠。
非洲	公元 639～642 年，阿拉伯人征服埃及。 公元 698～700 年，阿拉伯人征服迦太基和突尼斯。	公元 700～1200 年，加纳王国在西非兴起。 公元 7 世纪，阿拉伯人开辟了通往撒哈拉地区富裕贸易城市的路线。用工具、武器、铜制品、马匹交换非洲的黄金、象牙、毛皮和奴隶。	公元 900 年，西非尼日尔河下游的豪萨兰城贸易量增加，日渐繁荣。
亚洲	公元 538 年，来自朝鲜的第一个佛教徒在日本定居。 公元 604 年，日本圣德太子引入中国统治制度。	公元 710 年，日本大和时代结束，首都迁到奈良。 公元 802 年，国王加亚华尔曼二世在现在的柬埔寨建立了高棉王国。 公元 881 年，国王耶输跋摩一世建立了现存最早的高棉寺庙。	
大洋洲	公元 500 年，南太平洋岛上的居民开始食用美洲人种植的马铃薯。		1000 年，波利尼西亚毛利人在新西兰定居。
美洲	公元 500～1000 年，墨西哥瓦里文明和提亚万克文明。 公元 615 年，玛雅最伟大的领袖洛德·帕塞尔统治了墨西哥城帕伦克。 公元 650 年，特奥蒂瓦坎城衰落。公元 700 年遭到无名入侵者洗劫并被烧毁。	公元 850 年，墨西哥托尔特克人开始创建图拉城市国家。	公元 900 年，中美洲大多数玛雅城市渐趋衰落。 公元 900～1200 年，在来自图拉的好战的托尔特克人领导下，位于尤卡坦（墨西哥境内）北部的许多城市逐渐繁荣。 公元 980～999 年，维京人在格陵兰岛定居，并开始向北美其他地区探险。 1011～1063 年，墨西哥中部瓦哈卡地区的领导者迪尔八世统治着米斯特克人。 1050～1250 年，卡霍基亚成为北美密西西比文明的中心。

大事年表Ⅲ：11 世纪～ 20 世纪

	1100～1200 年	1300～1400 年	1500～1600 年
欧洲	1100～1300 年，医药学校在欧洲普遍建立。 1199 年，英格兰国王理查德在法国沙吕被弩射死。 1213 年，教皇颁布法令：所有行医者都必须获得教会的认可同意。 12 世纪，长弩广泛在英格兰和威尔士使用。 1258 年，阿拉伯人保存的医学书籍又传回西方。	1419 年，"航海家"亨利王子在葡萄牙建立了第一所航海学校。 1492 年，克里斯托弗·哥伦布开始横越大西洋的航行。	1543 年，哥白尼证明地球围绕太阳转动。 1543 年，维萨里细致地完成了人体解剖。 1610 年，伽利略使用望远镜发现木星。 1628 年，哈维证明了心脏如何推动血液循环。 1661 年，波义耳提出了化学元素理论。
非洲	1100～1897 年，西非贝宁王国。 1200～1500 年，西非马里王国。 1270～1450 年，大津巴布韦成为修纳王国的都城。	1350～1600 年，西非桑海王国。 13 世纪，廷巴克图成为穿越撒哈拉沙漠贸易线上的一个富庶城市。 15 世纪 80 年代，葡萄牙人完成穿越赤道、绕过好望角的海上航行。 1482 年，葡萄牙人建立了第一个向美洲新大陆贩卖奴隶的贸易据点。	
亚洲	1211 年，蒙古入侵中国北方的金朝。 1234 年，金朝灭亡。 1271～1295 年，马可·波罗居住在中国。	1368 年，中国元朝灭亡，明朝建立。 1405～1433 年，郑和完成从中国到东南亚的探险航行。 1498 年，瓦斯克·达·伽马完成从葡萄牙里斯本到印度的航行。	15 世纪，欧洲定居者把欧洲医学观念传到了印度。 1594～1597 年，荷兰水手巴伦支进行北冰洋探险。 1601 年，杨继州写成针灸学著作《针灸大成》。 16 世纪，第一部中医著作传入西方。 1699 年，古鲁·哥宾德·辛格创建卡尔沙（锡克共同体）。
大洋洲	1000～1600 年，复活节岛石雕群。		1520～1521 年，麦哲伦穿越太平洋完成环球航行。 1605 年，荷兰航海家完成昆士兰探险。 1624～1643 年，荷兰航海家塔斯曼发现新西兰。
美洲	11 世纪，印加人开始统治秘鲁中部。	1325 年，阿兹特克人在今天墨西哥城建立了特诺克奇蒂兰城。 14 世纪 50 年代，印加人建立马丘比丘城。 1492 年，哥伦布发现新大陆。 1497 年，意大利航海家卡伯特发现纽芬兰岛。	1502 年，亚美利哥·韦斯普奇发现美洲。 1513 年，巴尔博亚发现太平洋。 1510～1533 年，西班牙人征服墨西哥阿兹特克人。 1603 年，法国探险家尚普兰对加拿大进行了多次探险，发现了魁北克。 1610～1611 年，英国人亨利·哈德逊探寻"西北航道"。 1680～1682 年，法国人拉萨勒完成密西西比河航行探险。

	1700 ~ 1800 年	1850 ~ 1900 年	1950 年
欧洲	1752 年，富兰克林证明了光即是电。 1783 年，法国蒙戈尔费埃兄弟发明载重两人的升空气球。 1789 年，拉瓦锡列出了第一张化学元素表。 1789 年，法国大革命。 1804 年，英国工程师特莱威狄制成第一台蒸汽机车。 1830 年，英国科学家法拉第和美国科学家亨利发现电磁感应现象。	1850 年，发明摩尔斯密码。 1871 年，巴黎公社。 1876 年，首次探获无线信号。 1914 ~ 1918 年，第一次世界大战。 1917 年，俄国革命。 1926 年，密码机问世。 1939 ~ 1945 年，第二次世界大战。 1945 年，冷战开始。 1947 年，卡拉什尼科夫设计出 AK47 式突击步枪。	1960 年，首次使用芯片。 1989 年，冷战结束。
非洲	1710 ~ 1810 年，700 多万非洲人被贩卖到美洲为奴。 1795 ~ 1806 年，苏格兰人帕克完成尼日尔河探险。 1841 年，苏格兰人利文斯顿进行南非和中非探险。 1844 ~ 1845 年，德国人巴尔特完成撒哈拉沙漠探险。	1874 ~ 1877 年，斯坦利顺流完成刚果河航行。	
亚洲	1725 ~ 1729 年，丹麦探险家白令穿越西伯利亚。 1734 ~ 1742 年，西伯利亚探险队完成西伯利亚沿岸和河流探险。	1945 年，原子弹被投放到日本广岛和长崎。	1966 ~ 1973 年，越南战争。 1991 年，在海湾战争中首次使用直升机进行大规模空袭。
大洋洲	1770 年，库克登陆大利亚。 1802 ~ 1803 年，英国航海家马修·弗雷德斯完成澳大利亚沿岸塔察。 1828 ~ 1862 年，探险家们完成澳大利亚内陆探险。	1911 年，挪威探险家阿蒙森到达南极。 1947 年，托尔·海尔达尔驾驶康提基号木筏完成从秘鲁到南太平洋的航行创举。	1967 年，南极洲发现水龙兽化石。
美洲	17 世纪，北美人开始制造铁刃战斧。 18 世纪，一些科学探险队进行了亚马孙河探险。 1835 年，柯尔特获得转轮手枪设计专利。	1861 ~ 1865 年，美国内战。 1908 年，福特 T 型车成为第一批量生产的汽车。 1908 年，美国探险家皮尔里到达北极。	1956 ~ 1960 年，菲德尔·卡斯特罗领导古巴革命。 1961 年，古巴导弹危机。 1961 年，美国"企业"号成为第一艘核动力航空母舰。 1963 年，美国总统约翰·F.肯尼迪被刺杀。